· 智慧城市系列丛书 ·

ZHIHUI CHENGSHI JIAOTONG YINGYONG YU FAZHAN

智慧城市交通
应用与发展

中国测绘学会智慧城市工作委员会　组编

上册

中国电力出版社
CHINA ELECTRIC POWER PRESS

图书在版编目（CIP）数据

智慧城市交通应用与发展. 1 / 中国测绘学会智慧城市工作委员会组编. -- 北京：中国电力出版社，2024. 6.
-- ISBN 978-7-5198-9013-1

Ⅰ. U491

中国国家版本馆 CIP 数据核字第 2024PS8367 号

出版发行：中国电力出版社
地　　址：北京市东城区北京站西街 19 号（邮政编码 100005）
网　　址：http://www.cepp.sgcc.com.cn
责任编辑：王晓蕾（010-63412610）
责任校对：黄　蓓　朱丽芳　王海南
装帧设计：张俊霞
责任印制：杨晓东

印　　刷：三河市航远印刷有限公司
版　　次：2024 年 6 月第一版
印　　次：2024 年 6 月北京第一次印刷
开　　本：787 毫米×1092 毫米　16 开本
印　　张：31.75
字　　数：688 千字
定　　价：268.00 元（上、下册）

《智慧城市交通应用与发展》编委会

《智慧城市交通应用与发展》编写组

主　　编　周成虎　陆　锋

副 主 编　蔡晓禹　唐炉亮　唐小勇　唐　超　张　扬
　　　　　黄　伟　万勇山　王培晓　李　樊　王　丹

编写成员（按拼音排序）

白冬皓	保丽霞	毕　烨	陈　炜	陈　应	陈洋洋	程诗奋	代慧瑶
董志国	杜呈欣	冯思鹤	高　凡	高　峰	高恒娟	顾文俊	郭　真
郭春生	韩广广	韩静霆	何　海	胡泽群	滑火龙	黄　伟	贾仙平
贾小龙	蒋　剑	蒋应红	金　伟	李　帅	李　扬	李斌英	李春霖
李洪飞	李腾飞	李子木	刘　利	刘　琪	孟宇坤	苗海芳	潘　昊
彭　博	齐　恒	齐焕然	钱志奇	宋　蒙	孙　超	孙　亮	孙杨世佳
谭建新	汤奇峰	汪志涛	王　吉	王　珏	王　鑫	王　勇	王晨宇
王光耀	王令文	王志飞	谢　勇	徐殷赟	许幸荣	杨海涛	杨梦姗
尹玉廷	俞　博	袁青峰	翟长旭	张　川	张　利	张　祺	张　伟
张尔海	张恒才	张利军	张瑞卫	张晓松	赵丽凤	赵紫龙	周念晨
朱　晖	朱正修						

《智慧城市交通应用与发展》编写单位

主编单位（按各章顺序排序）

中国测绘学会智慧城市工作委员会

中国科学院地理科学与资源研究所

重庆交通大学

武汉大学

重庆市交通规划研究院

广联达科技股份有限公司

北京城建勘测设计研究院有限责任公司

上海市城乡建设和交通发展研究院

北京清华同衡规划设计研究院有限公司

参编单位

腾讯云计算（北京）有限责任公司

北京五一视界数字孪生科技股份有限公司

速度科技股份有限公司

北京博能科技股份有限公司

隧道股份数字集团上海智能交通有限公司

中建三局智能技术有限公司

成都汉康信息产业有限公司

上海市测绘院

上海申通地铁建设集团有限公司

中国联通智能城市研究院

中国铁道科学研究院集团有限公司电子计算技术研究所

上海市城市建设设计研究总院（集团）有限公司

上海市浦东工程建设管理有限公司

上海勘察设计研究院（集团）股份有限公司

深圳市城市交通规划设计研究中心股份有限公司

华海智汇技术有限公司

上海久事公共交通集团有限公司

淄博市规划设计研究院有限公司

序　一

　　交通是城市化发展的重要基础设施，也是人们日常生活中不可或缺的重要组成部分。然而，在当今信息通信技术飞速发展的时代，传统的交通管理模式显露出明显的疲态。城市人口持续增长，私人汽车数量激增，交通拥堵和由此引发的环境污染等问题日益突显，城市交通系统组织与运维急需现代化的解决方案，从智慧城市视角审视与优化城市交通系统。通过现代高新技术实现城市交通的高效管理与公众服务，是智慧城市建设的重要任务之一。迅猛发展的大数据与人工智能、传感器网络和现代通信技术为城市交通系统设计与管理带来了新的希望和机遇。

　　《智慧城市交通应用与发展》一书以理论与应用并重的方式，系统探讨了现代高新技术在城市交通系统设计与管理的应用途径。上册着重介绍了智慧城市交通的理论基础和关键技术，从智慧城市交通概述、智慧城市交通感知与智能网联系统、智慧城市交通规划、智慧城市轨道交通建设管理、智慧城市道路交通管理、智慧城市交通运营、智能导航与位置服务、智慧出行服务等方面进行了全面阐述，并深入探讨了智慧城市交通的发展趋势。下册则着重介绍了国内多个智慧城市交通领域的成功应用案例。这些案例生动展示了智慧城市交通新技术的实际应用效果，为读者提供了丰富的实践参考和启示。

　　《智慧城市交通应用与发展》一书汇集了现代城市交通工程学与地理信息科学领域众多机构和专家学者的智慧，内容丰富、结构清晰，既有对经典交通工程学技术方法的应用拓展，又包含现代高新技术的深层次应用实践，适用于城市交通管理部门、交通规划设计单位、科研院校以及相关行业从业人员等广泛的读者群体，可为城市交通系统的科研、工程实践及管理工作提供有益的参考和指导。我相信通过本书的学习，读者将能够更全面地了解智慧城市交通的全貌、关键技术、发展现状与未来趋势。

　　我很荣幸向读者介绍这本深度解析智慧城市交通的著作，也由衷感谢中国测绘学会智慧城市工作委员会联合中国科学院地理科学与资源研究所资源与环境信息系统国家重点实验室、武汉大学测绘遥感信息工程国家重点实验室、北京城建勘测设计研究院、上海市城乡建设和交通发展研究院、上海市测绘院、重庆交通大学智慧城市研究院、重庆市交通规划研究院、深圳综合交通指挥中心、中国联通智能城市研究院、中国铁道科学研究院集团有限公司、中建三局智能技术有限公司等众多知名企业共同编写这一著作的辛勤付出，为智慧城市交通建设提供了重要的技术参考和应用案例。最后，我期待本书为把握智慧城市交通发展的趋势，推动城市交通领域的创新与发展贡献应有的力量。

中国工程院院士

2024 年 5 月

序 二

  智慧城市交通通过物联网、移动通信、多源遥感、移动定位导航、地理空间数据挖掘、人工智能、云计算等新技术与交通运输工程的深度融合，建立人、车、路、环境协调运行的交通体系，提高交通效率和安全水平，在智慧城市建设中发挥着至关重要的作用。中共中央、国务院印发的《交通强国建设纲要》《国家综合立体交通网规划纲要》都将智能化水平作为交通强国的一项重要指标。大力发展智慧城市交通，就是要通过先进信息技术赋能，发展交通新质生产力，加快建设交通强国，以全面感知、深度融合、主动服务、科学决策为目标，推动交通运输更安全、更高效、更便捷、更经济、更环保、更舒适。

  在大力发展智慧交通、加快建设交通强国的大背景下，《智慧城市交通应用与发展》一书从整体到局部、从宏观到微观，力图全面呈现智慧城市交通发展概况，系统梳理发展脉络，总结发展经验，探讨发展前沿，展望发展趋势。本书从形式到内容，亮点纷呈，具有以下特点：

  一是具有鲜明的时代特征。本书全面贯彻新发展理念，围绕交通行业高质量发展总体目标，立足交通行业发展面临的机遇与挑战，聚焦城市智慧交通，阐述了大力推动、高效发展交通新质生产力的重要发展方向，从宏观、中观、微观多视角展现行业特征，为进一步发展交通新质生产力提供引导。

  二是全领域呈现智慧城市交通发展情况。本书总结了目前我国智慧城市交通发展现状，以及行业从业者关于智慧城市交通发展趋势的认识，介绍了智慧城市交通的关键技术，展现交通领域创新应用，总结城市交通规划建设、管理、运营等各个阶段交通智慧化的发展情况，既展示了当前行业成熟的应用系统，又介绍了智慧城市交通领域的技术创新进展，内容极为丰富。

  三是全景式展现智慧城市交通实践成果。本书聚焦智慧城市交通内涵、实现路径及落地应用，不仅提炼了相关关键技术，同时遴选了具体应用案例，反映行业在智慧出行、智慧停车、交通枢纽、车路协同等各个方面的实践成果，展现智慧城市交通最具价值的应用场景，为行业从业人员提供了可借鉴、参考的新模式，具有很好的应用价值。

四是全方位描绘智慧城市交通未来发展。本书从大数据技术、人工智能技术、超级计算技术等数智化技术入手，聚焦城市交通规划、管理和运营，以及出行服务，全方位阐述了智慧城市交通的发展趋势。

　　本书为交通行业从业者提供了智慧城市交通的权威解读，并为智慧城市交通相关研究和实践提供了借鉴和指导，是一部内容丰富的工具书。相信本书的出版能够进一步推动城市交通智慧化的高质量发展，并为交通行业转型迈向新阶段做出积极贡献。

中国测绘学会理事长

2024 年 5 月

目　　录

上　　册

第1章 概　　述

1.1　城市交通系统基本概念与特征

1.1.1　交通系统简介

1. 交通系统的定义

交通系统是指由交通基础设施、交通工具、交通管理以及交通信息系统等组成，通过这些要素协同工作来满足人类和货物运输需求的系统。

2. 交通系统的目的和作用

交通系统的主要目的是提供可靠、高效、安全和方便的交通服务，以满足人们的出行需求，促进经济发展和提高居民的生活质量。

交通系统的作用主要体现在经济作用、社会作用、环境作用三个方面。

（1）经济作用。交通系统是城市经济发展的重要基础设施之一。它通过连接人、物资和信息的流动，促进了商业、工业和服务等部门的繁荣。交通系统为企业提供了便捷的货物运输和市场供应链，使得各类产业能够高效运转。

（2）社会作用。交通系统极大地改善了人们的生活品质和社交活动的便利性。它为居民提供了便捷的通勤、购物、娱乐和其他日常活动的方式。交通系统还连接了不同社会群体和地区，促进了文化交流、旅游和社会互动。

（3）环境作用。交通系统对于城市环境的可持续发展起到重要作用。优化的交通系统设计和管理可以减少交通拥堵，降低车辆排放和能源消耗，减小对自然环境的压力，改善空气质量，保护生态系统。

3. 交通系统在城市中的重要性

交通系统在城市中的重要性体现在城市发展的支撑、人口流动的便利性、社会公平的保障三个方面。

（1）城市发展的支撑。交通系统是现代城市的重要支撑。高效的交通系统能够促进城市间的交流和合作，支持城市内各个领域的发展，包括经济、产业、教育、医疗等。交通系统的质量和效率直接影响城市的竞争力和吸引力。

（2）人口流动的便利性。交通系统为城市居民提供了多样化的出行方式，并且使距离不再是限制。它使居民能够快速、便捷地到达工作地点、学校、商场、医院等生活必需的地方，并且有助于在城市各个区域实现资源和人口的平衡。

（3）社会公平的保障。交通系统的合理建设和规划可以减少社会上的不公平现象，提供可负担得起的交通选择，并且使得弱势群体也能够享受到便捷的出行条件。这有助于减少社会阶层之间的差距，并促进社会的和谐发展。

总之，交通系统在城市中扮演着重要的角色，它不仅提供了出行便利，促进了城市的经济和社会发展，还对环境和居民的生活质量产生着深远的影响。对于构建智慧城市交通应用和推动城市可持续发展来说，理解交通系统的重要性和作用至关重要。

1.1.2 城市交通系统概念与组成

1. 城市交通系统的概念

城市交通系统是在城市范围内，由交通基础设施（交通网络、枢纽节点和设备等）、交通工具、交通运营、交通管理和交通服务等子系统构成，完成人流、物流和车流空间位移的综合交通系统。

2. 城市交通系统的构成

城市交通系统是由多个组成部分相互作用和协调的复杂系统。

（1）从功能的角度，城市交通系统可以分为以下几个组成部分。

主干道路网络：主要承载城市内部和城市之间的长途交通，连接主要节点和目的地，是城市交通系统的骨架；

支路和次干道路：连接主干道路以及各个城市区域的次要道路，用于分散交通流量、提供街区内部的出行通道；

公共交通系统：包括公交车、地铁、轻轨、有轨电车等，为市民提供大容量、高效率的出行工具，减少对私家车的依赖；

步行和自行车设施：提供给行人和自行车使用的道路、人行道、自行车道等，鼓励可持续出行方式，改善城市环境和健康；

私家车和出行服务：包括私家车、出租车、网约车等，满足个人和家庭的出行需求，但也带来了交通拥堵和环境问题；

货物运输系统：用于物流和货物配送的路网、港口、货运站等设施，支持城市的商业活动和物流运作；

停车设施：提供给私家车和公共交通等的停车场、停车楼、停车位等，满足停车需求，减少非法停车和道路拥堵。

（2）根据交通方式的不同，城市交通系统可以分为以下几个组成部分。

道路交通：包括私家车、公共汽车、出租车等通过道路来实现的交通方式；

公共交通：包括地铁、轻轨、有轨电车、公交车等提供大容量公共运输服务的交通方式；

步行与骑行：表示人们通过步行或骑自行车等非机动方式进行出行的交通方式；

水上交通：包括港口、码头、船舶等，城市通过水域来进行运输和航行的交通方式；

航空交通：涵盖了机场、航班、飞机等通过航空运输进行的交通方式。

（3）根据基础设施的不同，城市交通系统可以分为以下几个组成部分。

道路和桥梁：包括城市道路网络、高速公路、跨河桥梁等，为各类交通工具提供通行条件；

公交站点和车辆：包括公交车站、候车亭以及公交车辆等，为公共交通系统提供站点和工具；

地铁和轻轨设施：包括地铁线路、地铁站台、轻轨线路等，为城市提供快速轨道交通服务；

步行和自行车设施：包括人行道、人行天桥、自行车道、自行车停车场等，为非机动出行提供便利条件；

停车设施：包括停车场、停车位、停车楼等，为私家车提供停放场所。

城市交通系统因城市而生，城市因人的聚集和物流活动的活跃而得以繁荣，城市交通系统与城市的方方面面息息相关，是串联起城市各种活动和场所的重要载体，可以说城市交通系统运行状态是城市政治、经济、社会和百姓生活的综合体现，城市交通系统也是其基本支撑，城市交通系统的建设可以拉动城市的发展。因此，城市交通系统与城市互为因果，是与城市相辅相成的城市子系统。基于此，城市交通系统具有其社会的复杂性，解决城市交通系统问题应该从城市社会系统的视角综合考虑，避免就城市交通而论城市交通。

1.1.3　城市交通系统基本特征

城市交通系统是具有高度复杂、立体、高密度的多方式综合交通，具有复杂性与动态性、多模式与多层次性的基本特征。

1. 复杂性与动态性

城市交通系统是城市社会系统中的一个子系统，它既包含于城市社会系统之中，又与城市用地系统和市政设施系统等其他子系统具有交集，它们之间相互依存和制约，人的广泛参与又使得城市交通系统具有高度的复杂性。

城市交通系统与城市用地系统相互依存。首先，城市用地规划和布局的变化直接影响着交通系统的需求和运行。其次，城市交通系统与市政设施系统存在交集。市政设施如供水、供电、排水系统等在城市交通系统中发挥着重要的作用，对交通系统的运行和安全起到保障作用。此外，城市交通系统由于人们广泛参与，具有相当高的复杂性。人们的出行需求、交通行为和出行模式对交通系统的运行和拥堵产生直接影响。

2. 多模式与多层次性

城市交通系统是一个具有综合性、立体化的多模式交通系统，从交通基础设施种类而言，分为城市轨道交通、城市道路、城市航道、城市管道和城市枢纽节点等，具有综合性。这些基础设施又分别设置在地下、地面和地上高架，从而形成立体交通设施。在城市内部，各种交通方式具有其特征。

首先，多模式意味着城市交通系统提供了多种交通模式供居民选择和使用。公共交通包括地铁、公交车、有轨电车等，私人交通包括汽车和摩托车，非机动交通包括步行和骑行。每种交通模式都有其独特的特点和优势，能够满足不同居民的出行需求。其次，多模式的交通模式在城市交通系统中相互衔接和互为补充。不同交通模式之间的衔接和转换，如从步行到公交、从公交到地铁，使得居民能够更高效地完成出行目的。最后，多模式的性质使得城市交通系统形成了多层次的交通结构。不同交通模式在城市交通系统中处于不同的层次和规模。公共交通网络覆盖整个城市，为长距离和大量人员出行提供服务；私人交通则以道路网络为基础，为个体出行提供便捷与灵活性；非机动交通则在城市内部形成了便捷的步行和骑行网络。这种多层次的交通结构使得居民可以根据出行距离、时间和个人偏好选择合适的交通模式，提高出行效率和便利性。

3. 高度相互依赖性

高度相互依赖性是城市交通系统的一项基本特征。交通系统各个组成部分相互依赖，交通工具与道路资源相互依赖，交通参与者之间存在相互依赖关系，同时信息流和物流也与交通系统紧密相连。理解和应对这种高度相互依赖性对于优化交通系统运行、提高交通效率和减少交通拥堵至关重要。

城市交通系统的各个组成部分相互依赖。道路网络提供了交通运输的通道，公共交通设施提供了大量市民的出行工具，停车设施则是私家车停放的场所，步行和自行车设施则是非机动出行的重要空间。这些组成部分相互依赖，共同构成了城市交通系统的运行框架。交通工具与道路资源相互依赖。私家车、公共交通以及步行自行车等交通工具需要道路资源来实现流动。道路网络的拥堵情况会直接影响交通工具的行驶速度和效率，反之，交通工具的使用情况也会影响道路的运行状态。交通参与者之间也存在相互依赖。市民居民、运输公司和司机、交通管理机构以及城市规划和政府机构等各个交通参与者之间的互动与协调是交通系统正常运行的关键。这些交通参与者之间的相互依赖，需要通过协调和合作来实现交通系统的协调运行。交通系统中的信息流和物流也具有相互依赖性。物流的流畅性和效率对于城市经济活动和居民生活具有重要影响，而交通系统的良好运行则为物流提供了必要的支持。

1.2 城市交通发展历程

1.2.1 古代城市交通

古代城市交通初期，交通工具和交通管理尚未得到明确的规范和发展，城市交通的形态多样而原始。在奴隶社会向封建社会进化过程中，城市形态渐趋成熟。我国古代城市（都城）规划依从形制，并经历了从"里坊制"到"街巷制"的演变。《周礼·考工记》是我国古代，也是人类早期社会提出的一种系统的城市规划制度。它规定了王城、诸侯城、都城三级城邑，各级城邑建置数及分布等。以王城规划建设为例，记载的"匠人营国，方九里，旁三门。国中九经九纬，经涂九轨。左祖右社，前朝后市，市朝一夫"

规定了王城建设的规模及其城市交通网络（九经九纬）和断面结构（经涂九轨）标准。古代城市交通大致可分为陆路交通和水路交通。

1. 陆路交通

陆路交通，最原始的交通工具是人的双脚，后来人类将动物驯化为交通工具。随着生产力水平的提高，我们的祖先学会了造车。相传约在 5000 年前，轩辕黄帝就会造车。据考证，黄帝造的车比较简陋，结构粗糙，而且主要是靠人力推拉的，在搬运货物时仍然非常费力。公元前 2250 年，奚仲造出了用马拉的木车（见图 1-1），大大地提升了车辆的运行速度与运输效率。

图 1-1 古代马车

秦始皇统一中国后，颁布"车同轨"的法令，建立以驰道为主的全国交通干线，东至今江苏和山东的海滨，南到今湖南、湖北之地，西抵今甘肃、青海一带，北达今河北和山西北部，总里程约八九百公里；又派人继续修筑这条道路，从四川宜宾一直修到今云南东部的曲靖附近，因路宽仅五尺，故称为"五尺道"。"五尺道"的开辟，不仅有利于西南地区的开发，而且使云南各部落与内地的经济文化，有更加密切的联系。秦始皇二十七年（公元前 220 年），秦始皇下令大筑驰道，首次形成了一张以驰道为主，以咸阳为中心，向四方辐射的全国性的陆路交通网络。

到了元明时期，尤其是元朝，统治地域辽阔，建成了以北京为中心的四通八达的全国陆路驿道交通网络，建立了稠密的驿站，由驿道和驿站构成了古代的驿传系统。《元史·地理志》记载："元有天下，薄海内外，人迹所及，皆置驿传，使驿往来，如行国中。"意思是元朝在凡有人居住之地都设置了驿站，往来世界，就像在自己国内一样，可见当时建立的驿道规模非常庞大。直至欧洲工业革命后西方国家强势崛起，通过鸦片战争打开我国的国门，引入了汽车，驿道时代才逐渐画上句号。

2. 水路交通

据考古学研究，中国古代水路交通的起源可以追溯到新石器时代晚期（公元前 5000 年左右），在和大自然搏斗的过程中，先民观察大自然，发现树叶可漂浮在水面上，从而受到启发，发明了船，由此开启了水上交通。早期的木船通常是简单的刻舟或扁舟，由单一的木材制成。这些木船被广泛用于渡船、捕鱼和贸易等活动，如图 1-2 所示。

图 1-2　早期木船

在古代中国，河流被视为重要的交通动脉。早期的河流交通主要是沿着水流顺势而下地漂流，后来人们开始使用桨、帆等方式进行操控。商朝时期（公元前 16 世纪—公元前 11 世纪），中国的水路交通开始有了较为显著的发展。商朝的都城位于黄河流域，黄河成为商朝的主要水上交通干线，人们利用黄河进行货物运输和贸易活动。因此人们开始在河流两岸修建码头和港口，为船只停靠和装卸货物提供便利。

随着农业的发展和人口的增长，人们对于水路交通的需求也增加。于是，古代中国开始修建运河，以解决长距离水上交通的需求。在中国历史上，最著名的运河是大运河。它起源于春秋时期，经过多次扩建和修复，最终形成了横跨中国东部的宏大水路系统。大运河贯通海河、黄河、淮河、长江、钱塘江五大水系，贯穿了包括北京、天津、南京和杭州在内的多个重要城市，成为中国古代最重要的水上交通干线之一。

尽管古代城市交通在起源和初期阶段存在一些局限和不足，但它为后来城市交通的发展奠定了基础。通过步行、驯养动物的运输和水上交通，人们对于城市内外的交通需求得到了满足，促进了城市的发展和社会的互动。古代城市交通的初期阶段为后来的交通工具、道路建设和交通管理奠定了基础，同时也为后来的城市交通发展提供了宝贵的经验和教训。

1.2.2　近代百年城市交通

城市是一个坐落在有限空间地区内的各种经济市场如住房、劳动力、土地、运输等相互交织在一起的网状系统，与城市交通总保持着良好的关系，从不分离。

1. 城市交通工具发展

在工业革命初期，城市交通工具依然沿用马匹和马车。随着城市的扩大，商业区、居住区和工作区的分离以及人口流动量的增加，城市交通面临着巨大的挑战。1776 年，英国著名发明家詹姆斯·瓦特吸收前人的成果对蒸汽机进行改良，推动了第一次工业革命进入一个崭新的发展阶段。在交通运输行业，交通工具迎来历史性变革，蒸汽机促进了机动船和机车的出现，终结了以人力、畜力、风力等为主要动力的历史。1804 年，特里维西克在蒸汽机的基础上将低压蒸汽动力改进成高压蒸汽动力，制造出世界上最早的火车，如图1-3所示。

图1-3 世界上最早的火车

到了19世纪中叶，第二次工业革命来临，电力逐渐成为新的动力能源，人类从"蒸汽时代"进入"电气时代"。第二次工业革命除了电力的广泛应用，另一项具有代表性的技术成就是以煤气和汽油为燃料的内燃机的诞生。当时先后在美国和德国的城市出现了马拉有轨车。这种有轨车通过马匹牵引车辆在轨道上行驶，为城市交通带来了一定的改善。

到了19世纪70年代，美国开始采用蒸汽机取代马车，使得城市交通得到了大幅改进。同时，火车被引入城市，波士顿和芝加哥等城市修建了高架铁路线，火车在街道上空行驶，进一步提高了城市的交通效率。为了解决交通拥堵的问题，英国、美国和法国等国家在一些城市修建了地铁系统，为城市交通注入了新的活力。

城市交通状况的改善与道路建设密切相关。随着近代城市的快速发展，城市交通在技术和基础设施方面经历了重大的变革和创新。从马拉有轨车到蒸汽机、电车和汽车，城市交通工具的演进不断提高了城市的交通效率和便利性。同时，道路建设的改善和新兴的交通系统为城市居民提供了更加舒适和便捷的出行体验。

2. 城市交通管理发展

城市交通管理水平的发展历程可以概括为从无序到有序、从简单到智能的演进。随着城市规划理念的兴起，交通信号灯的引入以及城市交通管制中心的建立，交通管理开始趋向有序和精细化。城市交通管理水平经历了以下发展历程：

（1）早期城市交通无序。19世纪初，城市交通管理相对较为混乱，道路规划和交通流量控制较为简单，交通拥堵和事故频发。

（2）城市规划理念兴起。20世纪初，城市规划理念兴起，开始将交通规划纳入城市发展规划。道路网络开始规划布局，交通设施逐步改善。

（3）交通信号灯的引入。20世纪初，交通信号灯的引入显著改善了交通管理。通过信号灯的配时控制，对车辆和行人的交通流向进行有序引导，提高了交通效率和安全性。

（4）城市交通管制中心的建立。20 世纪中期，城市交通管制中心开始建立。这些中心通过监控设备和控制系统，实时监测交通流量、调整信号配时，并提供交通信息和路况预警，以提高交通管理的精确性和自动化程度。

（5）公共交通发展。20 世纪后半叶，随着城市人口增长和交通需求增加，公共交通成为重要的城市交通管理手段之一。城市开始建设轨道交通系统（如地铁、轻轨）和公交系统，提供便捷、高效的交通服务。

（6）智慧城市交通管理。21 世纪以来，随着信息技术的发展，智慧城市交通管理逐渐兴起。通过应用大数据、物联网和人工智能等技术，实时收集和分析交通数据，优化交通规划、信号控制和路线导航，提升交通系统的整体效能和出行体验。

1.2.3 近 30 年城市智慧交通

2008 年，IBM 便提出了"智慧地球"理念，随后演变出了"智慧城市"的概念。智慧城市包括智慧交通、智慧安防、智慧教育等。就目前而言，智能交通系统已发展推进了多年，但因技术的限制，未能做到真正意义上的自主自控。随着科学技术的进步，智能交通系统已不能满足生活要求，智慧交通应运而生。智慧交通在已有智能交通系统的基础上，加以先进科学技术的应用，如物联网技术、大数据分析、云计算等，实现了交通智慧化，最终在人工智能技术的思考决断下，实现人、车、路、环境四要素的感知共享，信息互联互通，智能终端高效协同运行，如图 1-4 所示。

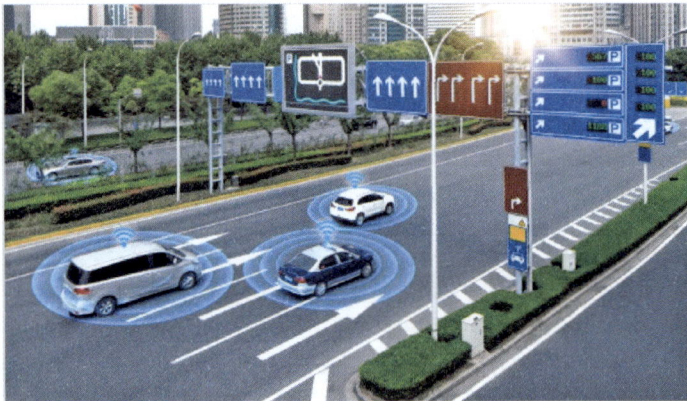

图 1-4 车路协同

智慧交通的核心在于"智慧"，智慧交通系统像是给交通装上人类的大脑，可以综合各种信息状况进行判断并做出决策。智慧交通概括起来，具有以下几个特点。

（1）以泛在先进的交通信息基础设施为基础实现全面的感知。

（2）实现物联网、人工智能、大数据、移动互联网等新技术高度融合，强调信息的实时性、系统性、高效性、交互性以及服务的广泛性。

（3）具备分析、预测、控制等能力，被赋予了人工智能和自主决策的能力，以实现智能化的交通管理和运行优化。

（4）秉承以人为本、服务民生、需求引导、开放创新的理念。

国外的交通系统智能化从 20 世纪 60 年代已经开始，到 90 年代时，美国、日本、欧洲等发达国家和地区已取得了多项科研成果。我国的智能交通系统起步较晚，20 世纪 90 年代中期，我国才开始研究智能交通相关技术，经过 30 多年的发展和积累，也取得了很大的进步。

1. 美国

美国的交通系统智能化研究始于 20 世纪 60 年代末，当时被称为电子线路导航系统（electronic route guidance system，ERGS）。20 世纪 80 年代中期，美国在全国开展了智能化车辆—道路系统（intelligent vehicle—highway system，IVHS）方面的研究，即智能交通系统。1991 年，美国智能交通协会（intelligent transportation society of America，ITS America）创立，该协会旨在帮助加速智能交通系统的发展，大大促进了美国智能交通系统的发展。

1993 年，美国正式开始国家 ITS 体系结构开发计划，于 1997 年 1 月公布了第一版国家 ITS 体系结构，1998 年 9 月又公布了修订后的第二版国家 ITS 体系结构。1995 年 3 月，美国运输部正式公布了"国家智能交通系统项目规划"，明确规定智能交通系统的 7 大领域（基本系统）和 29 个用户服务功能（子系统），如图 1-5 所示。

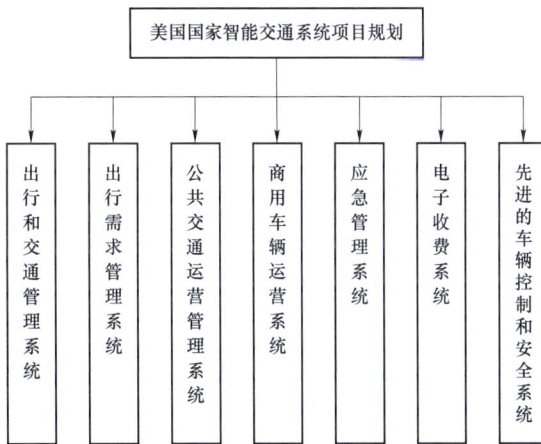

图 1-5　美国国家智能交通系统项目规划

2014 年，美国运输部与美国智能交通系统联合项目办公室发布了《智能交通系统战略规划（2015—2019 年）》，定义了 6 个项目类别，描述了两个战略重点："实现汽车的互联技术"和"推动车辆自动化"。2017 年，美国交通研究中心斥资 4500 万美元建立智能交通研究测试中心，用于无人驾驶与车联网技术的研究。建成后，该设施或将成为全球最先进、最专业的无人驾驶与车联网技术研究机构，如图 1-6 所示。

2. 日本

日本是全球城市人口密度较高的国家，为应对交通拥堵问题，日本早在 20 世纪 70

年代就开始了智能交通的研究，是全球最早开始研究智能交通的国家之一。1973 年，以日本通产省为主开发的汽车综合控制系统，是一套车载交互式路线引导显示系统，在显示屏上为驾驶员提供道路交通拥堵的情况及诱导信息。随后成功研制了电子路径诱导系统，这被认为是日本最早的 ITS 项目。1994 年，日本成立了日本道路交通车辆智能化促进协会，以推动 ITS 的开发和研究以及支持 ITS 相关标准化活动。1995 年制定了《公路、交通、车辆领域的信息化实施方针》，1996 年制定了《日本智能交通综合计划》，1999 年制定了《日本智能交通系统结构》，定义了智能交通系统的 9 个开发领域、21 个标准用户服务项目，如图 1-7 所示。

图 1-6　无人驾驶

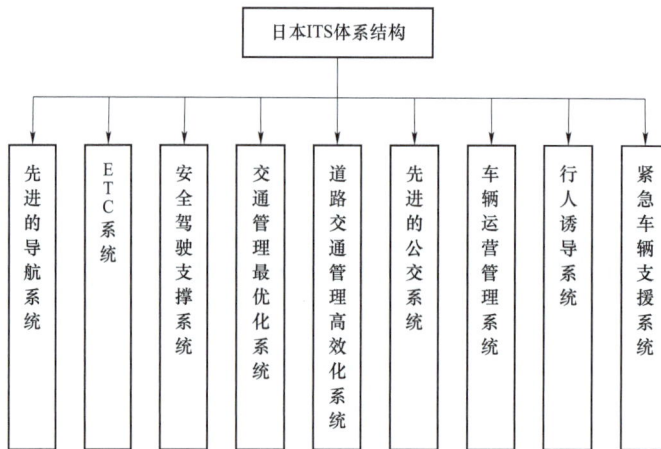

图 1-7　日本 ITS 体系结构图

1998 年，车辆信息与通信系统（vehicle information and communication system，VICS）从关东地区经中部地区发展到关西地区。到 2000 年，日本全国各个地区均已应用车辆信息与通信系统，同年电子不停车收费系统（electronic toll collection，ETC）计划也开始实施。2003 年，信息技术与道路交通结合的智能公路开始出现，2006 年发布的《智能交通系统手册（2006）》把日本智能交通系统建设提升到国家战略高度。2017 年，在高速公路和偏远区域进行自动驾驶汽车测试，加快智能交通系统的建设和完善。日本计划于 2025 年前在全国范围内普及自动驾驶技术，通过自动驾驶的推广普及以期减少交通事故，争取于 2030 年实现交通事故发生次数为 0 的目标。

3. 中国

中国的智能交通系统起步比较晚。2000 年前，我国智能交通系统处于国家智能交通体系框架和标准研究的层面，示范或开工建设的项目不多，可以视为我国智能交通系统的起步阶段。2000 年后，从"十五"计划开始，我国政府在政策、经济上均给予大力支持，智能交通行业获得长足的发展，可以视为智能交通的建设期。2012 年，我国成立智慧城市创建工作领导小组，由此开启了智慧交通建设的序幕，交通运输体系迈出了由智能化向智慧化发展具有里程碑意义的一步。

为实现交通强国的目标，研发智能基础设施必不可少，在智能终端、物联网、大数据、云计算、人工智能等关键领域的政策支持力度也较大。中国政府在 2015 年开始针对智慧交通领域出台措施，加快相关产业培育。近年来，交通运输部出台多项政策，继续大力推进智能交通发展。2021 年 9 月，交通运输部下发《交通运输领域新型基础设施建设行动方案（2021—2025 年）》。2021 年 12 月，交通运输部发布《数字交通"十四五"发展规划》。经交通运输部多次发文指导，智慧交通发展目标清晰可见。2025 年将是智慧交通发展的关键节点，此后，智慧交通发展将会呈现爆发式增长，各领域应做好相应的技术储备，提前验证相关技术的可行性。

1.3 城市交通系统组成

1.3.1 城市道路交通

城市道路交通是城市交通系统中的重要的一个子系统，由道路设施、管控设备、参与者和车辆构成，其功能是满足城市的各种交通出行活动和城市货物流动。城市道路交通是保持城市活力最为基础的设施，是城市生活的依托，拉动或制约着城市经济的发展。发展多层次、立体化、智能化的城市交通体系，将是城市建设发展中普遍追求的目标。本节从城市路网布局形态、城市交通结构、交通信息化基础设施、交通信号控制四方面阐述。

1. 城市路网布局形态

城市道路网的形态受自然地形、历史形态、城市规模等各方面因素的影响，实际形态往往各不相同。可以分为方格网式（棋盘式）、放射环式（环形放射式）、自由式、混合式、线性或带形道路网等类型。

（1）方格网式（棋盘）。方格网式最常见的一种道路网结构形式，多见于采用轴线对称的古城道路系统。布局整齐，有利于沿街建筑布置和方向识别，交通分散，组织灵活。但交叉口多，对角线方向交通不便。北京旧城、西安、洛阳等城市的道路网都属于方格网式，如图 1-8、图 1-9 所示。

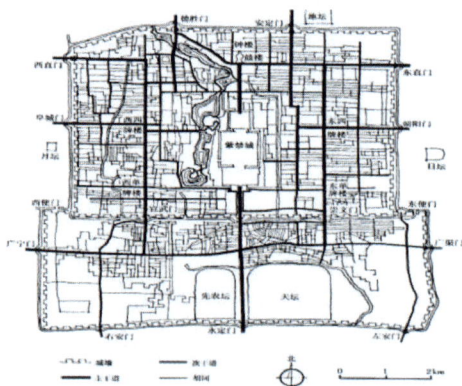

图 1-8　清代北京路网图

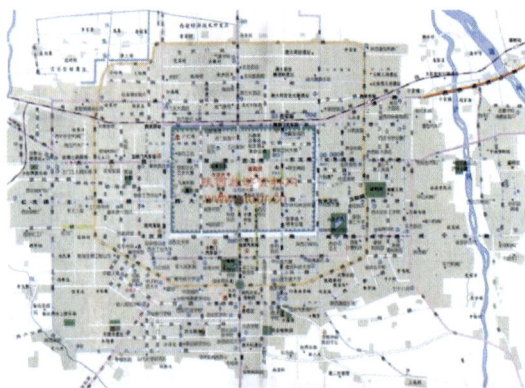

图 1-9　西安路网图

（2）放射环式（环形放射式）。放射环式道路网由若干条放射线和若干条环线组成，一般由放射式道路网演变而来。有利于市中心对外联系，对多中心布局大城市的交通量分布均衡有利。但规划不当时，易导致市中心交通过于集中。沈阳、成都、天津等城市的道路网都属于放射环式，如图 1-10、图 1-11 所示。

图 1-10　沈阳路网图

图 1-11　成都路网图

（3）自由式。道路走向受到地形条件的限制时，难以形成较规则的路网，城市道路往往随地势而建，形成不规则的自由式路网系统。可以充分结合自然地形，节约工程造价，并能创造丰富的城市景观。但绕行距离大，不规则街坊多，建筑用地比较分散。重庆、青岛、芜湖市等均为典型自由式路网，如图 1-12、图 1-13 所示。

（4）混合式。混合式路网是结合城市用地条件，将多种类型的路网组合起来，常见的形式有方格式与环形放射式结合、方格式与自由式结合。此类型路网综合了方格式、环形放射式和自由式道路网的优点，又能避免方格式路网单调及在特殊地形处受限制的问题，使城市道路网更加完善合理。北京、上海、哈尔滨等城市的道路网都采用了混合式道路网，如图 1-14、图 1-15 所示。

图 1-12　青岛路网图

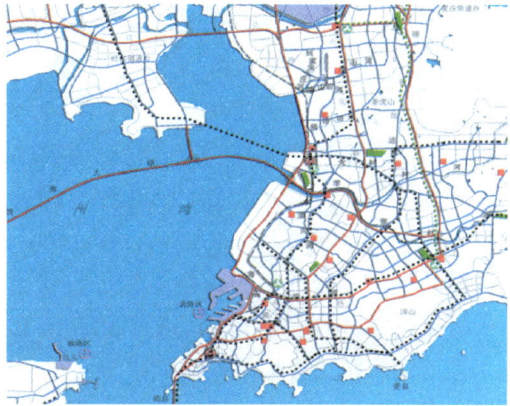

图 1-13　重庆路网图

图 1-14　北京路网图

图 1-15　上海路网图

（5）其他形式。依据城市地形特点，还有线性或带形道路网、扇形道路网、手指状道路网、星状放射式道路网、交通走廊式道路网等多种类型的道路网形式。

2. 城市交通结构

城市交通结构取决于城市和城市交通的发展战略，是现代城市交通系统的最高层次。城市交通结构体现在两方面：一是作为各种交通方式载体的基础设施，即道路网络、轨道交通网络和公共汽电车网络的比例结构；二是公共汽电车、轨道交通、私人小客车等交通方式的客运量比例结构，也称划分率。保持两者的合理结构，对解决城市交通问题至关重要。目前的城市交通结构，可以概括为以下两种类型。

（1）以大运量公共交通作为主要交通工具的类型。公共交通在这类城市结构中处于主导地位，公共交通包括公共汽车、无轨电车、地铁、城市铁路、市郊铁路、新交通系统等在内的综合公共交通系统。这一类型的城市一般都是城市建设密度较大的城市。如日本的 8 个主要城市的公交客运量占总客运量的 51.6%，而小客车只占 12.3%。莫斯科、新加坡及我国的香港，城市客运都是以公交为主体。

（2）以私人小客车作为城市主要客运交通工具的类型。这一类型的城市建设密度小，公交运营费用昂贵，效率很低。如美国的旧金山、洛杉矶、底特律、达拉斯、圣地亚哥等城市公交划分率均不到10%，而小客车的出行量大多占总出行量的70%以上。旧金山市的客运结构中，小客车占总出行量的75%，公交占8%，步行占15%，其他占2%。

3. 交通信息化基础设施

在新的时期背景下，城市道路交通基础设施建设被赋予了新的定义和内涵。根据交通运输部关于推动交通基础设施数字转型及智能升级的指导意见，新型城市道路交通基础设施建设将以数字化、网络化、智能化为主线，以技术创新为驱动，旨在构建便捷顺畅、经济高效、绿色集约、智能先进、安全可靠的城市道路交通领域新型基础设施。

（1）交通安全基础设施。道路交通安全基础设施是保障道路交通安全的重要组成部分，包括道路标志、标线、交通隔离设施等。这些设施对于减轻事故的严重度，排除各种纵、横向干扰等起着重要的作用。随着智能化手段的发展，智能交通标志、智能交通标线、智能交通隔离设施等交通信息化安全基础设施逐渐运用到实际生活中。

1）交通标志。道路交通标志是一种以图形符号和文字传递特定信息，用以管理道路交通的设施，一般设置在路侧或道路上方（跨线式）。道路交通标志给道路使用者以确切的道路通行信息，促使道路交通达到安全、畅通、低公害和节能。随着智能交通的发展，一种被称为"可变情报板"的新型交通标志在大城市道路交通中获得了比较广泛的应用，如图1-16所示。

图1-16 可变情报板

2）交通标线。道路交通标线是由各种路面标线、箭头、文字、立面标记、突起路标和路边线轮廓标志等构成的交通设施。它的作用是管制和引导交通，可以和标志配合作用，也可以单独使用。智能交通标线是一种新型的道路交通安全设施，它通过在路面上绘制具有反光、耐磨、耐候等特点的标线，配合车载设备和交通信号控制系统，实现对道路交通的智能化管理。智能交通标线能够有效地引导车辆行驶，提高道路利用率，减少交通事故的发生。

3）交通隔离设施。交通隔离设施是为了保证道路交通的安全，将车辆、行人或其他交通流线进行有效分离和保护的设施。新型智能交通隔离设施通过配合车载设备和交通信号控制系统，做到抑制车辆随意转弯强行超车、不按引导车道行驶的现象，实现对道路交通的智能化管理。

（2）智能交通系统基础设施。智能交通系统基础设施主要包括智能交通信号设施和智能交通流检测设备。智能交通信号设施利用先进的信息技术对交通进行管理和控制，以提高道路的通行效率和安全性。智能交通流检测设备可以对车流量、车道平均速度、车道时间占有率等交通流参数进行实时检测，从而全面掌握道路的通行状态。

1）智能交通信号设施。交通信号主要用于平面交叉口，是在空间上无法实现交通分离原则的情况下，通过在时间上给不同方向的交通流分配一定的通行权完成交通指挥的设施。交通信号灯包括交叉口交通信号灯、人行横道信号灯、车道信号灯。智能交通信号设施是指采用人工智能（AI）的方法对用各种通信和信息收集技术收集来的道路和车辆数据进行处理，输出合理的信号灯控制策略来对道路交通信号灯进行控制，以优化各项交通性能指标。

2）智能交通流检测设备。目前，智能交通流检测设备的种类非常多样，包括视频检测器、微波车辆检测器、毫米波雷达和激光雷达等。视频检测器可以监测车辆运行的过程，成像稳定，便于核查，但该方式依赖于天气、能见度等环境条件，可靠性不高，可能会存在较大程度的漏检与误检。微波车辆检测器具有很强的抗干扰能力，基本不受外界天气条件影响，交通流检测精度较高，但车速检测准确率较低。毫米波雷达交通流检测精度可以达到 95%，且具有不受气候和光线影响的特性，可以在眩光、全黑、雨雪、烟雾等恶劣天气环境中正常工作。而激光雷达定位精度高，不受光线影响，易受天气的影响。此外，还有一些其他类型的交通流检测设备，包括环形线圈检测器、超声波检测器、红外线检测器、视频检测和浮动车检测等。

4. 交通信号控制

交通信号控制基本上可分为定时式控制和感应式控制两种形式。定时式控制是利用定时控制器，按照先设定的时间顺序，重复变换红、黄和绿三色灯，其信号周期时间可按交叉口处不同方向车流的情况预先规定一种或几种。感应式控制是通过车辆检测器测定到达交叉口的车辆数，及时变换信号显示时间的一种控制方式。它能充分利用绿灯时间，提高通行能力，使车辆在停止线前尽可能不停车，从而可得到安全畅通的通车效果，但感应式信号装置的造价很高。

目前城市道路交通控制系统逐渐发展，主要分为单点控制、干线控制和区域控制 3 种。

（1）单点控制。单点交叉口交通信号控制简称点控制，它以单个交叉口为控制对象，是交通信号灯控制的最基本形式。单点控制又可分为固定周期信号控制、感应式信号控制及自适应控制。

1）固定周期信号控制。固定周期信号控制是最基本的交叉口信号控制方式，这种控制方式设备简单，投资很小，维护方便，同时这种信号控制机还可以升级，与邻近信号灯联机后上升为干线控制或区域控制。

2）感应式信号控制。感应式控制是一种根据交通流量和需求感知实时交通情况来调整信号灯的控制方式。它通过使用各种传感器（如车辆检测器、行人感应器等）来监测道路上的交通状况，根据感知到的数据作出相应的信号控制调整。

3）自适应控制。自适应控制是一种基于实时交通状况和数据分析的智能信号控制方式，利用传感器、摄像机和数据处理算法等技术来获取准确的实时交通数据。这些数据包括车辆流量、速度、密度以及交通延误情况等。通过分析这些数据，并结合预设的优化目标和约束条件，实时计算出最佳的信号灯配时方案。

（2）干线控制。干线控制（又称线控或干线协调控制）就是把一条主干路上的一批相邻的交通信号灯联动起来，进行协调控制，以提高整条主干路的通行能力。干线控制往往是区域控制的一种简化形式，控制参数基本相似。根据道路交叉口所采用信号灯控制方式的不同，干线控制也可分为定时式协调控制及感应式协调控制两种。

（3）区域控制。区域控制（或称为面控制）把整个区域中所有信号交叉口作为协调控制的对象，控制区内各受控交通信号都受中心控制室的集中控制。对范围较小的区域，可以整区集中控制；对范围较大的区域，可以分区分级控制。分区的结果往往成为一个由几条线控制组成的分级集中控制系统，这时可认为系统控制是区域控制中的一个单元，有时分区成为一个点、线、面控制的综合性分级控制系统。区域控制系统按控制策略可分为定时脱机式区域控制系统和联机感应式区域交通控制系统两种。

1）定时脱机式区域控制系统。即利用交通流历史及现状统计数据进行脱机优化处理，得出多时段的最优信号配时方案存入控制器或控制计算机内，对整区交通实施多时段定时控制。定时脱机式区域控制系统简单、可靠，效益投资比高，但不能适应交通流的随机变化，特别是当交通流量数据过时后，控制效果明显下降，重新制订优化配时方案将消耗大量的人力进行交通调查。交通网络研究工具（Traffic Network Study Tool，TRANSYT）是定时脱机式区域控制系统的代表，系统主要由仿真模型和优化两部分组成。

2）联机感应式区域交通控制系统。由于定时式脱机区域控制系统具有不能适应交通随机变化的缺点，人们便进一步研究能随交通变化自动优选配时方案的控制系统。随着计算机自动控制技术的发展，交通信号网络的自适应控制系统就应运而生。英国、美国、澳大利亚、日本等国家做了大量的研究和实践，用不同方式建立了各有特色的自适应控制系统。归纳起来就是方案选择式与方案形成式两类。方案选择式以 SCATS（Sydney Coordinated Adaptive Traffic System）为代表；方案形成式以 SCOOT（Split Cycle Offset Optimizing Technique）为代表。

1.3.2 城市公共交通

城市公共交通是指为城市居民提供的集体运输服务系统，由政府或相关机构负责规划、建设和运营。本节从城市公共交通系统的组成、城市公共交通运营管理系统两个方面对城市公共交通系统进行阐述。

1. 城市公共交通系统的组成

公共交通系统是由多种城市公共交通方式组成的有机总体，城市公共交通系统包主要包括城市公共交通工具、城市公共交通线路网、城市公共交通场站设施三部分。

（1）城市公共交通工具。城市公共交通工具的类型多种多样，以满足不同人群和地区的出行需求。常见的公共交通工具包括公共汽车、轨道交通（地铁、轻轨、市域快速轨道交通、单轨、现代有轨电车、自动导向轨道、磁悬浮）、出租车等。

1）公共汽车。公共汽车是目前世界各国使用最广泛的公共交通工具。公共汽车起源于 19 世纪初，最初形态为公共马车。随着技术的发展，公共汽车经历了从马匹牵引到机械驱动的转变。我国的公共汽车车辆类型甚多，按车长和载客定员分，有小型（车长 4.5~6m，定员≤40 人）、中型（车长 6~9m，定员≤80 人）等五种规格。为适应不同乘客、不同需求，增加实际运营中的灵活性和经济性，智慧公交应运而生。智慧公交是利用现代信息技术手段实现对公交车辆的实时监控、调度和管理，以提高公交汽车的效率和便利性。随着科技的发展，智慧公交也在尝试无人驾驶技术，百度无人驾驶中巴车于 2020 年在重庆永川全球首发，重庆永川成为全国首座启动自动驾驶收费示范运营的城市。

2）轨道交通。采用专用轨道导向运行的城市公共客运交通系统，包括地铁系统、轻轨系统、市域快速轨道交通系统、单轨系统、现代有轨电车系统、自动导向轨道（APM）系统、磁浮系统。

a. 无轨电车。无轨电车以直流电为动力，除了用公共汽车的设备外，还要有架空的触线网、整流站等设备。初期投资较大，且行驶时因受架空触线的限制，机动性不如公共汽车。但无轨电车行驶时能偏移触线两侧各 4.5m 左右，可以靠人行道边停站，必要时也可超越其他的城市车辆。无轨电车的特点是噪声低、不排出废气、起动加速快、变速方便。

b. 有轨电车。有轨电车运载能力大、客运成本低，其设备同无轨电车，但还需轨道和专设的停靠站台。20 世纪初，有轨电车在资本主义国家城市的形成和发展中曾起过重要的作用。20 世纪 70 年代后，由于小汽车泛滥、环境污染、交通拥堵和石油危机等问题，有轨电车在一些国家重新兴起，发展成为轻轨交通。通过车辆更新、对线路实行隔离、在市中心繁忙地段进入地下等手段使客运容量增大、舒适性增强、经济性提高。轻轨交通适用于单向小时客流 1.5 万~3 万人次的客运量，运送速度为 20~35km/h，属于中运量快速轨道交通方式。

c. 地铁。地下铁道简称地铁，是在街道以外的一种强有力的快速大运量公共交通工具。其通常位于城市中心区域的地下隧道内，而在中心城区之外，线路可能会设在高架或地面上。地铁最基本的特点是与其他交通完全隔离，避免了与其他交通方式的平面交叉，从而保证了运输效率和安全。此外，其线路设施、固定建筑、车辆和通信信号系统均具有较高的设计标准。

地铁始建于 1863 年的英国伦敦，由于建设投资大、工期长，直到第二次世界大战结束时，全世界只有 18 个百万以上人口的大城市开通地铁。近 50 年来，由于城市人口增加、地面交通饱和、技术进步、经济实力增强等因素，地铁系统迅速增加。地铁作为城市公共交通的重要组成部分，虽然工程造价高，但其有运量大、速度快、污染少、安全可靠、不占用或少占用城市用地等优势。地铁单向小时客流量可达 4 万~6 万人次，运送速度在 30~40km/h，属于大运量快速轨道交通方式，对于缓解城市交通压力和提高居民出行效率具有重要意义。

3）出租车。出租车是一种不定线路、不定车站、以计程或计时方式营业，为乘用者提供门到门服务的较高层次的公共交通工具。出租车在城市公共客运交通中起着辅助作用，因而称为辅助交通。早在 1903 年，出租车就已经进入了中国，哈尔滨成为第一个拥有出租车服务的城市。然而，由于当时出租车数量稀少且购置成本高昂，这个行业并没有立即蓬勃发展。20世纪80年代，北京市兴办了一批国有和集体出租车公司，标志着出租车服务开始逐渐普及。随着时间的推移，中国的出租车行业逐渐规范化，服务水平和技术也在不断提升。近年来，网约车等新业态的发展促进了大数据、人工智能等现代信息技术与出租汽车行业深度融合。随着自动化技术的快速发展，无人驾驶出租车正从技术探索转向商业化落地的新阶段。目前，重庆、武汉、北京、深圳等地已发布自动驾驶全无人商业化试点政策，百度Apollo、小马智行等已获得无人化示范运营资格，开展商业化服务。传统出租车行业面临着新的挑战和市场竞争。

4）轮渡。轮渡是在城市被江、河分割的特定条件下的城市公共客运交通工具，一般起联结两岸摆渡交通的作用，使陆上交通不能直接相通的区域得以沟通。这在没有桥梁、隧道或过江通道能力短缺的城市显得十分重要。

（2）城市公共交通线路网。城市公交线网规划对于提升公交服务质量、改善城市交通状况、促进城市可持续发展等方面都具有重要意义。树立综合规划的理念，实现各种交通方式之间的协调融合，可提高城市的整体交通效率，使公交系统更好地服务于市民。城市公共交通线路网平均密度以 2.5km/km^2 为佳，在市中心可达到 3～4km/km^2，而城市边缘地区取值可小些。居民步行到公共交通车站的平均时间为 4～5min 为佳。

城市公共交通线网按客运工具分类可分为公交线网、轨道线网（包括地铁、轨道交通等地下或高架线路）等。

1）城市公交线网主要由公交车线路组成，覆盖城市内的主要街道和交通枢纽，为市民提供便捷的出行服务。城市公交线网的设计通常考虑到市区的交通需求、人口分布、经济发展等因素，以确保覆盖面广、服务质量高。近年来，中国已有多个城市部署有在公开道路运营的无人驾驶公交路线。微循环公交组织方式是城市公共交通出行新模式新业态，东莞、广州、福州、苏州等城市也在大力发展微循环公交及地铁接驳专线，具备智能化、网联化特点的无人小巴承担着重要角色。但无人驾驶公交要实现大面积上路运营还受到多个因素影响，距离真正实现无人驾驶公交大面积上路运营还难以确定。

2）城市轨道线路网是依据城市总体规划和城市综合交通规划，结合城市交通发展规律和影响因素来制定的。其主要目标是确定适应未来城市交通需求的轨道交通网线规模、结构布局、技术制式和建设时间，并提出城市轨道交通设施用地的规划控制要求。目前全国已有多个城市开通运营了城市轨道交通线路，截至2023年12月31日，中国内地累计有59个城市投运城市轨道交通线路，总计达到11232.65公里。

（3）城市公共交通场站设施。城市公共交通车站分为终点站、枢纽站和中间停靠站。中间停靠站的站距受交叉口间距和沿线客流集散点分布的影响，在整条线路上是不等的，其设置原则是方便乘客乘车并节省乘客总的出行时间。市中心区客流密集，乘客乘距短，上下站频繁，站距宜小；而城市边缘区，站距可大些；郊区线，乘客乘距长，站距宜大。《城市道路交通规划设计规范》中对公共交通车站服务面积的规定是：以300m半径计算，不得小于城市用地面积的50%；以500m半径计算，不得小于90%。

公共交通场站布局主要根据公共交通的车种、车辆数、服务半径和所在地区的用地条件设置。公共交通停车场、车辆保养场、整流站、公共交通车辆调度中心等场站设施是城市公共交通系统的重要组成部分，应与城市公共交通发展规模相匹配，以保证用地。公共交通停车场宜大、中、小相结合，分散布置；车辆保养场布局应使高级保养集中，初级保养分散，并与公共交通停车场相结合；无轨电车和有轨电车整流站的规模应根据其所服务的车辆型号和车数确定，整流站的服务半径宜为 1～2.5km，一座整流站的用地面积不应大于 1000m²；大运量快速轨道交通车辆段的用地面积，应按每节车厢 500～600m² 计算，并不得大于每双线千米 8000m²；公共交通车辆调度中心的工作半径不应大于 8km，每处用地面积可按 500m² 计算。

智慧公交站台是将智能与传统公交站台紧密结合的产物，其功能可以实现实时播报车辆到站时间，提供公交班次查询、公交网站信息内容及其公交车所在道路。智慧公交站台还配备实时监控系统，一是更好地监控乘客总流量，立即调整公交车次，二是提供治安监控的实际效果。另外，站台还可以通过 App 与智能手机连接，乘客在不出门的情况下也可以掌握公交的详细信息，节省候车时间。

2. 城市公共交通运营管理系统

城市公共交通，尤其是道路上行驶的常规公共汽车、电车交通，是定时、定线行驶，并按客流流量、流向时空分布变化而不断调节的随机服务系统。该系统能否正常和有效地运行，不仅取决于道路和车辆、场站等物质技术设施条件，还依赖于科学、有效的运营管理系统。

（1）智慧城市公交车辆运营管理系统。智慧城市公交车辆运营管理系统用于管理和监控城市公交车辆运营的各个环节，旨在提高公交车辆运营的效率和服务质量。城市公交车辆运营管理系统的主要功能包括：

1）运营管理。管理公交线路的基本信息，包括线路起止站点、途经站点、运行时间等，方便乘客查询和规划乘车路线。运用智能调度系统，基于 GPS 数据、运营数据、客流数据、监控数据，实现运营方案制定、实时调度监管、行车安全监督、公共信息发布等，确保公交系统的高效安全运转。

2）票务管理。包括车票销售、票价设定、票务统计等功能，方便乘客购票和管理机构进行票务管理。

3）实时车辆追踪。通过 GPS 等技术，实时监控公交车辆的位置和状态，为乘客提供准确的车辆到达时间和实时车辆位置信息。

4）数据分析和决策支持。通过对公交线路、车辆运营数据的统计和分析，生成报表和可视化图表，为运营决策提供支持。

5）安全管理。构建智能车辆安全管理平台，从人、车、路三方面提取安全信息，建立车辆安全档案和驾驶人员评价体系，形成安全数据中心、安全监控中心、安全防控中心等，实现对乘客安全、车辆安全等各方面的管理，确保公交运营的安全性。

（2）智慧城市有轨电车运营管理系统。现代有轨电车运营管理系统的管理对象是按照具体运营组织并在实际运行线路上运行的列车，其运营管理系统必须建立在实际运行线路和具体运营组织规划设计基础上，包含线路规划、车站配线、运营组织、列车定位、系统接口、系统通信。现代有轨电车运营管理系统主要基于系统工程理论，将通信、控制、计算机网络以及卫星定位等技术集成，结合轨旁控制系统、车载系统完成对在线运行列车的运营管理。

（3）智慧城市地铁运营管理系统。智慧城市地铁运营管理系统是为了管理和监控城市地铁运输系统而设计的系统，其目标是确保地铁运输安全、高效运营，并提供良好的乘客服务体验。通过科学管理和信息化技术的应用，可以提高地铁运输能力、减少拥堵，以满足不断增长的城市出行需求。通常包括以下功能：

1）实时监测与预警。轨道交通智慧运营管理系统具备实时监测功能，能够对车站设备、列车运行状况等进行监测，并能实时获取运行数据。通过对这些数据的分析，系统可以及时发现问题并提供预警信息，避免潜在的安全风险。

2）智能调度与优化。系统通过对运行数据进行分析和模拟，可提供智能调度和优化方案，并根据实时需求预测和调整列车行驶速度，以实现交通流的平衡和优化。

3）安全管理与故障诊断。通过对各类设备和系统的监测，可以及时发现设备故障和隐患，并进行预警和报警。同时，系统还能对运行数据进行分析，帮助运维人员定位和解决故障，确保轨道交通的安全运行。

4）乘客服务与管理。该系统还能提供乘客服务与管理功能，包括票务管理、安全指引、乘客信息查询等。

（4）智慧城市出租运营管理系统。系统的目标是提高出租车运输服务的效率、安全性和用户体验，相比公交车辆、电车、地铁运营管理系统较为简单，主要包含订单调度与派单、车辆定位与监控、安全监控与风险管理三方面。

1）订单调度与派单。网约出租车运营管理系统可以通过接收并处理乘客订单，将订单分配给空闲的网约出租车，提高订单匹配效率，缩短乘客等待时间。

2）车辆定位与监控。实时监控出租车的位置、行驶状态等信息，能够精确把握车辆位置和可用性，方便对车队进行调度和管理。

3）安全监控与风险管理。部署视频监控设备，监测车内外环境安全，预警异常情况，并采取相应的风险控制措施，确保乘客和司机的安全。

1.3.3 城市综合交通枢纽

城市综合交通枢纽一般为客运枢纽，承担客运运输任务，以城市对外交通设施（铁路、航空、大型汽车总站、航运）为主，配套设置多种对内交通设施（如轨道交通车站、公交枢纽站、社会停车场、出租汽车营业站）和商业中心（如酒店、饭店、小吃快餐、本地特产等），服务于区域中心城市经济发展和居民生活，连接城市内外的综合交通枢纽。本节从城市综合交通枢纽的布局形式与管理两方面进行阐述。

1. 城市综合交通枢纽布局形式

（1）一体式。一体式是将枢纽内部各种交通方式安排在同一建筑群体内，交通方式之间通过水平或垂直通道联系，该种交通枢纽结构紧凑、换乘效率高，既是目前我国推荐设计的综合交通枢纽形式，也是一种理想的设计形式。但这种形式的综合交通枢纽管理难度相对较大，产权不易明晰，需要组织专门的综合枢纽建设管理集团。

如图 1-17 所示，北京南站作为一座轨道交通主导型综合交通枢纽，将高速铁路、城际铁路、地铁 4 号线、14 号线和公共汽（电）车站设计于同一枢纽建筑群内，实现了不同交通方式之间的垂直换乘和通道水平换乘。

图 1-17 北京南站交通枢纽

如图 1-18 所示，上海虹桥交通枢纽作为一座空港主导型综合交通枢纽，将机场、高速铁路、磁浮铁路、地铁和公共汽（电）车站设计于同一枢纽建筑群内，也实现了不同交通方式之间的垂直换乘和通道水平换乘。

图 1-18 上海虹桥交通枢纽

城市交通枢纽除满足其交通功能外，地下空间和上盖物业开发是国内外城市交通枢纽交通设计的发展方向，以发挥其对城市发展的引导作用，并向紧凑型发展。我国的北京、上海、深圳等城市在交通节点引入了上盖物业；日本的城市轨道法规定城市轨道交通车站必须进行地下空间的开发，不少的枢纽车站在站内区域设置大型百货商店和高级宾馆，甚至建设了歌剧院、幼儿园等，以方便乘客的购物、休闲娱乐和子女教育等。

（2）分散式。分散式是在枢纽区域分散布局各种交通方式的站点，各种交通方式具有相对独立的建筑物，并通过集散换乘广场联系。该种交通枢纽是目前我国综合交通枢纽的普遍形式，结构相对分散，换乘效率不高，各种交通方式管理独立，产权明晰。

日本大阪市梅田地区综合交通枢纽是典型的分散式综合交通枢纽，JR 大阪站、地铁梅田站、地铁东梅田站、阪急电车梅田站、阪神电车梅田站、地铁西梅田站等独立聚集于 JR 大阪站周边，由地下通道、地面和高架衔接各站，供乘客换乘。在地面还设置了免费循环巴士、自行车租赁点和合乘汽车停靠点等衔接服务设施。国内典型的分散式综合交通枢纽为北京西直门综合交通枢纽，示意图如图 1-19 所示，北京北站、城铁 13号线、地铁 2 号线、地铁 4 号线、公共汽（电）车起点站、动物园公交枢纽等独立聚集于地铁西直门站周边。

图 1-19　北京西直门综合交通枢纽

（3）混合式。混合式是根据具体情况将部分交通方式设计在同一建筑物内，而将剩余部分交通方式设计在周边，其特点介于一体式和分散式之间，是综合交通枢纽的一般形式。这种形式的综合交通枢纽多以轨道交通车站为主，将其他接驳交通方式站布局设计在其周边的独立站场，轨道交通线路之间通过换乘通道换乘，与其他交通方式之间通过换乘广场或道路实现换乘。日本的东京站、京都站，我国北京站、北京西站和北京北站等均为该种形式。图 1-20 为北京西站交通枢纽布局示意图。

22

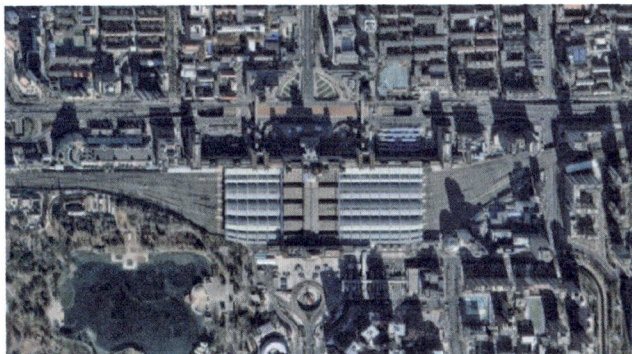

图 1-20　北京西站综合交通枢纽

2. 城市交通枢纽管理

（1）协同调度方法。

1）城市轨道与高铁普铁协同调度时间协同方面考虑多种交通方式之间的运营协调，使不同交通方式之间运营连接上，满足乘铁路系统换乘市域轨道交通乘客的需求，促进发行方案协调。

运量协同方面选取合适的车辆型号进行编组，进行需求预测及分析，使不同交通方式间的运量达到协调统一。

设施设备协同方面部分区域考虑市域铁路与城市轨道交通系统共线运营，需实现轨道、车辆、牵引供电、信号系统等基础设备卜的统一，保证运营的安全性和高效性。

2）公交与轨道交通协同调度。

线网规划方面：轨道交通运量大、线网密度很小。其线网覆盖主要是城市的客流聚集区域或是城市的交通走廊。而常规公交的线网覆盖率很高，因此需要常规公交弥补轨道交通的不足，衔接轨道交通的客流。因此需要两者有效的配合，轨道交通承担大运量、直达客流，常规公交采取辅助措施。

运营调度方面：两者均采用定线和定时的运营方式。以综合交通枢纽为换乘场所，将轨道交通和常规公交线路进行整合，制定合理的运营调度计划使得运营过程中城市轨道交通与常规公交达到功能匹配、运营协调。

票制方面：利用先进的电子技术如 ITS，使得不同运营商不同运营方式之间票价一体化。通过先进的票价管理方式，为乘客提供优惠的换乘服务。

（2）应急监测与管控。综合交通枢纽应急监测与管控是指在综合交通枢纽内建立一套完整的应急监测体系，实现对综合交通枢纽的全方位、多层次、即时化的应急监测和管控，以保障综合交通枢纽的安全运行，最大限度地减少突发事件对交通枢纽运营和用户出行的影响。在综合交通枢纽应急监测管控中，可以采取以下措施。

1）设立监测设备。在综合交通枢纽内合理设置各类监测设备，包括视频监控、安全感知设备、环境监测设备、交通流量监测装置等，实时获取相关数据和信息。

2）建立监测中心。建立一个专门的监测中心，负责集中监控和管理综合交通枢纽内的各类监测设备，实时监测和分析数据，并与相关部门、单位保持通信联络。

3）完善预警机制。建立健全的应急预警机制，将监测数据与预警系统相结合，及时发出警报并向相关责任单位和人员发送预警信息，以便迅速采取行动。

4）制定应急预案。根据综合交通枢纽的特点和潜在风险，制定详细的应急预案，明确各类突发事件和紧急情况的应对措施、责任分工和处置流程，确保应急响应工作的有序进行。

5）加强培训与演练。组织相关人员进行应急管理培训，提高应急响应能力和处置水平；定期进行应急演练，检验预案有效性，磨砺应急队伍的应变能力。

6）强化信息共享与协同。与相关部门和单位建立联动机制，实现信息的及时共享与互通，形成高效的应急协作体系，提高事态应对效率。

1.3.4 城市货运物流

城市货运物流是指在城市内部进行的货物运输和配送活动，涉及货车运输、仓储管理、配送网络和供应链的各个环节。城市货运物流的目标是保证货物准时、准确地从供应端到达需求端，并最大限度地提高运输效率和降低成本。它涉及货物的装卸、运输车辆的调度、货物的仓储和分拣、订单管理以及运输路径的规划等方面。城市货运物流需要应对城市交通拥堵、交通限制和空间限制等挑战，因此需要合理规划货车路线、提高装卸效率、优化配送网络，并且利用信息技术来实现物流的可视化和智能化。城市货运物流的高效运作对于城市经济的发展、居民生活的满意度和环境的可持续性都具有重要意义。

智慧城市货运物流是将智慧交通技术应用于城市货运物流领域，通过实时信息、大数据分析、全程可追溯性、智能仓储和配送，以及环保可持续发展等手段，实现货运物流的高效、智能和可持续发展。它改进了货车调度和路径规划，提供了实时的交通和路况信息，帮助减少运输时间和成本。同时，智慧城市货运物流提供了货物全程可追溯的能力，通过物联网和传感器技术，实现货物状态的实时监控。智能仓储和配送系统提高了货物的装卸效率和库存管理水平，而环保可持续的策略促进了绿色物流和减少尾气排放。综合而言，智慧城市货运物流为提升城市物流运输的效率和可持续性，以及提供更优质的货物追踪和配送服务，发挥着重要作用。

城市货运物流与智慧交通有着密切的联系，以下是城市货运物流智能化应用的几个方面。

（1）物流信息平台。智慧交通技术可以构建物流信息平台，整合城市货运物流的相关数据。这个平台可以集成货车定位、运货订单、仓库存储等信息，提供实时的货物追踪和监控，为货运企业、物流运营商和交通管理部门提供更精确的数据参考。

（2）车辆调度和路径优化。智慧交通技术可以通过车载设备和实时数据分析，对货运车辆进行调度和路径优化。它能够根据实时路况、交通拥堵等情况，动态调整货车的运输路线，提高效率，减少运输时间和成本。

（3）电子运单和支付系统。智慧交通技术推广电子运单和支付系统，取代传统的纸质运输文件和货物结算方式。通过电子运单，货物的信息可以实时记录和共享，提高货运物流的可追溯性和可靠性。同时，电子支付系统也使货车司机和货运企业在货物交付之后可以快速结算，提高货款流转的效率。

（4）货运网络与仓库管理。智慧交通技术可以帮助建立高效的货运网络和仓库管理系统。通过智能识别和跟踪技术，货物在整个供应链中可以被实时监控和管理。同时，智能仓库管理系统可以利用自动化设备和数据分析，提高货物的装卸效率、库存管理和货物追踪能力。

（5）绿色物流和交通优化。智慧交通促进城市货运物流的绿色化和可持续发展。通过交通流量优化、智能信号灯控制和路权优先等措施，降低货运车辆的行驶时间和油耗，减少交通拥堵和尾气排放，提升城市货运物流的效率和环保性。

通过结合智慧交通技术，城市货运物流能够实现更高效、可持续和智能化的运营模式，提升物流效率，优化货车调度，降低运输成本，并为城市经济的发展和城市居民的生活质量提供更好的支持。

参 考 文 献

[1] 邵春福. 城市交通概论 [M]. 北京：北京交通大学出版社，2016.

[2] 郑祖武，李康，徐吉谦，等. 现代城市交通 [M]. 北京：人民交通出版社，1997.

[3] 许仕侣，叶俊宏，肖健，等. 交通强国背景下智慧交通发展展望 [J]. 运输经理世界，2023（7）：55－57.

[4] 郑芳. 智慧交通在智慧城市中的应用 [J]. 交通世界，2022（9）：139－140.

[5] 鲍成志. 古代中国交通网络变迁对城市体系发展的影响 [J]. 中华文化论坛，2019（1）：24－34＋155－156.

[6] 赵翔，杨明，王春香，等. 基于视觉和毫米波雷达的车道级定位方法 [J]. 上海交通大学学报，2018（1）：6.

[7] 贾富强. 有轨电车运营管理系统研究 [D]. 兰州：兰州交通大学，2015.

[8] 余一凡. 面向区域轨道交通枢纽换乘的协同运输组织研究 [D]. 成都：西南交通大学，2020.

[9] 万瑛莹. 综合交通枢纽运营安全风险管理研究 [D]. 成都：西南交通大学，2018.

[10] 王琳虹. 综合交通客运枢纽内各方式间的协调调度研究 [D]. 长春：吉林大学，2009.

[11] Yeong De Jong, Velasco Hernandez, Gustavo, et al. Sensor and Sensor Fusion Technology in Autonomous Vehicles: A Review [J]. Sensors, 2021, 21(6).

第2章 智慧城市交通感知与智能网联系统

随着云计算、大数据、物联网等前沿技术助力交通领域科技创新，传统出行服务与新兴技术相互渗透融合，逐步向智慧交通模式变革。本章围绕智慧城市交通感知与智能网联系统展开阐述，主要包括智慧城市道路交通基础设施、道路交通状态与环境众包感知技术、智能网联汽车与自动驾驶技术、车—路—图协同的智能网联系统等，赋能城市交通的新治理模式、新运营组织和新出行体验。

2.1 智慧城市道路交通基础设施

2.1.1 路侧传感器

路侧传感器是智慧城市道路设施的重要组成部分，即通过在道路旁边安装和部署传感器设备，实时获取和监测与道路交通相关的信息。路侧传感器的主要目标是提供准确、实时的数据，以支持智慧城市交通系统的高效管理和智能决策。路侧设备间的通信技术是指路段上各个位置上的路侧设备彼此之间都有信息交流，使得路网上实时交通流信息能够共享，在最大程度上实现出行方便。

1. 路侧传感器技术原理

路侧传感器在自动驾驶领域中具有重要的作用，旨在实现对道路环境和交通状况的感知和理解。这些传感器利用多种先进的技术原理，以获取关键的环境数据，为自动驾驶系统提供准确而全面的信息。

激光雷达（LiDAR）是一种常见的路侧传感器。激光雷达通过发射激光束并测量其返回的时间和强度来感知周围环境。路侧激光雷达可以实时扫描周围道路，并生成高精度的点云地图。这些点云地图能够提供车辆周围的精确距离和位置信息，包括道路几何、障碍物、行人和其他车辆的位置。自动驾驶系统可以通过对点云数据进行处理和分析，实现环境感知和路径规划。

摄像头是另一种常见的路侧传感器。摄像头可以捕捉道路环境的图像信息，并通过计算机视觉算法对图像进行分析和理解。通过目标检测、物体跟踪和图像识别等技术，摄像头可以识别和分类道路上的车辆、行人、交通标志和信号灯等。这些信息对于自动驾驶系统的决策制定和安全性至关重要。

此外，毫米波雷达也是自动驾驶中常用的路侧传感器。毫米波雷达利用电磁波来检测周围物体的位置和速度。路侧毫米波雷达可以实时监测车辆和障碍物的距离，并提供精确的相对运动信息。这对于自动驾驶系统的跟随、避障和安全决策至关重要。

如图 2-1 所示为多传感器融合的路侧感知系统。边缘计算单元通过 CAN、Ethernet 等接口获取摄像头、毫米波雷达、激光雷达的原始数据，同时包括了路侧单元（Road Side Unit, RSU）以及车载单元（On Board Unit, OBU）采集到的网联车辆信息，通过多种传感器的融合，自动驾驶系统可以获取多维度的环境信息，然后通过数据融合软件系统即可计算出整个道路上的车辆与交通状态信息，从而实现对复杂交通环境的全面感知和理解。

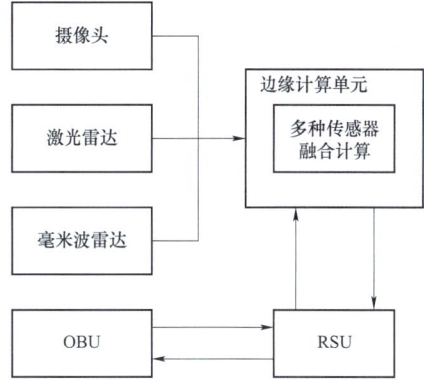

图 2-1　多传感器融合的路侧感知系统组成

2. 路侧传感器应用领域

路侧传感器作为"车—路—图"协同系统的关键组成部分，在实现智能交通和增强道路安全性方面应用广泛（见图 2-2）。通过实时监测道路环境和交通状况，路侧传感器为车辆行驶和交通管理过程提供了关键信息，促进了车辆与道路基础设施之间的协同与互动。

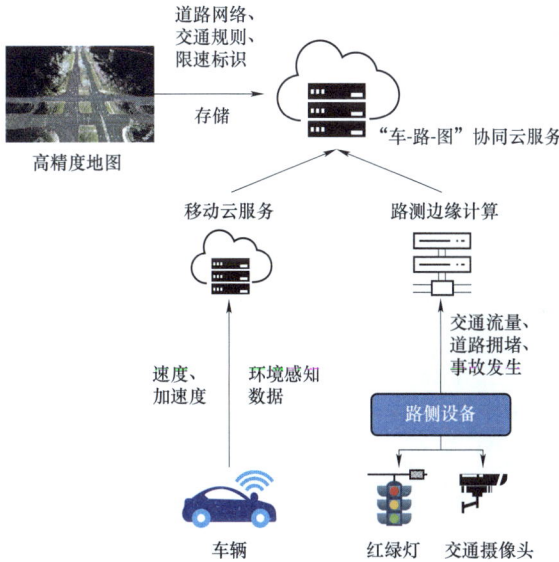

图 2-2　路侧传感器在"车—路—图"协同中的作用

（1）交通流优化与调度。

实时交通状态监测：路侧传感器能够准确监测道路上的交通流量、速度和密度等参

27

数，提供实时的交通状态信息，以优化交通流并减少拥堵。

交通信号优化：通过与交通信号系统的集成，路侧传感器可以提供实时的交通状况数据，以调整交通信号配时并实现智能交通信号控制，提高交通效率。

（2）事故预警与安全管理。

事故监测与识别：路侧传感器能够实时监测道路上的异常情况，如交通事故、停车违规等，并及时发出警报，以提供快速的事故预警和响应。

高风险区域监测：通过路侧传感器的数据，可以识别高风险道路段或交叉口，帮助交通管理者采取相应的安全措施，如限速、警示标志等。

（3）路况信息与导航服务。

路面状况监测：路侧传感器可以感知和监测道路的状态，如路面湿滑、积水等，为驾驶员和导航系统提供准确的路况信息，支持路线规划和安全驾驶。

实时导航与路线优化：通过与导航系统的集成，路侧传感器可以提供实时的交通状况和路况信息，为驾驶员提供准确的导航指引和最佳路线选择。

（4）车辆与基础设施协同。

车辆识别与跟踪：路侧传感器能够识别并跟踪道路上的车辆，为车辆与基础设施的协同互动提供基础数据，如智能交通系统、自动驾驶车辆等。

路侧基础设施管理：通过路侧传感器的数据，道路管理机构可以对基础设施进行监测和维护，如路面状况、交通标志和信号灯等的实时监控与管理。

2.1.2 路侧通信技术

1. 路侧边缘计算设备与技术

（1）边缘计算设备概况。边缘计算设备运用边缘计算、人工智能、视频和雷达多模态感知融合技术，可实现交通环境全要素、全天候的实时感知分析，就近提供最近端服务。边缘计算设备如图 2-3 所示。

边缘计算设备的核心功能是生产机动车、非机动车、人的运动状态、轨迹、属性等多种基础数据，以及识别交通标志标线、信号灯、交通事件（如拥堵、停车、事故等）；次要功能包括控制 V2X 通信设备信息播发、辅助交通信息发布和交通信号管控。

边缘计算设备具备高性能、低延迟、多种类通信接口、大存储容量、宽工作温度范围等特点，能提供各种功能要求的车联网多连接边缘技术核心，全面支撑智能网联测试区、城市交通路口、

图 2-3 边缘计算设备

路侧、高速等复杂环境下的应用。

（2）系统架构。边缘计算设备（Mobile Edge Computing，MEC）由边缘计算单元（Edge

Computing Unit，ECU）和协调控制单元（Communication Control Unit，CCU）构成。为了更高效地处理感知设备（摄像机、雷达等）获取到的海量数据，需要在 ECU 部署目标检测和分类算法、目标跟踪与预测算法、多传感器融合感知算法以及运行区域检测算法，实时将计算结果发送给 RSU 及装置车载单元的车辆，满足全息路口应用的需求，实现交通环境全要素、无盲区的识别分析。边缘计算架构如图 2-4 所示。

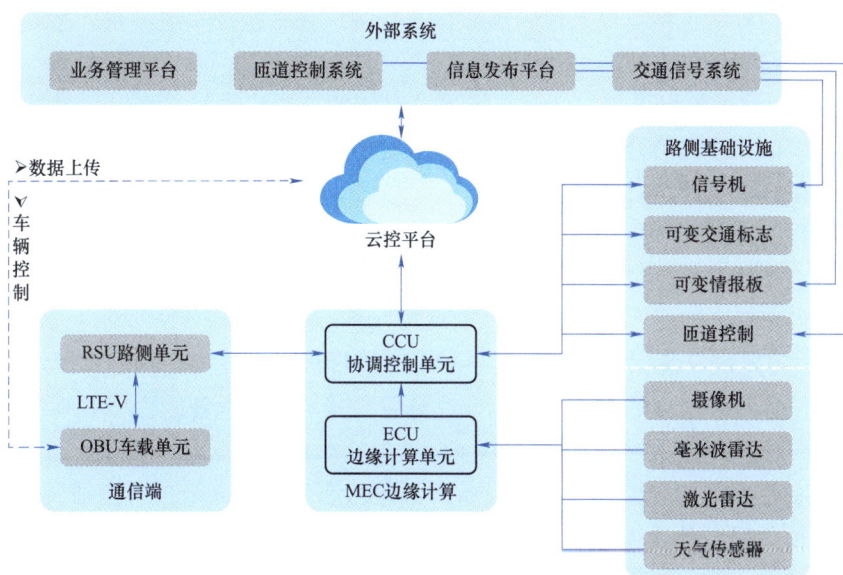

图 2-4　边缘计算架构图

通过协议对接，CCU 可实现路侧多种交通基础设施设备的管理和控制，如 V2X 通信机信息播发、交通信号控制机配时方案优化、可变情报板（Variable Message Signs，VMS）信息发布、车道指示器控制、可变交通标志控制等；可实现与云平台的实时数据交互、交通基础设施设备管理信息交互、报警数据上传等。

（3）关键技术。

1）V2X 应用功能测试。可实现多种测试场景构建及流程管控，包括但不限于弱势交通参与者碰撞预警、闯红灯预警、前方拥堵预警、道路危险状况提示、绿波车速引导、前方施工预警、车内标牌等功能。

2）V2X 通信性能测试。包括网络层、消息层、安全层协议一致性测试以及时延/丢包测试。

3）V2X 实时消息处理。与 RSU、OBU 信息互通，实现路侧交通信息（Road Side Information，RSI）、路侧单元消息（Road Side Message，RSM）、地图基本消息（Map Message，MAP）、信号灯消息（Sign Phase and Timing Message，SPAT）等消息的车路通信。

4）支持多种传感器接入。可直连摄像机、交通信号机、微波/毫米波雷达，激光雷达等传感器，最多可支持 16 路 1080P 高清实时视频数据的接收与解析，同时可支持 4 路毫米波雷达的结构化数据接入。

5）多源数据融合处理。实现视频、毫米波雷达、激光雷达的多源数据融合，识别得到机动车、非机动车、人的实时运动状态、轨迹、属性等多种基础元数据和交通事件数据。

6）交通环境要素识别。支持道路路面、交通标志标线等环境数据识别，可生成 20 多种交通业务指标（包括排队长度、路口停车次数、分车型分车道流量、平均速度、路口延误、拥堵指数等）。

7）交通信号灯数据采集。针对支持协议对接的交通信号机，可以从信号机通信端口（网口或串口）读取信号灯数据；交通信号机不支持协议对接，可以从灯控输出端子以电流电压采样方式读取信号灯数据。

8）车载端绿波车速引导及信号控制。可选择由 MEC 或云平台提供的绿灯时长变更信息和绿波车速建议，经 CCU 转发给信号机进行配时方案切换，同时通过 RSU 将绿波车速发送给车辆。

9）交通智能化设备优化控制。具备与可变情报板、可变限速标志、匝道控制灯的接口，根据传感器采集到的交通流数据和交通管控策略，实现智能优化控制和交通信息发布。

10）设备管理。实时监控各接入设备的服务状态，并可向云控平台播发报警信息，可持续跟踪报警问题是否得到解决。

11）可视化调试。利用人机交互界面（Human Machine Interface，HMI），在本地配置测试项并通过 V2X 模拟消息发送给 RSU 达到模拟测试效果，还可调阅本地监控视频、传感器配置界面。

12）测试结果记录。本地化存储配置文件，并自动生成记录测试结果的日志文件。

2. 车辆到路侧通信技术

车辆到路侧通信技术在智慧城市交通系统中发挥着重要的作用，旨在实现车辆与道路基础设施之间的高效、可靠的通信和信息交换。这种通信技术借助无线通信和网络技术，使车辆能够与路侧基础设施、交通管理中心以及其他车辆进行实时的数据交流和协同操作。

一种常见的车辆到路侧通信技术是基于专用短程通信技术（Dedicated Short Range Communication，DSRC）。DSRC 技术利用 5.9 GHz 频段的无线通信，通过短距离、高速的数据传输实现车辆与路侧基础设施之间的通信。这种技术可支持实时车辆间通信（V2V）和车辆到基础设施通信（V2I），使车辆能够共享位置信息、交通状态、事件警报等数据，实现交通安全和交通流优化。

另一种重要的车辆到路侧通信技术是 LTE－V2X（Long－Term Evolution Vehicle－to－Everything）。它基于长期演进（Long－Term Evolution，LTE）网络，并扩展了通信范围，使车辆能够与道路基础设施和其他交通参与者进行高带宽、低延迟的通信。LTE－V2X 技术可以支持车辆之间的直接通信（V2V）和车辆与基础设施之间的通信

（V2I），以及车辆与行人、自行车等非机动车辆之间的通信（Vehicle-to-Pedestrian，V2P），从而实现更广泛的车辆到路侧通信应用。

除了 DSRC 和 LTE-V2X，还有其他技术如 5G-V2X，正在逐渐成为车辆到路侧通信的新兴技术。5G-V2X 利用 5G 网络的高速、低延迟和大容量特性，为车辆提供更高效的通信和协同操作能力。它支持车辆与路侧基础设施、其他车辆和云平台之间的实时通信，提供更广泛的数据交换和服务，如高清地图下载、远程车辆控制等，进一步促进车辆自动驾驶和智慧交通的发展。

车辆到路侧通信技术的实现离不开通信协议和接口的支持。常用的协议包括 IEEE 802.11p 和 3GPP LTE 等，它们定义了通信的规范和数据传输的方式。此外，车辆到路侧通信技术也需要与交通管理中心、导航系统、车辆控制单元等其他组件进行接口和数据交换。

综上所述，车辆到路侧通信技术通过无线通信和网络技术，实现车辆与路侧基础设施之间的高效、可靠的通信和数据交换。DSRC、LTE-V2X 和 5G-V2X 等技术为智慧城市交通系统提供了卓越的车辆协同和交通管理能力，推动着车辆自动驾驶和智慧交通的发展。

3. 路侧到路侧通信技术

路侧到路侧通信技术在智慧城市交通系统中扮演着重要角色，旨在实现道路基础设施之间的高效、实时的通信和信息共享。通过路侧到路侧通信，交通管理中心、交通设施和其他路侧单元能够互相交换关键的交通信息和控制命令，以实现交通流优化、事故预警和交通管理的协同性。

一种常见的路侧到路侧通信技术是基于车载通信网络（Vehicular Ad Hoc Networks，VANETs）。VANETs 利用车辆之间的无线通信建立动态的自组织网络，使道路上的路侧单元能够进行直接的通信和数据交换。这种技术可支持路侧到路侧通信（Infrastructure-to-Infrastructure，I2I）和路侧到交通管理中心通信（Infrastructure-to-Controller，I2C），实现交通信息共享、交通控制和交通管理的协同性。

另一种重要的路侧到路侧通信技术是基于无线传感器网络（Wireless Sensor Networks，WSN）。WSNs 由布置在道路基础设施上的无线传感器节点组成，这些节点能够感知和收集道路环境、交通流量和路况等信息，并通过通信网络与其他节点进行数据交换。通过路侧到路侧通信，WSNs 可以实现路侧设施之间的实时信息共享和交通管理协同，以支持交通流优化和路况监测等功能。

除了 VANETs 和 WSNs，还有其他技术如 5G 通信和物联网（IoT）等，正在逐渐应用于路侧到路侧通信领域。5G 通信技术以其高速、低延迟和大容量的特点，为路侧到路侧通信提供了更可靠和高效的通信能力。车联网技术则通过将道路基础设施连接到互联网，实现路侧单元之间的远程通信和数据共享，进一步促进了路侧到路侧通信的发展。

路侧到路侧通信技术的实现需要建立统一的通信协议和接口标准，以确保不同路侧单元之间的互操作性和信息交换的一致性。相关标准组织和机构，如 IEEE、3GPP 等，对路侧到路侧通信领域进行了规范和指导，为技术的发展提供了框架和指引。

综上所述，通过 VANETs、WSNs 和其他技术，可实现道路基础设施之间的高效、实时的通信和信息共享。这种路侧到路侧的通信技术为交通管理中心、交通设施和其他路侧单元提供了协同操作和交通管理的能力，推动着智慧城市交通系统的发展和优化。

4. 路侧通信技术标准与协议

路侧通信技术的标准与协议是确保不同路侧通信系统之间互操作性和一致性的基础。国际标准组织和技术机构在路侧通信技术领域制定了一系列标准和协议，为路侧通信的规范化和统一提供了框架和指导。

（1）IEEE 802.11p/WAVE。IEEE 802.11p 标准，也称为 WAVE（Wireless Access in Vehicular Environments），是一种为车辆到路侧通信设计的无线通信标准。它定义了在 5.9 GHz 频段进行短距离通信的物理层和介质访问控制层规范，支持车辆之间的直接通信和车辆与路侧基础设施之间的通信。IEEE 802.11p/WAVE 为车辆到路侧通信提供了一致的通信接口和数据交换机制。

（2）ETSI ITS－G5。欧洲电信标准协会（ETSI）定义的 ITS－G5（Intelligent Transport Systems－G5）是一套基于 IEEE 802.11p 标准的通信规范，用于车辆到路侧通信。ITS－G5 提供了在 5.9 GHz 频段进行车辆到车辆和车辆到基础设施通信的规范，包括物理层、数据链路层和网络层等。ITS－G5 的制定旨在促进车辆到路侧通信的互操作性和可靠性。

（3）3GPP LTE－V2X。第三代合作伙伴计划（3GPP）定义的 LTE－V2X 是一种基于 LTE 网络的车辆到车辆和车辆到基础设施通信技术。LTE－V2X 标准支持直接通信（V2V）和基础设施通信（V2I），利用 LTE 网络的高速、低延迟和大容量特性，实现车辆之间和车辆与路侧基础设施之间的高效通信。3GPP 持续推动 LTE－V2X 的发展，并不断完善其标准和协议。

（4）C－V2X。C－V2X（Cellular Vehicle－to－Everything）是一种基于蜂窝通信技术的车辆到任何事物的通信技术。它融合了 LTE 和 5G 通信技术，支持车辆与车辆、车辆与基础设施、车辆与行人等之间的通信。C－V2X 通过蜂窝网络的广覆盖、高带宽和低延迟等特点，提供了更强大和全面的路侧通信能力。相关的标准和规范由 3GPP 等组织制定和推动。

这些标准与协议为路侧通信技术提供了统一的通信接口和数据交换规范。它们确保了不同路侧通信系统的互操作性，使不同厂商的设备和系统能够相互通信和协同工作，实现更高效、可靠的交通系统。此外，还有其他相关的标准与协议，如 SAE J2735、ASTM E2213 等，它们在车辆到路侧通信中也发挥着重要的作用。

需要指出的是，随着技术的发展和应用需求的变化，路侧通信技术的标准和协议也在不断演进和完善。相关组织和机构将继续推动标准化工作，以适应智慧城市交通的发展和创新。

2.1.3 智能交通管理

智能交通管理是智慧城市交通领域的重要组成部分，代表了一系列先进的信息技术和数据分析方法，以实现城市交通系统的高效运营和交通安全提升。

1. 智能交通管理系统工作原理

（1）数据采集。如图 2-5 所示，智能交通管理系统依赖于广泛的传感器和监控设备，用于实时采集与道路和交通相关的各种数据。这些传感器包括交通摄像头、雷达、车辆识别系统等。这些设备分布在城市的关键位置，覆盖道路网的各个部分。交通摄像头捕捉路段的图像和视频，允许系统监测车辆流量、车速、车辆类型以及道路上的其他重要信息。雷达技术被用于检测车辆的位置、速度和距离，同时车辆识别系统通过识别车辆的车牌或特定特征来提供额外的信息。这些传感器通过 V2X 协同工作，实时生成丰富的交通数据。

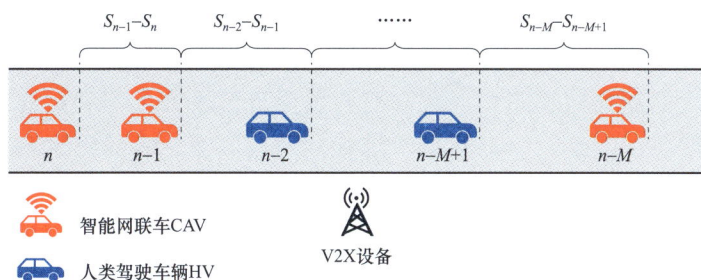

图 2-5 智能交通管理系统数据采集

（2）数据传输与集成。采集到的数据通过高速通信网络传输到中央控制中心，以确保数据的实时性和可靠性。通信网络可以采用 4G、5G 或其他高速通信协议，以便有效地将数据传输到控制中心。在中央控制中心，数据被整合和集成，以便进行综合分析和处理。这个步骤涉及数据清理、去除噪声、数据格式转换以及数据库管理，以确保数据的一致性和准确性。

（3）数据分析和处理。在控制中心，采集到的数据经过高级的数据分析和处理。这个过程包括实时监测交通状况、建立交通模型、进行拥堵检测等。数据分析使用复杂的算法和机器学习技术，可以实时监测交通流量、识别拥堵点和交通事故，并对这些信息进行实时更新。交通模型的建立有助于预测未来的交通情况，提前采取措施来减轻拥堵。这个阶段还包括了针对异常事件的检测和应急响应策略的制定。

（4）交通控制与优化。基于数据分析的结果，智能交通管理系统可以实施一系列交通控制和优化策略。包括调整交通信号灯的定时、交通导向系统的激活、改变车道配置以及实施特殊交通措施。这些策略的目标是优化交通流量，减少拥堵，提高整体交通效率。通过实时监测和响应，系统可以更好地应对交通变化和事件。

2. 智能交通管理系统关键技术

智能交通管理系统的有效运作依赖于多种关键技术，这些技术在数据采集、数据传输、数据分析和智能控制方面发挥着关键作用。

（1）传感技术。传感技术在智能交通管理中扮演着至关重要的角色。交通监控传感器和设备用于采集与道路和交通相关的各种数据。交通摄像头能够捕捉路段的图像和视频，提供有关车辆流量、车速、车辆类型和道路条件等信息。地磁感应器用于检测车辆的位置和运动，从而提供实时的车流信息。雷达技术通过发送无线电波并测量其反射时间来检测车辆的位置和速度。激光测距仪则利用激光束来精确测量物体的距离和位置。这些传感器共同工作，提供全面而准确的交通数据，支持智能交通管理系统的运作。

（2）通信技术。高速数据传输和通信协议对于确保实时数据的可靠传输至关重要。4G 和 5G 通信技术等高速数据通信技术为智能交通管理系统提供了快速、高带宽的数据传输通道。这些通信技术能够处理大量的交通数据，确保数据的实时性，使控制中心能够及时获取并响应交通情况的变化。通信协议则确保数据的准确传输，降低了数据传输的错误率，保障了数据的完整性。

（3）数据分析和大数据。数据分析技术和大数据平台在智能交通管理中扮演着关键的角色。庞大的交通数据需要通过高级数据分析技术来处理和解释。数据分析涉及实时监测交通状况、建立交通模型、进行拥堵检测等。大数据平台可以存储、管理和处理大规模的交通数据，同时利用机器学习算法和数据挖掘技术从数据中提取有用的信息和洞察。这些数据分析工具和技术有助于交通管理部门更好地理解和应对城市交通问题。

（4）智能控制算法。智能控制算法用于优化交通信号灯的定时、交通导向系统的激活以及路线规划等交通控制策略。这些算法基于实时的交通数据和分析结果，能够自动调整交通信号灯的周期和时序，以最大程度地减少拥堵并提高交通流量。智能导向系统可以为驾驶员提供最佳的路线和导航建议，避免交通拥堵。路线规划算法则可以优化城市交通网络的设计和配置，提高整体交通效率。

3. 智能交通管理系统应用领域

（1）拥堵管理。智能交通管理系统通过实时监测道路上的交通状况，并根据数据分析结果调整交通信号灯的定时，从而减少拥堵和交通停滞的发生。这一过程涉及智能控制算法的使用，以优化交通流动。通过减少拥堵，城市交通系统的效率可以显著提高，同时减少了车辆排放和能源消耗，有益于环境可持续性。

（2）交通安全保障。系统可以提供实时的交通安全警报和通知，以减少交通事故的发生和加强应急响应。通过监控交通摄像头、雷达和其他传感器的数据，系统可以检测潜在的交通危险，并及时向驾驶员发出警报。此外，智能交通管理系统还可以协助应急服务部门在交通事故发生时快速到达现场，提高救援效率。

（3）公共交通优化。系统可以实时监测公共交通车辆的位置和运行情况，以优化车辆的调度和运营。这有助于提高公共交通的准时性和效率，增加乘客的满意度。通过提供实时的乘车信息和导航建议，乘客可以更轻松地规划他们的出行路线，进一步促进了公共交通的使用。

（4）智慧停车。系统可以提供实时的停车信息和导航，帮助驾驶员快速找到可用的停车位，减少了寻找停车位的时间和资源浪费。这对于缓解城市交通中的停车问题和减少城市拥堵具有重要意义。此外，智能停车系统还可以实施电子收费和智能管理停车设施，提高了停车管理的效率和便利性。

2.2　道路交通状态与环境众包感知

得益于"互联网＋"和传感器技术的快速发展，人们不仅成为城市位置服务的应用主体，同时成为记录城市空间信息的传感体。"人人都是传感器"促进了"泛在测绘"理念的发展，也为高精度地图的生成提供了一种新方法。大众出行 GNSS 轨迹数据是"人人都是传感器"的一种直观数据体现，记录了出行者空间位置与时间信息，具有采集成本低、实时性强、信息丰富等特点，是人们探索城市空间动态信息的数据源之一。因此，道路众包感知的概念是采集并汇总道路中每辆车的 GNSS 轨迹信息，进而更新高清地图。当地图更新在云端完成，更新包反向服务于车辆，如此循环反复，不断对高精度地图进行实时更新优化，形成一套智能网联汽车体系下的高精度地图生产运营一体化闭环模式。

2.2.1　路网几何信息获取

1. 机动车 GNSS 轨迹数据处理

众源时空轨迹数据的来源主要包括由"被动模式"采集的车载轨迹和由"主动模式"获取的志愿者轨迹数据。如图 2-6 所示，浮动车系统主要由定位技术、通信系统和车辆三部分组成，该系统已广泛应用于城市出租车、载重货车和两客一危车辆，能够采集定位信息形成轨迹数据，作为大数据时代人类与交通空间交互活动的众包产物，具有覆盖面广、成本低、实时性强、蕴含信息丰富等特点，逐渐成为道路信息获取的一种重要数据源。应用交通导航系统服务的出行者手机，也是典型的高频浮动车系统终端，可以很好地采集城市甚至城际道路交通状况信息。以 OpenStreetMap（OSM）、Maps.me、Wikimaps 等为代表的众包测绘产品，其良好的用户交互模式和开放的数据平台提高了大众的参与度，使得众包电子地图逐渐走进大众视野。

浮动车系统和志愿者平台获取的时空轨迹大数据的空间精度和完整度对高时空精度的道路测图具有重要影响。在轨迹数据采集过程中，由于 GNSS 本身的误差、GNSS 信号受遮挡变弱等因素的影响，可能导致采集的数据不准确、数据丢失等情况：如采集者位置保持不变，速度却不为 0；有些速度值异常高或异常低；还有的轨迹点定位坐标存在很大误差，远离路网。为了降低异常数据的影响，需要对众包轨迹数据进行预处理，识别和修复错误或丢失的数据。因此，业界开展了一系列研究，突破轨迹大数据预处理关键技术，包括漂移点去除、高精度滤选、缺失轨迹概率估计等。这些技术分别针对批量和单条轨迹数据的定位精度和采样完整度问题进行预处理，得到相对准确和完整的轨迹数据，为高精度道路众包测图提供数据支撑。

2. 基于众包轨迹的道路几何信息感知

基于 GNSS 的机动车行驶轨迹，蕴含着丰富的道路几何信息。采用机动车轨迹进行道路几何信息提取，是大数据时代路网数据生产和更新的重要技术。城市路网几何信息主要涉及道路几何坐标、交叉口和拓扑关系。为了解决城市交叉口快速自动识别与复杂

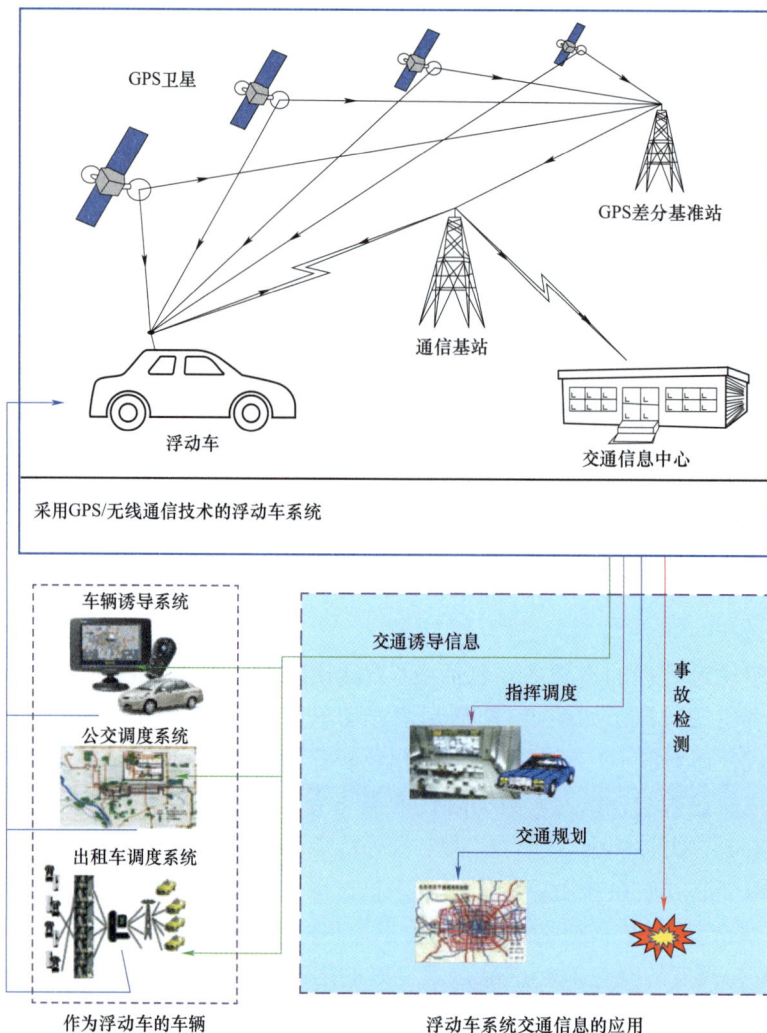

图 2-6 浮动车系统构成

拓扑关系获取难题，现有的做法是首先根据交叉口的交通功能与车辆的行为特征，分析轨迹数据在道路弯道和道路交叉口部分的运动特征差异；然后采用轨迹跟踪方法识别车载轨迹大数据中包含的车辆转向点对，并利用基于距离和角度的生长聚类方法进行转向点对的空间聚类，通过分析各转向点对类簇在交叉口范围内的聚集特征，采用局部点连通性聚类算法识别交叉口，探索各交叉口范围圆；最后基于交叉口范围圆的解析结果，根据轨迹追踪方法识别交叉口在不同细节层次路网数据中的空间表达结构及拓扑关系。

　　道路几何连通性信息获取对构建完整路网具有重要意义。目前，根据路网数据的空间描述详细程度，可以将路网几何信息分为道路中心线级、行车道级、车道级三个等级，而多级路网的几何连通性描述基本单元分别为道路中心线、行车道中心线、车道中心线。根据多级路网路段几何连通性描述单元空间几何特征，相关研究提出基于德洛内三角网的时空轨迹融合模型和优化约束高斯混合模型，分别从轨迹大数据中提取多级路网映射

36

下道路路段几何连通性信息。如图 2-7 所示，首先，根据"感知—认知—经验"认知规律三层次的轨迹融合与路网生成方法，构建德洛内三角网时空轨迹融合模型，实现道路中心线级与行车道级的轨迹融合提取；然后，以移动窗口为实施策略，采用优化的约束高斯混合模型探测每一个移动窗口内道路路段的车道数量和各车道中心线；在此基础上，根据道路建设标准，对同一条路段各移动窗口探测的车道数量结果进行优化，优化车道信息提取精度；接下来，利用轨迹追踪算法提取各道路、行车道、车道中心线连通信息；最后，提出多级路网映射下交叉口几何结构与道路路段几何信息匹配，完成多级路网的轨迹大数据自动生成。

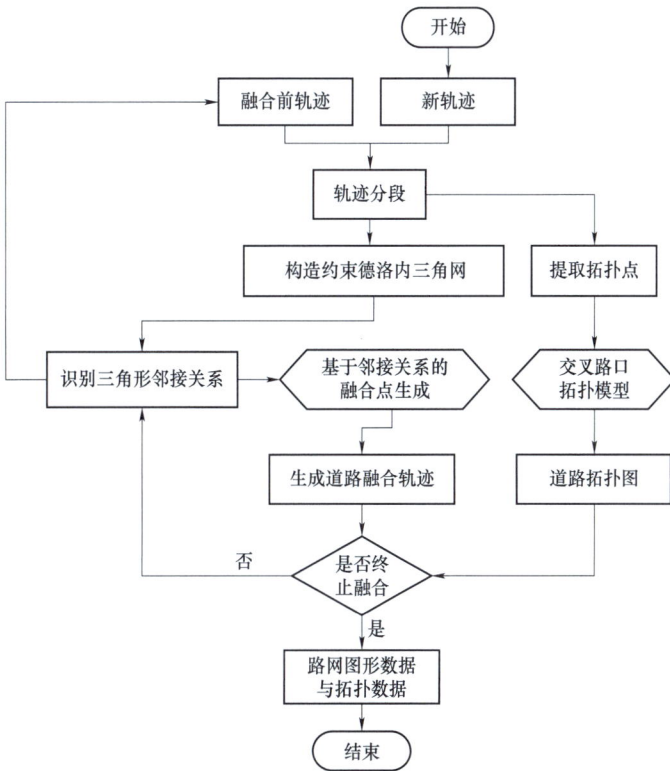

图 2-7 基于空间认知的时空轨迹融合与路网生成方法流程

3. 机动车轨迹的路网地图匹配

基于 GNSS 的机动车行驶轨迹，需要经过路网地图匹配，才能得到轨迹所在道路的交通状态信息。由于 GNSS 采样频率有限，定位存在误差，路网几何结构复杂等因素的制约，机动车行驶轨迹的地图匹配过程存在诸多技术瓶颈，针对出行导航等需求，地图匹配过程还存在实时性约束。据此，业界开展了大量研究，各种适用于低采样频率 GNSS 数据的路网地图匹配算法层出不穷。目前，GNSS 轨迹的路网地图匹配技术已经基本得到解决。

2.2.2 车端众包感知技术

车端在静动态地图采集及应用中，常见的传感器包括：高清摄像头、激光雷达、毫米波雷达、GNSS 定位、惯导设备等。传感器的物理特性不同，其主要用途也不同，见表 2-1。

表 2-1 道路车端感知方式及用途说明

端侧	感知方式	用途说明
车端感知	高清摄像头	感知车辆周围的视频或图像
	激光雷达	感知车辆周围的三维点云
	毫米波雷达	感知车辆周围障碍物的距离
	GNSS 定位	感知车辆当前所处的位置
	惯性传感器	感知车辆高精度的三维姿态和位置定位

（1）静态信息感知。静态地图是通过行驶轨迹、激光点云、视频照片进行矢量化加工，确保静态地图高精度特性和丰富的属性，需要高精度定位车辆位置、高精度的结构化点云数据、高清影像视频等。当前通过车端感知道路，加工生成静态地图的方式见表 2-2。

表 2-2 道路静态地图车端感知方式

感知内容	感知方式	用途说明
高精度定位（GNSS 定位）	车辆加载接收机类型涵盖 GPS、BDS（北斗）、GALILEO、GLONASS 多个卫星定位系统的定位导航模块（GNSS 模组），结合 PPP-RTK 差分服务，通过卫星导航 SPE（Software Positioning Engineer）终端，实现高精度定位	用于提供自动驾驶车辆高精度的实时定位
高精度定位（融合定位）	车辆加载 GNSS/INS 组合导航引擎采用卫星定位和惯性导航紧耦合算法，通过伪距、相位、多普勒等原始卫星观测信息辅助惯导矫正误差参数，同时利用短时间惯导精度高的优势，辅助卫星定位，提高其固定率和收敛时间。与云端 PPP-RTK 差分服务结合，实现 N-RTK 或 PPP-RTK 高精度定位	用于提供自动驾驶车辆高精度的实时定位
	车辆加载融合定位终端，其主要是基于 GNSS、定位增强服务（RTK/PPP-RTK 等）、ADAS 相机、IMU、车辆 CAN 信号以及高精地图等多种传感器融合，实现最终高频、实时、精准定位位置输出	用于提供自动驾驶车辆高精度的实时定位
地图元素（视觉感知）	通过车载摄像头可以把路面中的车道线或者是限速块的距离定位出来，把每一个图像解析成数据，再把数据上传与底图上进行实时叠加	用于自动驾驶车辆采集高精度地图源
	众包车辆拍摄的 2D 图像进行语义点（车道标线、标牌等地标点）提取，鉴于多张图像存在视差，利用点的对应关系，融合来自 GNSS 和 IMU 的数据，可创建更高精度的地图，即可重建道路、交通标志及周围环境的 3D 位置	用于自动驾驶车辆采集高精度地图源
	通过车载摄像头识别的车辆所在车道边线的边线类型（实线、虚线、长虚线、短虚线等）、边线颜色（白色、黄色、灰色等）、边线的曲率、边线的曲率变化率、车辆距离车道边线的横向距离等信息加工成地图要素属性	用于自动驾驶车辆采集高精度地图源
地图元素（融合感知）	车辆搭载十几个摄像头、几个毫米波雷达和十几个超声波传感器，组成了360°双重感知融合，将感知数据进行加工生成静态地图数据	用于自动驾驶车辆采集高精度地图源
地图元素（车端建图）	车辆配置摄像头，低成本 GNSS 和 IMU，通过众包运营的方式来采集： （1）第一步，实现实时感知，包括车道线、交通牌、路杆、边缘线等要素的实时识别检测； （2）第二步，将摄像头、IMU、GNSS 数据进行在线的实时轨迹解算与单包建图，把二维的车道线感知信息转换成有地理坐标的三维数据； （3）第三步，通过单包建图结果与最新的地图数据进行对比，识别道路更新信息，把更新信息回传给云端	用于自动驾驶车辆采集高精度地图源

（2）动态信息感知。通过对视频照片中机动车、非机动车、行人、设备等进行标注，利用机器学习技术形成算法，将该算法加载到车端进行实时识别视频照片中的标注的对象。道路动态地图车端感知方式见表2-3。

表2-3   道路动态地图车端感知方式

感知内容	感知方式	用途说明
车辆基本安全信息（BSM）	车辆基本安全信息：车辆识别码VIN、车速、车体尺寸（长、宽）、方向、刹车状态	用于自动驾驶车辆在行驶时交换车辆安全状态数据，支持一系列协同安全应用
其他交通参与者	通过车辆、行人等标注训练的AI算法，识别车载摄像头、激光雷达感知的车辆、行人、动物等，计算他们占用的网格	用于自动驾驶车辆在行驶时实时判断车辆周边的安全状态，支持一系列车辆安全应用
交通信号灯	通过车载摄像头感知红绿灯的颜色、结合地图上的红绿灯物理位置和关联车道、道路做出停车、行驶的决策	用于自动驾驶车辆在行驶时结合路侧交通信号灯信息和主动检测信号灯信息，进行车辆路口停车、行驶的决策

2.2.3 路侧众包感知技术

路侧众包感知技术主要包括：① 路侧感知设备（摄像机、毫米波雷达、激光雷达、气象传感器等）主动感知周围环境信息；② 通过接入中心云–区域云–边缘云中的信号灯、情报板、局部地图等信息，实现环境感知、局部辅助定位、交通信号及交通通告信息实时获取等（见表2-4）。

表2-4   路侧感知方式及用途说明

端侧	感知方式	用途说明
路侧感知	激光雷达	感知路侧端周围的三维点云
	毫米波雷达	感知路侧端周围的障碍物的距离
	摄像头	感知路侧端周围的视频流数据
	交通灯信息（SPAT）	被动感知交通灯信息
	路侧安全信息（RSM）	被动感知周边参与者实时信息
	交通标牌及交通事件信息（RSI）	被动感知交通事件信息和交通标志标牌信息
	地图信息（MAP）	被动感知局部区域地图信息

（1）静态信息感知。在车路协同中将车道级路网和路侧交通标牌进行广播给交通参与者。路侧视觉、激光雷达等传感器可实时感知道路渠化、标志标线等变化，与车端感知能力紧密结合，增加信息冗余度，互相校验及融合。道路静态信息路侧感知方式见表2-5。

表2-5   道路静态信息路侧感知方式

感知内容	感知方式	用途说明
局部地图消息	向车辆传递局部区域的地图信息。包括路口信息、路段信息、车道信息、道路之间的连接关系等	用于路侧设备广播给自动驾驶车辆局部区域（当前及前后路口）的地图内容

感知内容	感知方式	用途说明
交通标志标牌信息	由路侧单元（RSU）向周围车辆的车载单元（OBU）发布交通标志标牌信息	用于路侧设备广播给自动驾驶车辆局部区域的交通标志提醒用户
静态地图采集	由路侧传感器的坐标、姿态、配置参数等，结合原始采集的激光雷达数据、毫米波雷达数据和摄像头数据可实现路面交通标线、路侧交通设备、交通标牌的采集更新	用于路侧设备采集数据上传到云端，用于静态地图的数据更新

（2）动态信息感知。路侧视觉、激光雷达等传感器可检测动态交通事件、车辆、行人的实时位置，可接入信号灯实时状态信息，用以与车端感知信息融合。道路动态信息路侧感知方式见表2-6。

表2-6　　　　　　　　　　道路动态信息路侧感知方式

感知内容	感知方式	用途说明
行人识别	检测道路上行人的实时位置信息	用于自动驾驶车辆在行人斑马线前启停（有行人则停止在等待线，无行人正常通过）决策
车道级全息路口感知	检测道路每辆车辆实时位置（车道级感知）	用于交叉口自动驾驶车辆存在潜在冲突后采取减速、制动等控制操作
信号机数据	路端发送的当前最新的路端局部地图信息，包含新的信号灯位置信息，以及信号灯的灯组、灯色与相位等信息，车辆会根据获取的信号灯位置和灯态信息进行驾驶行为决策	用于自动驾驶车辆依据信号灯信息实现红灯停、绿灯行等行驶控制
交通事件识别检测	前端传感器检测交通事件预警信息（车道级事件信息）	自动驾驶汽车依据动态层道路占用情况数据进行变道等操作
气象传感器数据	前端感知设备实时检测路面状况	将道路积水结冰等信息发送至自动驾驶汽车

2.2.4　云端众包感知技术

云端众包感知技术主要包括区域级路网下的云端感知，网联由所有交通参与者信息汇聚，接入、分析形成的交通流、交通事件、天气信息等。道路云端感知方式及用途说明见表2-7。

表2-7　　　　　　　　　　道路云端感知方式及用途说明

端侧	感知方式	用途说明
云端感知	实时天气信息	被动感知的实时天气信息
	人流探测感知信息	感知的道路上人群流动时空分布和移动模式
	交通流探测感知信息	感知的道路上车辆交通流状态
	交通灯相位信息	感知的全范围红绿灯信息
	交通事件信息	感知的全范围交通事件信息

（1）静态信息感知。云端静态信息感知，重在通过边缘云—区域云—中心云的云控基础平台的方式完成路侧端、车端原始采集数据的接入、汇聚和标准化，以及对车端和

路侧端 OTA 更新的静态地图产品数据的下发。道路静态信息云端感知方式见表 2-8。

表 2-8   道路静态信息云端感知方式

感知内容	感知方式	用途说明
地图产品数据	智能网联云控平台下发地图（普通导航地图、ADAS 地图、高精地图等）	用于自动驾驶车辆在道路行驶时的车端融合定位、车辆导航、变道灯决策
地图源数据	借助 AI 技术完成不同传感器数据自动融合识别，即把 GNSS/INS、点云、图像等数据叠加在一起，进行道路标线、路沿、路牌、交通标志等道路元素的识别	用于将车载传感器感知的源数据进行高精道路地图图层的要素自动化识别与制图

（2）动态信息感知。云端动态信息感知的作用在于将准动态信息如道路拥堵、施工、交通管制、天气等信息，通过路侧端下发或直接下发给车端。道路动态信息云端感知方式见表 2-9。

表 2-9   道路动态信息云端感知方式

感知内容	感知方式	用途说明
交通事件	智能网联云控平台下发交通事件预警信息（车道级事件信息）	自动驾驶汽车依据动态层道路占用情况数据进行变道等操作
交通管制信息	智能网联云控平台下发交通管理部门动态交通管理策略，如路况信息（车道、限速、施工）	自动驾驶汽车依据动态层道路占用情况数据进行变道等操作
交通流信息	智能网联云控平台下发车联网汇聚的交通流状态（排队时间、车流量密度、车辆排队长度、车辆通行速度等）	自动驾驶汽车依据动态层道路占用情况数据进行变道等操作
天气信息	智能网联云控平台下发气象预警信息	提供能见度、雨量、风向、雷暴、大雾（团雾）等信息

2.3 智能网联汽车与自动驾驶

2.3.1 车辆环境传感器

智能网联汽车（Intelligent Connected Vehicle，ICV）是指在传统汽车基础上融合先进信息通信技术（ICT）和人工智能（AI）等技术，实现与外部环境、其他车辆、基础设施及互联网的高度连接和智能交互的新一代汽车系统。智能网联汽车的发展旨在提升汽车的安全性、舒适性、能源效率和交通效率，以实现智慧、高效、环保的城市交通。车辆环境传感器作为智能网联汽车系统的重要组成部分，具有广泛的应用和重要性。车辆环境传感器的作用是通过感知和获取车辆周围环境的信息，为车辆的感知、决策和控制提供准确的数据支持，从而实现车辆的智能化、自动化和安全性能的提升。

1. 车辆环境传感器的基本原理

车辆环境传感器是一种用于感知和获取车辆周围环境信息的装置，其基本原理涉及多种传感技术和物理原理。表 2-10 为智能车辆上常见的环境传感器类型，并总结了不同类型的优缺点。相机传感器通过光学原理捕捉道路场景的图像和视频。它使用透镜和图像传感器将光信号转换为数字图像。通过图像处理和计算机视觉算法，相机能够检测和识别道路上的车辆、行人、交通标志和道路标线等。毫米波雷达传感器利用无线电波的反射原理来探测周围物体的位置和速度。它发射无线电波并接收反射回来的信号。通过测量信号的时间延迟和频率变化，毫米波雷达可以确定物体的距离、方向和速度。毫米波雷达传感器广泛应用于车辆跟随、碰撞预警和自适应巡航控制等场景。激光雷达传感器利用激光束的发射和接收来获取精确的三维环境信息。它通过发射激光束并测量其反射回来的时间和强度，来计算物体的距离、高度和形状。激光雷达传感器能够提供高精度的点云数据，用于建立精确的环境模型和障碍物检测。超声波传感器利用声波的传播和反射来检测物体的距离。它通过发射超声波脉冲并测量其返回的时间来计算距离。超声波传感器通常用于近距离障碍物检测和停车辅助。

综上所述，车辆环境传感器的基本原理涵盖了光学、无线电波、激光和声波等物理原理。这些传感器通过感知和测量车辆周围的环境信息，为智能网联汽车提供准确的感知数据，实现自动驾驶、碰撞预警和驾驶辅助功能。

表 2-10 　　　　　　　　　　不同车辆环境传感器的优势和劣势

传感器	优势	劣势
相机传感器	1. 价格便宜可用于多种场景。 2. 具有丰富的颜色和纹理信息	1. 缺少深度特征。 2. 易受天气和光线干扰
毫米波雷达传感器	1. 在复杂环境中的抗干扰能力强，适应多种天气条件。 2. 具有测量物体距离和速度的能力	1. 分辨率较低。 2. 受信号波长的影响，其检测距离较短
激光雷达传感器	1. 精确的深度和距离信息。 2. 受外部光照影响较小。 3. 具有360°的视场角	1. 点云具有稀疏性和不规则性。 2. 缺少颜色和纹理属性。 3. 价格昂贵且难以部署
超声波传感器	1. 能够提供较高的测距精度。 2. 工作速度非常快，可以实现实时目标检测和跟踪	1. 测距范围相对较短。 2. 对不同材料的目标物体的探测效果不一致

2. 车辆环境传感器在智能网联汽车中的应用

如图 2-8 所示，在智能网联汽车中，车辆环境传感器发挥着关键的作用，并广泛应用于以下方面：

（1）环境感知和障碍物检测。车辆环境传感器能够实时感知和监测车辆周围的道路环境和障碍物。通过摄像头、雷达、激光雷达等传感器的组合使用，可以实现对道路状况、车辆、行人、交通标志、道路标线等的感知和识别。这种环境感知的能力对于自动驾驶、碰撞预警和行车安全至关重要。

（2）自动驾驶和驾驶辅助。车辆环境传感器提供的环境信息是实现自动驾驶和驾驶辅助功能的基础。通过感知和分析车辆周围的环境数据，智能网联汽车可以实现自动巡航、自动变道、自动泊车等功能。车辆环境传感器为车辆提供了准确的位置、距离和速度等信息，使车辆能够做出准确的决策和控制。

（3）交通流优化和智能导航。车辆环境传感器可以感知和获取车辆周围的交通状况，包括道路拥堵、交通信号和路况等。基于这些信息，智能网联汽车可以实现交通流优化和智能导航功能。通过实时的交通状况监测和分析，智能网联汽车可以选择最优的路线，减少交通拥堵和行车时间。

（4）数据共享和车辆互联。车辆环境传感器通过车载通信技术，可以与其他车辆、基础设施和云端进行数据共享和通信。这种车辆互联能力使得智能网联汽车能够实现车辆之间的协同合作和信息交换，提高交通安全性和交通效率。例如，车辆可以共享道路状况、交通预测和事件警报等信息，以实现更智能化的交通管理和控制。

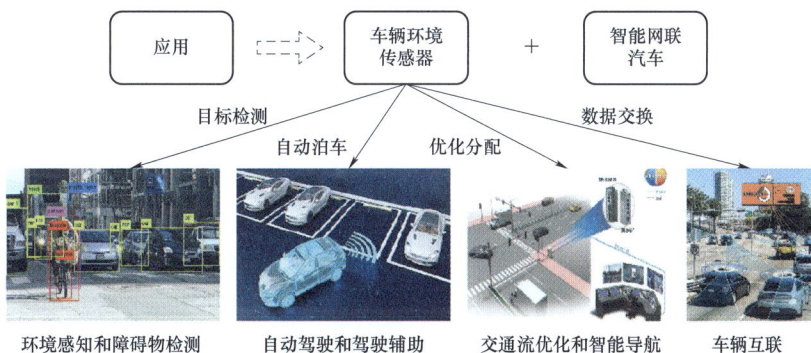

图 2-8 车辆环境传感器在智能网联汽车中的应用

综上所述，车辆环境传感器在智能网联汽车中扮演着至关重要的角色。它们通过感知和获取车辆周围环境的信息，为智能决策和控制提供准确的数据支持，实现自动驾驶、碰撞预警、安全辅助、交通优化和车辆互联等功能，从而提升行车安全性、交通效率和驾驶舒适性。

2.3.2 车辆通信技术

车辆通信技术是智能网联汽车系统的核心组成部分之一，它使车辆能够实现与其他车辆、基础设施、互联网和云端服务器的高度连接和实时数据交换。如图 2-9 所示，这种连接性为智能车辆提供了丰富的信息来源，支持各种关键功能，包括安全性、导航、交通管理和娱乐。

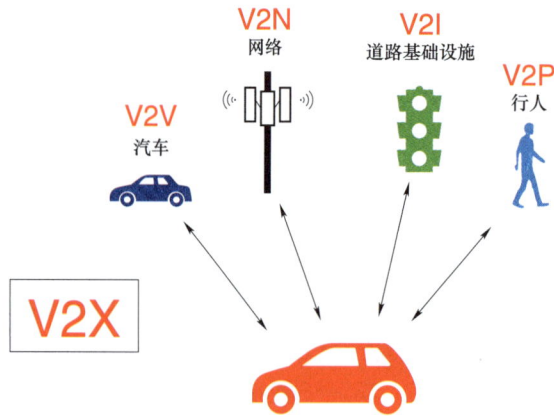

图 2-9　多种车辆通信技术

1. 车对车通信（V2V）

车对车通信（Vehicle-to-Vehicle，V2V）是一种车辆间的无线通信技术，允许车辆在其周围范围内相互通信和交换信息。这种通信可以帮助车辆协同工作，提高交通安全性和效率。V2V通信的核心概念是车辆能够实时共享关键的驾驶数据，如位置、速度、加速度以及制动状态，以促进实时协同、碰撞避免和交通流优化。

V2V技术的工作原理基于短程无线通信技术，通常采用专用频段或标准Wi-Fi协议来传输数据。在V2V通信中，车辆周期性地广播其当前状态和运动数据，以短消息的形式发送给附近车辆。周围车辆接收来自其他车辆的广播数据，并使用特定的通信协议解析和处理这些数据，以提取有关发件车辆的信息。基于接收到的数据，车辆可以做出决策，如调整速度、方向或制动，以避免可能的碰撞或危险情况。

V2V通信具有广泛的应用领域，其中一些关键应用包括碰撞预警系统、交通流优化和交叉路口安全。在碰撞预警系统中，V2V通信使车辆能够实时共享其运动状态和驾驶行为数据，这些数据可用于预测潜在碰撞并发出警告，从而帮助驾驶员和车辆系统采取适当的措施以避免碰撞。在交通流优化方面，车辆能够共享道路上的交通信息，如交通拥堵、事故和道路状况，这有助于通过调整速度和路线来减少拥堵，提高交通流畅度。此外，V2V通信在交叉路口具有重要应用，车辆可以相互通信以确保安全通过，共享其位置和运动信息，以协调通过交叉路口时的行动，减少事故风险。

虽然V2V通信具有显著的优势，但也伴随着一系列挑战和限制。通信范围是一个重要的考虑因素，因为V2V通信的有效范围有限，通常在数百米范围内，这意味着只有在相对近距离内的车辆才能相互通信。通信安全也是一个重要问题，为了确保通信的安全性，必须采取适当的加密和认证措施，以防止数据篡改或伪造。标准化和互操作性也是一个挑战，因为不同厂家和车型可能采用不同的V2V通信协议，需要统一标准以确保不同车辆之间的互操作性。

44

2. 车对基础设施通信（V2I）

车对基础设施通信（Vehicle-to-Infrastructure Communication，V2I）技术是智能网联汽车系统中的另一个关键要素，它允许车辆与道路基础设施，如交通信号、路灯、道路标志和停车设施等进行双向通信。V2I通信为智能交通管理和优化提供了强大的工具，同时也为驾驶员提供了实时的交通和道路信息。

V2I通信在智能交通系统中具有重要作用，它可以将道路基础设施纳入智能化交通生态系统。这意味着道路设施能够与车辆共享关键信息，如交通流、道路状况和事故警报，同时车辆也可以向基础设施报告其位置和意图。这种双向通信有助于实现更安全、高效和可持续的城市交通。

V2I通信的基本原理是利用无线通信技术，使车辆与基础设施节点进行通信。主要包含以下关键技术：

（1）数据传输。基础设施节点，如交通信号或路灯，装备了通信设备，可以向周围车辆广播信息，也可以接收来自车辆的信息。这些信息可以包括交通信号状态、道路状况更新或紧急警报。

（2）车辆接收和解析。车辆配备了与基础设施通信兼容的装置，可以接收并解析来自基础设施的信息。这些装置可以是车辆上的通信模块，如车载通信装置。

（3）决策和响应。基于接收到的基础设施信息，车辆可以做出决策，例如调整速度、遵守交通信号或采取紧急措施，以应对当前道路情况。

3. 车对云通信（V2C）

车对云通信（Vehicle-to-Cloud Communication，V2C）是智能网联汽车系统中的一个重要组成部分，它代表了车辆与云端服务器之间的双向通信。这一技术允许车辆将实时数据和信息上传到云端，同时从云端获取关键数据和服务。

V2C通信的核心工作原理是通过车载通信设备将车辆生成的数据传输到云端服务器，然后从云端获取反馈和服务。以下是V2C通信的工作步骤：

（1）数据生成。在V2C通信中，车辆内部配备了各种传感器和系统，用于生成大量的数据。这些数据涵盖了多个方面，包括但不限于车辆的当前状态（如车速、车辆健康状况、燃油消耗率）、环境感知（如周围车辆、道路状况、天气情况）以及位置信息[车辆的全球导航卫星系统（Global Navigation Satellite Systems，GNSS）坐标等]。这些数据源形成了V2C通信的基础，为云端服务器提供了关于车辆及其周围环境的丰富信息。

（2）数据传输。车辆配备了专用的通信模块，通常使用无线通信技术，例如4G、5G或其他通信协议。通过这些通信模块，车辆可以将生成的数据传输到云端服务器。数据传输的关键在于其实时性和可靠性，以确保云端服务器能够及时获取到车辆产生的信息。这种双向通信通常是基于安全的通信协议和加密机制，以保护数据的机密性和完整性。

（3）云端处理。一旦数据到达云端服务器，服务器将开始处理这些数据。云端服务器可能部署了高级的算法和数据分析技术，以有效地处理和解释来自车辆的数据。这个处理阶段可以涉及数据清理、分析，模型训练和洞察提取等过程。例如，服务器可以分析车辆的驾驶习惯，监测车辆的性能，或者预测交通拥堵情况，从而提供有关车辆和道路情况的重要信息。

（4）反馈和服务。一旦云端服务器成功处理数据，它可以向车辆发送反馈信息、实时交通信息、道路条件更新、车辆诊断信息等。这些反馈和服务的形式多种多样，可以包括可视化信息、警告、指示、建议或者指令。云端还可以提供车辆远程控制，例如远程锁车、升级软件、预约维修等服务，以增强车辆的功能性和便捷性。

2.3.3　自动驾驶技术

1. 自动驾驶级别

自动驾驶技术是一项革命性的交通领域创新，旨在实现车辆在没有人类干预的情况下安全地行驶。这一技术涵盖了多个层次的自动化，从基本的驾驶辅助系统到完全自动驾驶，其中车辆能够独立感知环境、做出决策并进行行驶。本节将详细探讨自动驾驶技术的各个方面。

自动驾驶技术的发展被划分为不同级别，以反映车辆的自动化程度，如图2-10所示。这些级别由 SAE 国际自动工程师学会定义，从零级到五级，每个级别代表了不同程度的自动化。

图 2-10　不同级别的自动驾驶技术

零级自动驾驶（Level 0）：在零级自动驾驶中，车辆处于完全手动控制状态，没有自动化系统的介入。这意味着驾驶员需要完全负责车辆的控制，包括加速、制动、转向以及遵守交通规则和道路标志。零级自动驾驶车辆不具备自动化驾驶辅助功能。

一级自动驾驶（Level 1）：在一级自动驾驶中，车辆配备了一些基本的驾驶辅助系统，例如巡航控制或自动紧急刹车。这些系统可以执行有限的任务，但仍然需要驾驶员的持续监督和控制。驾驶员必须随时准备接管车辆的控制。

二级自动驾驶（Level 2）：二级自动驾驶引入了更高级的自动化辅助功能。车辆在特定条件下可以同时执行加速、制动和转向的控制任务。这意味着驾驶员可以在某些情况下放松对车辆的监督，但仍需要在必要时接管控制。二级自动驾驶系统要求驾驶员在激活自动化功能时保持警觉。

三级自动驾驶（Level 3）：在三级自动驾驶中，车辆能够在特定条件下执行驾驶任务，例如高速公路上的自动驾驶。驾驶员不需要持续监督车辆，但必须准备在系统要求时接管控制。此级别下，驾驶员可以离开驾驶座位，但仍需在需要时参与驾驶。

四级自动驾驶（Level 4）：四级自动驾驶是高度自动化水平。车辆能够在特定条件下执行驾驶任务，而驾驶员则不需要持续监督或准备接管。四级自动驾驶的操作受到地理区域、道路条件或天气等特定限制。车辆可以自主驾驶，但在特殊情况下可能需要驾驶员介入。

五级自动驾驶（Level 5）：五级自动驾驶是完全自动化的最高水平。在这一级别下，车辆能够在任何条件下执行驾驶任务，不需要驾驶员的介入。无论是城市道路、高速公路还是极端天气条件，车辆都能够独立自主地驾驶。这一级别代表了完全自主的自动驾驶技术。

这些自动驾驶级别代表了自动驾驶技术的不同阶段，从辅助驾驶到完全自动驾驶的连续演进。随着技术的不断发展和成熟，未来有望实现更高级别的自动驾驶。

2. 自动驾驶仿真测试平台

自动驾驶过程中的感知、决策和控制，可以通过自动驾驶仿真测试平台进行验证，如图 2-11 所示。自动驾驶仿真测试平台中的感知系统的工作过程包括数据采集、传感器融合和环境感知，通过不同传感器的集成和融合，捕捉周围环境信息，根据感知到的数据识别和理解周围环境，包括其他车辆、行人、交通信号、道路标志和道路条件等。

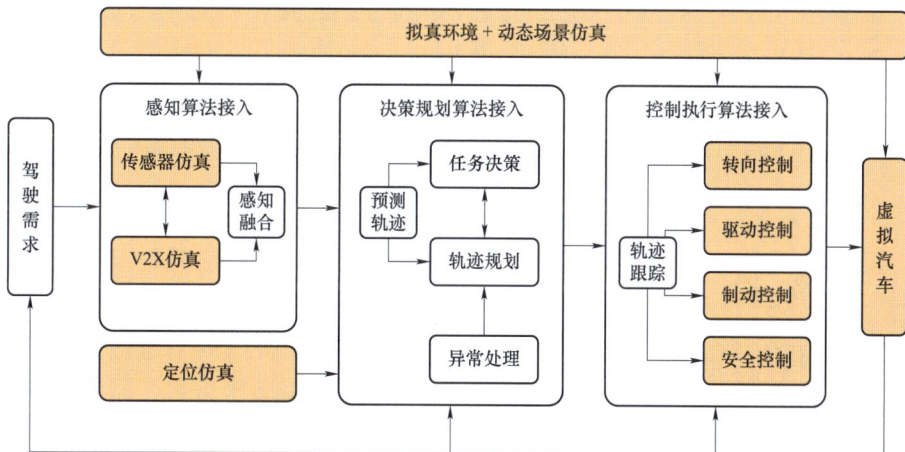

图 2-11 自动驾驶仿真测试平台示意图

决策控制系统是自动驾驶车辆的"大脑",负责分析感知到的环境信息,并制定安全、高效的驾驶决策。这个系统使用先进的算法和人工智能技术,考虑各种因素,如道路状况、交通流量、目标速度、规则遵守等,以确定车辆的行为。

决策控制系统的主要功能包括路径规划、速度控制、车辆间距控制和避障。路径规划确定车辆应该沿着哪条道路行驶,以达到目的地。速度控制确保车辆以安全的速度行驶,遵守交通规则和道路标志。车辆间距控制负责维持与前方和周围其他车辆的安全距离。避障功能可识别并规避潜在的障碍物,确保车辆的安全行驶。

这两个系统的协同工作是实现自动驾驶的关键。感知系统提供环境信息,而决策控制系统使用这些信息来做出适当的驾驶决策,以确保车辆安全、高效地行驶。这种协同工作使自动驾驶车辆能够适应不同的道路情况,并应对突发事件,从而为未来的智能交通系统提供了巨大的潜力。

2.4 "车—路—图"协同应用

智能网联"车—路—图"协同系统(Intelligent Vehicle–Road–Map System,IVMS)是利用新一代的信息与通信技术,将聪明的车、智能的路及智慧的图通过物理层、信息层及应用层连为一体,并基于系统的协同融合感知、决策与控制,从而实现车辆行驶和交通运行安全、效率等。如图 2–12 所示,智能网联"车—路—图"协同系统的建设,主要从两方面进行,"车—路—图"网联通信及"车—路—图"的协同控制系统。

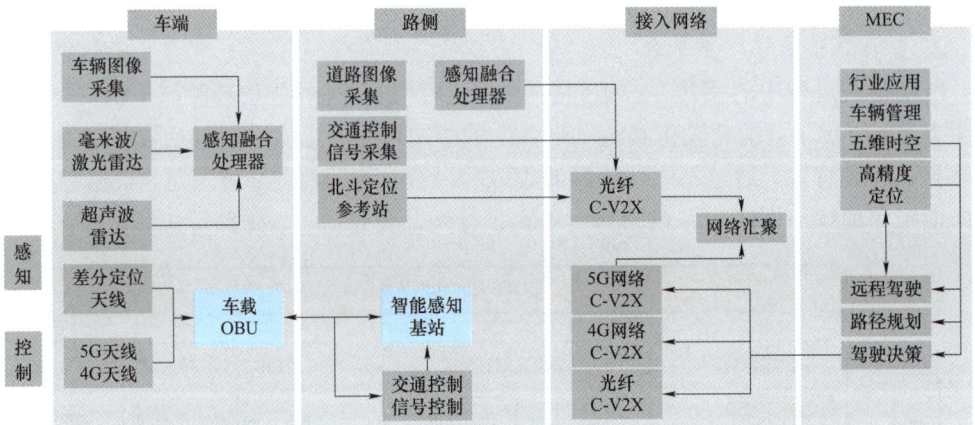

图 2–12 "车—路—图"协同系统流程图

2.4.1 "车—路—图"系统架构与建设现状

随着车辆智能化和 5G 技术的发展,"车—路—图"协同系统逐渐成为交通行业的重要发展方向。"车—路—图"协同技术是基于智能交通系统的发展,融合多种技术手段,如传感器、通信技术、无线通信等,获取车辆和道路信息,通过车车、车路通信进行交互和共享,实现车辆和基础设施之间智能协同与配合,达到优化利用系统资源、提高道路交通安全、缓解交通拥堵的目标。

"车—路—图"协同系统架构主要包括三个方面：车端、路端和云端。路端主要包括雷达、相机等传感器设备，以及交通信号灯、路灯、路牌等道路设施，通过这些设备设施，可以实现对车辆的实时监控和控制。同时，道路设施也可以向车辆端发送信息，如路况、交通管制等，以便车辆做出更加合理的行驶决策。车端主要包括车载设备和车辆控制系统，通过车载设备和车辆控制系统，车辆可以实时获取道路设施的信息，如路况、交通信号灯等，同时也可以将车辆的信息传输到云端和道路设施端，以便实现更加精准的交通管理和控制。云端是"车—路—图"协同系统的核心，它是车辆和道路设施之间信息交流和协作的中心，通过云端，可以实现对车辆和道路设施的实时监控和控制，同时也可以对交通系统进行数据分析和处理，以便实现更加精准的交通管理和控制。

"车—路—图"协同系统的技术框架是一种基于智能交通系统的技术架构，它将车辆和道路设施之间的信息交流和协作进行了深度整合，从而提高了交通系统的效率和安全性。随着技术的不断发展和应用，"车—路—图"系统的成熟度逐渐提高。目前已经出现了一些商业化运营的"车—路—图"方案，如地图导航、车联网等，"车—路—图"在城市道路交通体系中发挥着越来越重要的作用。

我国已将车联网产业发展提升到国家战略高度。2019 年 9 月，国务院印发的《交通强国建设纲要》明确加强智能网联汽车（智能汽车、自动驾驶、车—路—图）研发。2020 年 2 月，国家发展改革委等 11 部委联合发布《智能汽车创新发展战略》，支持优势地区创建国家车联网先导区，推动有条件的地方开展城市级智能汽车大规模应用试点。工信部在《"十四五"信息通信行业发展规划》中明确提出积极稳妥发展车联网，加快车联网部署应用。其他相关部委也先后出台了多个相关的政策文件。国内车—路—图的发展以政府主导推动为主要模式，逐渐过渡到以企业为主体，政府作为引导。在实现形式上，先后从智能网联示范区到车联网先导区再到"双智"城市的发展模式。截至2023 年 4 月，我国已经批准了江苏无锡、天津西青、湖南长沙、重庆两江新区、湖北襄阳、浙江德清、广西柳州等 7 个国家级车联网先导区，以及北京、上海、广州、深圳、武汉、长沙、重庆、成都、无锡等 16 个智慧城市基础设施与智能网联汽车协同发展（双智）试点城市。在政策的积极引导下，车路协同一路高歌猛进、快速发展，取得了阶段性建设成效。截至 2022 年，国内建设超过 50 个智能网联汽车示范区，完成 3500 多公里智能化道路升级，30 余个城市和多条高速部署了 4000 余台路侧通信单元，累计开放了超过 9000km 的测试道路，已发放测试牌照超过 1900 张。政策利好和资金扶持为"车—路—图"协同的发展提供了重要保障。

我国拥有全球最完善的 4G/5G 网络以及最强大的 5G 生态，4G 基站超过 500 万座，5G 基站超过 180 万座，手机用户数超过 16 亿人，手机、车机的移动互联网应用广泛普及。如果能充分利用完善的 4G/5G 基础设施和强大的移动互联网生态来推广 V2X，将部分安全性需求没那么高的 V2X 应用转化为伴随式信息服务，将迅速提升大众体验感，助力 V2X 实现规模拓展。为此，腾讯率先提出了"泛 V2X"的理念，期望从应用出发，通过 4G/5G 公网和 C-V2X 直连专网的充分协同，"强云、泛网、富端、开放、解耦"

的理念，实现车路云网人泛在连接。泛 V2X 技术框架如图 2-13 所示。从"泛 V2X"理念出发，腾讯强化了云端能力，打造了"5G 泛 V2X 开放平台"，基于中心云、边缘云、路侧感知以及移动智能终端的云边端协同，使得各种类型的 4G/5G 移动智能终端可通过移动互联网应用从平台获取 V2X 伴随信息服务；平台兼容 C-V2X 直连专网，提供 RSU、OBU 以及其他设备的运维管理、数据汇聚分析等服务。基于泛 V2X 技术路线构建的车路协同应用，用户无须在车上安装 OBU 设备或进行复杂改造，只需在手机、车机等 4G/5G 移动智能终端上使用导航地图 App、微信小程序等，便可感受路侧车路协同的建设效果，获得低时延 V2X 伴随式信息服务，包括：红绿灯信号同步、绿波通行、安全事件同步、弱势交通参与者预警服务等标准化的 V2X 服务以及前方道路视频直播等特色的差异化 V2X 服务，显著提高用户获得感，更快地推动车路协同业务落地，促进 5G 车联网的产业发展。

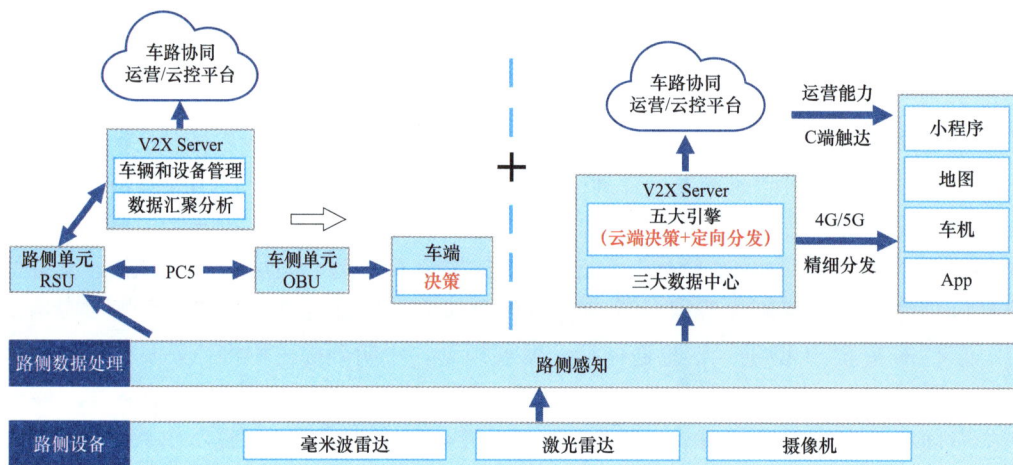

图 2-13　泛 V2X 技术框架

同时，车路协同技术已经不仅仅停留在交通领域，在城市规划、能源管理、环境保护等领域也有应用。例如，在城市规划方面，车路协同可以利用传感器技术对道路交通流量进行监测，以提高城市交通规划的准确性和科学性；在环境保护方面，车路协同可以对车辆的排放进行监测和控制，减少污染物的排放。

2.4.2　"车—路—图"相关技术标准

"车—路—图"协同系列标准提出了"人-车-路-云"深度融合的车路协同系统，并规定了系统中车辆与车辆、路侧设施与车辆、路侧设施与云控、车辆与云控、云控与第三方平台等各类对象之间的信息交互内容，为构建"人-车-路-云"深度融合与互联互通的技术体系奠定了基础。

（1）《交通运输　信息安全规范》（GB/T 37378—2019）。

（2）《智能运输系统　通用术语》（GB/T 20839—2007）。

（3）《信息安全技术　网络安全等级保护基本要求》（GB/T 22239—2019）。

50

（4）《道路交通信息服务　数据服务质量规范》（GB/T 29101—2012）。

（5）《道路交通信息服务　术语》（GB/T 29108—2021）。

（6）《汽车驾驶自动化分级》（GB/T 40429—2021）。

（7）《汽车信息安全通用技术要求》（GB/T 40861—2021）。

（8）《道路交通信息采集　信息分类与编码》（GB/T 20133—2006）。

（9）《道路交通信息采集　事件信息集》（GB/T 20134—2006）。

（10）《道路车辆　先进驾驶辅助系统（ADAS）术语及定义》（GB/T 39263—2020）。

（11）《道路车辆　盲区监测（BSD）系统性能要求及试验方法》（GB/T 39265—2020）。

（12）《乘用车车道保持辅助（LKA）系统性能要求及试验方法》（GB/T 39323—2020）。

（13）《乘用车自动紧急制动系统（AEBS）性能要求及试验方法》（GB/T 39901—2021）。

（14）《汽车网关信息安全技术要求及试验方法》（GB/T 40857—2021）。

（15）《车载信息交互系统信息安全技术要求及试验方法》（GB/T 40856—2021）。

（16）《电动汽车远程服务与管理系统信息安全技术要求及试验方法》（GB/T 40855—2021）。

（17）《智能网联汽车车载端信息安全技术要求》（T/CSAE 101—2018）。

（18）《智能网联汽车测试场设计技术要求》（T/CSAE 125—2020）。

（19）《智能网联汽车道路试验监管系统技术要求》（T/CSAE 247—2021）。

（20）《智能网联汽车 V2X 系统预警应用功能测试与评价方法》（T/CSAE 246—2021）。

（21）《智能网联汽车激光雷达点云数据标注要求及方法》（T/CSAE 213—2021）。

（22）《智能网联汽车场景数据图像标注要求及方法》（T/CSAE 212—2021）。

（23）《智能网联汽车数据共享安全要求》（T/CSAE 211—2021）。

（24）《车路协同信息交互技术要求　第 1 部分：路侧设施与云控平台》（T/ITS 0180.1—2021）。

（25）《车路协同信息交互技术要求　第 2 部分：云控平台与第三方应用服务》（T/ITS 0180.2—2021）。

（26）《车联网路侧设施设置指南》（T/CTS 1—2020）。

（27）《基于 LTE 的车联网无线通信技术　直连通信系统路侧单元技术要求》（T/CSAE 159—2020）。

（28）《合作式智能运输系统　车路协同云控系统 C–V2X 设备接入技术规范》（T/CSAE 248—2021）。

（29）《合作式智能运输系统　车用通信系统应用层及应用数据交换》（T/CSAE 53—2020）。

（30）《车联网数据采集要求》（T/CSAE 100—2018）。

（31）《基于车路协同的高等级自动驾驶数据交互内容》（T/CSAE 158—2020）。

（32）《车路协同系统　适应自动驾驶自主泊车的停车场（库）智能化分级和测试方

法》（T/SHJX 021—2021）。

（33）《车路协同系统　面向车路协同应用场景的高精度地图技术要求》（T/SHJX 022—2021）。

2.4.3 "车—路—图"网联通信

车—路—图的网联通信，包含车辆与车辆通信（Vehicle to Vehicle，V2V）、车辆与道路基础设施通信（Vehicle to Infrastructure，V2I）、车辆与地图平台通信（Vehicle to Map）、车辆与网络通信（Vehicle to Network）、道路基础设施与地图平台通信、道路基础设施与网络通信、地图平台之间的通信。本章节主要从通信端和通信方式两个方面进行说明。

1. 通信端

通信端侧通常包含具备车内通信、车间通信、车路通信、车网通信能力的车载单元（OBU），具备车路通信、路网通信能力的路侧单元（RSU），以及具备云网通信、云端和终端通信能力高精地图平台。

（1）车载单元。车载单元集成移动通信模块、无线通信模块、卫星定位模块、多媒体播放模块、传感器及音频数据采集模块、数据储存模块等部件，在中央处理单元的统一调度、协调处理下，用于采集和获取自车信息、感知行车状态及环境信息，并能和车、路、云进行交互，具有卫星定位和无线通信功能的电子设备。如图 2-14 所示车载终端可以实现车内通信、车车通信和车网互联，可以提供声音和视觉方面最直接的用户体验，如图形界面、告警提示及音视频播放等。

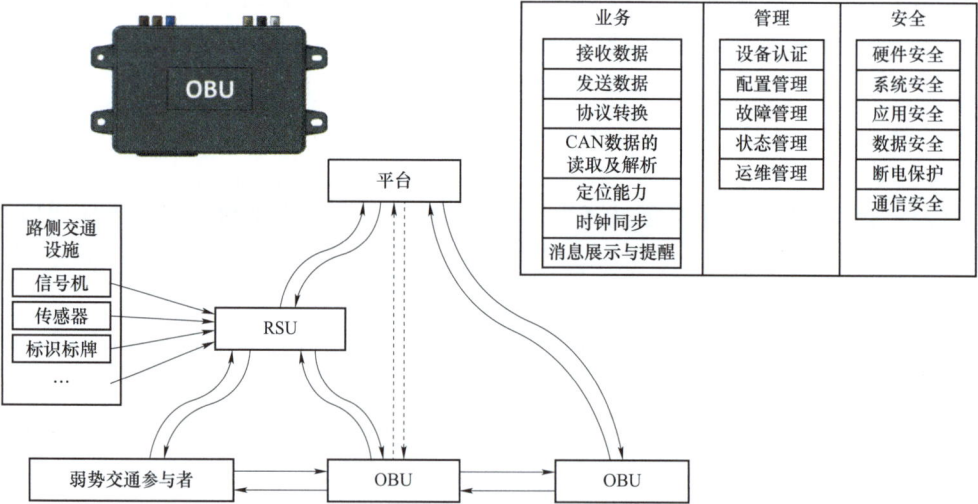

图 2-14　车载终端与路、云交互流程图

（2）路侧基础单元。路侧基础设施是安装在路侧对道路交通状态机环境信息进行感知，使用无线通信技术链接互联网并与车载终端和云端通信的电子装置。除网联通信功能外，路侧单元还可实现车辆身份识别、特定目标检测及图像抓拍、广播实时交通信息、

电子扣分等功能。其主要功能是提供交通信息，监测和管理道路交通。

如图2-15所示，路侧基础设施从所连接的车载终端上获取车辆的速度、位置、行车等信息，通过移动通信模块上传至云端，由云端交通控制中心系统进行分析处理，从而能形成实时交通信息，并将结果返回给路侧终端。路侧终端通过无线通信的方式发送到其覆盖区域的车载终端。

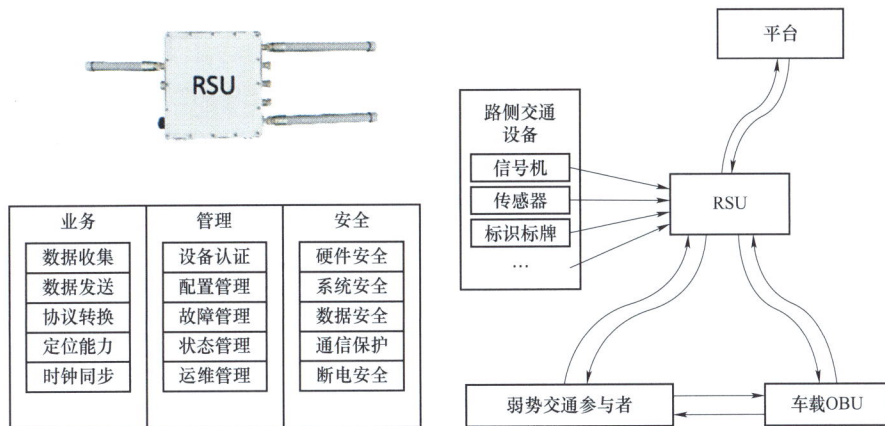

图2-15 路侧基础设施与车、云的交互流程图

（3）高精动态地图基础平台。高精动态地图基础平台基于"车、路、云"动态数据，构建智能网联汽车及道路交通地理信息系统在线服务体系，是整车企业、图商高精地图在线更新的重要支撑，满足智能网联汽车技术链和产业链的动态数据需求。高精动态地图基础平台将设计动态数据汇聚的标准化通信协议，将定义基于自动驾驶动态数据的应用场景。高精度地图可以分为4个基本层级，如图2-16所示，由底层到上层分别为静态地图、半静态地图、半动态地图和动态地图，其中静态地图与半静态地图属于高精静态地图，半动态地图与动态地图属于高精动态地图。

图2-16 高精度地图分层图例

高精动态地图基础平台是面向车、路地图应用的智能数据推送平台，高精动态地图基础平台支撑车辆、路侧的地图实时更新，基于人工智能技术实时分析车辆、路侧需要的静态地图及动态地图信息，精准且实时地推送有效信息，同时建立地图服务质量监控系统，不断优化数据推送服务质量及隔离异常服务，构建面向车、路地图应用的智能数

据推送平台。

智能网联车辆的车载终端、传感器及路侧单元的动态数据是实现高精地图实时更新的重要数据源，高精动态地图基础平台基于动态数据支撑图商高精静态地图更新与高精动态地图生成，并实现高精静态地图与动态地图的快速更新和发布。同时，依托智能网联车载终端基础平台车端的软件与硬件支撑，为自动驾驶车辆、智能路侧设备提供高精地图服务。

2. 通信方式

终端之间使用特定的通信方式连接，目前主要有基于 IEEE 802.11p 无线通信协议的专用短程通信（Dedicated Short Range Communication，DRSC）、基于蜂窝的通信（C-V2X）两种方式，其对比见表 2-11。

表 2-11   DSRC 与 5G（C-V2X）对比

对比项	DSRC	5G 车联网
通信方式	IEEE 802.11p/IEEE 609 标准通信	基于 D2D 的终端直连
最大传输距离	800m	1000m
最大移动速度	60km/h	350km/h
最大数据速度	27Mbit/s	1Gbit/s
频段	5.86～5.92GHz	授权频段
时延	大于 10ms	约 1ms

（1）专用短程通信。专用短程通信是一种高效、专用的车辆无线通信技术，提供了车辆与周围其他车辆和基础设施之间高效、安全的短距离无线通信。不同国家和地区会根据特定需求为 DSRC 制定不同的通信标准，图 2-17 为 DSRC 通信协议栈。DSRC 在

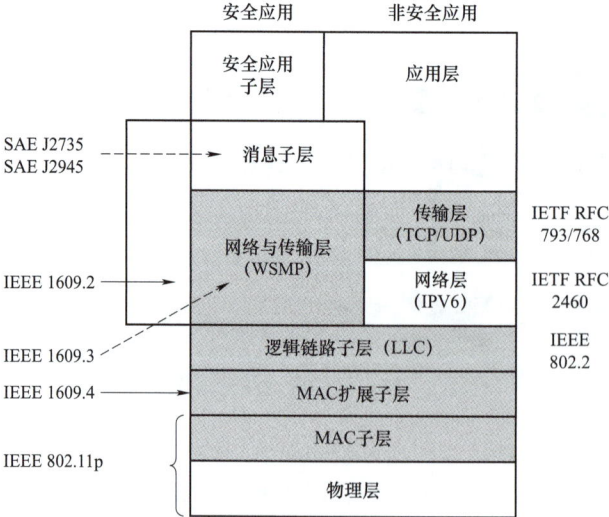

图 2-17　DSRC 通信协议栈

物理层和介质访问控制层（Medium Access C MAC）采用了 IEEE 802.11p 作为无线接入标准；在协议栈中间层，采用 IEEE10、IEEE1609.3、IEEE1609.2 标准分别负责信道切换、网络服务与安全服务；在网络层，DSRC 还支持 IPv6、UDP 和 TCP，具体选用何种传输协议取决于应用程序。在协议栈顶部，SAEJ2735 标准指定了固定的消息格式来支持各种基于车辆的应用，它通过传输重要的车辆状态信息来支持 V2V 安全应用程序。

（2）基于蜂窝的通信。C–V2X（Cellular–V2X）是指基于移动蜂窝技术的车用无线通信技术，包含基于（Long Term Evolution，LTE）网络的 LTE–V2X 以及 5G 网络的 NR（New Radio）–V2X。现有的 LTE 网络设施实现 V2V、V2N、V2I、V2P 的信息交互，具有低延迟、高可靠宽的特性。C–V2X 包含两种通信接口，车、人、路之间的短距离直接通信接口（PC5），终端和基站之间的通信接口（Uu）；C–V2X 终端设备处于蜂窝网络覆盖内时，可在蜂窝网络下使用 Uu 接口；是否有网络覆盖，均可采用 PC5 接口进行 V2X 通信。

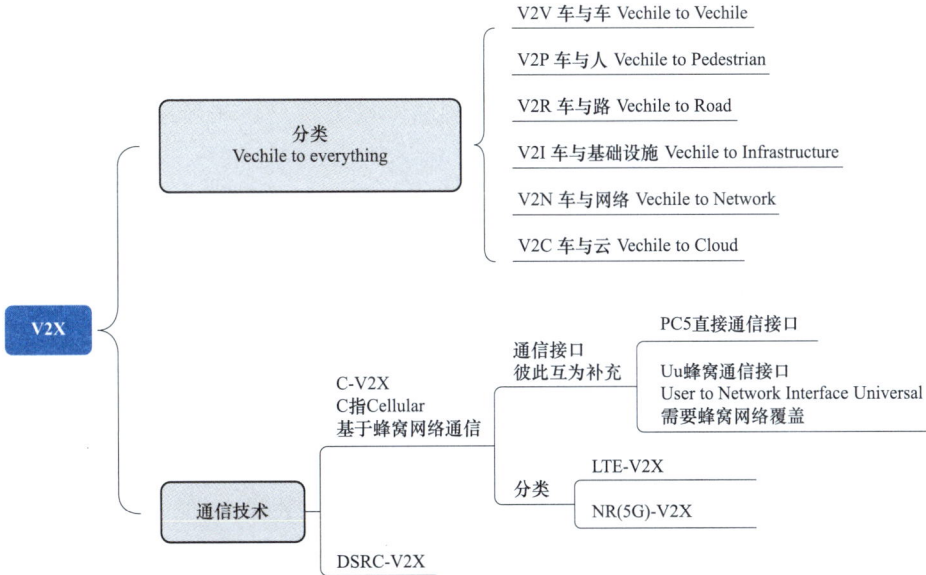

图 2–18　V2X 分类及通信技术图例

如图 2–18 所示，C–V2X 一般由车载单元（OBU）、路侧单元（RSU）、基站、云服务器等组成。C–V2X 既支持有蜂窝网络覆盖的场景，也支持没有蜂窝网络部署的场景。当支持 C–V2X 的终端设备（如车载终端、智能手机、路侧单元等）处于蜂窝网络覆盖范围内时，基站作为通信控制中心，终端设备之间可以通过 Uu 接口进行大带宽、长距离通信，也可以通过 PC5 接口不经过基站直接与周围终端进行低时延、高可靠通信；当终端设备不处于蜂窝网络覆盖时，终端之间通过 PC5 接口进行通信。

PC5 接口实现了车辆之间的直连，支持车辆间动态信息（位置、速度等）的快速交

55

换，可以在高频段支持 500km/h 的相对移动速度。PC5 主要有调度式的资源分配方式（Mode-3）和终端自主式的资源分配方式（Mode-4），保证通信资源的高效分配。此外，集中式和分布式相结合的拥塞控制机制还可提升高密度场景下的设备连接数。

Uu 接口需要基站作为控制中心，其他通信节点通过基站实现数据中转，这种方式支持高带宽的长距离通信。Uu 接口在上下行链路上做了传输增强，可大幅降低下行链路与下行链路的时延。此外，针对特定场景的车联网业务，还可采用多接入边缘计算技术进一步提升传输性能。

2.4.4 "车—路—图" 协同系统

"车—路—图" 协同系统主要建设在云计算基础设施之上，基于分布式的大数据存储、大数据分析和计算引擎为数据底座，建设逻辑协同、物理分散的云计算中心；并以路–云网关、车–云网关和云–云网关等，实现实时气象信息、车辆信息、路侧基础设施信息和交通管控信息等的接入；以 "车—路—图" V2X 相关算法为核心引擎，实现将多源车辆动态数据、路侧基础设施动态数据进行融合计算，结合高精地图的四层模型进行半静态地图、半动态地图数据和动态地图数据的融合更新；并以 V2X–BSM 的标准服务，向车端和路侧基础设施端，提供实时、弱实时和非实时的地图数据服务；从而实现数据从车端、路侧基础设施端及云端高精动态基础地图平台的全链路协同运行。

1. "车—路—图" 协同系统架构

"车—路—图" 协同系统采用边缘云–区域云–中心云三级云的统一架构，建设 "物理分散、逻辑协同、标准统一、开放共享" 大数据基础设施。平台具备实时信息融合与计算、软件定义应用、智能边缘计算、数据融合等基础服务，满足未来高等级自动驾驶协同感知和决策需求，同时也能支持动态云接管等安全保障功能。采用层次化的体系结构，各层之间相对独立，并采用符合相应标准的接口，保证系统的开放性和可扩展性。技术上通过分布式加微服务架构打通基础数据、整合底层能力、统筹应用服务，建立高安全、高可靠、弹性伸缩能力强、数据节点扩展灵活的大数据平台。

"车—路—图" 协同系统由边缘云、区域云与中心云三级云组成，每部分由分层递解需求进行技术架构设计和定义。

（1）边缘云作为 "车—路—图" 协同系统的架构组成部分，从组成结构上，有别于传统云平台架构，其功能和服务方面，主要目标是实现：

1）通过灵活的架构重组和技术的持续深度优化，根据通信技术的不同阶段和应用需求，比如初期使用 LTE–V/C–V2X，结合边缘云的低时延计算模型，最终 5G 落地时实现高可用、高并发的毫秒级时延服务，不同等级智能网联汽车实现基于边缘计算的、提升车辆行驶安全、效率等性能的协同决策与协同控制功能，如盲区与超视距危险预警、最优车速规划、协同换道规划、编队控制等。

2）为各类应用提供基于车辆及其行驶环境相关的各类实时、准实时和非实时的基础数据，以及通过容器化管理和统一接口，按需为各个端侧、车企或外部系统提供安全、高效、舒适、节能等维度的地图采集和应用服务。具体服务主要有面向行驶安全的感知与预警等相关实时数据服务，以及面向行驶效率和节能的决策与控制服务。其中，边缘云的性能，具备高实时性、低时延和高并发的能力。

（2）区域云作为"车—路—图"协同系统重要组成部分，为其附近多个边缘云的汇聚点，主要面向各类区域级需求，提供基于边缘云上传的基础数据以及云端算法模型库，提供准实时的基础数据与计算服务，通过平台架构及相关软件进行实时性优化，达到亚秒级服务响应时延，为各类应用平台提供车路云一体化区域交通精准感知与态势评估、区域交通优化、区域车辆管理等区域级别的准实时基础数据服务和应用服务，如为区域内不同等级的智能汽车提供前方精确交通状态、突发事件、异常天气情况、云端最佳路径规划等服务，对交通信号与车辆行驶进行统一规划；为企业、政府及行业机构等提供区域车辆特性数据、区域产业特性、区域交通监管类基础数据和基础服务。

（3）中心云为多个联通的区域云汇聚中心，主要面向多个联通区域的车辆与交通环境，提供基于多个区域内车辆及其交通环境的基础数据，基于大数据存储、大数据计算与交互式分析等功能，为企业、政府及行业机构提供智能网联汽车云端基础数据业务、基于全域物理环境的仿真测试、全域交通规划、全域车辆运行安全监管、产业规划等基础数据及基础应用类服务。

2．"车—路—图"协同系统功能分类

"车—路—图"协同系统功能主要分为四大类：基于多级云架构的 C−V2X 众源动态数据交换平台（中心云、区域云与边缘云）、基于多级云架构的众包地图平台、基于多级云架构的地图数据服务平台和基于地图采集与应用的端侧硬件系统，如图 2−19 所示。

（1）基于多级云架构的 C−V2X 众源动态数据交换平台。不同车、路及地图平台之间的标准化通信协议与高效数据共享接口应实现广泛互联与互操作，实现支撑自动驾驶过程的实时通信，连通各领域信息孤岛，使行业应用技术的创新与研发变得快捷高效。

如图 2−20 所示，多级云架构接入组件作为中心云与其他平台交互数据的纽带，主要包含：① 云云网关：中心云—区域云交互、中心云—车企云平台交互；② 路云网关：边缘云—路侧设施交互；③ 车云网关：边缘云—车辆交互。

云云网关实现中心云与区域云、中心云和车企云平台之间的数据交互。云云网关主要包括以下功能：区域车辆总线数据上报；区域 V2X 数据上报；区域融合感知数据上报；车企云平台数据上报。

路云网关面向边缘云提供路侧端感知数据、RSU、智能信号灯的数据信息交互。数据上行方面，RSU 向路云网关实时上报其通过 C−V2X 收集到的各车辆的即时状态；边缘计算节点向路云网关实时上报其感知到的路面各交通参与者的即时状态和设备运行

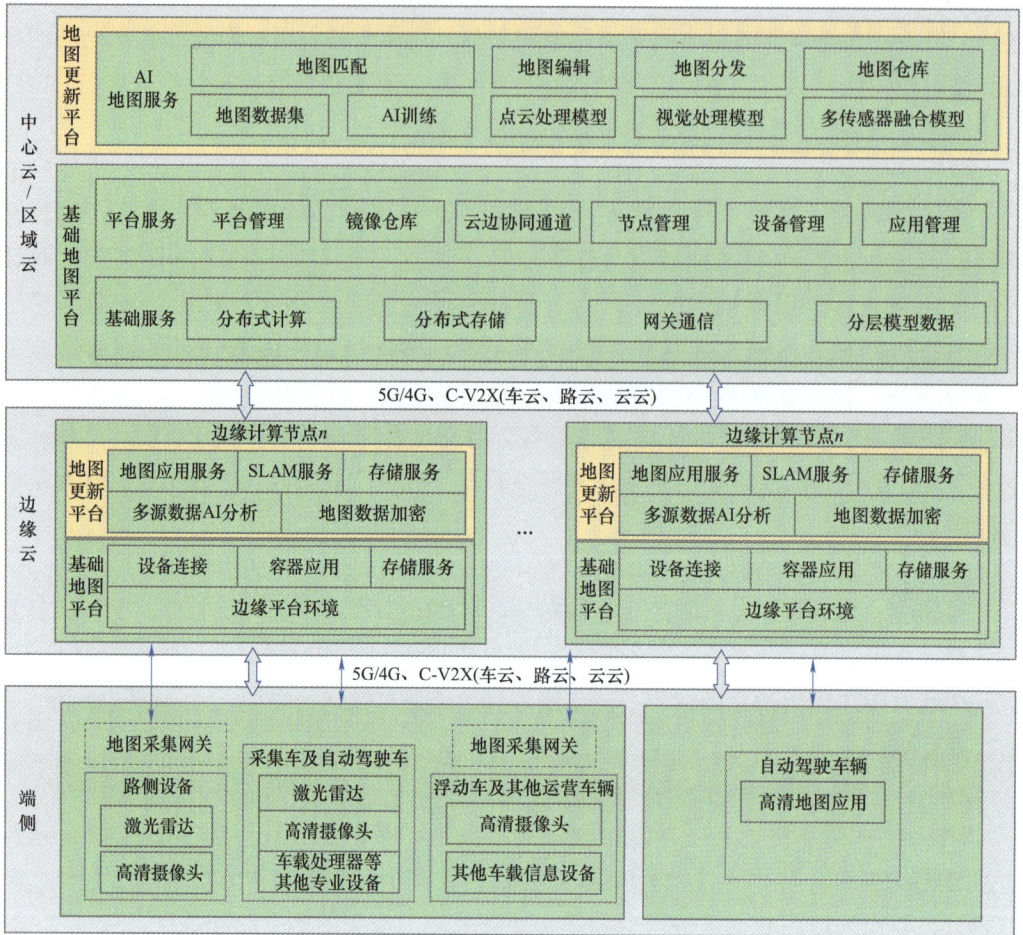

图 2-19 "车—路—图"系统功能结构

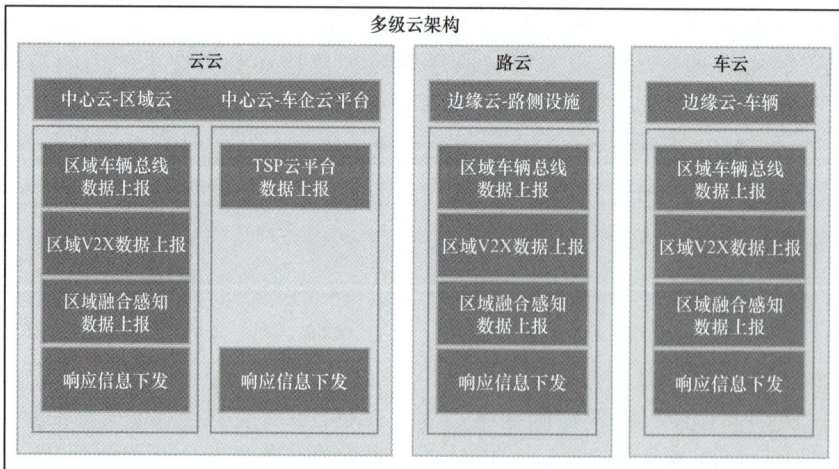

图 2-20 基于多级云架构的 C-V2X 数据交互结构图

状态；智能信号灯向路云网关实时上报红绿黄灯的状态、持续时间和配时。数据下发方面，路云网关向 RSU 实时下发协同感知数据、协同感知事件和协同决策指令，RSU 将这些数据通过 C-V2X 技术转发给其信号覆盖范围内的各车辆，协同感知数据包括路面上各交通参与者的即时状态；协同感知事件包括路面上各交通事件，例如前方施工、交通拥堵等；协同决策指令包括给各车辆的行驶建议，例如车辆行的位置序列、速度序列等。路云网关包含以下 3 个功能：路侧设备（摄像头、雷达、RSU、交通信号灯）信息上报；设备自身运行状态信息上报；配置信息上报。

车云网关实现边缘云与车辆的数据交互，车端实时上报车辆 CAN 总线信息、GNSS 信息至边缘云。车云网关包含车云身份加密签名认证；车辆 GNSS 数据以及整车 CAN 总线信息上传；车辆实时请求云端配置信息；云端下发非实时规划信息；云端下发实时控制信息。

（2）基于多级云架构的众包地图平台。自动驾驶地图（业界也有称为"高精地图"）是自动驾驶的关键支撑要素之一。众包地图主要靠大量投放具有环境数据采集能力的车辆，让这些车辆行驶过程中收集道路信息数据并上传到云端，云端根据反馈得来的数据构建还原度高的、即时更新的行车地图。众包地图平台主要包含基于众源异构数据的动态基础地图平台，以及基于分层模型和实时制图的高精地图众源更新平台。

1）众源动态基础地图平台。基于多级云架构的基础动态大数据平台为路侧多源传感器设备及设备系统、车端及车端云平台、孪生映射系统之间的各类数据的接收、清洗、存储、下发提供了统一的数据标准。包括数据汇聚、协议解析、数据压缩、数据存储、数据容灾处理、数据配置交互、数据权限管理等功能。系统界面可配置，设备灵活管理，数据流向可控，数据权限分配安全敏捷，可以同时服务高并发联机业务，并提供实时、弱实时及非实时数据访问性能。

2）高精地图众源更新平台。现阶段自动驾驶地图比较常用的制图以及更新的方式有两种：一种是利用专业测绘设备进行集中数据采集后制图及更新，另一种是利用车载传感器进行众包数据采集后制图及更新。当前业界在初始建图方面，能够在完整性和精度上，基本满足高等级自动驾驶的需求，但在地图的鲜度维护方面，存在难以解决的问题。

利用专业的高精度测绘设备更新：是指采用专业采集设备，定期对存量地图覆盖范围进行采集、制作。这种方式一般有人工制图的参与，可以对全要素的地图进行更新，是目前主要的地图更新方式。但这种方式需要专业的采集设备，成本高、数量少，对于大范围地图的采集和制作更新成本高、周期长，难以满足自动驾驶对地图实时更新需求。

众包地图更新：是指依赖量产车车端搭载的智能摄像头或高级辅助驾驶系统的实时感知和定位能力，对交通环境进行不定期的重复扫描，云端通过收集的采集数据在线成图，并与底图进行差分，从而实现更新。

（3）基于多级云架构的地图数据服务平台。高精度地图作为无人驾驶应用中辅助驾驶的重要手段，在高精度定位、辅助环境感知、控制决策等方面发挥着重要作用。结合多级云架构的边缘计算将计算、存储、共享能力从云端延伸到网络边缘，使用"业务应用在边缘，综合管理在云端"的模式，非常适合于部署更新频率高、实时服务延迟低、覆盖面积广的高精地图服务。结合众包的多级云架构地图服务已经成为高精地图更新的主要方式，有着重要的应用前景。

根据调研归纳动态地图的服务信息主要包含以下几个类：静态、半静态、半动态和动态，见表 2-12。按照类型主要分为地图变化信息、交通路况信息、事件信息（交通事故＋道路养护＋交通管制）、道路气象信息、路面环境信息、交通信号信息。

表 2-12   基于地图分层模型的地图服务信息分类

分类	动态信息	下发内容
静态	道路更新信息	更新路段 ID，更新后的几何与属性信息 道路拓扑关系的更新 道路路面和路侧设施 ID、更新后的几何与属性信息
半静态	道路建设和养护信息	断路施工起始范围、施工周期 道路施工影响的车道范围、施工类型、施工周期
	计划内的交通控制	交通管制的类型、影响时间、管制范围
	区域天气预报	未来大范围的天气变化情况
	路面环境信息	道路湿滑程度 道路坑洼点 道路平整度
半动态	临时交通设施信息（包含新拆除护栏，添加路灯等事件，未达到更新静态数据的时间周期的临时更新行为；以及临时的交通信号灯等）	设施的类型和位置，以及关联的车道和道路 ID
	事故信息	交通事故类型、事故位置、在车道中的相对位置、事故影响区域
	交通路况	道路级和车道级的道路拥堵程度和平均速度
	临时交通管制	因为活动或者严重交通事故或者严重拥堵导致的道路的临时管制行为，包括道路通行方向的临时变化，路口处车道连接关系的临时变化
	短时间小范围天气预报	小区域（1km 网格）当前的天气情况，以及小区域、短时间（1 小时间隔）的天气预测，包含降水、温度、风速、能见度等气象信息
	路面环境信息	道路湿滑程度
	停车场动态信息	实时的停车场剩余车位
	充电桩动态信息	实时的充电桩剩余充电位
动态	信号灯动态信息	信号灯 ID 以及当前状态，持续时间 匹配道路后的道路 ID 以及当前信号灯状态，持续时间

分类	动态信息	下发内容
动态	周围交通参与者信息	盲区或者十字路拐角处的交通参与者类型以及实时位置、速度、方位角
	交通事件预测	预测的交通事件位置以及类型
	公共交通实时位置信息	当前公共交通车辆的位置以及预计到达站点的时刻

（4）基于地图采集与应用的端侧硬件系统。端侧设备包括地图采集端与车载应用端。地图采集端主要包括智能路侧设备（激光雷达、高清摄像头）、专用采集车、部分浮动车及商业运营车辆。如图 2-21 所示，通过对车端、路侧设备端接入地图采集网关，内置道路变化更新识别程序，通过对新旧路侧数据的比对，完成设备采集范围内道路环境变化的识别。当道路标线、路牌等元素有变化时，及时将变化后的图像及数据上传到多级云计算（边缘云）节点进行后续地图更新及应用。

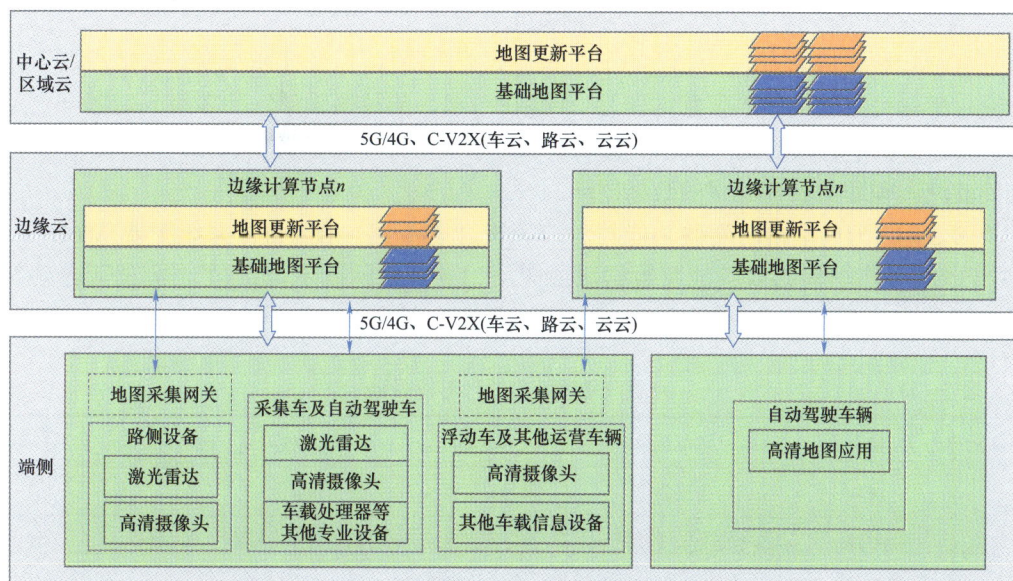

图 2-21 基于地图采集与应用的端侧硬件系统架构图

对于地图采集车及自动驾驶车辆，本身具备或部分具备地图采集处理功能，通过车载电脑将 GNSS、点云、图像等数据进行自动识别和融合，提取道路交通元素来完成地图的自动化采集与上传。当自动驾驶车传感器检测到现实环境信息与高精度地图不匹配时也会将采集到的信息上传给边缘计算节点，由边缘节点更新补充高精度地图。车载电脑可安装设备管理与应用容器引擎，接收云端或边缘的管理、信息下发、应用更新，也可进行信息上传等。例如：有无人车发现路网变化，通过与云端通信，可以把路网更新信息告诉其他无人车，或者快速完成地图的更新。

对于浮动车及运营车辆，通过前装或后装 5G 地图采集网关或通过在原车载智能设备中植入地图采集应用容器，利用车载摄像头，经过必要的图像 AI 解析处理、过滤，结合图像定位数据及车辆 GNSS 定位数据，将融合后的数据回传到边缘节点，进行后续分析与应用，5G 上行速率可达 100Mb/s，保障了地图图片及其他数据的实时上传。

地图采集网关可以看作是云端、边端地图服务能力的延伸。将设备注册到智能边缘管理平台，部署容器引擎，智能云边平台可按需将各类应用部署到网关，例如地图采集上传、图像处理过滤等。网关硬件可根据使用的环境及应用按需定制，从而降低地图采集的成本。通过网关将采图能力赋能给各社会运营车辆，可进一步推动众包采集模式的落地运营。

自动驾驶车应用端向边缘计算节点发送自身 ID、位置、目标地理位置请求及地图版本等信息，边缘节点根据请求向车辆推送目标位置的高精度地图。车辆应用端使用 5G 网络下行可达 1Gb/s 的速率及 10ms 时延，完全可以满足高精地图的实时下载更新要求。

3. "车—路—图"协同系统应用

"车—路—图"协同系统，实现了新模式下城市交通智慧化的关联技术链路的打通，将拥有感知和通信能力的"聪明的车"和"智能的路"，以及在高精度静态地图之上建立众包感知动态地图的"智慧的图"，连接在一起，从端侧采集，到多级云端融合更新计算，到云端车道级的地图数据服务和发布，以及端侧地图服务的应用，形成了针对自动驾驶汽车辅助驾驶全链路的数据闭环。

表 2-13 为典型自动驾驶功能与对应等级。"车—路—图"协同系统主要从 L2++/L3 智能网联汽车辅助驾驶地图数据服务应用、L4 智能网联示范区/车企测试区自动驾驶地图数据服务应用、交通管理与控制类应用及交通数据赋能类应用四方面进行介绍。

表 2-13 典型自动驾驶功能与对应等级

场景	功能简写	功能全称	效果	等级
主动安全	FCW	前向碰撞预警	前方有碰撞风险时，发出预警	L0
	FCTA	前方交叉区域预警	前方交叉区域有碰撞风险，发出预警	L0
	LDW	车道偏离预警	车辆偏离车道时，发出预警	L0
	DOW	开车门预警	打开车门有碰撞风险时，发出预警	L0
	BSD	盲点检测	实时对驾驶员的盲区监测，避免风险	L0
	RCTA	后方交叉区域预警	后方交叉区域有碰撞风险，发出预警	L0
	RCW	后方碰撞预警	后方有碰撞风险时，发出预警	L0
	AEB	自动紧急制动	前方有碰撞风险时，自动制动	L1
	FCTB	前方交叉区域辅助	前方交叉区域有碰撞风险，自动制动	L1
	LKA	车道保持辅助	车辆偏离车道时，自动横向控制保持	L1
	RCTB	后方交叉区域辅助	后方交叉区域有碰撞风险，自动制动	L1

场景	功能简写	功能全称	效果	等级
智能行车	ACC	自适应续航	纵向自动控制，实现加减速	L1
	LCC	车道居中控制	横向自动控制，保持居中行驶	L1
	ALC	自动变道辅助	横纵向自动控制，实现自动变道	L1
	TJA	交通拥堵辅助	横纵向自动控制，交通拥堵时辅助驾驶	L2
	NOA Highway	高速领航驾驶辅助	高速公路按导航自动驾驶，点到点行驶	L3
	NOA City	城区领航驾驶辅助	城区按导航自动驾驶，点到点行驶	L3
智能泊车	APA	自动泊车	自动泊入、泊出选定的车位	L2
	RPA	遥控泊车	通过遥控装置，控制车辆自动泊车	L2
	SS	智能召唤	通过遥控装置，让车辆自动到达指定位置	L3
	HPA	记忆泊车	自动寻找到固定的车位，并自动泊入	L3
	AVP	自主代客泊车	自动寻找到可用的任意车位，并自动泊入；驾驶员可以离开车辆	L4

（1）L2++/L3 智能网联汽车辅助驾驶地图数据服务应用。高级辅助驾驶地图属于高精度地图的一种，是含有空间位置地理坐标，能够与空间定位系统和感知设备等相关装置结合，支撑智能汽车 2～3 级驾驶自动化功能，为其导航、感知、定位和决策起辅助作用，准确引导人或交通工具从出发地到达目的地的地理信息数据集。

1）L2+车辆位置匹配。高精地图作为传感器使用，不仅能够提供车辆当前所在位置的道路信息，同时也能提供车辆前方长距离预测的道路信息，这些信息可以让车辆能够在可控的区域内行驶保证安全，这些都是当前传统的传感器很难实现的。

当然如果要跟传统的传感器做融合，则不仅对于高精地图的精度提出了更高的要求，同时对于高精度定位也同样提出了很高的要求，两者结合在一起才能更好地发挥高精地图的作用。一般而言，对于高精地图车道线几何表达 20cm 的精度，对于其他属性则是正确率要达到 99.5%以上，而高精度定位的要求则至少要符合 50cm 的定位精度才能符合基本的融合需求。

2）L3 自动驾驶安全辅助之融合定位及变换车道。高精地图是自动驾驶系统功能安全必不可少的环节，对于提供与自动驾驶安全密切相关的辅助定位，以弥补传感器在感知距离和感知精度的局限性，是很有必要的。可通过提供高精地图数据服务包含曲率、坡度、车道类型等要素及属性，帮助车辆融合定位并判断是否要开启自动驾驶功能。在开启自动驾驶功能时，提供的前方道路的重要先验信息可以帮助车辆提前决策是否需要变道，提高自动驾驶的安全性和舒适性，弥补单纯依靠传感器感知决策的不足。

从自动变换车道功能来看，如果单纯依靠传感器信息，在车道数变少的地方，只有近距离感知才能知道车道数变少，做出相应的决策，有很大的安全隐患。而根据高精地图的支持，在车道数变少前车辆就可以提前减速，根据车道级路径规划自动变道，避免了急速变道所带来的安全隐患。图2-22为HD Map与自动变道功能。

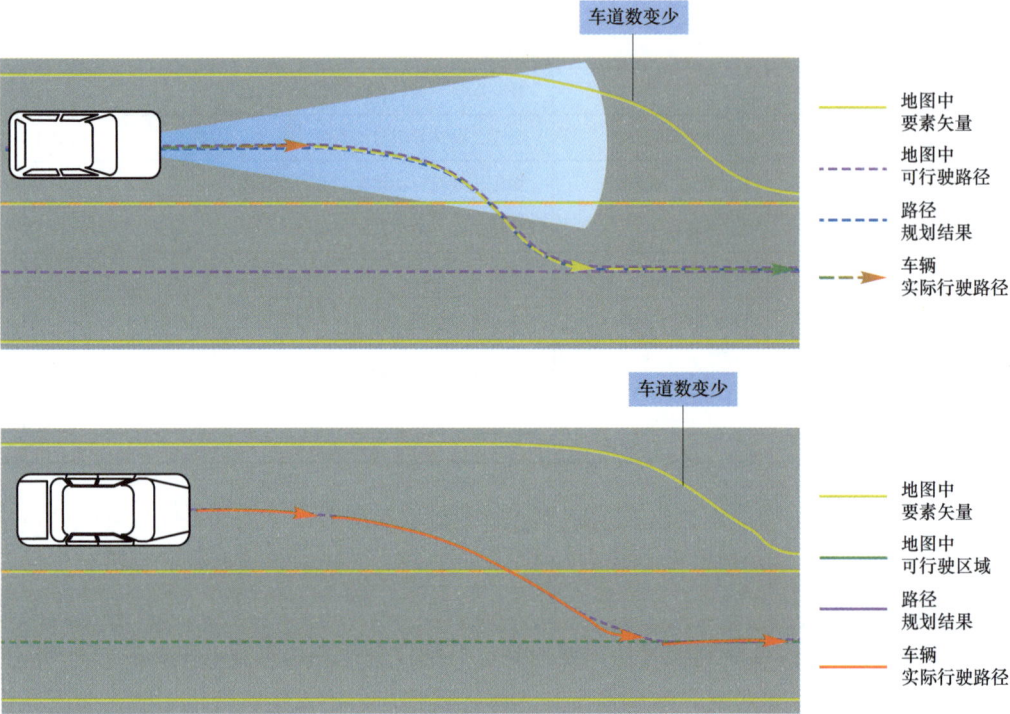

图2-22 自动变换车道图

（2）L4智能网联示范区/车企测试区自动驾驶地图数据服务应用。自动驾驶汽车的车辆控制技术是在环境感知技术的基础之上，根据决策规划出目标轨迹，通过纵向和横向控制系统的配合使汽车能够按照跟踪目标轨迹准确稳定行驶，同时使汽车在行驶过程中能够实现车速调节、车距保持、换道、超车等基本操作。通过基于高精地图的动静态路径规划，可辅助自动驾驶汽车进行决策规划。首先实现基于静态地图的路径规划，再结合半动态和动态实时地图数据，将动态地图匹配至静态地图上，最终以Opendrive、Shapefile、NDS导航地图格式发布至车端，为L4智能网联示范区/车企测试区提供自动驾驶地图数据服务。

（3）交通管理与控制类应用。智能网联驾驶应用与智能交通应用是在边缘云与区域云上运行的实时应用。应用的目标主要在于提升系统安全、高效与节能等。应用服务的对象主要分为单辆车、多辆车、单个交通信号，多辆车和单个交通信号，多辆车和多个交通信号灯。服务对象的选取方式可分为服务特定车辆或服务特定道路区域。"车—路—图"协同系统在具体道路区域中能支持的智能网联驾驶应用与智能交通应用主要由区域内能获取的实时数字映射信息及车辆接受云控系统指令并进行响应的能力决定。

（4）交通数据赋能类应用。基于"车—路—图"协同系统汇聚的全局车辆与交通大数据及"车—路—图"协同系统的能力，系统可以支撑车辆后服务、研发测试、交通管理与其他政府事业等领域的服务，使其提升服务能力或产生新的服务形态，展示了系统的典型应用场景。例如预测性故障诊断与预防性保养维护、基于驾驶特性或使用特性的定制化保险，精细化交通工况分析与预测、交通管理建议等交通管理服务，交通规划、城市规划、应急预案规划等政府事业服务。

参 考 文 献

［1］Arnold E, Al-Jarrah O Y, Dianati M, et al. A survey on 3d object detection methods for autonomous driving applications［J］. IEEE Transactions on Intelligent Transportation Systems, 2019, 20(10): 3782－3795.

［2］Chen X, Ma H, Wan J, et al. Multi-view 3d object detection network for autonomous driving［C］// Proceedings of the IEEE conference on Computer Vision and Pattern Recognition.2017: 1907－1915.

［3］朱旺旺，黄宏成，马晋兴. 基于图像识别的泊车车位检测算法研究［J］. 汽车工程，2019，41（7）：744－749＋756. DOI: 10.19562/j.chinasae.qcgc.2019.07.003.

［4］赵光辉，张学龙. 面向交通元宇宙的数字资产研究［J］. 公路交通技术，2023，39（1）：1－9. DOI: 10.13607/j.cnki.gljt.2023.01.001.

［5］Guo C, Lin M, Guo H, et al. Coarse-to-fine semantic localization with HD map for autonomous driving in structural scenes［C］//2021 IEEE/RSJ International Conference on Intelligent Robots and Systems (IROS). IEEE, 2021: 1146－1153.

［6］Liu R, Wang J, Zhang B.High definition map for automated driving: Overview and analysis［J］. The Journal of Navigation, 2020, 73(2): 324－341.

［7］郑玲. 自动驾驶高精度地图生成方法研究［D］. 武汉：武汉大学，2019. DOI: 10.27379/d.cnki.gwhdu.2019.000513.

［8］唐炉亮，赵紫龙，杨雪，等. 大数据环境下道路场景高时空分辨率众包感知方法［J］. 测绘学报，2022，51（6）：1070－1090.

［9］Levinson J, Thrun S.Robust vehicle localization in urban environments using probabilistic maps［C］// 2010 IEEE international conference on robotics and automation. IEEE, 2010: 4372-4378.

［10］Joshi A, James M R.Generation of accurate lane-level maps from coarse prior maps and lidar［J］. IEEE Intelligent Transportation Systems Magazine, 2015, 7(1): 19－29.

［11］Kim C, Cho S, Sunwoo M, et al. Crowd-sourced mapping of new feature layer for high-definition map［J］. Sensors, 2018, 18(12): 4172.

［12］Ravi Kiran B, Roldao L, Irastorza B, et al. Real-time dynamic object detection for autonomous driving using prior 3d－maps［C］//Proceedings of the European Conference on Computer Vision (ECCV) Workshops.2018: 1－16.

［13］汪庭举，邹杰. 广东省浮动车交通信息系统方案设计［J］. 中国交通信息化，2010（6）：112－115＋128. DOI: 10.13439/j.cnki.itsc.2010.06.016.

［14］唐炉亮，牛乐，杨雪，等. 利用轨迹大数据进行城市道路交叉口识别及结构提取［J］. 测绘学报，2017，46（6）：770－779.

［15］唐炉亮，杨雪，靳晨，等. 基于约束高斯混合模型的车道信息获取［J］. 武汉大学学报（信息科学版），2017，42（3）：341－347. DOI: 10.13203/j.whugis20140965.

［16］唐炉亮，刘章，杨雪，等. 符合认知规律的时空轨迹融合与路网生成方法［J］. 测绘学报，2015，44（11）：1271－1276＋1284.

［17］张毅，姚丹亚，李力，等. 智能车路协同系统关键技术与应用［J］. 交通运输系统工程与信息，2021，21（5）：40－51. DOI: 10.16097/j.cnki.1009－6744.2021.05.005.

［18］冉斌，谭华春，张健，等. 智能网联交通技术发展现状及趋势［J］. 汽车安全与节能学报，2018，9（2）：119－130.

［19］Zhang P, Zhang M, Liu J.Real-time HD map change detection for crowdsourcing update based on mid-to-high-end sensors［J］. Sensors, 2021, 21(7): 2477.

［20］李珣，曲仕茹，夏余. 车路协同环境下多车道车辆的协同换道规则［J］. 中国公路学报，2014，27（8）：97－104. DOI: 10.19721/j.cnki.1001－7372.2014.08.013.

第3章 智慧城市交通规划

3.1 城市交通规划数字化转型

3.1.1 数字化智能化发展趋势

1. 中央及国家层面数字化要求

习近平总书记强调，要建立健全大数据辅助科学决策和社会治理的机制，推进政府管理和社会治理模式创新，实现政府决策科学化、社会治理精准化、公共服务高效化。以数字化改革助力政府职能转变、创新政府治理理念和方式，已经成为推进国家治理体系和治理能力现代化的重要举措。目前国家正在大力推进数字中国、数字政府建设。2022年6月23日，国务院发布《加强数字政府建设的指导意见》，提出要以数字化改革助力政府职能转变、提升国家治理体系和治理能力现代化。2022年12月9日，中共中央、国务院印发《关于构建数据基础制度更好发挥数据要素作用的意见》，首次对数据产权、流通交易、收益分配、安全治理等提出了指导意见。2023年2月27日，中共中央、国务院印发《数字中国建设整体布局规划》，首次从国家层面构建了"2252"数字中国建设整体布局。

在规划及交通领域，2019年9月，中共中央、国务院印发《交通强国建设纲要》，提出要大力发展智慧交通，推进数据资源赋能交通发展。2021年12月，中央网络安全和信息化委员会印发《"十四五"国家信息化规划》，提出加强国土空间的实时感知、智慧规划和智能监管，优化完善自然资源、国土空间和自然地理格局等基础信息，推动涵盖国土空间规划实施等的动态感知技术能力提升，按照"统一底图、统一标准、统一规划、统一平台"的要求，推进国土空间基础信息平台建设。2022年1月，交通运输部、科学技术部印发《交通领域科技创新中长期发展规划纲要（2021—2035年）》，提出推动智慧交通与智慧城市协同发展，突破城市交通需求预测及评估仿真、交通运行状态感知、城市交通多智能体仿真及决策、数据驱动的交通疏堵控制与诱导等技术，推动新一代信息技术在交通运输与城市协同发展、城市公交线网布局优化和车辆精准调度、运行动态监控等的应用，提高城市交通"全息感知＋协同联动＋动态优化＋精准调控"智能化管理水平。2023 年 3 月，交通运输部印发《加快建设交通强国五年行动计划（2023—2027 年）》，要求开展交通运输数字政府建设，加强城市交通拥堵综合治理，推动城市公共交通机动化出行分担率稳步提高或保持在合理水平。

2. 国内城市交通规划数字化

上海建成了交通规划大数据平台，汇集了交通设施、交通运行、城市规划等多维度数据内容，提供浏览查询、指标监测、图数调用、专题图制作和分享等主要功能，为交通规划业务人员提供常用的专题地图（见图 3-1）、公开共享的数据资源，通过对各种数据资源的叠加分析应用和个性化制图功能，实现交通规划业务的数字化赋能。

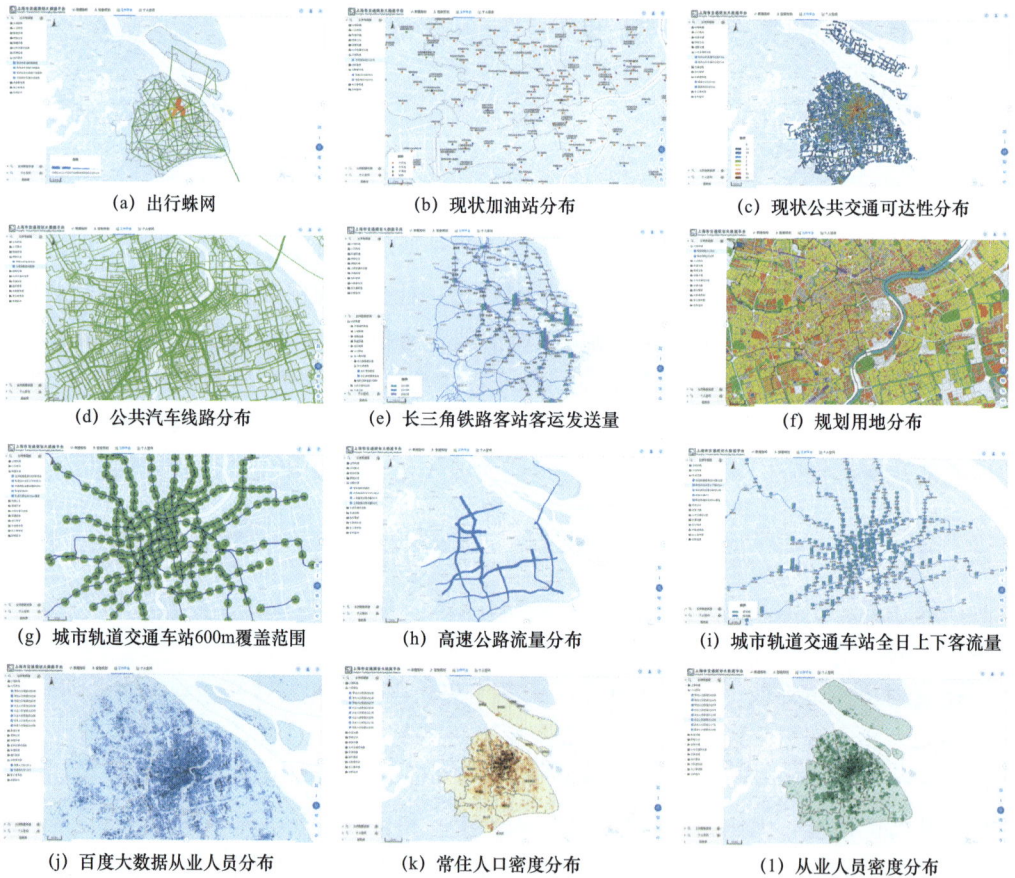

(a) 出行蛛网　　　(b) 现状加油站分布　　　(c) 现状公共交通可达性分布

(d) 公共汽车线路分布　　　(e) 长三角铁路客站客运发送量　　　(f) 规划用地分布

(g) 城市轨道交通车站600m覆盖范围　　　(h) 高速公路流量分布　　　(i) 城市轨道交通车站全日上下客流量

(j) 百度大数据从业人员分布　　　(k) 常住人口密度分布　　　(l) 从业人员密度分布

图 3-1　上海市交通规划大数据平台专题图

深圳建设了交通规划数字化平台（深研云，SuTPC），基于城市信息模型（City Information Modeling，CIM）技术，以城市交通大数据和三维空间数据为基础底座，整合交通规划设计方案与汇报成果，实现了交通规划设计方案可视化表达和汇报，并支持多用户视角开展成果协同会商（见图 3-2）。

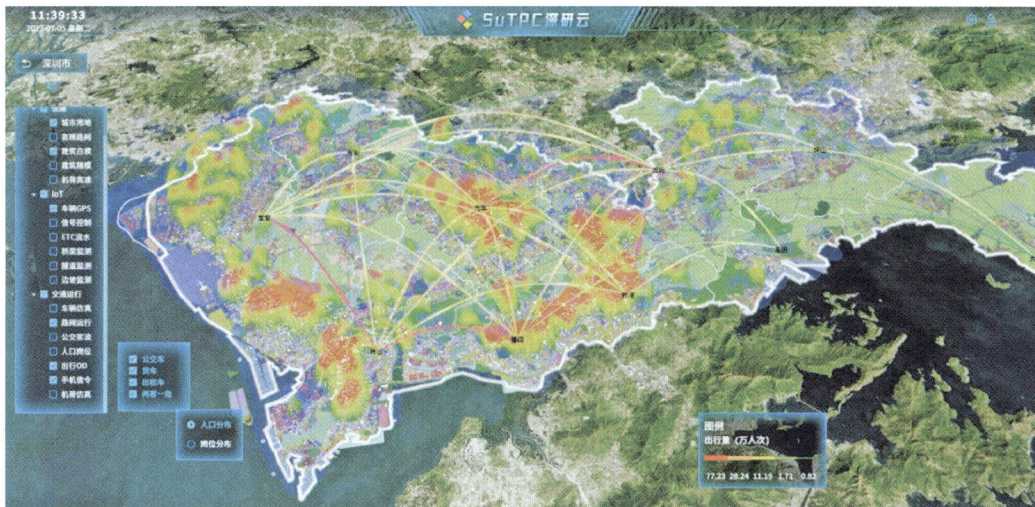

图 3-2　深圳交通规划数字化平台

广州交通规划数字化平台以 WebGIS 和大数据技术为支撑，开发了高效的交通地理信息数据获取、处理、分析以及可视化算法，形成多源数据融合、大数据挖掘分析、推演决策等典型支撑技术（见图 3-3）。同时协同传统交通规划模型，构建了空间与基础设施统计分析、人口活动分析、道路交通系统运行分析、公共交通系统运行分析、多维度方案决策评估、业务分析智能化系统等六大核心功能模块，较好地支撑了广州市交通规划的编制、实施和评估。

图 3-3　广州交通规划数字化平台

69

武汉建设了面向国土空间规划场景和综合交通规划场景的综合交通仿真模型，开展了面向基于活动的模型探索，采用了基于集计出行链的模型框架，在全面服务新时期国土空间规划管理、促进交通与空间协调发展、实现国土空间与交通要素间的全面量化互动计算、提高城市空间治理水平方面发挥重要作用。

重庆市交通综合信息平台是全市交通大数据融合共享基础平台和决策支持平台，一方面借助数字化手段，对全市交通规划、建设、运行状况开展动态感知和全面监测，提供一站式、空间化、综合性分析服务和智慧交通基础数据共享服务。另一方面形成发现问题的能力，推动形成解决问题的机制，为城市交通拥堵治理、重大交通基础设施规划建设、交通管理政策制定提供方案决策和验证功能，支撑科学决策。如图 3-4 所示，经过十余年的建设，目前平台实现了全市 12 个单位、380 个图层的交通基础设施、20 类动态交通数据归集。通过部门协作，建立了跨部门、跨企业的数据持续更新机制，实现了手机信令、出租车、公交车、网约车、重型货车、两客一危车辆、冷链物流等营运车辆 GPS 数据、公共交通客流、新能源车运行、网约车订单、枢纽客货运量、卡口、机动车保有数据的实时（定期）汇集。依托遥感影像解译、地形图测量、国土变更调查、国土空间规划、交通项目方案审批、规划竣工核实等，建立了相对完整的交通基础设施更新机制。承建单位重庆市交通规划研究院通过十余年的持续投入，自主研发约 50 项核心算法模型及预测仿真、可达性分析等系列决策分析工具，实现了多源数据融合处理，建成了有关人、车、路、公共交通运行的监测系统，以数字化方式再现了中心城区交通系统的规划、建设、运行全貌。目前平台已经在重庆城市交通运行监测、支撑交通规划、建设、管理和公共交通运营等方面发挥重要作用。

图 3-4　重庆市交通综合信息平台

3.1.2　城市交通规划数字化特点

目前我国人口增长速度已经放缓，2022 年年末全国人口比上年末减少 85 万人，有可能开启人口负增长的进程。国家国土空间开发保护管控力度明显加大，各城市也从粗放式规模扩展开始进入集约节约和内涵式发展阶段，通过城市更新积极开展存量空间高效利用。在城市更新大背景下，需要系统审视和优化城市交通规划。城市交通规划正从以往的以增量为主的规划逐步转向以存量优化为主规划，更加强调目标导向、需求导向、问题导向。规划目标更综合，从加强区域联系、缓解交通拥堵到生态优先、绿色发展，实现"双碳"目标。规划层次及深度更复杂，从中宏观的道路网、轨道交通网、枢纽布局等，到微观的 TOD 规划、街道设计、公共交通换乘提升等。更加关注规划实施过程，从只管规划蓝图编制到规划编制、规划审批、近期项目实施、效果监测评估等全过程管理。政府效能要求提升、决策时效性加强，要求快速响应，形成对策。规划的要求越来越高，用数据说话、用数据决策已经成为普遍要求。借助交通规划数字化，可以对交通整体情况进行宏观把握，持续对交通运行全过程进行监测分析，基于历史数据分析出行规律和发展趋势，判断各阶段需要改善或治理的方向，用大数据分析形成数据链和证据链，极大提高传统交通规划编制效率和精确性。

与其他领域数字化相比，城市交通规划领域的数字化有自身的特点。例如应用场景的不确定性，即每次规划面临的情况、需要解决的问题都不一样，不能形成固化的业务流。数据分析多变性，即每次数据分析的范围、种类，甚至数据挖掘的规则都需要重新定义，很难标准化。对于预测和模拟评价有非常高的要求，需要对未来进行预测，需要进行规划方案比选，或者需要对方案进行模拟评价。空间化要求高，交通规划属于国土空间规划中的专项规划，空间化是必然要求。与交通管理、公共安全、应急抢险等场景不同，同一个区域开展交通规划的频率不高（一年几次甚至几年一次），交通规划数字化对数据的时效性、系统的响应速度、系统的连续性要求相对不高，准实时甚至是离线分析系统便可以满足要求。

3.1.3　城市交通规划数字化总体要求

面对当前城市交通规划工作的新要求和规划应用场景特点，城市交通规划数字化转型要求可以总结为以下几个方面。

（1）坚持以人民为中心的交通规划。城市交通规划是畅通城市血脉，保持城市健康发展的关键性工作，城市交通规划的数字化转型必须坚持以人民为中心，以提高人民群众的获得感、幸福感为根本目标。

（2）交通规划精准化的要求。基于精准数据，面向精准决策、精准施策和精准治理，通过全流程的精准把握，提升交通规划方案和政策实施的效果。

（3）面向未来的交通规划的要求。立足新时代城市交通规划要求，数字化转型过程中需充分关注近期交通发展趋势、运行变化和出行者的出行体验，利用数字化技术手段提高多元群体的出行便捷度。

（4）多融多跨的要求。坚持数据共享、业务协同，解决不同系统数据不连通、不同部门业务不协同的问题，以数字化赋能推进城市交通治理能力现代化，通过数据流打通业务流和决策流。

3.2 城市交通预测模型技术

3.2.1 城市交通预测模型体系

城市交通预测模型是反映城市交通系统内在规律的数学模型组合,通过数字、图形、影像、视频等形式来描述,融合交通工程学与社会学、人口学、经济学、统计学、行为学、信息学等多种学科理论,运用数理方法和计算机软硬件设备,对交通政策与规划、建设与投资、运行与管理等各阶段决策提供支持的重要定量分析技术。城市交通预测是城市交通规划中的核心技术,也是城市交通规划技术的集大成者和交通规划实践的支撑工具,是城市交通量化分析和科学决策的基石,对准确把握城市交通发展规律、科学预测和推演未来具有重要意义。

基于空间尺度和精细化程度,城市交通预测模型可以划分为宏观交通预测模型、中观交通预测模型和微观交通预测模型。三者研究范围依次从大到小、精细化程度依次从低到高、仿真速度依次从快到慢,分别适用交通战略与交通政策、综合交通规划、交通管理与控制、交通组织与优化等不同层级尺度的规划工作。

宏观交通模型以城市或区域交通为研究对象分析车流运行,通过流量延误函数来控制交通流的分配,能够分析和重现交通流的宏观特性,不对单车运行特征进行描述。一般将道路交叉口简化为一个节点,不考虑交叉口车辆排队,忽略其阻抗或者阻抗设为固定值,对道路横纵断面和交通管理控制因素考虑不足,缺少时变性特征,模型的灵活性和描述能力较为有限。宏观交通模型常用的商业软件包括 EMME、TransCAD、VISUM、CUBE、交运之星(TranStar)等。

中观交通模型以若干辆车辆构成的队列为研究对象,能够描述队列在路段和节点的流入流出行为,也可以简单地描述车道变换之类的行为。在技术实现上交通小区划分更细致,路网信息更详细,甚至包括了交叉口的渠化信息、信号配时信息等,在交通分配时考虑了交叉口排队和延误的影响。中观交通模型常用的商业软件包括 TransModeler、Dynameq、Integration、Dynasmart、Dynamit、DynaCHINA 等。

微观交通模型将个体车辆作为研究对象,能够非常细致地描述交通系统中每一时刻、每一辆车的驾驶行为及其相互作用关系,车辆在道路上的跟车、超车及车道变换等微观行为都能得到较为真实的反映。微观交通模型以跟车模型为基础,追踪每个车辆的移动过程,可以给出单个车辆的详细结果,包括实际速度、旅行时间、拥堵时间等。微观交通仿真模型运算量大,对算力要求高,通常仿真的车辆规模受限,多数模型难以在全城大规模网络上进行。微观交通模型软件常用的商业软件包括 VISSIM、Aimsun、Paramics、TESS NG 等。

从预测时期来看,城市交通预测模型可以划分为现状交通模型和规划交通模型。现状交通模型主要模拟现状各类出行需求和交通设施运行状态。规划交通模型又可以根据预测年限的不同细化为初期、近期和远期交通模型,反映不同规划预测年限情景下各类出行需求和交通设施的交通运行状态。从时段上可以分为早高峰模型、晚高峰模型和平峰模型，一般采用早高峰模型反映尖峰时段道路、轨道等交通设施的运行状态，支撑交通方案的决策分析。

根据交通模型分配原理不同，也可以将交通模型分为静态交通分配模型和动态交通分配模型。静态交通分配模型假定道路交通需求不变，道路相关参数如车辆行驶速度、道路交通阻抗等基本稳定，出行者从起点到终点经过某一路径的所有路段都是在同一时间段内完成，用来反映道路网络某一时段的平均交通运行状态。虽然这种假定不能详细表征道路交通流的动态特征，但对于以交通规划为目的的建模计算是足够的。动态交通分配模型考虑了交通需求随时间变化的特性，能够给出瞬时交通流分布状态，以降低个人的出行费用或系统总费用为目标，将随时间变化的 OD 出行量合理地分配到道路网中不同的出行路径上。动态交通分配不仅可以分析交通拥堵发生的位置，也可分析发生的时间，对于描述城市交通网络的拥堵演变，较好地评价缓解交通拥挤的各种政策措施。

此外，从城市交通涉及的专业方向来区分，可将交通模型分为道路交通模型、轨道交通客流模型、地面公交客流模型以及货运模型等，分别用于模拟预测不同专业子系统的交通需求与系统运行状况。

3.2.2 四阶段交通预测模型

四阶段交通预测模型是最经典的交通预测模型构建方法，它基于城市土地使用与交通运输系统的相互作用关系，形成了一套较为成熟并且使用广泛的理论和方法。如图 3-5 所示，四阶段交通预测模型实际上就是将个别状态的居民出行归结为成群的状态，通过交通小区的集合予以描述和推算，从而得到以交通小区为最小分析单元的预

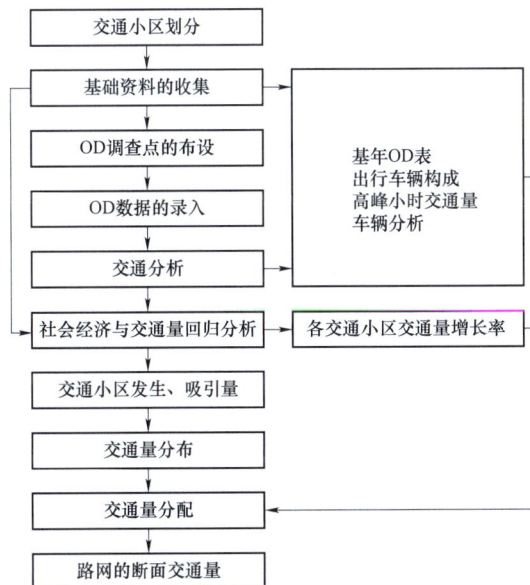

图 3-5 四阶段道路交通预测流程

测模型。模型可以划分为出行生成—出行分布—方式划分—出行分配四个步骤（子模型）。出行生成模型用于估计每个小区发生和吸引的交通量；出行分布模型用于估计各小区之间的交通出行量；方式划分模型用于确定各种出行方式所承担的交通量比重；交通量分配模型就是已知各小区之间的出行交通量，具体地确定它们所选用的路线，把各小区之间的交通量分配到路网上。

1. 出行生成

出行生成是四阶段交通模型的第一步，是决定出行需求总量的关键。出行生成模型是基于交通小区的社会经济、交通区位和土地利用等，来估计单位时间内该小区发生和吸引的出行总次数。通过交通调查，得到现状出行生成量与现状用地开发量之间的关系（生成率），并假定这些关系在未来也是成立的，据此估计规划土地使用情景下的交通出行数量。传统的出行生成预测方法包括增长率法、出行率法和函数法等。

（1）增长率法。现状交通小区的出行发生量、出行吸引量乘以预测时点的增长率得到各小区的出行发生量、出行吸引量。

（2）出行率法。根据未来的人口（用地建筑）与出行率来预测规划的出行发生量。出行率可以基于居住人口或就业人口进行测算，也可以基于不同用途的用地或建筑面积进行测算。

（3）函数法。函数法是预测出行发生量、出行吸引量最常用的一种方法，通常采用多元回归分析模型，所以有时称为多元回归分析法。通常采用的回归分析法有两种：第一种方法是使用集计到小区的数据，以小区的平均出行次数为因变量，以小区的平均特征为自变量；第二种方法是使用家庭或个人的数据，以家庭或个人的出行次数为因变量，以家庭或个人的特征为自变量。

一般根据本地区数据的翔实程度选择合适的方法。以重庆市中心城区为例，拥有较为翔实的人口和用地建筑数据，但经济普查的岗位数据缺乏，因此出行产生预测采用出行率法，出行吸引采用回归分析法。出行产生预测中，按照片区（组团）、出行目的（基于家的工作、基于家的上学、基于家的其他、非基于家的工作、非基于家的其他）、时段（全日、早高峰）进行交叉分类，分类统计各子类人口和人均出行次数。其中人口包括常住人口和流动人口，缺乏流动人口调查数据的，建议按照常住人口的10%～15%考虑。现状人均出行次数以居民出行调查扩样分析之后的结果为准，规划人均出行次数在借鉴国内各大城市历次调查增长规律的基础上，进行有效选取。出行吸引预测模型中，以各类型用地与建筑量为自变量，分区域、分时段（全日和早高峰）开展回归分析工作。自变量包含8个，其中行政办公、教科文体、医疗卫生、商业服务按照建筑量统计，工业仓储、交通设施、公用设施和绿地广场按照用地面积统计。

为了保持出行起讫点数平衡，需对出行产生和出行吸引进行总量平衡。原则上，以出行产生为基准平衡出行吸引量，根据各区域、组团的人口、用地分布以及功能定位等，判断产生总量、出行吸引量的相对关系合理性。

2. 出行分布

出行分布模型是预测各交通小区之间出行交换量的模型。在出行分布中，只需将两组已知的出行端相匹配，不必规定出行的实际路线，也可以不考虑出行方式的选择。常用分析方法包括增长系数法和重力模型法，一般近期交通分布预测中采用增长率法，远期规划交通分布预测中采用重力模型法。

（1）增长系数法。可以采用多种形式的增长系数法。统一增长系数法，即对研究区域的出行发生量和出行吸引量采用同一增长率估计未来值。单约束的增长系数法，即只针对出行发生量或出行吸引量采用某一增长率估计未来值。福雷特法引进一个和各交通小区有关的数量关系，作为其增长率的修正依据。弗内斯法提出了平衡因子的概念，是增长系数法的代表之一。

（2）重力模型法。重力模型是模拟物理学中万有引力定律而设计的出行分布模型，假设交通小区间的出行次数与起终点交通小区的出行量规模成正比，与其空间距离或隔离程度成反比。重力模型综合考虑了影响交通小区间出行分布量的区域社会经济增长因素和出行空间、时间阻抗因素，是国内外交通规划中使用最广泛的方法。

需要对重力模型中的阻抗函数进行标定。以重庆为例，为了拟合山地组团城市出行分布特征，采用较为复杂、参数较多、标定难度较大的伽马函数（见图3-6）。其中，综合阻抗采用各种交通方式的广义交通阻抗加权，包括车内时间、车外时间和出行费用三部分。车外时间和出行费用按一定的加权关系等效为车内时间。数据分析验证发现，有车和无车家庭不同出行目的下的出行分布特征基本一致，最终按照出行目的分类进行全日和早高峰出行分布模型的标定。一方面，重力模型难以反映交通小区内部的出行，但受多中心组团城市特征的影响，组团内部出行仍需控制在一定的比例之内，可结合居民出行调查数据对各组团内部出行比例进行核定。另一方面，受道路、轨道以及出行费用等多种因素的影响，仅仅用一种出行分布模拟参数难以精确反映各个区域间的出行分布，还需参考手机大数据的出行分布特征进一步控制各区域间的出行分布量。为此需要在初始出行分布基础上，开展二维和三维矩阵平衡。二维矩阵平衡主要是实现各交通小区出行产生量和吸引量的平衡。三维矩阵平衡是在二维矩阵平衡基础上，引入各区域（组

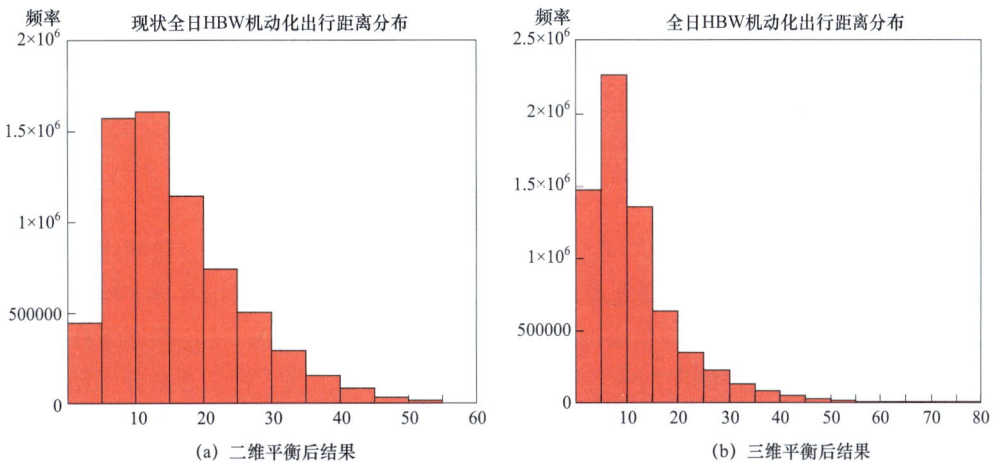

图3-6 重庆中心城区基于家的工作出行（HBW）机动化出行距离分布

团）的调整系数，进一步调整各区域内部以及区域间的出行交换量。二维平衡后重庆中心城区基于家的工作出行（Home Base Work Trip，HBW）的全日机动化出行平均距离为 16.0km，远大于居民调查数据 10.3km，误差较大，三维平衡后为 11.3km，与调查的出行距离基本温和。在规划模型中，要结合历年出行分布的演变规律，控制区域内部出行比例，结合规划各区域功能定位的变化，调整区域间的出行交换量。

3. 方式划分

方式划分模型是将不同出行起讫点的出行人员划分出出行方式的过程，主要根据居民个人及家庭的社会经济属性预测居民选择各种出行方式的概率，然后得到各种出行方式的分担率。方式划分模型主要分为集计方法和非集计方法，一般采用非集计方法，利用分层 Logit 模型（见图 3-7）进行出行方式划分模拟和预测。在效用函数的选取过程中，可以参考出行分布阻抗函数中时间、距离、费用的加权方法。出行方式划分模型标定，重点考虑的因素包括出行者特性（车辆拥有、收入、年龄、性别、所住区域等）、出行特性（出行目的、出行时间分布、出行距离）和交通设施特性（出行费用、出行时耗、舒适度、方便性、可靠性）。综合考虑多种因素后，分时段（全日和早高峰）、分区域标定出行方式划分模型参数，通常可以得到几十组标定参数。在规划模型中，考虑到各区域按照规划建设逐步成熟，根据各区域的发展成熟程度，可以选择现状成熟区域的模型参数进行标定，并结合上位规划出行结构目标进行各方式出行总量调控。

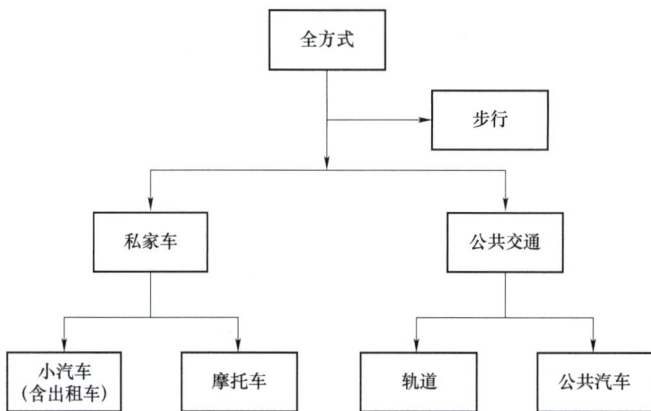

图 3-7 交通方式分层 Logit 模型结构

4. 出行分配

出行分配是将各交通小区之间不同交通方式出行分布量分配到交通网络的各条边上的过程。交通量分配是基于规划道路网和公共交通网方案，根据出行分布确定的交通量，按照出行时间最少、费用最小原则（即快捷、方便的原则），决定交通量在起、终点之间路径选择，从而得到路网中各路段和交叉口的交通流量。将交通量分配结果与路段、交叉口通行能力比较，从而确定道路断面形式和交叉口形式，必要时可以对土地使用、道路网规划方案及公共交通网规划方案进行相应调整。

交通流量分配方法主要有三种。一是全有全无分配法（最短路分配法），假设没有交通阻塞，所有居民进行路径选择考虑的因素和权重没有差别。二是多路线概率分配法，考虑到居民不可能精确地判断哪条路线费用最小的，不同的居民可能有不同的选择，用多路径概率来模拟多个路径被选择的情形。三是容量约束分配法，首先用"零流量"行程时间，将小区之间的总出行量分阶段加载到最短路线或多路径概率分配法确定的合理路径上，使路段上具有一定数量的交通量，再根据流量与行程时间关系求出各条路段上新的行程时间，重复上述过程，直到总出行量全部加到各条路段上且不超过路段容量为止。

3.2.3 交通预测模型与大数据融合

在数字化变革大背景下，充分利用多元大数据，不断完善四阶段交通预测模型，特别是在公交线网构建、流量延误函数标定等方面。

1. 公交线网构建

公共汽车网络是依附在道路网络上的路径系统，能够记录公共汽车线路运行的路段、节点次序以及车站位置。TransCAD 和 EMME 等传统交通规划软件均含有公共汽车线网编辑功能，但 EMME 软件要求公共汽车车站必须位于路网节点上，手动编辑相对复杂，TransCAD 软件允许车站位于路段的任意位置，但为与 EMME 软件兼容，一般也需要在路段设置虚拟节点。传统公共汽车线网构建方法主要有两种：一是通过 TransCAD 软件中的 Route systems 编辑器功能手动编辑公共汽车线路和车站；二是进行公共汽车站定位信息调查，确定每条线路车站的经纬度及双向运行次序，再通过 TransCAD 软件中的线路车站间最短路径方法构建公共汽车线网。不管哪一种方法，需要投入的人工和调查成本较高，工作量大，费时费力，一般适用于公共汽车线路较少的城市。公共汽车 GPS 数据、互联网开放数据等可以为公共汽车线网构建提供新的便捷方法。

（1）基于公交 GPS 数据构建公交线网。根据公共汽车车载 GPS 数据记录的行车轨迹构建公共汽车线路。当公共汽车运行至车站时，运行速度通常降至接近 0km/h 通过较长时间的训练可以获取公共汽车站位置信息，以及上下行公共汽车线路经过的车站序列，从而构建公共汽车线网。

公交站点识别：采用平峰时段的公交车载 GPS 数据，截取低速或静止的数据记录，根据线路不同运行方向的站点进行空间聚类，获取线路各站点的经纬度坐标；根据同站多条线路训练得到的经纬度坐标进行二次聚类分析，获取公交线路物理站点位置。

公交站点与路网拓扑关联：利用交通规划软件，采用类似于添加型心连杆的步骤，以站点为型心，将对应的公交站点添加到道路网中。将生成型心连杆最大数量设置为 1，用作"垂线"的方式打断路段，标记在道路网中生成的站点，将对应的站点序号反馈给识别的公共线路站点。最后将生成的型心点与型心连杆删除，从而得到在路网中表达的公交站点。

公交线路构建：运用常用交通规划软件，基于道路网络拓扑，采用最短路径方法依次确定相邻站点间的公交线路走向。

核查校验：受立交匝道以及异常数据影响，所生成的公交线路可能仍然存在一定的错误，尚需基于公交线路 GPS 轨迹进行校核。

（2）基于开源数据构建公交线网。通过互联网导航地图等开源数据获取公共汽车线路车站信息，通过坐标转换、车站识别等操作，导入至本地交通模型中，构建公共汽车线网（见图 3-8）。开源数据公交线路与站点信息通常包括线路名称、线路起终点、服务时间、站点数量、站点名称与经纬度、沿途节点经纬度等。由于开源公交线路站点信息拥有自身设定的坐标系统，与真实的路网坐标系存在偏差，需进行坐标转换或者偏移校准处理。将调整好坐标的开源公交线网导出为 shape 文件，并将 shape 文件导入至现状路网，修改公交线路模式（mode）、车型（vehicle），并对少量异常的公交线路的路径进行校核修正。基于调整好坐标的开源公交线路站点信息，采用 EMME 交通规划软件定义公交线路站点。以重庆市中心城区为例，通过开源公共汽车线路车站数据自动构建公交纤维，并与公共汽车运营部门提供的线路表比对，补充遗漏线路。

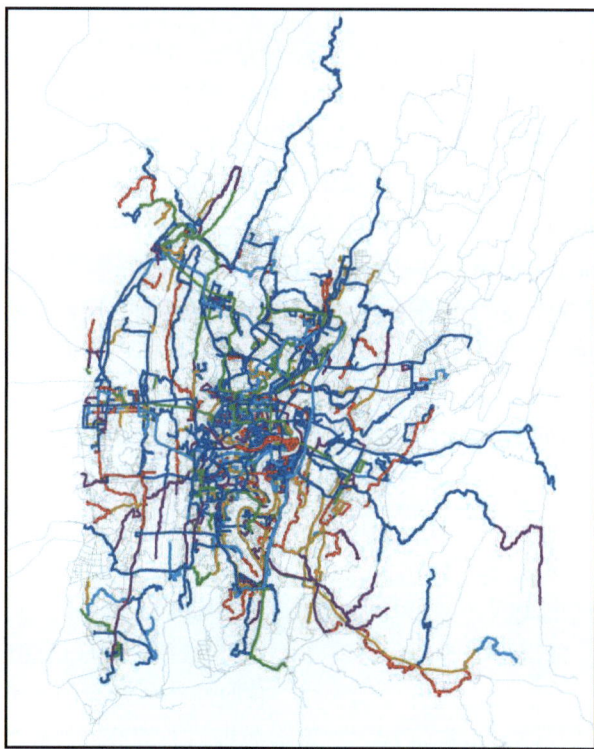

图 3-8　重庆市中心城区公共汽车线网示意

2. 流量延误函数标定

流量延误函数（Volume Delay Function，VDF）又称路阻函数、阻抗函数、行程时间函数等，是道路交通分配模型中路径选择和流量分配的关键函数，反映了路段行驶时间和路段交通流量之间的数学关系。国内外有关流量延误函数的理论及改进研究相对较多，产生了大量的函数形式，如 BPR 函数、Conical 函数、Akcelik 函数、Logit 函数和 EMME 锥形流量延误函数等。传统方式标定流量延误函数主要依赖人工调查数据，数据收集与获取成本较高、时效性也较差。随着大数据技术快速发展，可以连续获取不同时段、不同路段流量与车速，如通过视频卡口、车辆RFID检测器数据连续获取路段流量，通过基于营运车辆GPS的浮动车系统连续获取路段速度等。大数据具有覆盖面广、数据动态连续以及可持续获取的优势，为标定流量延误函数提供了丰富的数据基础。

（1）总体技术框架。以经典美国公路局BPR（Bureau of Public Roads）函数为基础，结合不同路段的实际运行特征进行分段函数选取、参数标定，形成不同运行工况下的分段流量延误函数。根据道路条件，对函数进行聚类分析，形成典型路段类型的流量延误函数。总体技术路线如图3-9所示。① 利用交通大数据提取路段流量数据和路段速度数据；② 结合路段流量数据和车速数据，绘制各路段不同时间的流量-密度-速度曲线，确定路段单车道通行能力和路段自由流速度；③ 结合断面流量-密度-速度曲线，分段进行流量延误函数参数标定；④ 结合已标定函数、参数及其路段物理特性进行函数分类，开展现状与规划交通模型应用。

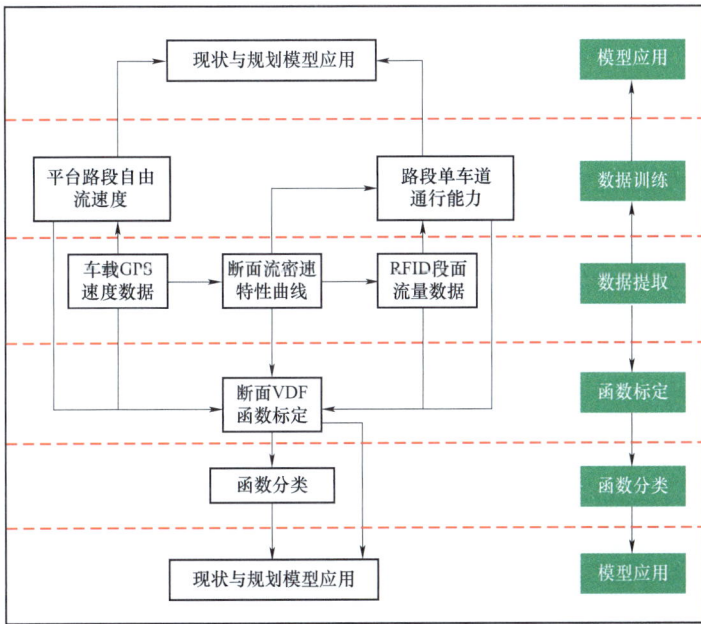

图3-9 流量延误函数标定技术框架图

经典BPR函数形式如下：

$$t = t_0 \cdot \left[1 + \alpha \left(\frac{v}{c} \right)^{\beta} \right] \qquad (3-1)$$

式中，t 为车流通过路段的行驶时间，min；t_0 为车流通过路段的自由流行驶时间，min；v 为路段单车道交通流量，pcu/h；c 为路段单车道通行能力，pcu/h；α、β 为待标定参数。

（2）自由流速度及单车道通行能力训练。路段自由流速度是路段车流密度接近于零时或者不受其他车辆干扰时，根据驾驶员主观意愿自由选择的道路行驶速度。结合出租车、网约车、公交车以及两客一危等车载 GPS 数据，基于浮动车测速算法获取路段车速，采用路段工作日 85%分位值速度作为路段自由流速度。重庆中心城区路段自由流速度分布如图 3-10 所示。

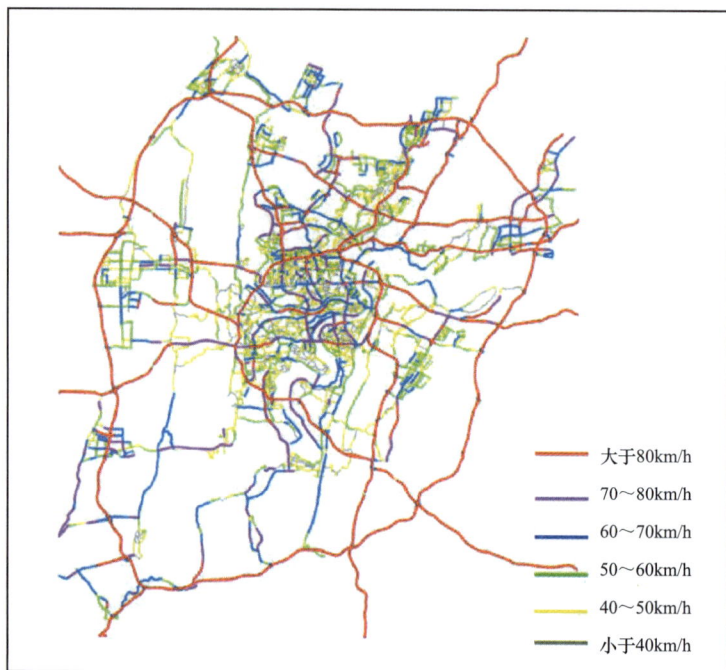

图例：
- 大于80km/h
- 70～80km/h
- 60～70km/h
- 50～60km/h
- 40～50km/h
- 小于40km/h

图 3-10　重庆中心城区路段自由流速度分布

道路通行能力是指道路交通设施能够疏导交通流的能力，即在一定时段正常的道路交通管制要求下，道路设施通过交通流的能力，反映道路疏导交通的最大通过能力。与路段自由流速度的训练时间保持一致，提取相应月份工作日的断面流量作为基础数据。具体操作如下：以 5min 为基本时间统计单元，提取工作日平均数据，每个路段每天 288 组数据；若路段某天数据存在缺失情况，补充其他工作日平均数据；根据路段车道数情况，将断面流量处理成单车道交通流量。

以流量数据为基础，根据交通流运行规律，可将道路交通运行状态划分为畅通流、压缩流和饱和流三种。在畅通流状态下，流量与密度成正比，与速度成反比，一般处于非高峰时段；在压缩流状态下，车辆之间相互影响，导致车辆运行速度逐步下降，流量随密度增加而缓步增长；在饱和流状态下，受通行能力的限制，车辆排队增加，流量与密度之间呈现相对稳定状态，基本达到路段通行能力极限。结合各路段的流量-速度-密度曲线，确定该路段运行是否出现饱和状态。若路段车流运行存在饱和流状态，则采取路段工作日连续 1h 流量值（5min 车流量为基本单位）的 85%分位值作为路段单车道通行能力的取值。若不存在饱和流状态，则提取该路段的最大值，判断其是否在同等条件下饱和路段的通行能力取值区间内。若在对应区间则取其最大值为该路段单车道通行能力，若不在该区间则根据道路条件取相应饱和路段通行能力平均值。为了支撑函数分类与交通模型细化应用，首先按照道路等级分类确定各等级道路的单车道通行能力，在此基础上根据流量–速度–密度曲线得到各等级道路通行能力集聚的范围，最后分区域确定不同等级道路的通行能力取值。

（3）函数标定。根据流量–速度–密度曲线，在畅通流状态下，流量与密度成正比，路段行程时间比与饱和度成线性函数关系；在压缩流状态下，行程时间比与饱和度呈BPR 函数关系；在饱和流状态下，受通行能力的限制，行程时间比与饱和度呈幂函数关系。为了适应不同路段畅通流与压缩流、压缩流与饱和流的临界状态，根据路段实际运行状态开展分段流量延误函数标定。当饱和度小于 0.4 的时候，路段行程时间比波动较小，采用线性函数进行拟合；当饱和度在 0.3~1 之间时，路段行程时间比上升明显且波动较大，采用经典 BPR 函数进行拟合；当饱和度大于 0.9 时，路段行程时间比快速呈几何倍数升高，在经典 BPR 函数基础上改进为幂函数进行拟合。

$$t/t_0 = \begin{cases} \alpha(v/c) + \beta, (v/c < 0.4) \\ 1 + \alpha(v/c)^\beta, (0.3 < v/c < 1) \\ \alpha(v/c)^\beta, (v/c > 0.9) \end{cases} \qquad (3-2)$$

式中，参数含义同式（3–1）。

（4）函数分类。结合路段道路等级、相交道路等级、前方交叉口形式、右进右出交叉口数量、中央分隔带类型、道路纵坡、道路间距、车道数、自由流速度、单车道通行能力等路段物理特性，分析不同物理特性因素对函数类型划分的影响显著性，采用不同因素组合，利用聚类分析法对不同道路等级的流量延误函数进行分类，计算不同道路类型畅通流、压缩流和饱和流状态的流量延误函数。以重庆中心城区为例，统计了约 300个监测道路路段物理信息进行聚类分析，聚类结果如下：快速路流量延误函数分为 9 类，主干路函数分为 16 类，次干路函数分为 3 类。高速路可参考快速路流量延误函数、支路可参考次干路流量延误函数进行修正取值。

3.2.4 基于出行活动链的交通预测模型

基于出行链、活动链的模型基于出行个体进行建模，是更精细的预测模型。随着大数据日益丰富、运算能力快速增长，算力成本快速下降、机器学习等算法大量涌现，基于活动链的模型逐步变得可能，武汉、北京、重庆等城市也正在开展探索实践。

出行活动链模型就是基于居民活动的出行解析，从活动链提炼出行链，然后按照往返的逻辑，将出行链去程的终点设定为主目的地，去程和回程过程中其他次要活动停留点称为中途停留点。基本活动链就是只保留主目的地而去除了中途停留点的一类特殊出行链。如图 3–11 所示，基于活动链的模型大致可以划分为出行链解析模型、出行链生成模型、基于时空约束的出行链目的地–方式联合选择模型、交通需求与供给迭代嵌套模型与动态交通分配模型。

模型输入

居住人口、就业岗位、学区学位、经济水平、拥车、土地利用、居民活动调查等大数据

分时网络、公交专用车道、HOV车道、票价及收费政策、停车政策、需求管理政策、初始OD等

模型输入层

居民活动-出行解析

居民活动-出行解析层

① 出行链解析模型

基于家其他出行链　基于家上学出行链　基于家工作出行链　基于工作地出行链　基于其他出行链

联合　　嵌套

② 出行链生成模型

分人群出行链生成　分人群出行链生成　分人群出行链生成　分人群出行链生成　分人群出行链生成

③ 基于时空约束的出行链目的地-方式联合选择模型

出行链时间选择模型

出行链主目的地选择模型

中途停留点模型　　出行链方式选择模型

去程停留点选择　　出行链主方式选择

回程停留点选择　　出行链从属方式选择

有中途停留点　　无中途停留点

分时段需求计算

目的地规模变量(Size Variable)

目的地选择效用

logsum

主方式选择效用

logsum

从属方式选择效用

logsum

出行效用

④ 交通需求与供给迭代嵌套模型

分时段分方式SKIM(AM/MD/PM/EN/NT)

供给模型分时段并行分配(AM/MD/PM/EN/NT)

高峰OD计算

需求平滑MSA

反馈

需求-供给嵌套 Gap%<ε

否

是

出行链需求建模层

⑤ 交通分配 动态交通分配模型

出行OD计算

最终交通分配

模型输出

模型输出层

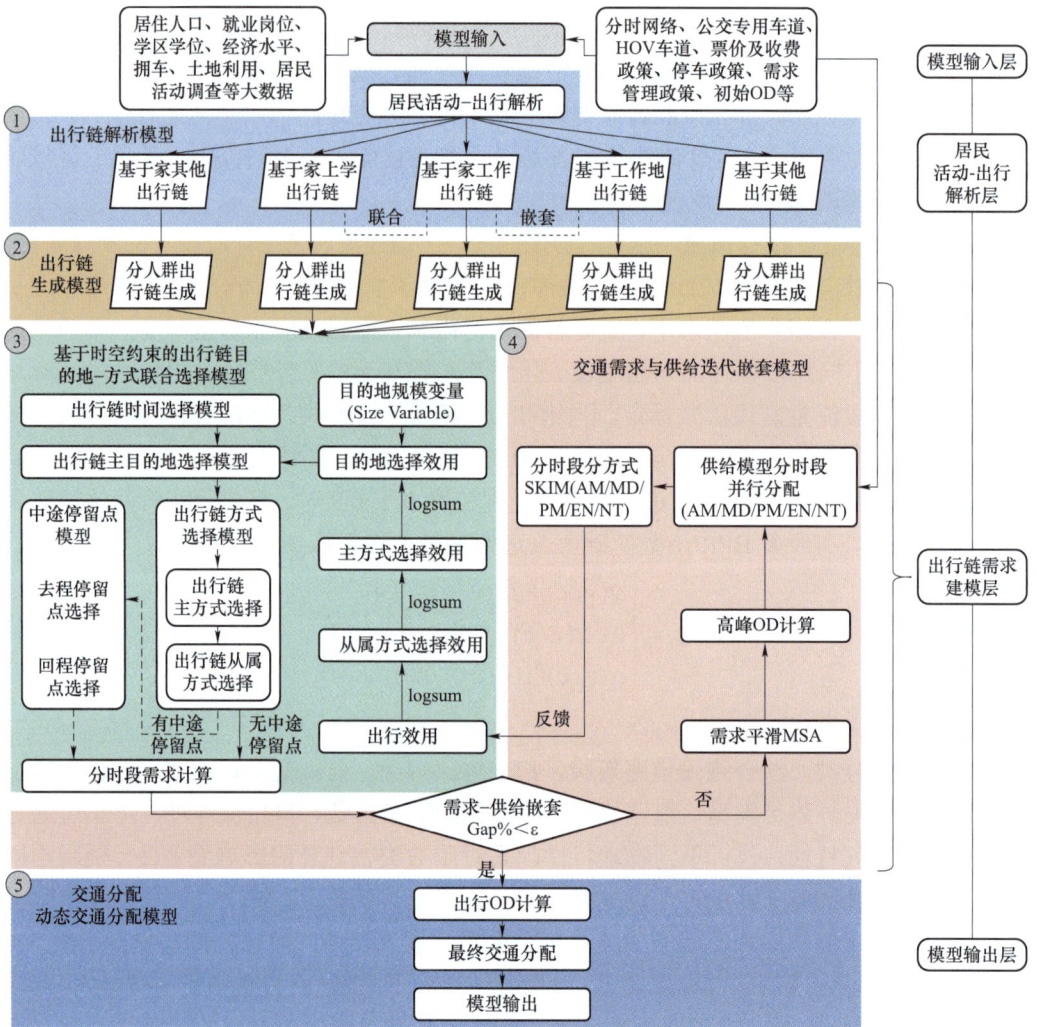

图3-11　出行活动链模型整体架构

该模型架构最上层为模型输入层，包括居住人口、就业岗位、学区学位、社会经济、拥车率等常规四阶段模型通用的输入参数，以及交通网络、运行管理政策等供给模型参数。模型输入层与四阶段模型基本相同，因而有效降低了模型升级的难度，同时亦确保模型在规划年预测方面具有同样的可支撑性。所不同的是需要更精细的数据维度、人群分类、模型时段划分与参数设置等。

在输入层下方是居民活动——出行解析层。设置这一层的目的是确保在开始出行链需求计算之前，能够通过居民活动—出行解析，精准研判建模城市的本地化特征，找到基本出行活动链类型。在本框架中，共设置基于家工作出行链、基于家上学出行活动链、基于家其他出行活动链、基于工作地出行活动链和基于其他出行活动链（主要针对对外集散点和城市进出口建模）5大类。而半程出行活动链经过集计后，亦可纳入上述分类范畴，从而确保模型架构的统一性，并可以适应常住人口、流动人口等各类出行链，实

现从简单到复杂、在统一的框架下进行建模。

出行活动链需求建模层共包含出行活动链生成模型、基于时空约束的出行活动链目的地—方式联合选择模型、交通需求与供给迭代嵌套模型三个组成部分。

最后是模型输出层。在模型整体达到收敛条件下，将出行活动链需求矩阵转换为出行OD矩阵，并进行最终的交通分配和结果输出，此环节亦与既有四阶段模型相通。由于进行了时段划分和时间选择建模，模型架构具备输出分时OD和支持动态交通分配的条件。

3.2.5　交通预测模型应用方向

交通预测模型的应用方向非常广泛，适用于交通规划、建设与管理的全过程。一是通过对现状交通的模拟，分析现状交通运行规律，制定解决现状交通问题的方案与措施，进一步结合城市交通发展目标及规划用地布局对规划交通系统进行科学分析与预测，开展多情景交通规划设计方案预测与评估。主要应用场景包括在综合交通规划、交通专项规划、交通改善规划、交通影响评估等各类型交通规划中开展交通需求预测分析。二是在道路交通、地面公交、轨道交通等不同交通系统中依据规划设计方案与设计阶段开展流量预测分析工作，特别是在轨道交通系统中针对线网规划、建设规划、工程（预）可行性研究、初步设计、开通期及运营设备大修和更新改造等不同阶段开展应用。三是在限行错峰、差异化停车收费等交通需求政策制定、大型活动交通组织、建设项目交通影响评价、建设方案必选论证、控制性详细规划编制等不同业务场景中开展交通分析与预测应用。

根据《城市综合交通体系规划标准》（GB/T 51328—2018），应采用交通模型对城市交通发展战略、政策和规划方案进行多方案测试和评价，对城市发展的不确定性进行分析。测试和评价指标除交通运行外，还宜包括经济、环境、社会公平等方面的指标，进一步拓展和延伸了交通模型的分析与应用范围。

城市轨道交通规划建设是应用交通预测模型最完整的领域，《城市轨道交通客流预测规范》（GB/T 51150—2016）规定了轨道交通线网规划、建设规划、工程可行性研究以及初步设计阶段的客流预测内容。在线网规划阶段，城市交通需求预测包括出行总量、出行时空分布、有无轨道交通对出行方式构成和出行时间构成的影响，以及对道路网络负荷、车公里数、车小时数、平均运行速度的影响。预测各比选方案的轨道交通出行总量、出行分担率、日客流量、负荷强度、平均乘距、换乘客流量和换乘系数，分析推荐方案各线路平均运距、负荷强度、全日及高峰小时客流量、高峰小时单向最大断面客流量等。

在建设规划阶段，客流预测内容主要包括线网比选方案的客流量、负荷强度、换乘系数、平均乘距、公共交通在全方式中的出行分担率、轨道交通在公共交通中的出行分担率等。分析推荐方案的各线路平均运距、全日及高峰小时客流量、换乘客流量、高峰小时单向最大断面客流量，进一步还需要开展客流敏感性分析，包括人口规模、交通政策、土地开发时序和进程、票制票价方案、发车间隔因素变化对客流量的影响。

在工程可行性研究阶段，客流预测应包括下列内容：① 城市交通需求预测包括交通出行总量、出行时空分布、交通方式结构等。② 线网客流预测包括远期线网客流量、负荷强度、平均乘距、换乘客流量和换乘系数，远期各线路客流量、负荷强度、平均运距、高峰小时单向最大断面客流量。③ 线路客流预测包括：开通年至远景年客流成长曲线，初期、近期和远期全日及早晚高峰小时的客流量、客流周转量、换乘客流量、平均运距、单向最大断面客流量、负荷强度、客流时段分布曲线、各级运距的客流量。线路的客流高峰不出现在早、晚高峰时段时，应预测分析该线路高峰客流出现时段及线路客流指标。④ 车站客流预测，包括三期全日及早、晚高峰小时各车站乘降客流、站间断面客流量、换乘站分方向换乘客流。车站的客流高峰不出现在早、晚高峰时段时，应预测分析该车站高峰客流出现时段及车站乘降客流。⑤ 站间 OD 预测，包括初期、近期和远期各站点全日及高峰小时站间 OD 矩阵及分区域 OD。⑥ 客流敏感性分析，根据初期和远期不同影响因素，给出全日客流量及高峰小时单向最大断面客流量的波动范围。

工程初步设计阶段客流预测在采用工程可行性研究阶段客流预测成果基础上，进一步开展以下内容的客流预测分析：① 换乘车站高峰小时出现时段及高峰小时分方向的换乘客流量；② 站点高峰小时出现时段及高峰小时分方向乘降量；③ 全日及高峰小时站点各出入口进站客流量和出站客流量；④ 全日及高峰小时站点不同接驳交通方式进站客流量和出站客流量；⑤ 各出入口分方向的超高峰系数。

3.3　城市交通规划数字化支撑平台

3.3.1　交通规划数字化平台建设目标

用数据说话、立足数据思维是实现精准治理的最基本手段，就城市治理而言，城市数字化转型是人民城市建设的重要推动力，是面向未来塑造城市核心竞争力的关键之举，也是完善超大城市治理体系和治理能力现代化建设的必然要求。在数字中国建设和数字化赋能经济社会发展的时代背景下，城市交通规划数字化转型是大势所趋，但从现状来看，交通规划数字化转型仍存在应用碎片化、数据标准不统一、多源数据不连通等问题。城市交通规划数字化支撑平台建设是交通规划数字化转型的重要内容，可以助力规划从辅助决策走向主动决策和智能决策。城市交通规划数字化支撑平台，是指通过汇聚海量的规划数据资源，覆盖全面的规划业务流程，打造标准化、智能化和协同化的一站式交通规划服务云平台，逐渐形成最为核心的云上资产库，实现规划资产的沉淀、积累和共享，推动传统规划行业数字化转型。平台建设的核心要求包括：

1. 方便的数据导入

平台应支持用户将点、线、面等不同空间维度的图层和数据叠加至地图界面，实现空间数据的自由组合，快速完成从数据指标到自定义规划专题图转变。平台管理员可以十分方便地定义各种类型的公共专题图进行发布，供用户直接调用。

2. 高效的数据管理

平台应提供简洁的数据资源浏览查询功能，让每个用户可以快速了解数据资源整体情况和每个数据详细的属性结构。数据资源目录与工作平台数据目录一致，做到数据所见即所用。平台应提供便捷的数据管理功能，包括自定义数据目录、数据导入与数据更新等。支持用户自定义数据上传，并支持投影坐标系、CGCS2000 坐标系和 WGS84 坐标系等多个坐标系数据，实现后台不同坐标系的自动转换。

3. 高度的数据共享

平台应集成面向规划的各类统计数据、交通运行数据、交通调查数据和网络大数据，并按照点、线、面三种空间维度统一整合，提供简洁直观的可视化查询界面，从而快速获取规划数据指标，实现最大限度的数据共享，有效解决数据分散、口径不一和重复校核处理等问题，提高数据准确性，促进数据共享。共享数据资源应包括公共数据资源和个人数据资源，其中公共数据资源按照内容和来源分为土地利用、道路交通、城市轨道交通、出行需求、人口和就业岗位、交通设施、常用界线等。个人数据资源为用户上传的数据，仅限个人使用。平台应提供数据资源的任意调用、浏览、查询、制图等功能。

4. 安全的数据协同

平台在保障规划业务人员便捷使用各种数据的同时，也要重视数据的保密安全。平台应通过后台对数据操作的权限进行管理，数据对用户可见、可用，但规划业务人员不可以随意获得原始数据。

5. 便捷的数据应用

平台针对不同应用场景，应具备网页版和专业版两种形态。网页版平台面向一般规划业务人员，侧重成果发布、查询、展示、出图和数据叠加，基础数据库以信息化工作的数据库为基础底盘，统一标准、数据互通。专业版平台面向数据和模型专业技术人员，侧重模型专业分析、地理信息和数据库编辑维护，其将编辑维护好的各种地理信息数据（包括模型输出结果）上传到网页版平台数据库，同时也可以调用网页版平台中的数据库，实现互通。

3.3.2 交通规划数字化平台架构

一种典型的城市交通规划数字化支撑平台的技术架构如图 3-12 所示。

1. 基础设施层

基础设施层由基础软件、基础硬件、网络设备和保障系统等组成，通过合理配置软硬件环境，搭建一个稳定、可扩展、安全的服务平台，用于接入传感设施采集的交通和城市空间信息，并通过超融合策略实现对服务器节点状态、主机资源调度、系统性能、应用程序接口（Application Program Interface，API）服务状态等平台运行状况进行监测，保障平台稳定运行。

2. 数据资源层

完整、规范和准确的交通信息数据是全面建设交通规划决策支持平台的核心，是全

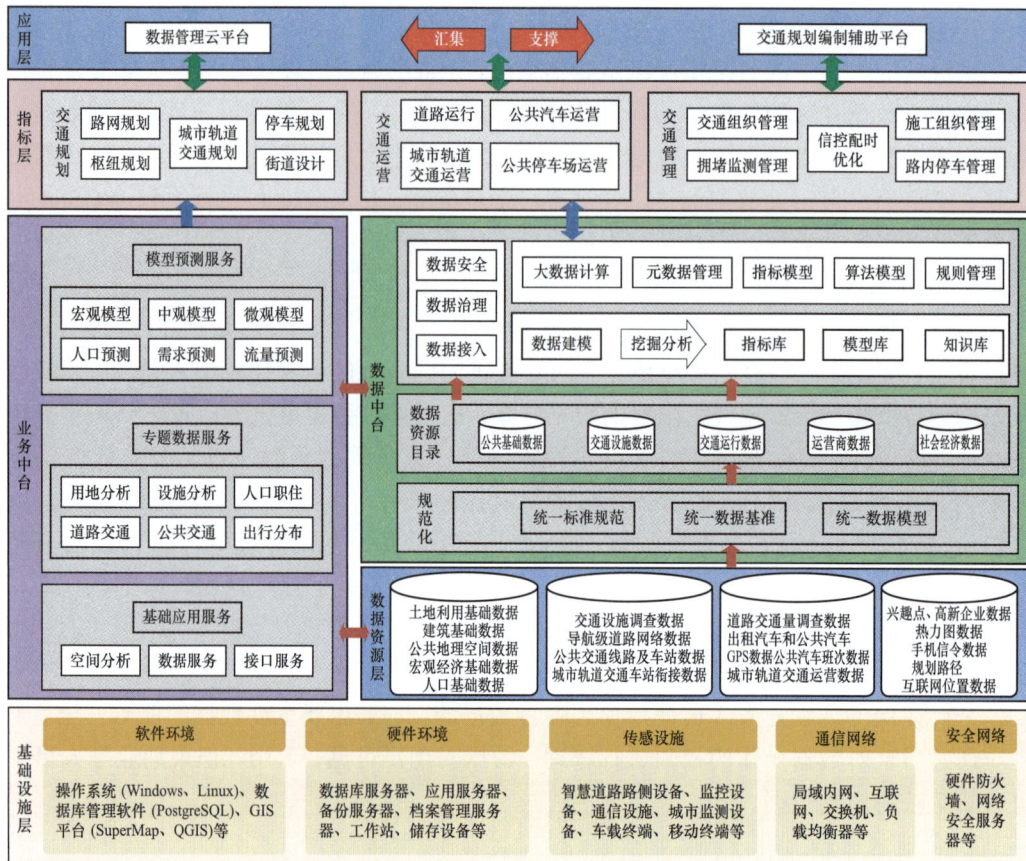

图 3-12　一种典型的城市交通规划数字化平台架构

応用层：数据管理云平台　汇集　支持　交通规划编制辅助平台

指标层：
- 交通规划：路网规划｜城市轨道交通规划｜停车规划｜枢纽规划｜街道设计
- 交通运营：道路运行｜公共汽车运营｜城市轨道交通运营｜公共停车场运营
- 交通管理：交通组织管理｜信控配时优化｜施工组织管理｜拥堵监测管理｜路内停车管理

业务中台：
- 模型预测服务：宏观模型｜中观模型｜微观模型｜人口预测｜需求预测｜流量预测
- 专题数据服务：用地分析｜设施分析｜人口职住｜道路交通｜公共交通｜出行分布
- 基础应用服务：空间分析｜数据服务｜接口服务

数据中台：
- 数据安全｜数据治理｜数据接入
- 大数据计算｜元数据管理｜指标模型｜算法模型｜规则管理
- 数据建模｜挖掘分析｜指标库｜模型库｜知识库
- 数据资源目录：公共基础数据｜交通设施数据｜交通运行数据｜运营商数据｜社会经济数据
- 规范化：统一标准规范｜统一数据基准｜统一数据模型

数据资源层：
- 土地利用基础数据／建筑基础数据／公共地理空间数据／宏观经济基础数据／人口基础数据
- 交通设施调查数据／导航级道路网络数据／公共交通线路及车站数据／城市轨道交通车站衔接数据
- 道路交通量调查数据／出租汽车和公共汽车GPS数据公共汽车班次数据／城市轨道交通运营数据
- 兴趣点、高新企业数据／热力图数据／手机信令数据／规划路径／互联网位置数据

基础设施层：
- 软件环境：操作系统(Windows、Linux)、数据库管理软件(PostgreSQL)、GIS平台(SuperMap、QGIS)等
- 硬件环境：数据库服务器、应用服务器、备份服务器、档案管理服务器、工作站、储存设备等
- 传感设施：智慧道路路侧设备、监控设备、通信设施、城市监测设备、车载终端、移动终端等
- 通信网络：局域网内网、互联网、交换机、负载均衡器等
- 安全网络：硬件防火墙、网络安全服务器等

面开展交通分析和研究的基础。平台通过汇集多个来源的业务数据与新兴数据，建立交通多源时空数据库，包括土地利用、人口、经济等城市发展规划基础数据，交通基础设施规划空间数据，道路交通量调查、城市轨道交通运营的动态交通数据，手机信令、互联网位置的出行时空大数据，构建交通数据底盘。

3. 数据中台

基于交通调查工作标准和数据处理规范、时空数据建库标准、交通业务数据共享规范等规范性文件和数据管理办法，城市交通规划数字化支撑平台利用分布式处理技术整合多源异构数据，囊括数据生产、汇集、融合等环节，标准化梳理公共基础数据、交通设施数据、交通运行数据、运营商数据。同时，结合数据融合算法模型构建面向自然资源数据和交通数据目录的数据中台，将统一标准的数据封装发布成 Data API，实现数据即服务，满足数据快速共享和管理。

4. 业务中台

围绕传统交通规划模型预测服务、专题数据服务、基础应用服务三大方向，基于分布式微服务架构封装空间分析方法以及地图服务、查询统计等平台通用业务功能，根据规划决策数据要求，降维传导交通模型中的高维矩阵及海量交通大数据至前端界面开展分析应用。

5. 指标层

围绕规划、运营、管理全流程视角，建立表征交通特征规律可衡量、可监督的指标体系，明晰规范指标定义、统计口径和计算方法，进行大数据关联运算和特征挖掘分析，实现交通规划运营管理等多领域、多维度数据指标的综合分析和精细化展示。

6. 应用层

数据管理云平台作为数据汇聚和管理工具，主要服务于数据管理员和具备数据研发分析能力的专业技术人员，辅助数据的标准化上传、数据服务发布、使用权限管理和定制化的分析挖掘。交通规划编制辅助平台作为信息查询和分析工具，主要服务于交通专业技术人员、交通管理者和决策者，以菜单式、窗口式平台界面，系统化提供交通信息获取、问题分析、评估测算功能。

3.3.3 交通规划数字化平台功能模块

城市交通规划数字化支撑平台面向规划业务人员，提供数据管理、数据优化、多层次路网编辑和转换、交通模型构建、算法计算等功能模块。通过这些功能模块，可实现从路网输入、路网编辑、交通需求输入、模型仿真算法运行计算、评价指标比选、最终结果可视化到最后方案输出的全流程完整交通规划业务闭环。

数据管理：该模块包括数据上传、数据浏览查询、无效或过期数据清理等细分功能项。数据上传：支持多种数据来源，包括交通模型、交通运行等多渠道数据。用户可以通过自定义上传的方式将自己的个人数据上传到平台中进行管理和分析。此外，平台还提供了数据批量导入的功能，方便用户一次性导入大量数据。数据浏览查询：提供了直观、易用的数据浏览和查询工具，用户可以根据自己的需求对上传的数据进行筛选、排序、分组等操作。为了保证数据的可靠性和实用性，数据清理功能可以帮助用户自动识别并删除无效或过期的数据。

数据优化：本模块针对数据采集标准不一、数据来源多样、数据体量庞大、数据类型复杂等情形，提供数据清洗、整合等数据治理服务。数据清洗是对原始数据进行预处理，去除重复、缺失或不准确的数据。数据整合是将来自不同来源的数据集成到统一的数据仓库或数据湖中。这有助于消除数据冗余，提高分析效率。

多层次路网编辑与转换：路网是交通业务最基本的载体。本模块可实现一体化的路网修改和编辑，实现不同层次路网之间的属性、空间信息的关联。通过该模块，可以将宏中微路网相关联，实现同一路网/路段在不同层次的统一识别。

交通模型构建：本模块可满足城市级大规模静态场景与实时动态交通流复现需求，保证用户交互流畅。静态场景方面，该模块可基于 GIS 矢量数据创建大规模城市建筑模型等，融合多源异构数据，完成道路与周边建筑、绿化环境的一体化三维展现。动态交通流方面，该模块可加载交通轨迹数据，动态展示车辆运行轨迹。

算法计算：本模块借助平台内置的交通流运行算法，可实现交通流宏、微观仿真，赋能规划方案的评价比选。该模块内置宏中微交通仿真模型，可直接接入内置路网或新绘制路网进行仿真。除可按设定好的参数、路网进行仿真外，还支持在真实路网中接入实时交通流数据即刻进行仿真预演。

多模式评价体系：本模块构建了丰富的宏、中、微观交通运行评价指标体系。除常规行业评价指标外，也从交通实际业务需求出发，对仿真运行数据进行挖掘与提取。面向小汽车，公交，轨交等多模式以及路网运行及信号控制、公共交通运营等多场景输出多元的可视化指标评价结果。

规划方案输出：本模块可从二维、三维的视角，在静态交通场景中叠加动态交通流，输出规划方案的可视化结果。

3.3.4　交通规划数字化平台价值

城市交通规划数字化支撑平台是交通数据底盘的载体，也是 IT 技术、数据采集和分析处理技术的试验田。平台建设经历了从表单数据库时代到数形结合的地理信息系统时代，目前已发展到大数据和云平台时代，数据源、分析处理技术、表达形式也发生了根本性变化。在此情形下，结合交通模型和大数据分析技术做好交通规划数字化应用平台建设是新形势下城市交通规划变革的重要内容。平台价值具体包括：

（1）基于数字化技术的城市交通规划是组织空间政策的工具，是优化空间中关系、行为、活动以及网络的手段。平台依托数据资源，以城市交通方案提升了空间规划的科学性。

（2）数字时代的出行组织模式正在发生变革，交通规划数字化支撑平台可以支持交通系统在全局层面的重新优化和调度，实现不同交通模式和工具的有机衔接和一体化。

（3）平台依托大数据技术，面向精准数据、精准决策、精准施策和精准治理，通过全流程的精准把握，提升交通项目和政策实施的效果。

3.4　城市交通规划数字化应用

3.4.1　交通规划数字化应用目标

城市交通专项工作涉及环节多、业务多等特点，通过数字化手段、系统化设计，统筹实现从交通规划编制，到交通项目策划、审批、实施、运行的全过程工作闭环衔接，实现交通专项工作一盘棋。围绕交通规划编制、审批等核心业务流程，以数字化重塑交通规划及重大交通项目服务模式，主要工作目标包括：

（1）数据集成。以交通建设项目为主线，实现交通相关各业务处室数据汇集、信息融合。积极协调发改委、交通、住建等部门，实现重大交通项目规划、立项、建设、运营各环节数据汇集、信息共享。

（2）规划统筹。深化完善市域综合交通规划体系，优化综合立体交通网络布局。充分发挥规划统筹作用，引领项目实施，分轻重缓急，积极谋划储备重大交通项目，主动开展交通项目前期研究和用地预研预控工作。

（3）要素保障。充分发挥规划自然资源支撑保障作用，服务重点项目建设。优化创新政策措施，充分保障各类重大交通规划项目用地需求，提升交通项目审批效率。

（4）价值彰显。积极盘活存量国有土地资产，加强储备土地交通配套提升土地价值，实现自然资源资产保值增值，提升投融资能力水平。

（5）全程服务。围绕交通强市重大项目，积极推进项目谋划、规划、建设、运行全流程跟踪服务，更有效地落实规划意图、保障项目用地、促进项目建设，避免碎片化管理，促进各部门业务协同。

3.4.2 交通规划数字化主要任务

城市交通规划管理数字化应用主要任务包括：

（1）交通规划管理全过程数字化。依托综合交通信息平台、国土空间信息平台，按照数字化要求，针对交通规划成果、交通项目审批、交通规划实施监督、重大交通项目跟踪、人口及交通设施运行相关的数据（矢量图、表、文件等），建设统一的专题数据库，实现全过程数字化闭环管理，并且保持数据动态更新。

（2）综合交通体系规划动态优化。及时响应国家、省级和市级重大战略，动态评估既有规划，结合新政策、新形势、新要求、新问题及时对规划开展优化调整。

（3）规划项目生成。充分发挥规划专业优势、技术人才优势、交通大数据和智能算法技术优势，预判近期年经济社会发展态势和客货运需求，全市一盘棋统筹考虑，提前谋划，充实市级储备项目库，精细规划、深化规划成果，优化建设项目时序、精准投放土地资源。

（4）重大交通项目空间协同。针对铁路、高速公路、重要桥隧等重大交通工程，有序开展方案预研预控，协调交通项目与城镇空间、生态保护红线、永久基本农田等相互关系，提前稳定设计方案，支撑规划精准落地。做实做细做优重大交通项目前期工作，提前介入，开展重大项目空间协同。

（5）自然资源资产保值增值。进一步盘活存量国有土地资产，推进轨道站等交通设施确权登记，显化存量国有土地资产价值。推进邻近轨道车站等交通用地功能优化，完善公共服务配套。做优增量土地资产，持续优化轨道交通网络和步行接驳服务，扩大轨道服务覆盖范围，有序推进储备用地配套道路建设，提升土地价值。

（6）交通规划管理实施监测与项目全过程跟踪服务。对交通规划实施情况及规划修改涉及交通调整情况进行动态监测。多部门协同、多处室协作，完善重大项目规划、审批、开工、施工信息，以统一的项目对象串联组织所有环节信息，建立交通项目全过程、空间化管理和跟踪服务机制，及时掌握项目推进堵点卡点问题，服务重大交通项目推进，并向其他部门共享重大交通项目跟踪成果。

（7）交通规划指标即时统计。构建针对交通规划及重大项目的即时统计系统，建立交通分析评估、交通预警、动态反馈机制，实现交通规划和重大项目的空间化管理、规划图与清单表一一对应、标准快速转换和交通指标自动统计、项目表格与相关图纸自动生成，随时掌握重大项目进展，实现交通规划全过程数字化闭环管理。

3.4.3 交通规划编审数字化应用

交通规划应用数字化支撑包括交通规划编制（研究）、规划审查审批、规划监测评估预警、规划实施监督实施等环节。

（1）规划编制（研究）。开展数据分析、模型研发、模拟推演，为政府重大决策部署、重要公共政策出台提供决策支撑，发挥技术参谋作用。围绕全市三级三类国土空间规划体系，按照"多规合一"规划协同规则，确保规划体系的横向协同、纵向贯通。以规划编制应用场景为导向，研发规划辅助编制工具箱，建设智慧规划辅助编制平台，提升规划编制工作效率，提升规划方案编制的科学性与合理性。对于复杂的规划场景，需要使用交通预测模型工具开展方案比选评价，基于数字化平台的规划设计成果展示汇报、交通流模拟仿真、轨道车站行人仿真等。推进二维向三维转变，探索基于城市信息模型的规划编制管理场景，例如开展基于三维的道路选线（填挖方自动测算与平衡优化，城市景观三维效果模拟）。

（2）规划审查审批。以空间治理数字化平台为载体，研发国土空间规划审查工具箱，串联"编—审—督"流程，实现可视化、台账式管理。明确各部门专项规划的审批流程，规定未通过平台规划一致性审查的专项规划将不得报批，提升空间利用统筹协调能力。

（3）规划监测评估预警。优化国土空间规划"一张图"实施监督信息系统，完善国土空间规划实施监测体系，实现底线管控、刚性传导，优化要素配置，提升结构效率。在监测评估工作基础上，建立交通专项的预警指标体系和预警方法体系，实现数据驱动下预警调控的可视化、动态化和自优化。

（4）规划实施监督数字化应用。持续深化"放管服"改革大背景下，行政事项权力逐步下放，国家部委、省、市、区县级相关部门分别承担不同层级的规划管理工作，但上级仍然需要对下一层级的规划进行监督，确保上位规划的准确落实，强制性指标是否突破等。

3.4.4 交通规划实施数字化应用

从蓝图规划转向过程规划，必然要求关注规划实施过程。交通规划的实施通常以工程建设项目的形式体现。从规划蓝图逐步演变成现实世界，这个过程中必然需要形成数字化底座和智能化的应用。

1. 交通项目空间化管理与全流程跟踪服务

交通项目全过程，包括近期建设规划、项目策划生成、立项审批、用地审批、项目开工建设、项目竣工验收等各个环节。交通项目管理由清单化逐步转向空间化管理，建立项目代码与空间实体对应关系，以及围绕项目开展全生命周期管理。例如针对所有规划未实施的道路，生成项目清单，核实规划建设条件和建设方案，提出时序建议（见图 3-13）。依托信息化手段，持续跟踪项目实施，实现对项目的全生命周期跟踪。开发智能化分析以及效果评估系统，辅助近期建设规划科学决策。

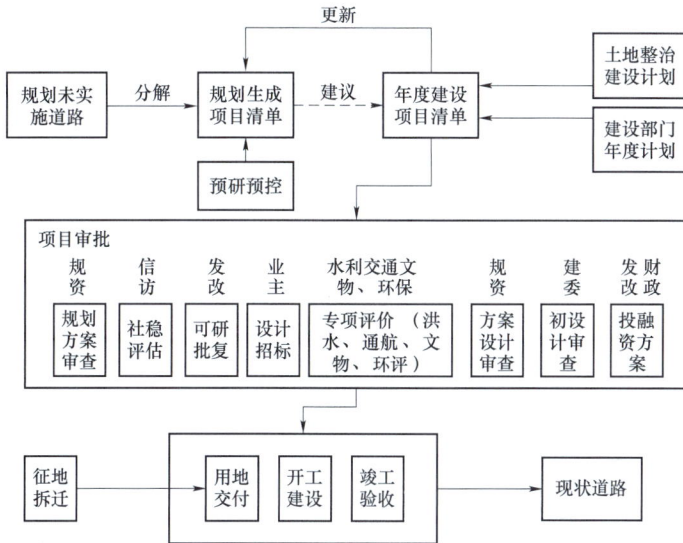

图 3-13 交通工程项目全生命周期跟踪示意（以道路项目为例）

2. 交通项目管理数字化应用

（1）强化规划统筹项目实施。建设规划、审批、实施、运行等专题数据库，做深做实市级储备项目库。按照"谋划储备一批、前期工作加快一批、抓紧开工一批"的思路要求，精准策划生成一批重大储备项目。

（2）精准服务交通项目空间落地。组织相关部门系统协调在"三区三线"划定中，保证国家及市级重大项目落地。开展重大交通基础设施预研预控，线性交通项目空间协同等流程环节，提前协调建设项目与城镇空间、生态保护红线、永久基本农田等互相关系，减少交通项目与三区三线、基本农田、生态红线、城镇建设用地之间的矛盾。

（3）全力提升交通项目审批效率。制定交通用地支撑保障政策，有效服务各类交通建设项目用地审批。通过统筹调剂保障重大交通项目耕地占补平衡指标供应各类交通用地，分阶段保障各类交通项目用地，确保项目按期开工。

（4）积极盘活存量提升投融资能力水平。特别是对于轨道交通，开展轨道设施存量资产清理，针对已建成轨道站点办理不动产登记权证，显化存量国有土地资产价值。细化研究轨道站点周边未利用土地规划和盘活利用，结合市场需求和周边群众诉求打造商业服务和公共配套设施等。

3.5 城市交通智慧建设（设计施工一体化）

城市交通基建工程越来越趋向综合性、复杂性和大规模等特点。身处在数字时代的城市交通基建工程业务，目前的发展水平还是比较传统和落后，工业化尚未完成，数字化刚刚起步，行业利润水平低，人才吸引力低。人民对未来美好生活的热切向往，国家对"双碳"目标的郑重承诺，以及对建设数字"数字中国"、实现高质量发展的坚定决心，都对建筑行业提出了更高的要求。建筑行业亟待转型升级。面对如火如荼蔓延的数字化应用，企业信息化、智慧工地、BIM、GIS、大数据、AI 等各种新技术、新应用，"子弹"满天飞，如何能够不忘初心，坚持重心，推进城市交通基建工程业务数字化继续深化转型是摆在企业面前的重要问题。数字化转型升级战略一定是为业务战略服务的，要想看清城市交通基建业务数字化转型升级战略，需要深刻理解城市交通基建工程业务，就要洞穿纷繁复杂的表象，直指业务经营的实质，直指经营的最小单元。城市交通基建工程业务的"最小经营单元"是项目，业务经营管理目标是保质保量地交付高品质的工程，实现高质量发展。

3.5.1 城市交通基建工程的数字化转型认知与目标

1. 城市交通基建工程的业务本质

如图 3-14 所示，城市交通基建工程项目点多线长、环境复杂，具有四高特性：高度独特（每个项目都不一样）、高度专业（基建各类型工程项目的标准、规范、工艺工法各不相同）、高度协同（对内、对外的协同要求高，横向协调地方政府、业主、监理、作业队，纵向协调公司、项目、现场作业队）、高度动态（规划、计划受各种环境因素影响很易变化，实际与计划偏差难调整）。随着城市交通基建工程行业内的项目体量越来越大，建造要求越来越高，基建工程项目的业务管理"黑盒子"体质就会越来越明显，四高特性带来的问题会越来越大，管理难度也会越来越大，管理痛点也会越来越强烈。

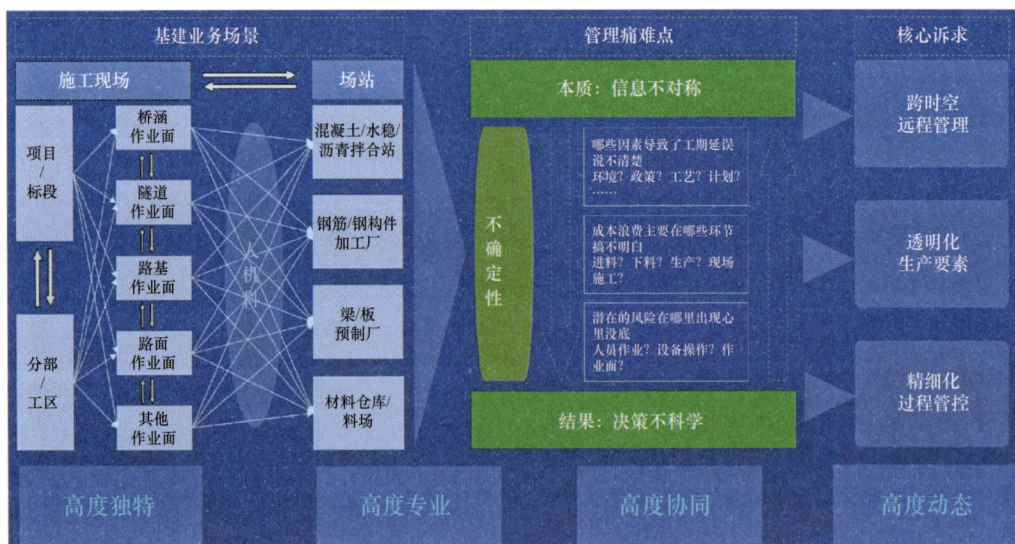

图 3-14 城市交通基建工程特点

这四高特性，决定了基建工程业务管理的难度，决定了基建工程的数字化建设是复杂系统工程。点状的、线性的、碎片化的，浮于表面的数字化，只是局部优化，无法真正点亮业务管理的黑盒子，解决不了这个四高特性的业务系统性难题。

2. 城市交通基建工程业务数字化的本质

数字化的本质是"三要素"，是数据、连接和算法（见图 3-15）。数据是数字化的"根"，数据获取要及时、准确和全面；连接是数字化的"脉"，要打通纵向的组织层级，横向拉通对齐业务线条，更要深度链接业务；算法是数字化的"魂"，是业务与管理规则的数字化，要不断挖掘最佳实践，优化迭代、沉淀能力和持续进化。通过数据、连接和算法合力支撑，形成强大的系统性能力。根据系统三元论，要想充分发挥出数字化的强大"系统性能力"，数据、连接和算法，一个都不能少。

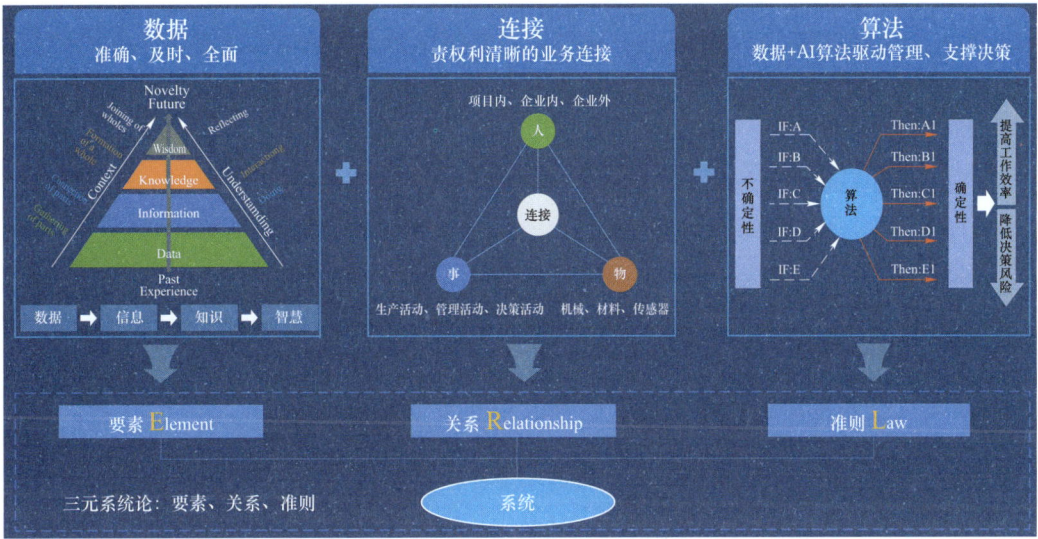

图 3-15 基建工程业务数字化本质

充分借助数字化的系统性能力，就可能从点线面体各个维度破解基建工程业务的"黑盒子"，构建"数立方"，实现透明可见、高效运转和持续进化的数字化项目。例如：施工现场的业务管理难点——材料方面的各种跑冒滴漏，通过"数据+连接+算法"就可以实现极为高效的管理闭环。

一车钢筋进来，数量究竟够不够，规格究竟对不对？人工清单、人工检查、人工比对合同及送货单，不仅工作量大、效率低，而且效果也不准确可靠。现在，只需现场人员拍照上传，数字化系统就能快速清点数量，判定规格（数据），通过实时调取商业合约及当天运单中的相关约定（连接），再通过比对时间到货情况，即可知道是否按质、按量完成交货（算法）。

一车混凝土进来，来的时候有没有装满，去的时候有没有卸空，通过智能地磅（数据）、实时调取相关约定（连接）、实时比对，即可知道是否存在猫腻（算法）。就此一项应用，就可以为企业在一个项目上成本节约上百万元。

再比如源于现场的各种人员数据，只有与劳务实名制、现场管理、工序验收、商务合约及财务结算连接起来，才能实现"登记、考勤、算薪、签审、发薪、签收"的全过程全记录，才能在很大程度上防范恶意欠薪及恶意讨薪，才能真正形成对各参与方，包括建设方、总包方、分包方及劳务方有效的保护与监督。

3. 城市交通基建工程数字化转型的本质

数字化转型的本质核心是系统性重塑。重塑的是对当下工程项目业务管理的掌控能力和企业经营制胜未来的拓展能力。业务层面的数字化转型，指的是利用数字化技术及相应支撑能力，创造出更具韧性的全新数字化业务模式的过程。其关键词包括利用、韧性和过程。基建工程项目的数字化转型，也应当是这种"利用"的思路。面对基建工程项目的"四高"特性带来的高度的复杂性和不确定性，就需要通过数据的自动流转贯通场站、现场及项目部，化解高度不确定性带来的风险，支撑场站动态管控、资源匹配协调、项目全过程管理，降本、提效、创优，以数据支撑高质量项目决策，即提升数字化生产能力。同时，搭建与之适配的数字化生产关系，增强发展韧性，实现工程项目高质量发展，交付品质工程。

4. 城市交通基建工程数字化转型的战略目标

在实践生产中，需充分借助系统性数字化能力，从点线面体各个维度，破解基建工程业务四高特性的黑盒子体质，构建透明可见、高效运转和持续进化的数立方，系统性地提升对基建工程项目的掌控力和拓展力，增强发展韧性，实现城市交通基建工程项目的高质量发展，最终交付"品质工程"。

3.5.2 城市交通基建工程数字化转型升级新思路与新方法

面对已经步入数字化转型升级深水区的城市交通基建工程领域，需要从工程建造的维度，来系统性地思考城市交通基建工程数字化解决之道。

1. 城市交通基建工程的难点与管理的痛点

（1）信息不能共享与互通。当前的基建工程项目建设全生命周期的数字化应用主要呈现以点状、线性和碎片化分布，缺乏系统性的全过程集成应用，信息不能有效的传递和共享至工程建设各方，更无法满足基建工程参与各方沿着从建设阶段、运营阶段和养护阶段的全生命周期的数据支撑要求。

（2）缺乏与之相匹配的数字化产品。数据孤岛与业务协同问题在基建工程建设的设计与施工两大阶段上表现尤为突出，既缺乏系统性的切实可行的解决思路、也缺乏与之相匹配的数字化产品支撑。如设计阶段困于效率瓶颈，不同专业往往使用不同的软件产品，数据格式难以互通，转换造成数据损失，专业内与专业间协同困难。施工图阶段主要为二维设计，各图纸之间无法做到数据联动修改，采用翻模方式形成的模型专业性不足，模型和图纸难以保持一致。对于施工阶段，传统线下工作方式，各种资料和数据散落在不同的部门，想快速得到一个准确的数据很难。

未来解决业务难点和管理痛点，实现高质量发展，一定是要行业的全参与方共赢。全参与方共同的诉求就是品质工程。如图 3-16 所示，具体表现为：充分借助系统性数字化的能力，从点线面体等多个维度，破解基建工程业务的黑盒子难题，构建透明、高效与持续进化的数立方，增强发展韧性，推进基建工程的设计、施工的各自一体化和跨阶段的业务协同一体化；满足工程参加各方（建设方、总包方、设计方和施工方各方）的管理诉求，推进基建工程项目的高质量发展。

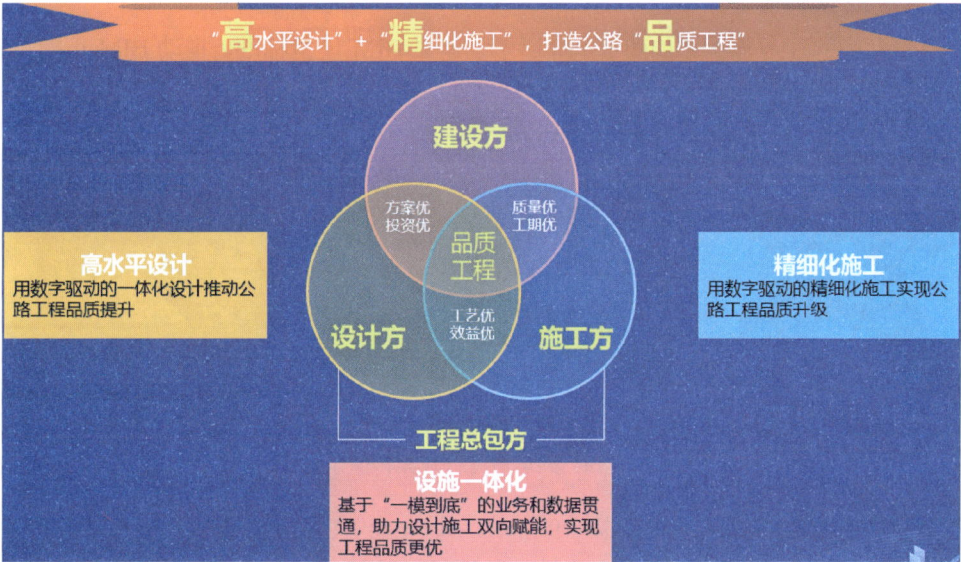

图 3－16　品质工程多方协同

2. 城市交通基建工程的数字化转型的新方法

通过搭建统一的平台，覆盖设计、施工两大阶段，以系统性数字化驱动一体化设计、精细化施工及两大阶段的一体化业务协同，借助一模到底和一量多用的两大业务抓手，实现城市交通基建工程的提质、降本、增效，最终交付品质工程（见图 3－17）。

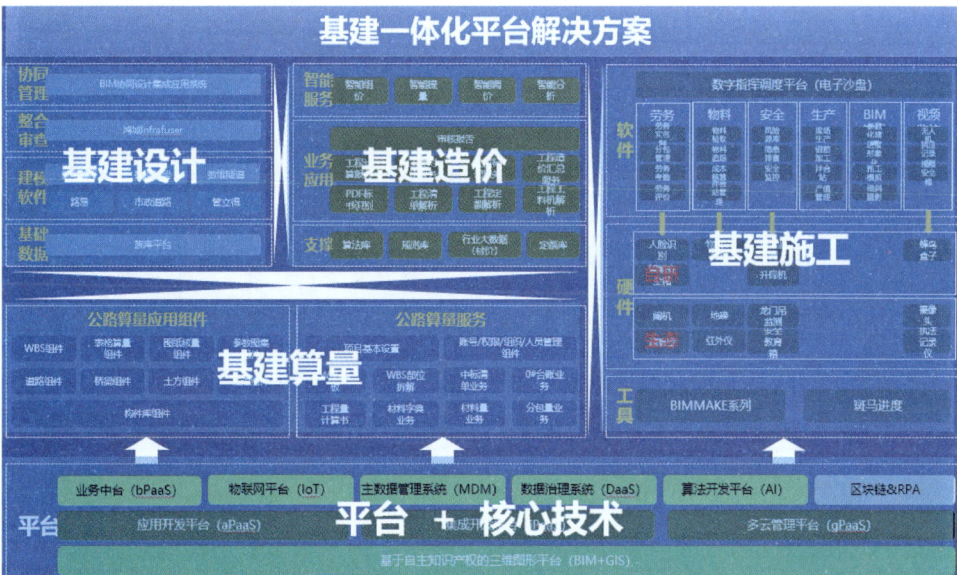

图 3－17　基建一体化平台总体框架

（1）搭建基建一体化平台。例如广联达面向基建行业的设计、计价、算量、施工等一系列产品搭载于一个统一业务平台，实现设计施工一体化协同。

（2）打造两大业务抓手。

一模到底的业务抓手：如图 3-18 所示，建立 BIM 模型标准，推动 BIM 正向设计、参数化建模，具备打通设计施工 BIM 模型的能力。

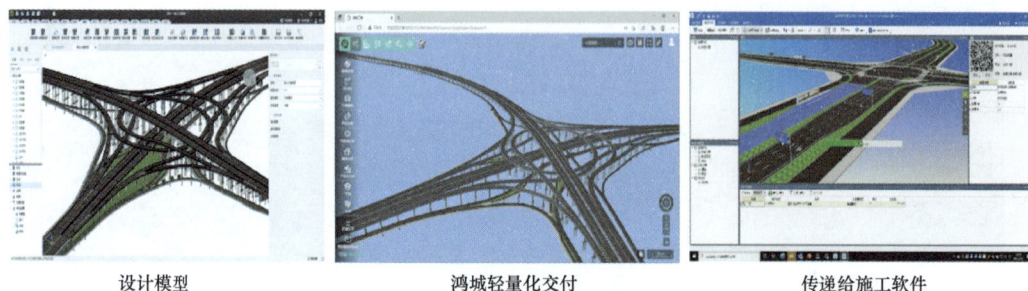

设计模型　　　　　　　　　鸿城轻量化交付　　　　　　　　传递给施工软件

图 3-18　跨环节设计成果传递示意

一量多用的业务抓手：如图 3-19 所示，共享一份工程量数据，打通多参与方工程量应用场景，避免重复算量、多次算量，从而解决设计、施工 BIM 模型不通，无法协同利用，与工程量数据不通，无法有效利用这两个核心问题。

图 3-19　工程量核算数字化流程

（3）交付品质工程。交付品质工程项目，离不开高水平设计与精细化施工，以及一体化的协同。

1）高水平设计。高水平设计就是用数字驱动一体化设计去实现提升设计效率和设计质量，本质上是让设计行业有更充裕的时间去表达设计意图，真正构建企业核心竞争力。例如通过基于自主可控的国产三维图形平台引擎的数维道路设计软件(见图3-20)，即可实现方案到施工图的一体化，多专业协同的一体化，设计造价的一体化，让设计效率提升20%，支撑设计高质量交付。

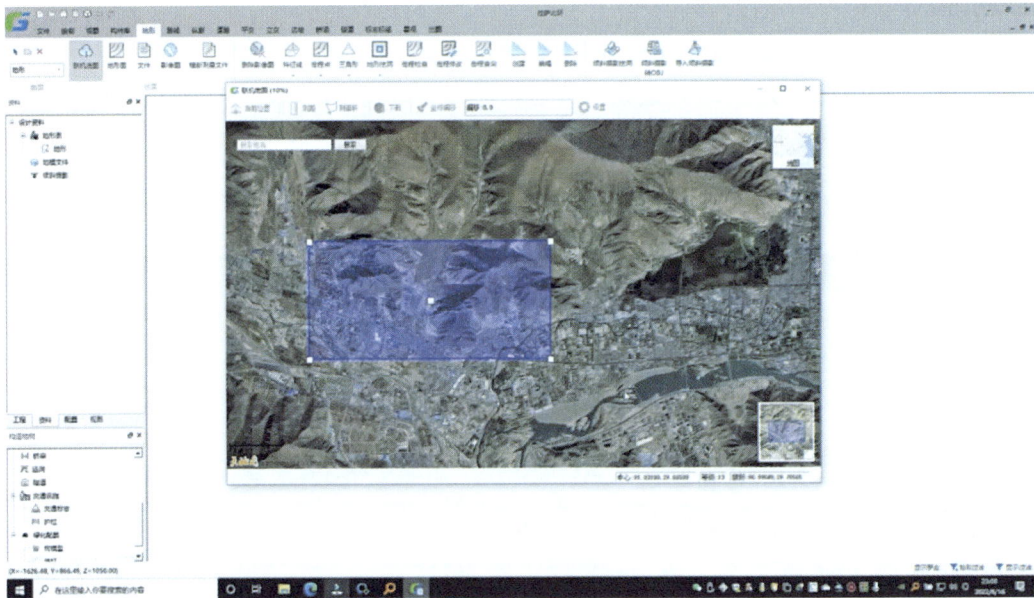

图 3-20 数维道路设计软件平台示意

面对设计阶段的三跨难题(跨阶段成果复用率低、跨专业数据系统性弱、跨业务信息一致性差)，通过一个软件加一个平台解决设计业务协同问题(方案施工图一体化、多专业协同一体化和设计造价一体化)，实现跨阶段、跨专业、和跨业务的无缝协同彻底推动设计产业升级。面向设计单位的"设计一体化"产品架构(见图3-21)，通过简

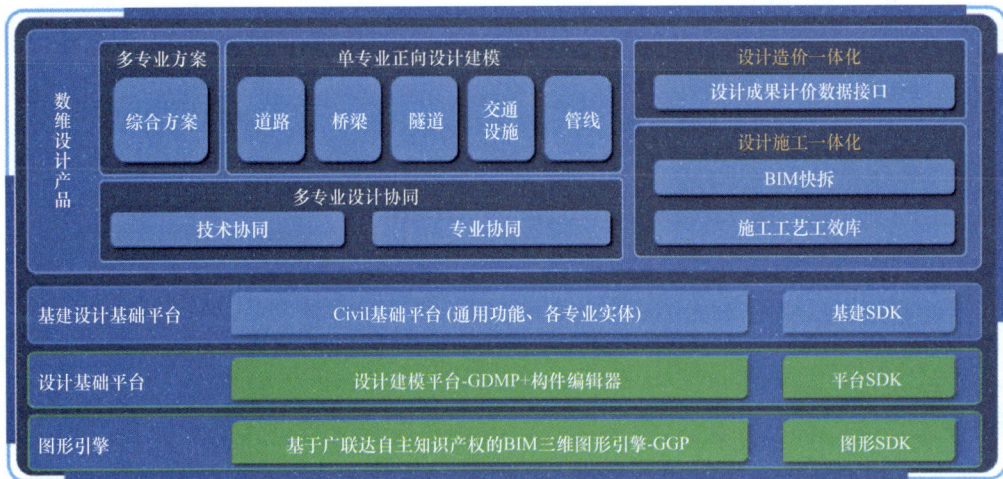

图 3-21 面向设计单位的"设计一体化"产品架构图

单易用、专业高效的方式帮助设计师进行路、桥、隧设计，依据设计规范驱动模型创建与联动修改专业数据，实现方案设计到施工图设计一体化打通。一个软件实现方案施工图一体化设计，多专业协同一体化，助力设计效能和设计质量双倍提升，保障设计效能倍增和概预算更优。以数维道路设计软件平台为例，有效解决设计多专业协同能力弱效率低，BIM 交付效率低投入大的核心问题，可实现人均效益提升 20%。

2）精细化施工。通过数字驱动的精细化施工真正让项目降本增效（见图 3-22～图 3-24）。例如基于快速 BIM 建模、快速精准出量、快速管理闭环，通过简单易用的岗位工具，实现算量控量一体化、进度产值一体化、计划资源一体化，可让项目增收0.5%，降本 1%。

图 3-22　数字巡检：渝湘复线项目·Bim＋Gis 技术实现计划进度动态可视

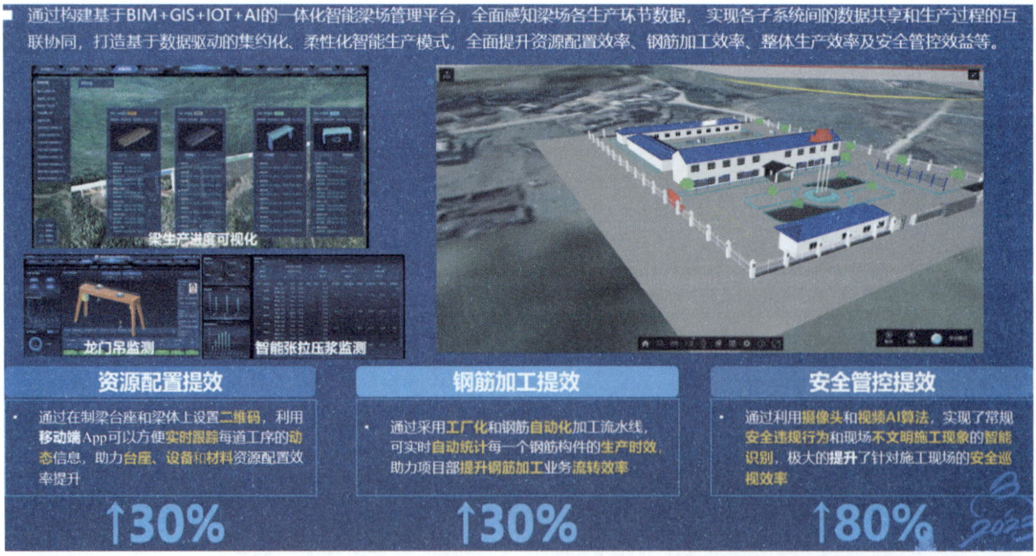

图 3-23　数字场站：生产效率、效益双提升（阜溧高速项目）

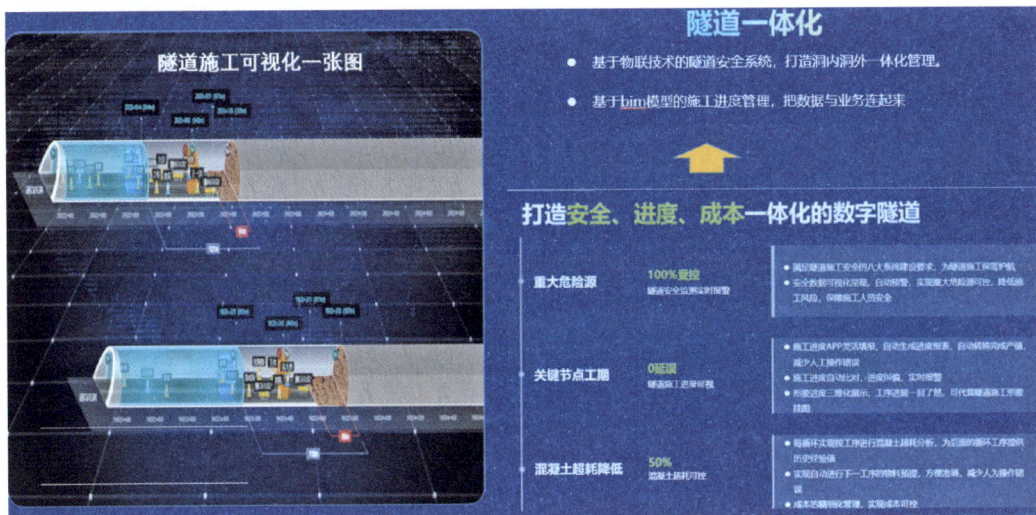

图 3-24 进度可控、生产可视一张图（重庆城开高速）

3）设计施工一体化。设计施工一体化在工程管理领域具有重要意义，其核心在于实现业务和数据的全面贯通。这一理念以工程业主为核心，旨在通过打通设计和施工之间的生产关系，通过"一模到底"的业务和数据贯通，实现高水平设计和精细化施工。通过数字化手段，可以有效地降低基建工程的建设和运营成本，进而助力设计和施工之间的相互赋能，从而达到提升工程品质的目的。在这一过程中，实体工程的数字化成为实现一体化的关键因素。

BIM 深度应用是当前实现设计施工一体化的重要手段，然而其面临的卡点即"三低两难"问题亟待解决。这些问题包括建模效率低、投入产出低、衍生价值低，以及出量难、学习难等挑战。为了应对这些问题，数维道路 BIM 产品应运而生，其能够快速创建公路全专业施工模型，实现建拆一体化，从而极大降低了建模难度和投入成本，解决了 BIM 深度应用的卡点，有效助力精细化施工的落地实施。同时，公路算量产品基于模型能够快速精准地进行算量，提供量化指引，随用随生成，而物料管理产品则为控量提供了依据，并实现了管控闭环。算量控量一体化的实施，使得工程量管理的效率和质量得到了质的提升。

数字指挥调度平台如图 3-25 所示，基于工程现场的各类智慧化应用，打通决策和执行、前场和后场。决策层解决项目全局的排兵布阵问题，让总控落到实处。执行层解决工区现场的调兵遣将问题，让生产更有效率。

另一方面，如图 3-26 所示，BIM+智慧工地集成应用物联网、BIM、大数据、AI等核心技术，内置建筑管理规范和数据分析模型，构建数据驱动、软硬一体的智慧工地，全面感知、高效协同、科学决策，为建筑企业提供生产提效、质安可控、成本节约的项目企业一体化解决方案。

99

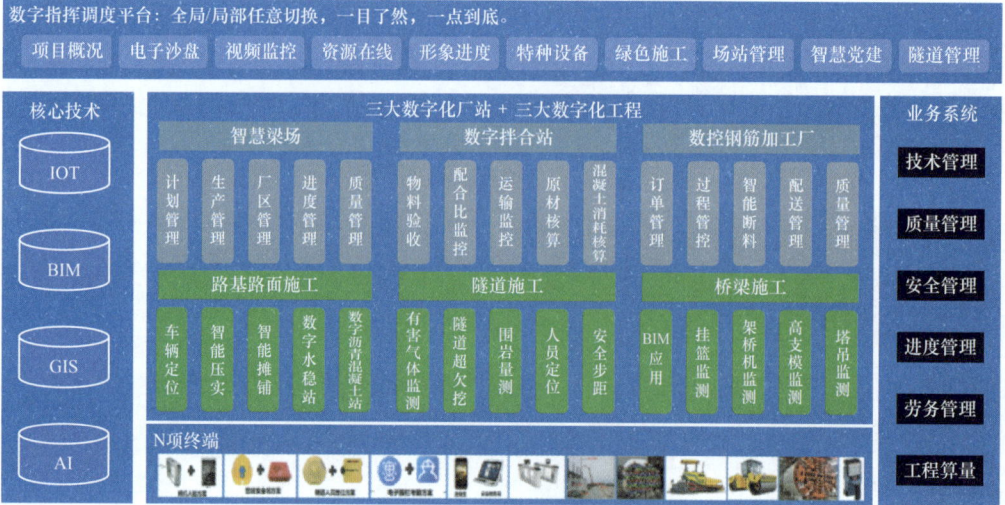

图 3-25 数字指挥调度平台

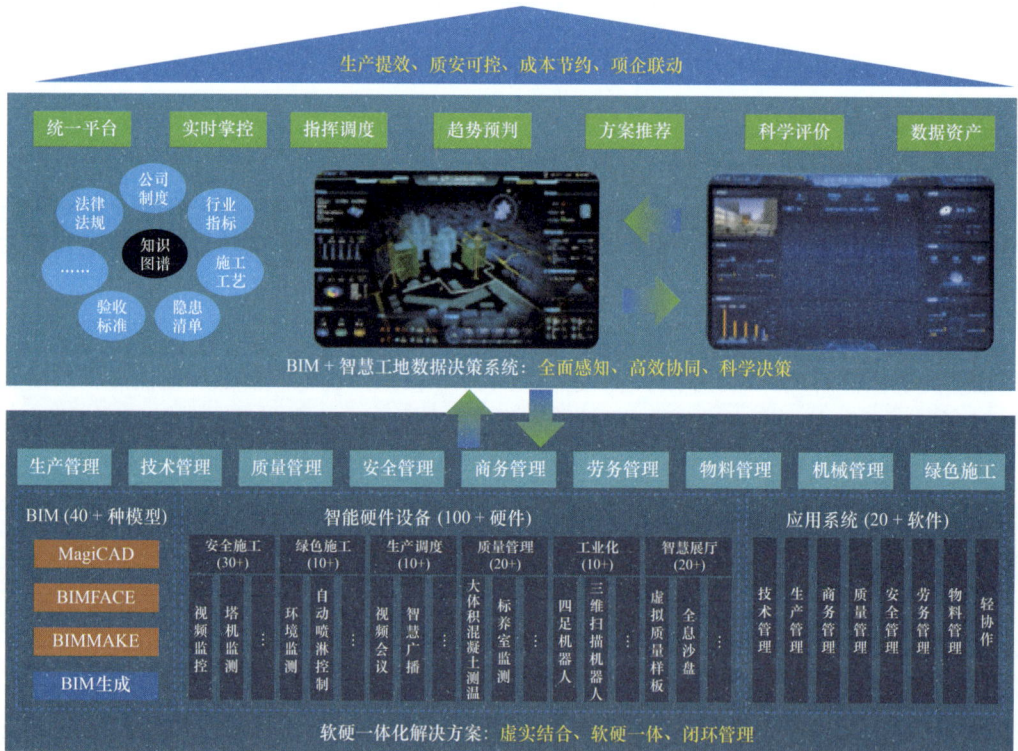

图 3-26 BIM+智慧工地

3.5.3 城市交通基建工程数字化软件平台设计

城市交通基建工程的数字化转型除了传统的数字化基础之外，还需要专项智能建造领域的数字化能力支撑，如 BIM、云计算、物联网、人工智能等核心数字技术，来贯穿项目从设计到施工到运维的全生命周期。以现有的国产建筑业务平台为例（见图 3–27），通过核心技术自主研发，全面实现国产自主可控，可搭载我国自有的核心软件，如设计软件、算量软件、施工管理软件等，在国内的应用效率更高、专业性更强、效果更好。此平台采用业内先进的微服务设计理念、中台架构思想建设，面向应用者和开发者深度开放、全面赋能，为行业提供开箱即用的工程建设领域专业能力和系统性的数字化支撑能力，将以"平台＋组件"模式，支撑多业务开展，并通过"平台＋专业应用"，助力企业的数字化转型快速落地。

物联网和边缘计算技术	BIM技术	人工智能技术	大数据和数据分析技术
筑联平台接入现场百种设备	让模型触手可及	知识、影像信息智能化	数据资产化、科学分析预测
工业级物联网云平台	**自主知识产权的图形平台**	**聚焦建筑领域的场景**	**建筑行业大数据解决方案**
• 60+大类设备接入 • 200+家合作伙伴生态圈 • 1亿+每天处理数据量 • 严格认证 品质保障	• 6000+平台开发者应用 • 40万+平米模型能力 • 20+款应用深入验证 • 38种模型格式支持	• 30+行业AI算法模型 • 5000+项目应用 • 1万+行业词库 • 建筑知识图谱让专业应用人性化 • 自学习平台让算法越用越精	• 15+大数据工具套件 • 400+领域数据模型 • 10+领域数据分析算法 • 20+专业应用的数据无缝对接
IoT	BIM	AI	大数据

图 3–27　国产建筑业务软件平台

具体来说，在 BIM 技术方面，基于自主知识产权的图形技术，可提供包括 BIM 建模、BIM 接入、BIM 数据交换标准、BIM 集成、BIM 轻量化等覆盖 BIM 全生命周期的无短板的 BIM 能力，实现了 BIM 技术国产自主的突破。在物联网技术方面，平台提供国产自主的工业级工程物联网能力，具备亿级时序数据处理和 90 多个大类的建筑设备接入能力，拥有 300 多家合作伙伴生态，经过了 7 万多行业设备的使用验证，解决了建筑业设备品类多、复杂性高、实施交付困难的问题。在行业 AI 方面，平台将 AI 技术与行业场景深度结合，提供 1000 多个行业数据模型和 80 多个智能应用场景，具备 PB 级分布式数据存储能力，让 AI 成为建筑业高质量发展的真正生产力。在云计算技术方面，平台构建了云中立适配能力，实现了一套代码可以多云部署，多种环境能够一键切换，让业务不再受底层技术平台束缚，解决了技术升级成本高，数据安全风险大的问题，为建筑业安全可控的持续发展提供了基础保障。

参 考 文 献

[1] 袁正刚, 杨懿梅. 系统性数字化: 建筑企业数字化转型的破局之道 [M]. 北京: 机械工业出版社, 2023.

［2］汪光焘，单肖年，张华，等. 数字化转型下的城市交通治理［J］. 城市交通，2022，20（1）：1－9.

［3］林涛，丘建栋，屈新明，等. 基于 CIM 平台的数字化交通规划设计探索——以深研云（SuTPC）平台为例［J］. 城市交通，2023，21（1）：33－40.

［4］张天然，朱春节，王波，等. 上海市交通规划大数据平台建设与应用［J］. 城市交通，2023，21（1）：9－16.

［5］张福勇，樊嘉聪，俞斌. 珠海市交通基础数据平台建设实践［J］. 城市交通，2023，21（1）：26－32.

［6］王永海，王宏伟，于静，等. 城市信息模型（CIM）平台关键技术研究与应用［J］. 建设科技，2022，448（7）：62－66.

［7］郑猛，佘世英，曾浩，等. 大城市交通出行链模型发展路径辨识——以武汉为例［J］. 交通工程，2022，22（2）：21－30.

［8］李香静，刘向龙，刘好德，等. 我国城市交通规划模型研究应用现状及发展趋势［J］. 交通运输研究，2016，2（4）：29－37.

［9］郑猛，张晓东. 北京城市交通规划模型发展历史、现状及趋势［C］//上海市城市综合交通规划研究所. 城市交通模型技术与应用：城市交通模型研讨会. 上海：同济大学出版社，2007.

［10］陆锡明，陈必壮，董志国. 上海综合交通模型体系研究［C］//上海市城市综合交通规划研究所. 城市交通模型技术与应用：城市交通模型研讨会. 上海：同济大学出版社，2007.

［11］贺崇明，马小毅. 基于 GIS 的广州市交通规划模型的特点与发展［C］//上海市城市综合交通规划研究所. 城市交通模型技术与应用：城市交通模型研讨会. 上海：同济大学出版社，2007.

［12］吴祥国，张丹扬，王澜凯，等. 重庆市主城区综合交通模型重构实证研究［C］//中国城市规划学会城市交通规划学术委员会. 创新驱动与智慧发展——2018 年中国城市交通规划年会论文集. 重庆市交通规划研究院，2018.

［13］邹哲，蒋寅，朱海明，等. 天津市综合交通模型框架及关键技术探索［J］. 城市交通，2013，11（5）：28－36.

［14］吴祥国，余清星，韦翀. 大数据背景下重庆市综合交通模型维护升级［J］. 城市交通，2016，14（2）：51－58.

［15］陈先龙. 中国城市交通模型现状问题探讨［J］. 城市交通，2016，14（2）：17－21.

［16］吴祥国，于海勇，余梓冬，等. 一种道路交通流量预测方法、系统、介质及设备：中国，ZL202010448387.2［P］. 2021－07－27.

［17］周涛，唐小勇. 城市交通大数据挖掘与应用实践［M］. 上海：同济大学出版社，2022.

［18］吴祥国. 基于公交 IC 卡和 GPS 数据的居民公交出行 OD 矩阵推导与应用［D］. 济南：山东大学，2011.

第 4 章　智慧城市轨道交通建设管理

2006 年 2 月，国务院在《国家中长期科学和技术发展规划纲要（2006—2020 年）》中首次将"智能交通"作为全国性战略目标。2017 年 2 月，国务院印发《"十三五"现代综合交通运输体系发展规划》，其中明确指出"促进交通产业智能化变革，实现基础设施和载运工具数字化、网络化，运营运行智能化"。2019 年 9 月，中共中央、国务院发布《交通强国建设纲要》，其中明确提出大力发展智慧交通。2020 年 3 月，中国城市轨道交通协会发布了《中国城市轨道交通智慧城轨发展纲要》，提出了"交通强国，城轨担当"的使命感，从行业层面对智慧城轨建设的发展战略、建设目标、重点任务、实施路径、体制机制和保障措施等进行了统筹规划和顶层设计，为城轨行业的智慧发展提供了指导。

4.1　智慧轨道交通的内涵与理解

4.1.1　智慧轨道交通的特征与定义

智慧轨道交通源于 IBM 提出的"智慧地球"和"智慧城市"，此后陆续衍生出智慧交通、智慧医疗、智慧社区、智慧建筑等概念。智慧轨道交通从根本上是"智慧"与"城市轨道交通"的有机融合。所谓"智慧"，本意是指人辨析判断和发明创造的能力，包括感知、理解、分析、判断、决定等，对"物"而言是使其具备类似于人类的智谋和能力。城市轨道交通是一种相对独立、封闭且自成体系的有轨交通系统，其按设计能力正常运行，在完成运输乘客任务的同时，还提供安全、快捷、舒适的服务。

智能是智慧轨道交通智慧能力的体现，也是评估应用系统智能程度的标准。智慧城市交通的智能特征体现为自主感知、分析诊断、自主决策、精准执行和自我学习等 5 种智慧能力。

（1）自主感知。在对地铁管理资源进行数字化的基础上，利用物联网、信息通信等技术，形成可交换的人机界面，全面、主动反映业务运行状况。

（2）分析诊断。规则化、程序化、软件化管理活动，实时分析运行数据，对业务运行状况进行分析、诊断、判别。

（3）自主决策。利用云计算、大数据、人工智能等新一代技术手段，进行数据分析、建模，选择最佳执行策略。

（4）精准执行。实现装备之间、装备与控制系统之间、业务系统与控制系统之间相互联动，完成最佳策略的执行落实。

（5）自我学习。用机器学习、深度学习等手段，不断训练、应用和创造知识，实现自我提升。

智慧轨道交通不是一个新建的系统，而是通过引入或研发新技术，在建设、运营、维护、服务及资源开发等多个领域，结合业务特点与场景，对既有业务进行智慧化赋能，实现决策能力、执行能力和服务质量的提升。就这个角度而言，"智慧轨道交通"是指将物联网、大数据、云计算及人工智能等新一代信息技术同城市轨道交通建设、运营、维护、开发和服务等生产活动的环节融合，具有自主感知、分析诊断、自主决策、精准执行和自我学习等功能的城市轨道交通系统。

4.1.2　智慧轨道交通的总体目标

以习近平新时代中国特色社会主义思想为指导，贯彻落实国家社会主义现代化强国建设和《交通强国建设纲要》的战略部署，以"创新、协调、绿色、开放、共享"的发展理念，坚持以人民为中心，坚持世界眼光、中国特色的战略思维，坚持自主创新、安全可控的技术路线，按照统筹规划、目标导向的总体要求，以新兴信息技术与城轨交通深度融合为主线，推进城轨信息化，发展智能系统，建设智慧城轨，实现城轨交通由高速度发展向高质量发展的跨越，助推交通强国的崛起。

《中国城市轨道交通智慧城轨发展纲要》中明确提出总体目标主要包括以下两步：

第一步：2025年，中国式智慧城轨特色基本形成，跻身世界先进智慧城轨国家行列。

实现的总体目标是：中国城轨行业的信息化、智能化、智慧化水平进入世界先进行列，重点智能化关键核心技术得到应用，智能化产业初具规模。一是智能服务设施和智慧服务手段广泛应用，乘客满意度明显提高。二是智能运输组织水平显著提高，运输效率进入世界先进行列。三是全行业能源系统初步建立绿色建设运维体系，节能率普遍提高，进入国际先进行列。四是自主化列车全自动运行系统成熟完善并大面积推广应用，互联互通取得重大突破，具有自主知识产权的全自动运行系统开始进入国际市场。五是自主化的技术装备研发制造能力大幅提升，部分关键核心技术进入世界先进行列，LTE－M综合承载广泛应用，5G＋取得实质性的推广应用，通信技术进入世界领先行列。六是智能线桥隧技术管理体系建立，基础设施的数字化和智能化达到世界先进水平。七是建立完善的全生命周期智能运维体系，车辆、能源装备及信号等专业系统实现普遍应用，运营维护和安全保障水平跻身世界先进行列。八是健全网络级管理平台，发挥网络层级功能优势，企业网络化管理体系初步建立，运营效率、管理能力达到国际先进水平。九是中国标准的城轨云和大数据平台建设初具规模，和世界新兴信息技术同步应用。十是智慧城轨技术标准体系基本形成，部分关键技术标准走向世界。

第二步：2035 年，进入世界先进智慧城轨国家前列，中国式智慧城轨乘势领跑发展潮流。

实现的总体目标是：中国城轨行业的智能化水平世界领先，自主创新能力全面形成，建成全球领先的智慧城轨技术体系和产业链。一是建成世界领先的智慧乘客服务体系，乘客出行便捷、舒适、畅行。二是智能运输组织能力显著增强，运输效率进入世界先进前列。三是全行业绿色建设运维体系更加完善并取得显著成效，普遍采用绿色能源技术，全行业能源系统节能率大幅提高，达到世界领先水平。四是区域全自动、互联互通列车运行系统广泛应用，智能全自动运行系统关键核心技术进入世界前列。五是自主技术创新创优能力强盛，拥有世界著名自主品牌，主要关键核心技术装备达到世界领先水平。六是基础设施资源集约共享，数字化、全生命周期应用水平大幅度提高，关键技术应用进入世界领先行列。七是智能运维安全保障体系健全完善，全行业运营安全和设备保障等指标达到世界领先水平。八是持续完善网络管理体系和平台，企业网络化管理体系健全完善，运营安全、服务品质、综合效益和网络化管理水平跨入世界前列。九是城轨云与大数据平台实现行业全覆盖、应用业务全覆盖，以城轨云为标志的新一代信息技术应用进入世界领先行列。十是自主化智慧城轨技术标准体系完备，关键技术标准纳入国际标准序列，形成以智慧城轨系列规范引领城轨行业的态势，总体水平处于国际引领地位。

4.2　智慧轨道交通典型建设管理需求

4.2.1　智慧轨道交通安全风险管控需求

1. 现状分析

城市轨道交通工程安全风险是指潜在发生事故的工程自身（如基坑工程、盾构区间工程、浅埋暗挖（区间）工程及其附属设施等工程）及在其影响范围内的周边环境（如周边建（构）筑物、道路、管线等）的复杂工程集合体，它反映一个工程由于工程施工和地质、环境相互影响、相互作用的复杂风险关系。

城市轨道交通安全隐患是指违反城市轨道交通相关法律、法规、规章、标准、规程和安全管理制度的规定或因工程技术措施不足、安全管理不到位等其他因素，存在可能导致物体打击、坍塌、施工机具伤害等安全事故，或隧道不均匀沉降、耐久性差等物的不安全状态、人的不安全行为和管理上的缺陷。

双重预防机制是构筑防范事故的两道防火墙：第一道是管风险，以安全风险辨识和管控为基础，从源头上系统辨识风险、分级管控风险；第二道是治隐患，以隐患排查和治理为手段，排查风险管控过程中出现的缺失和失效环节。坚持风险预控、关口前移，全面推行安全风险分级管控，进一步强化隐患排查治理，推进事故预防工作科学化、信息化、标准化，实现把风险控制在隐患形成之前、把隐患消灭在事故前面。

城市轨道交通建设工程施工安全风险管理应包括风险分级管控和隐患排查治理，即包含风险界定、风险辨识、风险分析、风险评价、风险控制、隐患排查、隐患治理等。在管控过程中应坚持全主体参与、全因素识别、全过程管控、全岗位排查、全阶段衔接工作原则，构建安全风险常态化自辨自控、事故隐患常态化自查自治，风险分级管控与隐患排查治理一体化的工作机制。

（1）全主体参与。城市轨道交通工程安全风险管理涉及勘察、设计、施工、监理及建设单位，建设单位应负责构建全过程安全风险管理体系（含风险分级管控体系和隐患排查治理体系），对相关各方的风险分级管控和隐患排查治理工作进行组织协调和履约考核。咨询单位应按规定为城市轨道交通工程建设风险管控和隐患排查治理提供全过程咨询服务，对咨询成果的科学合理承担相应责任。

设计单位为城市轨道交通工程设计工作风险管控的责任主体，按规定在设计阶段对安全风险进行辨识、分析，制订相应的设计措施，并在工程建设全过程进行风险跟踪。

施工单位为城市轨道交通工程施工阶段风险管控和隐患排查治理的责任主体，按规定在施工阶段对风险进行深入辨识、分析和动态管控，对隐患进行常态化排查，并及时治理消除隐患。

监理单位应按规定对施工单位的风险管控和隐患排查治理工作进行监理，并承担监理责任。

第三方监测等专业机构应按规定为城市轨道交通工程安全风险管理提供专项服务，对服务成果的真实性、及时性承担相应责任。

勘察、周边环境调查单位应按规定为城市轨道交通工程安全风险管理分别提供真实可靠的地质资料、周边环境调查资料，对地质风险、周边环境风险进行分析，对提供的成果承担相应责任。

（2）全因素识别。城市轨道交通工程安全风险及隐患辨识应遵循全因素识别的原则，对工程自身、周边环境、不良地质、自然灾害、施工作业等安全风险进行全面识别，对施工作业工序中的安全隐患进行全面辨识，制订安全风险辨识清单及安全隐患排查清单。

（3）全过程管控。施工安全风险管理应贯穿施工准备期及整个施工过程，制订风险及隐患清单，对现场进行核查，完成施工方案编制与审查，在施工过程中进行风险提示与隐患告知，并利用监测、巡视及监控等手段进行安全状态评价，及时预警并制订应急方案，对整个施工过程进行全方位安全管控。

（4）全岗位排查。建设、施工及监理单位应建立健全风险管控和隐患排查治理岗位责任制，明确各级、各部门、各岗位的风险管控和隐患排查治理责任、工作程序，构建风险分级管控与隐患排查治理相融合、常态化的"自辨自控，自查自治"一体化工作机制。

（5）全阶段衔接。城市轨道交通工程主要涉及基坑工程、桥梁工程及盾构工程，针对各工法工程，以重点工序为单元，依据规范、图纸、方案等技术文件，制订技术风险管控要点，使各阶段风险管控流畅衔接，整体风险可控。

基坑工程主要包括围护结构、开挖支护、主体结构施工等阶段；盾构工程主要包括盾构始发、盾构掘进、盾构接收、联络通道施工等阶段；桥梁工程主要包括梁体预制、预制 U 梁架设、支架现浇连续梁、预制节段梁悬臂拼装、顶帽施工等阶段。

2. 安全风险管控典型业务需求

（1）风险监控。

1）安全风险动态跟踪管理。安全风险动态跟踪管理是轨道交通安全建设管理的重要组成部分，它要求企业对潜在风险源进行持续的识别、评估、监控、预警和应急处理，以确保生产过程中的安全稳定。具体到智慧轨道交通建设管理过程中，它要求能够支持对各类风险工程的快速归类与筛选，包括自身风险、环境风险等；支持上传危大工程的专项施工方案、专家论证报告、方案审查意见，上传关键节点的条件核查资料可实现安全风险清单的动态更新，实现对不同等级风险状态统计分析，结合进度对风险源进行动态跟踪；风险工程需关联监测数据、巡视、视频监控等信息，能够根据现场风险的实际情况，实现风险预测功能，提前自动发布风险提示，如图 4-1 所示。

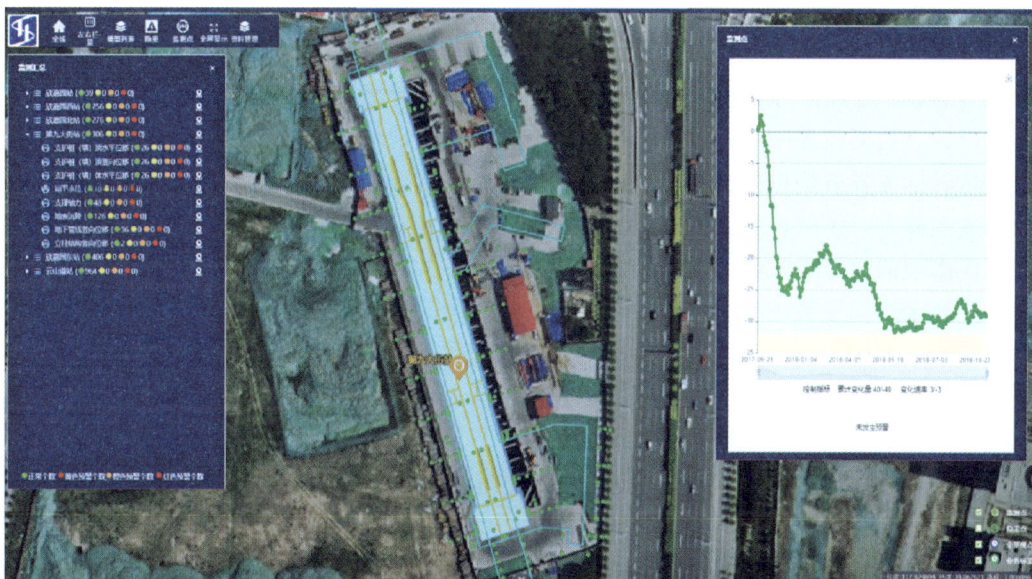

图 4-1　安全风险管控动态跟踪管理

2）视频监控。当前，基于物联网、互联网的视频监控技术在智慧工地中已经得到了广泛应用。通过视频监控可以实时掌握工地施工进展，观察大环境以及施工单位是否按要求施工等情况。管理人员通过远程方式可以预判工地现场的不安全因素，从而及时采取应对措施，防止事态进一步恶化。此外，视频监控设备还可以保存施工过程影像资料，供后期存档备查，作为安全突发事件的影像记载，为施救工作提供莫大帮助。在城市轨道交通建设过程中，应充分利用视频监控技术实现对施工现场监控分中心、各车站、区间、联络通道施工现场主要作业面的实时视频监控，在应急状态下应能够支持使用无人机航拍并通过实时通过移动网络上传视频，方便管理人员应急指挥。

3）监测数据。城市轨道交通建设过程中，位移、沉降等监测数据能够反映地面沉降、地面变形、基坑支护结构变形等信息，对于安全风险管控具有重要作用。基坑监测主要包括围护结构水平位移、支撑轴力、地面沉降、建筑物和管线变形、立柱隆起等数据。盾构区间监测主要为地面沉降、穿越建筑物沉降等数据，联络通道施工隧道沉降监测数据。其他监测主要包括地下管线、建（构）筑物沉降等环境监测数据。通过对基坑、盾构区间、管线等监测数据的实时分析和处理，可以及时发现潜在的安全隐患，并采取相应的措施进行防控，确保施工安全。监测数据的获取既要包括自动化设备实时获取的监测数据也要包括人工监测的数据。针对监测数据，需要以图形可视化的形式进行实时展示和查询，并能根据监测控制值和预警标准，自动发布监测点预警信息。通过实时收集和处理各类监测数据，以便及时施工过程中的变化情况，保证施工安全，降低施工风险。

4）盾构机数据实时监控。盾构机作为隧道掘进的主要设备，其运行状态直接影响隧道施工的安全和效率。盾构机在隧道施工中面临多种复杂环境，如地质条件变化、地下水等，实时监控管理有助于及时发现潜在的安全隐患，确保施工安全。同时通过对盾构机数据的实时监控和分析，可以优化施工参数，提高施工质量，减少因施工不当导致的质量问题。因此，对盾构机数据的实时监控管理具有极高的需求。针对盾构机的实时监控应建立数据监控中心，并且监控中心应与各工点现场的传输连接通道，保证能够同步采集各标段各盾构机的掘进速度、土仓压力、盾构姿态、注浆压力、注浆量等实时参数以便能够及时了解设备的运行状态，保证施工安全；通过对数据的实时监控与分析，对可能出现的故障及时进行预警和预防，减少设备故障对施工的影响；以图形化、集成化方式显示盾构参数、地质信息、监测数据的信息，根据实时采集的盾构当前掘进环数动态显示当前地质情况、盾构与建筑物的相对位置，在 GIS 地图中显示盾构机位置、安全状态，对穿越建筑物情况进行预先提示，提前规避、控制风险，保证施工安全。盾构监控如图 4-2 所示。

5）联络通道冻结数据实时监控。联络通道冻结数据的实时监控是确保隧道施工安全、高效进行的关键环节。通过对冻结数据的实时监控，施工人员可以及时了解冻结帷幕的形成情况、温度分布、冻结速率等关键参数，从而调整冻结工艺，确保冻结效果达到设计要求。针对联络通道冻结数据，应建立监控中心与各工点现场的传输连接通道，保证能够实时采集各标段各联络通道冻结施工中的盐水温度、土体温度等数据，以便及时推算冻结帷幕厚度，保证施工质量。联络通道数据监控如图 4-3 所示。

（2）安全隐患管控。施工现场存在着多种多样的安全隐患，如高空坠物、电气事故、机械设备故障等，这些隐患严重威胁着工人的生命安全和项目的顺利进行。安全隐患的存在可能导致施工进度受阻、质量下降，甚至引发重大事故，造成不可估量的损失。当前，利用信息化等手段对安全隐患进行及时、有效的管控，是确保施工现场安全稳定运行的迫切需求，也是智慧轨道交通安全风险管控的需求。安全隐患管控主要体现在以下几个方面：

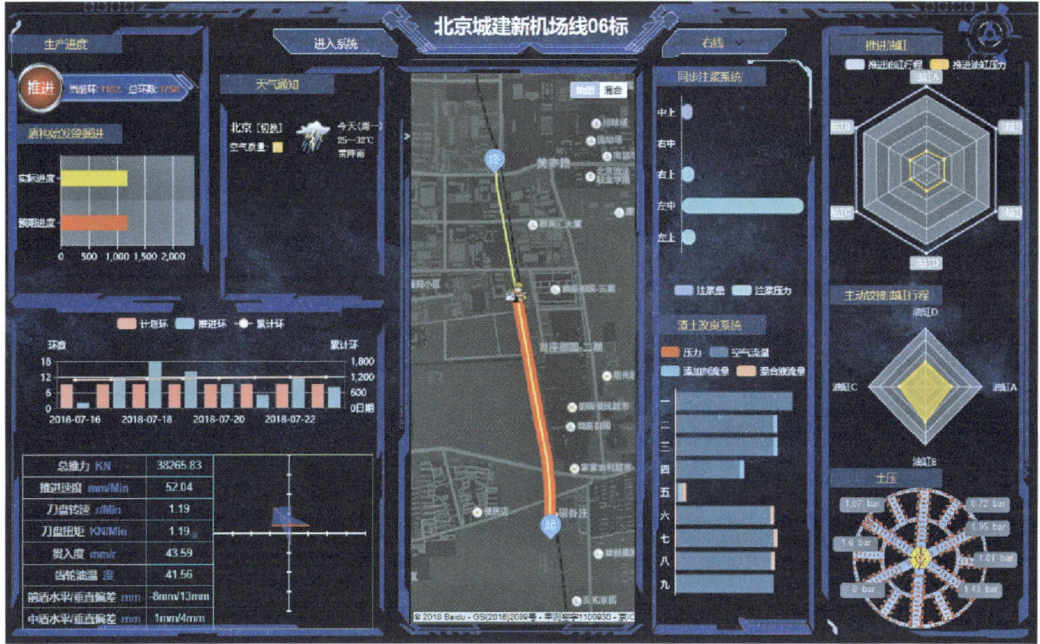

图 4 – 2　盾构监控

图 4 – 3　联络通道数据监控

1）隐患上报。开发 App 软件，支持员工对发现的隐患进行实时在线填报，包括隐患类型、位置、排查时间、属地部门、隐患内容、图片，并填写可能导致的后果；支持施工专项问题的隐患上报，包括既有线路施工问题、新建线路与既有线交叉问题等；支持新隐患的填报入库、现场已整改隐患的快速闭环登记功能，便于现场灵活运用。

2）隐患定性。在利用信息化进行隐患管控时，相关人员可对提报的安全隐患进行进一步审核定性，包括确定隐患等级、划分隐患类型、选择责任单位、责任人岗位或责任人，并可关联相应的隐患抄送人员，保证该项安全隐患的整改过程将对所有干系人进行开放查阅。在隐患审批通过后,应依据填报内容自动输出隐患整改通知单并进行下发,保证安全隐患相关干系人应收到隐患整改通知。

3)隐患整改治理。应保证实现安全隐患整改的全流程跟踪,保证中间过程的可追溯,责任单位可通过系统随时回复、反馈安全隐患整改进度。系统应同时实现图文消息的有效分类和保存,具体整改进度信息包括治理方案、整改措施、整改图片等,隐患整改治理审批过程全部留痕记录。隐患整改界面如图4-4所示。

图4-4　隐患整改

4)隐患复查审核。隐患复查审核是确保安全隐患得到有效整改和防范的重要环节。在隐患整改治理完成后,应对治理结果进行复查审核,复查人在对隐患进行复查确定无误后,复查审核通过,隐患即完成闭环操作,以此确保安全隐患得到了及时处理。

5)统计分析。安全隐患统计分析有助于企业全面、系统地识别生产过程中存在的各类安全风险。通过对历史隐患数据的整理和分析,企业可以清晰地了解隐患的分布、类型、发生频率以及严重程度,进而识别出关键风险点和薄弱环节。同时安全隐患统计分析也为制订针对性的预防措施提供了科学依据。企业可以根据分析结果,针对不同类型和级别的隐患,制订相应的预防策略和控制措施。这不仅可以提高预防措施的有效性和针对性,还能避免资源的浪费和成本的增加。针对安全隐患统计分析应该利用柱状图、折线图、饼图等图表形式直观地展示隐患的数量、类型、分布等统计信息,以便于决策者快速了解隐患的整体情况;此外应建立隐患数据库,对隐患数据进行系统化管理。数据库应包括隐患的基本信息、发生原因、整改措施等内容,便于企业随时查询和调用,同时为其他项目提供参考。

6)隐患可视化管理。针对隐患可视化,应利用地图直观展示安全隐患的具体位置,使相关人员能够迅速了解风险点的分布情况。相较于传统文字描述,以地图展示隐患位置更为直观,便于理解和记忆,同时,地图展示的方式也便于快速查找和定位隐患点。

(3)应急管理。地铁施工往往涉及大量的施工人员、复杂的施工技术和设备,施工环境复杂，存在多种安全隐患，一旦发生事故，可能造成严重的人员伤亡和财产损失。制定和实施科学有效的应急管理办法，可以显著降低事故的危害程度，减少人员伤亡和财产损失。针对应急管理方面的需求，主要体现在以下三个方面：

1）应急预案管理。建立应急预案数据库，实现对应急预案的数字化和结构化管理。应将各项应急预案处置标准流程电子化入库，具体落实为基于应急处置所需的基础管理事项进行对应管理配置，包括组织架构及人员信息、线路情况、地理信息、事件类型、事件等级、应急区域划分、应急人员标签、应急预案内容、应急资源、应急处置要点、处置时间限制、注意事项、人员班表、人员定位、应急值守等基础信息的建立与维护，以便当突发事件发生时能够根据相关信息及时调用应急预案。

2）应急资源管理。在突发事件发生时，需要有足够的应急物资和设备来支持救援和处置工作。建立健全的应急物资储备和调用机制，可以确保应急物资储备在需要时能够及时、有效地调用。因此应建立应急物资和应急装备等应急资源的信息管理系统，建立应急资源管理数据库，并保证数据库定期更新。以可视化地图的形式展示应急物资和应急装备的数量、位置、状态等信息及属地应急管理部门、消防、公安等外部联动单位信息。管理系统同时应支持查询应急物资的名称和位置、值守人员名称和联系方式，根据需要向应急物资管理部门发布调用信息，实现一键调用功能。支持应急资源调动跟踪，通过绑定应急物资应急装备与应急人员的方式获取应急资源调动轨迹，并实现线路图可视化。

3）应急指挥。在突发事件发生的第一时间，应急指挥系统应能够根据突发事件的性质、规模和影响范围，调动附近的救援力量和物资资源，实现资源的优化配置和高效利用。同时，系统还应能够实时跟踪资源的使用情况，及时调整资源分配，确保资源的充足性和有效性。地铁施工涉及多个部门和单位，智慧化的应急指挥系统应能够实现各部门之间的信息共享和协同作战，能够实现远程视频会商、专家远程调度指挥，通过打破信息壁垒，实现信息的实时传递和共享，可以提高各部门的应急响应速度和效率，形成合力应对突发事件。

3. 应用价值

智慧轨道交通建设安全风险管控的应用价值主要体现在以下几个方面：

（1）智慧轨道交通安全风险管控有助于确保轨道交通建设项目的顺利进行。通过对建设过程中的潜在风险进行识别、评估和控制，可以有效地预防和控制事故的发生，避免工程延期和成本超支，保障建设项目的顺利推进。

（2）智慧轨道交通安全风险管控对于提升轨道交通系统整体的安全性和可靠性至关重要。通过对各个关键环节的风险管理，可以减少因设计缺陷、施工质量问题或设备故障等导致的安全事故，提高轨道交通系统的稳定性和可靠性，保障乘客的出行安全。

（3）智慧轨道交通安全风险管控能够提升轨道交通行业的整体管理水平。通过对安全风险管控的研究和实践，可以形成一套科学、有效的管理方法和流程，推动轨道交通行业的管理创新和技术进步，提升整个行业的竞争力和可持续发展能力。

（4）智慧轨道交通安全风险管控的应用有助于提高社会经济效益。通过减少安全事故的发生，可以降低因事故造成的经济损失和社会影响，同时提高轨道交通系统的运行效率和服务质量，为乘客提供更加便捷、舒适的出行体验，促进城市的经济社会发展。

（5）智慧轨道交通安全风险管控有助于实现全方位、实时性的安全监控。通过利用先进的技术手段，如物联网、大数据、人工智能等，可以实现对轨道交通建设全过程的实时监控和数据分析，及时发现潜在的安全风险，并采取有效的措施进行预防和控制。

（6）智慧轨道交通安全风险管控能够提高安全管理的效率和准确性。传统的安全管理方式往往依赖于人工巡检和经验判断，难以做到全面和精准。而智慧轨道交通系统通过自动化、智能化的监控和分析，能够实现对安全风险的快速识别、定位和处理，大大提高了安全管理的效率和准确性。

（7）智慧轨道交通安全风险管控还有助于提升轨道交通行业的整体安全水平。通过推广和应用智慧轨道交通系统的安全风险管控技术，可以促进整个轨道交通行业在安全管理方面的技术创新和进步，推动行业向更加安全、可靠的方向发展。

（8）智慧轨道交通安全风险管控还能够提升乘客的出行体验和满意度。通过减少安全事故的发生，提高轨道交通系统的稳定性和可靠性，可以为乘客提供更加安全、舒适、便捷的出行服务，提升乘客对轨道交通系统的信任和满意度。

综上所述，轨道交通建设安全风险管控的应用价值体现在保障建设项目顺利进行、提升轨道交通系统安全性和可靠性、推动行业管理创新和技术进步以及提高社会经济效益等多个方面。因此，在轨道交通建设和运营过程中，应高度重视安全风险管控的应用和实践。

4.2.2 智慧工地建设需求

城市轨道交通建设项目普遍存在安全事故频发、项目建设管理粗放的问题，如何有效管理施工现场、有效保障施工安全等引发全行业的思考，这也为项目全流程精细化管理（即智慧工地）的发展确立了目标。2020 年，住房和城乡建设部、国家发展改革委、科技部等 13 部门联合印发了《关于推动智能建造与建筑工业化协同发展的指导意见》，指出要以数字化、智能化升级为动力，创新突破相关核心技术，加大智能建造在工程建设各环节的应用。2021 年，山东省住房和城乡建设厅研究制定了《全省房屋建筑和市政工程智慧工地建设指导意见》，明确智慧工地建设的指导思想。因此，搭建智慧工地信息化集成管理系统，对于助力城市轨道交通行业工程项目实现全方位、全过程、一体化的高效管理，以及推动我国建筑行业信息化全面升级，具有重大意义。

1. 现状分析

（1）施工管理问题。目前，在施工工程管理中普遍存在以下问题：

1）人员管理。施工队伍流动性大，现场人员随意进出；工人身份难以验证；工人出勤缺乏电子记录，施工涉及面比较广，对人员的活动范围比较难以控制。工人基数大，针对特殊形势无法统一管控。

2）设备管理。现场施工设备众多，无法集中进行管控。施工现场塔吊群协同作业过程中存在交叉作业，容易发生碰撞事故，而塔司视线易受到阻碍，无法对碰撞提前感知及判断。

3）绿色施工。施工现场的扬尘、噪声、湿度、温度、降水、污水等重要监测工作存在周期长、数据量大的特点，传统方式依靠人工测量，耗费人力，工作效率低，数据精确性和及时性不高。

4）安防布控。现场环境复杂，施工困难，对人员、财产、火源等的监控无法通过传统的巡检实现，对周界、禁行区难以控制。

5）进度管理。现场情况多变，项目施工情况受天气、人员、设备及材料等各项因素影响，无法准确把控项目整体施工进度。

6）物资管理。现场材料繁多，项目施工时无法对各项材料进行准确计算，材料不足时无法及时进行采购。

7）质量管理。工程质量好与坏是一个根本性问题，工程项目建设周期长、投资大，针对质量问题无法流程化管理，不能明确到与问题相关的责任人。

8）安全管理。现场安全问题至关重要，现场安全问题种类多，安全巡检问题无法明确责任人导致安全问题不能及时解决。无法对安全问题进行统一管理。

（2）新型技术进步促进智慧工地发展。国外目前应用到建筑工地管理的技术主要是建筑信息模型（BIM）技术，它可以被认为是对建筑项目在全寿命周期一切信息的一种具有可操作性的直观表达。BIM 的基础是三维数字技术，能有效解决传统信息管理低效的弊端，对于建筑工地的进度控制、成本控制以及信息管理发挥着重要作用。国内对于工程项目的下一步发展主要是利用 BIM、地理信息系统（GIS）、新型物联网、深度学习、云计算和大数据技术来构建统一的管理系统，从端到云多方联动，解决施工企业管理人员困难、远程监管难、监督不落地、实时预警等问题。

物联网技术是通过各种传感技术、各种通信手段，将物体与互联网相连接，以实现远程监视、自动报警、控制、诊断和维护，进而实现"管理、控制、营运"一体化的一种网络，是继互联网之后的第三次革命浪潮。物联网技术可以很好地应用于施工现场管理中，监控现场每一工人、设备、环境；且该技术操作简单、利于推广使用，因此将物联网应用于建筑施工领域具有重大意义。

（3）政府及相关方需求旺盛。政府监管部门及地铁公司建设管理部对工地管理信息化平台系统都有迫切的需求，要求通过工地监管平台的建设，帮助政府监管部门及业主单位有效地解决施工现场事故多发，扬尘噪声污染大，重点部位生产操作过程不规范，隐患未及时消除，无法全方位检查、监管，施工进度、施工质量得不到保障等问题，提高工地的安全生产监管和建筑质量监管水平。平台系统可助力政府监管部门提高监管效率，帮助业主单位提高企业管理水平。同时，工地的人员也存在出勤统计、培训教育等需求。具体来说主要体现在以下几个方面：

1）综合监控系统平台要求。综合运用 BIM、GIS、大数据、智能化、物联网、移动计算、云计算等信息技术，与施工管理过程相融合，实现工地的智慧化监管。通过实时采集工程现场的人员、设备机械、关键施工部位信息及环境信息等，结合项目信息、人员信息、施工方案、图纸方案、地质情况、BIM 模型等知识库、经验库，建设"全要素、全流程、全覆盖"的建设工程综合监控平台。平台可以实时采集分析工程建设全过程中的人、机、料、法、环等各要素数据，并进行直观、动态、综合、统一的可视化展示，进而实现数据交互与共享，为监测预警、动态监管提供数据支撑，为科学决策提供可靠依据，提高管理人员的应急指挥决策能力。

2）工地感知层建设要求。构建中央、工区和工点级的综合监控指挥中心，包含网络布设、大屏系统、通信设备、多媒体设备、服务器、接口设备、供电设备等。搭建工地的感知层系统，包括实名制、闸机、人机定位、关键设备（盾构机、龙门吊、塔吊、车辆识别）监测、关键部位（高支模、深基坑）监测、环境监测、绿色施工、视频分析等内容。对设备的性能、可靠性和可维护性要满足相应的要求。

3）现场信息化实施应用要求。由传统的施工方式向信息化转变过程中，现场会产生一系列适应性问题，如施工前期信息系统数据的录入、编辑、导出等方面，这就要求现场信息化相关人员辅助现场施工做好信息化转型，指导相关部门和人员掌握信息化系统的应用和信息说明，在不影响正常施工进度的情况下推进现场物联网设备与集成应用系统在施工中的应用。

4）行业建设需求。目前，建筑行业内对智慧工地建设的研究与探索多是基于传统房屋建筑领域，而城市轨道交通行业的施工建设项目与传统房屋建筑工程项目在施工工法、专业设备、安全风险隐患等方面存在显著差异。在施工工法上，地铁线路与车站不仅会采用明挖法施工，同时在特殊环境下还会采用暗挖法等施工操作。因此城市轨道交通行业的智慧工地平台，还应当加强对本行业特有施工工法的信息管理，实现对施工过程的全面掌握和监管。在施工专业设备上，由于地铁施工过程的特殊性，通常会使用到盾构机、龙门吊等大型精密设备，因此对这类大型专业设备状态进行监控与分析也是保障地铁施工建设顺利进行的基础。另外，地铁工程的施工建设通常伴有地域范围广、时间周期长等问题，因此对地质岩土、管道线路等因素进行安全风险隐患监控、现场人员监控及相关设备监管，显得尤为重要。

2. 智慧工地典型业务需求

智慧工地建设是智慧城市轨道交通建设的重要组成部分，其业务功能对城市轨道交通建设的成本、进度、质量等具有重要意义。轨道交通智慧工地的建设业务需求主要体现在以下几个方面：

（1）视频管理。

1）视频监控。视频监控对于工地安全管理的具有重要作用。智慧工地视频监控需要覆盖工地的各个角落，包括施工现场、材料堆放区、人员出入口等关键区域，确保没有监控盲区。通过高清摄像头和智能分析技术，可以实时监测工地上的安全状况，如人员是否佩戴安全帽、是否存在违规操作等，并及时发出预警，提醒管理人员进行处理。其次，通过视频监控能够很好地反映工地施工进度。通过视频监控，管理人员可以实时了解施工现场的进度情况，包括施工进度、作业人员的分布和作业状态等。这有助于管理人员及时调整施工计划，优化资源配置，提高施工效率。视频监控由摄像机、录像机、光纤传输、视频监控服务器、磁盘阵列等组成，通过工地部署有线网络组建的视频监控系统，主要功能一般包括实时监控、云台控制、图像存储、抓图功能、录像回放等，如图4-5所示。

图4-5 视频监控

2）视频分析。随着人工智能识别算法的不断发展，针对工地上的各种异常行为，如人员未佩戴安全帽、违规操作等，应能够通过智能算法自动检测并发出预警，提醒管理人员及时进行处理，从而有效预防安全事故的发生。视频分析如图4-6所示。

图4-6 视频分析

（2）人员管理。智慧工地人员管理是现代工地管理中的重要环节，它利用先进的技术手段，如物联网、云计算、大数据等，实现对工地人员的全面、高效管理。这种管理方式不仅可以提高工地的安全性和生产效率，还能优化资源配置，降低管理成本。人员管理主要应包括实名制管理、考勤管理、薪资管理、安全培训教育、防疫管理、评价管理、人员定位管理，以及相关的预警、数据统计分析等功能，以便实现对工地人员的全面、高效管理。这种管理方式有助于提高工地的安全性和生产效率，降低管理成本，推动工地管理的现代化和智能化，如图4-7所示。

图4-7　人员统计

1）实名制管理。落实人员实名制管理，实现参建各方管理人员、劳务人员的基本身份信息验证与管理。系统结合门禁设备，实现对进入施工现场的人员管控，并分析、记录人员的基本情况，形成年龄、绩效等分布图，这有助于防止闲杂人员进入工地，保障工地的安全。

2）人员履约管理。系统应与各单位的门禁和考勤系统对接，对需要纳入履约管理的人员进行考勤统计分析，并结合相关合同约定，生成人员履约情况报表、人员变更审批表等履约管理流程项，辅助管理人员进行人员履约管理。

3）在线教育培训。应利用VR设备、在线视频教育等多种形式定期为工人提供安全教育和培训，提高他们的安全意识和操作技能，减少工地事故的发生，同时针对将在线培训与考核结果记录在案，形成历史培训档案，供管理人员备案和查阅，保障工人培训效果最大化。

4）人员定位。通过为现场人员配置定位安全帽，现场安装定位基站及定位信标等形式，对人员的行动轨迹进行分析及实时位置显示。通过互联网将数据实时上传至平台，以便管理人员可以实时掌握工人的位置信息，了解他们的分布情况。这有助于管理人员合理安排工作任务，优化资源配置，提高工地的生产效率。

（3）设备管理。

1）塔吊监测。塔吊作为高层建筑施工中的关键起重设备，其安全性直接关系到整个施工工地的安全。在智慧工地建设中，应对项目中的塔式起重机进行信息登记，通过安装在塔机上的各种设备和传感器，获取塔机作业状态的实时数据，通过有线或无线通信，传输到服务器。对获取的实时数据进行相关处理和分析，进行塔机防碰撞预警报警，实现远程实时监控、预警和管理。塔式起重机监测信息应包括幅度、吊重、风速、回转、力矩比、吊钩、安全吊重及运行时间等重要信息，如图4-8所示。

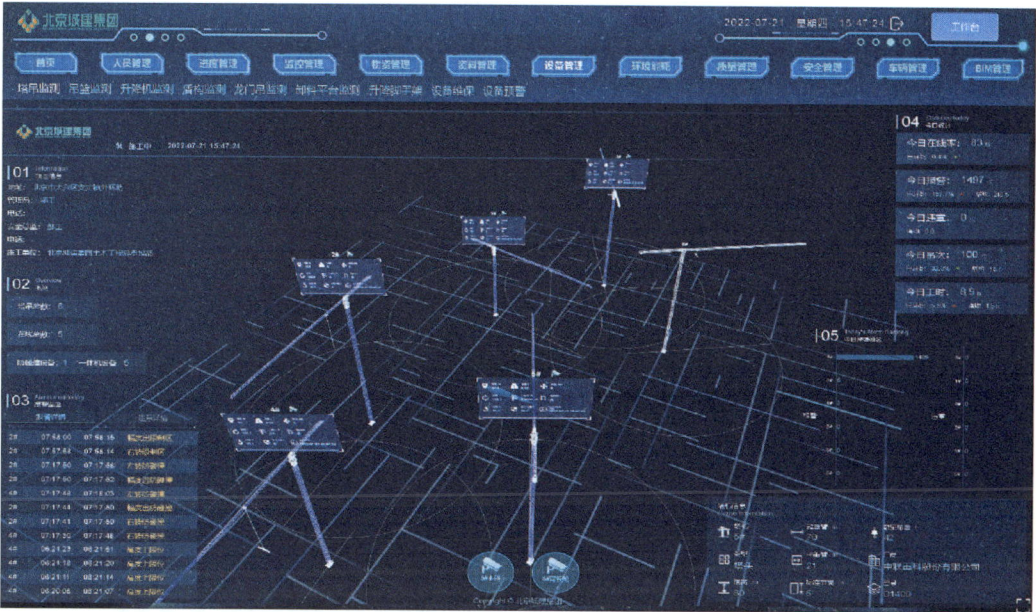

图4-8 塔吊监测

2）升降机监测。升降机监测是智慧工地管理中的重要环节。在智慧工地建设过程中，应对项目中的升降机进行信息登记，并对升降机运行状态进行实时监测，监测信息应包含载重、高度、速度、倾角、人数、前门及后门/天窗等重要信息。智慧工地升降机监测通过实时采集和分析升降机的运行数据，实现对其安全状态的全面监控，预防安全事故的发生，提高施工效率，并为管理和维护提供有力支持。

3）设备预警。针对工地中的多种特种设备，应该建立预警系统。系统通过无线传输技术将采集到的数据实时上传至远程监控中心。在监控中心，管理人员可以实时查看各类设备的运行状态，并通过数据分析，及时发现潜在的安全隐患或异常情况。一旦发现设备发生异常及违章操作时，系统可以立即发出预警或报警信息，提醒管理人员采取相应的措施进行处理。

4）维护保养。对设备进行定期维护保养是确保工地设备正常运行、提高工作效率和保障安全的重要环节。智慧工地的设备，如传感器、摄像头、升降机等，都需要定期地检查和维护。这些设备长时间运行后，可能会出现磨损或故障，因此，需要定期进行清洁、润滑、紧固等工作，确保其处于良好的工作状态。针对施工过程中的各类设备，尤其是特种设备，应对其每次的维护保养及定期检查机型拍照记录，形成历史档案，同时对应进行检查保养的设备进行提醒，超过期限未保养检查的设备进行预警，以便保证设备的正常运行，及时发现潜在的安全隐患。

（4）质量管理。质量管理即在施工过程中，为使工程质量达到设计要求而进的检查、控制和监督。应充分利用项目巡检、智能设备、各类监测设备及质量相关文件等对质量进行把控。

1）质量验收。应对项目各阶段涉及的验收信息进行登记汇总，并将这些信息上传至智慧工地平台进行存储，供备案和查阅。

2）技术交底。应对项目涉及的技术交底文件进行登记汇总，并将这些信息上传至智慧工地平台供相关人员查阅。

3）质量巡检。开发 App 软件，支持员工通过手机 App 对项目施工现场进行巡检，将巡检过程中发现的质量问题及时上报，上报后通知责任人进行整改，整改后由专人进行复核，形成质量巡检问题的闭环管理。同时在智慧工地 Web 端，可以对巡检问题进行统计分析，并允许项目管理人员检索查看问题详情，如图 4-9 所示。

图 4-9　质量巡检

4）质量评价。应对项目各个阶段施工成果进行评价，并将评价结论上传至平台进行存储展示。

5）智能靠尺。运用物联网和云计算技术，对智能靠尺测量的垂直度、水平度及平整度进行采集分析，并在平台进行记录，最终以列表的形式展示到平台。

6）智能角尺。运用物联网和云计算技术，对智能角尺测量的各项数据进行采集，

118

并在平台进行记录，最终以列表的形式展示到平台。

（5）安全管理。施工现场由于高处作业多、露天作业多、体力劳动多、立体交叉作业多等，容易发生伤亡事故，所以施工现场安全至关重要。

1）专项方案。应对项目各阶段涉及的专项方案信息进行登记汇总，并将这些信息上传至智慧工地平台进行存储展示。

2）安全交底。应对进场工人进行各类型的安全交底，并将交底内容及交底人清单上传至智慧工地平台进行存储展示。

3）安全巡检。开发 App 软件，支持工作人员通过手机 App 对项目施工现场进行巡检，巡检过程中发现的安全问题及时上报，上报后通知责任人进行整改，整改后由专人进行复核，形成安全巡检问题的闭环管理。

（6）车辆管理。

1）污染控制。应对项目车辆进行登记，当车辆不满足排放规定时，需加装尾气排放处理设备，加装设备车辆需在平台进行登记。

2）车辆档案。应对项目曲臂作业车、汽车吊、叉车、电动三（四）轮车进行规范化管理，所有车辆进行信息登记，同时，应通过在车辆上安装传感器和定位设备，实时获取车辆的位置、速度、载重等信息，并上传至云端平台进行分析和处理，以便管理人员可以随时随地了解车辆的运行情况，及时发现并解决潜在问题。

（7）环境能耗。

1）环境监测。通过现场安装的环境设备实时将施工现场 PM2.5、PM10、噪声、温度、湿度、风速等数据集成至智慧工地平台，并在平台设置报警阈值，当环境数据超过阈值后平台应能够自动预警，如图 4-10 所示。

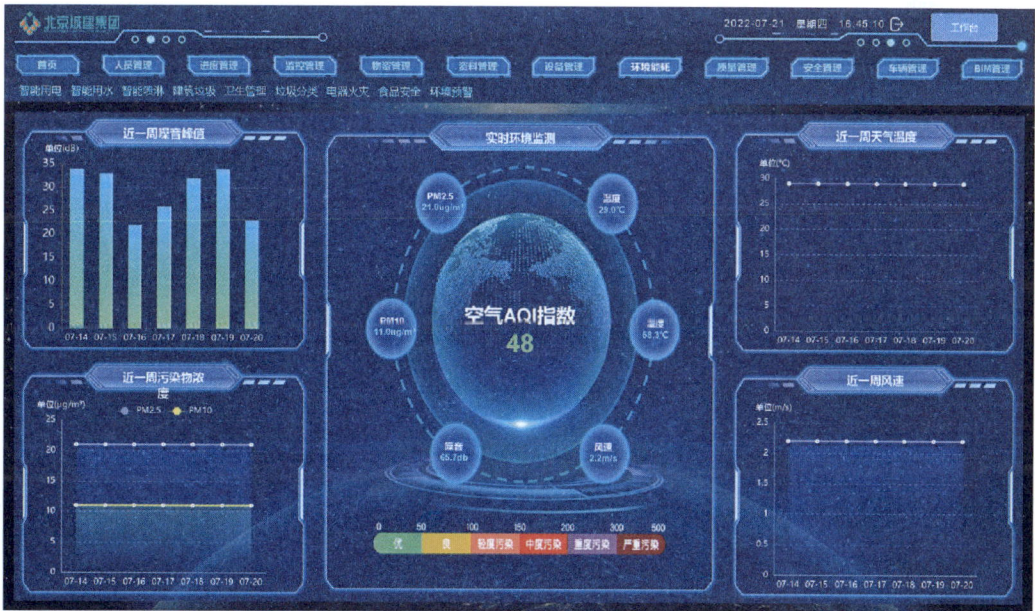

图 4-10 环境监测

2）智能用电。应对项目施工区及办公区电箱实时进行监测，并将电箱状态及用电量信息数据集成至智慧工地平台实时显示，当电箱状态异常时进行实时报警，并通知管理人员及时处理。

3）智能用水。应对项目施工区及办公区用水量实时进行监测，水表状态及用电量信息数据在智慧工地平台进行可视化展示，统计各区域用水量。

4）电气火灾。应对项目重点电箱进行监测，监测电箱内各线路温度，当温度超标时进行及时报警，并通知管理人员及时处理。

（8）BIM 管理。BIM 技术能够实现建筑项目的全生命周期管理。在施工阶段，BIM 技术可以协助施工方进行施工进度管理和协调，实现各个施工环节之间的无缝衔接。应充分利用 BIM 技术进行施工模拟、碰撞检查、质量问题、深化设计、加工生产等。通过 BIM 模型，实现不同部门和企业间的信息共享，形成开放的信息共享体系，从而提高智慧化管理水平，推动企业智慧化发展。

（9）材料跟踪管理。城市轨道交通工程专业多、系统复杂，材料管理也是一项系统性的工程，管理效果直接决定工程质量和服务水平。应充分利用智慧工地等信息化平台对材料供应商选择、材料招标、材料申报、材料使用、材料检验、不合格材料退场等流程进行动态跟踪，实现材料全生命周期严格监管，做到事前可防范、事中可跟踪、事后可追溯，避免因材料不合格导致的质量事故。同时应对站点、区间、基地的物资进行统一化管理，包括物资 BIM 对应、物资信息管理、物资库存管理等。物资与 BIM 的一一对应，实现利用 BIM 对线下物资进行统一的信息化管理，通过物资台账列表可快速定位至 BIM 中的位置，不但可以利用 BIM 的信息化属性对物资信息进行统计及清单式管理，同时利用"BIM + 数据库 + 二维码"技术，实现对线下物资参数信息的扩展及动态编辑，通过各阶段的整合实现资产全生命周期的管理，大大提高物资管理的信息化水平。具体应用需求如下：

1）物料的动态跟踪。项目参建单位通过对物料采购、使用计划、现场跟踪及比对，对构配件、原材料从计量上（采用地磅联动）、质量上进行事先管控，和各参建方联动，及时处置异常信息，保障工程所使用的物料符合设计及相关质量规定。同时施工单位结合物料成本目标，完善施工工艺，提高管理水平，保障了经济效益。

2）物料随时追溯。使用智慧工地管理平台进行管理，在出现材料事故时，只需选择需要查看的构件，便可以调取构件所采用的材料批次、厂商和出厂、验收资料信息，找出质量问题所在，便于追责、持续改进，同时也便于问题材料的及时退场。

（10）智慧沙盘。结合倾斜摄影、BIM、数字沙盘等技术，还原真实的施工场景，起到替代工程实景沙盘的展示效果，同时可将数字沙盘作为信息的载体，利用物联网技术感知前端施工现场各项业务，并将数据同步到数字沙盘中。工程管理人员通过三维数字沙盘"漫游"可以直观了解到施工现场真实环境，如重要风险源建（构）筑物、地质层、周围管线分布、监测点分布、站点基坑、隧道、盾构机等。数字沙盘中任何重要的模型都与施工现场业务流数据保持同步，让工程管理人员不仅能直观看到现场整体场景，还能掌握施工现场的实时变化。当在建线路下穿或上跨运营线路及重要建

（构）筑物时，可实现指挥大厅、工程现场、远程专家联合值守，调用各方技术力量诊断、解决现场问题。

（11）智慧轨行区。城市轨道交通建设铺轨阶段涉及施工专业多、交叉作业多，长达数十公里的隧道内无稳定的通信信号，导致对施工人员、轨道车、机具等要素的监控和管理难度极大。根据城市轨道交通隧道建设的需求，可以建立了轨行区管控系统，实现隧道内无线网络全覆盖、隧道内外语音通信、视频监控、轨道车位置和速度实时监控、轨道车辆及施工区域临近报警、轨道车智能制动等功能。通过虚拟轨行区可直观展示机车位置与速度、施工作业区间、人员位置，实现可视化调度，有效避免人、车、机具相撞，确保轨行区施工安全。

3. 应用价值

智慧工地通过先进信息化技术的综合应用，可实现施工现场关键要素的实时、全面、重点的监督和管理，有效支持了现场工作人员、项目部管理者、企业管理者，乃至行业管理部门项目的管理工作，提高了施工质量、成本和进度的控制水平，保证工程项目成功。智慧工地的应用价值包括以下几个方面。

（1）有效提高现场人员工作效率。施工人员是工程实施的主体，现场的工作人员主要包括技术人员、质量管理人员、施工生产管理人员、材料管理人员、机械操作人员等，还有更多的劳务工人员。现场人员、机械、材料的配置以及场地环境因素等都将影响人员的工作效率，人员的工作效率对工程的质量、进度、成本起着举足轻重的作用。

智慧工地的应用可有效提高现场人员工作效率。这主要表现在几个方面：

1）提高施工组织策划的合理性。通过 BIM 技术实现施工组织模拟，优化施工进度，合理安排工序的流水作业，保证每个施工人员工作量均衡，避免出现人员限制或超负荷工作等影响整体效率的不良状况。

2）合理优化资源配置。人员的工作效率与施工机械、材料等生产资料的合理调配有着直接的关系，机械或材料的不到位或短缺都有可能造成人员的窝工，影响进度。智慧工地的应用可以保证现场材料、设备和场地布置等的有序管理，保证机械设备、材料、场地布置的合理调配。例如通过二维码、智能识别等技术自动清点现场材料数量，保证建筑材料重组充足，同时通过移动协同平台在材料进场之前，及时协调联系各个施工负责人，避免材料过多或过少带来的问题。通过 BIM 场地布置软件优化场地配置，减少二次搬运。

3）提高现场人员的沟通效率。现场很多工作的延迟或问题都是因为相关干系人不能及时沟通和共享信息造成的。智慧工地通过移动应用、移动终端和云计算实现随时随地的沟通，可以与现场人员通过语音、图片和视频，以及与 BIM 模型的对比分析与相关干系人共同解决问题。

（2）有效加强项目现场生产的综合管控能力。项目现场生产的综合管控是指对项目的多个方面，包括进度、成本、质量、安全、人员和环境等进行综合管理和控制。施工现场露天高空作业多，多工种联合作业，人员流动大，是事故隐患多发地段。智慧工地的应用能有效加强现场的管控能力，主要包括以下几个方面。

1）数据管控。从业务数据角度来讲，现场数据是项目管理的基础，智慧工地综合应用定位技术、传感器和识别技术等物联网技术进行现场数据的采集，一方面保证了现场数据的准确性、及时性、有效性，另一方面通过集成监管平台，使得一线生产数据一通到顶，实时呈现在管理人员面前，为管理提供可靠依据。同时，大量的数据积累汇总至集成监管平台，通过数据分析，为科学决策提供依据。例如通过劳务实名制系统准确记录农民工在某个工地的劳动状况，以此作为薪酬的凭证。另外，根据企业和农民工的一贯表现，设立双向的黑名单制度，构成建筑产业此方面的征信记录，就能根本上解决农民工和企业的薪酬纠纷。

2）现场业务管理。通过现场视频监控、安防报警等技术手段建立安全监督网来保证安全生产；通过智能设备提高质量检查的准确性和效率，降低质量和安全事故发生率；通过基于BIM的5D管理，提高进度计划与其他资源计划的协调配套，过程中合理调配施工资源，正确指导生产活动；通过物联网称重、识别、二维码等技术加强对施工材料的管控。例如通过地磅系统精确获取进场材料的重量，消除虚报材料现象，节约成本；通过定位技术、劳务实名制等实现现场人员的精准管理，包括考勤、位置等及时获取，关联安全系统，可对人员进行危险源范围报警等；通过基于BIM的5D管理，对施工过程合同资金、成本进行可视化管理，例如5D中分部分项构件与合同、分包、流水等绑定，精确控制材料领用，实现材料控制。

3）精益管理。精益管理认为材料采购不及时、机械设备不到位、质量安全事故等是造成现场浪费的根源，管理的核心就是减少浪费。智慧工地通过管理和技术能力提升等手段对现场生产全过程每个环节进行监督与管理，及时发现或预测问题，并协同解决，极大地减少了由此带来的进度延迟、质量安全事故、沟通协同不畅等问题，消除了每个环节的浪费，最终提高项目效率与效益。

4.2.3 智慧轨道交通隧道竣工测量需求

1. 现状分析

随着我国经济的快速发展，交通建设迎来一个大的发展期，无论城市轨道交通还是公路、铁路交通运输，都涉及大量的隧道建设。目前，我国轨道交通隧道建设规模已位居世界前列。不同于其他交通方式，城市轨道交通隧道施工、运营一般均在地下封闭环境进行，一旦发生安全事故，后果极其严重，不但会造成设施设备损坏，还会造成乘客伤亡，产生严重的社会危害。2003年7月1日，上海地铁4号线越江隧道区间旁通道工程的施工作业面，因涌入大量水和流沙，引起隧道部分结构损坏、周边地面沉降，造成3栋建筑物严重倾斜，黄浦江防汛墙局部塌陷并发生管涌，直接经济损失达1.5亿元。2006年5月，大理丽江铁路南场岭隧道出口地段发生连续塌方。2008年11月，杭州地铁1号线基坑工地突然坍塌，造成21人失踪或遇难。2019年12月1日，广州11号地铁线施工区域出现地面塌陷，导致3人遇难。有专家分析指出，隧道坍塌事故大多是因为隧道结构长期变形及病害严重导致的。地铁隧道变形量值小，变形不易被察觉，一旦变形引起隧道内壁破裂，将引起连锁反应，对地铁内部、地面及周边建筑物都会产生巨大的影响。因此，为充分了解城市轨道交通隧道施工期、运营期存在的安全隐患，必须采用快速、精准的技术手段进行准确的变形监测，以便及时发现和预报险情。

（1）地铁隧道竣工测量现状。三维激光扫描技术以激光测距为基本原理，可在短时间内采集大量空间信息数据，快速获取被测物体的三维模型。相较于传统测量仪器，三维激光扫描技术具有测量速度快、数据精度高、获取数据完整等优点，目前已广泛应用于地铁、隧道、矿山、桥梁、古建筑测绘等工程测量领域。地铁盾构隧道竣工测量包括隧道轴线平面偏差、高程偏差、椭圆度测量以及纵横断面测量等，以确保隧道衬砌结构、轴线位置、管片位置等符合相关设计要求。

随着科技水平的不断提高，多种新型测绘技术发展迅速，其中激光扫描技术能获得物体表面的大量坐标数据和激光反射率等信息，快速复建物体轮廓，生成物体的灰度或深度图像等，具有速度快、精度高且受天气变化影响小等优势，正逐渐应用到大型工程领域。在地铁隧道投入运营前进行三维激光扫描获得隧道内详细的三维信息，目前已经逐步得到了各地轨道交通管理部门的认可。三维激光扫描一方面可以为运营期的变形观测提供基准资料，另一方面可以对施工期的质量进行合理的评定，便于界定建设和运营期间的相关责任。

移动三维激光扫描系统作为一种新型综合测量技术，已经逐步应用于全国多个城市的城市轨道交通竣工验收测量。

（2）政府及相关方积极推进三维激光扫描技术应用。目前，苏州、武汉、深圳、郑州等各地地铁集团都在积极推动三维激光扫描技术在城市轨道交通测量中的应用，并且已经取得良好成效。同时针对三维激光扫描技术在城市轨道交通中的技术应用，各级政府也正在积极推广应用并制定了相关技术标准。浙江省于 2023 年 7 月 22 日率先发布了地方标准《城市轨道交通工程三维激光扫描技术规范》（DB 33/T 1308—2023），深圳市于 2023 年 11 月 15 日发布了地方标准《隧道与地下工程三维激光扫描测量技术标准》（SJG 144—2023）。标准中详细论述了利用三维激光扫描技术进行城市轨道交通测量的扫描作业流程、注意事项、数据处理以及成果编制、移交等相关内容，规范了三维激光扫描作业技术标准，标准的制定将极大地推进三维激光扫描技术在隧道施工测量中的应用。

2. 隧道竣工测量典型业务需求

以移动三维激光扫描技术所测得的隧道结构病害数据具有数据量大、种类多的特点，因此需要对隧道结构病害数据进行综合管控及数据分析，并可以与地铁运营期所进行的多次隧道结构定期监测数据进行比对分析，以便提供隧道结构健康智慧化管控。地铁隧道移动三维激光扫描数据处理结果数据主要包括：灰度正射影像图、隧道病害监测数据、限界检测数据、水平收敛数据、椭圆度信息、环片错台分析数据等，应对以上各类数据进行汇总展示，最终实现对成果数据的管理、维护与综合对比分析，并在此基础上对整条隧道线路进行隧道结构安全数据分析，主要业务需求点如下：

（1）基础数据管理。基础数据管理需求主要针对地铁隧道三维激光扫描数据处理结果进行管理与维护，主要包括：灰度正射影像图、隧道病害监测数据、限界检测数据、水平收敛数据、椭圆度信息、环片错台分析数据、隧道结构安全数据等数据。详细需求如下：

1）线路扫描期次管理。由于需要对地铁线路进行多次扫描，因此需要对地铁的扫描期次信息进行统一规范管理，包括期次名称、扫描时间、扫描单位、扫描仪器类型等信息，以便后期进行成果质量追溯。

2）异常值检查、报警。在对地铁隧道进行三维激光扫描时，不可避免地存在人、物的遮挡、门洞以及钢环等情况，导致扫描数据出现缺口。针对这类异常值，应进行成果数据的自动检查并进行异常报警处理，将异常数据及其出现的环号、里程做出警示提醒，以便对异常进行补测或者按照相关规定要求进行其他处理。

3）监测预警。根据地铁设计规划方案自定义预警值，当监测数据超限时进行消息提醒。

（2）监测结果展示。隧道结构健康监测结果分为水平收敛统计分析、椭圆度统计分析、病害分析、错台分析、正射影像灰度图查看、界限分析和轨距分析等。

1）水平收敛统计分析。水平收敛是评估地铁隧道结构稳定性的重要指标。隧道环片在水平方向上的收敛情况能够反映隧道结构的变形和位移状况。通过对环片水平收敛的分析，可以及时发现隧道结构是否存在异常变形或潜在的安全隐患，从而采取相应的措施进行修复和加固，确保隧道结构的稳定性和安全性。通过对环片水平收敛的监测和分析，可以评估隧道结构的长期性能表现，同时为运营维护提供数据支持。隧道区间环片多、数据量大，为了直观展示隧道扫描成果数据，针对隧道水平收敛统计分析，应以图表相结合的形式综合展示、统计各车站区间各环号的水平收敛数据。数据应包括环号、里程、椭圆长轴、椭圆短轴、偏转角、水平直径、椭圆度和差值等信息，向管理人员展示环片形变的详细信息；同时应通过柱状、饼状图的方式直观展现区间概况。水平收敛统计页面如图4-11所示。

图4-11　水平收敛统计页面

2）椭圆度统计模块。通过分析环片的椭圆度，可以评估隧道截面的形状变化，从而判断隧道结构是否存在异常或潜在的病害风险。这有助于及时发现隧道结构的变形或损伤，进而采取相应的措施进行修复和加固，从而确保地铁隧道的安全运行。针对隧道椭圆度数据，应以图表相结合的形式综合展示、统计分析各车站区间各环的椭圆度。数据应包括环号、里程、椭圆长轴、椭圆短轴、偏转角、水平直径、椭圆度和差值等信息，以便向管理人员展示椭圆度的详细信息；同时应通过柱状、饼状图的方式直观展现地铁隧道区间椭圆度分布概况，如图 4-12 所示。

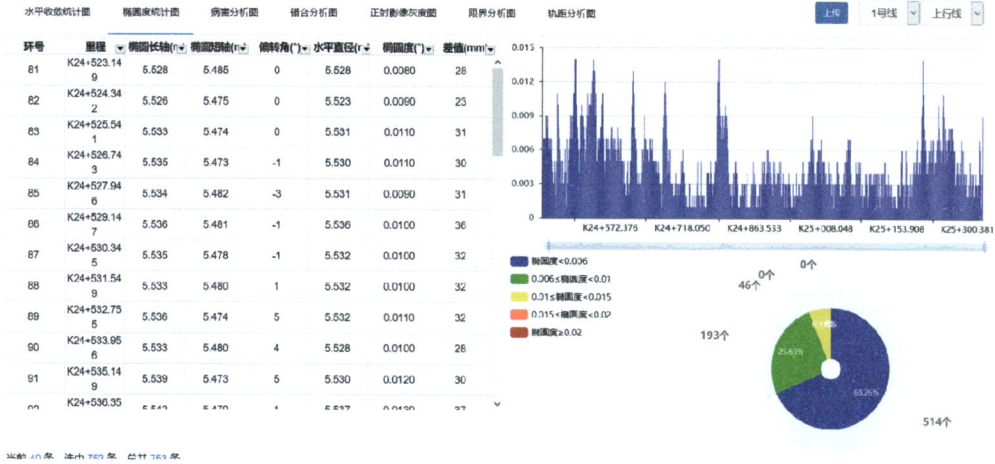

图 4-12　椭圆度统计页面

3）病害统计分析。针对隧道椭圆度统计分析需求，同样应以图表相结合的形式综合展示、统计各车站区间各环的病害数据。表格数据应包括环号、里程、病害类型、角度、渗水面积等信息，向管理人员展示病害的详细信息；同时应通过柱状、饼状图的方式直观展现渗漏水数据统计分析结果，如图 4-13 所示。

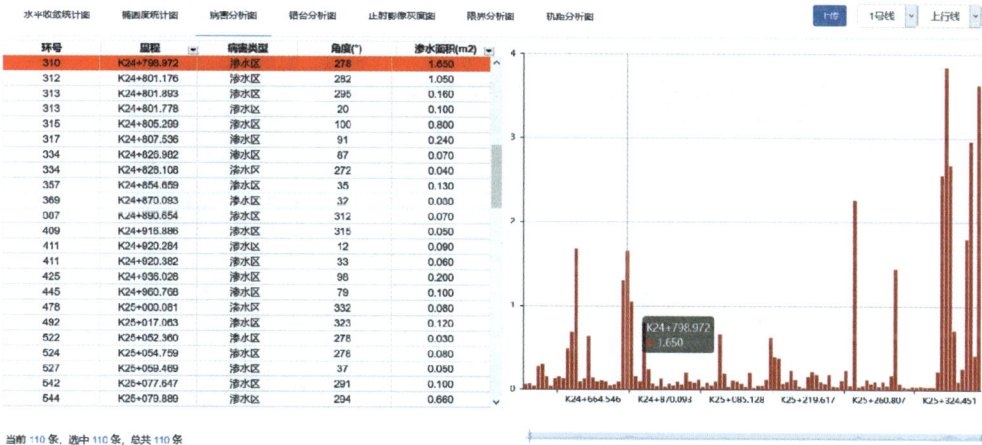

图 4-13　病害分析结果展示页面

4）错台分析统计。错台现象的出现可能预示着隧道结构的变形或损伤，如果不及时进行分析和处理，可能会引发更严重的安全问题，如隧道坍塌、渗漏水等。因此，通过错台分析，可以及时发现潜在的安全隐患，以便管理者采取相应的措施进行修复和加固，确保隧道结构的稳定和安全。针对错台分析，应以图表相结合的形式直观展示错台情况。错台数据应包括错片发生的环号、里程、起止角度、错台弧长和平均错台量等详细信息，同时应通过柱状、饼状图的方式直观展现错台的统计分析结果，为后期治理提供数据依据，如图4-14所示。

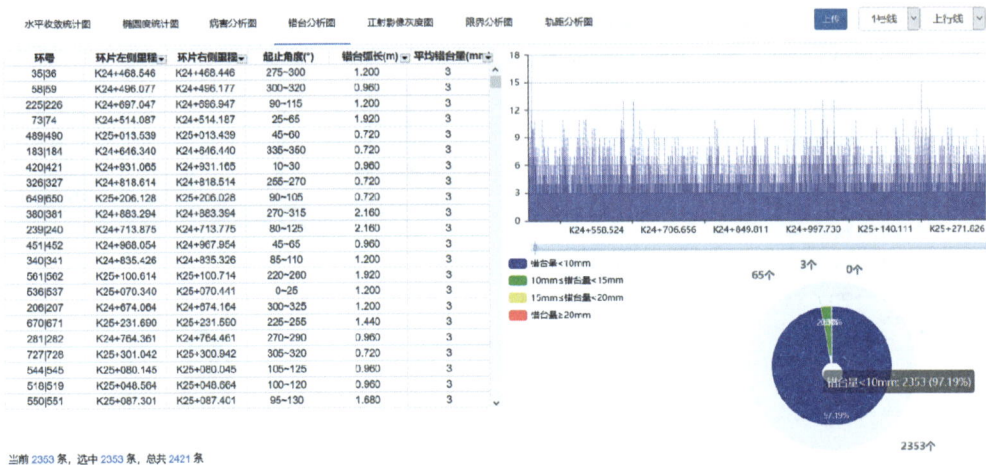

图4-14　错台分析结果展示页面

5）正射影像灰度图。正射影像灰度图为三维激光扫描数据经过处理后的结果数据，在灰度正射影像图上能够直观看到消防设备、电力设备、照明设备、精密设备、触网、通信设备、里程碑等内容，如图4-15所示。作为成果数据的一部分，正射影像灰度图能够向管理者直观提供隧道情况。

图4-15　正射影像灰度图展示页面

126

6）界限分析统计。隧道界限指的是隧道内部空间的尺寸限制，包括隧道净空、车辆限界、设备限界等。这些界限的确定直接影响车辆选型、运行速度、行车安全等因素，为了保证地铁系统安全运行，界限分析应包括环号、里程、左侧与轨道中心水平距、右侧与轨道中心水平距、左侧（3.6m）与轨道中心水平距、右侧（3.6m）与轨道中心水平距、顶部与轨道中心水平距、疏散平台与轨道中心水平距等，以便向管理者提供详尽的数据供后期参考。

7）轨距分析模块。轨距对于地铁列车的行驶稳定性、安全性以及乘坐舒适度都至关重要。由于地铁隧道的特殊环境，如潮湿、振动等，轨距可能会发生变化。因此，定期对轨距进行检查是必不可少的。轨距分析数据应包括环号、里程、轨距、水平差值、高低差值、轨向数据等，以便为后期的轨距调整提供依据。

（3）综合对比分析。针对各类监测数据应从不同维度进行比较分析，以便全面掌握隧道病害情况，例如相同里程范围不同时间的对比分析等。

1）相同里程信息整合、对比分析。三维激光扫描处理得到的不同监测数据有一定的相对关系，环片收敛差的区域，椭圆度、错台及病害往往也很严重。

因此，整合相同里程的所有数据信息，如环片水平收敛数据、隧道影像灰度图、环片错台数据、隧道渗漏水情况、环片椭圆度数据、限界数据、沉降数据、水平位移等监测数据，将这些信息进行横向的分析、对比，来综合判断隧道的变形情况。

2）不同时间扫描结果数据与设计数据做比照分析。将设计数据和多期次（时间）的扫描结果数据提取出来进行分析，可实现水平收敛数据、隧道影像灰度图、环片错台数据、隧道渗漏水情况、环片椭圆度数据、限界数据、沉降数据、水平位移等监测数据的趋势及变化规律分析。

3. 应用价值

利用三维激光扫描技术获取竣工后地铁隧道结构形态可以对施工期的质量进行合理的评定，一方面能界定建设和运营期间的相关责任，另一方面可以为运营期的变形观测提供基准资料。三维激光扫描技术与传统测量手段相比具有无可比拟的优势，主要体现在速度快、精度高、自动化程度高、劳动强度低、使用方便、环境依赖性小等方面。三维激光扫描仪能提供大场景密度的点云数据，并具有较高的测量精度和极高的数据采集效率，可以有效地避免传统变形监测数据的局部性和片面性，即以点代面的分析方法的局限性。从而帮助轨道交通管理者针对不同的隧道结构变形变化做出正确判断，提出科学可靠的治理措施，进而实现轨道交通安全建设、运营的目标。具体来说具有以下应用价值：

（1）三维激光扫描技术具有高精度、高密度和全自动等特征，能够快速获取隧道内部的三维坐标信息，实现全覆盖、高分辨率的三维激光点云数据扫描获取。这大大提高了隧道检测数据的采集速度和精度，为竣工测量提供了更为准确、全面的数据支持。

（2）三维激光扫描技术可以用于复验隧道施工质量。通过对比设计数据和实际扫描数据，可以检查隧道结构表面的施工质量，包括结构和预留孔洞的施工质量以及隧道净空等，确保隧道满足设计要求。

（3）三维激光扫描技术能够生成详尽的三维真实影像模型，直观反映隧道内部情况。三维激光扫描技术能够提供详尽的三维真实影像模型，直观反映隧道内部情况。通过扫描获取的点云数据，可以构建出隧道的三维模型，使得相关人员能够直观地了解隧道的结构和竣工状态，有助于及时发现潜在问题并进行处理。

（4）基于点云数据，可以逆向建立隧道的 BIM 模型，还原隧道各类结构的真实尺寸与净空。这为大型设备安装模拟、管线空间优化与合理布留、管线铺设前全方位碰撞检查、结构变形监测、项目信息管理等应用提供了完整、准确、现实性强的基础资料，从而提高了隧道建设和管理的效率和准确性。

综上所述，三维激光扫描技术在隧道竣工测量中的应用价值在于其高效、精准、全面的数据获取能力，以及为隧道建设和管理提供的重要技术支持。这有助于确保隧道竣工测量的准确性和可靠性，为隧道的长期安全运营提供有力保障。

4.3 智慧轨道交通数字化移交

4.3.1 概述

智慧轨道交通建设与管理数字化移交是一个涉及多个环节和技术的复杂过程，旨在通过数字化手段提高轨道交通建设和管理的效率和质量。

首先，智慧轨道交通建设需要依托先进的数字化技术。这包括物联网、传感器、云计算、大数据等技术的应用，以实现轨道交通设施的智能感知、数据传输和智能处理。通过这些技术，可以实现对轨道交通设备的实时监控、故障预警和智能调度，提高轨道交通的安全性和运营效率。

其次，数字化移交是智慧轨道交通建设与管理的重要环节。在轨道交通工程的建设阶段，会产生大量的数据和信息，如设计数据、施工数据、设备信息等。这些数据和信息需要进行有效的整理、归档和移交，以便后续的管理和维护工作能够顺利进行。数字化移交技术可以实现对这些数据和信息的快速、准确传递，避免了传统移交方式中可能出现的数据丢失、信息不一致等问题。

在数字化移交过程中，基于 BIM 的数字化移交管理系统是一个重要的工具。BIM（建筑信息模型）技术可以实现对轨道交通工程全生命周期的信息管理，包括设计、施工、运营等各个阶段的数据整合和共享。通过 BIM 技术，可以建立三维的、可视化的轨道交通工程模型，方便管理人员进行查看、分析和决策。同时，基于

BIM 的数字化移交管理系统还可以实现数据的自动更新和同步，确保数据的实时性和准确性。

此外，智慧轨道交通建设与管理还需要加强数据共享和协同工作。通过建立数据管理平台，实现各部门、各单位之间的数据互通和共享，可以提高工作效率、减少重复劳动，并有助于发现潜在的问题和风险。同时，加强与其他城市治理部门、交通运输部门、社会组织等的联系和协同，可以将数字化移交打造成为有利于城市治理发展的重要工具，实现城市交通的智能化发展。

最后，智慧轨道交通建设与管理数字化移交还需要关注人才培养和技术创新。随着数字化技术的不断发展，需要培养一批具备数字化技能和知识的人才来支撑智慧轨道交通的建设和管理。同时，还需要不断创新技术，推动数字化移交技术的持续优化和升级，以适应轨道交通行业的快速发展和变化。

综上所述，智慧轨道交通建设与管理数字化移交是一个复杂而重要的过程，需要依托先进的数字化技术、建立有效的数字化移交管理系统、加强数据共享和协同工作，并注重人才培养和技术创新。通过这些措施的实施，可以推动智慧轨道交通的发展，提高城市轨道交通的安全性和运营效率，为城市的可持续发展作出贡献。

4.3.2 目的和意义

智慧轨道交通建设期数字化移交的最终目的是实现轨道交通工程建设与运营管理的无缝衔接，提升轨道交通系统的整体效能和智能化水平。通过数字化移交，可以确保轨道交通系统在建设期与运营期之间的顺畅过渡，并为后续的运营和维护工作提供全面、准确的数据支持。

具体来说，数字化移交有助于实现以下意义：

（1）提高数据准确性和一致性。通过数字化手段，可以将建设期产生的各类数据和信息进行标准化、统一化的处理，消除传统移交方式中可能存在的数据不一致、信息丢失等问题，确保数据的准确性和完整性。数字化移交旨在确保轨道交通系统在建设期和运营期之间的信息连贯性和数据完整性。通过数字化手段，将建设阶段产生的所有重要数据和信息进行整理、归档和移交，可以避免传统移交方式中可能出现的数据丢失或信息不一致等问题。这使得运营团队能够全面掌握轨道交通系统的实际情况，从而制定更加准确和有效的运营策略。

（2）实现信息共享和协同工作。数字化移交能够打破部门之间的信息壁垒，实现各部门之间的数据互通和共享。通过共享数字化信息，各个部门可以更加便捷地交流和合作，共同解决运营过程中遇到的问题。这有助于加强不同部门之间的协同工作，提高工作效率，减少重复劳动，实现轨道交通系统的整体优化，为轨道交通系统的顺利运营提供有力保障。

（3）优化运营管理和维护决策。数字化移交提供的大量数据和信息可以为运营管理和维护决策提供有力支持。通过对这些数据的分析和挖掘，可以深入了解轨道交通系统的运行状态和性能表现，及时发现潜在问题和风险，优化运营策略和维护计划，提高系统的安全性和可靠性。

（4）推动智慧轨道交通的发展。数字化移交是智慧轨道交通建设的重要一环，对于推动智慧轨道交通的发展具有重要意义。通过实现建设期与运营期的数据互通和共享，可以推动轨道交通系统的智能化发展，提高运营效率和服务质量，为乘客提供更加安全、舒适和便捷的出行体验。智慧轨道交通是未来城市交通发展的重要方向，而数字化移交是实现这一目标的关键环节。通过数字化移交，可以为轨道交通系统的智能化升级和优化提供有力支持，推动其向更加高效、安全、环保的方向发展。

综上所述，智慧轨道交通建设期数字化移交的具体目的是确保信息的连贯性和完整性、实现系统的智能化和高效化、促进部门间的协同工作以及推动智慧轨道交通的发展。这些目标的实现将有助于提升轨道交通系统的整体性能和服务水平，为城市的可持续发展做出积极贡献。

4.3.3　数字化移交注意事项

智慧轨道交通建设期数字化移交是设计的专业、人员、过程成果及较多，需要注意以下几个问题以确保移交工作的顺利进行：

（1）数据准确性与完整性。数字化移交的核心是数据的准确性与完整性。在移交过程中，必须确保所有相关数据，包括设计文件、施工记录、设备信息、系统配置等都被完整收集，并且数据内容准确无误。任何数据的丢失或错误都可能导致后续运营管理的混乱或风险。

（2）数据安全与保密。数据的安全与保密是数字化移交过程中必须重视的问题。轨道交通系统涉及大量敏感信息，如设备参数、运营数据等，这些信息的泄露可能带来安全风险。因此，在移交过程中，需要采取必要的安全措施，如数据加密、访问控制等，确保数据的安全性和保密性。

（3）标准化与统一化。为了实现数据的互通性和共享性，数字化移交需要遵循统一的标准和规范。在移交过程中，需要对数据进行标准化处理，确保数据的格式、命名规则、存储方式等符合相关标准。这有助于减少数据转换和整合的工作量，提高数据的使用效率。

（4）技术支持与培训。数字化移交涉及的技术和工具较为复杂，需要对相关人员进行技术支持和培训。在移交前，需要对人员进行技术培训，使其掌握数字化移交所需的技术和工具。同时，在移交过程中，需要提供必要的技术支持，解决遇到的技术问题，确保移交工作的顺利进行。

（5）沟通与协作。数字化移交涉及多个部门和团队之间的协作。为了确保移交工作的顺利进行，需要加强部门之间的沟通和协作。在移交前，需要明确各部门的职责和分工，制定详细的移交计划和流程。在移交过程中，需要保持密切沟通，及时解决遇到的问题和困难。

4.3.4 数字化移交手段

慧轨道交通建设期需要数字化移交手段来确保数据的准确性、完整性和一致性，同时提高移交效率，促进信息的共享和协同工作。以下是智慧轨道交通建设期需要采用的数字化移交手段：

（1）数据采集与处理技术。利用先进的数据采集设备和技术，如传感器、无人机、扫描仪等，对轨道交通建设期的各类数据进行全面、准确的采集。通过数据处理技术，对采集到的数据进行清洗、整合和标准化处理，确保数据的质量和格式满足移交要求。

（2）三维建模与可视化技术。采用三维建模技术，对轨道交通建设期的工程结构、设备布局等进行三维建模，形成逼真的虚拟场景。通过可视化技术，将三维模型与数据信息进行关联，实现数据的直观展示和交互操作，提高移交过程中的信息理解和沟通效率。

（3）数字化管理平台。建设数字化移交管理平台，将轨道交通建设期的各类数据和信息进行集中存储、管理和共享。平台应具备数据导入、导出、查询、分析等功能，支持多部门、多用户协同工作，实现数据的实时更新和共享，确保移交过程的顺利进行。

（4）云计算与大数据技术。利用云计算和大数据技术，对轨道交通建设期的海量数据进行存储、分析和挖掘。通过云计算的弹性扩展和资源共享特性，提高数据处理和分析的效率；通过大数据技术的数据挖掘和模式识别功能，发现数据中的潜在价值和规律，为轨道交通的运营管理提供决策支持。

（5）移动应用与智能终端技术。开发移动应用，支持在移动设备上进行数据的查看、编辑和共享。利用智能终端技术，如平板电脑、智能手机等，实现现场数据的实时采集和上传，提高移交工作的灵活性和效率。

（6）数据安全与隐私保护技术。在数字化移交过程中，采用数据加密、访问控制等技术手段，确保数据的安全性和隐私保护。同时，建立完善的数据备份和恢复机制，防止数据丢失或损坏。

综上所述，智慧轨道交通建设期需要采用多种数字化移交手段，包括数据采集与处理、三维建模与可视化、数字化管理平台、云计算与大数据、移动应用与智能终端以及数据安全与隐私保护等技术。这些手段的应用将有助于提高移交工作的效率和质量，推动智慧轨道交通的快速发展。

参 考 文 献

［1］中国城市轨道交通协会. 中国城市轨道交通智慧城轨发展纲要 ［J］. 城市轨道交通，2020（4）：
8－23. DOI：10.14052/j.cnki.china.metros.2020.04.003

［2］雷江松. 城市轨道交通建设数字化转型实践 ［J］. 现代城市轨道交通，2020（12）：5－8.

［3］吕平. 青岛智慧地铁的研究与思考 ［J］. 现代城市轨道交通，2020（4）：101－105.

［4］尤江，郭鹏. 智慧地铁的架构参考模型及发展策略 ［J］. 城市轨道交通研究，2021，24（4）：
30－34＋38. DOI：10.16037/j.1007－869x.2021.04.008.

［5］李虎，李罡，张志强，等. 基于 BIM＋GIS 的城市轨道交通建设管理智慧平台 ［J］. 中国勘察设
计，2019（10）：86－89.

［6］魏运，白文飞，李宇杰. 智慧地铁需求分析及功能规划研究 ［J］. 都市快轨交通，2020，33（1）：
40－48.

［7］沈卫平，张俊，袁标，等. 基于智慧互联技术的成都地铁盾构施工安全风险管理信息系统研究
［J］. 岩石力学与工程学报，2019，38（S2）：3822－3832. DOI：10.13722/j.cnki.jrme.2019.0231.

第5章　智慧城市道路交通管理

5.1　交通需求政策

5.1.1　车辆总量控制

随着我国经济的不断发展以及城市化进程的持续推进，城市交通问题日益突出。机动车保有量过大导致了严重的交通拥堵问题以及能源短缺问题；交通拥堵也在一定程度上影响了城市物流系统的正常运行。虽然中国千人汽车保有量还不到世界平均水平的一半，但是由汽车迅速增加带来的交通拥堵和大气污染，已经到了十分严重的地步。根据公安部统计，截至 2023 年 6 月底，全国机动车保有量达 4.26 亿辆。其中汽车 3.28 亿辆，新能源汽车 1620 万辆。2023 年上半年全国新注册登记机动车 1688 万辆，新领证驾驶人 1191 万人。我国经济目前正处于由高速度增长转变为高质量增长的关键时期，居民的收入与消费水平也变得越来越高。一方面这使居民日常的社交、娱乐等出行方面的需求持续增长，另一方面也使得原本属于奢侈品的小汽车逐渐成为普通家庭的日常代步工具，未来汽车数量还会继续增长。大量的汽车不但消耗能源，占据城市空间，停车难和道路拥堵也成为城市管理中最头疼的事情。汽车是需要能源支撑的，不只是化石能源，同样包括电能，目前部分电能也是通过化石能源转化的，对能源需求巨大。从绿色发展的本意上来说，机动车保有量要与经济发展相适应，合理发展才是重要的，经济发展地区不均衡，在保有量超大的地区进行适当限制，在生产生活急需的领域放开发展，同时减少化石能源的消耗。

1. 限购 1.0 阶段

部分城市通过摇号来控制汽车数量，减少道路拥堵，提高交通效率，改善城市形象。目前国内实施汽车限购政策的城市主要包括北京、上海、广州、深圳、杭州、天津、石家庄，以及海南省等地。除了一线城市以外，二、三线城市也开始实行限牌、限购政策。但是对于北京、上海、广州、深圳等超大城市而言，由于机动化出行的需求较大，导致汽车保有量始终处于较高水平，因此限购政策发挥的作用有限。限购在治理拥堵方面起到了一定的作用，但也在一定程度上抑制了汽车消费需求，从而影响汽车产业发展。

摇号政策可以控制汽车数量、提高交通效率、改善城市形象,这是其带来的正面影响。但与此同时,在摇号政策下,交通压力的问题并没有完全解决,而有刚需用车需求的人迟迟摇不到号的情况也时有发生,反而限制了百姓的用车需求。

2. 限购 2.0 阶段

摇号这一举措的主要目的是促进公平,在总量控制的基础上将指标分给更多没车的家庭,优先向"无车家庭"配置小客车指标。这既可以满足基本出行需求,又可以避免私家车数量的过度增长。但机动车总量控制和车辆限购之间不能简单画等号。

新加坡牌照固定使用期限:新加坡车牌拍卖的最大亮点是牌照使用的有效期为 10 年。在有效的年限内拥有和使用车辆的权力。这极大降低了车辆的快速增长。

天津对限购指标进行了细化,细分为增量指标、更新指标、其他指标等。增量指标是指通过摇号或竞价方式获得的指标,以摇号和竞价方式配置。增量指标以 12 个月为一个配置周期,每个周期的配置额度为 8 万个,额度按月来分配。每个配置周期内,以摇号方式配置的指标占 80%,以竞价方式配置的指标占 20%;个人指标占 88%,单位指标占 12%。更新指标是指单位和个人名下在本市登记的小客车办理转移登记、注销登记或者迁出本市的变更登记后,按规定直接取得的指标。其他指标是指单位和个人在特定情形下可以直接申领的指标。

北京从"限购"到"限用":北京实施限购政策 10 余年之后,提出从限制汽车的购买转变到调节汽车的使用,对于控制车辆使用、缓解城市拥堵发挥了至关重要的作用。从限购到限用,调控小客车数量,逐步增加新能源指标占比,优先向无车家庭配置小客车指标,加强"一人名下多车"治理,推动个人名下第二辆及以上在本市登记的小客车有序退出等。加快推动小客车由购买管理向使用管理转变。在具体措施上,运用科技、经济、法律、行政等手段,在管好道路停车基础上,强化居住区停车管理和单位停车管理,综合施策,"以静制动"。

5.1.2 车辆限行政策

限行政策作为交通需求管理的主要方式之一,能够通过影响出行者的出行方式达到缓解交通拥堵、改善空气污染的效果,具体表现为汽车尾气排放减少、弹性出行减少、公共交通客流量增加、早晚高峰车速提高。限行政策从本质上影响了汽车出行,提升了车速,运行效率得到了进一步提升。

为更好缓解城市交通拥堵问题,我国多个城市已采取不同形式的限行政策。北京、天津实行尾号限行政策。每个工作日两个尾号数字车牌限行,范围为整个行政区域。上海实行工作日早晚高峰时间外地号牌车辆在局部高架限行的政策。广州、贵阳实行外地牌照车辆区域限行政策,外地牌照车辆在管控的区域内连续行驶不超过 4 天,再次驶入必须间隔 4 天以上,杭州实行西湖景区节假日单双号限行政策,外地牌照车辆在工作日高峰时段禁止进入限行区域,本地牌照汽车每周 1 天按尾号在高峰时段限行。成都、郑州等城市实施区域尾号限行政策,每天本地车牌和外地车牌两个尾号数字的车辆在绕城高速以内所有道路限行。西安、兰州等城市实行外地车与本地车同权的尾号每周限行政策，每个车牌尾号每周限行一天。深圳实行外地号牌车辆早晚高峰全境限行政策，即外地车牌在高峰时间禁止在全市范围内的所有道路（高速公路及疏港道路等除外）通行。总结来看，全国已实施的小汽车限行政策主要有：（早晚高峰时间）外地车牌限行、（早晚高峰时间）外地车牌区域限行、（早晚高峰时间）外地车牌高架限行、工作日按尾号限行（不区分本地外地车牌）及多种限行方式结合的政策。

由于小汽车在全市范围内限行对居民出行有较大影响，部分城市在实施限行政策前会对交通需求特征进行详细分析，制定精细化的限行策略，通过合理的政策来达到缓解道路拥堵的目的。如成都市一环内路网密集，内部出行距离较短，交通运行情况良好，限行就未覆盖一环内区域；杭州市根据市民出行距离差别不大、出行时间集中的特点，制定了早晚高峰时间的限行政策，在城市缓堵和便捷出行之间寻求最佳平衡点。

载货汽车实施简单的限行政策是弊大于利，需针对载货汽车实施白天限行、夜间不限行的特殊限行政策。由于载货汽车多是柴油车，并且对尾气的处理十分粗略，对载货汽车实施简单的限行政策的确能够有效提升空气质量；而且载货汽车载重量大、周转次数多、使用频率高，因此能源消耗量大，对载货汽车实施限行政策能够略微节省能源。但是，对载货汽车的限行实际上对于缓解城市交通拥堵问题的效果不大，因为载货汽车相较于载客汽车保有量过少，而且一旦限制载货汽车出行，将会对城市的物流业造成较大影响，降低运输效率，提高运输成本，影响客户体验等，对整个城市的物流业发展都会造成不利影响。但是，如果针对载货汽车，特别制定白天限行、夜间不限行的政策，不但依旧能够节省能源消耗，且有效提升空气质量，而且由于夜间交通状况好，载货汽车运输效率高，即使白天实施限行政策，也不会对城市物流系统产生明显影响。

5.1.3 差异化停车收费

国家层面鼓励各地推行不同区域、不同位置、不同车型、不同时段停车服务差别收费，抑制不合理停车需求，缓解城市交通拥堵。国内各大城市也已经进行了相应的实践。通过停车分区、停车分类、停车分时、违章停车惩罚措施等多措并举实现差异化停车收费。

1. 基于区域位置要素的停车收费政策

停车区域划分是实现停车区域差别的重要抓手，需综合考虑土地利用性质与开发强度、交通运行状况、交通出行特征、区域交通设施供应水平、空气质量等因素划分不同等级的停车区域，实现差别化的停车配建供应和差别化的停车收费。差别化停车收费体系中，最为重要的就是空间上的差别。可以选取土地开发强度、公共交通服务水平、道路交通运行状况、停车供需情况等分析要素，通过各区内多要素叠加分析，并结合行政区划边界、城市主要干路、铁路、河流等物理分割要素划定差别化停车分区。

分区差异化停车调控是实现停车精细化管理与控制的重要手段，通过分区差异化来调整城市不同区域配建指标与停车收费标准，实现特定区域限制小汽车使用，降低小汽车出行强度，缓解城市交通拥堵的目标。拟定城市商圈停车收费标准原则：核心高于外围，这样可以降低小汽车驶入商圈核心区域的数量，诱导车辆在商圈外围停车设施停车，缓解了中心区域道路压力，使得停车资源充分利用。

2. 基于停车位置要素的停车收费政策

按照"路内高于路外、立体高于地面、拥堵时段高于空闲时段"的原则，实行不同地段不同价格的差别化停车收费政策。提倡减少停车对道路的占用，进一步扩大路内停车收费标准与路外停车收费标准差距，对停车区域、位置和时段进行了优化，实行差别化收费，尤其是提高了一类区域临时占道收费标准，这种差别化的收费定价策略对于全市统筹静态交通与动态交通、提高停车场地资源周转使用效率、缓解城市交通拥堵具有积极意义。

3. 基于时段要素的停车收费政策

细化临时占道停车收费标准：对临时占道停车时段及相应的收费标准进行细化，对原临时占道停车时段重新划分，增加 7:00—9:00 早高峰段和 17:30—19:30 晚高峰时段，对早晚高峰时段设立高于平峰时段的收费标准，可设立 10 元/h 的收费标准。鼓励乘坐公交、地铁等公共交通工具出行，减少临时占道停车对早晚高峰交通的影响，提高道路利用效率，缓解交通拥堵。白天高于夜晚，在城市商圈商业建筑繁多且集中，住宅用地相对较少，商业目的出行较多，故白天的停车需求相对较高，增加停车费率可以宏观调控整体需求，使得供需可以平衡，而夜晚较低的停车费用也可以吸引到周边住宅车辆进行停放，一定程度缓解住宅用地停车压力。细化时段划分，设立工作日和休息日差异化的收费标准：工作日期间机动车出行频率明显高于非机动车，将现有的停车收费政策作为工作日期间的停车收费标准；另外再设立非工作日期间的停车收费标准，休息日期间，公众在城市出行的目的地主要是集中在城市商业集中地以及旅游景点，可适当提高这部分地段的停车收费标准，而非重点区域则可适当降低收费。

4. 收费形式

（1）现场缴费。车主在现场可以通过微信、支付宝扫描停车场收费员手中 PDA（收费终端）上显示的二维码进行缴费，缴费金额为系统自动计算不需要人为输入。现金收费为辅助手段，停车服务员在现场以现金形式收费和找零，收到的款项当日与公司进行核算。核算时，停车服务员以电子支付的形式将当日累计收款支付至运营公司，软件端会根据收费记录和停车服务员上缴金额进行核销，运营公司通常不接收现金上缴。

（2）线上缴费。通过公众服务端在线缴费：车主已离场时，也可以通过停车 App 或停车微信公众号在线进行缴费或充值。缴费方式为在线注册并绑定自己的车牌号，也可以为指定车牌号车辆缴费。充值用户每次停车行为完成后系统会自动在余额中进行扣除。

5. 差异化停车分区影响要素分析

机动车停车服务收费是弥补停车场建设与运营成本、缓解城市交通拥堵、提高交通资源配置和使用效率的重要经济杠杆。在对应区域内的停车设施，根据停车设施所在位置、停车时段等要素，适当降低24h封顶费用，细化临时占道停车费标准，细化时段划分，设立工作日和休息日差异化的收费标准，延长免费停车时间，重新制定政府投资建设的地上立体停车场收费上浮标准。引进社会资本建设停车场地，进一步完善市场调节价。通过建设社会资本停车场，增加停车场地总量，实现经济效益和社会效益的双赢。完善停车场地资源配置，对该类停车场地收费实行市场调节价，规范和完善该类停车场地市场竞争。实行停车服务收费差别化定价，需要以保障城市道路交通畅通为根本原则，兼顾经济效益和社会效益，根据城市发展实际情况细化分区域、分位置、分时段的差别化定价方法，优化停车收费体系，提高停车设施资源使用效率，促进以停车为代表的静态交通和道路行车为代表的动态交通的均衡和谐发展。

5.1.4　拥堵收费政策

1. 拥堵收费缘由

交通拥堵费是指在交通拥挤时段，对部分区域道路使用者收取一定的费用，其本质上是一种交通需求管理的经济手段，目的是利用价格机制来限制城市道路高峰期的车流密度，达到缓解交通拥挤的目的，提高整个城市交通的运营效率；同时，借此来缓解机动车对城市造成的污染，改善空气质量。交通拥堵是目前城市发展的"顽症"，会增加不必要的碳足迹。研究表明，交通轻度拥堵状态下高峰小时碳排放是畅通状态下的4.51倍。拥堵收费作为治理城市交通问题的重要手段，不仅能减少用户的出行成本，对减少汽车碳排放也具有显著成效。拥挤收费能够利用价格杠杆使部分价格敏感程度高的交通量调整出行时间或出行方式，进而缓解高峰期间的交通拥堵，提升交通运行效率，改善交通环境，减少交通碳排放。拥挤收费还可以增加财政收入，将这部分收入用于与交通相关的民生基础设施领域，如路面维修养护、慢行交通基础设施改造完善等，能够进一步推动交通系统向绿色高效优质的方向发展。

2. 国外相关案例及启示

征收拥堵费被认为是治堵的有效手段。伦敦、斯德哥尔摩等城市的经验表明，拥堵费征收之后，往往会起到立竿见影的效果，但同时也存在一定的弊端。

（1）英国伦敦。2003年，伦敦推出了区域交通拥堵收费方案，机动车在部分时段进入部分城市区域通行需要支付一定的费用。该方案最初设定市中心21km²的区域为收费范围，工作日7:00—18:30期间，在该区域内任何地方行车或在公共道路上停车，均需缴纳5英镑的固定费用。2011年，原有区域收费标准提高到了每日10英镑，但是沿收费区域边界行车是免费的，并且特定类型车辆也免费，收费区域内的居民可以享受90%的折扣。收费方案实施一年后，收费区域内的氮氧化物排放量下降16%，二氧化碳排放量下降19%，PM10也有类似下降；自行车骑行者、收费区域内居民都认为空气污染有所降低。

经验借鉴：任何拥堵收费计划都必须具有灵活性和预见性。伦敦拥堵收费计划实施以后，进入收费区域的机动车类型变化较大，其中小汽车减少了 30%，公交车增加了 20%，脚踏车增加了 20%。交通事故每年减少 150～220 起，且市中心二氧化碳含量明显降低。但统一的收费标准让最拥挤时段的交通量难以得到更有效的控制。随着网约车、快递车辆、公交线路增加，伦敦重回拥堵状态。拥堵收费政策的目标是缓解交通拥堵，需要在制订政策前充分预见政策实施对这一目标的促进作用。

（2）瑞典斯德哥尔摩。2005 年，瑞典首都斯德哥尔摩决定对进入市中心的机动车收取拥堵费。除周末和法定节假日外，每天 6:30—18:30，机动车进出城时须支付 10～20 瑞典克朗（合 8～16 元人民币）不等的拥堵费。具体金额要根据不同时段收取，但每天最多不超过 60 瑞典克朗（约合 48 元人民币）。紧急车辆、特定商用车以及国外牌照汽车不征收拥堵费。统计数据显示，这项措施实施以来，城区内行驶的机动车数量减少了 20%，仍在持续减少；内城区行驶的公里数减少了 16%，外城区减少了 5%；同路程车辆行驶时间大幅缩短，尤其是在内城及其周围地区，早高峰时段延迟减少 1/3，晚高峰时段延迟减少一半。同时，市区内的机动车尾气排放量下降了 10%～15%。

经验借鉴：交通拥堵收费标准直接影响拥堵治理效果。需要综合考虑拥堵收费标准对公众出行行为的影响，及其公众的接受度。一般而言，拥堵收费在主干路、快速路较高，支路的收费较低；在高峰时段收费较高，非高峰时段较低。收费标准过低无法有效缓解收费区域内的拥堵状况；收费标准过高则会有大量车辆绕行至收费区域外道路，导致拥堵状况空间转移；仅当拥堵收费标准合适时，能够有效降低交通拥堵。

3. 多措并举确保拥堵收费可实施性

（1）应分区域差别化收取拥堵费。一是要不断完善整个路网的公共交通线，这样才能满足不同出行者的出行需求。二是收费区域内的公共交通路线和车次要足够多，加强常规公共交通车辆的调度。完善公共交通枢纽，不仅要方便相同交通方式之间的换乘，也要方便不同的交通方式之间的换乘。三是要完善公共交通系统的管理，对于占用公共交通专用道和扰乱公共交通运行的行为应当加大处罚力度，提高公共交通的服务水平。以上措施可以使选择公共交通的出行者的出行更加便利，出行等待时间缩短。

（2）合理的收费价格是政策实施效果的关键。拥堵收费政策的实施可以缓解交通拥堵、提高市民的出行效率、改善空气环境等，但对于不同社会群体的影响显然是不一样的，尤其是作为一项收费政策，市民自然地习惯于反对。因此，从社会公平正义维度看，首先，在划定收费区域和时段时应遵循有条件的适度原则，尽量减小对市民生活和出行的不利影响，最大程度上取得市民的理解和支持；其次，合理的收费额度需要充分考虑市民出行对时间成本、经济成本和舒适程度的接受程度，过低的定价对减缓拥堵的效果有限，过高的定价可能导致道路资源浪费，需要通过动态调整达到一种相对平衡的态势。

应该建立拥堵收费与收费区域内的拥堵指数，以及边界交通流量的价格动态机制，而非固定价格，发挥价格对于出行服务市场的调节功能，动态价格可以基于时段、方向出入口、工作日与非工作日、车辆排放标准等进行差异化调整。

（3）调整出行结构。实施交通拥堵收费政策缓解交通拥堵的根本作用机制在于改变市民的出行结构，使私人交通出行向公共交通出行转变，从而释放道路空间缓解交通拥堵。因此，发达的公共交通系统是有效实施拥堵收费政策的必要支撑，这一点在新加坡、伦敦的既有实践中得到了充分的印证，如果没有完善的公共交通系统吸纳私人交通出行者作为替代选择，拥堵收费的政策效果将大打折扣。因此，政府通过建立适当的机制来引导人们的出行行为，比如从交通拥堵收费政策中筹集资金用于改善道路和公共交通等基础设施，对公共交通出行进行补贴，显然是一举多得的。

（4）广泛的政策宣传是政策获得接受的前提。比较关键的一个因素即人们对拥堵收费是否能够有效缓解交通拥堵持怀疑态度，同时对市民出行带来了诸多不便，不能被大众接受。国内北上广深等超大城市均开展了研究交通拥堵相关研究，除了法律、技术等层面因素外，市民对拥堵收费政策支持程度也是政策尚未实施的一个因素。因此在政策实施前应加强对拥堵收费政策的宣传解读，正确引导社会预期。通过开展发布会、座谈会、交流会等形式，让市民充分参与其中并发表看法，及时回应社会关切问题，营造良好的舆论氛围。征询民众不应该仅面向小汽车用户，而应该建立更广泛的包括公交、自行车和步行乘客在内的群众基础，应该通过类似斯德哥尔摩的试点项目、新加坡的公共交通返利、伦敦的提升公交系统服务能力及质量等措施，将拥堵收费效益向民众显性化。

拥堵收费政策并非单一政策，而应该是治理交通拥堵综合措施中的重要一环。应结合限行与新能源车推广措施、停车改革、公共交通运载效率与路权再分配等多措施制定综合方案，并建立跨部门协调合作机制，提高执法和实施效率，强化宣传引导与公众参与。

5.2 智能交通感知

5.2.1 新型交通信息采集方式

1. 智慧城市中的新型交通信息采集方式

（1）传感器网络。传感器网络是一种广泛应用于智慧城市交通管理中的技术。在交通设施、道路和车辆上布置各种传感器，例如车载传感器、交通摄像头、停车传感器等。这些传感器能够实时监测交通流量、车速、停车场容量等数据，并通过无线通信将数据传输到中央服务器。通过分析这些数据，城市管理者可以获得实时的交通情况并做出相应决策，如调整信号灯时间、优化路线规划等。

（2）智能交通摄像头。智能交通摄像头是指在交通要点、路口等位置安装的高清摄像头。利用计算机视觉和图像识别技术，这些摄像头可以自动识别和跟踪车辆、行人、交通标识等信息。通过实时采集交通数据，如交通流量、车辆类型、行驶轨迹等，城市管理者可以实时监测交通状况，及时发现拥堵情况，并做出相应措施，如调度交通信号灯、引导交通流向等。

（3）车联网技术。车联网技术将车辆与互联网连接起来，实现车辆之间和车辆与基础设施之间的信息交互。通过在车辆内部安装传感器和通信设备，可以采集车速、位置、行驶路线等实时数据，并将这些数据上传到云平台进行处理和分析。这些数据可以用于交通拥堵预测、智能导航、智能停车等服务，为驾驶员和城市管理者提供实时的交通信息和智能化的出行体验。

（4）移动应用程序。智能手机等移动终端内置了定位、加速度传感器等设备，可以通过移动应用程序来采集用户的交通行为数据。用户可以通过移动应用记录自己的出行时间、路线选择、交通工具等信息，并将这些数据上传到服务器。通过分析这些数据，可以了解用户的出行特点和习惯，为个性化出行提供参考，同时也可以用于交通规划和出行服务的优化。

（5）社交媒体数据。社交媒体平台上的用户发布的内容也包含了丰富的交通信息。通过挖掘社交媒体数据，可以了解用户的出行经验、交通事件反馈等信息。例如，用户在社交媒体上发布了一条关于交通拥堵的信息，可以通过分析这些数据，及时发现交通拥堵点和原因，提供实时的交通情报和预警信息。

（6）无人机技术。无人机技术在智慧城市交通管理中也有广泛应用。通过搭载摄像头等设备，无人机可以对城市交通进行航拍监测，实时获取交通流量、拥堵状况等数据。无人机可以在空中对交通状况进行全方位的监测和数据采集，尤其在大型活动、紧急救援等情况下可以提供更加准确和全面的交通信息。

这些方式可以单独使用，也可以结合使用，根据城市的具体情况和需求选择适合的方式进行二三维高精度地图的获取。需要注意的是，地图获取过程可能需要大量的数据处理和图像处理，同时也需要保护用户隐私和数据安全。新型交通信息采集方式能够实时获取丰富的交通数据，并为智慧城市的交通管理和出行服务。新型交通信息采集方式的优点和缺点见表5-1。

表5-1　　　　　　　　新型交通信息采集方式优缺点对比表

采集方式	优点	缺点
传感器网络	实时监测交通流量、车速等数据 精确度较高 覆盖范围广	需要大规模布置传感器设备，成本较高 设备维护和管理困难 数据分析和处理需要消耗大量计算资源
智能交通摄像头	实时监测交通状况高精度的图像识别 和辨别能力 安装方便灵活	需要大量的摄像头安装和维护成本 面部识别等隐私问题需考虑 对算法和图像处理要求较高
车联网技术	实时获取车辆位置、速度等信息 即时通信和数据传输 个性化服务和导航	需要车辆设备支持和网络覆盖 隐私和数据安全问题需考虑 数据传输稳定性和延迟性

采集方式	优点	缺点
移动应用程序	便携性和普及性广 数据获取主动性强 个性化服务	需要用户主动安装和使用 数据准确性和真实性可能受用户主观因素影响 隐私和数据安全问题需考虑
社交媒体数据	获取公众意见和反馈 实时性强	数据质量难以把控 数据源分散，需要有效的信息挖掘和处理技术
无人机技术	航拍能力广泛覆盖 数据获取全面且精准 可快速响应特定事件	飞行管理和空域规划较复杂 设备和操作成本较高 隐私和安全问题需考虑

每种采集方式都有其独特的优点和缺点，具体选择时需要综合考虑成本、数据准确性、数据来源可靠性、隐私与安全等因素，并根据实际需求做出合理的选择。

2. 新型交通采集方式特点

新型交通采集方式具有实时性、多样性、高精度、覆盖范围广、个性化服务能力强、数据处理和分析能力强的特点。

（1）实时性。新型交通信息采集方式能够实时获取交通数据，并传输到中央服务器进行处理和分析。这使得城市管理者能够准确了解当前交通状况，并及时响应，做出相应调控措施，提高交通运行的效率和响应能力。

（2）多样性。新型交通信息采集方式多种多样，包括传感器网络、智能交通摄像头、车联网技术、移动应用程序等。每种方式都能采集到特定的交通数据，从不同维度和角度来反映交通状况，并为城市管理者和用户提供多样性的交通信息。

（3）高精度。新型交通信息采集方式利用先进的传感技术、图像处理算法等，能够提供高精度的交通数据。通过精确的数据采集和分析，可以提供精准的交通流量、车速、车辆位置等信息，支持更精细化的交通管理和出行服务。

（4）覆盖范围广。新型交通信息采集方式可以在不同的地理位置和交通场景进行采集，从城市的主要交通要点、道路网络到个别车辆和行人，覆盖了广泛的区域和对象。这有助于全面了解城市的交通状况，做出科学的交通规划和决策。

（5）个性化服务。新型交通信息采集方式能够采集到用户出行的个性化数据，包括出行时间、路线偏好、交通工具选择等。通过分析这些个性化数据，可以为用户提供个性化的出行服务和推荐，提高用户出行体验和满意度。

（6）数据处理和分析能力强。新型交通信息采集方式采集到大量的交通数据，但仅仅采集数据还不够，关键在于如何对数据进行处理和分析。新型采集方式所采集的数据需要进行数据清洗、挖掘和分析，以提取有用的信息和洞察，并为交通管理和决策提供支持。

5.2.2 数据清洗与修补

在新型交通信息采集过程中数据清洗和修补是确保采集到的数据准确性和完整性的重要步骤。下面详细说明数据清洗和修补的常见方法和步骤。

1. 数据清洗

数据清洗是指对采集到的原始数据进行筛选、过滤和纠正，以去除重复、缺失、错误或异常值。常见的数据清洗方法包括：

（1）去除重复数据。通过比较数据记录中的关键字段（如唯一标识符）来识别和删除重复的数据。

（2）处理缺失值。缺失值是数据中常见的问题，可能是由于设备故障、信号丢失、数据传输错误等原因导致的。在处理缺失值时，可以使用以下方法：① 删除缺失值：如果缺失值对后续分析没有影响，或者缺失值的比例较小，可以选择直接删除缺失值相关的数据记录。② 填补缺失值：根据其他相关字段的信息进行填补缺失值，例如均值、中值、众数填充、插值法等。

（3）处理异常值。异常值可能是由于设备故障、数据传输错误或非典型的观测情况引起的。异常值的处理可以采用下述方法之一：① 删除异常值：如果异常值是由于数据采集错误或不可信的原因引起的，可以选择删除这些异常值；② 纠正异常值：对于一些明显错误的值，可以根据现有数据的范围和分布进行修正，使其符合合理的范围。

（4）格式统一化。对于不一致的数据格式，如日期、时间、单位等，进行格式统一，以保证后续的数据处理和分析的正确性和一致性。

2. 数据修补

数据修补是处理缺失数据的过程，主要目的是通过合理的估算方法填补数据的空缺。常见的数据修补方法包括：

（1）插值法。根据已有数据点的数值和位置，使用插值方法估算缺失数据点的数值。常见的插值方法包括线性插值、多项式插值和样条插值等。

（2）回归方法。通过回归分析，利用已有数据点的特征和关联关系，来预测缺失数据点的数值。可以根据数据的属性和背景，应用线性回归、多项式回归、逻辑回归等方法来进行修补。

（3）数据推断。基于其他相关数据的信息，进行推断和修补缺失数据。例如，根据相同时间段的平均值、邻近点的数值或特定规则进行推断填补。

在进行数据清洗和修补时，需要根据具体数据类型、质量要求和应用场景进行自定义处理。数据清洗和修补的目标是提高数据质量、准确性和可靠性，以支持后续的数据分析和应用。这些处理可以提高采集数据的可信度和有效性，为交通管理和出行服务等领域提供更可靠的数据基础。

5.2.3 数据融合与挖掘

在新型交通信息采集方式中，数据融合和挖掘是利用多种数据源和技术，将不同的交通数据进行整合和分析，以提取有价值的信息并获取深层洞察。

1. 数据融合

数据融合是将来自不同数据源和不同采集方式的交通数据整合为一个一致的数据

集，以便进行进一步的分析和挖掘。常见的数据融合方法包括：

（1）空间融合。将来自不同地理位置的交通数据融合在一起，以便对区域交通状况进行综合分析。例如，将不同交通摄像头捕捉到的车辆信息进行关联，构建车辆的行驶轨迹和拥堵热点图。

（2）时间融合。将来自不同时间段的交通数据整合在一起，以便分析交通状况的变化趋势和周期性规律。例如，将不同时间点的交通流量数据进行聚合，得到不同时间段的平均交通流量。

（3）层次融合。将不同层次的交通数据进行整合，以便分析交通状况的多维度特征。例如，将路段的交通速度和车辆类型信息与路口的信号灯状态和行人流量信息进行关联，形成更全面的交通状况数据。

2. 数据挖掘

数据挖掘是从融合的交通数据中发掘潜在的模式、趋势和规律，并提取有价值的信息和知识。常见的数据挖掘方法包括：

（1）聚类分析。通过对交通数据进行聚类，将相似的数据点归为一类，发现潜在的群组结构和异常点。例如，将车辆轨迹数据进行聚类，得到不同类型的车辆行驶模式。

（2）关联分析。通过分析交通数据中的关联规则，发现交通事件之间的相关性和依赖性。例如，通过分析交通流量和天气数据，发现某一天气状态下可能引发交通拥堵的潜在因素。

（3）预测模型。利用历史交通数据建立预测模型，以便预测未来的交通状况和趋势。例如，基于时间序列分析或机器学习算法，预测未来每日交通流量的变化趋势。

（4）可视化分析。通过可视化技术对交通数据进行图表、地图等形式的表达，帮助人们更直观地理解和发现数据中的隐藏信息。例如，使用热力图和动态图表来显示交通拥堵状况和变化。

3. 数据融合与挖掘在交通中的应用

在新型交通信息采集方式中，数据融合和挖掘具有重要的作用和用途，可以为交通管理和出行服务等领域提供有价值的信息和洞察。

（1）交通流量分析。通过将来自不同数据源的交通流量数据进行融合和挖掘，可以获取全面的交通流量信息，并对交通状况进行分析和预测。这可以帮助交通管理者实时监测和评估路段、路口的交通状况，优化交通信号控制，提高交通效率和减少拥堵。

（2）出行行为研究。通过分析融合的交通数据，可以洞察出行行为的模式、趋势和偏好，如出行目的、出行方式选择、出行时间分布等。这有助于深入理解人们的出行特征，为出行服务的规划和优化提供依据，如公共交通线路规划、共享出行服务的布局等。

（3）交通拥堵分析。通过数据融合和挖掘，可以获取路段、路口的交通速度、车辆密度等信息，从而分析交通拥堵的原因和模式。这有助于交通管理者更好地进行交通调度和拥堵管理，通过智能交通措施缓解拥堵，提高交通流畅性。

（4）交通事故预测。通过分析和挖掘交通数据中的潜在关联规律，可以预测交通事故的发生概率和可能的热点区域。这可以帮助交通管理部门和驾驶者提前做好交通安全措施，减少交通事故的发生，提高交通安全性。

（5）智慧城市规划。通过融合和挖掘不同数据源的交通信息，可以为城市规划和发展提供宝贵的数据支持。例如，通过交通流量、出行模式和交通拥堵等数据，可以评估道路和公共交通网络的承载能力，提出优化建议；通过出行行为和交通需求等数据，可以决策共享出行服务的布局和优化。

（6）出行体验提升。数据融合和挖掘还可以为个人用户提供个性化的出行服务和建议。通过分析个人的出行行为数据，可以根据用户的偏好和需求，个性化推荐最佳出行方式、路线规划等，提升出行体验和满意度。

数据融合与挖掘在智慧城市交通信息采集中的价值和作用不仅限于上述几个方面，还可以支持智能出行、智能停车、交通信号优化等领域的决策和服务提升。

5.3 道路交通智能研判

5.3.1 拥堵时空特征

交通拥堵是指在某一特定的时空环境条件下，机动车的交通需求超出路面行驶能力或受到事故等因素机动车不得不减小速度行驶或停止，从而导致机动车积压达到一定程度的道路交通现象。交通拥堵是交通拥挤和交通堵塞的笼统称谓。交通拥堵不仅反映为一路段自身的独立属性，而且表现在路段之间相互影响、相互关联上，具有重要的时空特征。

根据城市路段交通拥堵产生的原因，一般将交通拥堵分为常发性和偶发性交通拥堵。其中，常发性交通拥堵是由于道路的固定瓶颈处的通行能力不满足交通需求而引发的交通拥堵现象，是可以预测的。它的重要特征是：由于固定瓶颈所引发的交通拥堵在某些固定位置和某些固定时间中反复出现。偶发性交通拥堵则通常是由于突发交通事件如车辆抛锚、交通事故、道路或桥梁坍塌、特殊天气等造成的引起道路实际通行能力突降导致的交通拥堵现象。交通拥堵的定义由于研究对象和评价主体不同将有所不同。解决交通拥堵问题，关键在于准确地认识交通拥堵状况以及分析交通拥堵时空分布特征，并能够科学、合理地对交通拥堵状况进行量化，通过分析其恶劣程度、时空分布特征、识别关键瓶颈路段等策略，继而采用一系列交通管控措施，如信号灯控制、潮汐车道设置、车辆限行、征收拥堵费等，缓解交通拥堵。

城市交通道路不同于市郊道路和高速公路，其具有车流大、行驶速度慢的特点，这使得城市道路更容易产生拥堵。对于出行者来说，选择不拥堵的路段，错开严重拥挤路段将大大提高出行效率，避免不必要的燃油消费和时间消耗。对于交通管理部门来说，治理大规模路网，工作量大，且效率和准确性不高，对重点拥堵路段的治理是缓解交通拥堵问题的关键。而在偶发性和常发性两类交通拥堵中，常发性拥堵是缓堵治理的重中之重。故有必要对常发性拥堵路段的识别判断以及时空分布规律等特征展开研究，以提高缓堵工作的有效性与针对性。

交通拥堵时空特征评价指标以交通拥堵的时空分布特征为评价对象，同时考虑不同强度的交通拥堵在空间和时间上的影响范围。指标特点在于综合考虑了拥堵强度和时空特征，便于为公众出行服务。常用的指标有拥堵时空分布比例、重点拥堵点段数量和分布、分时段道路网拥堵级别等。

（1）拥堵时空分布比例是根据高速公路的（车流）密度、交叉口的平均停车延误和主干路的平均速度来定义的，是反映城市拥堵时空状况最直观的指标，适用于宏观上对交通拥堵的评价。由于速度具有高敏感性，一般用速度来划分拥堵状态，并通过一定关系集成拥堵的分布情况。

（2）重点拥堵点段数量和分布表示在某一固定的区域范围内，常发性严重交通拥堵的路段的数量和这些路段在区域中的空间分布状态。其中，对于"严重交通拥堵"的判定根据不同等级路段状态的判别速度参考标准表中严重拥堵等级的阈值定义。而"常发性"的判定通过借鉴当地交通管理部门的经验标准。通过评价重点拥堵点段可以获取如下信息：路网中交通瓶颈的数量和分布、对比不同时期的重点拥堵点段。该指标在数据源丰富的情况下，主要采用周、月和年作为评价周期，给出周拥堵路段、月拥堵路段、年拥堵路段。

（3）分时段道路网拥堵级别指标着重就城市交通拥堵出现拥堵时间延长、拥堵发生时刻提前及结束时刻滞后等现象的显著特征，根据目前路网交通拥堵指数的研究内容，利用定量评价手段，将其在时间轴上延长，并计算全天 24h（15min 间隔）分别的拥堵状态，从时间角度判别拥堵状态在各个时段下的情况。分时段道路网拥堵级别指标需要分析包括拥堵发生时刻、结束时刻和整个持续时间（早、晚高峰的起止时间，非高峰的拥堵时间及工作日和周末白天 6 时至 22 时的拥堵时间）；统计固定时期内各拥堵级别占时间比例（一天内 24h 拥堵特征，不同拥堵等级持续时间特征和影响范围）；对不同时期拥堵时间分布变化特征（以规律性的交通拥堵时间特征为主，如拥堵发生时刻的提早、拥堵结束时刻的滞后以及特定时刻拥堵等级的变化）进行比较。

人们对交通运行状态的感知可以用来判定拥堵程度，能合理体现道路的运行状况，目前国内外研究通常将速度判定阈值作为拥堵判定的一般方法。而常发性交通拥堵的发生具有时间和空间的常发性，对常发性交通拥堵路段的选择需要建立针对时间和空间的指标群，如拥堵持续指标、拥堵路段长度、拥堵时空分布综合指标、重点拥堵点段数量等。通过建立以交通拥堵指数、拥堵时空分布等为代表的多维度的交通拥堵特征指标，涵盖并体现拥堵的强度、程度和时空分布特性。对行程速度、行程时间等基本运行参数的综合分析，利用量化简单、直观的数据结果定义和描述交通拥堵环境下的车流运行状态及变化趋势，便于宏观交通管理和微观的拥堵治理。

5.3.2 事故黑点分析

1. 事故黑点内涵

事故黑点是指因道路设计不合理、交通设施不完善、安全防范措施不足等客观原因在较长一段时间内交通事故数量或特征与其他正常路段相比明显偏多的路段或地点。其内涵主要有：

（1）事故黑点这里的"点"不局限于一个点、一个路段，也可以是整条道路或一个区域。其中路段和点是最易产生事故黑点的，区域仅在特殊条件下才进行，其鉴别方法大多以历史经验为主。道路的鉴别主要是在对路网安全状况进行评价时，要判别某一条路为事故多发路段时，其鉴别方法以质量控制法为主。

（2）事故黑点对评价的时间段有一定要求，即较长一段时间，这主要是为了避免事故统计的偶然性，通常为1～3年。

（3）定义中的交通事故数量的概念内涵指的是事故的绝对次数，其外延包括死亡人数、受伤人数、各种事故率、死亡率、事故损失等不同指标。

2. 事故黑点分析方法

有效鉴别交通事故黑点并对其成因进行分析，以降低道路交通事故率、预防交通事故的发生，从而改善道路安全状况是非常必要的。目前，国内外事故黑点分析的主流方法主要分为两大类：第一类是以道路交通事故统计历史资料为基础的直接鉴别法，它主要依据对交通事故历史数据的统计分析，通过对道路事故黑点的统计资料与相关阈值的比较来判断；第二类则不直接以道路交通事故统计资料为基础，而是采取其他的一些方法、手段进行分析的间接鉴别法。

（1）直接鉴别法。直接鉴别法包括绝对数法、相对数法、概率统计法、回归模型法等。

1）绝对数法是以某一路段或区域内发生的事故次数、事故伤亡人数或直接经济损失与某一阈值进行比较来确定事故多发路段，这个临界值是经过大量和长时间的调查统计所得到的，任何一个事故指标大于这个常量的就认为是事故多发路段，主要有事故频率法、当量总事故次数法等。该类方法简单明了、易操作，但没有考虑交通量的影响，但是临界值的选取受人为主观因素的影响比较大，通常采用一个国家或一个地区长时间的调查统计资料来确定。

2）相对数法是把事故的发生与路段的交通量和路段的长度结合起来进行评价，可采用人口事故率、车辆事故率、车公里事故率、综合事故强度指标等来表示，主要有事故率法、临界率法、事故频率与事故率相结合的矩阵法等。相对数法虽在绝对数法的基础上考虑了交通量和路段长度两个重要因素，但临界事故率的选取主观性仍较大，同时缺少理论依据。

3）概率统计的方法是以概率论为基础确定事故黑点的方法。它基于概率学认知，在忽略驾驶人的疲劳随着行程的增长而增长的影响下，事故分布应当符合泊松分布。如果实际中发生的道路交通事故频率比理论上的事故概率大，则确定该路段属于危

146

险的路段。这类方法充分利用了整条道路或相似道路条件的交通事故数据，以交通事故数据的平均数为基础，从概率分布或数理统计的角度出来确定鉴别交通事故黑点的临界值，从而克服了绝对数法、相对数法等对临界值的选取缺乏依据、主观性大的不足。

4）回归模型的方法是将事故次数或死亡人数，与影响事故的相关因素进行回归分析，建立某地区各路段事故数的回归模型。回归模型的方法是根据事故预测的思路，建立交通事故次数与其相关影响因素的相关关系，确定在一定社会经济水平、道路交通条件下的事故平均值并根据统计原理求得在一定置信度的置信区间，以此来确定鉴别事故黑点的临界值。回归模型的方法仍然需要大量的历史事故数据，而且一般对于各地区、各不同等级的道路均需要单独建模，根据不同的预测模型可得到不同的事故黑点鉴别方法，常用的预测模型有 Smeed 模型，丹麦模型、英国微观模型、交叉口模型等。

（2）间接鉴别法。同直接鉴别法相比，间接鉴别法并不直接依赖事故统计数据，其主要方法有安全系数法、交通仿真法、交通冲突技术等，该类方法由于从事故形成的本质上着手，因此具有一定的理论依据，不仅可用来鉴别事故黑点，也可以鉴别潜在的事故隐患。

1）安全系数法利用了发生在公路沿线上交通事故分布的不均匀性，在较短的路段上集中了大部分事故。安全系数法的核心就是通过对事故地点的前后相邻路段上车辆速度急剧变化状态的考察来确定危险路段。

2）交通仿真法是基于一定的仿真模型通过计算机仿真来进行事故黑点的鉴别。仿真模块包括事故仿真模型和事故多发路段判定模型。事故仿真模型包括汽车运动动力学模型、制动器模型、ABS 模型等；事故多发路段判定模型是将道路分段作为事故观察法，通过统计各段的车辆状态参数、发生事故次数等加以鉴别。交通仿真法具有经济、方便、可重复等特点，而且利用交通仿真可得到速度、速度离差等关键参数，便于事故形成机理的分析，但交通仿真建模困难，所需数据量大，参数的标定受许多的因素影响。

3）交通冲突是指交通行为者在参与道路交通过程中，与其他交通行为者发生相会、超越、交错、追尾等交通遭遇时，有可能导致交通损害、危险发生的交通现象。交通冲突技术（TCT）是依据一定的标准，对冲突技术发生过程及严重程度进行定量测量和判别，并应用于交通评价的技术方法，是一种非事故统计的评价方法。

5.3.3 区域客流时空分析

区域客流的时空变化规律采用自然邻点插值法进行分析。自然邻点插值法是对泰森多边形算法的改进。泰森多边形的生成过程如图 5-1 所示。首先给研究区域内各点都赋予一个权重系数，插值时使用邻点的权重平均值决定待估点的权重；每完成一次估值，就将新值纳入原样点数据集重新计算泰森多边形并重新赋权重，再对下一待估点进行估值运算，直至所有待估点都被赋值。

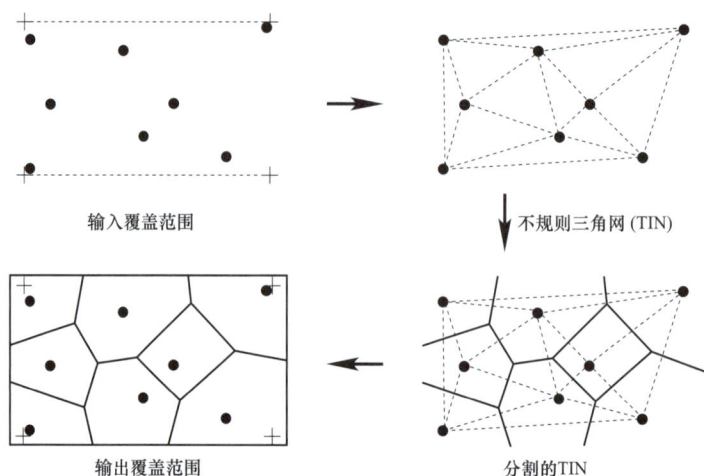

图 5-1　泰森多边形的生成过程

对于由样点数据生成栅格数据而言，通过设置栅格大小（cell size）来决定自然邻点插值中的泰森多边形的运行次数 n。整个研究区域的面积记为 area，则 $n = $ area/cell size，可设置各向异性参数（半径和方向）来辅助权重系数的计算。自然邻点插值法如图 5-2 所示。

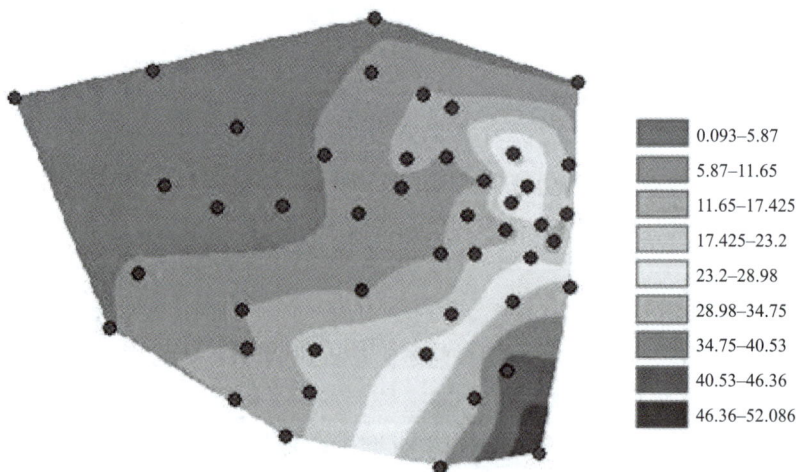

	0.093–5.87
	5.87–11.65
	11.65–17.425
	17.425–23.2
	23.2–28.98
	28.98–34.75
	34.75–40.53
	40.53–46.36
	46.36–52.086

图 5-2　自然邻点插值法

通过手机信令大数据挖掘得到区域的进、出与停留客流，及区域内客流密度空间分布情况。将上述客流数据通过 GIS 空间分析的自然邻近插值法，可处理生成区域客流时空动态趋势图，将区域内客流变化趋势、变化规律进行动态连续展示。例如，图 5-3 展示了上海市中心城区 2017 年 8 月 15 日（星期二）8 时至 20 时的客流时空动态趋势，其中红色表示客流密度较大的区域。

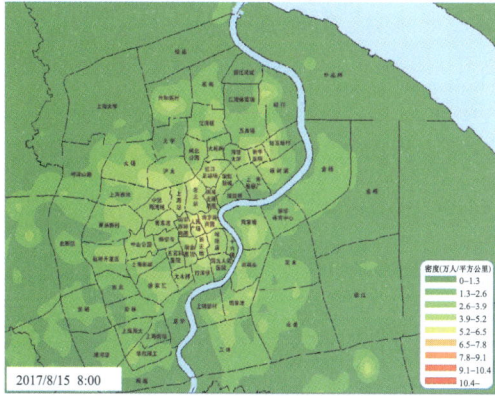

(a) 8时

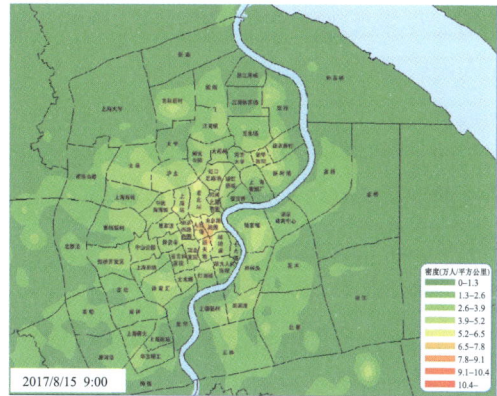

(b) 9时

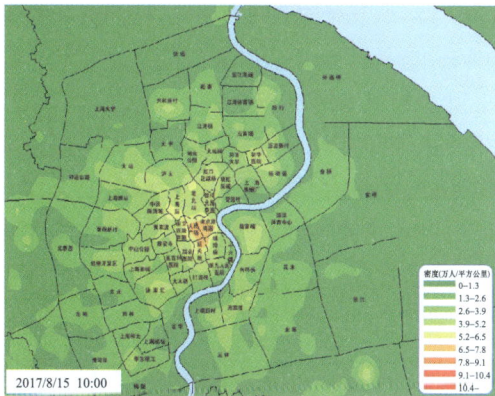

(c) 10时

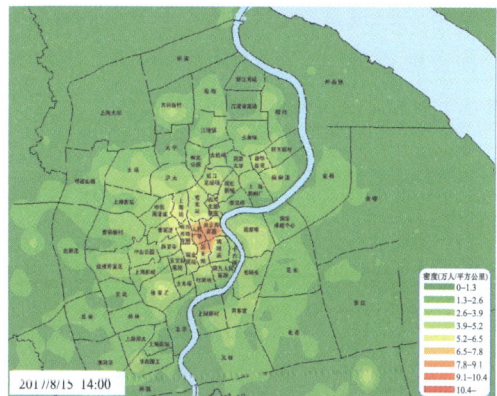

(d) 14时

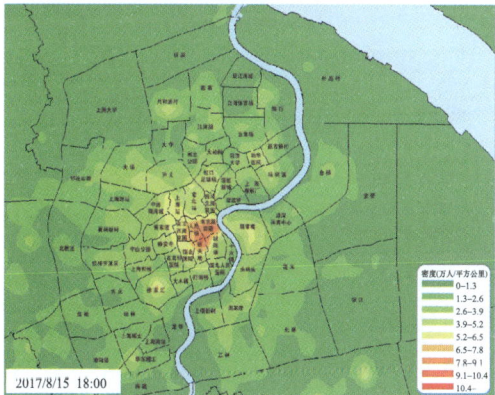

(e) 16时

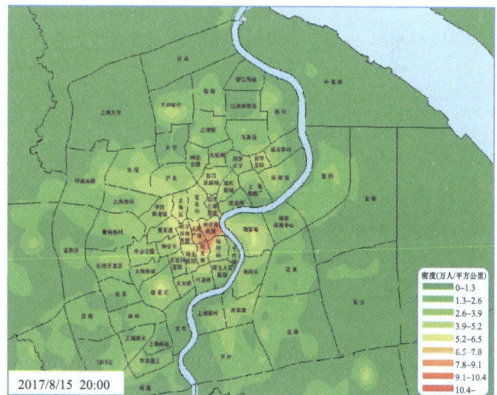

(f) 20时

图 5-3　上海市中心城区工作日 8 时至 20 时客流时空动态趋势图

　　由图 5-3 可知，上海工作日的客流主要集中于人民广场、南京路商圈、新天地等城市核心区域。图 5-3（a）、（b）即上午 8 时至 9 时大致反映了当日上班人员的客流，在图 5-3（b）中，人民广场等重点办公区域的人口密度逐渐上升，中心集聚效应开始显现；9 时后随着游客不断到来，人民广场、南京路、新天地等标志性景点周边的客流明显

149

开始上升并达到接近饱和状态，与上班人员的客流形成明显的叠加效应；到 18 时的时候，在人民广场、南京路等商圈上班的人逐渐下班离开，但游客还停留在该地区欣赏浦江夜景、购物等，离开时间比上班的人员晚，因此从 16 时至 20 时，人民广场、新天地等重点商圈周边的客流逐渐开始消散，但由于仍存在部分游客进行购物、就餐、娱乐等活动，因此该地区的晚高峰客流要稍高于早高峰客流。

5.4 智慧道路交通管控

5.4.1 定向车道

定向车道是指在具有多条车道的路段，主要道路与其他道路具有分、合流时，对某一预设地点方向车辆设置专用车道，使该方向车辆能够从专用车道入口驶入，并从出口驶出。专用车道与相邻车道用实线分隔，车辆在到达专用车道终点之前不能驶出该车道，其他车道车辆仅允许在入口处驶入定向车道，避免车道内部车辆与其他车道车辆产生交织，如图 5-4 所示。设置定向车道用来缓解城市主要路段（如桥梁、隧道、快速路、交叉口等）的车道变换问题，进而提高某个车道出现车辆汇入或分流情况下路段的通行效率。定向车道的设置可以防止车辆随意换道、穿插行驶，并且速度较慢的客、货运车辆禁止驶入定向车道，车辆通行速度较混合车道更快。

图 5-4　定向车道

定向车道的起点一般设置在桥梁段、立交段和普通路段，常见于桥梁段和普通路段。桥梁的特点是道路狭窄，一般位于江河湖泊或峡谷、道路等需跨越物体上方，用于道路、铁路等交通设施之间的连接。定向车道起点设置于桥梁段，能够避免车辆在通过桥梁时频繁变道影响交通流稳定性，但在桥梁段设置定向车道起点可能会加剧起点处交通拥堵。普通路段即为无交叉口、立交、桥梁等产生强制交织的路段，该类路段交通流较稳定，交通流的交织主要产生在车辆换道时，在普通路段设置定向车道起点时起点处交通运行环境较桥梁处简单，但在弯道路段车辆换道对车流的影响更大。立交是在两条以上道路相交处进行上下分层，使得各个方向的车流互不干扰地通过交叉路段的现代化桥梁，立交桥匝道与主干道相接的位置存在车流交织。定向车道起点多位于立交桥前方或后方，直接设置在立交桥处的起点很少，原因可能是立交处交通状况复杂，不利于车辆换道进入定向车道入口，在此处设置起点存在较大行车风险。在立交前方设置起点，其断面车流量包括原有道路车流和分合；在立交后方设置起点，其道路车流仅包含单个方向道路车流后的变化的车流量。

理想状况下定向车道内的车辆行驶不受其他车道交通流的影响，定向车道内的车辆只受车道内前后车辆的影响，车辆能够以较为稳定的速度驶出定向车道。然而，在实际行车过程中，经过调查发现：定向车道内车辆在通勤高峰时段也和普通车道一样出现部分路段拥堵，造成定向车道内路段交通拥堵的原因主要是普通车道内的车辆违章变道进入定向车道。由于违规驶入定向车道的现象存在，因此在实际设置定向车道时，应对定向车道进行交通管控，包括定向车道起点管控和定向车道全路段管控，以保证定向车道的通行效率接近理想状况。

定向车道的交通管控应在定向车道起终点及路段设置一定数量的地面指示标记、指示牌和监控设施。通过这些设施提示换道车辆在到达起点前完成换道，避免在起点处出现强行变道、加塞等违规驾驶行为。此外，为减少违规驾驶行为，可以在定向车道起点处设置电子警察，将电子警察设置于定向车道入口前方，使之能够抓拍违章变道进入定向车道的车辆。此外，电子警察还可以对超速车辆进行抓拍，通过控制车辆变道位置及行车速度来减小起点处的事故率，以及提高断面通行能力。

5.4.2　HOV 车道

HOV 车道（High-Occupancy Vehicle Lane），即高载客车辆车道，又称多乘员车道，是交通管理中仅供至少乘载两人的车辆通行的车道，是美国、加拿大、英国等国家为提高道路利用率、缓解交通拥堵、促进节能减排而采用的交通需求管理措施。

美国 HOV 车道发展至今的 30 余年经验可证明，HOV 车道对于缓解城市交通拥堵具有一定的积极作用，且能有效提高道路资源利用率。为了提升道路通行效率，我国多个城市也开始试点推行 HOV 车道。2014 年 5 月，江苏省无锡市兴源路开通了国内第一条 HOV 车道，HOV 车道设置在公交专用道上，允许包括驾驶员在内 3 人及以上的客车通行。该车道主要是在高峰期间使用，若驾驶员违法使用 HOV 车道，将被处以100 元罚款。继江苏省之后，深圳市、成都市也相继启用了 HOV 车道，如图 5-5 所示。

虽然各地先后开始施行 HOV 车道，但 HOV 车道交通管控和精准执法依然是难点。HOV 车道的管控应充分利用视频监控、红外热成像设备、雷达生命探测仪等多种技术手段。

图 5-5 HOV 车道

为了提高视频监控设备的识别率，减少警力投入，交通管理部门应加大 HOV 车道的宣传力度。当要求行驶在 HOV 车道上的车辆载客至少 1 人（不含司机）时，建议车辆在使用 HOV 车道时，乘客尽量乘坐副驾驶（副驾驶位置不得乘坐 12 周岁以下儿童），以避免停车接受检查，从而给出行带来不便。当要求行驶在 HOV 车道的车辆载客数为 2 人（不含司机）及以上标准时，可以效仿高速的 ETC 自动识别系统。为了避免车辆玻璃保护膜的影响，在车辆通过检测器之前必须将车辆窗户打开接受检查，达到要求后方能通行，否则将视为违法，并将车辆信息录入违法数据库。

为了保障 HOV 车道的有效利用，要解决的关键问题就是识别机动车上的乘客人数。目前，各地交通警察还无法通过视频监控自动识别 HOV 专用车道上行驶的车辆是否符合载客 2 人（不含司机）及以上的标准。这需要加大新技术的开发和应用，目前可以利用红外热成像技术，即红外无损检测技术。它是通过物体的温度变化而捕捉成像，且在进行观测时并不需要提供光源辅助。被检测的目标可以是动物，也可以是静物。不同的被检测物所选用的红外热成像仪设备不同。可以将红外热成像仪安于道路两侧，用于感知车辆不同部位的温度，从而分析确定车辆上乘客的数量。但缺点在于，红外热成像仪仅能识别车上的乘客人数，无法识别违章车辆的号牌信息，故需要与视频监控设备同时使用。热成像仪用于判断车上乘客人数，视频监控设备用于识别违章车辆信息并进行记录。

雷达生命探测仪是一种借着感应人体所发出超低频电波产生的电场（由心脏产生）来找到"活人"位置的仪器。配备特殊电波过滤器可将其他动物不同于人类的频率加以过滤去除，使生命探测仪只会感应到人类所发出的频率产生的电场。雷达分为两种：一种是有源雷达，是一种自身定向辐射出电磁波照射目标，进行探测、定位和跟踪的传统雷达；另一种是无源雷达，是不用发射机发射能量而靠接受温热物体或他源反射的微波能量探测目标的雷达。有源雷达电磁辐射对身体有伤害，无源雷达对身体伤害较小。所以，实际中可以尝试使用无源雷达来完成车辆上乘客人数的识别。同样，雷达也不具备车辆号牌识别技术，故在使用时应配备视频监控设备。

HOV 车道在我国还是一个较新的概念，许多出行者对它的功能、要求等都很陌生。在具备设置条件的城市，为了达到设置 HOV 车道的初衷，必须要做好前期宣传工作，同时应该加强 HOV 车道管控的技术手段。

5.4.3 潮汐车道

在我国的大中城市中，有 20%~40% 的道路及交叉口呈现潮汐式的车流分布。这种现象一方面是通勤交通造成的；另一方面，偶发性事件（例如突发交通事故，大型购物商场临时促销会、歌星演唱会、大型体育赛事等）也会影响道路某一方向的通行效率以及通行需求。这种潮汐式的交通出行方式所带来的出行压力是无法通过交通基础设施建设来缓解的，如果不能寻求有效措施解决此问题，势必会在重交通流方向诱发交通拥堵，甚至拥堵会迅速辐射到周边路网。

设置潮汐车道是缓解城市潮汐交通问题的有效措施。潮汐车道是可变车道的一种类型，是指根据道路早晚高峰期交通量的不同，对于有条件的道路，试点开辟某一条或几条车道在不同时段内行驶方向的变化，比如在早高峰期间把出城方向的某一条车道改变行驶方向，增加进城方向的车道数量这样就可以有效地缓解早高峰的拥堵的车流，如图 5-6 所示。

图 5-6　潮汐车道

设置潮汐车道是解决双向交通流分布不均衡现象的有效措施,需要满足一定的道路条件和交通条件。

道路条件主要包括:① 双向车道总数≥3,且对于城市流量较大的主干道车道总数≥5,6条以上为宜。根据国内外的研究经验,当双向车道总数为奇数时,更为适宜设置潮汐车道。② 潮汐车道一般设置在道路内侧,为了便于方向的切换,因此要求车道中央不应设置护栏等物理隔离设施。如果现有道路存在较宽的绿化带,可以将绿化带拆除,改造为潮汐车道。③ 设置潮汐车道的路段长度在1~5km之间为宜。

交通条件主要包括:① 设置对象应为典型的潮汐路段,符合时间上的长期性与规律性,即每天在早、晚高峰双向交通流存在分布不均衡现象。② 方向分布系数大于或等于 2/3。其中方向分布系数计算公式为:双向部分分布系数 = 重交通方向的交通流量/轻交通方向的交通流量。

由于潮汐车道技术在我国的各大中城市中应用还不广泛,大多数人们对潮汐车道技术的了解程度不够,在潮汐车道使用过程中很容易出现驾驶员不理解潮汐车道的标志标线,不遵守关于潮汐车道的交通规则的现象。为了确保潮汐车道能够顺利实施,并尽可能充分地发挥其缓解交通拥堵的作用,应采用多种管理措施配合的方式:① 在设置潮汐车道以前,应该通过各种传媒手段来使人们熟悉和了解潮汐车道的特点,对潮汐车道的各个组成部分进行详细的介绍,以使人们尤其是驾驶员们能够对潮汐车道有一定的了解,可以正确地理解潮汐车道标志牌和标线的含义,了解潮汐车道的具体实施过程,这样可以避免或者减少驾驶员违反潮汐车道相关的交通规则的现象,更好地发挥潮汐车道的缓堵作用。② 潮汐车道标志标线的设计应该遵循容易理解、直观明了的原则,避免使驾驶员不易理解或者使人感到迷惑的标志标线。潮汐车道的起终点处都应设置提醒类标志和龙门架分车道诱导指示灯,整个潮汐车道中间段也应比较多地设置诱导指示系统,以达到反复提示潮汐车道信息的目的。③ 在设置有潮汐车道的路段应有专门的交警管理,清场阶段结束应由交警巡逻车进行巡逻和广播,确保道路上车辆清理完毕,对违反交通规则的车辆及时进行处罚。交警应重点对潮汐车道开启时、结束时,以及交叉口处等事故多发节点加强管理,现场进行指挥,并应做好急救援助的预案防止发生交通事故造成现场交通混乱。

5.4.4 高架—地面协同管控

目前,北京、上海等城市都建设了高架快速路,为车辆提供快速、安全的驾驶环境。但随着城市机动车保有量的不断增加,城市的交通需求日渐扩大,车多路少引发的供需矛盾也日益突出。尤其是在早晚高峰期间,城市快速路网的交通压力较大,出入口匝道及其毗邻交叉口往往会产生严重的交通拥堵,造成高架路车辆下不去、地面道路车辆上不来等现象。高架快速路上主线车流趋向饱和状态时,入口匝道的车辆很难找到合适的可插入间隙汇入高架快速路,从而在入口匝道上造成排队。随着时间的推移,入口匝道上的排队车辆会溢出到地面道路,对上游关联交叉口车辆的正常运行造成影响。类似地,地面道路上车流趋向饱和时,出口匝道上的车辆受到地面车辆交织和关联交叉口信号的影响，很难汇入地面，从而在匝道上排队等待，当排队长度达到一定程度时，车辆将回溯到高架快速路的主线区域，从而影响车辆的正常行驶。

作为地面交通与高架快速路交通的转换点，下匝道衔接路口和上匝道衔接路口具有交通吸引力强、流量时变大、交通流线复杂等特点，在交通运行过程中经常存在交织冲突显著、合流冲突严重、拥堵蔓延影响主线等问题。

（1）交织冲突显著，影响路口通行效率。在早晚高峰期间高架快速路的下匝道交通流量较大时，不同流向的车辆相互阻挡，影响了进口车道的正常行驶。其次，高架下匝道车流与地面车流跨越多车道换道行驶，存在严重的交织冲突，容易引发车辆的碰撞事故。

优化措施：针对车流交织严重的情况，需要及时调整车道的功能，厘清车辆的流向关系。首先，根据下匝道和辅路各流向流量的占比，调整车道功能，从而引导车流平滑驶入导向车道，减少车辆之间的交织。其次，对于车流运行时变大的路口，考虑设置可变车道以匹配实际的交通需求，尽量避免多车道变道。

（2）合流冲突严重，易形成通行瓶颈点。如右转上匝道车辆与绿灯放行期间其他方向上匝道车辆在高架快速路入口合流困难，从而造成拥堵。或者，出口车道数与进口车道数严重不匹配，从而造成汇合时严重冲突，形成通行瓶颈点。

优化措施：针对合流冲突严重的情况，可以通过信号灯智能化、精细化控制来实现上下游通行能力相匹配。通过设置右转信号灯，实现在高峰期间对右转车辆进行信号控制，减少右转与上匝道交通流的合流冲突与机非冲突。针对上下游车道数严重不匹配的问题，可以对车道进行编号，实施各车道的次第放行，从而提高出口车道与进口车道的匹配度。

（3）交通压力较大，引发拥堵蔓延。如高架主线上游匝道车流快速汇聚，增加了通行压力，车辆无法正常汇入主线。或者，下匝道车流通行需求超过下游衔接路口承载能力，引发排队溢出至高架快速路，影响高架快速路主线交通运行。

优化措施：针对交通压力集中的情况，通过上下游协同控制，均衡路网的交通压力。通过上匝道入口适时启动信号控制，减少流量过度汇入高架快速路主线，如图 5-7 所示。同时通过下匝道与衔接路口协同控制，及时疏散排队车辆。当信号协同控制仍然不能缓解拥堵时，可以统筹区域路网通行条件，如对路口实行转向禁行措施将车流引入周边交通压力较小的道路，通过周边路网来分散通行压力。

5.4.5　智能信号控制系统

交通信号控制是指依靠交警或采用交通信号控制设施，随交通变化特性来指挥车辆和行人的通行。交通信号控制系统主要经历了手动控制、机械式控制、电动式控制和计算机控制四个阶段，控制范围也从单点交叉口信号控制系统发展到主干线的协调控制系统乃至整个交通网络的区域控制系统。控制方式也从离线定周期控制策略逐步发展到在线实时控制策略。同时，随着公安部持续推进城市道路交通信号灯智能化和交通标志标线标准化工作，交通信号控制与互联网、视频图像处理等创新技术得到了深度融合与发

图 5-7　入口匝道采取信号控制

展，特别是在检测手段与检测精度的提升方面，交通信号控制中也逐渐加入互联网数据。例如，城市交通大脑通过各类数据感知交通态势进而优化信号灯配时。此外，融合高德地图、微波检测和视频数据去感知交通事件，包括拥堵、违停、事故等，同时触发机制进行智能处理，实现了120救护车等特种车辆的优先调度，事件报警、信号控制与交通勤务快速联动。单点自适应控制、干线绿波动态协调、基于 GPS/北斗定位以及 RFID 的特种车辆优先控制等得到广泛应用，面向饱和交通的区域均衡控制策略也开始实施。

在对整个城市路网进行科学、合理的交通组织规划的前提下，交通信号控制系统在功能上能够实现高效、务实的点、线、面交通信号控制策略和信号配时优化，形成城市路网点、线、面三级信号控制系统结构。

1. 根据交通流变化进行自适应控制

通过检测交通流量、时间占有率等交通信息，信号机将上述信息上传到控制中心，控制中心根据这些交通信息实时优化周期、绿信比和相位差等信号控制关键要素。根据控制子区关键交叉口的交通状态，如果交通强度类似，则自动合并控制子区，实现子区之间的协调控制；如果差别比较大，则控制子区自动断开，执行各自子区的控制方案。系统可以根据交通流变化情况，自动分析高峰、平峰、低峰时段，并调整切换控制方案以适应交通状况变化。同时，针对畅通、拥堵、阻塞三种交通状况，根据交通流变化进行自适应控制。

2. 非拥堵状态下的分时段干线绿波控制

在城市交通中，交通干线承担了大量的交通通行需求，干线的畅通对改善城市交通

156

状态具有很大的作用。干线信号协调控制就是将干线上一批相邻交叉口的信号控制进行协调配时，使得车辆在干线上按照某一速度行驶时能够不遇或少遇红灯。智能信号控制系统具备自适应协调优化控制，可根据检测器实时采集的交通流数据，由中心生成最优方案下发给前端信号机，在平峰时实现道路动态"绿波"效果。

3. 区域交通信号控制

区域交通信号控制的目的是在充分利用现有交通设施的基础上，以先进的控制技术为手段和依托，对区域内多交叉口交通信号进行协调控制，减少目标区域内交通拥堵和交通事故的数量，尽量提高区域内交通运输效率，缓解区域内交叉口的交通流压力。城市区域多交叉口交通控制可以根据控制策略、控制结构来进行分类。区域交通信号控制根据控制策略不同，可分为区域交通定时式离线控制方法和区域交通适应式在线控制方法；根据控制结构不同，可分为区域交通集中式计算机控制和区域交通分层式计算机控制两种。

5.4.6 公交信号优先控制

公交信号优先（Transit Signal Priority，TSP）的概念起源于 20 世纪 60 年代美国洛杉矶市的公交信号控制实验，在北美、欧洲的许多城市得到了较好的应用，同时也积累了宝贵的实践经验。我国在 20 世纪 80 年代初也引入了"公交优先"的概念，公交信号优先控制技术也在诸多城市得到了推广应用。

公交信号优先控制是指在保持信号机正常运行状态的前提下，给予公交车一定程度的信号优先，使其相对于其他社会车辆优先通过信号控制交叉口，如图 5-8 所示。公

图 5-8　上海临港公交优先通行

交信号优先并不会中断信号机的正常运行，而是针对公交车的运行状况对信号机进行适当的局部调整，从而实现公交车相对的信号优先，并同时不会对道路交通产生较大的影响。公交信号优先的实现方式主要有三种，分别是被动优先控制、主动优先控制和自适应优先控制三类。

1. 被动优先控制

公交车被动优先控制的实施并不需要车辆检测器获取的实时交通数据，主要是根据公交线路分布、乘客乘车模式、公交车的发车频率和行驶速度等历史数据在交叉口离线信号配时方案设计中给予公交车优先权，从而减少公交车延误。在公交车被动优先控制中，主要采用的方法有相序优化、周期长度优化、绿信比优化、相位差优化等。

被动优先控制主要考虑了公交车和社会车辆的历史平均运行情况，可以通过对相关历史交通数据的分析，制定离线信号优先配时方案，在不对社会车辆产生较大影响的前提下实现降低公交车延误的目标，同时实施的成本较低。但是，被动优先控制也存在一定的缺陷，如只有在公交车流量较大且运行状态较为稳定的情况下才能获取较为有效的实施效果。另外，被动优先控制需要建立在历史数据分析的基础上，无法适应交通需求的动态变化，从而导致过多的信号损失时间，在实际的交通管理中不够灵活。

2. 主动优先控制

主动优先控制主要借助车辆检测器识别和分析公交车的运行情况，当检测到公交车即将到达交叉口时，信号控制中心根据公交车运行情况、当前交叉口交通状态以及信号控制逻辑做出不同的响应，对相位以延长、提前、插入或跳跃等方式对交叉口信号控制配时方案进行调整，从而实现公交车的优先通行。为公交车提供相应服务时采用何种响应方式，主要取决于公交车在周期内的哪一时段到达。主动优先控制的实现方式主要有绿灯延长控制、红灯早断控制、相位插入控制、相位跳跃控制、相位反转控制等。主动优先控制可分为无条件的优先控制和有条件的优先控制。无条件的优先控制是指在为公交车提供信号优先时，不考虑其他社会车辆延误和信号控制系统协调，在多数情况下会对交通流的正常运行产生较大的影响，从而降低交叉口的通行效率。有条件的优先控制是指考虑了执行公交信号优先控制策略后对交叉口运行效益的影响，仅在有利于交叉口总体交通运行效益的情况下，才给予公交车信号优先。

相对于被动优先控制，主动优先控制更加灵活，只有在检测到车辆到达时才会被激活，避免了被动优先控制中信号损失过多、信号配时不能反映交通动态特性等问题。但是，主动优先控制在一般情况下只适用于交叉口非饱和情况，在交叉口处于饱和或者过饱和状态时，采取主动优先控制会大大增加交叉口的车辆延误。同时，独立交叉口优化范围的局限性也会使主动优先控制常中断社会车辆在交叉口间的协同控制，无法合理均衡公交车与社会车辆之间的通行效率。

3. 自适应优先控制

自适应优先控制也被称为实时优先控制，通常以优化性指标函数为目标，对交叉口配时方案进行动态优化，为公交车提供信号优先权。自适应优先控制的优化性指标以延误为主，可以包括人的延误、车辆的延误或者两者的组合，也可以同时考虑交通流量、公交车载客量、公交车准点情况等，通过预测候选配时方案的实施效果来选择其中最优的方案，或者通过调整信号周期长度、绿信比和相序来对配时方案进行优化，从而提高地面道路交通的运行效率。

自适应优先控制能够在一定程度上解决主动优先控制中的问题，如公交车与社会车辆之间的效益平衡、多申请排序等，并将单个交叉口的信号优先扩展到干线协调控制、路网协调控制等层面，在为公交车提供信号优先的同时，实现对整个路网的交通运行优化，减少公交信号优先控制对整个地面交通的影响。但是，自适应优先控制需要大量的车辆检测设备，并对检测精度要求比较高，因此与被动优先控制和主动优先控制相比，资金的投入比较大。

5.5 智慧交通执法

由于历史原因，交通运输执法信息化一直处于薄弱状态。传统交通执法存在监测设备不足、违法识别能力弱等短板，同时存在多部门交叉管理，联合执法又缺乏协同制度等问题。综合执法制度改革之前，交通运输行政执法的一体化、信息化、智能化较为薄弱，尚无法实现对违法行为的自动甄别，移动执法现场执法手段落后，办公自动化、流程文书化等功能亟待提升。

2019 年 7 月，交通运输部发布《数字交通发展规划纲要》，进一步明确提出"推动行业治理现代化"的建设目标，要求提高在监管执法领域的大数据运用水平，实现精确分析、精准管控、精细管理，强调"加快完善运政、路政、海事等政务信息系统，推进交通运输综合执法、治超联网等系统建设，提高执法装备智能化水平，推进在线识别和非现场执法"。2023 年 4 月，交通运输部办公厅发布了《关于组织开展交通运输区域执法协作试点示范工作的通知》，其中工作任务提出深化区域执法协作信息共享，要求加快推广应用交通运输行政执法综合管理信息系统，推进部省执法信息系统联网，尽快实现全业务领域、全区域执法案件办理电子化。因此，推进交通综合执法的数字化转型，大力发展智慧交通执法，对于规范城市运行秩序、加强城市治理能力、营造和谐城市氛围意义重大。

5.5.1 智能执法设备

（1）手持终端 PDA。外观上体积小，重量轻，便于随身携带，具备采集、识别、验证等功能，既能现场打印罚单，也能查询内网信息。

（2）移动执法客户端。具备现场查验、案件录入、人员核查、证据收集、处罚决定等功能，以便执法人员能够在现场进行实时操作和处理。

（3）对讲机。具备远程对讲、一键群呼、实时定位等功能，如图 5-9 所示。执法人员能够在不同频率的通道之间切换，随时互通交通执法情况，实现信息即时的全面共享，达到统一指挥调度的效果。

（4）执法记录仪。执法记录仪具备 IP68 高防护等级、高规格的防震设计和高强度材质，耐摔、防水、防尘，确保高清、稳定的音视频画面，如图 5-10 所示。运用大广角镜头，保证画面的较大可见范围。利用高清摄像头，可避免低光或高光、夜间、抖动等情况，实时记录各类行政处罚事件现场处置情况。

图 5-9 智能执法设备外观

图 5-10 执法记录仪外观

（5）无人机。相对于传统执法方式，无人机具有全方位、高效性的优势，如图 5-11 所示。特别是在车流拥堵、远程高速公路等场合，通过实时视频监测和数据传输，提供精准的信息和数据支持，有助于提高执法的透明度。

图 5-11 无人机外观

（6）便携式扫描仪。可实现证书、文书、手稿证据等资料现场扫描、备份、上传，如图5-12所示。

5.5.2 违停执法

近年来，因车辆占用人行道、非机动车道及应急车道导致道路通行秩序混乱等问题层出不穷，"停车难"和"停车乱"已成为影响城市形象、制约城市发展、影响居民生活质量的焦点问题。同时管理违章车辆也面临人工监控不足、效率低、停车举证材料缺失等诸多问题。如何规范驾驶员的停车行为，并对违法停车的行为进行及时准确的取证查处和提醒，是创造良好城市交通环境、保证道路畅通安全亟待解决的问题。

图 5-12　便携式扫描仪外观

1. 工作流程

违停抓拍系统分为固定式抓拍取证和移动式抓拍取证两种方式。移动式抓拍取证是指通过安装在执法车辆上的车载执法设备（车载全景取证设备、行车记录仪取证设备），对道路违停车辆进行快速抓拍取证。其中采集执法车辆抓拍到的违停车辆信息主要包括车辆的前后图片、车辆的特征信息（车辆号牌、车牌颜色、车辆类型、车辆品牌、车身颜色等）和车辆违法视频。固定式抓拍取证是指通过设置违法取证一体球机的检测预置位及相应的违停检测区域，并设置路段违停抓拍模式（不允许停车或允许临时停车），实现对违停车辆的定位特写抓拍和车牌自动识别，如图5-13所示。

(a) 识别违停检测区域　　　　　　　　　　　(b) 识别车辆目标

图 5-13　违停识别

对于不允许停车工作模式，球机自动生成违章记录，包括一张合成图片（二张全景特征图片、一张车牌特写图片）和一段反映机动车违法停车过程的录像，图片上叠加有交通违章日期、时间、地点、方向、图像取证设备编号、防伪等信息。对于允许临时停车工作模式，球机识别到违停车辆信息后，继续检测其他车辆，经过最大范围允许停车时间后（自定义设置），若识别到的车牌号码与之前识别到的车牌号码一样，则判定为违停，进行取证流程。若再次识别到车牌信息与之前的不一致，则丢弃该目标。

违停抓拍系统一旦发现禁停的区域出现车辆违停现象或停留超过限定时间，将会立即告警提醒相关人员及时处理，实现将安全操作人员从"盯着屏幕"的复杂枯燥任务中解脱出来，进一步提升道路交通管理水平，规范城市机动车停放秩序，有效改善停车秩序。

2. 系统功能

（1）违法停车自动取证功能。对道路两旁禁停的区域内违停车辆进行检测和取证，可以根据实际需求调整最大停车时限。当车辆在禁止停车区域停车在限定时间以上的，进行违章抓拍取证。一组取证信息包括不同时间段的三张全景图片、一张能够看清车牌的特写图片，以及一段违章过程录像，图片中叠加时间、地点、车牌号码等信息。

（2）车牌自动识别功能。系统能够自动对违停车辆进行跟踪放大，自动识别车牌号码，减少人工识别输入车牌的工作，提高效率。

（3）自定义设置算法。支持自定义设置、布防及撤防违停抓拍算法。同时支持自定义设置布防时间段。支持自定义条件查询违停告警，查看某条违停告警的告警图片和告警过程录像。

违章停车识别系统对违章停车行为实时监测，可助力交通管理部门实现全方位无死角执法，有效降低工作人员的工作强度。

5.5.3 治超非现场执法

传统的治超执法通常采用交通运输执法部门与交警管理部门联合现场执法的方式，在违法超限超载严重的路段开展巡查整治，拦截嫌疑车辆，并对涉嫌超限超载的车辆实施暂扣。这不仅执法效率低、人员资源投入大，且还存在值守人员安全隐患。其中交通运输部门是治超工作牵头单位，负责治超工作的指导、规划、监督、协调；负责治超检测站点建设管理，治超信息系统的维护和运行；组织开展路面巡查和集中执法行动。公安部门负责维护治超工作的治安秩序，依法查处阻碍执行公务等违法犯罪行为，对超载及抄告的车辆进行后续处理。

非现场执法的治超系统与传统现场执法有所不同，通常在国道、干道、高速公路等主要地方安装高速称重传感器和快速长宽高测量设备，对经过的货车进行重量、尺寸全天候快速超限超载检测。它不受地理位置、时间和天气的影响，由动态称重、视频监控、图像抓拍及车牌识别、信息提示系统等组成，建立起一个全天候货运车辆超载违法行为监控系统，为执法机构提供准确的车辆检测数据和执法相关证据，使行政执法工作更加科学化、智能化，可以有效缓解执法力量不足的问题，同时能够有效减少执法实践中的矛盾和冲突，改善执法环境。

1. 工作流程

当车辆进入检测区域时，系统自动对车辆的重量、车轴进行检测计算，同时对车牌进行识别与车辆抓拍取证。若车辆超重超载，则将车牌号、传感器称重、超重百分比等信息传送到前方路侧发布屏向车辆驾驶员进行告知，同时将检测信息上传到交通运输执法部门的中心平台，由执法人员定位、查处。这种高科技治超手段实现对车辆违法行为的自动采集、证据获取，通过人工分拣确认后，将直接作为公路管理部门超限超载处罚的依据。治超非现场执法工作流程如图5-14所示。

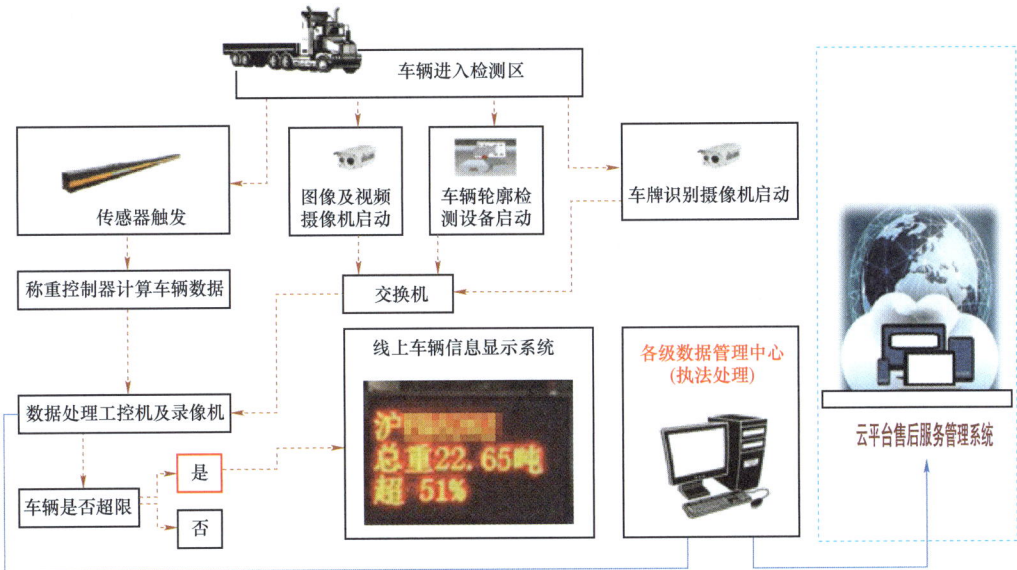

图 5-14　治超非现场执法工作流程

2. 系统功能

（1）历史过车数据查询。支持对历史过车数据进行查询，分常规过车数据、超载过车数据两部分供区分查询。针对每条过车数据，可查询实际过车信息和抓拍图片。查询条件包括起始点时间、检测站点、超载比范围、是否超载车辆、关键字搜索。查询结果以列表方式展示，列表字段为车牌前号码、车牌后号码、车辆轴数、实测重量、核定载重量、超载比、处置情况、过车时间。支持 Excel 导出。

（2）统计分析查询。具备超载数据、过车数据统计分析功能；根据分时段、分日期、分公司进行数据对比分析。

（3）与六合一平台对接。六合一平台是指以现有公安交通管理信息系统为基础，融合机动车登记、驾驶证管理、违法处理、事故处理、交警队信息平台、剧毒品运输管理六个业务系统。

治超系统通过六合一平台对接可查询过往车辆详细信息，直接获取车辆的核定载重量，根据称重整车重量，直接得出车辆超载比例。查询条件包括号牌号码、号牌种类。查询结果以列表方式展示，列表字段为机动车所有人、号牌种类、车身颜色、车辆品牌、核定载客数、准牵引质量、核定载重量、总重量、号牌号码支持 Excel 导出。

5.5.4　重点车辆监管

对于传统的车辆监管业务，执法人员仅仅依靠个人经验识别存在非法营运嫌疑的车辆，缺乏科技辅助手段进行精准识别。并且非法营运车辆的行驶速度较快，执法人员在路上设卡拦截时，嫌疑车辆闯关行为时有发生，威胁执法人员的人身安全。

基于视频 AI 和大数据技术，通过在高速公路出入口、主干道路、货运和客运场站的出入口的道路上布设高清卡口系统，将各类营运车辆集中到一个平台进行管理，一张图掌握所有车辆的运行动态，并通过信息化手段主动发现异常经营行为，实现营运车辆违法行为的主动识别，如非法营运车辆、危化品运输车辆违规停驻、危险驾驶等，提高道路的动态交通防控能力，缉查布控各类严重交通违法，重点抓拍货车闯禁行等违法行为，营造安全文明的道路交通环境。未来，随着 5G 技术的广泛应用，重点车辆监管平台将获得更高的实时性和精准性。由于 5G 网络的低延迟和大带宽特性，平台将支持更多车辆数据的传输和处理，使监管系统更加高效。

对于重点车辆动态监管的业务需求，各职能单位的职责分工有所不同。安监局的主要职责是配合交通运输部门做好信息共享平台建设，利用动态监管手段，做好应急指挥及事故调查处理工作。公安局的负责配合交通运输部门做好信息共享平台建设；可以将道路车辆动态监控系统记录的交通违法信息作为执法依据，对符合证据要求的，依法查处。交通运输局负责建设和维护道路车辆动态信息公共服务平台，并向公安、安全生产监管等有关部门开放数据接口；保证联网联控系统长期稳定运行，定期对道路企业动态监控工作的情况进行监督考核。

1. 重点监管车辆

（1）"两客一危"车辆监管。对"两客一危"车辆、车辆驾驶人、在途运输等实时监控，对车辆超速、违章停靠等行为能够进行有效的监管。

（2）货运车辆监管。对 12t 及以上重型载货汽车进行重点监管，掌握车辆实时运行轨迹，对超速、疲劳驾驶、越界等行为进行自动报警。

（3）网约车监管。包括许可监管和营运监管，能对网约车企业、车辆、驾驶员等入网经营进行准入监管，对异常经营行为进行报警。

（4）公交车。对公交车辆运行动态、公交客流、公交运力、公交服务水平、公交运营等进行监管。

（5）黑名单车辆监管。对黑名单车辆的实时位置及运行轨迹进行监管，并生成预警提示。

2. 系统功能

（1）总体数据展示。统计展示当前一环客车、货车、危化品车和外牌车辆的总数以及当月工作日、非工作日本外地车辆数量和占比，统计当月重点车辆和外地车辆数每日变化趋势曲线。统计展示当日各类重点车辆总数变化，将危化品车辆、客运车辆、货运车辆总数前十的区域进行排行。同时，可统计展示一环客车、货车、危化品车、本地外地车辆的月度总数，统计展示当前一环黑名单/违法车辆。展示当月排名前十高频车辆车牌及行驶信息。分析客车、货车、危化品车、本地外地的出行特征，并进行风险评分。

（2）货车分析。展示当前及昨日货车总数，显示当日经过上下匝道的货车总数，显示各个货车的来源匝道，以及各来源匝道驶入的货车数量。点选来源匝道，可看到当月每日驶入货车数量的变化曲线。对比展示今日和昨日每小时货车在路总数量的变化情况。可通过所属高速段、车牌号、开始结束时间等信息搜索货车经过卡口信息。货车车辆数据展示界面如图 5-15 所示。

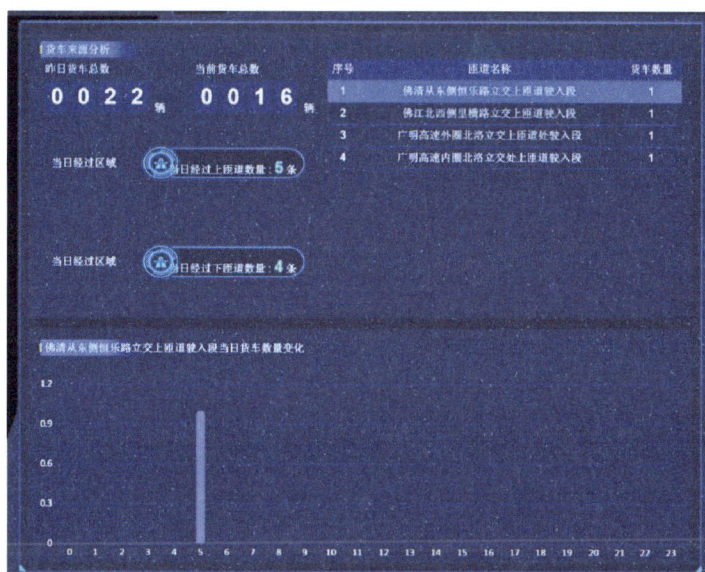

(a)

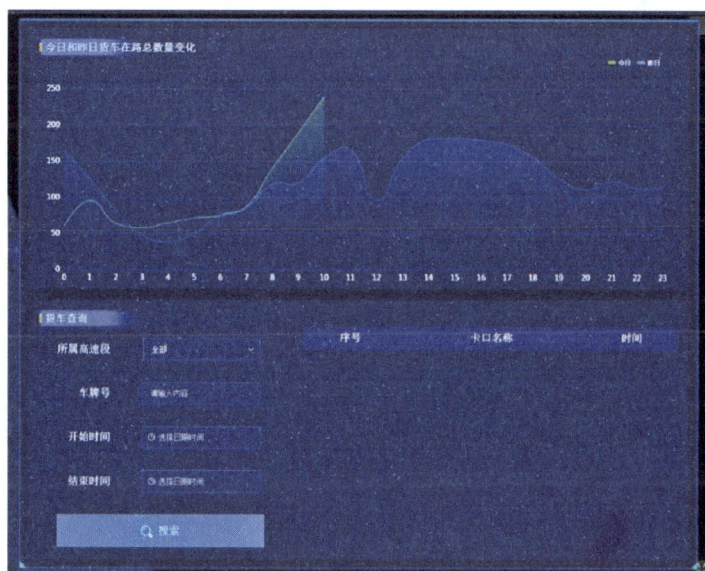

(b)

图 5-15　货车车辆数据展示界面

（3）风险特征分析。展示当日及当前违法车辆总数，可通过车辆类型、车牌号、时间查询违法车辆信息。展示违法车辆出行记录信息，包括车牌、类型、时间和危险系数评分。展示车辆过车记录信息，包括时间、经过卡口和过车图片。对车辆经常出行路口进行排名。统计展示车辆经常出入时段。

5.5.5 交通智慧执法平台建设

当前我国交通执法系统繁多，系统在功能上不关联互动、信息无法实现互联互通、互相分享、交换利用，各个系统无法协同工作。以物联网、人工智能、大数据等信息技术为代表的新一轮科技革命兴起，使得可以以全新的维度认知世界，也提供了更多的改造世界的手段和工具，将这些技术手段应用到交通运输行政执法信息化体系建设中。

《中华人民共和国国民经济和社会发展第十四个五年规划和2035年远景目标纲要》指出，要加快建设数字政府，提升行业管理数字化水平。因此，交通管理部门要逐步提升大数据运用能力，打造综合交通运输"数据大脑"，提升交通运输决策分析水平。交通执法部门需加快建设交通执法平台，依托平台汇聚和共享业务数据，强化交通运行态势感知和分析能力，优化执法业务流程，提高信息系统的实用性和可操作性，形成互联互通、信息共享、业务协同、智能便捷的交通运输行政执法信息化体系，全面提升交通运输行政执法能力、执法质量、执法效率和执法公信力。

1. 建设思路

以需求为牵引，根据交通运输行政执法部门的业务开展情况，按照"点—线—面"的规划建设思路，先完成重点路段、重点区域的信息采集。随着业务的深入发展，逐渐形成连续的信息采集点位，构建城市级的交通运输数据采集网络。

以应用为手段，依据交通运输行政执法部门的信息化建设中长期规划和业务特点，按照辅助现场执法和拓展非现场执法两条主线推动执法业务应用系统有序落地，深入挖掘数据价值，达成交通运输行政执法信息化建设目标。

2. 系统架构

交通智慧执法平台按照"一平台、二中台、六应用、多终端"进行设计，系统架构，如图5-16所示。

（1）一平台：指交通智慧综合执法平台。

（2）二中台：指数据中台和业务中台。数据中台包含通用算法、监测预警、行为分析、监督评价、趋势研判及风险评估等模型。通用算法包括数据的处理、分析、融合等功能。监测预警模型包括事件的分级、阈值等功能。趋势研判模型包括态势感知、诊断、分析等功能。业务中台指的以应用场景划分边界，形成高内聚、低耦合的共享服务平台。

（3）六应用：包括现场执法辅助、监测预警、指挥调度、违法审核、音视频执法、分析研判，为不同用户角色提供所需的执法业务相关应用。

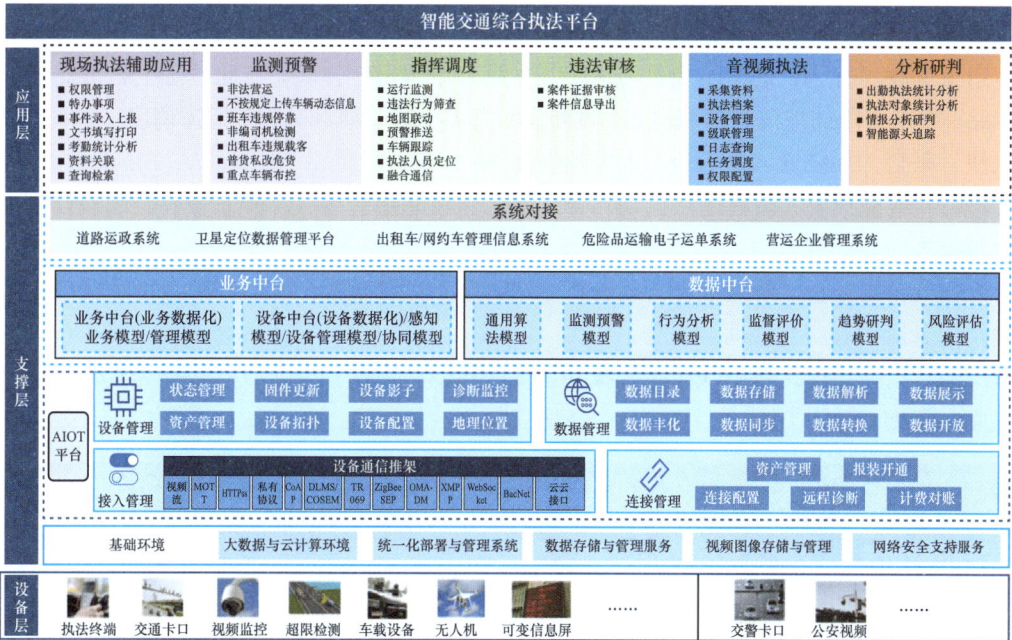

图 5-16 交通智慧执法平台架构图

1）现场执法辅助。包括权限管理、待办事项、事件录入上报、文本填写打印、考勤统计分析、资料关联、查询检索，为基层执法人员在现场执法中提供违法案件线索、相关违法车辆基本信息和实时位置信息，以及周边执法人员实时位置信息。

2）监测预警。包括出租车违规揽客检测预警、货车扬撒检测预警、货车私改危货检测预警、重点车辆布控、班车违规停靠等，为其他业务应用的开展提供关键的违法行为的线索和信息。

3）指挥调度。包括运行监测展示、预警信息推送、嫌疑车辆跟踪、执勤人员定位、重点车辆布控、融合通信，为指挥中心值守人员提供实时的违法行为报警和进行指挥调度所必需的信息和手段。

4）违法审核。包括案件证据审核、案件信息导出，为非现场执法案件审核员提供可靠的违法行为线索和便捷的案件审核界面。

5）音视频执法。包括采集资料、执法档案管理、设备管理、级联管理、统计分析、日志查询、任务调度、权限配置功能，实现对执法记录仪和采集站的统一管理，提供执法音视频的预览、下载等功能，通过关联执法人员、执法部门等信息，进一步实现基于执法案件的档案化管理。

6）分析研判。包括情报分析研判、数据可视化，为执法管理人员基于系统预警提供智能研判分析和执法数据的可视化统计分析。

（4）多终端：包括固定设备（卡口、球机等）和可移动设备（单兵、车载、布控球、执法记录仪等），实现对交通运行信息的实时采集和前置智能分析。

3. 南通交通运输云执法平台

以南通火车站为核心点，借助科技化手段严厉打击黑车非法营运、黄牛拉客等破坏客运市场秩序行为，进一步规范客运市场，提升旅客出行体验。在此基础上扩展高速收费站、重点路段的违法检测和打击，逐步形成智能预警、研判分析、指挥调度一体的"云执法"平台，如图 5-17 所示。主要功能如下：

（1）智能预警，嫌疑违法自动预警推送。建设非法营运、营转非等 6 类违法自动检测预警推送。

（2）研判分析，研判报告自动分析生成。基于预警数据，自动分析嫌疑车辆出行规律，划分嫌疑等级生成研判报告。

（3）指挥调度，前后联动高效执法协同。移动客户端预警接收和快捷处置，现场状况实时掌握。

图 5-17　南通交通运输云执法平台

借助该系统进行为期 1 个月非法营运专项打击，查获 56 辆非法营运车辆，成效显著，同时执法方式由现场执法逐步向非现场执法和事后调查追溯转变，大大提升执法精准性和科技含量。

5.6　城市交通大脑

5.6.1　城市交通大脑的内涵与特征

1. 城市交通大脑的内涵

城市交通大脑是传统智能交通体系的衍生与进化。通过搭建人、车、路、环境，全量、全景数据资源池，实现对全量个体用户画像式的需求细分、数据集成与融合处理，形成"个体触觉"与"需求全景"。以全局最优、系统协同、个体智能为目标，基于深度学习与反馈的迭代更新，对交通网络进行实时智能化运算与模拟，并对未来趋势进行前瞻性预判，依托"数字平行交通系统"进行交通系统时空资源调配，实时提出精准、个性化的系统解决方案，实现供需适配、系统最优的智慧、高效交通系统。以一体化需求响应、出行预约的全新交通服务模式，建设零拥堵、零延误、零等待的有序交通系统，实现平等多样、体验最佳的人性化交通系统。

2. 城市交通大脑的特征

随着 5G、大数据、物联网、云计算、人工智能等新一代信息技术的快速发展，相比传统的智能交通系统，城市交通大脑在能力、功能、系统、效率、服务等方面均有质的飞跃，特别是数据汇聚、平台计算、智慧性、协同性、全局性、实时性等。

（1）能力特征。首先是大数据汇聚全要素、全覆盖感知。城市交通大脑通过对不同来源、不同行业、不同方式，甚至人、车等出行个体的时空轨迹数据进行融合分析，实现了对人、车、路、环境的多要素全面感知。其次是云平台超级计算能力。城市交通大脑可以对海量数据进行实时计算，能够瞬时完成数据的运算、分析，实现交通系统的反馈闭环。

（2）功能特征。城市交通大脑充分运用机器学习、人工智能、知识工程等先进技术，通过自学习、自组织的方式推理交通运行状态并产生相应的应对机制，从而完成对城市交通系统的自我反馈和自我调节，实现交通系统的自主化、智慧化运行。

（3）系统特征。首先是泛在互联系统协同性。城市交通大脑相比现有智能交通系统，更强调人、车、路、环境的泛在互联，信息在交通要素之间的交互、流动与反馈，各个子系统能够协同运行。其次是全局视野系统最优化。现有智能交通系统往往仍停留在单个系统最优或用户最优的阶段。城市交通大脑从全局视角出发，对交通供给、需求、状态进行综合性分析与预测，以系统整体供需平衡作为原则，对交通设施、运力资源进行优化配置，以实现全局最优的目的。

（4）效率特征。城市交通大脑强调实时反馈闭环控制，要求数据信息的实时传递与反馈，以"零延迟"完成交通系统接收与反馈闭环，建立数字平行交通系统，最终实现交通系统的智慧、高效服务。

（5）服务特征。相比传统的智能交通系统，城市交通大脑更注重个体智慧一体化服务，通过对全链路信息的提取和学习，为出行者个体提供精准化、个性化、面向全出行过程一体化的出行服务，从而提升出行服务水平。

5.6.2 城市交通大脑的顶层框架

1. 城市交通大脑的功能架构

针对不同的交通业务场景，从系统管理与使用需求的角度出发，构建城市交通大脑的功能架构，如图 5-18 所示。城市交通大脑的功能通常可分为应用功能和支撑功能两类。通过数据融合实现多源数据的汇聚、交互与共享，构建专题数据库，针对不同类型的数据提供相应的数据资源服务，建立数据模型，从而实现数据的高效利用和精准分析，为城市交通精细化管理、数字化转型提供支撑。

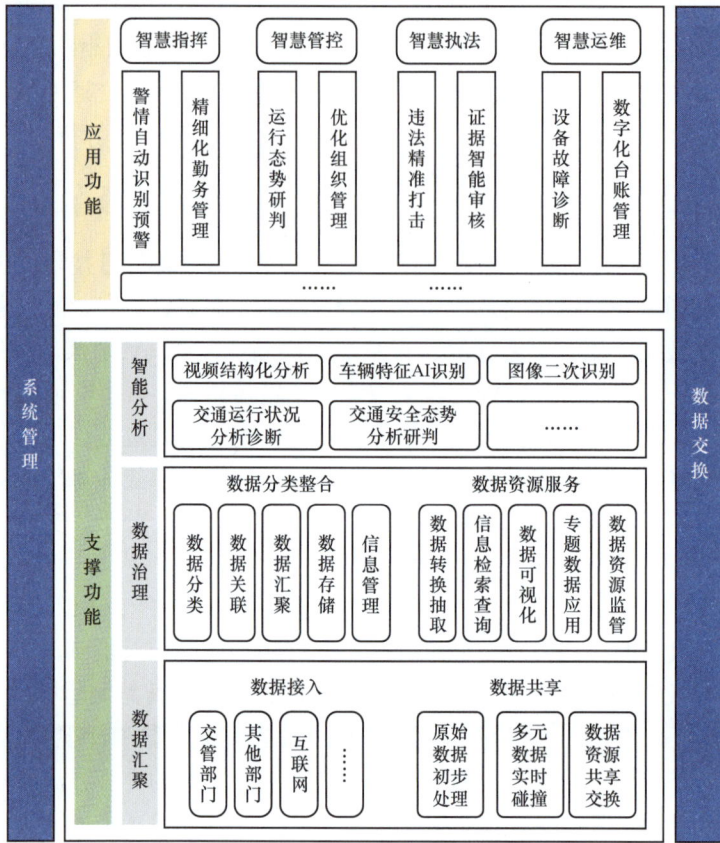

图 5−18　城市交通大脑的功能架构

2. 城市交通大脑的系统框架

基于云计算、大数据架构，构建"1 + 2 + 3"的分层解耦、灵活开放的三层城市交通大脑系统框架，如图 5−19 所示。"1"是指一个云，即交管专有云基础设施，用于提供计算、存储、网络传输能力；"2"是指两个系统，即统一的数据交换系统和数字化地理信息系统；"3"是指三个平台，即大数据资源平台、视频 AI 应用平台和智慧协同管控应用平台。

（1）资源层。资源层主要为城市交通大脑系统提供计算资源、存储资源和网络资源，包括交管专有云基础设施和云资源管理系统两个部分。交管专有云基础设施是城市交通大脑的支撑骨骼系统，通过利用不同配置的服务器与设备搭建起大规模集群。云资源管理系统是数据大脑的资源供给系统，使用虚拟化、分布式计算等技术构建计算、存储和网络资源池，从而实现计算、存储资源的动态伸缩和分配管理。

（2）认知层。认知层主要用于接入、整合、存储和处理各类多源交通信息资源，为外部提供资源服务，包括统一数据交换系统、视频 AI 应用平台和大数据资源平台三个部分。统一数据交换系统是城市交通大脑的神经中枢，主要实现公安网、视频专网等不

170

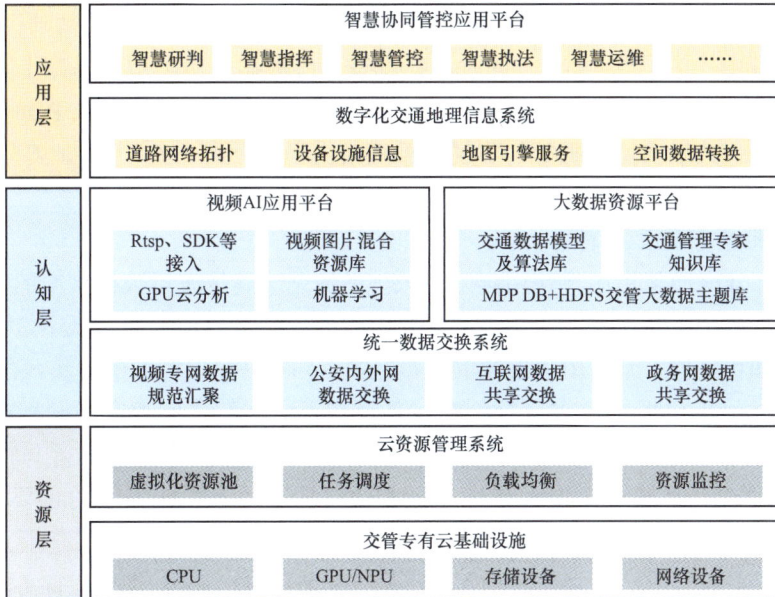

图 5-19 城市交通大脑系统框架

同系统之间的数据规范汇聚与共享交换。视频 AI 应用平台是城市交通大脑的视听中枢，主要用于各类监控视频图像的规范化整合，建立统一的视频图像混合资源库。大数据资源平台是城市交通大脑的神经中枢，主要为交通数据模型、算法及预案库等提供数据支撑。

（3）应用层。应用层主要为各类交通管理部门及用户提供应用功能和服务，包括数字化交通地理信息系统和智慧协同管控应用平台。数字化交通地理信息系统主要用于开发道路网络拓扑、交管设备设施信息等各级专用图层信息服务，提供给地图引擎服务，为其他系统和平台提供地图展示调用接口、空间数据转换工具等。智慧协同管控应用平台通过综合应用各类数据资源和系统接口，提供智慧研判、智慧指挥、智慧管控、智慧执法、智慧运维等功能，构建起以"情报导勤、专业调勤、规范执勤、全程督勤"为一体化的公安交管警务应用体系，实现警务智慧、数字、协同管理。

5.6.3 城市交通大脑关键技术

1. 全息数据感知技术

随着互联网、大数据、人工智能等技术在交通领域的深入应用，网联化的智能终端、智能化的出行服务信息以及网约车、共享单车等新型出行方式和服务模式，使交通数据采集方式呈现多样化、网联化等新特征。当前，智能交通系统中的数据仍存在片段式采集、孤岛式存储、粗放式管理等问题，对不同来源、不同行业、不同交通方式的多源异构数据无法有效汇聚，导致缺乏对海量交通个体数据精细化的融合运用与校核分析。全息数据感知是整个城市交通大脑的来源层，为实现交通运行状态的精准计算提供大数据基础。在现有智能交通系统建设的基础上，融合新兴的智能穿戴设备、V2X 设备、无人

171

机遥感等数据采集手段,拓展数据采集方式和采集设备覆盖范围,推进基础设施智能化,实现数据来源由"广"到"全"。同时,在现有传统数据采集类型的基础上,面向人、车、路、环境,纳入智能终端设备数据、全景视频感知数据、社会开放 POI 数据、自动驾驶车辆数据、共享泊位数据等,实现数据规模由"少"到"多",数据类型由"单一"到"多样"。

2. 数据汇聚与质量控制技术

目前,部分交通采集由于使用年限较长,已经无法满足海量数据带来的新挑战,电子元器件在各种随机状况下均可造成意外损坏,导致回传的数据质量低下,影响采集数据的真实性和可靠性,无法用于后续的数据挖掘。同时,数据资源的采集、存储、统计、表达通常由建设单位根据需求自行制定,甚至在不同系统之间存在不同标准的数据资源,未能形成一致的数据存储和管理标准,不利于多源数据的融合分析与特征挖掘。数据感知的精准性是城市交通大脑进行分析计算与制定个性化方案的重要基础,数据质量在很大程度上决定了城市大脑的分析、判断的准确性。因此,在海量大数据汇聚的同时,要对所采集的交通数据进行质量评估,高精度、高质量、超细度、多维立体的数据才能有效支撑城市交通大脑的建设。通过建立多源异构大数据资源的统一汇聚、存储、管理标准,严格把关数据质量,评估数据的精度和颗粒度,在数据来源上实现从"粗"到"细"。科学监测交通数据采集设备的损坏率,定期维护历史数据,保障数据的使用价值。

3. 高精度地图技术

交通是人或物的空间移动,城市交通系统与地理空间属性密切相关。在完成交通大数据高质量采集与汇聚的基础上,需要将交通数据搭载在城市空间和道路网络上,实现数据与城市空间数据的匹配,从而发挥出数据的时空价值。基于多种地图信息采集手段,面向城市交通大脑建设需要建立全要素、高精度、广范围的高精度地图。在信息采集方面,涵盖道路网络、基础设施、自然环境等要素,并实施采集海量精准定位、实时路况、用户偏好等大数据。在数据精度方面,高精度地图应达到亚米级精度,可满足自动驾驶对空间感知的要求。在覆盖范围方面,实现城市全域覆盖。同时,通过数字孪生的模式将参与交通分析与管理计算的交通要素形成多种形式的数字化矢量数据,并按照道路网络的逻辑关系将这些要素数据进行整合,利用高精电子地图的形式进行表达与可视化展示。基于交通语义的关系表达和计算技术的支撑,构建可计算路网模型,可以将所有的交通设施、规则、控制策略实现数字化、信息化,并以能够被计算机所理解的形式进行计算、查阅与存储,从而满足交通路网精细化表达的需求。

4. 海量数据存储与处理技术

基于海量数据存储与处理技术,构建实时处理能力平台是城市交通大脑建设的物理基础,是完成海量数据实时汇聚与处理的依托。海量数据的计算需求主要包括面向终端大体量数据的初步计算与信息提取、面向分布式用户的数据存储与共享应用以及面向大规模网络复杂计算的中心端调度与分配等方面。针对以上需求,需要运用边缘计算、分布式云计算、高性能计算等技术,在城市交通大脑建设过程中满足不同层次的计算任务。

边缘计算具备低时延、大带宽、本地化等特点，可应用于实时性、短周期数据、本地决策等场景，能够提高本地处理能力、减轻网络和云计算平台的负担、明确数据边界等优势。云计算具有虚拟化、动态可拓展、按需部署、灵活性高、可靠性高等优势，主要用于非实时、长周期数据、业务决策等场景。高性能计算用于全网络的中心化调度与分配，以及大规模复杂算法应用等场景。城市交通大脑中的数字平行交通系统构建、交通系统出行时刻表实时计算等应用都需要高性能计算来完成。

5. 大规模交通网络计算技术

针对城市交通大脑对交通网络超级计算的需求，基于大规模交通网络计算技术实现对海量汇聚数据资源的融合校验与特征提取，还可实现对交通网络的在线模拟，通过智能训练算法实现资源自适应匹配，通过网络调度算法实现全网出行分配。大规模交通网络超级计算技术主要包括信息提取与融合、交通特征挖掘、交通网络建模仿真、供需适配调度等。通过对数据信息的提取、数据间融合与验证，实现信息的提纯与加工，以支撑复杂、精准的网络运算。基于融合后的数据信息，对数据进行深度挖掘与剖析，分析交通网络的供需匹配关系，实现交通系统问题诊断。交通网络建模与仿真是城市交通大脑的核心，通过机器学习算法实现对网络的模拟，构建交通模型实现对现实交通网络的再现。基于数据融合、挖掘及网络建模仿真结果，支撑城市交通管理与出行服务应用，通过智能算法及网络优化调度算法，实现一体化、预约出行等创新模式。

5.6.4　城市交通大脑建设现状

1. 北京

作为首都交通"最强大脑"和"交通智慧中枢"，北京市交通运行监测调度中心围绕运行监测、预测预警、智慧调度、决策支持、社会服务等五大职能，全力做好北京市交通运行监测、协同联动指挥调度、交通决策支撑的工作。通过统筹协调公安交管、公交、轨道、出租、民航、铁路等 16 个分中心，整合接入行业内外 41 个应用系统、8000 多项动静态数据、29 万多路视频，实现了涵盖路网、公交、静态、慢行、城际等共计 19 个交通领域的动态运行监测。2022 年 5 月，北京市交通委发布了《2022 年北京市交通综合治理行动计划》，该计划明确加强智慧交通大脑建设，推进交通运行监测调度中心三期和智慧综合监管平台建设，构建智慧交通数字化共性支撑平台，完善交通监测预警、协同调度、辅助决策、平行推演等核心功能，逐步建成智慧监测、智慧研判、智慧调度、智慧监管、智慧评价"五位一体"的首都交通大脑。

北京市在探索全市层面城市交通大脑规划与建设的同时，区层面也在不断推进城市大脑的建设，其中具有代表性的是海淀区城市大脑。海淀区城市大脑总体架构为 $1+1+2+N$，即 1 张感知网、1 个智能云平台、2 个中心（大数据中心、AI 计算中心）、N 个示范应用。海淀区城市交通大脑主要包括交通基础设施管理、交通组织优化、交通信号控制、停车管理、交通安全与防控、交通执法、交通枢纽管理、重点车辆管理、物流管理、公共交通等十大核心业务，实现了态势监控、预警预报、研判分析、指挥调度、监督管理和出行服务等六大功能。

海淀区城市大脑在公共安全、城市交通、生态环保、城市管理等领域取得了良好的应用效果。在城市交通领域，实现全区 4286 个点位的非现场执法处置，通过增加"一键式"抓拍模式，实现 12 秒抓拍自动生成违法记录。通过运用"车脸识别"技术和视频结构化手段，实现对货车、渣土车违法的自动识别抓拍。"海淀智慧停车"小程序上线后，完成了海淀区备案的近 500 个公共停车场、12 万个停车位、1.3 万个路侧停车位信息的录入，实现了典型停车点早高峰期间的车位利用率提升至 95%。通过应用智能信号控制系统，使车辆以 40km/h 行驶时降低了遇到红灯的概率，提高了驾驶员的出行体验，早高峰平均车速有明显提升。

2. 上海

上海市公安局基于"一网统管"框架，建设了上海城运系统道路交通管理子系统"易的 PASS"。"易的 PASS"是一个城市交通感知、认知和赋能系统，以完善的设施建设为基础，通过完备的数据采集，实现交通路网全域、全量、全时、全要素精准认识，掌握交通路网容量、需求、状态等动态演变规律，驱动精细化、精准化的交通管理警务，对智慧管理交通设施设备、全面掌握交通流态势、精准研判重点对象、全面评估交通风险、快速引导交通事件处置等五类核心业务进行提质增效。

（1）路网可计算。区别于一般的地图，"易的 PASS"系统不仅对路网进行数字化建模，更对标志、标线等交通设施所蕴含的交通规则进行结构化与数字化，赋予交通图标"交通语义"信息，可实现对路网及其内在逻辑的计算。基于外场高精地图采集及内场可计算数字路网的构建，对路口、路段、标志、标线等建立对象及关系模型，并可计算范围内的路口、路段的通行能力以及路段、区域的承载力，掌握路网供给底数。

（2）人车可测量。"易的 PASS"系统通过对路网上的每一处交通设备对象建模及完成静动态信息与路网的拓扑关联，实现车辆一旦被抓拍，立刻与可计算路网关联，并进入计算流程，开展轨迹监控，做到对每个上路的个体车辆和驾驶人的行为轨迹测量计算。系统通过建立车辆数字化档案，实现基于车牌可查询实时或历史出行轨迹，并分析居住地、工作地、常驶路段、常驶时段等出行特征。

（3）动静相结合。"易的 PASS"系统提出对既有路网"分层分区"，进一步掌握路网动态交通流与静态驻停车辆运行特征及交互影响，实现对交通管理对象"动静皆明"。例如系统经过过去 30 天的计算得到，上海日均出行车辆数工作日大约为 481 万辆，休息日约 430 万辆；一个月出行超过 25 天的车辆共有 200 万辆，其中外牌车约占 25%，这些车辆是上海交通常态化管理的重点对象。

（4）路况实时感知。"易的 PASS"系统基于对每一辆车每一次出行和每天 1.4 亿条的数据来计算全市动态的实时路况。和高德、百度等互联网导航企业 5%～10%的样本车数量对比，系统在高架有 80%以上的样本车数量、在地面有 70%以上的样本车数量，实时路况感知能力大大提升。

（5）路权动态分配。"易的 PASS"系统通过对每处路段、路口运行建立监测档案，掌握道路运行常态，及时预警拥挤路段和路口，帮助调整交通分配方案。例如系统可以联动分析高架和地面道路运行情况，以延安高架（东向西）为例，系统计算全线主线理想通行量为 1480pcu/（h·ln），建议速度 38km/h，并实时监测主线当前通行量和当前速度，若发现当前通行量接近或超过理想通行量，则可通过匝道控制车流。

3. 深圳

近年来，深圳市的汽车保有量持续增加，同时随着城市经济的不断发展也造成交通管理压力越来越大，如何保障城市道路的安全畅通有序，始终是深圳交警着力破解的问题。深圳市交警坚持法治引领、创新为先、智慧赋能，运用人工智能、大数据等前沿技术，打造城市交通大脑，建立健全交通监测预警体系。深圳城市交通大脑主要覆盖五个典型应用场景，并取得了良好的成效，形成了一套具有数据采集、处理及决策能力的科学化、智慧化交通管理智慧系统，实现了交通管理事前预警、事中处理、事后可查。

（1）实时交通流量监测，全城交通流量感知。建立了道路动态监控体系，利用视频方式检测交通流量，准确率达到 95% 以上。每月采集过车数据约 7 亿条，同时完成整合内、外部 78 个系统数据库近 40TB 的数据。

（2）人工智能图片识别，辅助交通执法。通过大数据研判平台实现了对卡口数据运算的秒级响应，基于对车辆外观特征识别的二次识别技术，使日处理图片能力达到 1000 万张，对于违章图片的识别率达到 95% 以上。人工智能技术的使用，提升了 10 倍的违章图片识别效率，确保了违章图片的闭环处理。

（3）大数据精准打击，提升违法违章查处效率。通过构建大数据分析模型，快速形成情报精准推送，开展数据打击专项行动精准查处、定向清除，效率较以往提高 10 倍，套牌、假牌、报废、多次违法车辆得到了有效管控。

（4）智能优化交通信号，提升市民出行体验。深圳交警通过运用信息化手段对交通信号不断升级优化，首先是采用视频识别技术对路口监控视频进行自动流量解析，并融合各种交通流量数据，获取较为全面准确的流量数据；其次是利用 AI 深度学习功能，结合交通仿真模型不断学习和训练，从而达到最优信号控制效果。

（5）数据集中存储，奠定大数据分析基础。深圳市交通大脑提供了完整、高性能的全网视频存储方案，实现不同业务层级数据统一存储、统一分析、统一管理，支持存储资源全局共享、业务快速部署和弹性伸缩，有效提升交警资源自用率，减少重复投资。

4. 杭州

2016 年，由杭州市政府主导，启动城市大脑建设。2018 年，杭州城市大脑迭代升级，发布交通 V2.0 版本。2020 年 10 月 27 日，杭州市第十三届人民代表大会常务委员会第三十次会议通过《杭州城市大脑赋能城市治理促进条例》，为城市交通大脑的建设提供了完善的制度保障和良好的发展环境，也标志着城市大脑建设向规模化、规范化、体系化的方向进一步迈进。

杭州城市大脑已覆盖交通等 11 大系统和 48 个应用场景，实现车辆在途数、拥堵指数、延误指数等 7 项数据的实时感知，初步实现快速救援、实时信息发布等功能，达到全市覆盖、全市应用。杭州城市交通大脑的主要功能包括：红绿灯智能调控；实时自动发现交通异常事件；数据融合找到交通堵点；发现交通治理乱象；支撑特种车辆优先通行。

杭州的城市交通大脑建设效果主要体现在提升出行效率、优化出行服务等方面：

（1）改善拥堵水平。根据高德地图统计的数据显示，2017 年杭州的拥堵排名由 2016 年的第 8 位下降到第 48 位，拥堵缓解趋势位列全国第一，同时交通拥堵下拐态势初步形成。

（2）信号灯智能配时。已覆盖路口 1300 个、接入视频 4500 路，实现路段通行速度提升 15%。

（3）智能巡检系统。覆盖 3400 路监控球机，每 2min 便对城市道路交通状况进行一次扫描。可跟踪两客一危车辆，智能识别 110 种警情，实现主动报警，日均发现警情 3 万余起，准确率在 95% 以上。

（4）公共交通工具调度。基于视频、高德和运营商等数据，识别人群密集区域，测算所需运力，进行公交班次规划、出租车调度等，降低人群滞留率。

（5）人工智能公交线路。基于公交大数据，设计全新公交线路，包括站点设置、线路布置、首末班车时间、潜在客流分析、运营时间设定等。

（6）智慧停车系统。包括智能停车诱导系统和无感支付系统，实时监测停车数量、空置率、周转率，并基于数据智能预测下一时间段停车情况。

5.6.5 城市交通大脑发展趋势

随着城市化水平和人民生活水平的不断提高，城市居民的出行需求大幅增加，城市道路交通面临更加严峻的挑战。城市交通大脑的建设应站在交通数字化转型、精细化管理等更高的角度。从智能交通系统的角度来解决问题，通过交通流诱导、智能公交、交通控制系统等众多子系统的协调作用，有效解决城市交通拥堵问题。城市交通大脑的建设应以业务需求为导向，以城市交通治理的难点与痛点作为切口，加强对基础道路设施的建设，将人、车、路、环境等多源数据进行融合，才能充分发挥城市交通大脑的作用。因此，城市交通大脑的建设不能脱离实际，要以解决实际交通问题为最终目的，通过科学分析与实例论证，避免资源的浪费与系统的重复建设。

城市交通大脑的核心优势在于汇聚、处理、提炼城市交通数据，并基于数据进行智能研判分析、科学决策辅助。城市交通大脑对提升城市交通运行管理的实践要落到各类具体交通业务应用层面，基于交通大脑的思考能力提升研判分析的智慧化水平，探索能够充分运用交通大脑强大研判能力的城市交通治理创新模式。同时，由于城市交通问题的复杂性与不确定性，解决城市交通拥堵问题是一个复杂的系统工程，需要对城市交通系统有深刻的理解、对交通工程理论等基础理论有扎实的认知以及相关工程实践经验的有力支撑。因此，在城市交通大脑的建设过程中，应加强高等院校、科研机构、管理部门、互联网企业等多方的联合协作能力，实现产、学、研、用一体化，从而实现城市交通大脑在交通管理、拥堵治理、出行服务等多方面的深度应用。

从技术层面来说，应加强智能交通基础设施建设、高精度地图的制作、多源数据汇聚与融合、大规模交通网络计算与仿真等关键技术的应用与攻关。依托智慧道路（公路）、自动驾驶等建设与发展，推进数据资源的整合共享，城市交通大脑也将朝着数字化、网联化、智能化进一步发展，不断丰富城市交通大脑的系统功能，加强城市交通态势的精准研判，构建起以数据为驱动的城市拥堵治理新范式，推进智能交通体系的加速迭代升级。同时，由于城市交通大脑涉及的交通数据体量比较大，事关国家安全、公共安全、交通安全等多方面的重要信息，因此也需注重数据安全问题。随着各地城市交通大脑纷纷完成建设，对于城市交通大脑的后评估也是至关重要的，首要评价标准就是有无实际效果，可从交通运行状况、交通安全效益、社会经济效益、交通管理效率等方面对比分析城市交通大脑建设前后情况。

参 考 文 献

[1] 杨月涵. 从限购到限用北京小客车管理探索 2.0 模式 [N]. 北京商报，2022 – 05 – 12（2）.

[2] 钱子航. 城市客货运汽车限行限购政策效应研究 [D]. 郑州：河南农业大学，2022.

[3] 高作刚，吕国林，王辰浩，等. 深圳市停车差异化分区与调控政策 [J]. 交通与运输，2019，32：180 – 185 + 202.

[4] 胡立多，徐龙，李薇. 完善南昌市机动车停车服务收费差别化定价的思考 [J]. 价格月刊，2017（11）：15 – 18.

[5] 郑健，吴晓飞，王卓群. 新形势下超大城市交通拥堵收费政策研究 [C]. 中国城市规划学会城市交通规划学术委员会. 品质交通与协同共治——2019 年中国城市交通规划年会论文集，2019：474 – 484.

[6] 何承，朱扬勇，等. 城市道路交通状态指数研究 [M]. 上海：上海科学技术出版社，2018.

[7] 何承，朱扬勇，等. 城市交通大数据 [M]. 上海：上海科学技术出版社，2022.

[8] 过秀成，盛玉刚，潘昭宇，等. 公路交通事故黑点总体特征分析 [J]. 东南大学学报（自然科学版），2007，37（5）：930 – 933.

[9] 石星，曾韵茹. 重庆主城区定向车道设置适应性研究 [J]. 中国化工贸易，2018，10（11）：212.

[10] 陈坚，霍娅敏. 典型潮汐车流路段可变车道设置方案研究 [J]. 重庆交通大学学报（自然科学版），2008，27（6）：1127 – 1130.

[11] 张好智，高自友. 可变车道的道路交通网络设计优化方法 [J]. 中国管理科学，2007，15（2）：86 – 91.

[12] 张国华. 关于城市道路潮汐车道的设置研究 [J]. 交通科技，2012（3）：116 – 119.

[13] 李鹏飞，韩舒，林航飞. HOV 车道在上海城市交通管理中的应用探讨 [J]. 交通与运输，2007（z2）：38 – 41.

[14] 詹嘉，潘晓东，高昂. HOV 车道的设计应用研究 [J]. 交通与运输，2007（z1）：17 – 20.

[15] 公安部交通管理科研所. 高架快速路与地面道路衔接路口精细治理 [EB/OL].（2023 – 05 – 12）[2024 – 01 – 15]. http://news.sohu.com/a/674885214_468661.

[16] 徐晓慧，于志清，等. 智能交通技术 [M]. 北京：化学工业出版社，2019.

[17] 王拓. 不同交通状态下的公交信号优先控制方法评估及策略制定 [D]. 南京：东南大学，2016.

［18］广东赛诺科技. 交通执法工作中移动执法综合管理的意义［EB/OL］.（2023－05－25）［2024－
01－10］. https://baijiahao.baidu.com/s?id＝1766855636904298446&wfr＝spider&for＝pc.

［19］瑞尼执法记录仪. 综合行政执法局装备执法记录仪助推执法规范化建设［EB/OL］.（2022－
06－15）［2024－01－10］. https://baijiahao.baidu.com/s?id＝1735690927946300884&wfr＝spider&
for＝pc.

［20］无人机新星. 无人机执法：新执法手段［EB/OL］.（2023－05－08）［2024－01－10］. https://
baijiahao. baidu. com/s?id＝1765308799671517233&wfr＝spider&for＝pc.

［21］杭州海康威视系统技术有限公司. 城市道路违停取证系统解决方案.［EB/OL］.（2022－08－11）
［2024－01－10］. https://zhuanlan. zhihu. com/p/552688141? utm_id＝0.

［22］杨慧. 广州市治超非现场执法问题研究［D］. 武汉：华中科技大学，2020.

［23］李娟. 智能交通管控平台重点车辆管理系统的设计与实现［D］. 济南：山东大学，2017.

［24］吴传强，梁楠，徐可. 基于大数据技术的智慧交通场景应用［J］. 中国自动识别技术，2021（6）：
48－50.

［25］张彦鹏，张平贵. 重点货运车辆管控平台实战应用探究［J］. 广东公安科技，2020，28（4）：
41－45.

［26］赵亮. 公路治超非现场执法系统研究及应用［J］. 公路交通技术，2017，33（6）：139－142.

［27］南通市交通运输局. 南通市交通运输局推进执法信息化建设工作情况［EB/OL］.（2020－09－02）
［2024－01－10］. http://jtysj.nantong.gov.cn/ntjy/fzzfbmjs/content/b9de7bf5－3978－425a－b7ec－
15d353b3af90.html.

［28］成都世帆科技有限公司. 世帆交通运输非现场执法系统（软件）总体技术方案［EB/OL］.
（2021－09－25）［2024－01－10］. https://baijiahao.baidu.com/s?id＝1711866070699213453&wfr＝
spider&for＝pc.

［29］温慧敏，雷方舒，孙建平，等. 城市交通大脑：未来城市智慧交通体系［M］. 北京：电子工业
出版社，2022.

［30］谢一明. 城市交通大脑应用现状与业务体系研究［J］. 中国科技信息，2022（11）：136－138.

［31］雷方舒，温慧敏，齐智，等. 城市交通大脑的内涵与顶层设计［J］. 交通工程，2019，19（6）：
47－52.

［32］李林玉. 城市交通大脑的现状和发展建议［J］. 河南科技，2019（10）：96－97.

［33］陆化普，肖天正，杨鸣. 建设城市交通大脑的若干思考［J］. 城市交通，2018，16（6）：1－6.

第6章　智慧城市交通运营

6.1　智慧公共交通运营

6.1.1　智慧公交体系运营

"智慧公交"系统是通过在公交车上安装 GPS 主机和车载视频摄像头,车载调度系统对车辆 GPS 数据、行驶道路视频、车内客流及乘客上下车视频进行采集,通过移动物联网传输至公交总调度中心。这一系统可以根据天气、假期、季节、周边活动分析历史断面客流,进行科学行车排班;根据客流、路况等情况进行实时计算,动态调整发车频率;对发车早点、发车晚点、考勤缺失等 20 多种异常自动检测及处理;自动形成出车统计、行驶里程、油电消耗等车辆运行数据报表,极大减少人力成本。

智慧公交应包含以下三个方面:第一是运行方面,管理者能准确定位每辆公交车所在的位置,了解运营中的车辆状况如何,有无故障;第二是组织方面,通过智能化的手段收集和处理信息,了解每条线路的过去和将来,科学地分配公交车的数量或增减站点;第三是服务方面,乘客能实时了解车辆到站的时间和载客数量,以便合理地选择交通工具,减少盲目等车时间。"车的定位、车的状况、线路情况、线路的科学程度应成为判断公交是否智慧的标准"。公交智慧云总体框架如图 6-1 所示。

1. 智慧调度

基于大数据分析和智能算法,对公交车辆运营状况进行实时监控和分析,为公交调度和运营优化提供数据支持和决策建议。

(1)公交数据采集和管理。利用物联网和传感器技术,通过车载智能终端设备对公交车辆进行实时数据采集,并通过云计算和大数据技术进行存储、管理和分析。车载智能终端可以自动采集公交车实时定位数据,计算车辆行驶轨迹、营运公里、班次等营运基础数据,实现传统路单电子化、无纸化管理。同时,车载智能终端通过前端计算,可以实现公交车到离站自动报站,减轻驾驶员人工操作的弊端。通过车载视频监控摄像头,可以实时将车厢内乘客动态、前方路况等信息回传处理,为后续智能分析提供数据支撑。车载智能终端采集系统如图 6-2 所示。

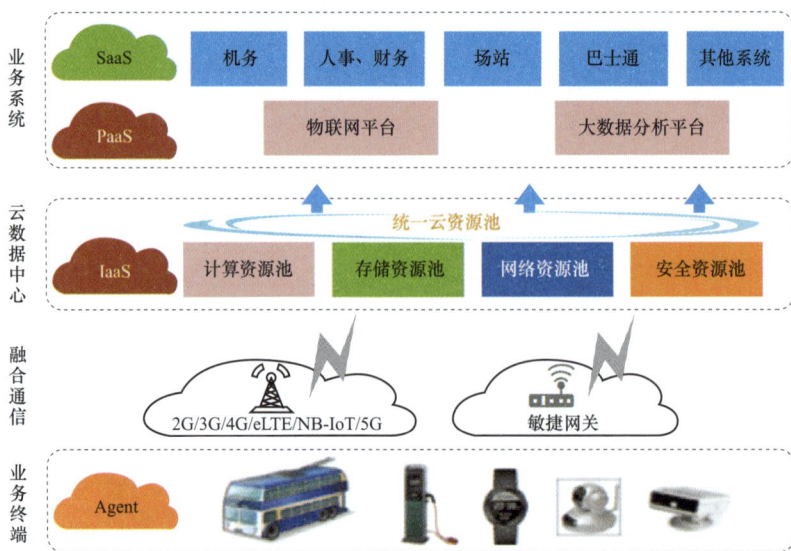

图 6-1　公交智慧云总体框架

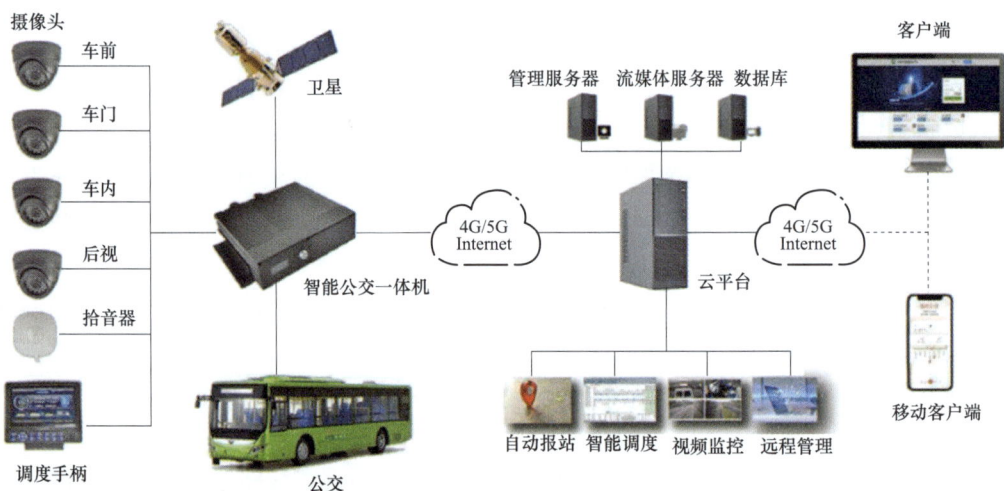

图 6-2　车载智能终端采集系统

（2）智能调度管理系统。智能调度管理系统是智慧调度的重要支撑，是调度员开展线路、车辆、人员调度管理的重要信息管理系统。主要功能是公交线路实时运营管理，包括车辆、人员配置，发车时刻管理、车距均衡控制等，同时依托系统，可以实现车辆投入、班次、公里、人员工时自动统计，车辆实时定位、远程视频监控等。随着智能调度水平不断提高，调度员应用管理系统可以实现一人调度多条线路和远程调度。

（3）智能排班系统。智能排班系统基于公交历史客流数据分析结果，全面掌握线路客流在各时段、各方向、各断面上的规律，并结合企业人、车资源情况，自动生成营运计划，同时可通过在线评估（模拟线路车辆满载率），不断优化排班方案。这种排班模式可有效减少空驶里程，杜绝"空车拉板凳"现象，为线路营运精细化提供数据支撑，实现降本增效的目标。

2. 智慧安全

智慧安全公交行车安全管理历来是企业经营管理的重中之重，近年来为降低事故发生频率，减少重大事故发生，公交营运单位积极开展主动安全技术研发和应用，取得了较好经济效益和社会效益。

（1）主动安全预警系统。一般由车载终端、企业管理平台两大模块组成。位于驾驶区域、挡风玻璃后的两个摄像头，均属于"安全主动防控系统"的设备，其中一个摄像头对着驾驶员，能实时对驾驶员疲劳驾驶、长时间不目视前方、接打手持电话等影响安全的行为进行监测，并按级别进行报警，方便管理人员遏制安全隐患。另一个摄像头主要是拍摄路面，用于给驾驶员提供向前碰撞预警、行人碰撞预警、车距过近预警、车道偏离报警等一系列的安全驾驶辅助，大大提升了行车安全保障，减少了事故发生率。

（2）主动安全智能防控系统。依托专用车载智能终端，运用人脸识别技术等最新科技信息化手段，对驾驶员及运输车辆在运营中的状态进行全方位监控的综合监管系统。该系统可以采集驾驶人员的行为习惯，统计分析人、车违法报警信息，对车速、疲劳驾驶、夜间行驶、天气因素、道路因素等赋予风险系数，进行智能化、大数据研判分析，增强安全管控能力。同时，还可采用报警提醒、TTS语音、电话等多种方式，对可能出现的驾驶员不良驾驶行为进行干预，对长期违法违规、具有不良驾驶行为的高风险驾驶员信息，将报送至交通运输管理部门。

3. 智慧机务

智慧机务应用，依托车辆数字孪生，对车辆健康、营运等数据实时采集、分析、评价，并结合算法模型构建车辆画像，形成从车辆采购、使用、维保、报废的全生命周期数智化管理体系。

（1）车辆采购。在公交车辆资产采购阶段，对企业现有车辆健康数据进行分析，得出本年度预计到期报废车辆数量、预计维修、保养车辆数据，再结合目前各线路运营需求以及未来运营发展方向，制定本年度车辆采购及配件采购计划。

（2）车辆使用。车辆使用过程，借助数字孪生技术，对车辆健康状态、营运状态进行实时监测，进而为车辆维保、营运计划提供数据支撑。

首先是基于物联网、大数据分析、数字孪生等技术，实时采集、监测车辆电机、电池、传动、制动等关键部件数据，构建车辆数字孪生模型，实现车辆健康状态实时监控，从而建立车辆健康评估、预警机制，方便提前预估车辆存在安全风险，并为制定车辆维修、保养计划提供数据支撑，有效增长车辆使用寿命。

同时基于公交大数据分析平台，对车辆营运数据进行实时采集、监测，包括车辆百公里收入、百公里客流、百公里电耗、GPS里程、营运时长、百公里报警数、百公里事故数、百公里维保费用等营运指标数据，构建车辆营运画像，建立车辆营运状态和效率的动态监测机制，从而为车辆调配、营运计划提供数据支撑，有效提高车辆的使用效率。

（3）车辆维保。建立透明车间，实现维保流程化管理。透明车间是指利用物联网、大数据分析、视觉 AI 算法等技术，实时采集、分析车辆维保全过程数据，并结合手机端、电子看板等终端设备，实现车辆维保的全过程透明化管理，大幅降低车辆维保成本，提升车辆维保效率。

首先，透明车间实现了"一车一单"维保机制，解决了维保业务流程不透明的问题。具体流程包括，营运人员（如驾驶员）根据车辆故障或保养计划，在手机端应用发起报修或保养审批单，班组管理者在 Web 端或移动端进行线上审核，并指定班组人员进行预检，完成预检后，班组管理者再进行派工，班组维修员收到工单后发起领料出库申请，仓管员依据流程进行扫码出库，维修员领料后开始维修、保养，维保完成后进行质检/出厂登记。

其次，透明车间解决了车辆维保过程不透明、不规范的问题。平台可自动采集、分析从接车修理到出厂过程的所有数据，并将数据实时展现在各个终端看板，如车间看板（可同步至管理端应用）可查看所有车辆、待修、派工、在修状态，以及查看所有维修员现场施工情况，方便企业领导实时掌握车辆维保情况；班组看板可按工种（机修、喷漆、钣金）班组分类显示班组在修、异常状态，以方便调整维保计划；营运看板方便营运人员查看车辆等待时间、在修时间、预计完成时间等，以方便调整营运计划。

（4）车辆报废。建立有序报废计划，实现资产利用最大化。公交车辆的使用寿命通常为十年，运营期满后需进行报废处置，因此公交企业需根据车辆实际使用情况，以及结合实际运营需求，建立有序的车辆报废计划，并通过营运部门完成车辆的报废审批流程。流程通过后，车辆处置部门根据实际需求，完成车辆解体或转让相关流程。

4. 智慧场站

场站作为智慧公交营运的重要保障环节，近年来通过智能化建设，结合场站综合开发，保障性功能日益完善，表现在车辆进出场有审核、停放有指引、补能有调控、维修有预测，推进驾驶员从报到出车到进场收车的全过程智能化管理与服务。

（1）出入口综合管理系统。通过部署智能化的道闸，包括管理控制中心、道闸设备、车牌识别摄像机、智能补光、LED 显示屏等设备，结合视频监控系统，严格准入机制。

（2）视频监控安全管理系统。提供包括视频监控、消防监测、充电监测、配电监测、环境监测，实现对所辖范围内场站主要安全要素的一体化监测管理，提高安全生产管理效率。

（3）智慧场站综合管理平台。

1）设备运行监控。接入道闸、充电桩、洗车机、场地监控、消防设施等场站主要设施设备数据，实现场站运行情况实时监测、场站资源管理、场站业务决策支持、应急指挥调度等功能。

2）营运保障综合管理。接入驾驶员进场报到、自助领单、车辆调配出场、进场清洗、加油（充电）、例保等实时数据，一旦发生异常，系统会自动提示预警，方便管理人员及时掌握各项营运保障的动态信息。通过平台，实现场站内车辆运行、维修、人员到岗等管理职能高效协同。

6.1.2 智慧轨道交通运营

1. 智慧乘客服务

（1）智慧票务。随着互联网的发展及移动支付的普及，轨道交通行业自动售检票系统由原来封闭的实体卡支付系统转为兼容移动支付的开放系统，建设省级轨道交通互联网票务系统，能够方便市民跨区域移动支付过闸，实现轨道交通资源集约化管理，推动区域城市间的经济发展与和合作，推进城市轨道交通统一运营。智慧票务系统如图6-3所示。

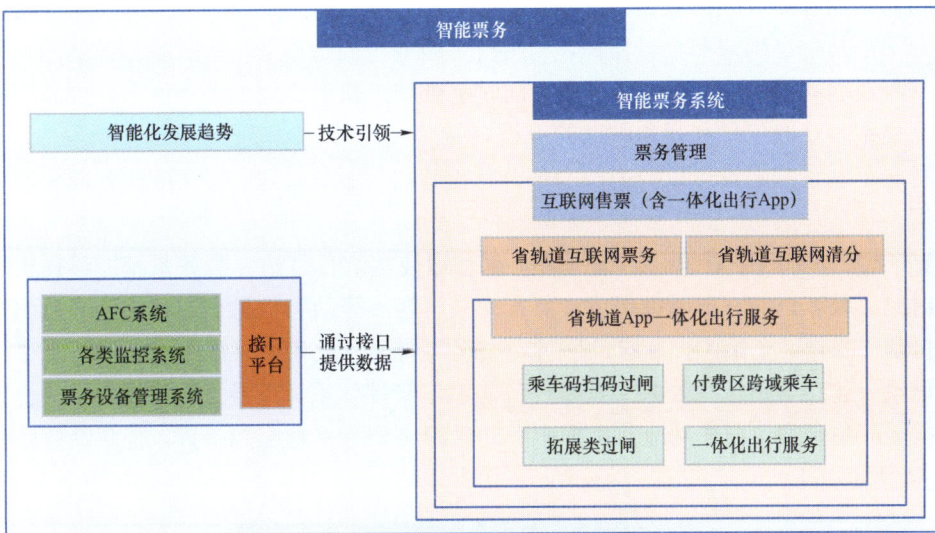

图6-3 智慧票务系统

票务管理实现票务运作相关的事务管理，同时对各类数据进行汇总分析，收益数据最终汇总交到财务。主要包括：制票管理、配票管理、票务收益管理、票务钥匙管理、票务备品库存管理、车站备用金和发票管理、票库和车站车票库存管理、特殊工作票管理、票务日志管理、票务报表等。

互联网售票系统包括轨道互联网票务系统（省级iTPS）、轨道互联网清分系统（省级iACC）、城市清分前置系统（市级iACC）、一体化出行App等。

一体化出行App又称省轨道App，需具备向用户提供出行服务的能力，通过集成包括城轨时刻查询、线路图、站内设施、出站口地标，实现出站口附近公交站方位、过经公交线路、实时到站信息，并可支持出站口附近自行车点位、自行车可借数量和接驳机场大巴时刻表等数据的接入，从而提供"城轨乘车"和"城轨—公交""城轨—自行车""城轨—机场大巴"换乘等四大场景的全方位指引。若用户开启了App的定位权限，可根据用户所在的城市位置自动切换对应城市的出行服务信息。

省轨道 App 为乘客提供自助客服服务的智慧系统，App 提供信息推送功能、车站环境舒适度监测推送功能、智慧 AI 服务功能包含语音识别服务、智慧问答及交互服务、人脸对比辨识服务、人流量分析服务、业务咨询功能、失物招领等功能，为乘客提供便捷的移动式智慧服务。

（2）智慧出行咨询。提供智慧出行咨询，聚合多平台出行服务内容，按乘客出行需求订制化提供多种出行解决方案。同时重点在交通枢纽、出行热点提供更细致服务。实时显示本站、邻站和换乘站客流动态、列车运行时刻，为乘客提供出行路径咨询及建议。

（3）智慧客流管理。对日常峰谷、节假日、重大活动预测及动态监测，及时发布疏导信息，为智慧运输提供可知、可调、可控的大数据管理应急处置解决方案。

（4）智慧车站系统。动态信息服务实时更新，涵盖列车时刻表、旅客指引、车厢人数及相邻站点客流等关键数据。提供车站出入口、服务设施位置和地面建筑物等信息。实现智慧车站全息感知和全景监控，利用自主服务与周边商业、公共服务设施的一体化信息共享及联动，实现智慧站务服务；同时整合城市轨道交通的多种服务，提高服务效率，简化乘客获取信息和紧急救助的流程。

智慧车站系统建设可以分为三个部分：智慧站务服务管理、智慧环控管理和智慧客服管理。

1）智慧站务服务系统。通过部署全息感知技术，智慧站务服务系统能够提供列车到发时刻、乘客诱导、车厢拥挤度、前方换乘站客流等动态信息。通过部署全息感知技术、自动化操作、全景监控和自助服务，实现与周边商业和公共服务设施的信息整合与功能联动。建立车站智慧公共突发事件应急响应管控体系，完善公共突发事件（含卫生安全等）应急预案，在线网应急指挥中心的组织协调下妥善应急处置。智慧站务系统如图 6-4 所示。

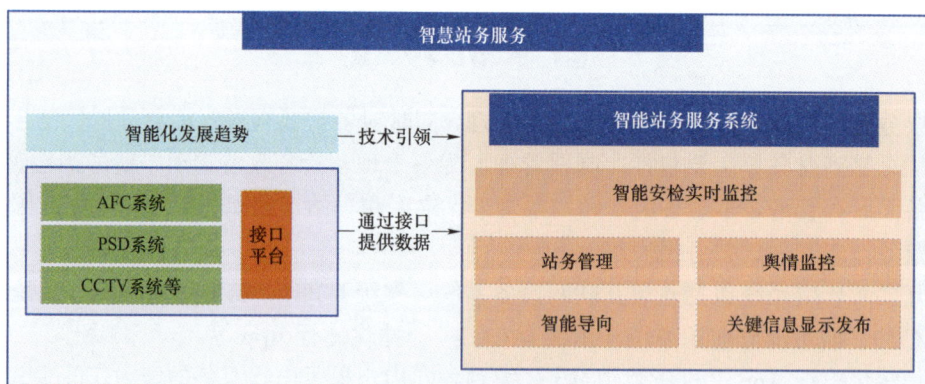

图 6-4　智慧站务系统

智慧安检（防）实时监控是智慧站务系统的核心功能，其智慧化发展趋势：研究与城轨交通客流相适应的智慧安检探索票检、安检合一的新模式，采用视频监视、生物识别、人工智能等技术，实现"人""票""物"以及异常行为四合一核验，提高效率、安全和服务品质。

智慧安检模块将分散的安检设备进行联网，实现全网安检设备的实时监控、通过手机统一管理、险情联动、系统联动、集中存储、资源调度和资源整合、智慧预警、GIS定位、统计分析、信息共享、数据挖掘、安检人员管理等强大功能，能够将安检设备、安检人员、安检数据、安检事件整合为一个有机的整体进行管理，充分发挥安检系统的作用，形成智慧化的安全防范体系。具体功能如下：

a. 关键信息显示发布。建立车站监视模型展示车站站厅、站台层及换乘关系，监视车站各类设备的实时状态及报警信息，包括闸机运行状态、自动售检票机运行状态、屏蔽门运行状态、电扶梯运行状态，车站进出站客流数等，同时可以调取查看车站出入口附近 GIS 地图，查看现场 CCTV 视频画面。

在各种场景下，根据预设模板自动生成公众发布发信息内容：乘客服务类信息帮助乘客出行规划和旅途服务的相关信息，包括运营时间、票价信息、车站设置及换乘信息、出入口及周边信息、大型活动、公告通知等，也可以通过乘客互动提升乘客服务满意度和企业形象。突发事件处置类信息为分布在全方位不同区域的乘客及计划乘坐城轨的准乘客，提供故障应急情况下受影响区段运营信息（含故障原因、行车间隔、预计延误时间）、公交接驳信息及相关票务处理情况。

b. 站务管理。实现站务基础信息管理、站务人事管理、排班管理、工作任务提醒、实际值班跟踪管理等信息化支撑。站务人事管理主要包括岗位能力管理、请休假登记、人员借调、支援、个人排班申请、事务安排登记、人员考勤管理、站务人员视图、站务人员通讯录等内容。站务排班管理是各个自然站相关排班人员可通过简单的操作，生成正确合理的站务排班表，排班的班次名可自定义，并可导出所需的各种统计报表。

c. 智慧导向。将显示内容不会根据外部信息产生变化的牌体均设置成固定导向牌，沿用既有的运营管理模式。将显示内容会发生变化的牌体设置成动态显示屏，纳入智慧乘客服务系统进行统一的信息发布，资源共享，节省投资。

在站厅付费区内，导向系统固定牌体显示换乘信息（如果是换乘站）、候车方向信息、无障碍电梯位置信息，以及每组扶梯对应的车厢号。导向系统电子屏显示下两次列车到站时间（区分上下行）、车厢内拥挤情况、站台预计留乘次数（或等待时间）等信息。

d. 舆情监控。乘客可通过亿通行、微信、支付宝、微博等 App 提供出行评价、体验数据、服务态度评价等数据。

2）智慧环控管理系统。智能环控系统包括环控节能控制、照明节能控制、通风空调节能控制和控制模式管理的功能（见图 6-5）。

环控管理应能控制车站照明系统和通风空调系统，实现车站处于设定的温度目标，保证车站大系统的舒适性以及各空调小系统房间的正常温度；同时应采用合理的节能控制措施，在保证车站整体舒适性的情况下，实现整个通风空调系统的节能运行。

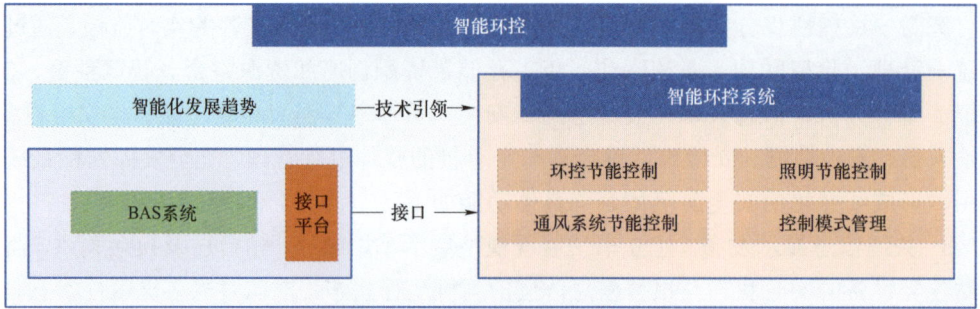

图 6-5　智慧环控管理系统

环控管理应能向运营人员提供车站运行的必要建议。在自动运行的情况下,环控管理应在减少运营人员人工干预的情况下,保证车站可靠、舒适地全自动运行。

3)智慧客服系统。乘客服务系统作为城市轨道交通对乘客服务信息交互的窗口,提供统一信息交流的媒介,采用唯一性的交互渠道,面向公众发布和收集轨道交通运营相关的乘客服务信息,经过统一汇集、处理,根据信息的内容和指向的对象,从轨道交通行业角度,整合目前存在的多种乘客服务方式,消除混乱格局,为公众建立一套清晰、简洁、明确、便捷的信息服务和获取救助的乘客服务系统。智慧客服系统如图 6-6 所示。

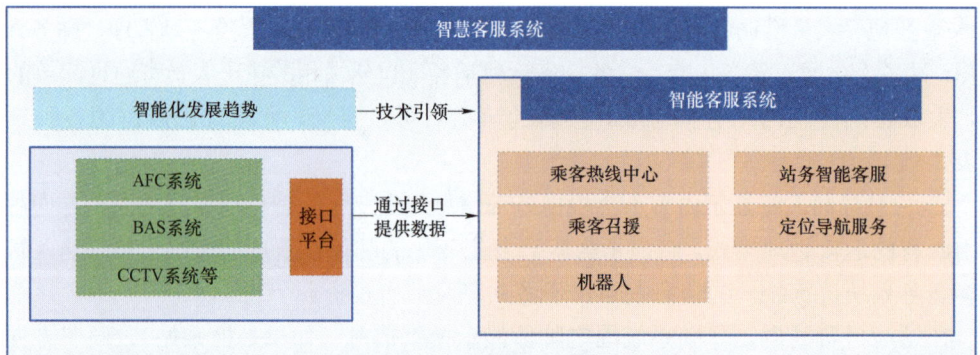

图 6-6　智慧客服系统

从城市轨道交通线网乘客服务的全媒体集成角度,建立面向运营管理人员、站务人员、乘客的全方位、一体化的智慧客服系统,包括热线中心、车站级智慧客服、乘客服务移动端为主的业务系统板块。利用先进的通信技术、语音识别技术,和机器学习、知识发现等智慧化技术,实现面向运营企业的便捷地获取乘客投诉问题的快捷和智慧化手段,为乘客提供便捷地掌握线网运营信息和快速解决问题的途径,提升线网服务水平。

a. 乘客热线中心。在基础热线中心系统之上,智慧热线服务通过对各种业务类型的数据统计分析,提供业务话务统计分析、"一键求助"、异动与规律分析、话务与人员预测及考核与绩效功能,实现人员工作质量与服务水平分析,绩效与考核指标评定,进行绩效考核。

186

b. 站务智慧客服。设置软件智慧机器客服系统，利用人工智能和机器学习等技术，实现乘客投诉建议问题的智慧知识库自更新、自学习机制，为乘客提供自助、人工两种便捷的咨询服务。通过智慧终端，乘客可以与智慧服务台客服座席进行视频对讲，并在客服座席的远程协同下完成业务咨询和办理。旅客也可以自助进行查询，还能刷身份证或刷车票二维码自助导航候车。

c. 定位导航服务。定位导航系统由线网级定位导航系统、车站/车载定位系统、移动端定位导航系统构成。线网级定位导航系统提供导航服务的后台基础系统，支持移动端定位导航服务及召援系统定位服务，提供车站/区间三维模型定位。移动端地位导航服务为乘客提供车站内精准定位、导航、查询服务；召援系统定位/引导服务为召援系统线网中心服务员提供召援地图定位、乘客引导服务。

微导航服务。手机 App 可与百度、高德等地图厂商合作，实现站内外无缝导航；也可轨道交通内部自建微导航服务，仅提供轨道交通内部的导航服务。

d. 乘客召援。乘客召援系统由主机（系统服务器及管理软件）、操作台、求助终端三部分组成，帮助乘客在紧急情况下请求援助。在自动售票机上设置"召援"按钮，乘客在购票中发现什么问题，按动这个按钮发出请求帮助信号，站务人员会第一时间赶到这里为乘客提供人工服务。在列车车厢内设置"召援"按钮，紧急情况下为乘客提供紧急求助服务。在无障碍电梯的按钮面板上设置"召援"按钮，盲人或者其他遇到困难的乘客有需要时，可以按下按钮呼叫工作人员寻求帮助。

e. 机器人。具有智慧化的客服系统功能，乘客可以向客服机器人提问，了解各方面的运营资讯，同时还支持站外导航，为乘客提供各类综合交通出行建议。客服系统后台可设人工客服功能，提供"一对一"的咨询互动，并根据乘客的需要，解答疑问，远程指导乘客操作，帮助乘客快速掌握和完成各种车站服务。

2. 智慧运维

轨道交通的智慧运维分为两个部分：一部分是基于 BIM 的基础设施运维管理系统，实现运维管理的基础框架和流程管理，实现故障精准预测、智慧自主决策、事故主动预防运维和设备资产全生命周期管理的基础流程，从而进一步保证基础设施列车安全、可靠、高效地运行。另一部分是城轨特定专业系统的运维管理，在基础运维系统的基础上，建设城轨专业维修系统，依托基础运维的基础流程，建设城轨特有业务的运维系统。智慧运维系统如图 6-7 所示。

（1）基于 BIM 一体化维护系统。

一是建立以 BIM 模型为核心的基础设施资产管理系统，实现资产全生命周期管理的信息化、流程化、无纸化，利用大数据分析技术挖掘资产数据价值，对资产进行主动式风险监管，提升资产使用效率、提高资产的使用寿命。[8]

二是深度融合 BIM 模型、物联网、移动应用等技术赋能运维业务，提供基于实时数据的可视化监测与海量历史数据的劣化预警等基础设施健康度管理功能，形成集成化、移动化的运维业务管理，建立可视化应急预案，指导突发事件的应急处置，全面提升基础设施运维管理的效率与质量。

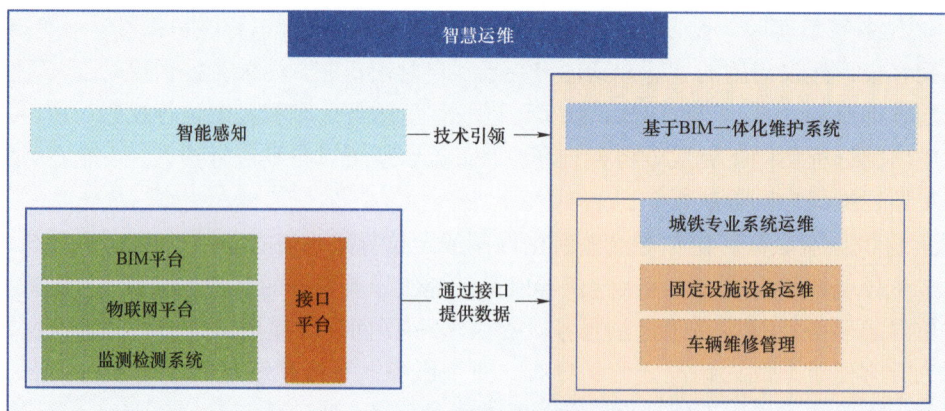

图 6-7　智慧运维系统

通过先进智慧化技术和手段，实现轨道交通基础设施一体化维修、故障精准预测、智慧自主决策、事故主动预防运维和设备资产全生命周期管理等功能，从而进一步保证基础设施列车安全、可靠、高效地运行。

为满足轨道交通智慧维修的总体需求，部署智慧维修系统，将物联网、云计算、大数据、人工智能等新一代信息技术与运维业务融合，实现运维管理信息的全面感知、业务数据的高度共享，知识驱动的智慧决策，强化运行安全保障能力，提高检修效率和质量。

运维数字中台包括业务中台、数据中台、技术中台，用以提取运维关键公用业务服务，整合核心数据，提供支撑业务系统的技术框架。N 个应用子系统依托运维数字中台，支撑具体的运用检修业务，含中心级和车站、段级应用模块，贯通具体业务流。调度指挥中心管理系统针对运用、检修、配属、技术等关键业务，提供中心级管理功能，同时实现所管辖范围总体运维情况的综合展示和生产监控。智慧维修系统蓝图如图 6-8 所示。

（2）城轨专业维修系统。建设车辆、能源、通信、信号智慧维修系统，建立结合全自动运行系统的信号系统的智慧维修体系；建立供配电系统、通信系统、AFC 系统、车站机电等系统的智慧维修体系。提升城轨装备维护智慧化程度、提升运维效率，减少维护人工的作业强度，形成城轨装备智慧化运维生产组织模式。

3. 智慧安全

智慧安全管控的建设方案分为两个部分：一是基础安全与应急管理系统，负责实现基础安全管理、安全监测监督、风险管理、基础安全保障、应急预案、应急执行、应急资源、应急演练、应急评估、应急辅助决策等的建设。二是城轨安全监察系统，负责火灾报警系统、环境与设备监控系统、屏蔽门系统、防淹门系统、通信系统等的监察，保障运营正常运行。智慧安全管理如图 6-9 所示。

4. 城轨云

（1）云基础设施资源的应用。城轨制式线路建议统一构建城轨云数据中心。承载安全生产、内部管理、外部服务三大类业务。其中安全生产网设置行车综合自动化系统

（TIAS）、乘客信息系统（PIS）、自动售检票系统（AFC）、集中告警、公务电话、车辆维护等业务；内部服务网设置企业管理业务、门禁系统（ACS）等业务；外部服务部署云购票等业务。根据各业务系统融合承载独立运维的原则，在主数据中心划分不同业务分区，实现精心化安全管控与敏捷化运维管理。城轨云平台逻辑架构如图 6-10 所示。

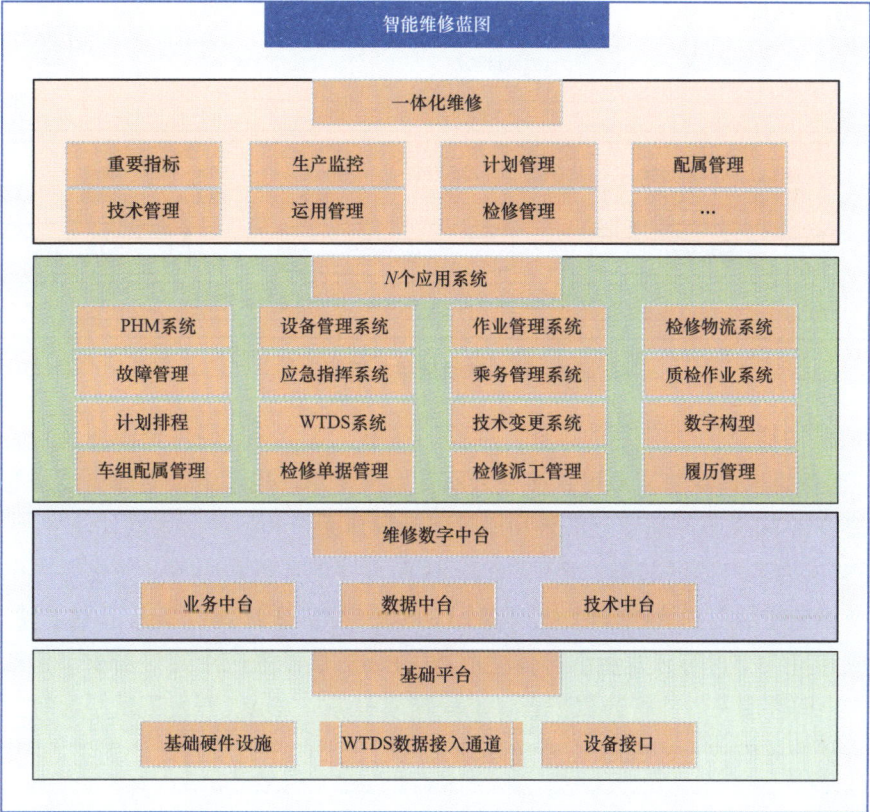

图 6-8　智慧维修系统蓝图

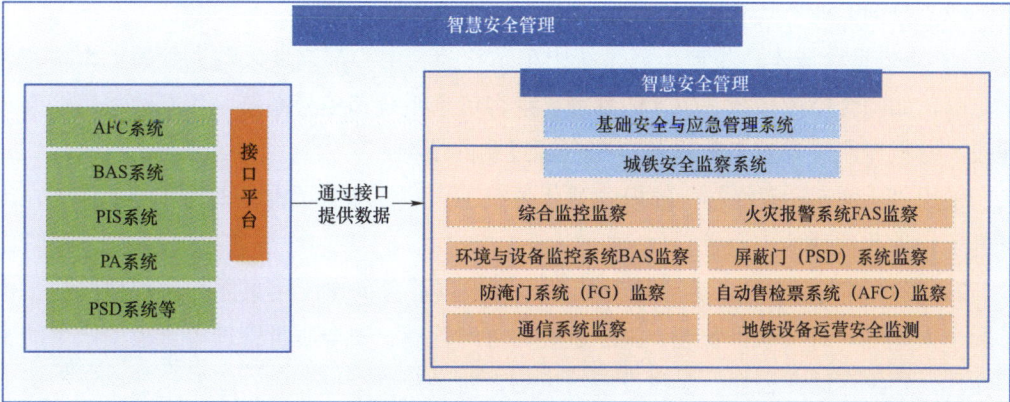

图 6-9　智慧安全管理

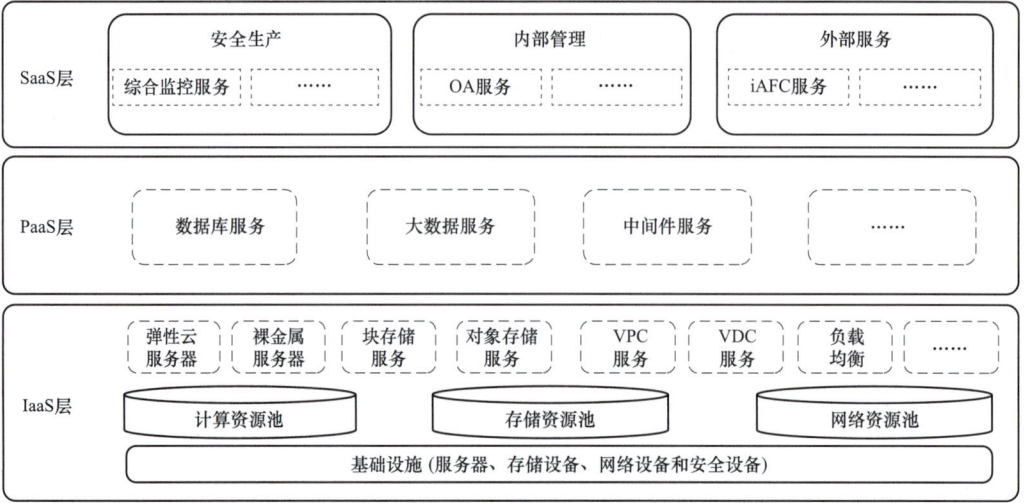

图 6-10　城轨云平台逻辑架构

IaaS 层由逻辑化/池化后的计算、存储、网络、安全等软硬件资源池及封装后的多种 IaaS 服务组成，这些资源可直接被云服务用户使用，也可组合支撑更复杂的业务场景，用户可在 IaaS 服务基础上部署和运行包括操作系统和各种应用软件。

PaaS 层为客户提供部署、管理和运行应用程序的环境和服务，应提供应用框架、中间件及相应的部署和管控等能力，同时 PaaS 还提供代码管理、编译打包、发布部署、持续集成和持续交付等开发运维一体化服务。PaaS 层涵盖应用共性需求，包括数据管理服务、中间件服务、并行计算平台、流程管理服务、SOA、开发测试平台等细分的服务内容。从服务模式上，PaaS 需考虑移动化应用所需的平台支持，还需考虑移动办公、协作等需求。

SaaS 层主要服务安全生产网、内部管理网和外部服务网业务，结合智慧城轨业务场景提供应用类服务。

（2）桌面云业务场景。

1）降低运营成本。生产运营系统中车站和控制中心都需要采购大量的工作站和台式电脑，如综合监控系统、CCTV 系统、乘客信息系统和信号系统，各专业采用烟囱式建设，专机专用，导致多数设备存在资源过剩的情况。

采用"桌面云＋瘦终端"的模式替代传统工作站，降低了设备采购和维护成本，也提升了软件和数据的安全性。

2）资产移交轻量化。建设期开始后，可根据业务需求配用桌面云替代传统的工作站和个人电脑。对于项目管理、施工进度、资产管理、安全质量管理等过程中产生的本地文件，始终存储在云端。在建设期结束后，向运营移交过程中，降低了数字资产因文件拷贝和设备变更导致的丢失或损坏，提升数字资产的可靠性和可维护性。

190

5. 大数据平台

（1）目标。在城轨云上构建数据共享平台，加大数据平台技术架构的自主化研究，突破数据共享的壁垒，重点解决共享数据的采集、传输、加工、存储、安全、分析、管理和服务等难题，为大数据应用奠定坚实基础；针对业务需求开展投资经营、建设管理、运营维护等领域大数据应用，以服务推送方式对外为业务系统共享大数据应用服务，实现平台对应用的卓越支撑与创新应用。大数据平台如图6-11所示。

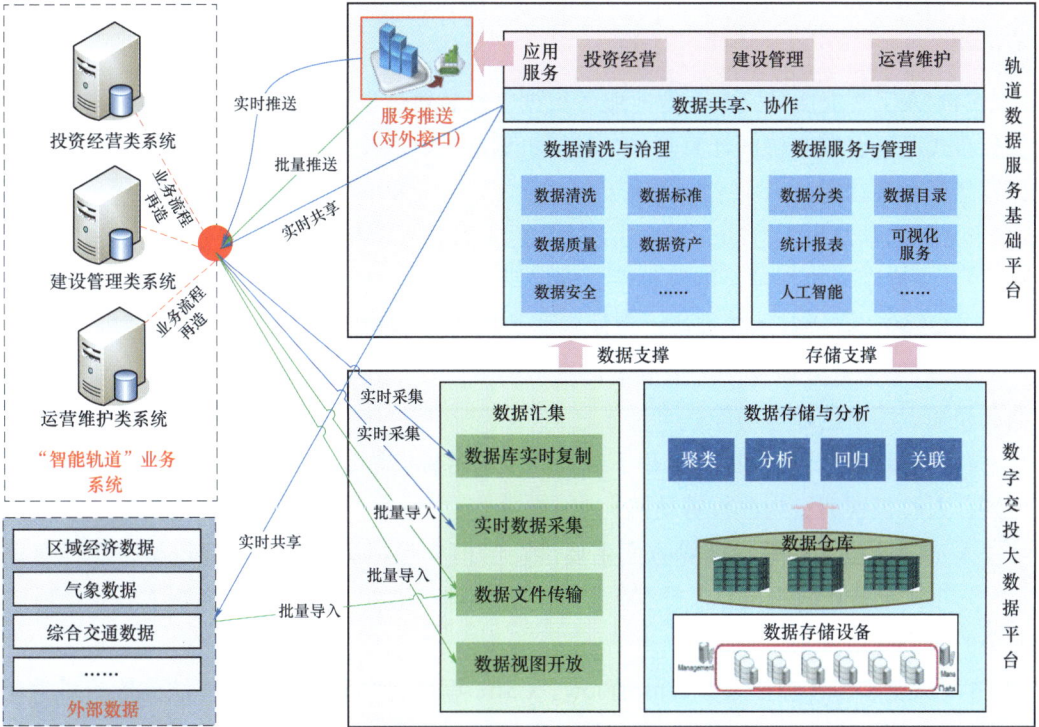

图6-11　大数据平台

（2）数据挖掘。数据挖掘服务包括数据挖掘算法库、分析模型设计器等，用于数据挖掘建模、模型评估、模型发布应用等。

数据挖掘算法库包括脚本开发、自助分析、模型运行、模型评估等功能，通过增加对大数据分布式计算的支持，满足实时、离线应用的分析挖掘需求，为构建面向业务的分析决策应用提供基础支撑。轨道数据服务基础平台允许业务应用在通用算法库之上扩展适合于业务应用的专用算法。

分布式挖掘算法提供易于使用的分析建模工具，具备分析建模、模型运行、模型发布等能力，增加对大数据分布式计算的支持，满足实时、离线应用的分析挖掘需求。

分析模型设计器为平台提供全面的分析模型，包括统计分析、多维分析挖掘算法库、

191

挖掘算法工具、通用分析模型等。

（3）可视化服务。通过选择对应场景相关的表以相应的图表、文字等展现形式，设置布局、样式等信息，对数据进行集中、动态、实时、交互展现，实现数据的分析及挖掘。提供可视化项目统一管理界面，用户可以从已有的可视化模板创建，也可以从空白模板创建。同时提供地图、热力图、气泡图等多种展示组件，使用户可以通过简单设计来提升可视化作品的设计水准。提供可以灵活拖拽的可视化画布，用户可以自动选择可视化组件摆放在画布之上，形成可视化效果。对于可视化所采用的数据源，可以灵活地从轨道数据服务基础平台进行获取，支持平台多种数据源的直接展现。

（4）人工智能服务。人工智能服务根据"智慧轨道"的人工智能业务需求，主要提供分布式运行引擎和协同计算功能，包括机器学习、深度学习、自然语言处理、图像视频智慧分析等功能。

1）机器学习包括自动分类算法、逻辑回归算法、SVM 模型、朴素贝叶斯算法等；

2）深度学习包括神经网络算法、深度学习算法、随机森林算法、提地提升算法、GLM 算法等，可进行迭代训练，算法应能处理离散型数据和连续型数据；

3）自然语言处理包括全文检索、命名实体识别、智慧搜索、文本分类、实体关系抽取和知识图谱构建等功能；

4）图像视频智慧分析包括基于视频图像的目标检测、目标跟踪、语义分割、动作识别、人脸识别和行为分析等功能。

人工智能服务的数据计算方面主要涉及的框架包括深度学习计算框架、图计算框架、分布式批量计算框架、流计算框架等，让持续高效的人工智能服务深入到智慧轨道业务的各个应用场景。

1）深度学习计算框架。TensorFlow、Caffe 等是有大量机器学习算法支持的科学计算框架，可用于计算机视觉、语音识别、自然语言处理与生物信息学等领域的深度神经网络计算，极大地降低了深度学习研究和开发的难度，获取了极好的效果。

2）图计算框架。主要基于 GraphLab 和图计算组件 GraphX，借鉴了 MapReduce 的思想，将 MapReduce 并行计算模型推广到了对数据重叠性、数据依赖性和迭代型算法适用的领域，并支持读写 HDFS 文件系统。

3）分布式批量计算框架。MapReduce 用于分布式批量处理，是一种编程模型，用于大规模数据集的并行运算，一个 MapReduce 作业通常会把输入的数据集切分为若干独立的数据块，由 Map 任务以完全并行的方式处理它们。框架会对 Map 的输出先进行排序，然后把结果输入给 Reduce 任务。通常作业的输入和输出都会被存储在文件系统中。Spark 用于分布式内存处理，拥有 MapReduce 所具有的优点；但不同于 MapReduce 的是 Job 中间输出结果可以保存在内存中，从而不再需要读写 HDFS，因此 Spark 能更好地适用于数据挖掘与机器学习。

4）分布式流式计算框架。主要基于 Storm、Spark Streaming 和 Samza 等主流流式数据计算框架。其中 Storm 用于分布式实时处理，支持创建拓扑结构来转换没有终点的数据流，这些转换从不停止，会持续处理到达的数据；Spark Streaming 核心为 Spark API 的一个扩展，它并不会像 Storm 那样一次一个地处理数据流，而是在处理前按时间间隔预先将其切分为一段一段的批处理作业；Flink 是一个分布式的流式数据处理框架，基于 Kafka 消息队列来实现类实时的流式数据处理。

5）针对不同类型的计算框架，分别有不同的数据分析处理组件和工具进行支撑，MapReduce 批量计算之上主要有编程语言 Pig，它简化了 Hadoop 常见的工作任务，允许对分布式数据集进行类似 SQL 的查询，还有建立在 Hadoop 上的数据仓库 Hive 和机器学习领域经典算法的实现 Mahout；流式计算框架 Spark 包含了兼容 Hive 的 Spark SQL、机器学习算法的实现库 MLlib。其中 Spark SQL 除了兼容 HQL、加速现有 Hive 数据的查询分析以外，还支持直接对原生 RDD 对象进行关系查询。数据仓库主要是面向主题的、集成的、随时间变化的但信息本身相对稳定的数据集合，它用于对管理决策过程的支持，包括 OLTP 和 OLAP 分析，可将海量数据进行多维建模，并通过加工、汇总和整理，实现数据的分析。

6. 物联网监测服务平台

物联网监测服务基础平台作为智慧装备业务的一部分，实现设备及控制系统的监测和数据采集。为轨道交通信息化应用提供高效的自动感知及管控手段，提升数据采集质量和设备自管理水平。进一步提供安全可靠的连接通信能力，向下连接海量设备，支撑设备数据采集上云；向上提供云端 API，服务端通过调用云端 API 将指令下发至设备端，实现远程监控与管理。

"智慧装备"是指基于物联网、大数据、人工智能、新一代通信、北斗导航、全方位态势感知、自动驾驶、运行控制等技术，实现移动装备及基础设施的自感知、自学习、自诊断、自适应，实现移动装备的自动协同运行，涉及移动装备、通信信号、牵引供电、检测监测四大领域。物联网监测服务基础平台如图 6-12 所示。

（1）信号系统。信号系统满足线网不同速度目标值列车共线运营、跨线运营、资源共享的行车组织和运营管理要求。

信号系统包括调度集中（CTC）、车站联锁（CBI）、维护支持系统（MSS）和网络及电源等。

车载设备及地面设备采用统一的时间信息。车辆基地设置调车防护系统和控制集中系统。信号系统设计采用安全、可靠、成熟、经济、适用的技术和设备，能适应当地自然环境条件，满足限界、系统接口、运营模式及信息传输等要求；符合双线、双方向运行要求，正方向运行采用自动闭塞，反方向运行采用自动站间闭塞。

信号系统在中心与综合监控系统互联，传送相关信息，实现信息共享。信号系统负责监视整个信号系统和列车运行数据，管理并监督列车运行调整算法，如保证按时刻表和行车间隔运行的算法，以及对交通需求和延迟造成时刻表变动的处理功能。

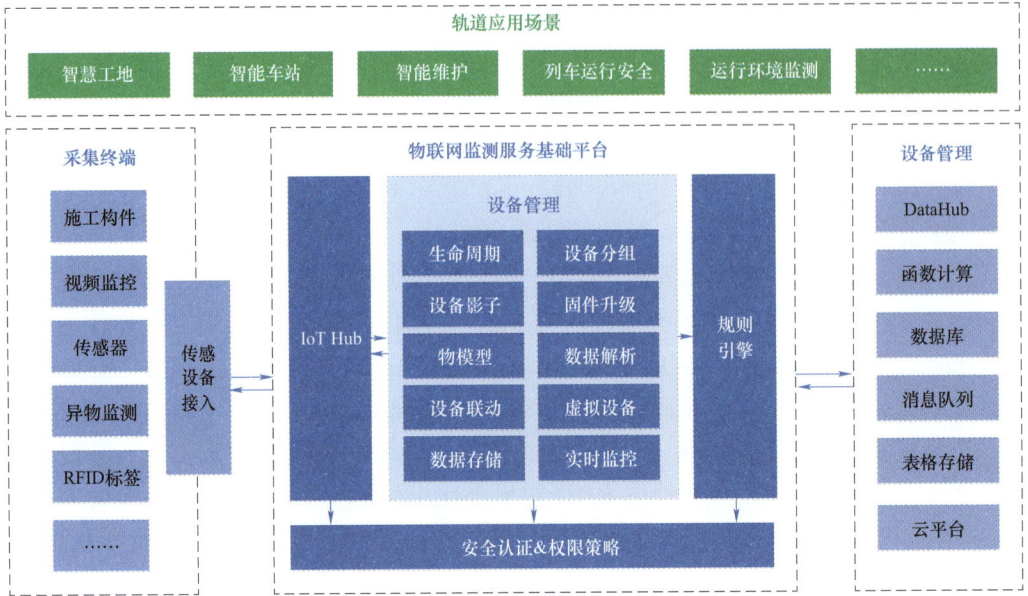

图 6-12 物联网监测服务基础平台

涉及行车安全的信号子系统接口电路设计，必须符合故障导向安全的要求，采用二乘二取二或三取二冗余结构，列车自动运行（ATO）子系统采用双机热备冗余结构。ATO/列车自动防护（ATP）子系统采用相对独立结构。

（2）电力监控系统（PSCADA）。电力监控系统（PSCSDA）以供电设备为对象，通过网络将所内的 110kV/35kV/0.4kV 交流保护测控单元、1500V 直流保护测控单元、交直流电源系统监控单元等间隔层设备连接起来。PSCSDA 系统由站级管理层、网络通信层、间隔设备层三部分组成，完成对供电设备的控制、监视、测量、保护、自动控制、所内自动化管理及远程通信等功能。

PSCSDA 系统与综合监控系统互联，PSCADA 将相关供电系统信息传递给综合监控系统，实现信息共享。电力监控系统主要完成对全线主变电站、牵引降压混合变电站和降压变电站内的 35kV 开关柜、DC1500V 开关柜、400V 开关柜、牵引变压器、配电变压器、交直流电源屏等供电设备的实时监控管理，指挥供电设施的检修调度及事故情况下的抢修调度工作，保证全线的安全可靠供电。

PSCADA 对全线的变电设备进行监控，并采集、分析变电设备的运行数据，从而为供电系统的调度、维护提供科学的依据。以确保牵引供电系统和全线的电力变配电系统安全可靠和经济运行。

电力 PSCADA 系统包括电力调度系统（主站）、变电站综合自动化系统（子站）及联系主站和子站的专用数据传输通道。

牵引降压混合变电站综合自动化系统通过与综合监控系统接口，实现电力调度中心与变电站综合自动化系统的数据交换。

194

系统功能包括遥控、遥信、遥测，并具备数据传输及处理、报警处理及统计报表、用户画面、自检、维护和扩展、信息查询、安全管理、系统组态、在线检测、时钟同步、培训等功能。

（3）通信系统。通信系统为运营生产及经营管理提供稳定、可靠、畅通的语音、数据、图像通信业务。通信系统根据需要设置传输、公务电话、接入网、数据通信网、移动通信网、有线调度通信、视频会议、综合视频监控、时钟及时间同步、通信电源、办公信息、综合布线、公安通信等系统。

通信系统实现线路间互联互通，满足线路运营和管理的要求，并为后续线路预留接入条件。

通信各子系统在运营控制中心设置网元级网管，网管终端的设置符合运维管理的需要。

城市轨道交通设置时钟、时间同步系统，为传输、电话、移动通信等系统提供频率同步信号，为电力牵引供电、电力、通信、信号、票务、乘客服务、行车自动化等系统提供统一的标准时间信号。

城市轨道交通通信系统各子系统将设备运行状态及故障信息上传至综合运维系统。

（4）环境与设备监控系统（BAS）。环境与设备监控系统集成于综合监控系统，对各站的通风空调系统设备、给排水及消防设备、自动扶梯、电梯、照明设备、车站应急照明电源、防淹门等设备进行全面、有效的自动化监控及管理，确保设备处于安全、可靠、高效、节能的最佳运行状态，从而提供一个舒适的乘车环境，并能在火灾等灾害或阻塞状态下，更好地协调车站设备的运行，充分发挥各种设备应有的作用，保证乘客的安全和设备的正常运行。

BAS 系统包含通风大系统、通风小系统、空调水系统、电扶梯、照明系统和给排水系统等系统。操作员可以监视各线车站及区间通风模式、区间阻塞运行模式、车站照明运行模式、模式状态及执行情况，并能自动推图显示，监视各线车站站台、站厅平均温度/湿度等。通过一个路网线路的示意图，操作员可以监视各线路区间阻塞状况。

（5）火灾报警系统（FAS）。城市轨道交通车站、停车场、车辆段和主变电站设有FAS 系统负责公共区、设备房和区间等区域的火灾报警以及对气体灭火系统、防火阀、消防水泵等设备进行监控。

FAS 系统由主控（控制中心）和分控（车站、车场、车辆段）两级管理。在控制中心设防灾监控中心，负责监视全线防灾设备的运行状态、接收报警信号、发布救灾指令等。车站防灾监控负责接收车站的灾害报警，及时与指挥中心联络，并接收中心防灾指令，控制设备。

FAS 系统在车站与综合监控系统互联，传送相关信息，实现信息共享。FAS 对车站、车辆段、停车场、电缆通道等建筑设施的火警安全进行可靠监视管理，具有火灾探测和报警功能，并能在火灾时发出模式指令，使相关 BAS 运行转入火灾模式，实现消防联动。

操作员可以监视各线路车站及区间火灾报警 FAS 火灾位置，系统状态，监视 FAS 系统状态、重要消防设备状态、火灾联动模式状态及执行情况，并能自动推图显示。通过 FAS 系统处理后，通过线路控制中心系统将车站的综合火灾报警和防烟分区报警信号传给指挥中心系统。

（6）自动售检票系统（AFC）。自动售检票系统与综合监控系统互联，接收 AFC 系统的客流信息和设备状态等信息，实现信息共享。AFC 系统实现轨道交通售票、检票、计费、收费、统计、清分、管理等全过程的自动处理功能。

自动检票机具备紧急疏散模式，与车站 FAS 系统有接口连接，当发生火灾时，由 FAS 系统控制自动检票机。

自动检票机检验车票的有效性，控制阻挡装置的动作，引导乘客进出站乘车。有效的车票在出站检票机将被扣除相应的车费；若车票检查无效，在乘客显示器显示车票无效的信息。出站检票机对回收类车票进行回收。发生紧急情况时，通过紧急按钮或检票机本地控制，使进/出站检票机处于开放状态，乘客能尽快疏散出站。

自动检票机能接受车站计算机的运营参数和指令，向车站计算机发送运营交易和设备状态数据。

在紧急状态下，所有检票机闸门均处于自由开启状态，并允许乘客快速通过。

自动检票机对乘客有明确、清晰、醒目的工作状态显示；双向自动检票机能通过参数设置自动转换各时段的使用模式。

自动售检票系统具备适应各种票务政策，进行实时客流统计、收入清分、防止票务作弊等功能。

（7）门禁系统（ACS）。

1）中心级功能。中心级管理工作站能实现对各车站（区域）系统内的所有门禁设备的监控，能实现系统运行、设备监控、网络管理、数据库管理、维护管理及系统数据的集中采集、统计、保存、查询等功能。

2）车站级功能。车站级门禁管理功能主要包括维护管理、时钟同步、监控、报表生成与查询、报警、操作权限、门禁参数上传和下载、门禁设备控制等。

7. 轨道 BIM 和 GIS 服务基础平台

通过应用 BIM 和 GIS 技术建设覆盖 BIM 模型导入、管理、应用以及轨道交通地理信息、GIS 服务的综合性基础信息平台。平台通过采用轨道交通统一 BIM 标准设计，导入设计阶段的轨道交通三维 BIM 模型，完成数据制作和模型标准化，通过设计交付系统实现设计阶段到施工阶段信息无损传递。通过采集建造阶段的数据信息，结合 BIM

模型及设计成果，完成对重点工程施工方案的虚拟仿真。平台通过提供 BIM 和 GIS 服务，实现对进度信息的三维形象化管理、对安全和质量信息构件级管理，可以提高工程的质量、安全，实现对建造阶段工程的精细化管理。将勘察设计、施工管理、建设管理后的所有资产和数据信息通过 BIM 和 GIS 模型的沉淀，与运营阶段的资产运用、业务管理、运输服务、维护等环节无缝衔接。轨道 BIM 和 GIS 服务基础平台体系架构如图 6－13 所示。

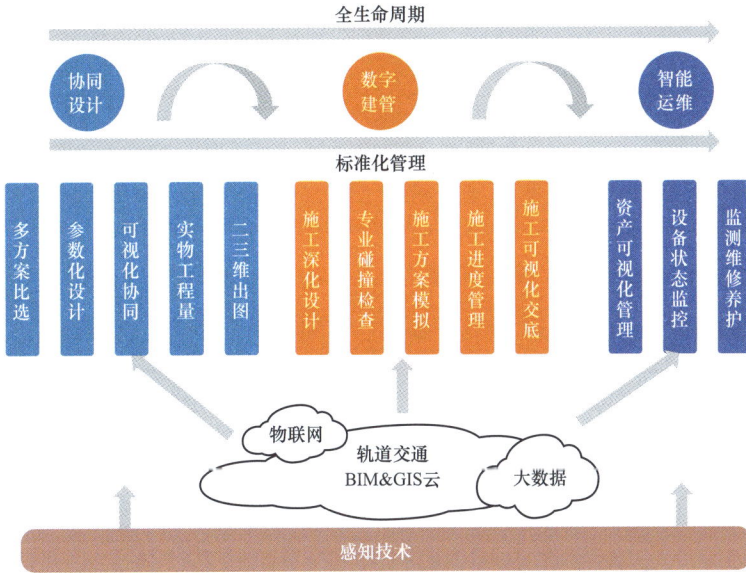

图 6－13　轨道 BIM 和 GIS 服务基础平台体系架构

在传统管理模式中，组织间信息壁垒和数据孤岛常导致建设过程中的数据共享和分析困难。依托 BIM 技术，建立的工程信息模型为建设各环节提供了信息化平台，从源头开始建立数据关联，将 BIM 技术逐步融入工程建设信息化管理。这一现代化管理模式允许在工程全生命周期内管理数据，实现数据共享和闭环管理，支撑后续运营和维护。GIS 技术通过建立地理信息模型，提供了一个统一的信息化平台，加强了数据关联，并将其应用于城市规划、环境管理、公共安全等领域。这种现代化管理模式允许全生命周期内的数据管理，实现数据共享和闭环管理，提高决策效率。

基于 BIM 的管理在工程全生命周期中组织和表现工程数据，支持建设管理数据的共享、传递和协同。此外，利用 BIM 模型信息创新规划设计、组织管理、施工建造和竣工验收，实现工程信息的逐步集成，形成完整的建筑生命周期信息集合。GIS 系统在空间数据的整个生命周期中支持数据共享、传递和协同。利用其分析和可视化能力，创新空间规划和资源管理，从规划到实施，再到维护阶段逐步集成信息。项目规划阶段利用 GIS 进行空间分析，规划实施阶段通过可视化工具表达项目影响，并进行土地利用分析和灾害风险评估；维护阶段，GIS支持土地资源监测和基础设施管理。

（1）主要功能。基础数据管理服务围绕实体组织机构管理、项目信息管理、线路信息管理、设计单元管理、作业区域管理、单位工程管理、项目组织管理等功能展开，实现各轨道交通工程项目阶段的基础数据结构能够灵活地扩展及组织，以适应对既有和在建工程日益生长的管理模式。

BIM和GIS服务主要实现对系统的基础空间信息及应用系统信息进行管理，主要功能包括系统管理、用户管理、权限管理、版本管理、空间数据导入导出、地图显示、地图编辑、图例管理、专题图制作、图库管理、元数据管理、查询统计、空间定位、地名库管理等。

监控监测服务主要面向前端设备网关或具备SDK的前端设备，通过基于云服务实现海量扩展结合分布式NoSQL数据库，时间序列分析引擎，为各业务应用提供数据应用服务，包括应用注册、监控监测接口管理、接口注册管理、设备注册管理、监控监测数据统计、报警通知等功能。

用户管理提供各类资源整合、扩展应用的集中展现服务，可达成组织价值观、行为的统一和层级管理的和谐，提供一个一体化的协同办公和业务管控服务，包括页面功能注册、用户配置、门户框架等功能组成。轨道BIM和GIS服务基础平台功能架构图如图6-14所示。

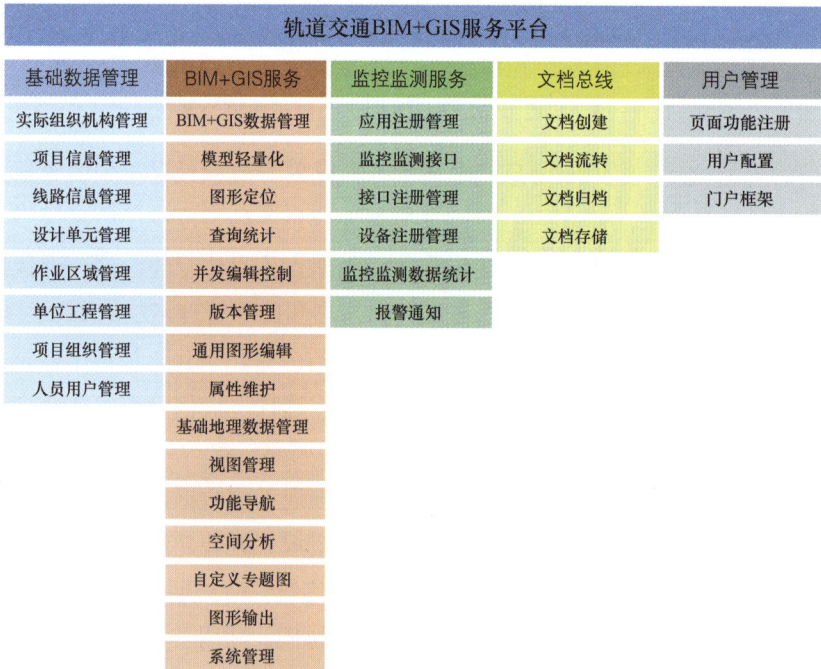

图 6-14　轨道 BIM 和 GIS 服务基础平台功能架构图

（2）关键技术。

1）BIM 与物联网技术的集成技术。在轨道交通工程项目管理中，通过集成 BIM 与物联网技术（包括传感器、移动通信、无线射频及二维码识别），形成与 BIM 相结合的策略。基于 IFC 标准，建立了监测数据存储与集成模型，同时开发支持多协议的 BIM 系统和自动化系统集成框架。解决物联网信息与 BIM 模型的集成问题，改善 BIM 模型数据的存储、传输和应用效率。物联网技术的应用在工程建设管理和设施运行监控中发挥了重要作用，为智慧建造平台提供了实体世界的洞察，支持平台的创新和转型，打造了工业级的智慧物联网数据对接平台。

2）BIM 与 GIS 数据格式转换技术。建立统一的数据存储管理，采用瓦片化的数据存储格式，提高平台对各类 BIM 数据的承载能力。搭建云 GIS 平台，提高 BIM 模型的数据处理能力，方便各专业对设计的成果进行检核，并在此基础上拓展平台在管理方面的综合应用。

3）BIM 模型和数据共享技术。为提升 BIM 模型的加载和运行效率，开发了模型数据转换工具进行轻量化处理，该工具在分析模型数据的基础上，提取必要的几何数据并减少造型数据，从而降低模型体量和面片数量，增强显示效率。此外，通过采用异步加载技术，模型加载与显示被分开处理，利用背面剔除方法减小显示的模型体量，优化显存与内存使用，确保资源的合理应用并提升操作流畅度。轻量化处理后的 BIM 模型转化为统一格式的文件，解决了不同 BIM 建模软件间格式不统一的问题，实现了模型和数据的共享。

4）BIM 和 GIS 多源数据融合技术。在统一的三维场景中集成 BIM 模型、GIS 数据、线路周边地形地貌、无人机飞行局部场景倾斜摄影模型和矢量的周边线路行政区域，实现从宏观大场景到微观细度 BIM 模型的整体展现。并通过结合平台针对 BIM 模型唯一编码体系，实现和进度、质量、安全等业务子系统的无缝对接。

平台能快速整合多源数据，包含传统数据模型、倾斜摄影模型、BIM 模型，且支持无缝叠加二维 GIS 数据，具有超强的渲染能力，既保证数据的精美渲染，又保证数据的调度速度。支持数据查询、空间分析应用。优秀的渲染引擎和空间索引技术，可实现海量模型的高性能绘制、丰富的场景特效，用户可在全空间的、逼真、完美的三维空间环境中流畅的漫游，并应用模型编辑、各种三维空间分析、矢量数据可视化、矢量数据驱动建模等功能。

平台支持线路 BIM 和 GIS 三维场景服务在线加载，以 BIM 数据、倾斜、GIS 二三维数据的统一场景通过整合和优化，服务发布，客户端直接调用服务或者服务配图配置文件实现大范围 BIM 和 GIS 线路场景加载，同时也可直接访问 OGC 标准的 WFS、WMS、WMTS 及 MapServer，支持天地图、谷歌地图服务。

5）BIM 模型轻量化技术。在大型 BIM 模型中，通常包含很多位置不同而几何形体相同的构件，导致模型的语义和几何数据量庞大，使其在 Web 端传输需要耗费大量的时间，且在显示时对客户端的设备（内存、显卡等）也会造成很大负担。在理想状态下，如果能够识别出这些相同的构件，将这些相同构件只保留一份语义及几何数据，在显示时再对其进行还原，即可有效地对 BIM 模型进行轻量化。采用基于构件实例合并的 BIM 模型轻量化方法，将一个 BIM 模型在服务器端经过处理后，得到轻量化的 BIM 模型数据。BIM 模型在进行轻量化处理后转化成为统一格式的轻量化模型文件，从而解决了各个 BIM 建模软件模型格式不统一的问题，更加利于 BIM 模型和数据的共享。

6）基于 BIM 模型的多源数据关联技术。结合 BIM 应用现状及相关技术标准，明确轨道交通工程数据分类及传递流程，以 IFD 和 EBS 分类编码体系为关联，通过数据编码关联、特征映射和数据重构，形成基于 BIM 的多源数据整合关联和分析应用，评估设施和设备的运维需求，进行特殊结构的构件划分和设施设备的构建，通过标准化编码及 BIM 模型绑定，整合各分散信息源，实现数据时空融合和综合应用。主要涉及信息模型分类存储、信息交互共享技术和面向运维的模型构建技术。

6.2　智慧枢纽运营

6.2.1　机场智慧枢纽运营

为推进新时代民用机场的高质量发展和民航强国建设进度，2019 年 9 月，中国民用航空局正式印发《推进四型机场建设行动纲要（2020—2035）》。纲要以打造数字机场标杆引领世界机场发展为目标，致力于全面建成安全高效、绿色环保、智慧便捷、和谐美好的四型机场，是今后四型机场建设的指导依据。

机场智慧枢纽运营是通过利用数字化技术还原机场全要素场景，辅助用户进行机场产业数字化转型，构建孪生机场全域场景与设备，模拟车辆、航空器与人流运动状态，对乘客出行态势进行监控仿真，辅助机场管理人员在多状态下验证管理措施规划可行性，提升机场安全、环保、人文、智慧水平，为四型机场建设营造良好环境。

机场智慧枢纽运营管理从机场运营数字化治理和乘客智慧化出行服务两方面入手，以全要素三维场景为底座，综合监管机场值机、安检等多方位状态和进出港、票务、客流量等运营数据，在同一孪生场景中展示，实现全区域客流和设备运行状态感知，以数字化手段提升机场服务水平与安全水平。同时，运营管理系统利用数据融合技术打破机场各部门、系统间数据孤岛，实现智慧机场"一张图"全方位运行状态监控，并联合智能物联网设备对异常告警信息进行实时定位，利用数据驱动孪生场景反馈场景状态，辅助管理人员及时全方位掌控机场信息。通过真实物理世界实时数据和仿真数据驱动虚拟空间机场同步同场景的信息变化，满足数字孪生场景动态化发展和数据驱动需求。机场智慧枢纽运营如图 6-15 所示。

图 6-15 机场智慧枢纽运营

6.2.2 港口及码头智慧枢纽运营

数字孪生是新一代信息技术在港口及码头的综合集成应用，是实现港口数字化治理和数字经济发展的重要载体。通过搭建港口及码头的数字孪生场景，可以实现场站全要素数字化表达，构建以集结中心和多式联运中心为主体的数字孪生模型，将集结中心和多式联运中心的现实世界还原至数字世界中，实现场站各类信息的精准映射。同时，在数字孪生模型的基础上，结合人工智能技术，对港口码头的作业流程、人员设备运行、货物清点定查提供可视化的交互管理方式，赋能场站高效管理，助力陆港实现物流集散智慧化管理和服务升级。港口及码头智慧枢纽运营采用全景三维的交互形式，可呈现堆场所有的集装箱货物，通过接入堆场集装箱堆存的运行管理数据，实时呈现堆场当前货物状态，需具备以下两大核心功能：

（1）全景三维动态交互：可用于堆场集装箱进港、堆放、转运等业务管理的操作，可通过三维场景查询集装箱业主信息、货物信息、集装箱进出港信息等，支持按照箱体、货物、位置、名称等进行全区域检索和查询定位。

（2）实时数据仿真模拟：提供仿真操作的功能，满足用户在孪生场景中，提前规划集装箱堆放计划和转运出港计划，并将计划实时呈现在三维场景中，支持全流程仿真、全视角查看、节点信息查询、数据统计分析等操作。

港口及码头智慧枢纽运营在系统设计上，应具备开放性和规范的开发接口，能够满足主流平台和跨平台快速应用开发的需求。应用层采用开放、多层的体系结构，孪生场景中可根据后续业务的增加，持续增加应用场景和服务而不需要修改底层代码，具有良好的灵活性和可扩充性。服务层面向堆场管理的业务系统，支持与其他业务系统的接口集成，灵活可配置，能够支持业务的增长而增加与应用层的线性扩展。港口及码头智慧枢纽运营如图 6-16 所示。

应用层　作业监控　堆场管理　箱务管理　闸口管理　应急安全　作业预演　历史回放

数字孪生层　静态场景还原　动态仿真模拟　三维交互应用工具　数据分析面板搭建工具　数字孪生平台

数据平台层　设备模拟　货物装卸　货物运载　堆场转运　数据处理　数据转换　数据清洗　数据纠偏

数据层　业务系统　车辆调度　物流计划　闸口管理　堆场管理　货物管理　作业控制　IoT数据　设备PLC数据　定位数据　场景数据　高精地图　DEM　矢量数据　DOM

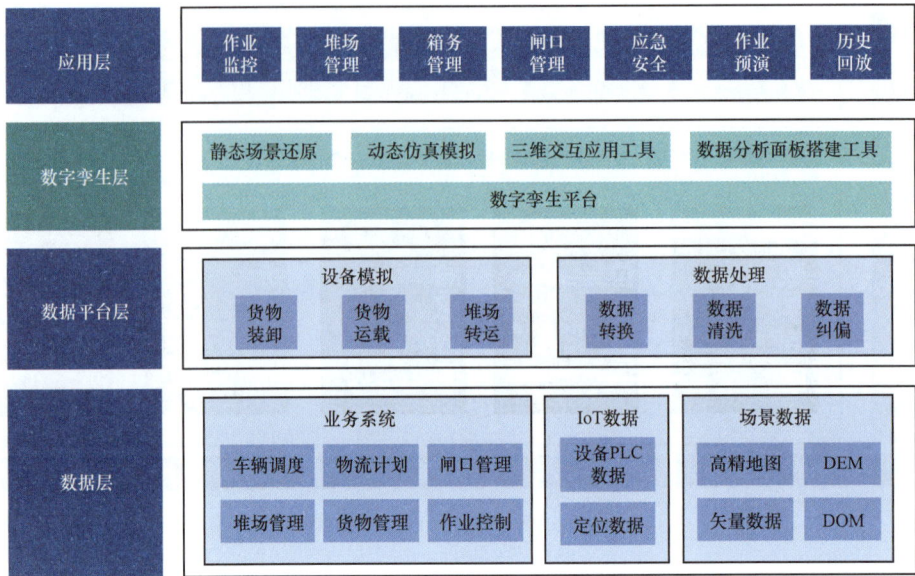

图 6-16　港口及码头智慧枢纽运营

6.2.3　车站智慧枢纽运营

车站智慧枢纽运营利用长期运营数据进行信息融合，以可视化方式进行表达，并监控和显示地铁站的实际运行情况。通过数字化升级，整个站点的运营机制得到优化，提高了站内运营管理的效率，并且实现了对站内的安全运营进行全线监控和精准布防。

由于车站运营管理的核心是服务于人，以人为本，因此需要基于车站真实的人、车、设备设施、站点场景，构建客流仿真技术。该技术提供了车站客流压力疏散与安全运行模拟的仿真需要，使用户能够自行设定运行机制，以模拟客流变化对运营压力的影响。通过这个仿真模拟的过程，可以不断核验站点运营与管控措施的有效性，从而提升应急响应的能力。通过利用长期运营数据进行信息融合，车站智慧枢纽运营可以更好地了解站点的运行情况和客流情况，从而制定更为有效的运营策略。同时，基于真实场景构建的客流仿真技术，可以帮助车站更好地预测和处理紧急情况，提高车站的安全性和可靠性。这些功能的结合，将使车站智慧枢纽运营更加高效、智能和安全。

车站智慧枢纽运营旨在为运营管理提供数字化治理，并为乘客管理提供数字化出行引导与疏散的服务。将解决智慧乘客服务中的票务服务能力的信息化处理、客流动态分布感知及疏导等业务需求。此外，智能运输组织的需求也得到了满足，包括调度指挥和应急响应的一体化，基于多源客流数据融合的计算、分析、推演等态势演变业务需求。在智能运维安全方面，通过接入车辆进出站时间数据，结合站台客流和进站客流情况进行分析，提供智能车辆运行服务，从而提高车辆运行效率和清客率。同时整个运营过程基于数字孪生技术形式，为车站的智能技术装备和智能基础设施提供承载，提供 BIM

数据的二次应用，支撑云平台、大数据等应用的需要。解决智能运维安全中对全站设备运行情况的实时监测告警，减少虚警率和提高运维工人的运维效率的业务需求。此外，可以打通设计、建设、运营阶段的全生命周期管理，为车站运营管理的业主企业提供完整的周期信息共享、协同运营，服务于智慧网络管理需要；联合全站、全线网各业务部门形成车站云与大数据平台，提供大数据、人工智能的深度服务，提供数字孪生侧表现层、数据融合层、数字化资产等业务板块实际案例，支撑国家智慧城轨行业更良性地发展。车站智慧枢纽运营如图 6-17 所示。

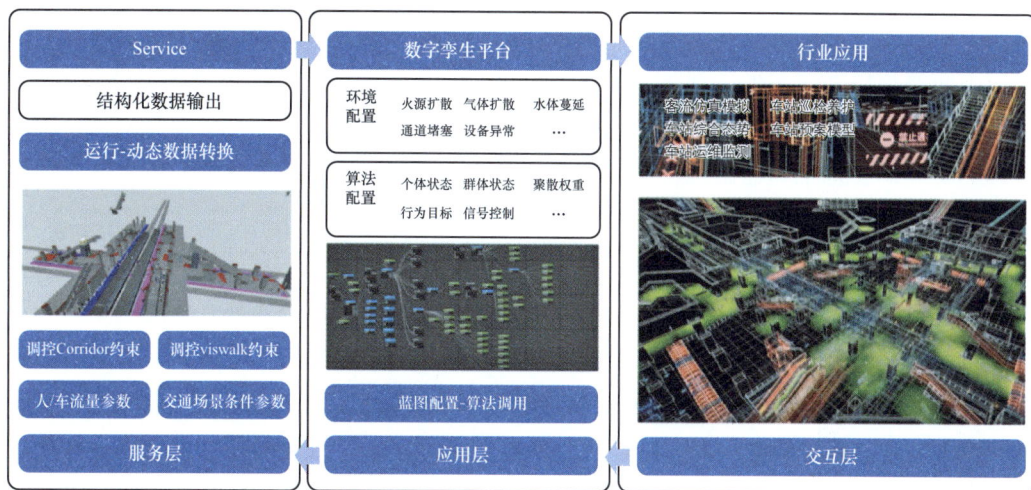

图 6-17 车站智慧枢纽运营

6.2.4 城际公路智慧枢纽运营

在"十四五"期间，国家政府层面明确提出了数字化交通发展的目标，旨在提高交通管理和服务水平，实现交通的智能化和高效化。在此背景下，基于数字孪生技术推进数字化交通建设，打造更加智能、高效、安全的交通系统。通过数字孪生技术，可以快速构建城市道路、城际高速公路等交通基础设施，实现对城际公路智慧枢纽交通系统的仿真模拟、实时监测、故障预警、交通预测和优化调度等功能。同时，数字孪生技术还可以为城市交通规划和管理提供数据支持和决策依据，助力城市交通的可持续发展。

在智慧高速公路方面，聚焦改扩建智慧高速公路，打造智慧交通平台，深化推动大数据分析应用。实现对重点车辆"精准画像"，支撑重点区域执法和稽查布控，辅助交通行业高效、科学管理。通过数字孪生系统接入摄像头、激光雷达、毫米波雷达以及智能传感器监测设备等数据，高效集成、融合、展示高速、桥隧的路况信息、桥梁信息、设备状况、资产信息，真正实现一屏观全域。一方面，平台可实时监测高速公路的路况、交通流量、车辆行驶速度以及天气、道路状况等信息，及时发现高速公路上的异常情况，如交通事故、车辆故障等，并发出预警通知，以便快速采取应对措施，实现处置闭环，将有效提高高速公路在故障处理、运维巡检、道路养护等方面工作效率。另一方面，平台也可结合历史数据和实时监测数据，预测某节假日高峰期或是未来一段时间内高速收费站、出入匝道等的交通流量和拥堵情况，为交通管理和应急指挥调度提供参考。

在城市道路交通管理方面，基于数字孪生平台构建公路"建、管、养、运"全链条数字化平台，全面提档升级改造省市县等公路，基本实现城际公路交通现代化。通过城际公路智慧枢纽运营打造城市交通运行态势"一张图"，以 AI、大数据的加持，快速识别城市道路上的异常情况并发出预警通知，以便快速采取应对措施，提升城市道路故障响应、应急事件处理水平。同时，针对城市重点活动场所以及交通拥堵高发地等区域，通过城市交通仿真模拟及推演能力，将道路交通预测结果和日常通行效率相对比，制定合理的交通调度方案和输出评价指标参数，可大大优化城市道路的通行效率，减少拥堵和等待时间。

城际公路智慧枢纽运营将紧密围绕公路运营、服务与管理的业务需求，整体系统运行逻辑、架构搭建和软硬件技术路线都忠实回归公路交通的业务本质，从交通服务的需要出发，定义和选择数字孪生技术架构，布局各类新兴技术在具体公路交通场景下的融合应用。系统涵盖全息感知、风险研判、路桥隧坡重点路段管控、伴随式服务、广义车路协同、智能运维、低碳公路、系统评估等特色功能场景，形成多源数据采集、数据处理和预测分析、事件处置发布的"采—处—发"全方位技术实施方案，实现了"端—网—云"一体化"智慧"与"低碳"双发展，旨在落实智慧公路"安全、畅通、节能"的初心和使命。城际公路智慧枢纽运营如图 6-18 所示。

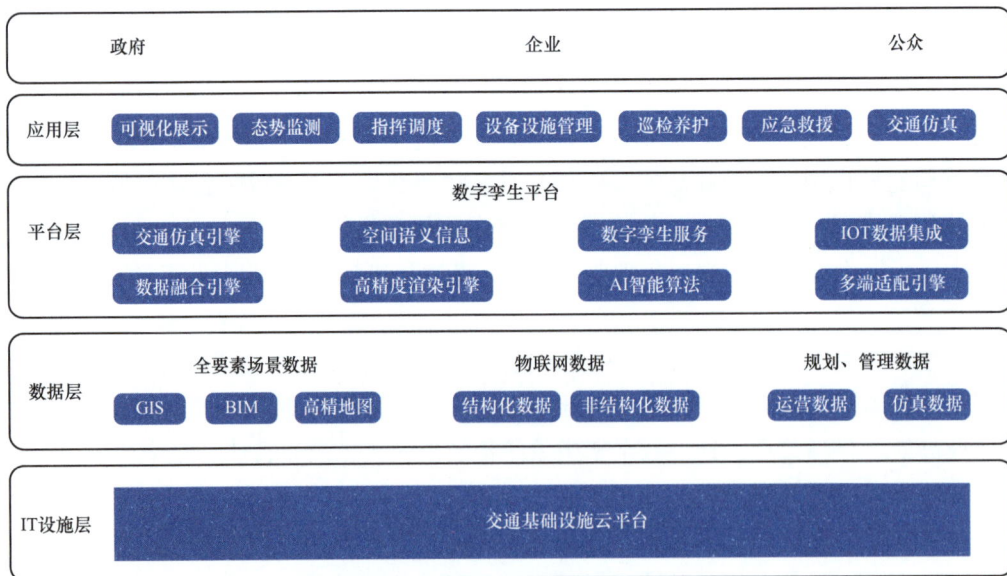

图 6-18　城际公路智慧枢纽运营

204

6.2.5 城市场站智慧枢纽运营

《"十四五"现代综合交通运输体系发展规划》提出，到 2035 年基本建成便捷顺畅、经济高效、安全可靠、绿色集约、智能先进的现代化高质量国家综合立体交通网。明确六个方面的主要任务：一是构建高质量综合立体交通网；二是增强交通运输对重大战略支撑服务能力；三是加强互联互通和一体衔接，推进城市群和都市圈交通现代化；四是扩大优质运输服务供给，推动运输服务多元化品质化发展；五是加快智能技术深度推广应用；六是贯彻落实碳达峰碳中和要求，全面推进绿色低碳转型。

针对交通行业数字化转型的关键契机，城市场站枢纽运营也面临着重大挑战：一是客流量大：乘客到站换乘缓慢、停车异常困难；二是协同部门多：相关联的协同部门较多，配合协调较难；三是结构复杂：大型公共场所站体结构比较复杂，治安管控难以实现全覆盖；四是干扰因素多：局部环节出现问题，影响整体指挥决策。

基于以上痛点，利用"实时感知+虚实融合+仿真推演+数字孪生"技术，以全景视图和数据图表等方式，直观呈现公交场站、停车场站等运营现状、空间安全、保障力量、交通流预测、任务管理等情况，既能统揽全局，又能精准对焦。通过数字孪生底座的建设，融合道路交通、公安安防、出租公交运行、气象环境监测、运营商出行以及互联网专题等多类型数据。将这些数据存储归集，包括历史和实时数据，并通过算法模型生成城市场站的治理服务数据，从而将它们全部沉淀成为大型交通枢纽的数据资产。基于这些数据资产，可打造多个场景，例如出行安全保障场景、气象防灾预演场景、消防安全演练场景和治安防控场景。这些场景将协助提供更全面、更深入的交通枢纽治理服务，从而提升城市管理的效率和精度。

针对城市场站节假日突发大客流问题，围绕"畅行就是最大的安全"目标，利用通行城市场站智慧枢纽运营大数据管理，有效调节各运力单位间的协同性，将超规模的换乘压力控制在合理区间内，并将有限的资源用到极致，以确保每个人都能有序畅行和停车。针对极端天气感知难、抢险难的问题，通过城市场站智慧枢纽运营将城市气象与站体感知数据结合起来，设置精准的阈值，对气象状态进行等级化划分，实现精准感知、快速预警、周全预案的精细联动处理管理。针对治安管控覆盖难等问题，通过大规模使用 AI 算法，将传统摄像头变成智能感知的前端设备，不换设备加算法，挖掘了设备潜能、提高了防控效能。

基于城市场站智慧枢纽运营实时监测数据、人车辆流量数据以及历史运维数据，通过仿真模块可实现交通组织方案在线调整，对大型场站周边常态交通拥堵状况进行优化方案的仿真推演与评价，从而为市民提供最佳导航路线指引和停车位预约服务，同时也可为规、建、管、运、服等部门提供管理和决策依据。城市场站智慧枢纽运营如图 6-19 所示。

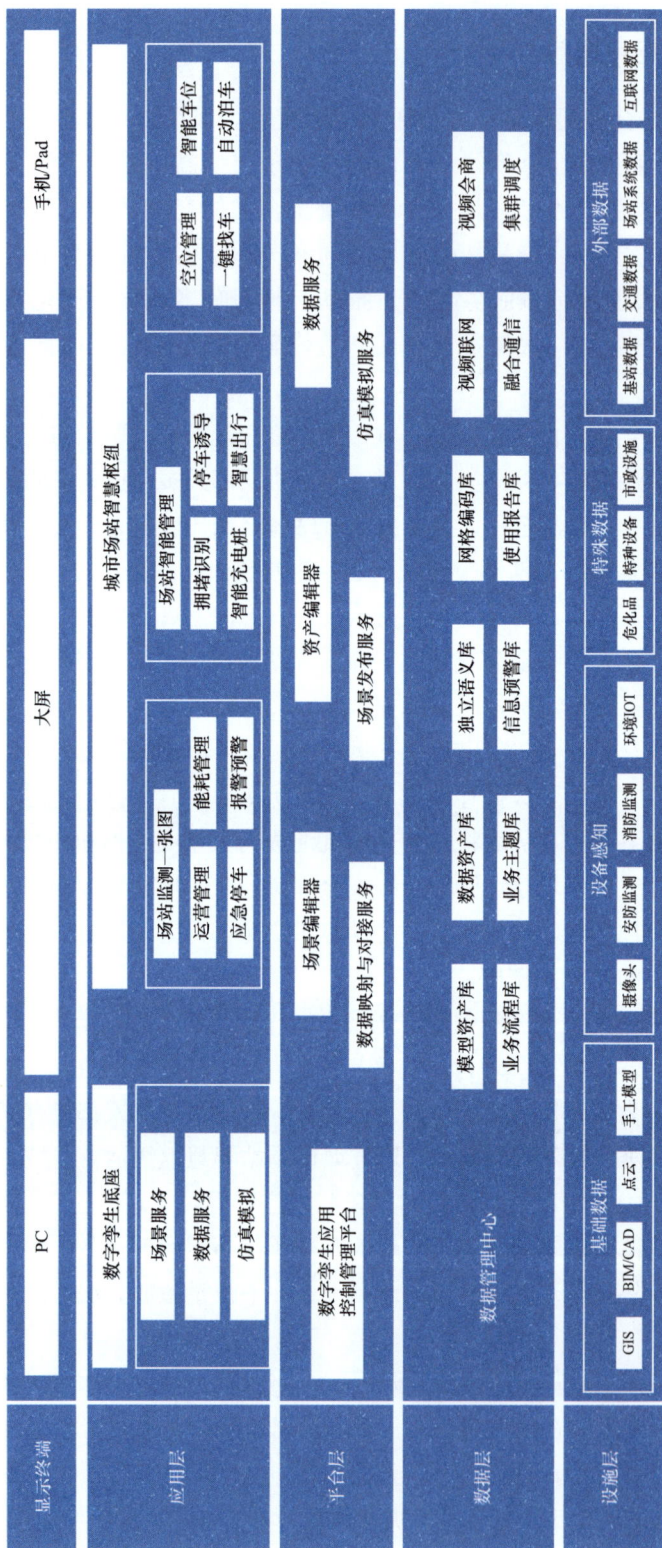

图 6-19 城市场站智慧枢纽运营

| 显示终端 | PC | 大屏 | 手机/Pad |

应用层

城市场站智慧枢纽

数字孪生底座
场景服务
数据服务
仿真模拟

场站智能管理

场站监测一张图
运营管理 | 能耗管理
应急停车 | 报警预警

拥堵识别 | 停车诱导
智能充电桩 | 智慧出行

空位管理 | 智能车位
一键找车 | 自动泊车

数据服务
仿真模拟服务

平台层

数字孪生应用控制管理平台

场景编辑器
数据映射与对接服务

资产编辑器
场景发布服务

数据层

数据管理中心

模型资产库 | 数据资产库
业务流程库 | 业务主题库

独立语义库 | 网格编码库
信息预警库 | 使用报告库

设施层

基础数据
GIS | BIM/CAD | 点云 | 手工模型

设备感知
摄像头 | 安防监测 | 消防监测 | 环境IOT

特殊数据
危化品 | 特种设备 | 市政设施

外部数据
基站数据 | 交通数据 | 场站系统数据 | 互联网数据

206

参 考 文 献

[1] 李中浩. 城轨互联网票务系统建设指南 [J]. 城市轨道交通，2019，（3）：23-26.

[2] 蔡佳妮. "互联网+"时代城市轨道交通自动售检票系统设计 [J]. 城市轨道交通研究，2020，23（3）：192-196.

[3] 谢淑润，张美晴. 城市轨道交通票务管理 [M]. 北京：人民交通出版社股份有限公司，2021.

[4] 张森，于敏. 基于"互联网+"的城市轨道交通乘客智能服务模式探讨 [J]. 都市快轨交通，2021，34（3）：146-152.

[5] 郑兰英，汤石男，张雁珍，等. 构建智慧地铁车站 为乘客提供智慧化服务 [J]. 轨道交通，2021（1）：13-19.

[6] 赫楠，张在龙，马卫东，等. 城市轨道交通智慧安检系统的构建 [J]. 城市轨道交通研究，2022，25（4）：214-220.

[7] 闫业凡，李海鹰，许心越，等. 城市轨道交通乘客智慧出行信息服务平台构建研究 [J]. 铁道运输与经济，2023，45（1）：115-122.

[8] 王万齐. 基于 BIM 技术的铁路工程建设信息化全寿命周期管理研究 [D]. 成都：西南交通大学，2016.

[9] 刘魁. 城市轨道交通网络安全集中管控防护方案 [J]. 都市快轨交通，2022，35（2）：85-90.

[10] 王刚，张晔. 基于城轨云的线网网络安全"四化"建设 [J]. 都市快轨交通，2020，33（5）：23-27.

[11] 王伟，毛新德，吴子淏. 基于城轨云的信号系统数据挖掘方法 [J]. 世界轨道交通，2021（1）：64-66.

[12] 曹惠茹，成海秀，刘永鑫，等. 基于云计算的城市轨道交通数据可视化方法及案例研究 [J]. 计算机应用与软件，2021，38（2）：33-49.

[13] 李中浩，ZHANG Liman 译. 建设标准化的城市轨道交通云和大数据平台 [J]. 城市轨道交通研究，2021，24（6）：227-228.

[14] 王晓芳. 基于物联网的城市轨道交通智能支付平台的关键技术研究 [J]. 自动化与仪表，2021，36（12）：96-102.

[15] 张文涧，邓红军. 对地铁车站级 PSCADA 系统技术方案的比较分析 [J]. 自动化博览，2009，26（10）：64-66.

[16] 王菁. 地铁环境与设备监控系统的设计与实现 [D]. 北京：北京交通大学，2011.

[17] 周梦霞. 地铁火灾报警系统设计概述 [J]. 中文科技期刊数据库（全文版）工程技术，2016，（11）：68-68.

[18] 陆文伟. 基于 CORBA 的轨道交通 AFC 设备监控组态软件的设计与实现 [D]. 南京：东南大学，2013.

[19] 黄嘉. 门禁系统在地铁行业中的应用与管理 [J]. 都市快轨交通，2009，22（5）：96-98.

［20］申雄.大数据在智慧高速公路交通运营管理中的应用研究［J］.低碳世界，2021，11（7）：178-179.

［21］董志国，于洁涵，常振廷，等.交通运输行业数字化转型认知与方法［M］.北京：人民交通出版社股份有限公司，2022.

［22］张春菊，李冠东，高飞，等."互联网＋"城市智慧停车模式研究［J］.测绘通报，2017，000（11）：58-63.

［23］喜崇彬.智慧物流园区建设与管理［J］.物流技术与应用，2022，27（3）：104-105.

第7章　智能导航与位置服务

　　智能导航与位置服务泛指一切以地理位置、时间和网络移动终端为基础构成的时空位置智能感知、认知和决策综合服务，是当前位置信息服务行业的核心板块，也是云计算、移动互联网、物联网、光电子制造等新兴技术的主要载体和应用形态。可以说，智能导航与位置服务产业，将会是下一代智慧城市及智能社会的重要支撑。近几年，该产业呈现出技术交叉融合、应用百花齐放的良好发展趋势，已具有一定的规模。随着北斗卫星导航系统的快速发展，我国正逐渐成为全球最大的导航位置服务应用市场，用户规模数以亿计，发展潜力巨大。本章节从实时车载导航、多模式出行路径规划、室内导航服务与高精度导航地图四个方面出发，分析总结了智能导航与位置服务的研究现状及其所涉及的关键技术。

7.1　实时车载导航

　　车辆导航系统集成运用地理信息系统技术、定位技术、计算机技术、通信技术等，为车辆用户提供适时的出行路线推荐与引导服务，是位置服务、智能交通研究领域的重要内容。实时车载导航系统（Vehicle Navigation System，VNS）是指在应用地理信息系统（GIS）技术构建的导航电子地图的基础上，运用全球卫星导航系统（GNSS）、航位推算等定位技术进行车辆定位，确定最优行驶路径，并在出行过程中对驾驶员适时做出路径引导的信息系统。本节从车载导航数据模型、车载导航路径规划、车载导航耗时估计三个方面出发，分析总结了实时车载导航的研究现状及其所涉及的关键技术。

7.1.1　车载导航数据模型

　　导航数据模型经历了从平面模型到非平面模型，从基于中心线的模型到基于车行道乃至车道的模型，从节点—弧段网络模型到线性数据模型的发展历程，并向多维多尺度动态模型的方向延伸。

1. 平面模型与非平面模型

在 GIS 中，道路网络通常抽象为节点和弧段的集合，其中节点是弧段的起止点，弧段是两个节点之间的连线。传统节点—弧段模型由于遵循"平面强化"的原则而构建，即平面上两条相交的弧段处必定产生节点，而不管该节点处是否具有物理意义上的转向可能，又称为平面模型。平面模型具有两大优势：一是简单易用，二是支持高效率的网络分析（如最短路径分析）。

平面模型将完整的道路在节点处打断，或增加地理上本不存在的节点，破坏了道路的语义完整性，增加了节点和弧段的数量，带来了大量数据冗余，进而影响网络分析的效率。解决此问题的一个方法是放弃平面强化的限制，构建非平面模型。非平面模型要求物理上不相交的道路之间不产生节点，避免了非拓扑节点的产生及立体交通网络中不可能的转向。目前的商用导航电子地图都采用非平面模型。

和平面模型一样，非平面模型也可采用节点—弧段的表达方法，其中节点表示具有拓扑转向可能的道路交叉口。但是这种方法不能解决道路特征语义完整性被破坏所带来的难以操作道路整体的问题，例如查询某一名字的道路。因此，研究者们考虑以完整道路特征作为基本的几何建模要素，并通过动态分段的手段从道路几何特征中生成与维护网络拓扑。基于特征的模型除了道路的真实起止点外，在道路交叉处一般不产生节点，即使此处确实有实际的交叉口存在。这样极大地减少了道路属性数据的重复存储，使地理编码更有效，也更真实地描绘了现实世界的交通网络。另外，把网络拓扑和几何数据分离开，有利于网络拓扑和几何数据的维护。

2. 基于车道的模型与基于车行道的模型

作为构成道路实体的基本单元，车道有着自己特有的属性，如可用性、专用性、交通方向、交通流量、拓扑关系等。这些属性导致了不同的道路通行条件，进而影响公众出行路径的选择。各种智能交通应用，如车辆导航、自动车辆驾驶、商业车运营、应急救援、车—路协同等，都需要高精度、车道级路网空间数据的支撑。

传统的路网数据模型通常采用基于中心线的表达方法，且拓扑、几何不分离。在这种模型下，车道信息仅仅被看作是沿中心线线性分布的特征，其地位类似于路面质量、路面宽度等，在处理方法上也相应地采用增加节点或动态分段技术。由于不存在独立的拓扑意义上的车道对象，模型难以表达车道之间的拓扑关系，不支持车辆导航应用。

针对中心线模型的缺陷，Fohl 等提出在中心线几何数据的基础上通过动态分段技术生成车道对象，并以车道为路网拓扑数据建模的基本单元，建立基于车道的导航数据模型。其中不同路段邻接车道之间的转向关系记录在点转向表中，同一路段相邻平行车道之间的连接关系记录在线转向表中。Fohl 的思想基本上是车道相关模型问题研究的出发点，拓扑与几何分离的观点也被广泛采用。不过，Fohl 的模型由于没有存储车道级的几何数据，不支持有高精度定位、可视化要求的交通应用，如车辆导航。Malaikrisanachalee 和 Adams 对 Fohl 的模型进行了改进，将车道同时作为几何数据建模与拓扑数据建模的基本单元，并放弃了转向表的使用。总的说来，基于车道的模型在现阶段导航应用中存在一定的局限性：① 车道数多，数据量大，网络分析效率低；② 同一方向车道之间通常可以自由通行，给网络建模与分析带来了巨大的困难；③ 当前用于车辆导航的定位技术很难达到车道级的定位精度。

鉴于车道模型存在的问题，学者们考虑在中心线模型和车道模型之间进行折中，构建基于车行道（carriageway）的模型——车行道在这里可以直观理解为同一道路不同的行驶方向。车行道模型有两种构建思路：一是借鉴 Fohl 的思想，以中心线作为几何数据建模的基本单元，以车行道作为拓扑数据建模的基本单元，车行道通过动态分段技术在中心线基础上构建；二是将车行道同时作为几何/拓扑建模的基本单元。显然，存储独立车行道几何数据的模型更能支持车辆定位、路径导引、多级地图显示等导航功能。目前专业的导航地图数据生产商都提供车行道级的路网几何数据，即道路双线数据。

另外，为了有效支持多尺度应用，商用导航数据标准 GDF 和格式 KIWI 同时表达与存储道路单线和双线数据，UNETRANS 模型、HL－3DRNM 模型同时支持中心线级、车行道级和车道级的道路几何数据表达。

3. 线性数据模型

节点—弧段网络模型在空间位置、多重属性、分段属性等的表达方面存在着局限。引入线性参照系统和动态分段技术，能有效地解决这些问题。

线性参照系统（Linear Referencing System，LRS）是一种存储和维护发生在交通网络上的事件或现象（如路面质量、事故、功能等级、交通流、维修区等）的技术手段。LRS 由三部分组成，即道路网络、参照基准和线性参照方法。所谓线性参照方法（Linear Referencing Method，LRM），是指线性特征上的任意未知点的位置，可以通过到已知点的距离和方向来确定的方法。

动态分段技术是指在传统 GIS 数据模型的基础上利用线性参照系统和相应算法，在需要分析、显示、查询及输出时，在不改变要素位置（坐标）的前提下，建立线性要素上任意弧段与多重属性信息之间关联的技术。目前主流的商业 GIS 软件，如 ArcGIS、MapInfo，都支持动态分段功能。

线性参照和动态分段技术在交通领域有着广泛的应用，具有代表性的企业级 LRS 模型有 NCHRP 模型、Dueker/Butler 模型和 UNETRANS 模型。

NCHRP 模型是 1994 年在密尔沃基举行的 NCHRP 20－27 学术会议上提出的通用级交通数据模型。模型首次提出了层次化的交通数据建模概念。基于此概念，不同类型、内容和结构的路网数据将建模为不同的层。层与层之间相对独立，各司其能，分别组织、管理与应用，其间通过公共的标准和技术实现无缝连接。此概念模型由于能很好地支持交通数据的集成与共享，为后续研究者广泛采用。具体到 NCHRP 模型，共分为事务数据、线性参照系统和图形表达三层（见图 7－1）。线性参照系统又包含基准层、网络层和 LRM 层。一个基准可用于多个网络模型，并具有多种图形表达形式；一个节点—弧段网络模型可构建多种 LRM；一个 LRM 支撑多种事务数据的表达。

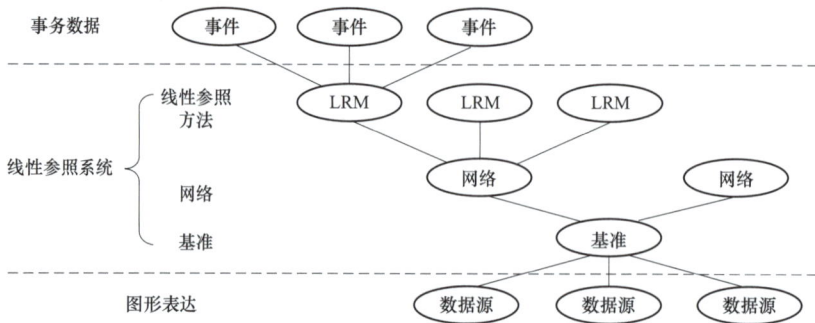

图 7-1　NCHRP 模型层次结构

和 NCHRP 模型类似，Dueker/Butler 模型也采用了层次化设计的思想，将交通数据分为线性基准、事件、几何图形表达和节点—弧段拓扑四部分。但它和 NCHRP 模型的不同之处在于：① NCHRP 模型以基准为中心，而 Dueker/Butler 模型以事件为中心，基准是用于提高定位精度的，作为可选项存在；② Dueker/Butler 模型通过基准直接与事件关联，而 NCHRP 模型中线性基准必须通过网络拓扑结构来关联事件；③ Dueker/Butler 模型支持区域要素和区域事件；④ Dueker/Butler 模型允许交通特征没有拓扑关系，可支持广泛的非拓扑交通数据。

UNETRANS 模型是美国国家地理信息与分析中心在美国环境系统研究所公司的资助下研究出来的，旨在为交通行业的 ArcInfo 用户提供应用开发服务的，涉及道路运输、铁路运输、民航以及水路等多种交通模式的一种通用交通数据模型。它将交通数据分为参照网络层、路径特征层和事件层。交通设施、交通行为、交通事故和移动对象属于事件层。UNETRANS 模型的一个重要技术特点就是实现了交通数据的多尺度表达，包括网络数据的多尺度表达和事件数据的多尺度表达。

除了上述几个著名模型之外，丹麦奥尔堡大学 Jensen 教授的移动对象数据管理研究组还将层次化的思想引入到路网数据的建模中，分别设计了里程标表达、节点—弧段表达、地理表达三层结构，和 2D 表达、图形表达两层结构。2D 表达描述路网详细的几何信息，图表达则是 2D 表达的抽象与简化，描述路网的拓扑信息。

4. 多维多尺度动态模型

目前，导航数据模型的研究正朝着更细节、更微观、更符合现实世界行为、时空一体化的方向发展。美国国家公路合作组织（NCHRP）20-27（3）工作组研究并指出，为支持各类地面交通应用，GIS-T 数据模型应满足如下 10 项功能需求：时空参照方法、时间参照系统与时间基准、数据转换、多重制图表达与多重空间拓扑表达、分辨率、动态性、历史数据集、精度与误差传播、对象级的元数据和时间拓扑与时间延迟。

基于上述 10 项功能需求，并在吸收过往模型［包括 ISO-GDF、SDTS、NSDI、ISO 15046、NCHRP 20-27（2）、Dueker/Butler 等］优点的基础上，工作组设计了一种多模式、多维位置参照系统（Multi-Dimensional Location Referencing System，MDLRS）数据模型。模型参照时空 GIS 建模方法，从空间（Where）、时间（When）、专题（What）、

事件（Why/How）四方面来描述交通特征（见图 7-2），并提供时态 GIS-T、导航、多维位置参照与多尺度表达四项功能。

MDLRS 模型基本上涵盖了所有的交通数据建模要素——类型、属性、关系、空间、时间、尺度、维度等。作为一项顶层设计，MDLRS 模型为各类专门应用（车辆导航、交通管理、公交管理、商业车运营、紧急管理、自动车辆驾驶等）中交通数据模型的设计提供了一个可供扩展与细化的通用级概念框架。

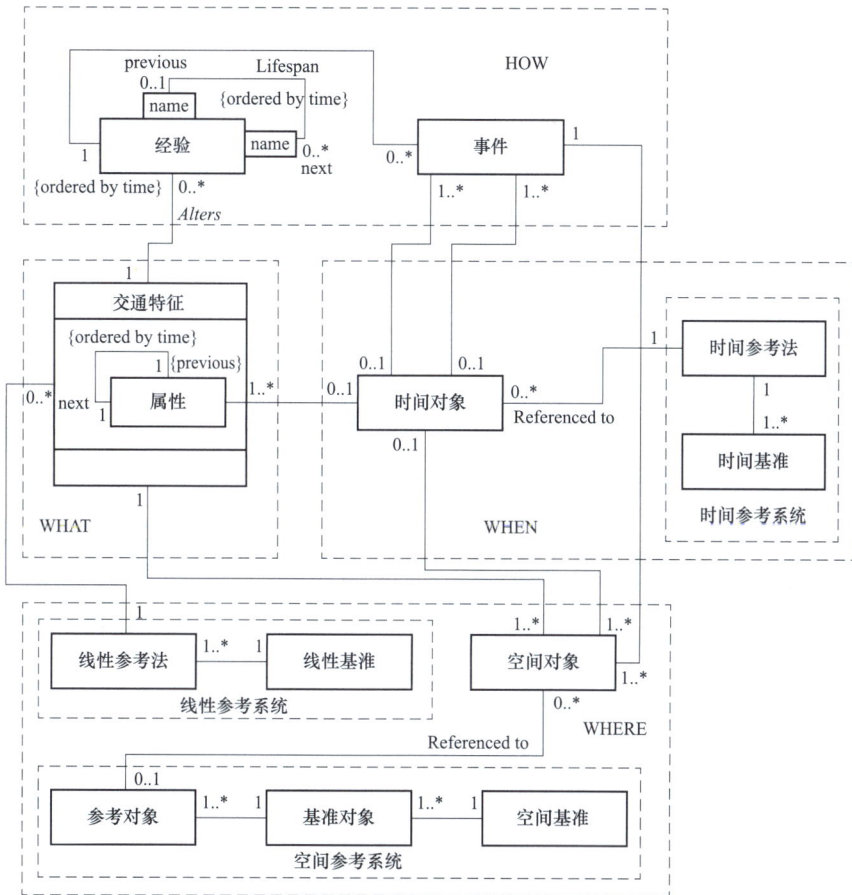

图 7-2 MDLRS 模型概念架构

5. 导航数据标准/格式

当前广泛应用的导航数据标准/格式有 ISO GDF4.0、KIWI1.22 和 SDAL，新一代的导航数据标准也正在研发中。

ISO GDF4.0（Geographical Data File，地理数据文件）是智能交通系统（Intelligent Transport System，ITS）和基于位置服务（Location Based Services，LBS）行业中普遍应用的地理数据交换标准，用于描述和传递与路网和道路相关的数据。GDF 标准主要包括导航数据模型与数据交换格式。导航数据模型以要素、要素属性、要素关系为基本单元，定义了数据内容和数据的表达规则。数据交换格式定义了元数据内容以及数据的逻辑和物理存储规范。

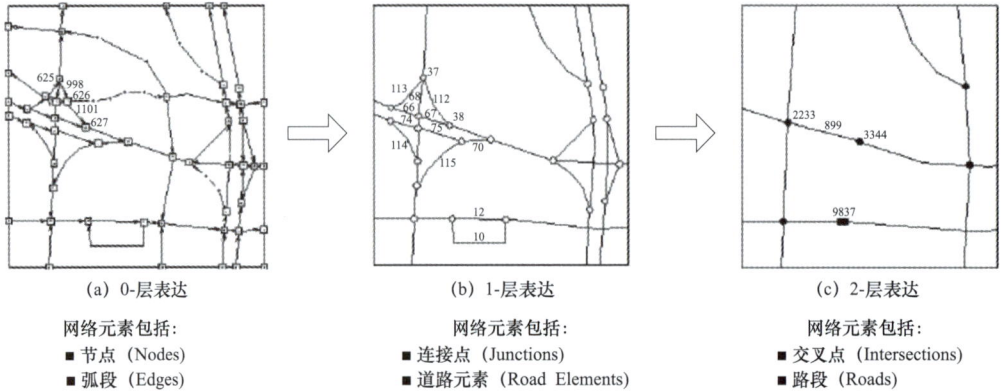

(a) 0-层表达	(b) 1-层表达	(c) 2-层表达
网络元素包括:	网络元素包括:	网络元素包括:
■ 节点 (Nodes)	■ 连接点 (Junctions)	■ 交叉点 (Intersections)
■ 弧段 (Edges)	■ 道路元素 (Road Elements)	■ 路段 (Roads)

图7-3 ISO GDF4.0 中道路网络的三层表达

GDF 描述了一种3层道路网络结构，即几何描述层（0-层）、简单要素层（1-层）和复杂要素层（2-层），如图7-3所示。0-层网络由基本的几何图元点、线和面组成，定义了网络的节点-弧段拓扑结构。1-层包含由0-层几何图元构建的简单要素，包括点要素、线要素和面要素。2-层的要素由多个简单要素组成，描述一些复杂的交通现象。在 GDF 中，道路网的分层主要是面向不同功能应用，具体而言，1-层主要用于行驶导引，2-层主要用于路径规划。

KIWI 是由日本 KIWI-W 协会制定的一种通用、开放的导航电子地图数据物理存储格式，目前是版本是 v1.22。KIWI 具有以下技术特点：① 将数据按功能分块组织，不同用途的信息存在不同的块中，以提高数据访问的效率；② 按分层结构来组织数据，且层的逻辑结构与物理存储相联系，支持不同层之间的快速数据访问，以及不同应用目或不同级别用户使用不同抽象层次的数据；③ 对地图数据进行区域分割，结合分层，形成一个类四叉树的分层/分区框架结构，支持快速数据检索与加载；④ 通过固定大小数据块结构及其全局管理、数据项存在与否标记、多弧段结构来压缩数据物理存储量。

SDAL（Shared Data Access Library）是美国 Navteq 公司自有的商用导航地图物理存储格式。通过 SDAL 编译器，可以把一般的电子地图数据转换为 SDAL 格式，进而可以由 SDAL 程序接口调用 SDAL 格式数据用于各种车辆导航应用。SDAL 数据由空间数据和非空间数据两部分组成。空间数据包括路径计算数据、图形数据、导引数据、交叉口数据以及路径计算数据、图形数据和 POI 数据之间的交叉引用数据。空间数据按照地理位置进行划分，按照邻近的原则进行排序，使用 KD-Tree 进行索引。非空间数据主要包括有 POI 数据、连接数据、地名数据、邮政编码数据等。非空间数据按照索引值进行划分，主要用 B-Tree 进行索引。和 KIWI 一样，SDAL 也实现了道路网的多尺度表达。

上述三种标准/格式共同存在几方面的问题：① 以文件存储数据，检索、定位等功能都需要自己开发；② 结构紧凑不利于更新；③ 缺乏统一的标准。针对这些问题，国际上相关的标准组织和企业，先后投入对下一代导航电子地图标准/格式的研究与开发中。比较瞩目的是 ISO 主导的 X–GDF、日本企业主导的 KIWI3.0 和欧洲 PSI 组织提出 NDS。

X–GDF 是 ISO TC204 正在进行的 GDF4.0 的扩展版本。在确保与 ISO/TC211 标准保持一致的前提下，X–GDF 在两方面对 GDF 进行扩展：① 改进了物理存储格式：采用数据库技术，支持 SQL 语言；加强对 XML、GML 等语言的支持。② 扩展内容：引入地理要素的时空定义；支持安全相关应用；支持多模式的交通应用；支持 2D 和 3D 图形显示；支持信息的车辆安全系统方面的应用。

KIWI3.0 目前主要由中日韩三国的 KIWI 协会主导，意在于解决如下问题：① 下一代更新型导航电子地图的格式、地图更新方案；② 地图更新传输的数据结构；③ 更新数据的传输管理。

NDS（Navigation Data Standard）是欧洲 PSI（物理存储格式标准化行动）组织提出的基于嵌入式数据库的导航电子地图存储标准。NDS 将导航地图数据分为地图显示、道路规划、名称、POI、交通信息、语言表达等 6 大块，采用分层分区组织结构，并提供 3D 显示支持。NDS 模型的数据关联访问，不再通过传统的地址偏移量，而是数据库 ID。NDS 采用 SQLite 嵌入式数据库进行地图数据存储，能有效地支持数据更新，较好地解决传统导航电子地图物理存储格式面临的诸多瓶颈问题。

7.1.2 车载导航路径规划

路径规划的本质是最短路径问题（Shortest Path Problems，SPP）。SPP 一直是计算机科学、运筹学、交通工程学、人工智能等研究领域的热点问题，国内外大量学者对此问题进行了研究，并取得了一批成果。从问题类型上来看，最短路径问题主要有单源节点 SPP、所有节点 SPP、k–SPP 等几种类型。车辆导航路径规划主要关注单源节点 SPP。

1. 标号算法

从标号算法理论与实践的研究出发，目前针对路径规划算法的研究主要集中于如何利用各种启发式策略来提高算法效率，以及如何改进静态算法以适应动态交通网络上。

在网络优化中，对节点赋予距离标号，并通过迭代过程对距离标号进行逐步修正的最短路径算法称之为标号算法。距离标号可以分为两类：一类表示的已经是最短路径的长度，因此在以后的迭代过程中不再改变，称为永久标号；另一类表示的只是最短路径长度的估计值（上界），因此在以后的迭代过程中可能还会不断得到改进，成为临时标号。标号算法的目的就是在算法结束时将所有临时标号转变为永久标号。

每次迭代都将一个临时标号变为永久标号的标号算法称之为标号设定算法（Label–Setting Algorithm，LS）。Dijkstra 算法是 LS 算法的典型代表，其广泛应用使之成为 LS 算法的代名词。Dijkstra 算法采取最佳优先搜索策略，即每次迭代时总选取标号值最小的节点进行扩展，而当一个节点被选出时，从源节点到当前节点的最短路径就已经找到。针对 Dijkstra 算法的研究主要集中于高效率存储结构的设计上，如各种基于堆结构（k 叉堆、二项堆、Fibonacci 堆、基数堆等）或桶结构（如多层桶）的优先级队列。最佳优先并不是 LS 算法唯一的节点选择策略。

每次迭代只是修改标号值而不将临时标号变为永久标号的标号算法称之为标号改正算法（Label-Correcting Algorithm，LC）。LC 算法一般采用列表结构存储候选节点，代表性成果有 Bellman-Ford 算法、d'Esopo-Page 算法、Pallottino 算法、SLF 算法、门限算法、LLL 算法等。

LS 算法与 LC 算法各有优劣。一般说来，在道路网络中，求解单源点单目标点最短路径问题时，LS 算法效率更高；在求解单源点多目标点最短路径问题时，LC 算法更有优势。总体说来，严密算法几乎已经到了理论上时间复杂度的极限。

2. 启发式算法

Dijkstra 算法在大规模网络中效率不高，可以采用启发式策略来加快搜索速度。启发式算法在可以接受的精度损失前提下，可大幅度提高算法效率。常用的启发式策略有分枝修剪、A*、双向搜索、分层搜索等。

分枝修剪法设置搜索区域（椭圆、矩形等），在迭代过程中位于搜索区域外的节点将被剔除。显然，此策略中搜索区域大小的设置是关键，如果设置合理，算法计算时间能减少 40%~60%。

A*算法由 Hart 等人于 1968 年提出，它以评估函数作为节点标号，并通过赋予位于最短路径上可能性高的节点以高的优先级，来达到缩减搜索空间的目的。和分枝修剪法相比，A*能保证算法的可纳性，在车辆导航中被广泛应用。在实践中，可以打破 A*算法可纳性的限制，牺牲精度来换取效率。

双向搜索的基本思想是同时进行从起点到终点和从终点到起点两个搜索过程，一旦两个搜索过程汇合，搜索终止。双向搜索的关键在两个过程的切换方法以及汇合条件。Fu 等认为双向搜索的效率相比单向搜索不一定会显著提高，需要经过实际测试之后才能使用。

分层算法模拟个体对路径选择的认知过程，引入"分而治之"的策略，将道路网抽象成不同细节程度的层，并选择合适的数据层来进行路径搜索。路网层次结构的构建是分层搜索的关键。一种方法是从认知的角度出发，根据功能等级、长度、限速、车道数等道路属性来对路网进行分层。但如何保证每层网络的连通性与合理性是一个难点问题。陈玉敏等、Volz 提出直接使用多尺度基础地图数据进行分层搜索，但由于需要实时建立不同尺度表达数据间的对应关系，算法效率低，应用价值不高。另一种方法是从图论角度出发，对路网进行分层分解，并通过预计算、预存储、表查找来提高算法效率，典型成果如 HEPV 模型、HiTi 模型、HH 方法、RCHiTopo 模型。这种方法完全或尽可能保证了算法精度，但存储空间要求高，且对人群出行认知习惯考虑不够。

在具体应用中，通常将多种启发式策略结合使用，如双向搜索与 A*的结合、分枝修剪与分层搜索的结合、A*算法、双向搜索与分层搜索的结合等。

3. 动态算法

利用动态交通信息进行路径规划是导航与位置服务发展的必然趋势。动态路径规划一般包含两种形式。一种是弧段权值变化所引起的动态图问题，或称为路径重优化问题。此类问题为计算机领域学者广泛研究，研究的焦点主要集中在最短路径树的快速更新上。除了动态图的方法外，导航应用时可以将剩余路径当作搜索终止条件来进行部分重新规划，也可以采用搜索相关的加速机制在限定时间内完成路径的完全重新规划。这些方法都只是将当前交通信息作为调整弧段权值的系数，缺乏对弧段进入时刻实际交通状况的考虑，不符合现实交通行为。

另一种是将弧段行程时间建模为进入时间依赖变量的时间依赖最短路径问题（Time-Dependent Shortest Path Problem，TDSPP）。Cooke 和 Halsey 最早提出此问题，并通过扩展 Bellman 最短路径方程，设计了基于离散时间网络的渐次逼近求解算法。Orda、Rom、Chabini 指出在允许节点等待的情况下，连续时间网络中的 TDSPP 可以通过 Dijkstra 算法来求解；而如果不允许节点等待，且弧段行程时间没有任何限制条件，那么该问题是 NP-hard 问题。Kaufman 和 Smith 证明了在满足一致性限制条件（即 FIFO条件）的情况下，TDSPP 可以通过标号算法来求解，从而摆脱了节点等待的限制。

目前导航应用主要面向 FIFO 网络，并通过改进的标号算法，如动态 Dijkstra 算法、动态 A*算法，来计算给定出发时间的时间最短路径。Chabini 和 Lan 证明了 A*算法用于求解此类问题的正确性，并面向离散时间动态网络，提出了利用以前时刻的计算结果来改进给定点到目标点最小行程时间下界估计值的方法。另外，还可以损失一定的精度，通过将双向搜索、层次图等策略与动态 A*算法结合来提高路径计算的效率。

7.1.3　车载导航耗时估计

作为一种重要的交通状态衡量指标，行程时间在交通出行、交通运营与管理中发挥着极为重要的作用。对于交通出行者而言，准确的行程时间信息有助于制定更为合理的出行计划，降低出行不确定性，提高出行效率。因此，对城市网络当前时间段内的行程时间进行估计（又称耗时估计），并对未来时间段内的行程时间进行预测是交通领域经久不衰的热点。

行程时间估计模型在很大程度上与所使用数据的类型与特性相关，从数据类型的角度出发，现有模型可粗略分为两类：基于点传感器数据的耗时估计模型和基于区间传感器数据的耗时估计模型。

1. 基于点传感器数据的耗时估计模型

现有基于点传感器数据的行程时间估计模型多是基于感应线圈数据。感应线圈数据可分为单环与双环感应线圈数据。

（1）单环感应线圈只能采集检测器处的部分交通流参数，如交通流量与占有率等。因此，基于单环感应线圈数据的行程时间估计模型较少。从模型的角度出发，可以将这些模型大致分为两类：基于交通流理论的模型，数据驱动的模型。

基于交通流理论的行程时间估计模型利用从交通流理论中获得的交通变量之间的关系从交通流量数据中提取行程时间信息。这些估计模型大多数以流量守恒与传播理论为基础，但是却对这些理论进行了不同程度的扩展，并使用了不同的方法对交通流的动态性进行处理。

数据驱动的模型不依赖传统的交通流理论模型，而是以数据为基础，通过构建各种各样的基于统计与机器学习的模型，对行程时间与交通流和占有率等参数之间的关系进行建模。基于统计机器学习的方法，如多项式回归模型假设在一个给定的时间段内，不同车辆到达同一点检测器处的行程时间服从同一分布。在此基础上，通过互相关函数和随机回归等时间序列建模方法对行程时间进行估计。目前，人工智能的发展使得基于深度学习的行程时间估计方法能够更好地学习路径相关的复杂时空特征。Deep TTE [112]是首个估计路径的行程时间的端到端的深度学习框架，它可以捕捉给定路径的空间和时间的关联特征；为了顾及时空依赖及路径上下文信息，研究者们设计了时空图卷积模型来编码交通预测中的时空信息，并将图卷积神经网络用于预测旅行时间。

（2）双环感应线圈能够采集检测器处的交通流量、速度等参数数据，但该点状数据并不能表示整个研究路段上的平均速度值。现有技术使用路段上的检测器将整个道路划分为多个路段，每个路段的两个端点就是相邻的两个传感器。道路总行程时间估计便转化为对每个路段上的行程时间估算后累加，如逐段常速法用路段两端检测器中任意一个采集的点速度表示整个路段上的平均速度。

为了更好地对动态与拥堵情况下的交通条件进行描述，人们提出了一些在双环感应线圈数据基础上应用交通流理论模型进行行程时间估计的模型。这些方法通常以波的流动性理论为基础，通过研究不同交通条件下交通流与排队队列的传播机理，重构车辆在道路上的行驶轨迹，以此对路段上的行程时间进行估计。

2. 基于区间传感器数据的耗时估计模型

与点传感器相比，区间传感器是一种新的数据采集设备。近些年来，由于区间传感器能够直接采集到行程时间数据从而为包括行程时间估计在内的智能交通系统提供更多的可能性。

（1）浮动车数据。装有 GNSS 系统或携带智能手机的浮动车能够以一定时间间隔采集车辆的位置、速度与时间戳等信息，这为行程时间估计与空间平均速度的估计提供了广阔的空间。最开始，人们提出了一些基于统计学的方法。其中，最简单的就是通过对实时数据与历史数据进行加权平均计算路段的行程时间。在此基础上，国内外学者利用贝叶斯共轭法对实时数据与历史数据进行加权平均求取路段上的行程时间。为了进一步提高稀疏低频浮动车 GNSS 数据在行程时间估计方面的可用性，Jenelius 和 Koutsopoulos 提出了一种较为复杂的统计回归方法，利用路段之间的时空相关性对行程时间进行估计。除了统计模型以外，另外一种就是基于模糊逻辑的行程时间估计方法。模糊逻辑是正则集理论的扩展，它通过隶属度函数将集合中的元素与模糊集合相关联。其目标是通过将浮动车的每一条轨迹分配至不同的模糊驾驶模式与模糊交通条件中，并从这些信息中提取路段上所有车辆的平均行程时间。近些年来，为了对各种各样的交通变量与参数的演变过程进行建模并从中获取行程时间的概率分布，人们还提出了一些基于浮动车数据的概率图模型进行行程时间估计，例如马尔科夫链与动态贝叶斯网络等。

（2）车辆自动识别数据。近些年中，另外一种在交通工程中得到广泛应用的区间传感器就是自动车辆识别检测器 AVI。这些检测器铺设于目标路段的两端，当车辆进入和驶出检测器处时对车辆进行自动识别，以此对路段上的行程时间进行估计。自动车辆识别中的某些检测器能够直接采集监测路段上所有车辆的行程时间, 例如基于摄像头的自动车牌识别与封闭高速收费系统等。但是, 在大多数情况下, 这些检测器都只能采集道路上部分车辆的行程时间数据, 并不能保证具有足够的数据进行行程时间估计。另外, 在某些情况下, 例如使用电子收费系统数据时, 直接计算所有行程时间观测值的平均值并不够精确, 因为采集的只是部分车辆的行程时间数据, 并不能充分反映道路上的实际交通情况。针对这种情况下, 研究者们提出了一些更为适合的行程时间估计方法, 例如以不同方式将实时数据与历史数据进行融合等。使用 AVI 检测器数据进行行程时间估计时的另外一个问题就是噪声数据与异常数据的识别。与 GNSS 浮动车数据不同, 这个问题甚至在数据采集车辆样本足够大的情况下仍然会发生。显然, 特别长与特别短的行程时间样本应该从数据库中删除, 从而获得更可靠的行程时间估计值。然而, 从数据中识别并处理无效数据并不总是这么简单直观。因此, 人们提出了一些方法用于无效数据的识别, 例如中途停车导致的行程时间数据, 重复数据以及行驶速度超过限速值的数据等。

7.2　多模式出行智能导航

多模式出行智能导航主要是为了应对在多种交通模式并存的环境下多模式交通数据组织、管理、更新与表达问题, 以及多样化、个性化出行需求问题而产生的。多模式交通网络的表达与操作对于交通管理、交通规划、交通工程应用、路径规划等多方面的应用都具有重要意义。研究建立多模式环境下的网络模型, 能够对不同交通模式不同表达方式的数据进行统一管理, 同时能够实现多样化信息的统一表达。交通信息是基于多模式交通网络路径规划的重要组成部分, 它能够转变当前以状态表现为主的时间切片式表达, 真正利用交通信息为路径规划提供现实意义的服务; 能够提供一种从静态出行规划到动态出行规划的途径, 实现实时动态的出行引导。本文从多模式交通网络模型、多模式交通网络动态连通关系、多模式路径规划方法三个方面出发, 分析总结了多模式出行导航的研究现状及其所涉及的关键技术。

7.2.1　多模式交通体系

多模式交通体系是在单一交通模式发展基础上逐步出现的。这里所述的交通模式或称为交通方式, 是指以某种交通工具为依托的移动方式, 通常以所采用交通工具的名称命名, 如地铁模式、公共汽车模式、轻轨模式、步行模式等。需要区别的是, 不同学者在不同研究领域对交通模式的定义和理解也不相同。在宏观城市规划中, 交通模式是城市交通系统中不同交通方式所承担的交通量的比例关系, 按照公共交通、个体机动交通和慢行交通在所有交通出行中所占比例的不同分为, 北美模式（小汽车模式）、欧洲模式（小汽车和公共交通并重模式）以及亚洲模式（公共交通模式）, 是一种宏观统计后形成的统计结构。在交通规划研究中, 尤其是公共交通规划中, 通常将公共汽车中的快速公交作为单独的模式进行考虑。在欧美地区的一些城市, 公共汽车行驶路线因时间而不同,因此,一些研究中将具有相同行驶变化特征的公交线路作为一种模式,或将每一条公交线路作为一种单独的模式。如图 7-4 所示,现代城市交通体系各模式存在不同的分类方式,可分为公共交通和个体交通。进一步具体划分,又可以按照服务对象类型划分、按照交通模式依赖的空间类型划分、按照交通模式访问的时间限制划分等。

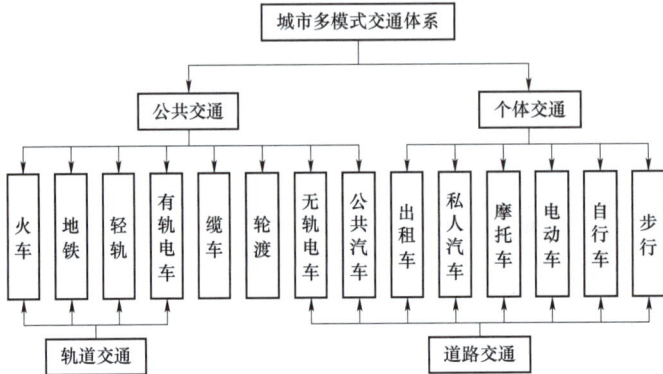

图7-4 多模式交通体系划分

1. 按照服务对象类型划分

按照服务对象类型可以分为面向社会公众的公共交通体系和面向个体服务的个体交通体系。前者,按照预定线路同时向公众提供服务,出行者并不具备选择行驶路径的权利和专属交通工具的权利;后者,可以按照乘行人的意愿自由行驶,并享受有限的专属权。公共交通体系中,一般将火车、地铁、轻轨、有轨电车等依附于固定轨道运行的交通工具统称为轨道交通。个体交通体系中,按照是否采用机动化交通工具分为个体机动交通(摩托车、私人汽车)和个体非机动交通(自行车、步行)。出租车在我国由于管理体制的原因,分类比较模糊,既可归为公共交通体系,也可归为个体交通体系。从路径规划的角度来看,因其并没有明显的预定行驶路径限制和非意愿共享专属权限制,本文将其归为个体交通模式。

2. 按照交通模式依赖的空间类型划分

根据交通模式依赖的空间类型可以分为受限空间的交通模式和自由空间的交通模式。前者主要是指运行于用线状对象要素表达的交通模式,根据线性网络的特征主要分为基于基础道路网络交通模式和基于轨道网络交通模式。二者最大的区别在于,轨道一经构建一般不会改变,而道路网络则存在更新、改道、删除等情况。基于自由空间区域的交通模式主要指在平面或立体空间中不必依附固定的线性特征表达的线路而运行的交通模式,如在水域行驶的轮渡、在步行区步行等,城市间的飞机也属于这一类。从城市交通模式建模的角度来看,基于受限空间的交通模式通常需要几何网络模型的支持,考虑到道路交通与轨道交通的差异,应当分别给予建模表达。

3. 按照交通模式访问的时间限制划分

按照交通模式访问的时间限制可分为受限模式和自由模式。公共交通模式的访问通常受到访问时间限制（时间表），如乘地铁、公共汽车、轮渡等，只能在该交通模式运行的时间段内访问。受限模式通常还伴随着对访问空间的限制，如必须在乘车、船点进行上下车、船。自由模式一般不受运行时间的限制，个体交通模式就属于这一类。当然，某些情况下由于交通法规或政策性方案，可能导致某种交通模式在一段时间内禁行或限行。

　　各种不同的多模式交通体系划分方法对交通模型的构建具有不同的影响。从城市多模式交通模型构建的角度来看，城市多模式网络建模的主体是基础道路网络和轨道网络，城市中大多数的交通模式都是在这两种几何模型上建立的服务网络，例如，出租车、公共汽车、自行车行驶在道路网络；地铁、轻轨、有轨电车行驶在轨道网络。因此，首先应当对基于线性网络的两种基本交通模式进行基础模型表达。

　　此外，按照服务对象类型的划分方法，对出行路径选择的特点进行了区分；按照交通模式访问的时间限制划分方法，对出行线路的时间访问特点进行了区分。二者的划分结构具有较大的重合度，可以合并为公共交通/受限模式和个体交通/自由模式两类进行表达。另外，步行、自行车等非机动道路交通模式，由于其独特性，需要单独进行建模。因此，在基础几何模型表达的基础上，对公共交通再分为轨道交通模式与道路交通模式（公交等），对个体交通再分为机动车交通模式与非机动车交通模式（步行等）进行交通模式表达建模。

7.2.2　多模式交通网络模型

　　GIS 中以图层的方式表达地理空间实体对象为数据管理提供了方便。将不同交通模式表达在不同的图层有利于保持各自数据的独立性和完整性。但是，各模式间的独立使得出行规划只能在某一种网络上进行，通过在各种网络上定位最近的起止点对（Origin and Destination，O−D），分别进行计算，如图 7−5 所示。目前商用出行信息服务平台基本采用的都是这种形式。

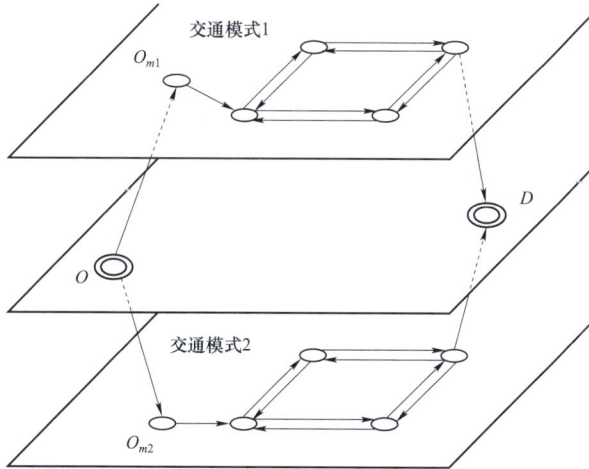

图 7−5　多模式分离图层

221

多模式交通出行的特点是出行过程中需要进行换乘，因此，各种出行模式之间需要建立关联关系。按照表达方式的不同，多模式网络间的连接关系可以分为节点连接与弧段连接两种。节点连接方法即将不同模式间位置邻近的节点看成一个节点或称为共享节点，如图 7-6 所示。这种表达方便比较直观，但是，由于共享节点在不同模式中承担了不同的角色，集成多个单模式网络时，除了表达网络间的拓扑之外，还需要实现节点的融合。例如，杨林采用捏合模型，将不同模式中的节点通过一定策略进行捏合形成共享节点。同时，进行节点连接后的图不再是简单图，两个节点之间可能存在多条平行边，分属于不同模式网络中。因此，采用经典最短路径算法不能直接解决路径规划问题。

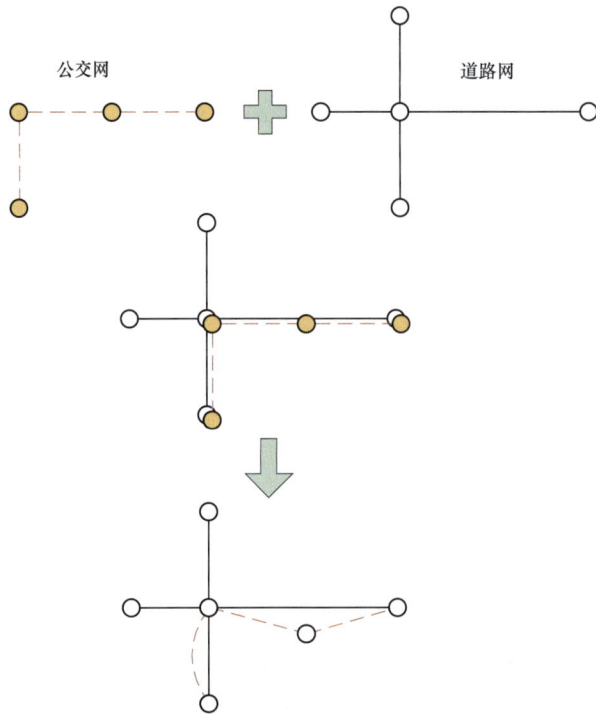

图 7-6　多模式节点连接表达法

弧段连接方法即在具有换乘关系的节点之间通过添加弧段表达换乘过程，如图 7-7 所示。这种方法表达模式间连通关系能够保持模式内网络的连通关系独立性，同时不会出现平行边问题。最重要的是，这种方法能够对模式转换（模式间换乘）过程进行描述，每一次模式转换都用单独的有向弧段表示，容易计算换乘的耗费，同时区分不同的模式转换形式。通过限制规则，可以避免非法换乘的出现。

两种多模式网络连接方法在本质上是一样的，可以相互转换。弧段连接相当于节点连接中通过在节点增加表达不同模式间转换的耗费弧。节点连接相当于忽略模式转换耗费及差异的弧段连接表达。

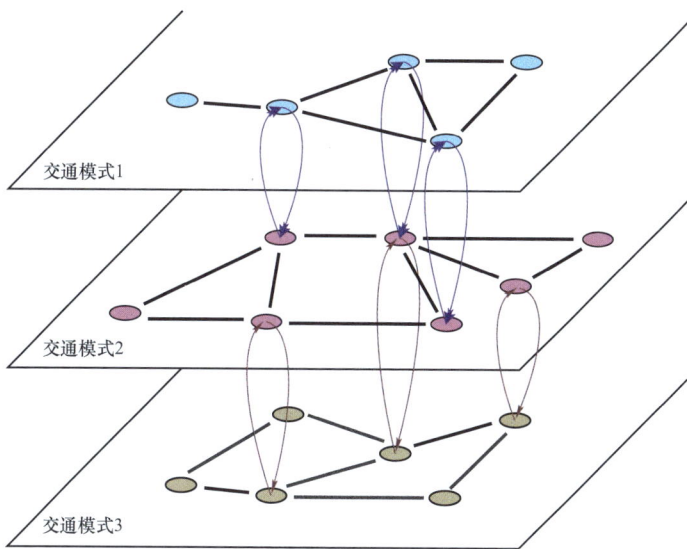

图7-7 多模式弧段连接表达法

　　为了建立多模式交通网络模式间连接关系，需要利用地理信息系统空间分析技术，对城市多模式交通模式间按照空间依附关系进行处理。如图 7-8 所示为多模式交通网络模型连接与换乘关系示意图，在考虑交通道路网（个体机动车模式）、公交汽车网（公共汽车模式）、地铁网（地铁/轻轨模式）以及步行网（步行与个体非机动模式）的情况下，交通道路网和步行网之间的连接主要通过网络节点（交叉口）或点状地物（兴趣点）等；公交线路与地铁线路，通过站台（公交站点、地铁站台）表达模式内换乘与模式间换乘的连接点，二者之间的转换主要通过步行模式进行。

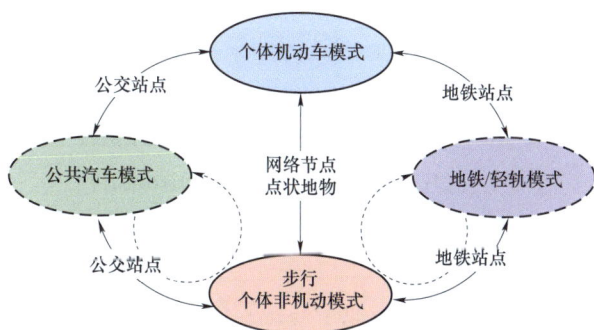

图7-8 多模式交通网络模型连接与换乘关系

　　下面分别对各个模式交通网络间的连通关系进行构建，主要包括以下过程：

1. 公交网和道路网连通关系

　　从公共交通要素的描述和表达中可知，公交系统的物理站点需要与道路网车行道段建立依附关系，公交线路中邻接两个逻辑站点之间的线路段通过动态分段建立和下承路网的依附关系。公交网与道路网的模式转换依靠公交站点进行。

由于公交物理站点在车行道上表示为上行和下行，在几何上依附于两个名称相同方向相反的车行道，因此需要将两个具有不同方向的公交物理站点匹配到相应车行道上，并计算出站点在所对应车行道上的偏移量，可以表示为：

$$B2R（RID，PStopID，RoadID，POS）$$
$$R2B（RID，RoadID，PStopID）$$

式中，B2R 表示公交（Bus）到道路（Road）的连接；RID 是唯一标识；POS 记录依附点在车行道段上的偏移位置；R2B 表示道路到公交的连接。

2. 轨道交通网和道路网连通关系

与公交系统不同，轨道交通模式与地面道路网络之间不存在依附关系。轨道交通线路层是一个独立的图层。当道路网络几何数据、交通路况发生变化，或者车行道上进行交通管制时，仅对相关车行道上行驶的公交线路产生影响，对轨道交通线路没有影响。因此在构建连通关系时，仅构建轨道交通站点与车行道之间的连通关系即可。轨道交通站点通常有 2～8 个出口，意味着轨道交通站点可依附于多个车行道。因此需要将每个出口站点匹配到相应的车行道上，并计算出偏移量，可以表示为：

$$S2R（RID，StationEE，RoadID，POS，DIS）$$
$$R2S（RID，RoadID，StationEE，POS，DIS）$$

式中，S2R 表达轨道交通（地铁）到道路的连接；R2S 反之，路面站台进出口 StationEE 与所依附道路的距离记录在 DIS 中。

3. 步行模式层和道路网连通关系

步行网络段方法与道路网络具有天然的联系。因此，很容易构建连通关系。采用单独几何实体采集的步行网络需要借助步行设施建立二者之间的联系，步行设施包括人行横道、人行天桥和地下通道等。两条线性目标之间的连通关系可以表达为点连通和线连通两种。点连通即采用离散节点表达，线连通即采用连续重合线表达，差别不大。这里以点连通为例进行说明：

$$W2R（RID，WRdNodeID，RdNodeID）$$
$$R2W（RID，RdNodeID，WRdNodeID）$$

式中，WRdNodeID 和 RdNodeID 分别表示步行和道路网路段的节点 ID。

4. 公交/地铁与步行网连通关系

公交/地铁与步行网的连通关系类似于与道路网的连通关系，都是通过对外服务点（公交车站、地铁站台）实现的。对于公交模式内部的换乘连接，如果换乘点间共享同一物理站点，则无须建立额外连接；反之，需要借助步行网络进行物理站点间的连接。地铁模式的内部换乘与公交模式类似，只是换乘通常发生在地下。其连通关系可以表达为：

$$B2W（RID，PStopID，WRoadID，POS）$$
$$W2B（RID，WRoadID，PStopID，POS）$$

$$S2W（RID，StationEE，WRoadID，POS，DIS）$$
$$W2S（RID，WRoadID，StationEE，POS，DIS）$$

式中，WRoadID 表示步行网路段 ID。

5. **公交与轨道交通连通关系**

公交与轨道交通模式之间并没有直接的连接关系，通常需要一定的步行距离。但是，为了路径规划的方便，地铁站台出入口与周边公交站点的换乘连接关系也应进行记录，表示为：

$$B2S（RID，PStopID，StationEE，DIS）$$
$$S2B（RID，StationEE，PStopID，DIS）$$

式中，DIS 记录轨道交通站台出入口与公交站点之间换乘所需的步行距离。

6. **转换节点与转换边**

转换节点和转换边可以分别表达为：

$$TransNode（NID，Trans\_Mode，Type，MID）$$

式中，NID 标识转换节点 ID，根据转换节点定义，位置相近的节点聚合成转换节点，共享同一 ID 标识；Trans_Mode 记录转换节点所在的模式；Type 区分节点是真实节点还是虚拟节点；如果是真实节点，MID 记录节点 ID，否则记录所依附的路段 ID（步行和道路网络中）。享有同一 NID 的同层内的转换节点称为模式内转换节点，不同层间的称为模式间转换节点。

分别对共享同一转换节点的各模式内的节点之间建立模式转换连接，形成转换边，表达为：

$$TransLink（LID，TransNode，FromMode，ToMode，FromMID，ToMID，Cost）$$

式中，LID 标识转换边 ID；TransNode 记录当前所属的转换节点 ID；FromMode 与 ToMode 标记模式转换的连接对象；FromMID 与 ToMID 分别表示转换点在各模式下的节点 ID 标识；Cost 标记当前模式转换的耗费，如时间、距离等。

基于以上建立的多模式间的连通关系，可以生成转换节点。以地铁到道路的连接关系为例，有 S2R（RID，StationEE，RoadID，POS，DIS），不失一般性，假设机动车模式为 1，地铁模式为 2；真实转换点为 1，反之为 0。由 StationEE 可得现实转换节点结构中 Trans_Mode=2，Type=1，MID=StationEE；由 RoadID 可得 Trans_Mode=1，Type=0，MID=RoadID。基于转换点结构可表达转换边。

至此，多模式连通关系可以在各单模式网络和转换节点与转换边的基础上，建立弧段邻接对象结构：

$$MMAdjObject（ArcID，Mode，IMP，State）$$

式中，ArcID 记录当前弧段的直接可达弧段，单模式内采用各模式弧段 ID，模式间采用转换边 ID；Mode 指明可达弧段连接的模式；IMP 保存转换耗费；State 标记当前连接是否可通行，其状态会随时间变化。

该多模式逻辑网络在物理上分散，逻辑上统一。物理存储的只是各种模式的逻辑网络连通信息，而在逻辑上统一多模式交通逻辑网络的整体关系。采用这种形式能减少物理上构建多模式逻辑网络与单模式网络数据之间所产生的数据冗余，宜于数据一致性的维护。而且该逻辑网络根据具体的需求动态产生，可以有效地避免未涉及的交通模式参与整个网络连通关系构造，减少不必要的资源消耗。

7.2.3 多模式交通动态连通关系

多模式网络的一个主要特点是网络状态随时间动态变化，并因此而影响模式间的转换方式。多模式网络在不同的时间表现出不同的连通关系变化，这种变化既存在于模式内部，也存在于模式之间。模式之间的模糊连通性具体体现为换乘到另一模式的可行性，主要通过在换乘节点访问换乘模式的可行性表达。

模式内部，各种交通模式自身受到动态交通因素和时间因素影响的程度各不相同。例如，个体机动车模式根据车辆的不同类型要遵守不同的行驶规则，同时受到实时动态交通流的影响比较大；同样行驶在基础道路网上的公交模式，受到实时动态交通路况影响外，可能享受专属行车道和转向解禁的便利，同时，区间车、直达车、快速车等运行线路本身的连接性随时间变化而变化。因此，需要对典型的出行模式分别进行动态连通关系的模糊化计算。

本节主要考虑的动态连通关系的影响因素可以分为两类，即交通事件和交通模式运行的时间依赖影响。交通事件影响，主要指受道路交通事件（实时交通路况、交通管制等）的影响；时间依赖的运行模式，主要是指按照时间表或发车频率运行的模式，其节点的隶属度也会产生变化。

针对各种交通模式对这两类影响因素的不同体现，将交通模式分为四类（见表 7-1），并以各类别中的典型代表作为对象进行模糊连通度表达与计算。

表 7-1　　　　　典型交通模式连通关系影响因素对比

是否受交通事件影响	模式运行是否时间依赖	代表性交通模式
是	否	个体机动车
是	是	公共汽车
否	是	地铁/轻轨
否	否	步行

1. 个体机动车模式动态连通关系

个体机动车模式主要行驶在几何道路网络上。几何道路网的模糊连通关系是由于动态变化的交通状态对道路网路段、节点间静态二值连通关系的影响，使二值连接关系模糊化，而形成的动态连通关系。模糊连通关系可以用道路上的交通畅通度（节点间模糊连通关系）或者交叉口的转向畅通度（弧段间模糊连通关系）进行描述。

226

（1）个体机动车模式节点间的模糊连通关系体现在机动车在两个相邻节点间车行道段的通行状况。个体机动车在车行道段的通行状况受到多种因素的影响，并且表现在多个方面；其中，通行时间能够从整体上体现车行道段的通行状况，一般而言，时间越短，通行越顺畅，反之亦然。并且，各类交通事件对连通状况的影响也可以转换为时间指标进行体现。因此，可以采用时间作为节点间连通关系模糊化过程中的核心指标。例如，陈传斌借鉴了美国 Texas Transportation Institute 定义的行驶时间指标（Travel Time Index）的思想，提出路网中节点间模糊连通关系计算公式

$$C = \frac{t_{\min}}{t} \qquad (7-1)$$

式中，$t_{\min}$ 表示整个路网中最小的通行时间；t 表示当前车行道的通行时间。

（2）弧段间的模糊连通关系指的是个体机动车从某一道路进入另一道路的能力。陈传斌将该关系描述为交叉口处的时间延迟，并进一步分为信号灯延迟和心理延迟两个部分。其中前者采用 HCM 延迟模型，后者采用基于排队理论的心理延迟模型，二者之和作为弧段间模糊连通关系表达。

弧段间的模糊连通关系跟转入道路的通行程度有关，此前已将其定义为节点间的模糊连通关系。此外，交叉口的转向类型及禁行、交通管制等对转入另一条道路也会产生影响。因此，有

$$C_{ij}^{N} = T_u \cdot F \cdot C_j \qquad (7-2)$$

式中，C_{ij}^{N} 表示弧段 i 进入弧段 j 的节点模糊连通关系，上标 N 表示该连通关系是节点（Node）；T_u 表示转向比，包括左转、直行、右转和调头（U-turn）；F 表示禁行等交通管制的时间影响比重；C_j 表示转入车行道的模糊连通关系。

2. 公交模式模糊连通关系

公交模式是典型的时间依赖模式，按照一定的时间表或发车频率提供服务，因此，其动态连通关系在节点和弧段表达上都会出现模糊。另一方面，由于公交模式与道路网的依附关系，道路网的状态变化通常会影响到公交线路的具体运行。因此，公交模式的模糊连通关系与道路网的模糊连通关系有密切关系。

公交模式的模糊连通关系是由于公交车辆按照一定发车频率行驶过程中，在公交线路和公交车站产生动态可访问时段区间，影响公交系统线路间、公交站点间静态的二值连通关系，使其二值连接关系模糊化、时态化，而形成的动态连通关系。同路网模糊连通关系相似，公交模糊连通关系可通过站点间的模糊连通关系和线路间的模糊连通关系两个方面表示。

（1）站点间模糊连通关系。公交站点间的连通关系是指两个公交物理站点间可通过至少一条公交线路到达的连接关系，在静态环境下与依次经过两公交站点的线路个数有关，若存在至少一条公交线路经过该公交站点，则连通关系为 1，否则，为 0。动态环境中，站点间模糊连通关系体现在两个方面：一是由于公交线路的服务时间区间形成有限时间的连通关系；二是由物理连通关系及动态发车频率共同作用形成的连通程度度量。前者若超出服务时间则形成语义不连通；后者根据站点经过的有效公交线路个数以

及某时间段内每条线路的发车间隔共同决定，经过的有效公交线路多则连通程度强，发车间隔小则连通程度强。

站点间的模糊连通关系用来度量站点间通行畅通程度。在两个物理相连的站点之间服务有多条线路时，不同线路行进路线不同，距离不同，时间也不相同，因此，其站点间的连通程度也不同。站点间连接性的主要影响因素有：公交车站服务的公交线路的个数、运营时间、发车频率及沿途路况等。因此，可以采用下式进行表达：

$$B_{ij} = \sum_k B_{ij}^k = \sum_k \frac{60 - t_v}{60} \cdot \frac{L_D}{L_{ij}} \cdot \frac{\tau_u}{\tau_s} \cdot \tilde{C} \qquad (7-3)$$

式中，B_{ij} 表示站点 i 与 j 之间的模糊连通关系；B_{ij}^k 上标表示站点 i,j 之间的第 k 条线路；t_v 表示发车时间间隔，以分钟为单位计算；L_D 表示 i、j 间的直线距离；L_{ij} 表示实际距离；τ_s 表示统计时间区间；τ_u 表示运行时间区间；$\tilde{C}$ 表示途经路段的模糊连通度，并有：

$$\tilde{C} = \bigwedge_i C_i \qquad (7-4)$$

式中，C_i 表示公交车站 i 与 j 之间在第 k 条线路上途经的道路段的模糊连通度，并以所有路段上的最小值代表其产生的效用。

站点间模糊连通关系定量化描述站点间的连接程度，以辅助线路规划与选择。公式（7-7）和式（7-8）表达的是两个站点之间的综合模糊连通关系，在归一化之后可以用于解决是否可达及可达的程度。

（2）公交线路间模糊连通关系。公交线路间的连通关系是指两条线路在某个换乘站点的可换乘关系，在静态环境下仅与公交线路的共享站点有关。动态环境中模糊连通关系体现在三个方面：一方面，由于考虑公交线路的服务时间，原本的线路间换乘关系可能由于服务时间不匹配而出现语义不连通；另一方面，由于公交线路的发车频率及路况因素，到达某站点的时间不同，可能出现虽满足服务时间匹配但换乘等待时间过长而形成的语义近似不连通，对于这种情况需通过设置一定的阈值判断模糊连通关系；再者，针对同线路公交车在不同的时间可能根据客流，加开区间车、直达车、快速车等情况，会遇到原本的站点不再经停而直接通过，此时，也形成了语义上的不连通。

公交线路间的连通关系通过连接线路的站点体现出来，实际上也即表达站点的模糊性。为了便于表达，将到达站点 S 的线路集合为 $R_a(S) = \{r_i | i = 1, 2, \cdots, m\}$，$|R_a(S)| = m$；从站点 S 离开的线路集合为 $R_d(S) = \{r_j | j = 1, 2, \cdots, n\}$，$|R_d(S)| = n$。

定义公交线路间模糊连通关系 B_s 表达为：

$$B_s = \begin{cases} \dfrac{m' + n'}{m + n} \cdot \sum_{\substack{i=1,\cdots,m \\ j=1,\cdots,n}} T_{sri} \cdot T_{srj} \cdot K_{ri} \cdot K_{rj}, & m \neq 0, n \neq 0 \\[2ex] \dfrac{m'}{m} \cdot \sum_{i=1,\cdots,m} T_{sri} \cdot K_{ri}, & m \neq 0, n = 0 \\[2ex] \dfrac{n'}{n} \cdot \sum_{j=1,\cdots,n} T_{srj} \cdot K_{rj}, & m = 0, n \neq 0 \end{cases} \qquad (7-5)$$

$$Ts_* = \left(\frac{\tau_u}{\tau_s}\right)_*$$

$$K_{r*} = \left(\frac{60 - t_v}{60}\right)_{r*}$$

式中，m' 和 n' 分别表示到达和离开 S 的公交线路中除去在 S 甩站通过的线路数目；T_{sri} 与 T_{srj} 分别表示到达和离开线路的服务时间区间，其中 τ_s 表示统计时间区间，τ_u 表示运行时间区间；$K_{ri} \cdot K_{rj}$ 表示线路 r_i 与 r_j 的发车间隔的效用；t_v 表示发车时间间隔，以分钟为单位计算。

3. 轨道交通模式模糊连通关系

地铁/轻轨等轨道交通模式与公交模式类似，也是时间依赖的运行模式，并且其时间确定性更高，到达站台的时间均严格按照时间表进行，并且，不会受到路面交通状况的影响。因此，模糊连通关系的表达主要体现在依照时间表运行的线路及站点的时间特征表达。

（1）站点间模糊连通关系。站点间的模糊连通关系表现在轨道段的可访问时限方面，取决于一条轨道段是否提供服务，以及所提供的服务对轨道通行能力的覆盖程度，体现在轨道本身是否有线路通过，某条轨道有多少条服务线通过，以及提供服务的时间长短等方面。因此与两站台间物理连通的服务线路数量、发车间隔（随时间变化）、服务时限有关。可以表达为下式：

$$S_{ij} = \sum_k S_{ij}^k - \sum_k \frac{1}{t_v} \cdot \frac{\tau_f}{\tau_s} \tag{7-6}$$

式中，S_{ij} 表示站台 i 与 j 之间的模糊连通关系；S_{ij}^k 上标表示站点 i、j 之间的第 k 条线路；t_v 表示发车时间间隔，以分钟为单位计算；后一项表示线路的服务时间项。

（2）线路间模糊连通关系。在轨道网络中，线路间的模糊连通通过轨道站台本身的可访问模糊性以及轨道站台相对于轨道线路的可停靠性两个方面体现。轨道站点本身由于可访问时限不同，例如，地铁站每天的开放时段有限，并且可能由于特殊情况发生变化，站台维修等会导致关闭等。另一方面，轨道线路经过的轨道段可能经过某一轨道站，但是，可能不停靠直接通过。

与公交站点的模糊表达类似，定义轨道站台的模糊表达为：

$$S_b = \frac{m' + n'}{m + n} \cdot \frac{\tau_e}{\tau_s} \cdot \sum_{\substack{i=1,\cdots,m \\ j=1,\cdots,n}} T_{sri} \cdot T_{srj} \cdot \frac{1}{1 + t_{ij} + t_w} \tag{7-7}$$

$$T_{s*} = \left(\frac{\tau_u}{\tau_s}\right)_*$$

式中，τ_s 表示统计时间区间，τ_e 表示站点运行时间区间，若站台关闭则 $\tau_e = 0$；T_{sri} 与 T_{srj} 分别表示到达和离开轨道站台的服务线路的时间区间，其中 τ_s 表示统计时间区间，τ_u 表示运行时间区间；t_{ij} 表示从到达的线路 i 换乘离开的线路 j 的等待时间，由于轨道服务按照时间表运行，因此可以计算出等待时间；t_w 表示所需的换乘步行时间，可通过距离/平均步行速度计算。

式（7-7）的第一项表达线路停靠效用；第二项表达站点可访问性；第三项体现换乘效用。以上表达均针对站点的整体模糊性表达，在具体换乘中，只需单独计算最后一项即可。

4. 步行模式模糊连通关系

以步行模式为代表的非机动车模式基本不受交通状况的影响，并且行驶自由，没有时间依赖的限制，因此连通关系表达比较简单。弧段间的连通关系不受到其他因素的影响，是确定性的；节点间的连通关系主要受到所连接道路段的施工占道和交通管制影响。因此，只需在原静态环境下的节点间连通关系表达基础上增加施工占道影响因子 θ 和交通管制影响因子，可表达为：

$$W_i = \frac{\tau_s - \tau_f}{\tau_s} \cdot \theta \qquad (7-8)$$

式中，W_i 表示车行道段 R_i 的模糊连通程度；τ_s 表示统计时间区间；τ_f 表示禁行、管制时间区间；θ 表示施工占道的影响因子。

5. 模式间模糊连通关系

模式间模糊连通性主要通过在换乘节点访问换乘模式的可行性表达。根据换乘对象模式的不同，在考虑时间情况下，影响连通情况的因素各异。转向道路网和步行网不受访问时间的限制，而转向公交及地铁受到访问时限的限制。但总的来说，无论是何种模式转换，其连通性都与相连的节点的可访问性有关，因此，定义模式转换边的模糊连通性为所连接节点的模糊连通度的乘积：

$$FL_{\Gamma\Psi} = \Gamma \cdot \Psi \qquad (7-9)$$

式中，Γ 和 Ψ 分别表示转换边连接的两节点的模糊度（弧段间模糊连通度）。

6. 动态连通关系与阻抗

连通关系的概念与阻抗的概念略有不同。连通关系是对节点间或弧段间连通状态的描述；阻抗是表达节点间或弧段间通行能力的度量指标。阻抗可以有多种表现形式，如时间、费用、距离耗费等。通常所述的连通关系是在静态环境下在几何模型层面对节点或弧段是否连接进行的描述，不涉及连通程度的表达，一般为二值变量。

本书所述的模糊连通关系或动态连通关系是在原有概念基础上，为表达各种交通模式要素之间随时间不断变化的连通状态，而进行的扩展。从时间序列的层面上看，是对随时间变化的连通状态改变的描述；综合而言，是对这种变化的程度的表述。即使在后者的层面上，与阻抗的概念还是有所区别。动态连通关系中连通程度的描述通过模糊连通度进行表达。模糊连通度表达了节点或弧段在动态环境中，由于连通关系变化而产生的连通可靠性。

具体在不同的交通模式上有不同的体现。对于个体道路交通模式，模糊连通度可以借助通行能力进行表达，在此处，可以理解为借用了阻抗表达的通行时间进行计算，但是，并不等同于阻抗；模糊连通关系度量同时还考虑施工占道、交通管制等交通规则对连通关系的影响。动态连通关系与模糊连通度都是针对连通状态,阻抗可以用来表达通行程度。通行程度只是动态连通状态在随时间变化过程中综合体现的一部分。对于公共交通模式,模糊连通度表达的是考虑时间变化的线路间或站点间连接关系的变化,即表现为换乘的可靠性。此处,与阻抗的概念没有关系。当然,在评价节点上线路换乘时可能会考虑换乘的时间耗费,同样,也应当理解为借用阻抗所表达的时间耗费进行评价计算,而不应认为二者是等同的概念。

总之,动态连通关系是对随时间变化的连通状态的综合表达;阻抗是对通行程度的描述。二者表述的对象不同,功用也不同。在进行动态连通关系度量时,可能会借用某些由阻抗表达的因子;在应用模糊连通度进行路径计算时,实际上可以将模糊连通度以阻抗的形式进行计算,获取可靠路径。

7.2.4 多模式路径规划方法

路径规划是为了满足出行者的空间移动需求,在通行网络上进行路径选择的过程。现代交通环境中,出行行为往往涉及多种交通模式,路径规划过程更加复杂,不仅包括通行网络的路径选择,同时还涉及出行模式的选择以及模式间换乘的选择。多模式交通的出现是为了满足多样化的出行需求,无论是人群还是货物的空间移动,这种需求都转化为具体的出行标准,体现在路径选择与模式选择之中。传统的最短路径标准,已逐渐被时间最短、换乘最少等具有现实意义的出行标准所替代。进而,提供满足出行者多种综合需求、考虑多种出行标准的出行服务正成为城市公众出行服务的研究热点。

现代多模式交通体系中,各种交通模式的存在都具有其必要性,并且与其他一种或多种交通方式形成互补,因此,多模式交通与多样化的评价体系有着千丝万缕的联系。现代城市多模式立体交通体系下,出行者对出行方案的要求越来越具有现实性。传统的单一标准路径查询,如最短距离、最少时间路径查询等,已经不能满足现代城市公众出行的现实需求。从出行者的角度来看,满足多种标准的出行方案更能够适应个体的特殊需要;从出行服务提供者的角度来看,能够充分考虑多种个性化需求、"量身定做"的出行服务,更能够适应市场的需求。

多目标路径规划就是同时考虑多于一种评价标准的路径求解问题(如同时考虑最短时间与最少换乘标准)。如果不考虑该问题固有的网络结构限制的特殊性及外在表现,其核心的问题是多标准优化(或多目标优化)问题。

多目标问题的本质在于,在大多数情况下,某一目标的改善可能引起其他目标性能的降低。以路径问题为例,在公交出行中,直达方案能满足换乘次数最少,但是行驶时间不一定是最短,而适当的换乘方案能够达到时间最短,但以换乘次数增加为代价,也就是说,时间标准改善的同时带来换乘次数标准的退化,同时使多个目标均达到最优几乎是不可能的。这种情况类似于地图投影中等角、等距离和等面积投影在保持角度、长度和面积不变方面不能同时满足。因此,只能在各目标之间进行协调权衡和折中处理,使所有目标函数尽可能达到最优。

与单一目标路径问题(如最短路径问题)最大的不同在于,多目标路径问题的解,并非唯一"绝对"的路径（如路径长度最短），而是一系列表现各有千秋的路径集合，解集中的路径相互之间不存在优劣关系。

多目标路径规划是具有 NP 特性的复杂的多目标决策问题。多目标路径搜索算法的实现有两种思路，即多目标转化为单目标路径方法和单目标改造多目标路径方法。

1. 多目标转化为单目标路径方法

该类方法将多标准问题经过一定策略转化为单标准标量值，从而应用单标准路径算法进行计算。多个不同标准的权重设置将直接影响最终的路径规划结果。常见的方法有目标加权法、策略约束法、目标规划法和目标满意法。

（1）目标加权法。即采用线性加权求和等方法，为各种标准确定一个权重值，综合后得到一个标量值。该方法最大的特点是可以直接利用现有单标准算法计算。但是，最大的问题在于在各种标准权重值的确定上缺乏科学的理论基础，很难确定科学合理的权重值，并且不能在非凸性的均匀曲面上得到所有最优解。对于权重值的分配有平均分配、专家分配、遗传算法分配等。

（2）策略约束法。即将 k 个标准中的 $k-1$ 个标准转换为约束条件，剩下一个标准（通常是最重要的）作为单标准优化问题的目标函数。其结果主要依赖于被确定为目标函数的单标准，同样依靠个人经验，可能高估了某一标准的作用，并且可能导致该单标准问题无解。

（3）目标规划法。由决策者确定每个目标所能达到的理想目标值，将其作为附加约束条件进行优化，即使理想目标值和目标函数值之间的绝对偏差最小化。这种方法可能产生支配解，目标值的确定具有主观性和随意性。

（4）目标满意法。由决策者确定目标函数的权重，然后指定目标向量，对于凸的或者非凸的问题，都可以通过变化权重求得问题的非支配解，但是可能出现决策者确定的目标值不可达。

2. 单目标改造多目标路径方法

该方法将常用的解决单标准问题的算法扩展为多标准，主要可分为多标准标号算法和进化算法。

（1）多标号算法：多标号算法是一种扩展单目标算法的方法，通过对问题进行适当的变形和扩展，使其能够处理多个目标的情况。常见的多标号算法包括多标号 Dijkstra 算法、多标号 A 算法等。

1）多标号 Dijkstra 算法：在传统的 Dijkstra 算法基础上进行改造，将节点的标号扩展为多个目标的标号，同时维护多个最短路径。通过对多个目标标号的综合考虑，选择一条平衡性较好的路径作为解。

2）多标号 A 算法：类似于多标号 Dijkstra 算法，多标号 A 算法在 A*算法的基础上进行改进，通过引入多个目标的启发式函数，同时维护多个最优路径。根据多个目标的权衡关系，在搜索过程中选择合适的路径。

（2）进化算法：进化算法是一类基于生物进化理论的优化算法，通过模拟生物进化的过程，进行多目标优化。常见的进化算法包括遗传算法、粒子群优化算法、模拟退火算法等。

1）多目标遗传算法（MOGA）：将经典的遗传算法扩展为解决多目标问题的算法。通过设计适应度函数、选择操作、交叉操作和变异操作等，以搜索并维护一组 Pareto 最优解。

2）多目标粒子群优化算法（MOPSO）：基于粒子群优化算法，通过设计适应度函数、粒子的位置更新规则和速度更新规则等，以搜索并维护一组 Pareto 最优解。

3）多目标模拟退火算法（MOSA）：基于模拟退火算法，通过定义能量函数、温度控制和状态更新策略等，以搜索并维护一组 Pareto 最优解。

7.3 室内导航服务

室内定位、室内 GIS 及其增值服务已经成为国际位置服务领域的蓝海产业，但稳定、连续、实时、可信的亚米级室内定位服务仍然是其面临的最大难题，主要原因在于室内定位误差理论体系和传递机制、室内空间环境与导航信号作用机理、室内人群时空行为模式与位置服务机理等关键科学问题和关键技术没有得到根本解决。近年来，地面基站广域室内定位、人工智能的全源导航和全息 GIS 等发展为室内混合智能定位和室内 GIS 技术提供了重要的理论和技术支撑。

国外室内 GIS 已呈现出数据源从单一静态转向多源异构高动态，室内地图从栅格瓦片图扩展到全息位置地图，可视化从"2.5 维＋建筑信息模型（BIM）"扩展到虚拟或增强现实方向发展。下面从室内定位方法和技术、室内轻小型移动测图平台、室内 GIS 服务引擎、室内导航与室内位置服务四个方面出发，分析总结了室内导航服务的研究现状及其所涉及的关键技术。

7.3.1 室内定位技术发展现状

目前应用最广泛的定位技术是全球卫星导航系统（GNSS）定位技术，但将 GNSS 接收机用于室内时，就会产生很多问题。卫星信号穿越建筑物时会发生衰减，产生很大的路径损耗，并且建筑物复杂的内在结构也容易造成信号反射、折射、绕射等，形成多径现象，造成信号接收的幅度、相位及到达时间发生改变，使得到达地面时的卫星信号较为微弱，导致定位难度大，加之定位终端成本较高，因此 GNSS 定位方案应用于室内环境的难度较大。

目前，传感器技术的发展使得不少无线传感器技术被应用于室内定位，例如蓝牙（Bluetooth）、射频识别（RFID）、无线局域网（WLAN）、红外线（IR）、超声波（Ultrasonic）、紫蜂（Zig Bee）、超宽带（UWB）、灯光（LED）和地磁感应（Geomagnetism）等。可以根据不同的室内环境、预期达到的定位精度、实现成本等因素，选择不同的室内定位技术。

1. 室内定位算法

从原理上来看，常见的室内定位方法可分为三种：几何特征法、场景分析法和邻

233

近法。

（1）几何特征法是利用几何学原理计算待测点位置，通常需要多个点和边作为已知条件计算定位，常见的有三边测量法和三角测量法。

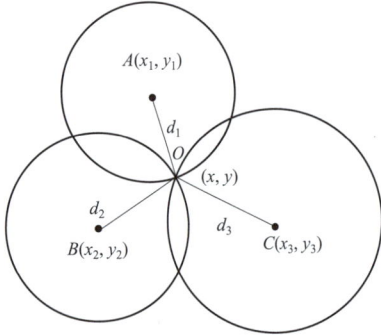

1）三边测量法指测量待测点与多个已知参考点之间距离来计算待测点的位置。如图 7-9 所示，根据待测点与三个不共线的参考点之间的距离可以计算出二维平面上待测点的位置。在无线局域网中，参考点指负责网络通信的接入点。移动对象与接入点之间的距离主要有两种测量方法：① 根据无线电信号到达用户终端的时间来估算两者之间的距离，称为到达时间法（Time of Arrival，TOA）；② 通过无线电信号传播的数学模型，测量出移动对象端的信号接收强度，以此估算出距离。

图 7-9　三边测量法原理示意图

假设已知三个已知点 $A(x_1, y_1)$，$B(x_2, y_2)$，$C(x_3, y_3)$，待测点坐标为 $O(x, y)$，点 O 到 A、B、C 的距离分别为 d_1、d_2、d_3，其计算公式为：

$$\begin{bmatrix} (x-x_1)^2 + (y-y_1)^2 \\ (x-x_2)^2 + (y-y_2)^2 \\ (x-x_3)^2 + (y-y_3)^2 \end{bmatrix} = \begin{bmatrix} d_1^2 \\ d_2^2 \\ d_3^2 \end{bmatrix} \tag{7-10}$$

根据式（7-10）可计算出待测点的坐标为：

$$\begin{bmatrix} x \\ y \end{bmatrix} = \begin{bmatrix} 2(x_1-x_3) & 2(y_1-y_3) \\ 2(x_2-x_3) & 2(y_2-y_3) \end{bmatrix}^{-1} \begin{bmatrix} x_1^2 - x_3^2 + y_1^2 - y_3^2 + d_3^2 - d_1^2 \\ x_1^2 - x_3^2 + y_2^2 - y_3^2 + d_3^2 - d_2^2 \end{bmatrix} \tag{7-11}$$

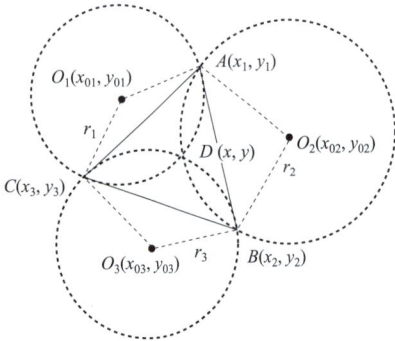

2）三角测量法是指在二维平面上，根据两个参考点的位置以及它们发射出的信号到达移动对象的角度，估算移动对象的位置。该方法也被称为到达角度法（Angle of Arrival，AOA），如图 7-10 所示。

已知 A、B、C 三个节点坐标分别为 (x_1, y_1)，(x_2, y_2)，(x_3, y_3)，待测点 D 坐标为 (x, y)，对于节点 A、C 和 $\angle ADC$，弦 AC，能够唯一确定一个圆，设圆心坐标为 $O_1(x_{01}, y_{01})$，半径为 r_1，可得 $\angle AOC = (2\pi - 2\angle ADC)$，据此有下式：

图 7-10　三角测量法原理示意图

$$\sqrt{(x_0-x_1)^2 + (y_0-y_1)^2} = r_1 \tag{7-12}$$

$$\sqrt{(x_0-x_2)^2 + (y_0-y_2)^2} = r_2 \tag{7-13}$$

$$(x_0-x_1)^2 + (y_0-y_1)^2 = 2r_1^2 - 2r_1^2 \cos\alpha \tag{7-14}$$

根据上式可以计算出圆心 O 的坐标及其半径 r_1。同理可分别求得 A、B、$\angle ABD$ 及 B、C、$\angle BDC$ 所对应的圆心坐标及半径。然后根据三边测量法，计算三个圆的交点的坐标即为未知节点的坐标位置。

从定位原理上来说，几何特征法得到的定位数据可表示信号覆盖范围内任意一点的空间坐标，具有定位精度高、能记录移动对象运动过程中的细节信息等优势。但是也存在着不足：几何位置数据在采集过程中具有较高的信号稳定性要求，而在实际应用过程中，室内环境复杂或者设备不够稳定，容易产生信号遮挡、反射、信号异常波动等情况，从而容易导致定位失真，即位置"漂移"。

（2）场景分析法是利用在场景中观测到的移动对象所在位置的信号参数（即位置指纹）来估算移动对象的位置。该方法需要事先采集场景中位置指纹数据，绘制指纹地图。当移动对象进入场景中时，传感器采集移动对象接收到不同信号源的特征参数，通过与数据库中事先存储的不同位置处信号特征参数进行比对，据此估算出移动对象所在位置，如图7－11所示。

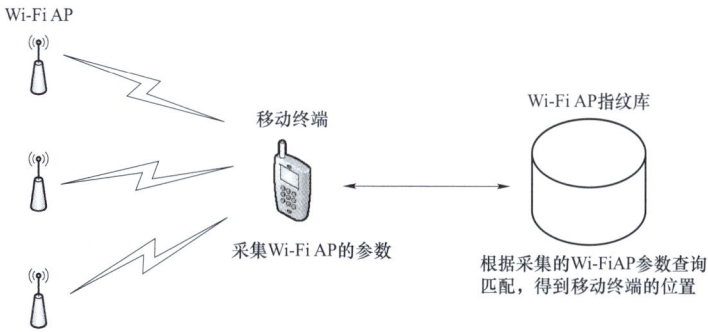

图7－11　基于WLAN的指纹匹配室内定位系统原理

场景分析法测得的定位数据称为指纹位置数据，其核心在于指纹数据库的匹配，常用的基于指纹库模式匹配算法有概率法、k－最邻近法（KNN）、人工神经网络法（ANN）、支持向量机法（SVM）和M－顶点多边形法（SMP）等。指纹数据库的构建利用了多径传播效应，物体的位置能够通过非几何的角度推断出来，不依赖于几何特征，使得其定位精度与几何分析法相比具有较大提升。但实际应用中需要观察者首先构建所要定位环境极其繁杂的特征指纹库，与他观察到的场景特征进行比较和定位，因此基于指纹的RSSI算法在实际生活中大规模地推广应用比较困难。

（3）邻近法的定位原理是提前在需要定位的区域铺设好传感器，当移动对象设备的信号被当前区域传感器检测到时，近似认为移动对象设备位于传感器位置附近，此时用传感器所在位置作为移动对象所在的空间位置。当移动对象设备同时被多个传感器检测到时，则把具有最强接收信号强度的传感器位置作为该移动对象的位置。邻近法定位技术应用于室内这种空间范围较小的场景中时，通常选择信号传播范围和传播强度较小的无线发射技术，如蓝牙、射频识别等，以保证定位的精度。邻近法定位的技术门槛低，无须复杂定位算法的参与，实现简单。该类定位应用场景广泛，可用于复杂的室内场景（如廊道型室内场景）和功能区划明确的室内场景（如廊道型博物馆，商铺彼此独立的商场等）。但邻近法定位精度通常依赖于参考点的分布密度，可以通过增加参考点的密度来提高邻近法定位精度。

2. 室内定位技术

（1）超声波定位技术。超声波定位主要采用反射式测距法，通过多边定位等方法确定物体位置。系统由一个主测距器和若干接收器组成，主测距仪可放置在待测目标上，接收器固定于室内环境中。定位时，向接收器发射同频率的信号，当接收器接收到三个及以上不在同一直线的反馈信号时，即可以根据定位算法确定被测物所在空间的二维坐标。超声波定位结构简单，精度达到厘米级，但超声波容易受多径效应及非视距（None-Line of Sight，NLOS）传播的影响，并且超声波频率容易受多普勒效应和温度影响，另外超声波定位时需要较多的基础硬件设施投资，成本太高，难以大规模推广。

（2）射频识别 RIFD 定位技术。射频识别 RIFD 定位技术是指 RFID 通过无线电信号检测目标以读写数据。RIFD 系统通常由 RIFD 阅读器、RIFD 标签及它们之间的信息传输构成。RIFD 阅读器和 RIFD 标签通过预先定义无线电频率和协议来发送和接收数据。RIFD 阅读器可接收和读取 RIFD 标签发射的信息。在室内空间部署 RFID 定位系统时，由于 RFID 标签比 RFID 阅读器成本更低，因此通常将 RFID 阅读器部署在室内的固定位置，而将成本较低的 RFID 标签附属于移动对象上。当附有 RFID 标签的移动对象移动到 RFID 阅读器覆盖范围内时，RFID 阅读器就会自动读取 RFID 标签发送的信息，并传输到服务器，同时记录下该对象的符号位置。射频识别技术体积小、成本低，且传输范围大，可于几毫秒时间内达到厘米级别的定位精度，但是射频识别发挥效用的距离近，不具备通信能力，而且难以整合到其他系统中。

（3）Wi-Fi 定位技术。Wi-Fi 是一种能够将手持设备、笔记本电脑等终端以无线方式互联的技术。Wi-Fi 技术覆盖半径可达到 100m 以上，传输速率可达 54Mbps。Wi-Fi 定位技术大多基于指纹的方式，主要分为采样阶段和定位阶段。在系统的采样阶段，在室内环境中均匀地选取参考点，在参考点上采集 AP 的 RSSI 值，并将参考点坐标及其对应的 RSSI 值存入系统指纹数据库中。在系统的定位阶段，移动对象通过打开移动终端的 Wi-Fi 扫描，将结果与指纹库中的数据进行匹配，即可大致估算当前的位置。

（4）蓝牙室内定位技术。蓝牙设备体积小，便携式笔记本、手机等移动终端里大多集成有蓝牙模块，只要室内安装有适当的蓝牙局域网接入点，并将网络模式设置为多移动对象环境下的基础网络连接模式，系统就可以在移动终端打开蓝牙功能时捕获当前移动对象的位置信息。不仅如此，基于蓝牙技术进行室内短距离定位能够快速发现并连接设备，并且信号的传输不受视距的影响。

蓝牙定位分为网络侧定位和终端侧定位。蓝牙网络侧定位系统由蓝牙终端（移动的蓝牙设备：Beacon、定位手环、定位标签等），蓝牙网关（蓝牙探针 TD03/TD05），无线局域网及后端数据服务器构成。其工作原理是首先在需要定位的区域铺设蓝牙网关，当蓝牙终端进入定位区域内，蓝牙网关里面的蓝牙模块收集蓝牙终端的蓝牙设备信息，包括 Mac 地址、RSSI 等信息，通过 UART 串口发给蓝牙网关里面的 Wi-Fi 模块，Wi-Fi 模块把信息传输到指定的 UDP 服务器，并能接收服务器返回的信息。UDP 服务器接收到来自某个 IP 的蓝牙网关数据后，通过数据解析和计算，得到蓝牙信标的位置信息。

蓝牙终端侧定位系统由终端设备（如安装了特定 App 的手机）、蓝牙 Beacon、无线局域网及后端数据服务器构成。定位原理是首先在目标区域内铺设 Beacon 定位设备，Beacon 作为蓝牙信标不断地向周围广播信号和数据包。当终端设备进入 Beacon 设备信号覆盖的范围，测出其在不同信标（不同 ID 号的 Beacon 硬件设备）下的 RSSI 值，然后再通过手机内置的定位算法测算出具体位置（一般至少需要 3 个信标点的 RSSI）。

随着新一代低功耗蓝牙技术标准的提出，以及 LBS 的需求兴起，苹果、高通等公司纷纷将研发力量投入到以蓝牙为载体的精准室内微定位技术之中。基于 BLE 4.0 的 iBeacon 技术的问世与基于 Bluetooth Smart 蓝牙定位技术的 Gimbal 传感器的出现引发了蓝牙室内定位的新浪潮。

常见的室内定位技术的定位精度及采用的定位方法见表 7-2。

表 7-2　　　　　　　　　　　　常见的室内定位技术

定位技术	精度	定位方法	实例
红外	5～10m	邻近法	Active Badge
超声波	1～10cm	三边定位法	Active Bat
视觉	1cm～1m	场景分析法	Easy Living
蓝牙	2～5m	邻近法、三边定位法	BIPS
WLAN	2～10m	场景分析、邻近法、三边定位	Radar
RFID	5cm～5m	邻近法	Landmare
UWB	1～10cm	三边定位法	Ubisense

7.3.2　室内轻小型移动测图平台

室内移动测图机器人和室内移动测图背包是室内常用的小型移动测图平台，其集成光学、激光等两大类传感器，实现对室内三维点云、场景影像等数据的一体化采集。室内移动测图机器人和室内移动测图背包解决了传统室内测绘平台造价高、传感器集成复杂及数据采集效率低等不足。

1. 室内移动测图机器人

如图 7-12 所示，室内移动测图机器人整体结构划分为三部分：头部、躯干、底盘，其中头部主要搭载的是各种测量传感器，包括一款国产禾赛 40 线激光雷达、两个单线激光雷达、六个彩色工业相机以及一个惯性测量单元；底盘主要是用于机身的整体控制，里面含有工控机、锂电池以及时间同步板。考虑到影像及激光点云数据采集对高度有一定要求，将六目视觉传感器、激光雷达安装在平台的头部，确保能够采集到足够的有效数据。同时将运动测量单元安装在头部中轴线，三种传感器刚性连接，具有固定的位置关系，保证了数据的一致性；将触摸屏安装在躯干的中偏上位置，方便观察平台的运行状态以及对平台进行操作。

2. 室内移动测图背包

如图7-13所示，室内移动测图背包是类似于移动测图机器人的轻便版本，整体结构由头部、支撑杠和背包组成。其中，头部主要搭载的是各种测量传感器，包括一款国产禾赛40线激光雷达和四个彩色工业相机；背包内部含有一台工控机、锂电池以及时间同步板。该平台可以通过四台彩色相机与激光雷达之间的帧间数据时间同步（小于0.1s）以及严格外参进行标定，利用ROS下的信息收发机制与研发的各类信息混合处理功能，实现彩色点云的实时采集与显示。通过利用Madgwick滤波方法对IMU进行高频率（1000Hz）姿态解算，将解算的位置与激光点云融合，使得数据在大角度转弯下激光点云的帧间配准仍能正常进行。

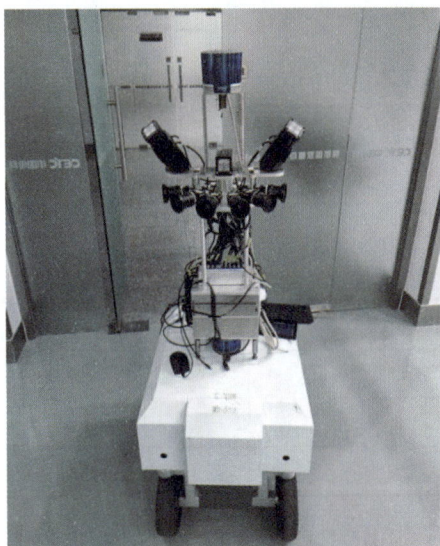

图7-12　室内移动测图机器人　　　　图7-13　室内移动测图背包

7.3.3　室内GIS服务引擎

室内GIS服务引擎是室内空间查询、空间分析以及路径规划的基础，本文主要介绍了室内导航网络自动构建方法、室内导航路网优化、室内疏散路径规划、室内行人位置预测等相关算法及其技术。

1. 室内导航网络自动构建方法

室内空间是人类主要的活动空间，随着城市化进程的加快，大型建筑室内结构演变得更为复杂，给人们的空间认知带来了沉重负担，室内快速寻路变得尤为困难，室内导航、路径查询等基于位置的服务（LBS）因此得到了更多关注。我国有成千上万个超大购物广场，最大的超过120万m²，客流量超过20万人次/天。一些公共交通领域如地铁站、火车站等人流量同样巨大，例如北京地铁最高峰客流超过1000万人次/天，这使得人们对室内场景下位置服务的需求更加强烈。

238

室内导航网络是提供室内位置服务的基础，在室内行人导航、个性化信息推荐、商业分析、轨迹预测等方面发挥着重要作用。当前，室内导航网络提取方法主要有三种：传统人工现场测量方法，基于 SLAM 和基于 CAD 文件的方法。

（1）人工现场测量方法。测量人员在室内环境中进行实地测量，然后使用测量数据生成室内导航网络，其中包含房间、走廊、连接通道等元素，并标注它们之间的关系和属性。人工现场测量法能够精确地记录路网关键节点的三维坐标，得到的室内导航网络精度较高，但通常需要多人工协助作业，且容易受室内障碍物及工作时限影响，导致其数据时空覆盖范围均有限，生产效率低，更新周期长。

（2）基于 SLAM 的方法。SLAM（Simultaneous Localization and Mapping）指即时定位过程中完成地图构建，其是通过移动机器人来获取地图数据，完成环境的实时感知和建模。机器人从室内环境场景中某个位置开始移动，利用其配备的传感器如激光雷达、摄像头等，以及估计值来定位自身的位置，并增量式创建其所经区域的地图。SLAM 是一种同时进行定位和地图构建的技术，它可以通过传感器数据（如激光雷达、摄像头等）实时感知和建模环境。在室内导航网络的提取中，SLAM 算法可以用于获取室内环境的结构和几何信息。通过在室内移动并使用传感器采集数据，SLAM 算法可以估计出室内的地图，并提取出房间、走廊、门窗等元素，构建室内导航网络。

（3）基于 CAD 文件的方法。根据建筑 CAD 平面图提取室内道路几何特征信息是在室内导航网络自动生成研究中比较常见的一种方式。建筑的 CAD 文件通常包含了室内空间的几何结构和属性信息。通过解析 CAD 文件，可以提取出房间的位置、墙壁、门窗等元素，并构建室内导航网络。

与室外空间导航网络相比，室内空间导航网络构建难度更大，一方面，室内空间属于三维空间，室内三维空间结构复杂，如封闭空间、半封闭空间等，室内三维空间实体众多，如房间、墙壁、门、窗、走廊、电梯、楼梯等，室内三维空间约束多样，如连通约束、障碍约束等，三维拓扑连通关系构建是室内导航网络构建的难点之一；另一方面，室外路网结构相对固定，室内廊道结构狭窄多变，且在一些特定大型购物广场类室内空间，廊道结构变化频率较高。传统上室内导航网络构建多采用人工现场测量或半人工CAD 平面图提取等方式，虽然该类方法可以保证导航网络提取精度，但该类方法普遍存在数据更新频率较低的问题，另外，CAD 方法提取室内三维骨架结构粒度较粗，无法获取建筑物详细室内结构，如 CAD 平面图基本不可能包含可移动室内实体。而室内空间结构在其使用期限内发生更新改造的频率较高，这使得以传统方式维护室内导航网络的时效性存在难度，进而影响到室内导航网络应用的准确性。

近年来，各种室内定位技术发展迅速，如 Wi-Fi 定位、射频识别（Radio Frequency Identification，RFID）定位、蓝牙或 NFC（Near Field Communication）定位、伪卫星定位、ZigBee 定位、UWB（Ultra-Wideband）定位、超声波定位、影像匹配与条码定位及地磁定位等，内置定位模块的移动终端如智能手机、平板电脑、PDA 等的移动对象规模不断扩大，移动互联网的不断发展，室内位置服务应用不断增多，如在线导航、基于位置的社交网络、基于位置的广告推送等，室内空间产生了海量移动对象轨迹数据，其是对移动对象移动路径的完整记录，因此间接反映了导航网络的几何特征，为室内导航网络自动构建提供了一种新的可能，能够为传统室内导航网络构建方法提供有效补充与室内空间结构快速变化更新检测。

目前，基于室内轨迹数据实现室内导航网络自动构建已经变得流行。如图 7－14 所示，傅梦颖等提出了一种基于室内轨迹数据提取室内导航网络的方法，主要分为三大部分：

1）室内轨迹预处理，包括对原始移动对象轨迹数据中的重复、漂移、时间异常等数据进行清洗，以及对室内轨迹进行简化以去除轨迹停留点信息；

2）室内二维导航网络构建，分别采用了聚类点连接法和自适应栅格化方法，聚类点连接法主要分为廊道轨迹点提取、廊道轨迹点聚类、聚类点连接三个步骤，自适应栅格化方法主要分为室内轨迹去噪、室内轨迹图像生成、室内轨迹图像优化以及室内导航网络提取四个步骤；

3）室内三维导航网络生成，根据室内移动对象轨迹识别出室内三维拓扑连通点，生成层间垂直导航网络，最后通过平面导航网络和垂直导航网络的融合生成室内三维导航网络。

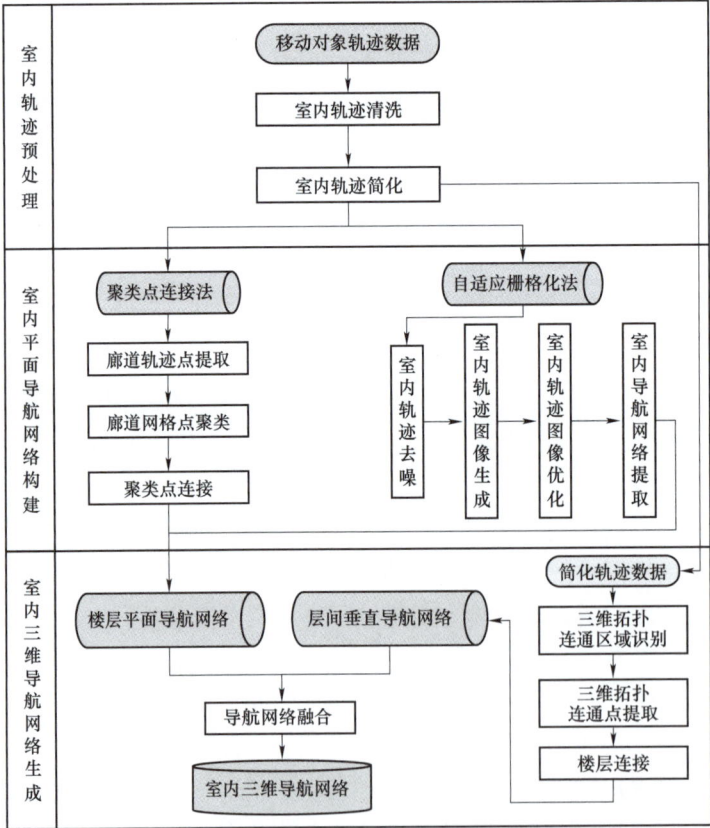

图 7－14　采用的技术路线

2. 面向室内导航的分层认知路网优化

根据室内地图匹配的适用性，室内导航路网可以分为基于格网、基于网络等模型。基于格网的导航数据模型根据空间划分规则可以分为规则划分格网模型和非规则划分格网模型。规则划分格网模型易于生成和存储，但将网格单元组合在一起难以保证形状的精确表达。不规则划分格网模型多将室内空间进行三角化剖分以用来支持路径查找，可以根据室内空间特点灵活调整单元格的形状、大小，避免了规则划分方式带来的冗余存储和计算代价，但这种方式无法提供精确的室内空间位置描述，语义特征表达模糊。基于格网模型多缺乏对室内空间单元的定义，语义特征缺失，单元之间拓扑信息描述不足。基于网络的室内路网多是室外道路网络模型的简单借鉴，较少考虑到用户室内空间认知的特点。室内外空间认知特性上的差异导致基于路网模型所给出的线状导航路径和实际有一定的出入，所给出的导航路径虽然较多，但仅具有参考意义，难以满足实际需求。

因此，有必要在顾及人的室内心理认知行为特点的基础上，从语义层面分析室内空间逻辑构成，剖析室内单元之间拓扑关系，综合考虑和概括室内路网结构和特征，探讨室内分层路网模型的优化构建策略，以提高室内复杂环境的路径引导效率，从而服务于不同寻径需求。

对于室内空间来说，分层认知是人们常用的一种心理认知模型，即使用户对室内空间很熟悉，分层认知依然是室内空间路径规划采用最多的认知方式。遵循"感知—认知—经验"认知规律，提出基于室内空间认知分层路网优化方法，主要包括室内空间的立体性分层认知、室内单元划分、室内单元剖分和室内单元分层优化编码等主要环节，技术路线如图 7-15 所示。

3. 基于智能体的室内应急疏散

室内发生突发事件时，因其复杂的建筑结构、高密度的人群往往会产生拥挤堵塞现象，极易引发疏散者的恐慌，进而发生踩踏事件导致人员伤亡。在此背景下，研究行人应急疏散过程中并针对性给出疏散建议对保护人民人身安全、提高防灾与应灾能力有重要意义。当前疏散模拟的仿真模型主要包括元胞自动机模型、社会力模型、智能体模型等，但不足之处在于此类研究多是针对行人行为规律仿真，并未结合具体环境特征、人群特点进行研究，缺乏针对性难以给出合理建议；也有相关研究通过疏散模拟来对建筑物出口设计、疏散标志位置设置、设施布局等进行优化，虽能给出合适的规划方案，但实行起来费时费力，甚至需要修改建筑结构。因此，可以综合考虑环境及区域人员特点构建基于智能体的应急疏散模型，完成三维疏散模拟过程，在此基础上，利用三维核密度分析方法对疏散仿真过程进行分析探讨以挖掘疏散行人时空分布特征，通过对疏散行人聚集趋势的探讨从而对疏散中易出现拥挤区域进行把控，为应急疏散管理与布防布控提供科学的对策与疏散建议。

疏散模型主要包括两个子模型：人员疏散模型与场景模型。人员疏散模型基于智能体相关理论，智能体通过感知场景做出疏散行为进行决策，在疏散过程中智能体持续感知环境语义信息用以实现避免碰撞、躲避障碍物等基础行为。场景模型由几何模型与语

241

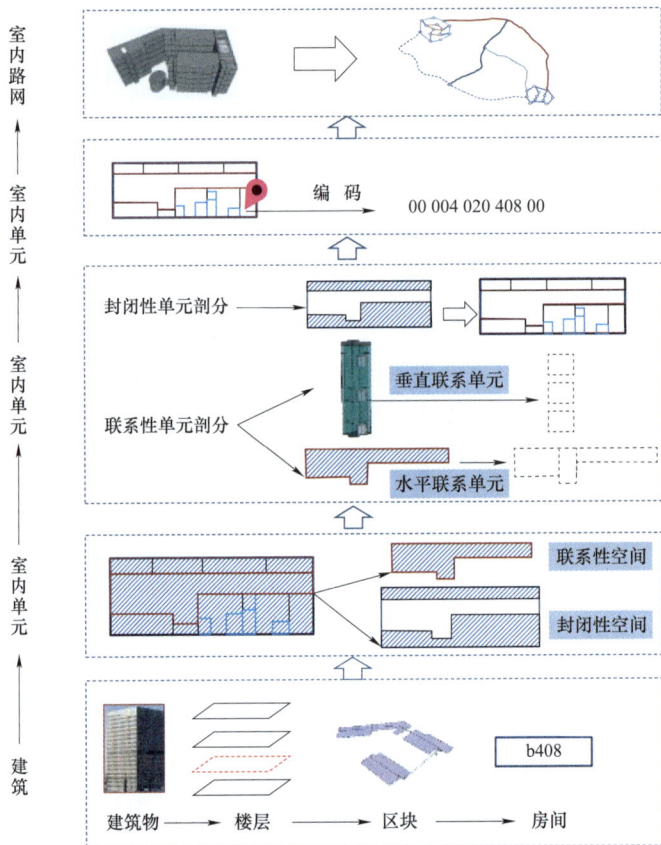

图7-15 室内空间分层认知路网优化方法

义模型组成,几何模型来自三维真实几何模型,基于几何模型对疏散场景进行语义建模。在建模中简化智能体多出口选择机制,智能体目标决策基于应急疏散路线图,指定位置的智能体选择固定的出口;明确目标后,智能体根据 A*路径规划算法开始运动,同时根据智能体属性、感知到的信息以及场景行人特征模拟场景内疏散行为。整个疏散模型的框架如图 7-16 所示,设计的疏散模拟流程如图 7-17 所示。

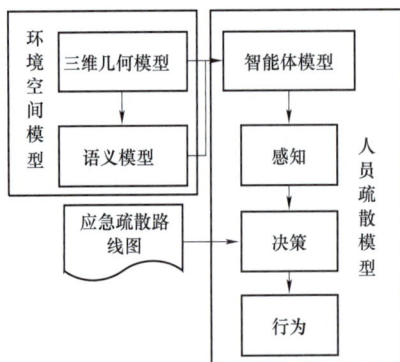

图7-16 疏散模型框架

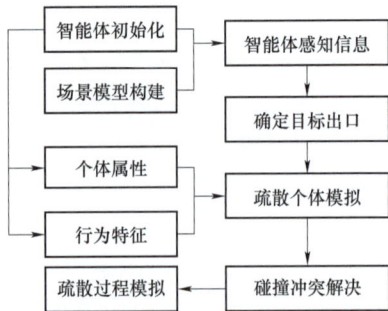

图7-17 疏散模拟流程示意图

242

4. 室内行人位置预测

位置预测技术可根据用户的历史轨迹数据推断用户下一时刻的位置，为用户提供灵活的服务，受到国内外研究者的大量关注。研究表明，用户93%的行为是可预测的。目前，位置预测技术已广泛应用于社会治安、智能交通和位置服务等多个领域。如位置服务领域，预测用户下一个经过的区域，向用户推送其感兴趣的商铺信息，既可以让用户获得个性化的购物体验，又能给商家带来盈利。

依据预测需求的不同，位置预测主要分为两类：预测用户下一个要访问的位置和预测用户在下一个时间间隔内的位置。室内位置预测主要集中于前者，即预测用户下一个要访问的位置。存在的室内预测技术可分为基于个体的室内位置预测和基于群体的室内位置预测。

基于个体的位置预测将用户视为一个独立的个体，仅采用用户本人的移动历史轨迹来预测用户的下一个位置。其中一项代表性的工作有Markov-LSTM模型，如图7-18所示。Markov-LSTM模型基于自底向上的原则设计，主要分为四个阶段：位置序列检测、多步转移概率矩阵定义、最优邻接位置选择和多马尔可夫融合。首先，考虑到空间的连续性和空间的连续性，轨迹不适合直接输入预测模型。因此，将轨迹转换为与特定商店相关联的位置序列。其次，定义了一个新的多步马尔可夫转移概率矩阵，将一个高阶马尔可夫链转化为多个一阶马尔可夫链。再次，为每个用户选择最合适的邻接位置。最后，使用LSTM模型来整合这些一阶马尔可夫链，以获得目标使用的预测结果。Markov-LSTM模型尝试结合Markov与LSTM模型的优点，从用户的转移概率中挖掘用户的移动模式（转移概率中可解释地描述了用户的移动倾向），提高移动对象轨迹预测模型性能。

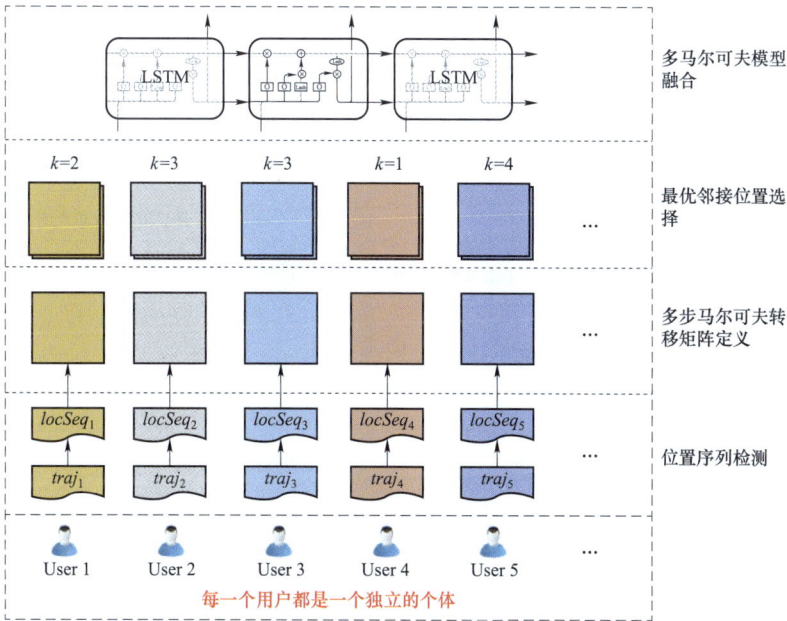

图7-18　Markov-LSTM模型的整体流程

基于群体的位置预测认为用户的行为在一定程度上服从"跟随理论"，从而采用其他用户的移动轨迹来预测当前用户的下一个位置。基于群体的位置预测核心在于挖掘相似用户的相似性行为。其中一项代表性的工作有 Indoor-WhereNext 模型，如图 7-19 所示。Indoor-WhereNext 框架基于自底向上的原则设计，主要分为基于 SSS 的位置建模和基于 SSS 的位置预测两个模块：① 位置建模阶段，用户轨迹经 Indoor-STDBSCAN 算法转换为位置序列，并且通过 SSS 将用户进行分群，每一个群体训练一个模型并生成一个聚类中心；② 位置预测阶段，通过 SSS 计算测试用户与每个聚类中心的相似度矩阵，根据相似度矩阵使用不同的模型预测测试用户下一个可能的位置。

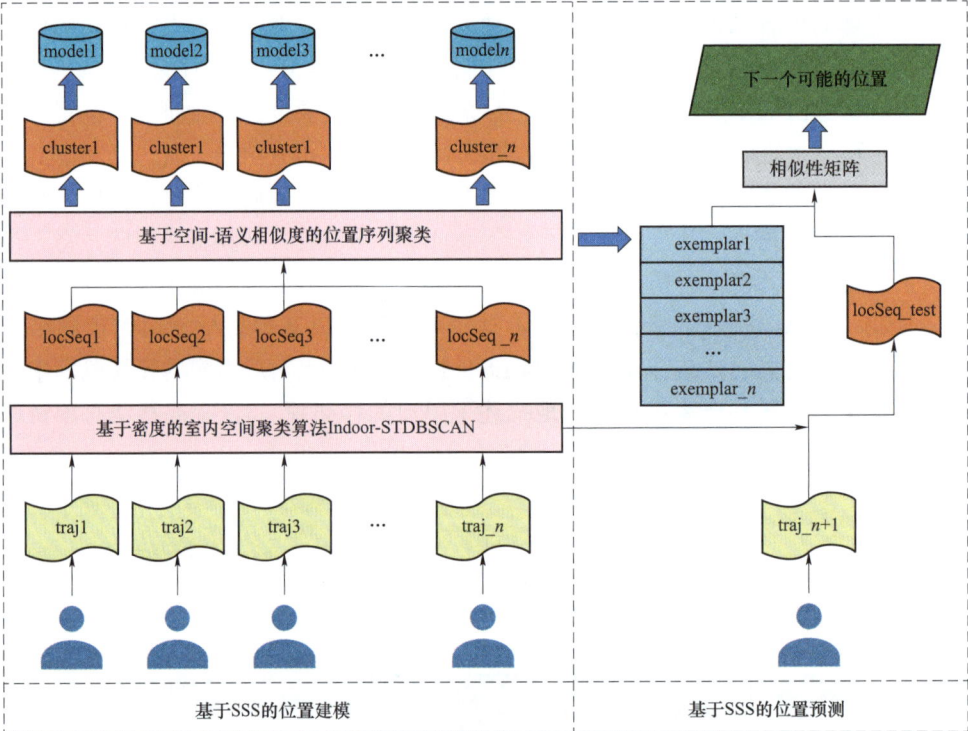

图 7-19   Indoor-WhereNext 模型的整体流程

7.3.4   室内导航与室内位置服务

1. 室内停车导航

室内停车导航旨在为车辆驾驶员提供在室内停车场内的导航和指引，以帮助他们快速、准确地找到合适的停车位。具体应用有：

（1）室内地图和定位。室内停车导航系统使用室内地图和定位技术，为车辆提供在室内停车场内的导航服务。它通过 Wi-Fi 定位、蓝牙低功耗定位、惯性导航等技术，准确地定位车辆的位置，并将其显示在室内地图上。

244

（2）停车位搜索和预约。室内停车导航系统通常提供停车位搜索和预约功能。驾驶员可以使用导航系统搜索附近的可用停车位，并根据需求和优先级进行预约。这样可以节省时间，并避免在停车场内搜索停车位的困扰。

（3）实时停车位导航。室内停车导航系统可以提供实时的停车位导航指引。它会显示室内地图上的停车位分布情况，并指示哪些停车位是空闲的。驾驶员可以根据导航指引，沿着最佳路径前往空闲停车位。

（4）路线规划和导航指引。室内停车导航系统会计算最佳的行驶路径和导航指引，以引导驾驶员顺利到达目标停车位。它会考虑到行车道路、转弯点、停车位标识等因素，提供直观的导航指引，使驾驶员能够快速准确地找到停车位。

（5）停车场设施和服务信息。室内停车导航系统通常会提供有关停车场设施和服务的信息，如电动车充电桩、安全监控、支付方式等。这有助于驾驶员更好地了解停车场内的服务和设施，方便他们做出相应的决策。

（6）停车场数据统计和管理。室内停车导航系统可以收集和统计停车场的数据，如停车位利用率、车流量等。这些数据可以帮助停车场管理者进行停车资源管理和优化，提供更好的停车服务。

室内停车导航系统利用室内定位技术、地图数据、导航算法和移动设备等技术，为驾驶员提供准确、高效的室内停车导航服务。这些系统旨在解决室内停车场导航的难题，提供方便、快速和精确的停车体验，帮助驾驶员轻松找到停车位。

2. 室内车辆导航

室内车辆导航旨在为车辆驾驶员在室内环境中提供导航和路径指引，以帮助他们在复杂的室内场所内准确、高效地行驶。具体应用有：

（1）室内地图和定位。室内车辆导航系统使用室内地图和定位技术，为车辆提供在室内环境中的导航服务。它通过 Wi-Fi 定位、蓝牙低功耗定位、惯性导航等技术，准确地定位车辆的位置，并将其显示在室内地图上。

（2）路线规划和导航指引。室内车辆导航系统会计算最佳的行驶路径和导航指引，以引导驾驶员顺利行驶到目的地。它会考虑到道路网络、转弯点、车辆行驶限制等因素，提供直观的导航指引，使驾驶员能够快速准确地到达目的地。

（3）道路标识和车道识别。室内车辆导航系统可以提供道路标识和车道识别功能，帮助驾驶员更好地理解车辆行驶路径和道路规划。它可以识别车辆前方的道路标识、指示牌和车道线，提供相关的导航指引和驾驶建议。

（4）设备集成和车辆控制。室内车辆导航系统可以与车辆设备和控制系统进行集成，实现与车辆的无缝连接和交互。例如，它可以与车辆的导航系统、刹车系统、加速系统等进行通信，提供更准确的导航指引和驾驶控制。

（5）停车场导航和停车位搜索。室内车辆导航系统通常还提供停车场导航和停车位搜索功能。它可以帮助驾驶员快速找到合适的停车位，并提供导航指引，使驾驶员可以轻松停放车辆。

室内车辆导航系统利用室内定位技术、地图数据、导航算法和车辆控制技术等，为驾驶员提供准确、高效的室内车辆导航服务。这些系统旨在解决室内车辆行驶的挑战，提供方便、安全和精确的导航体验，帮助驾驶员在室内环境中轻松行驶。

3. 室内行人导航

室内行人导航旨在为行人在室内环境中提供导航和路径指引，以帮助他们准确、高效地到达目的地。具体应用有：

（1）室内定位技术。室内行人导航系统使用室内定位技术，如 Wi-Fi 定位、蓝牙低功耗定位、惯性导航等，以准确地定位行人的位置。这些技术能够在室内环境中提供定位精度，帮助行人在室内导航过程中获取准确的位置信息。

（2）室内地图和路径规划。室内行人导航系统通常配备室内地图，并通过路径规划算法计算最佳行走路径。它会考虑到行人的目的地、室内地图数据、行人偏好和可用路径等因素，为行人提供最优的行走路径指引。

（3）导航指引和语音提示。室内行人导航系统通过地图显示和语音提示，向行人提供导航指引。它会显示室内地图上的行进路线、转弯点和目标位置，同时通过语音提示提供实时导航指引，使行人能够快速、轻松地到达目的地。

（4）兴趣点搜索。室内行人导航系统通常提供兴趣点搜索功能，使行人能够查找附近的商店、餐馆、厕所、ATM 等设施。行人可以浏览兴趣点列表，并根据需要选择目标位置，系统会提供相应的导航指引。

（5）实时信息更新。室内行人导航系统可以提供实时的信息更新，包括室内地图更新、电梯停运、临时封闭区域等。这使得导航系统能够根据实时情况调整导航路径，并提供最准确的导航指引。

（6）跨楼层跨建筑物导航。室内行人导航系统提供不同建筑物间、不同楼层之间的导航能力，方便行人能够在机场航站楼、大型商场的室内快速、准确地到达目的地。

室内行人导航系统利用室内定位技术、地图数据、导航算法和移动设备等技术，为行人提供个性化的室内导航体验。这些系统旨在解决在室内环境中行人导航的挑战，提供方便、准确和高效的导航服务，帮助行人在室内环境中轻松到达目的地。

4. 室内机器人导航

室内机器人导航旨在为机器人在室内环境中提供导航和路径规划，以使其能够准确、高效地移动和执行任务。具体应用有：

（1）室内定位技术。室内机器人导航系统使用多种定位技术，如激光雷达、摄像头、超声波传感器等，以获取机器人在室内环境中的准确位置信息。这些技术能够帮助机器人感知周围环境并定位自身位置。

（2）地图构建和更新。室内机器人导航系统通常具备地图构建和更新功能，能够创建室内环境的地图。机器人可以通过探测和扫描环境，获取地图数据，并根据需要更新地图，以保持地图的准确性和完整性。

（3）路径规划和导航控制。室内机器人导航系统通过路径规划算法计算机器人的最佳行进路径，并提供导航控制指令，以使机器人能够准确导航到目标位置。路径规划考虑到地图数据、机器人尺寸和避障限制等因素。

（4）避障和环境感知。室内机器人导航系统具备避障和环境感知功能，通过传感器和算法来检测和避免障碍物。机器人能够实时感知环境变化，并做出相应的导航调整，以避免碰撞和保证安全导航。

（5）语音和图像交互。室内机器人导航系统通常支持语音和图像交互，使用户能够通过语音命令或触摸屏幕与机器人进行交互。用户可以向机器人提供导航目的地，获取导航状态和执行任务的反馈。

（6）任务执行和自动化。室内机器人导航系统能够协助机器人执行特定的任务，如物品搬运、清扫、巡逻等。导航系统与机器人的控制系统集成，通过路径规划和导航指引，使机器人能够按预定的任务路线自动执行任务。

室内机器人导航系统结合了定位技术、地图构建、路径规划、避障和任务执行等技术，为机器人提供准确、高效的室内导航能力。这些系统旨在帮助机器人在室内环境中自主导航和执行任务，提高效率、安全性和灵活性。室内机器人导航在许多领域，如家庭、医疗、商业等具有广泛的应用前景。

7.4 高精度导航地图

高精度导航地图简称高精地图，是一种主要用于高级别辅助驾驶和智能驾驶的专用电子地图，涵盖测绘科学、人工智能等多学科交叉的领域。它通过多源传感器进行数据采集与清洗，以获取丰富、细粒、高精的道路地理信息，并采用标准化的格式进行存储与管理。作为数字交通的主要表现形式之一，高精地图在智能汽车的发展过程中具有重要地位与作用，它是智能汽车进行环境认知的知识库、空间基准，不受干扰的信息源，也是智能交通全时空实时感知的载体与运行管理的依据。高精地图不仅是导航电子地图的升级，还涉及高精度定位、数据融合、环境感知、知识图谱、云计算等关键技术，与导航电子地图相比，具有高精度、高动态、高细粒度、高可靠等特性。一方面，其服务对象包括机器与人类，除了智能驾驶，高精地图还可作为核心数字基础支撑广泛的上层应用，如智慧城市、智慧旅游、物流配送等；另一方面，高精地图具有更高的绝对精度、相对精度与更新频率，包含丰富的动静态道路信息以支持车辆实现高精度定位、空间认知、记忆、决策与规划。本节从高精地图的模型、数据格式标准、生产与更新、安全处理与审查以及应用五个方面出发，分析总结了高精地图的研究现状及其所涉及的关键技术。

7.4.1 高精度导航地图模型

传统地图模型是将人类对空间认知的结果进行固化与抽象，而高精地图是智能汽车进行环境认知的重要工具，需从机器人角度对环境进行抽象。高精地图模型决定了地图的制作内容，关系到地图的制作工艺，影响地图的物理编码与应用，高效、合理的地图模型对促进高精地图的发展具有重要作用。

Kolacny 提出的地图信息传输模型描述了地图信息的传输路径，对导航电子地图模型的构建具有重要指导意义。传统导航电子地图的道路模型经历了从单线单结点到双线多结点的变化过程。在智能驾驶技术发展的早期，地图在系统中未起到关键作用，使用的地图通常被称为驾驶辅助地图或车道级地图，由道路网络层、车道网络层、车道线层以及交通标志层四部分内容组成，通过线段与结点的方式描述道路与车道的拓扑结构。车道级地图的模型是在传统导航电子地图的基础上，由道路扩展至车道，集中于静态地图要素的描述，其表达能力有限，语义不丰，无法满足 L3 以上智能驾驶技术对高精地图提出的高动态、自适应等要求。

根据智能驾驶汽车对高精地图应用场景与实时性的不同需求，博世在欧洲 SAFESPOT 项目中提出了局部动态地图（Local Dynamic Map，LDM）模型，除了静态地图与准静态地图，该模型还加入准动态地图与动态地图。为了使高精地图可有效支持不同类型的导航需求，Jiang 等提出了一种七层地图模型，该模型包含路网层、宏观动态层、中间层、车道层、虚拟传感器层、动态障碍物层以及驾驶员层，如图 7-20 所示。由于传统地图信息传输模型无法满足机器人环境认知的需求，刘经南等在经典 Kolacny 地图信息传输模型基础上，提出用七元组表示的智能高精地图信息传输模型，并基于该传输模型提出了包含静态地图层、实时数据层、动态数据层以及用户模型层的四层一体化模型，如图 7-21 所示。

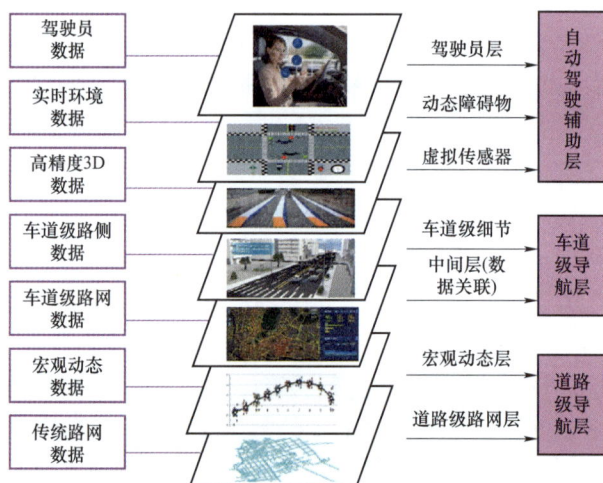

图 7-20　七层地图模型

高精地图模型经历了由轻至重、由静态至动态的演进过程，但已有地图模型多是基于传统地图信息传输模型，难以充分满足高度智能化的驾驶汽车在复杂场景的环境认知需求。同时，已有模型的复杂性使得高精地图采集成本较高、更新效率较低，制约了其在规模化应用方面的进展。

神经科学家们在哺乳动物大脑的海马结构与内嗅皮层中发现与地图认知有关的位置细胞、栅格细胞、边界细胞以及头朝向细胞，从脑科学角度证明了动物具有建立复杂环境心象地图的能力，并可基于该地图进行导航、规划等空间任务。以上发现为下一步脑科学与人工智能的开发指引了方向,为地图学的创新打下了科学基础,同时也为智能驾驶高精地图的构建提供了新思路。

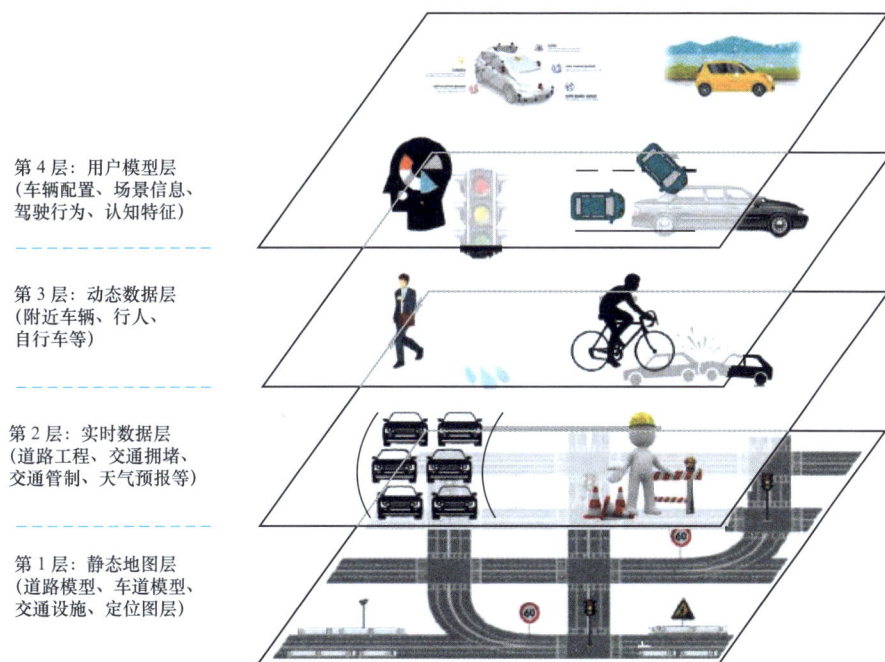

图7-21　四层一体化地图模型

　　智能驾驶领域通过借鉴大脑空间认知的机制,构建高精地图认知模型,使智能驾驶汽车更好地理解、认知道路环境。该模型结合车辆自身的运动情况和地图特征,通过特征检索和确认算法计算车辆与静态和动态环境之间的交互关系,从而帮助智能驾驶系统更准确地感知周围环境,做出准确的驾驶决策,保障行驶安全。此外,基于心象地图构建机理的高精地图认知模型不容易受到尺度变化和基准偏差的影响,在不同尺度和环境条件下,仍能够有效地应用于智能驾驶系统中。因此,基于心象地图建立高精地图认知模型的思路可提高智能驾驶系统的鲁棒性、自适应性和行驶安全性,为智能交通和智能驾驶技术的发展带来了新的可能性和前景。

7.4.2　高精度地图数据格式标准

　　高精地图格式是在地图模型基础上,对空间数据的组织进行定义,与传统导航电子地图一致,高精地图格式包括母库格式、交换格式与物理应用格式。母库格式在地图模型的基础上,对地图要素数字化并进行存储、管理的格式;交换格式采用标准化的数据结构与编码方法在不同地图系统中实现数据互通与共享的标准化格式;而物理应用格式则是地图数据在存储介质中的实际存储方式。对于母库格式,不同的地图生产商依据生产经验有一套内部存储的格式,因此当前高精地图格式标准主要致力于交换格式与物理应用格式的制定。

1. 交换格式

当前国际上主流的电子地图交换格式为地理数据文件（Geographic Data Files，GDF），于 20 世纪 80 年代后期由欧洲标准化委员会（CEN）起草，为地图供应商与导航系统集成商之间交换地图数据提供了互操作性，为促进欧洲车载导航市场的发展发挥了重要作用。随着智能驾驶技术的发展，智能交通的应用已扩展至多智能体协作，地图交换格式需容纳来自多个提供者的地图信息，并支持与外部数据库进行连接。2020 年发布的 GDF5.1 规定了智能交通系统应用与服务的地理数据库的物理编码格式，以及智能交通系统数据的概念与逻辑模型，并进一步定义了用于智能驾驶、协同 ITS 与多式联运系统中使用的地图数据。

我国高精地图的标准制定尚处于起步阶段，相关标准多处于立项或征求意见阶段。针对现有导航地图存在的精度不统一、模型不统一、表达不统一等问题，我国国家市场监督管理总局于 2023 年 6 月发布了《智能运输系统智能驾驶电子道路图数据模型与表达　第 1 部分：封闭道路》与《智能运输系统　智能驾驶电子道路图数据模型与表达　第 2 部分：开放道路》两项国家标准。由于高速公路、城市快速路等封闭道路与开放道路之间的交通要素存在明显差异，因此该标准对封闭道路与开放道路的数据模型与表达格式分别进行了规定，符合我国道路交通特色，有助于我国高精地图业务的落地。

2. 物理应用格式

当前国际主流的高精地图物理应用格式规范为导航数据标准（Navigation Data Standard，NDS）与 OpenDRIVE。NDS 是面向汽车生态系统的车载导航电子地图物理应用格式，使用标准化的二进制数据库技术对导航数据进行管理，实现不同系统之间的数据交换。NDS 根据功能的不同，导航数据被组织成不同的构建块，NDS2.5 中与智能驾驶有关的构建块包括道路、车道、障碍物、定位地标等，如图 7 - 22 所示。

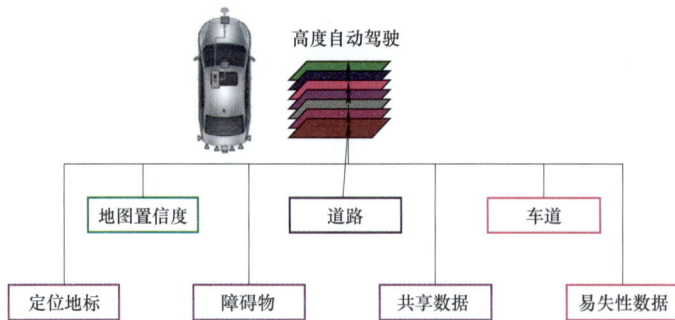

图 7 - 22　NDS 构建块

与 NDS 不同，OpenDRIVE 是由德国自动化及测量系统标准协会（Association for Standardization of Automation and Measuring System，ASAM）制定并推广的智能驾驶场景模拟仿真测试标准（ASAM - Open X）之一。OpenDRIVE 文件格式为可扩展标记语

言（extensible markup language，XML），其逻辑组织模型为基于 XML 的多层次树状结构，所有静态道路数据均组织在节点中。OpenDRIVE 的 XML 文件共包括 8 层，如图 7－23 所示。OpenDRIVE 中所有的描述道路形状与属性的几何要素如车道、标牌等均是基于参考线＜Reference Line＞与偏移方程进行定义，具有数据量小的优点。然而，智能驾驶汽车通常使用点信息辅助车辆进行决策与规划，基于参考线与偏移方程的方式较为复杂，给车辆的规划模块带来不便。百度 Apollo 结合实际智能驾驶应用情况对 OpenDRIVE 进行了改进，使用绝对坐标序列对道路边界与车道线进行描述，且增加了禁停区、人行横道以及减速带等元素的描述。

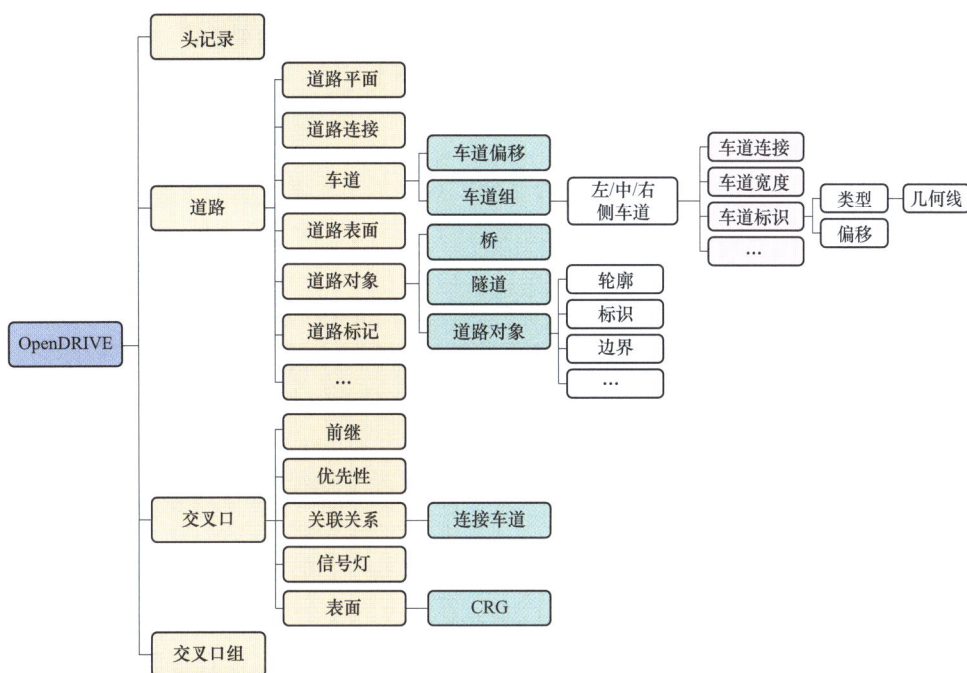

图 7－23　OpenDRIVE 多层次树状结构

当前国际上的高精地图格式标准主要由欧洲主导，为促进高精地图的发展，我国出台了一系列关于高精地图要素采集、生产以及交换的相关标准，逐步完善了我国高精地图相关标准体系。我国道路具有复杂场景多、更新频率快等特征，这对高精地图的生产与更新提出了更高的要求，为促进高级别智能驾驶的落地，亟须开发具有中国道路特色的高精地图物理应用格式标准。同时，高精地图格式标准的制定还需与智能驾驶应用相匹配，与国外相关标准相兼容，使高精地图格式标准具备国际互操作性，有助于促进国际智能交通合作与交流，有利于加速全球智能驾驶技术的推进与应用。

7.4.3　高精地图生产与更新

高精地图的生产需经过数据采集、数据处理与验证几个步骤，如图 7－24 所示，其关键技术主要包括卫星精密定位、即时定位与地图构建（simultaneous localization and mapping，SLAM）、路面提取、路沿提取、标线提取、杆状物提取、众包更新等。

图 7-24 高精地图生产流程

1. 卫星精密定位

高精地图采集过程中，连续可靠的高精度定位信息至关重要，全球卫星导航系统（GNSS）容易受到系统误差（星历误差、钟差等）与随机误差（多路径效率、噪声等）的影响，为保障地图的精度，需对卫星定位误差进行消除，实现定位增强。常用的卫星定位增强方法包括实时动态载波相位差分技术（real-time kinematic，RTK）与载波相位事后差分技术（post-processing kinematic，PPK）等。RTK 通过将基准站采集的载波相位发送至流动站，构建双差观测值，从而减少系统误差对定位精度的影响。RTK 技术效率高，可获得实时高精度定位信息，但是需要在流动站与基准站之间建立实时的通信连接，在卫星信号或无线通信不稳定的情况下，精度无法保证。PPK 属于 GNSS 动态后处理测量技术，与 RTK 不同，PPK 技术使用载波相位进行事后差分，无须在流动站与基准站之间建立实时的通信连接，作业半径更大，适合长距离大范围高精地图的采集。

除卫星定位信息，高精地图采集还可通过卫星定位系统与惯性导航系统（inertial navigation system，INS）组合（GNSS/INS）的形式构建连续可靠的时空基准传递，实现传感器局部感知数据在大地参考空间的统一表达。INS 包含惯性测量单元与解算单元，通过与 GNSS 的融合，可实时推算出采集车辆的速度、位置与姿态信息。GNSS/INS 组合导航主要包括松耦合与紧耦合两种形式，松耦合结构中，GNSS 与 INS 独立工作，通过滤波器输出组合导航结果；紧耦合中 GNSS 的原始观测值不经过解算，直接输入滤波器中与 INS 组合。相对于松耦合，紧耦合方式在卫星数量较少时，依然可以提供 GNSS 信号更新，鲁棒性更强，在高精地图采集中应用较为广泛。

2. 即时定位与地图构建（SLAM）

GNSS/INS 组合导航为高精地图采集提供了绝对位置信息，然而在地下停车场、隧道、高架桥下等应用场景的高精地图采集中，GNSS 信号难以接收。随着 SLAM 技术发展日趋成熟，背包式、手持式以及机器人式等 SLAM 技术被广泛应用于城市地下空间、矿洞等无 GNSS 应用场景的高精地图构建，如图 7-25 所示，与采集车相比具有灵活自主、高效率的优势。

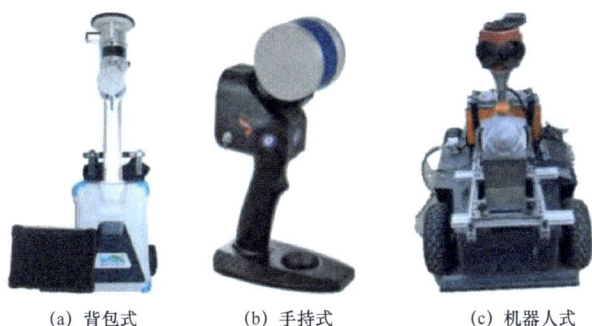

(a) 背包式   (b) 手持式   (c) 机器人式

图 7-25 SLAM 扫描系统

根据传感器类型，SLAM 技术主要可分为基于激光的 SLAM 与基于视觉的 SLAM。激光 SLAM 通常搭载 2D 或 3D 激光雷达对室内环境进行扫描，与 2D 激光雷达相比，3D 激光雷达可获取大量具有角度与距离信息的点云数据，能反映出真实环境的几何信息。根据算法理论的不同，激光 SLAM 又可分为基于滤波的激光 SLAM 与基于图优化的激光 SLAM。基于滤波的激光 SLAM 算法通常使用扩展卡尔曼滤波、粒子滤波等实时处理数据、估计位姿等；基于图优化的激光 SLAM 算法将机器人位姿视为顶点，位姿间关系视为边，而后进行图优化，调整位姿顶点尽量满足边的约束。

基于视觉的 SLAM 算法使用相机获取环境信息，根据相机类型的不同，可分为单目相机、双目相机与深度相机。单目视觉 SLAM 使用单个相机采集数据，无法直接获取可靠的绝对深度信息；双目相机通常由左右眼相机构成，基于基线几何约束原理匹配左右眼相机图像，估计物体深度信息；深度相机与单目、双目相比，采集的数据更为丰富，常被用于室内建图。此外，与深度学习结合的 SLAM 方法也成为的当前的研究热点，基于深度学习方法可更好地理解环境语义信息，提高数据关联的准确性，提升算法的鲁棒性与泛化能力。

3. 路网数据提取

路网数据是高精地图的基础要素，主要用于描述道路整体的几何位置与形态。常用的路网数据可基于遥感影像、浮动车轨迹等进行提取。根据道路提取结果，基于遥感影像的路网提取可分为道路区域提取与道路中心线提取两类。道路区域提取方法通常使用形态学特征、手工特征或自动特征提取的算法对遥感影像进行分割与分类，道路中心线提取方法则侧重于道路骨架的检测，通过使用形态学算法，对遥感影像进行细化与追踪。基于遥感影像的方法提取道路信息容易受到遮挡、光照等因素的影像，缺乏鲁棒性。

基于浮动车轨迹的路网提取通常包括数据清洗、交叉口提取与拟合三个步骤。浮动车轨迹数据的清洗是从原始数据中去除噪声与异常值，获得高质量、可靠的轨迹数据，常用方法包括基于规则模型的方法、基于滤波的方法与基于空间聚类的方法三种。交叉口提取是路网信息提取的重点之一，基于浮动车轨迹的交叉口提取可分为栅格法与聚类法两类。栅格法将矢量轨迹数据转换为栅格图像，继而通过形态学方法进行处理，提取交叉口；聚类法是基于轨迹的角度与速度特征区分交叉口。栅格化方法所提取的交叉口精度受栅格大小、数据密度分布是否均匀等因素的影响较大，精度较低，丢失了大量的道路拓扑结构信息。与栅格化方法相比，基于聚类的方法对交叉口的提取精度更高，但该方式算法复杂且计算量大、效率低。路网的拟合是指将属于同一道路的轨迹数据聚合，常用方法有最小二乘法、物理引力模型法等。与高精地图中的其他要素相比，路网的提取方法已较为成熟，浮动车轨迹、手机定位数据、遥感影像等数据的数据量庞大且分布广泛，是路网提取的重要途径。

4. 路沿提取

路沿信息可辅助高精地图确定路面可行驶区域，是构建高精地图的基础信息之一。激光点云与视觉影像是提取路沿信息的两大数据来源，基于激光点云的路沿提取一般包括路沿点提取、拟合与跟踪三个步骤，具体方法有栅格图法、特征提取法以及无向图法。栅格图法将点云转换为栅格图，使用梯度、法向量等检测路沿点并拟合提取路沿信息；特征提取法通过高度差、切向量等空间特征提取路沿点，再通过滤波算法去除噪声，提取路沿；无向图法则使用路沿局部特征通过无向图提取路沿点，再使用聚类算法去除噪声点，提取路沿。

基于单目相机的路沿信息提取多使用深度学习算法对图像进行语义分割。Zou 等提出了一种特征提取 CNN 网络，识别路沿区域与非路沿区域；孙扬等提出一种具有双支路特征融合的实时路沿分割网络，整合深层语义信息与浅层空间特征进行路沿提取。在基于单目相机的路沿提取过程中，虽然可以通过图像处理和特征检测等技术来寻找图像中的边缘和纹理信息，但由于缺乏尺度信息，无法准确判断路沿的实际位置和高度。另外，在实际道路环境中，路沿的位置和形状可能会受到多种因素的影响，例如光照条件、路面材质和车辆位置等，这些因素都会导致路沿的图像表现复杂多样，难以精准提取。因此，基于视觉的高精地图路沿信息提取多采用立体相机，通过高度差信息提取路沿点。

对于高精地图路沿信息的提取，无论是激光雷达或立体相机的方法，都面临着受障碍物遮挡、道路破损等因素影响的问题，导致提取结果的稳定性较弱、准确度较低。虽然两种传感器都面临一些挑战，但 3D 激光雷达相对不易受到光照变化的影响，表现出更高的鲁棒性。然而在实际应用中，通常使用多传感器融合的方式，以进一步提高路沿信息的提取准确性与鲁棒性。

5. 道路标线提取

道路标线包括车道线、方向箭头、人行横道、停止线等，可辅助智能驾驶车辆进行定位与规划，是高精地图的重要组成部分之一。道路标线的施工需遵循相应的国家标准，标线的形状、材质、尺寸均需满足统一要求，因此，道路标线的提取方法多是基于亮度差与几何外观信息。传统基于视觉的道路标线提取方法多使用几何特征与亮度特征进行识别与分割，Sobel 与 Canny 算子常被用于道路标线的提取。随着大规模标注样本的增多，基于深度学习的方法发展迅速，并逐步取代传统视觉方法。基于深度学习的道路标线提取以语义分割为主，基于分割的方法将标线的检测转化为像素分类的问题，将每一像素分为前景与背景。

基于激光点云的地面标线提取同样可分为传统方法与深度学习方法，传统方法一般包括地面分割、标线提取与聚类几个步骤。地面分割通常采用布料模拟算法（CSF）、阈值法等获取地面点云并去除地面上不需要的物体，然后使用反距离加权差值算法将点云数据转换为栅格图像，利用标线与地面的强度差异信息，通过自适应二值化阈值、差分直方图、OTSU 等算法提取标线信息。受到地面磨损、噪声等因素的影响，所提取地面标线可能存在不完整的问题，通常需要使用中值滤波、SOR 滤波、高斯混合模型等算法去除噪声点，获取完整标线信息。基于深度学习的道路标线提取是当前的研究热点，Mi 等使用了自上而下的两步深度学习算法提取道路标线。黄刚等使用 DeepLab V3＋模型自动提取标志，并结合聚类分割与矢量化方法将提取结果进行矢量化。道路标志的提取是高精地图构建中的重要环节，也是关键技术挑战之一，道路上标志种类较多，增加了提取算法的复杂性，而交通场景的多样性与环境的变化增加了提取难度。但基于深度学习的方法在高精地图道路标线的提取过程中已取得一定成果，可在一定程度上提高道路标志提取的准确性与实时性。

6. 杆状物提取

高精地图中的杆状物包括交通信号灯、交通标牌、路灯杆等，其位置相对固定，可辅助智能汽车实现高精度定位。杆状物的提取以激光点云为主，图像数据主要用于提取杆状物的语义信息。传统基于激光点云的杆状物提取大致可分为基于形状、基于特征、基于机器学习的方法等。基于形状的方法根据杆状地物为圆柱状的特点，使用最小二乘或 RANSAC 方法拟合构建圆柱模型；基于特征的方法从点云中提取几何、亮度或密度特征，使用计算机视觉算法或聚类算法提取杆状地物；基于机器学习的方法通常使用高斯混合模型、支持向量机以及卷积神经网络等提取杆状地图信息。杨必胜等提出了面向智能化车的城市地物提取方法，首先使用顾及多重约束的移动测量点云位置精度改善方法提升原始点云精度，并使用路标、杆状物等信息进行自动化匹配，实现点云与全景影像的高精度融合，实现地物要素的高精度提取。

总体而言，道路标线、路沿以及杆状物等要素的种类繁多、形状不一，在不同交通场景中存在多样性。此外，路面交通的复杂性，使得各类要素在提取过程中都面临着各自的挑战，包括光照变化、障碍物遮挡、污损等。一方面，已有提取方法难以满足高精地图提出的高精度以及高完整性要求，容易出现误提取、漏提取的情况。另一方面，要素提取的自动化、智能化程度仍有待提高，尤其是在大规模地图数据中实现高效、准确的要素提取仍是一个具有挑战性的任务。

7. 众源更新

高精地图的维护与更新是当前的重点与难点，集中式的专业测绘难以实现对道路的全时空实时覆盖。有学者提出基于机器人、智能驾驶车辆、无人机等多类型智能体的高精地图协同构建方法，但仍难以降低高精地图采集成本。众源制图是基于低成本量产器件提出的新型测绘手段，可通过大规模要素自动提取实现自动测图，以较低的成本完成地图更新。高精地图众源更新所涉及的关键技术包括数据清洗、要素提取、要素匹配、边缘计算等。有学者研究了众源数据采集过程中的车辆选择问题，提出了一种地图采集优化算法，以达到降低数据采集成本、提高数据质量的目的。有学者提出了基于众源数据的高精地图要素提取方法，通过深度学习与视觉 SLAM 算法获取车道标线，实现地图更新。还有学者则提出了高精地图的变化检测与地图更新触发算法。

众源更新是业内公认的高精地图未来形态，但一方面现有众源平台连续定位精度不一致以及设备集成度低等问题，导致数据存在粗质的问题，精度难以达到高精地图的要求；另一方面，众源数据在采集、传输、共享与使用的过程中安全隐患较多，容易存在地理信息数据的安全问题。因此众源数据的精度改正，以及数据的脱敏、脱密是当前的研究重点之一，应提高众源数据的高精度时空表达能力，也应保障众源制图的全流程安全可控。

7.4.4 高精地图安全处理与审查

在确保国家地理信息安全的前提下，促进高精地图的发展与创新是一个重要的课题。根据《加强自动驾驶地图生产测试与应用管理的通知》以及《关于导航电子地图管理有关规定的通知》，我国高精地图需参照导航电子地图法规进行管理，其要素空间位置需进行保密处理，造成一定精度损失。为了解决高精地图保密处理带来的形变与精度损失，新地理信息保密处理技术的研究迫在眉睫，对于促进高精地图的落地与发展具有重要意义。

对于高精地图的审查，我国已发布了高级辅助驾驶电子地图审查要求征求意见稿，该要求规定了 0～3 级智能汽车驾驶自动化系统公开使用的高级辅助驾驶电子地图总体要求，以及形式审查、内容审查和审查以及判定要求，将有助于提高地图质量，并确保地图数据的安全性。但现有审图方式仍以人工为主，需要大量的时间与人力资源，难以应对高精地图的庞大数据量。针对高精地图的审核，应发展以知识为引导、算法为基础的混合智能审核方法：一方面，可利用自动化技术对大量数据进行快速处理与审核，提高审图效率；另一方面，可节约大量的人力资源与时间成本，有助于推动高精地图的普及与应用。刘万增等借鉴智能化测绘的思路，对审图专家经验知识进行挖掘、提取、描述与表达，并与地图审核的深度学习算法级联耦合，构建了地图智能化审核技术框架。但现有针对智能审图的研究较少，所涉及的审图知识图谱构建、机器学习算法以及在线群智计算等关键技术仍有待突破。

7.4.5 高精地图的应用

目前对于高精地图的应用多集中于智能汽车的定位、规划与感知模块。基于高精地图的定位方法首先使用相机或激光雷达等传感器进行环境感知，识别车道标线、道路标识、杆状物等具有定位属性的特征，然后通过特征匹配算法，如最近点迭代法，与高精地图进行匹配，实现车辆的高精度定位，克服 GNSS 在多路径效应影响下的定位不稳定问题。

对于智能汽车的运动规划模块，高精地图提供了道路边界信息、连接关系、交通规则等先验知识，可生成符合真实交通场景的路径。传统车辆运动规划算法通常结合车辆运动学原理与高精地图，生成路径集合，并通过路径选择算法获取最优路径。有学者提出了一种 HDM-RRT 算法，该方法基于高精地图的车道与道路边界信息构建碰撞风险地图，为后续的规划算法提供先验信息与启发式指导，如图 7-26 所示。目前基于高精地图的运动规划已在实际场景中得到应用。针对"最后一公里"配送问题，有学者提出了特定的高精地图表示方法，并在路径规划层中基于路线与高精地图生成平滑的运动可行参考线，该方法的在京东自动配送机器人中得到验证。

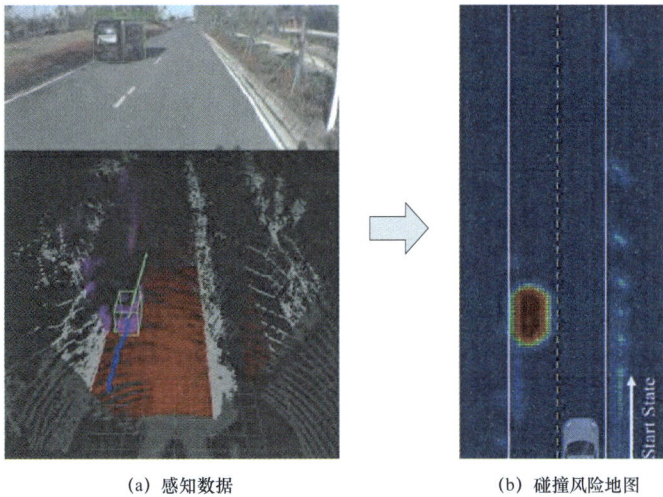

(a) 感知数据　　　　　　　　(b) 碰撞风险地图

图 7-26　基于高精地图的碰撞风险地图生成

目前基于高精地图增强的环境感知也逐渐受到关注，但已有方法多将高精地图作为鸟瞰图（bird's-eye-view，BEV）分割任务的真值，未将高精地图丰富的要素信息充分利用起来。Yang 等设计了一个单阶段检测器，可以从高精地图中提取几何、语义特征，在 BEV 视角下，融合点云数据进行三维目标检测，证明了高精地图可以为环境感知提供强大的先验信息，提高智能驾驶环境感知器的性能。Fang 等提出了一个 MapFusion 算法，可实现高精地图的特征提取，然后与激光点云 BEV 特征融合，实现三维目标检测。但以上方法中，高精地图与感知数据的融合过程较为简单，仅将地图信息作为一种额外的输入，高精地图的作用未能得到充分的探索。为此，Huang 等提出了一种 MENet 算法，如图 7-27 所示，利用注意力机制融合地图和激光点云数据的 BEV 特征，并使用高精地图中的先验信息辅助目标检测器的数据增强，与以上算法相比，MENet 的注意力机制可更好地融合多模态特征。

基于高精地图增强的定位、运动规划与环境感知可帮助智能汽车更为准确地理解并感知道路环境、障碍物及交通规则，提高智能汽车对周围环境的理解与认知，实现安全、高效的智能驾驶。此外，高精地图具有精确、丰富的地理信息，可帮助交通运输部门优化交通设计，提高运输效率，促进城市建设与发展，可辅助物流配送平台优化路线选择，减少运输时间与成本。高精地图在智能交通、城市规划、物流配送、数字孪生系统等领域都有重要的应用价值，其潜力仍有待充分挖掘，需不断地研究与探索，以扩展高精地图的应用场景。

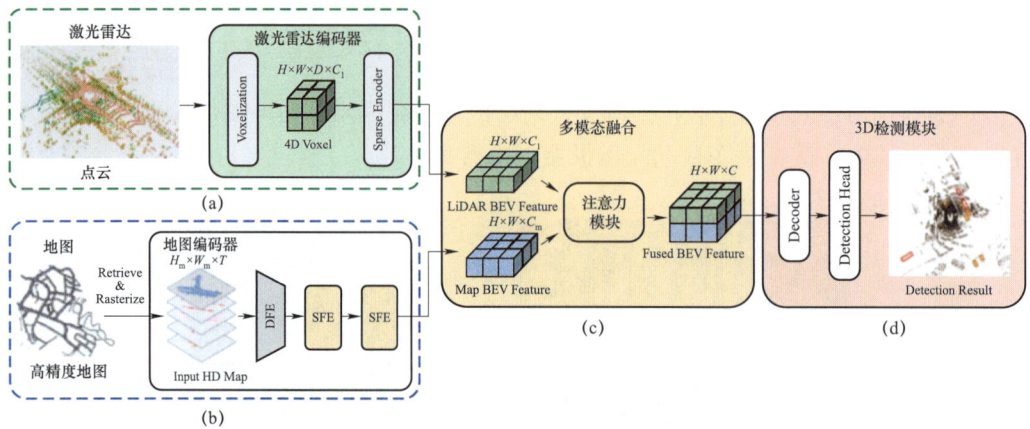

图 7-27 MENet 网络结构图

参 考 文 献

[1] 陈玉敏，龚健雅，史文中.多级道路网的最优路径算法研究［J］.武汉大学学报（信息科学版），2006，31（1）：70-73.

[2] 傅梦颖，张恒才，王培晓，等.基于移动对象轨迹的室内导航网络构建方法［J］.地球信息科学学报，2019，21（5）：631-640.

[3] Chabini I.Discrete dynamic shortest path problems in transportation applications：Complexity and algorithms with optimal run time［J］.Transportation Research Record, 1998, 1645:170-175.

[4] Chabini I，Lan S.Adaptations of the A* algorithm for the computation of fastest paths in deterministic discrete-time dynamic networks［J］.IEEE Transactions on Intelligent Transportation Systems, 2002,3(1): 60-74.

[5] Cooke K L, Halsey E.The shortest route through a network with time-dependent internodal transit times［J］.Journal of Mathematical Analysis and Applications, 1966, 14(3): 493-498.

[6] Fohl P, Curtin K M, Goodchild M F, Church R L.A non-planar, lane-based navigable data model for ITS［C］//Proceedings 7th International Symposium on Spatial Data Handling, London: Taylor & Francis, 1996: 423-435.

[7] Fu L, Sun D, Rilett L R.Heuristic shortest path algorithms for transportation applications：State of the art［J］.Computers & Operations Research, 2006, 33(11): 3324-3343.

[8] Kaufman D E, Smith R L.Fastest paths in time-dependent networks for intelligent vehicle-highway systems application［J］.IVHS Journal, 1993, 1(1): 1-11.

[9] Malaikrisanachalee S, Adams T M.Lane-based network for transportation network flow analysis and inventory management［J］.Transportation Research Record, 2005, 1935:101-110.

[10] Orda A，Rom R.Shortest-Path and Minimum-Delay Algorithms in Networks with Time-Dependent Edge-Length［J］.Journal of the Association for Computing Machinery, 1990, 37(3): 607-625.

[11] Volz S.Shortest Path Search in Multi-Representation Street Databases［M］//Gartner G，Cartwright W，

Peterson M P.Location Based Services and TeleCartography, Berlin/Heidelberg: Springer-Verlag, 2007: 165－178.

[12] Wang D, Zhang J B, Cao W, et al.When will You arrive? estimating travel time based on deep neural networks [J]. Proceedings of the AAAI Conference on Artificial Intelligence, 2018, 32(1). DOI: 10.1609/aaai.v32i1.11877.

[13] Jenelius E, Koutsopoulos H N.Travel time estimation for urban road networks using low frequency probe vehicle data [J]. Transportation Research Part B: Methodological, 2013, 53:64－81.

[14] Cheng D, Yue G, Pei T, et al.Clustering indoor positioning data using E-DBSCAN [J]. ISPRS International Journal of Geo-Information, 2021, 10(10): 669.

[15] Wang P, Wang H, Zhang H, et al. A hybrid Markov and LSTM model for indoor location prediction [J]. IEEE Access, 2019, 7:185928－185940.

第8章 智慧出行服务

8.1 出行即服务

8.1.1 出行即服务的概念

1. 简介

2014 年，在芬兰赫尔辛基举办的欧盟 ITS 大会上，时任芬兰智能交通协会主席的桑波·希塔宁先生首次提出了出行即服务（Mobility as a Service，MaaS）这一概念。希塔宁先生发表在《欧洲运输》杂志上的文章《出行即服务——新型交通方式？》指出："MaaS 是通过一个服务提供商的界面来实现用户交通需求的出行配送模式，整合不同交通方式为客户提供量身定制的出行套餐。旅行者可以预付捆绑在 MaaS 计划中的移动性服务的费用，或者使用链接到该服务的智能应用程序按时付费。"

自此，工程领域和学术领域对 MaaS 展开了丰富多彩的探索与实践。MaaS 的概念也愈加丰满：MaaS 将各种形式的交通运输服务集成到个体移动服务平台，精准应对用户出行需求，为其提供完整流畅、无缝衔接、一键结算、快捷可靠、偏好响应的出行服务。为了满足客户的要求，MaaS 运营商提供多种交通服务选项，包括公共交通、汽车、自行车、出租车、汽车租赁、共享交通服务及其组合形式。对于用户，MaaS 提供唯一应用平台，用户可在该应用平台上进行出行规划、订单支付、订阅服务等操作，以解决个人出行的不便并提高整个移动服务系统的效率。MaaS 以其方便、可持续、有助于减少交通拥堵、有助于降低交通成本等优势，成为交通运输领域最热门的发展方向。

MaaS 最终的目标是将交通出行从"工具占有"转变为一种服务，即人们不再购买交通工具（小汽车、自行车等），而是通过购买 MaaS 平台的服务来满足其个性化的出行需求。因而，MaaS 是一种有效的交通资源配给优化方式，是交通供需关系的有机协调，是经济、社会、环境效益极大化的新模式。

2. 基本特征

MaaS 供应商基于用户的出行需求，共享数据并整合各种不同的出行服务来帮助交通运营者改善他们的服务，其基本特征如下：

（1）OD 服务响应。MaaS 需要把各种模式进行高度的整合，OD 服务响应是起终点的服务响应而不是交通工具的分段响应，是跨越多种交通系统和多个地域空间，实现了支付体系的一体化。

（2）集约共享。MaaS 注重交通服务的提供而不是车辆的拥有；另外作为乘客，不只是交通服务的享受者，同时也是交通数据的提供者与分享者，然后通过数据来改变和优化整个出行服务，让人均占有时空资源更低。集约共享还在于其人本化的特征，它主要的目标是为了更好地提供出行服务、无缝衔接、安全便捷和舒适的出行。

（3）清洁能源。可看作低碳化的清洁能源，能够节能减排，提高绿色出行比例，减少私人小汽车出行。

（4）数据驱动与智能运行。数据驱动与智能运行则作为 MaaS 服务化运营属性的基本立足点。

3. 涉及部门

通常情况，MaaS 有四个主要利益相关方：出行者（用户）、交通运营者、数据供应商、MaaS 供应商。欧洲 MaaS 联盟的主要成员包括：交通的服务提供商和公共交通运行者、MaaS 运营者和集成商、IT 系统提供商、用户、城市（地方、区域或国家）政府。未来在中国 MaaS 的构建可能会需要以下多个部门的通力合作。

（1）OD 服务管理平台。运行大数据系统与支付平台是 MaaS 系统 OD 服务管理平台的基础。整个出行链需要在出行需求和系统运行大数据系统的基础上运行。需要激活的大数据主要包括道路、车站、运行线路图、停车场等静态数据，各交通子系统运行的实时数据，乘客的 OD 出行预定和需求偏好数据，乘客的支付数据、各交通承运商的清分数据、政府补贴和优惠券等支付数据以及根据既有信息对未来的预测数据。

一般情况下，一个基于 MaaS 平台的出行大概有如下五步。

1）注册：应当一次完成。

2）行程规划：提供一个服务列表，能够基于选择规则（如价格、时间、便利性等）整合优化利用多种交通方式。

3）预订：用户下订单，MaaS 运营者为用户提供行程单，MaaS 运营者通知服务提供商以便预订所需的服务。

4）支付：现付现结或者包月等。

5）出行：MaaS 应确保出行过程中的无缝换乘，并提供可能的延误等实时信息。

（2）客流运输部门（含个人和企业）。MaaS 的发展依赖于数据的开放和可获得性、开放的 API 以及更为灵活的交通和运输规制。MaaS 的基本原则和发展动力在于其是一个用户为中心的、客户导向及市场导向的计划，MaaS 将给私人出行和商业用户都带来最优的价值，帮助出行者满足个性化的出行需求以及解决个人旅途中的不适之处，同时提高整个交通系统的效率。

（3）MaaS 换乘结点运营部门。MaaS 换乘结点运营部门将会整合公共交通、各类共享、合乘、出租、车辆租赁等各种交通服务方式，为其用户提供最有价值的服务，提供更方便的、可持续的甚至更便宜的出行方式来替代私人小汽车出行。

8.1.2　MaaS 发展背景和理论研究

在现有的交通运输体系之下，交通资源的分配和使用是不均衡、不合理的。私家车的占用率越来越高，而私家车的运输效率低、闲置时间长；公共交通运输收入往往难以抵偿其成本，供需关系难以协调；短距离交通出行，尤其是出行"最后一公里"，往往采用了不合理的出行方式（如驾车短距离出行）；小区停车位私有化导致了停车资源周转率低下，这些问题亟待从整体上进行有机化解，因而需要一个平台对交通资源进行全方位协调配置，实现低消耗、高效益、可持续的交通运输系统。MaaS 的诞生，既受到交通运输领域所面临的发展瓶颈问题的驱使，亦是数据和移动互联时代给交通模式带来的更迭。

1. 地面常规公交正面临的困境

城市机动化交通的持续快速增长引发了大城市交通拥堵常态化并向中小城市蔓延，大量机动车尾气排放导致了城市生态环境严重污染。然而，城市地面常规公交发展面临着自身脆弱性与外部侵扰的双重困境，城市发展亟须引入新理念、新技术重构交通出行模式，MaaS 系统应运而生。

（1）常规公交自身发展缺乏竞争力。城市常规公交受到多方挤压而出现客流持续降低、发展乏力等现象。无序的自由竞争只会使低效的私人交通出行占用更多的交通资源，单位时间内公共交通可利用单位道路面积完成较大的客运周转量，其效率远高于私人小汽车交通，这是世界各国优先发展公共交通的理论依据。公共交通在私密性、舒适度方面与私人小汽车交通存在巨大差距，常规公交系统扁平化的出行服务与乘客要求出行的高效性形成了矛盾，构成了进一步优化发展公共交通的充分。

（2）公交发展所面临的问题。一是无法提供门到门的出行服务，这是相对小汽车最大的痛点；二是单车的客流服务效率下降问题（拥堵，无专用路权）；三是公交准点率问题；四是公交专用道问题；五是公交场站的问题；六是公交票制问题；七是服务品质不高的问题。

（3）公交服务水平评价标准不合理。虽然优先发展城市公共交通早已在我国城市与交通规划行业形成共识，但在实际工作中，许多城市都试图通过增加公交系统基础设施的投入来改善公交服务水平，这是因为我国公交发展的评价体系多以基础设施和运营管理相关数据作为量化标准。交通运输部出台的《公交都市考核指标体系》中就明确提出了 20 个考核指标、10 个参考指标和 3 个特色指标，而其中针对用户服务的只有包括可靠性、运营速度、拥挤度和满意度在内的 4 项指标。指标体系总体上以基础设施建设为重点，呈现为从规划实施、运营管理、再到用户服务的"倒金字塔"形结构。该指标体系下的公共交通规划与发展最终以建设公交相关基础设施为导向，如增加公交运营车辆和线路、加大新能源车使用比例、增加公交专用道等，但公交吸引力的提升效果却不比预期。通过公交分担率来评价公交服务水平，仅能判断实际选择公共交通出行的比例，但是对于影响居民出行选择的关键因素，如可靠性、舒适性、可达性、经济性等缺乏明确判定标准，而这才是乘客所关心的公交服务水平的核心。因此，我国城市公交服务水平的评价标准尚有待大力改进。

（4）公交服务无法完全满足现阶段的出行需求。目前，常规公交对老人、儿童以及三口之家的一般需求与特定需求的人性化考虑不足，说明我国公共交通服务对于居民出行全过程的关注远远不够。公共交通在简单出行链中相对占有比较大比例，而在复杂出行链中比例较低。居民出行的选择往往易受到各种交通信息的影响，比如出行路径、拥堵程度、出行时间、出行费用、换乘信息等。以上海为例，地铁和公交的平均换乘时间为约为 11min，这也说明城市公交的连接性较差，公交优先仅考虑提高车辆行驶过程中的速度，缩短在车旅行时间，而对于乘客所关心的全过程出行时间则考虑不足。

2. 新技术对城市交通的影响

数据与移动互联时代，新兴技术为 MaaS 的发展提供了前所未有的契机。智能手机的普遍应用、自动驾驶技术的进步、共享经济的诞生、大数据科学的应用、区块链技术的兴起、人工智能的发展，都为 MaaS 提供了发展基础。智能手机作为服务平台进行信息交互；自动驾驶技术成熟后，个体用户对于拥有车辆的需求便会下降，因为未来的车辆力求实现"随用随有"；基于实时的数据分析技术与平台，分析交通运输多层路网的运行情况，合理分配用户需求；共享经济是指以获得一定报酬为主要目的，基于陌生人且存在物品使用权暂时转移的一种新的经济模式，整合闲置交通资源，促进交通运输走向服务购买与共享模式；区块链技术提供了低成本的信用保障机制；人工智能技术则促进人工成本的降低，提升用户个性化的需求响应。

（1）交通信息影响出行选择。目前，出行者能够通过移动客户端 App 可以比较方便地得到机动车道路拥堵情况、路径规划、出行时间等信息，从信息的完整程度上来讲是比较高的。而针对公共交通，出行者虽然能得到在车旅行时间、换乘次数、出行费用等，但由于现在的公共交通不仅是公共汽车，而是大公共交通的概念，含共享单车、共享汽车、班车客运、包车客运、辅助公交、出租车等大公交体系产品，这方面资源没有打通，出行者无法得知使用某种公交出行方式（包括换乘）所需的"门到门"全过程出行时间，这导致了出行者对于出行信息的依赖。另外，由于目前第三方地图软件和官方公交运营商还无法给出旅行全程出行时间，所以这种交通信息的缺乏，一定程度上减少了公共交通使用者对于公交服务的满意程度，影响了公交服务质量，降低了吸引力。

伴随智能交通系统发展出现的多源交通出行信息正在越来越多地影响和改变人们的出行方式和出行选择。因此，公共交通的发展需要结合这些交通出行信息，通过给出行者提供完整、可靠的出行全过程信息服务，来增强公共交通的吸引力。

（2）共享经济下交通资源需要整合。共享经济的蓬勃发展，也对各行各业产生了巨大影响。从本质上来看，共享经济是以移动互联网、第三方支付、大数据和云计算技术发展为前提的新型经济模式，一方面通过共享平台整合调配了社会闲散资源，另一方面也为社会某种群体性需求提供可共享的服务，从而降低交易成本，提高资源的使用效率。因此，共享经济是介于私人经济和公共经济之间的特殊经济，兼顾效率和公平，从而使使用者以相对较低的成本获得更好的物质和服务的同时，也使更多人拥有享有这种服务的机会。

目前已有多个出行服务平台开始将多模式交通系统纳入自己的平台之下，以滴滴出行为例，在其平台上已能够选择包括出租车、快车、专车、顺风车、公交、共享单车等在内的超过十种不同的出行方式，其针对不同的客户人群和出行目的能够提供相应的服务。另外，包括携程旅行网、去哪儿网在内的多个出行服务平台提供了用户预订火车票、机票、酒店并购买接送机服务的功能，而百度地图在导航功能以外也提供了充电桩地图和共享单车的使用功能，这也可以看作是我国 MaaS 系统发展的雏形，但是这些平台的出行交通方式之间的支付方式是独立的，而且软件 App 也不能为用户提供出行方式设计和路径优化。

（3）新能源汽车和无人驾驶技术催生新的出行模式。机动化水平高速增长给城市带来了一系列问题，包括交通拥堵、环境污染等，我国各大城市近些年陆续开始使用调控手段对新注册的私家车数量进行严格控制，而新能源汽车由于排放污染小，国家陆续出台了包括财政补贴在内的一系列政策，鼓励新能源汽车的发展。同时，随着电动车充电技术的进步以及充电设施的广泛布局，电动汽车行业正处于一个快速增长期。未来以电动汽车为主打的汽车分时租赁，也将成为共享经济下一种快速增长的出行新模式。分时租赁汽车将以小型化、电动化为主要特点，吸引使用小汽车出行时间比较灵活的用户群体，因此，分时租赁电动汽车可以作为一种定制化的交通工具，满足部分人群的特殊出行需求。

除此之外，无人驾驶技术在国内外也越来越受到关注，例如北京市 2017 年印发了《北京市关于加快推进自动驾驶车辆道路测试有关工作的指导意见》和《北京市自动驾驶车辆道路测试管理实施细则》两个指导文件，这也是我国首次为自动驾驶技术的发展提出相关规范。可以预见，在未来几年，无人驾驶汽车将逐渐量产化并投向市场。无人驾驶技术的广泛推广，将提高目前道路的通行能力和交通系统的效率。同时，无人驾驶汽车也可作为城市公共交通的补充，对于城市外围或者乡镇地区可根据具体需求进行响应，在城市内部也可提供个人快速交通服务，主要服务机场、火车站等大型交通枢纽与目的地的联结，满足长途旅客的特殊需求，从而整体上提高公交的运行效率。

8.1.3　基于 MaaS 的新型城市公共交通系统构建

1. 基于 MaaS 理念的公交系统运行过程

出行即服务（MaaS）理念的新型公交系统运行，不仅是从站点到站点（上海站—北京站，上海机场—首都机场），更是从具体的出发地到具体的目的地（比如同济大学—清华大学、五角场—五道口等），这就需要在多种线路选项中择出最优的（精准严密）交通出行组合链，同时一次性支付即可。一般出行服务会出现复杂不定且费时费力的状况，在出行之前需先进行查询、比选、预定、等待、支付等一系列琐碎的过程，而出行者希望更可靠、更便捷、更经济、更绿色的出行服务。这就要求未来的交通出行模式，可以设计一种全链条的共享交通出行服务，重点在于交通工具的无缝衔接，根据个人需求（时间、地点、偏好）来规划最优出行路径，实现点对点、门到门的具体交通服务，并且可以一次性支付出行链的完整费用。步行—共享单车—地铁（上海站）—京沪高铁（抵达北京站）—地铁—共享单车—步行，步行—共享单车—地铁（上海虹桥或浦东机场）—飞机（抵达首都国际机场或未来的首都新机场），这将会是未来基于 MaaS 理念的新型公交系统中最为常规的绿色交通出行链。由于 MaaS 提供交通出行门到门的全过程无缝衔接解决方案，所以基于 MaaS 理念的新型公交系统不再是多个独立系统的简单拼合，而是全过程出行链服务的提供。

2. 公共交通将被重新定义

近年来，随着交通技术的进步和出行需求的变化，以德国、芬兰等为代表的一些欧洲国家开始转变交通服务理念，提出将个人拥有交通工具转而鼓励用户将出行作为服务进行消费。在这种趋势下，私家车将不再是家庭出行的必需品，从而在减缓机动车保有量快速增长势头的同时，提供给用户高质量的交通服务。在此背景下形成的"出行即服务"这一交通理念代表了交通服务以改善出行者体验为目标，如减少门到门出行时间、增加换乘连接可靠性等，从而提高服务的可达性、多样性，并提升服务的质量。

MaaS 系统将交通工具、基础设施、交通信息数据由共同的出行平台运营商整合在一起，用户在一个平台、一次支付就可以使用从起始点到目的地门到门的全过程出行服务，而无须关注出行过程中的细节。

3. 公共交通系统必须打破孤立的状态

基于 MaaS 的公共交通概念将发生变化，即为一种非私有化的交通出行方式。公共交通范围相应也产生变化：对外客运＋城乡公交＋城市公交＋共享交通。

基于 MaaS 的公共交通系统，将不再针对某种特定的公共交通工具，其概念将演变成包括所有非私有化交通出行方式在内的交通集合，所涵盖的公共交通工具包括已经普遍使用的传统交通方式，如飞机、火车、轨道交通、公交车、出租车、自行车等，还包括伴随共享经济出现并且使用率越来越高的共享单车、分时租赁、顺风车等，以及未来将投向市场的 PRT（Personal Rapid Transit）系统、无人驾驶系统等。同时，基于 MaaS 的公交系统不仅满足多数人的需求，还对特殊人群进行考虑，为其提供具有特殊功能的交通工具，如接送孩子上下学的校车、方便残障人士轮椅上下的公交车、拥有放置婴儿车空间的公交车等，从而使公交服务对整个社会都具有一定的吸引力。

除了提供交通工具的使用可能之外，交通服务之间需要形成一套联动的系统，方便用户在出行前和出行过程中获取所需的服务信息，并在 MaaS 服务框架之内使用该服务。出行前，MaaS 系统会根据出行偏好和需要提供面向个体的定制服务，而出行过程中，MaaS 系统也会根据实时信息或用户需求，随时调整规划路径和出行方式，供用户选择。为了便于各交通系统进行协作，需要对各系统下的运营数据进行共享，包括静态数据、动态数据、历史数据、预测数据、用户偏好数据以及支付数据。除了实现既有交通系统和服务的共享之外，MaaS 系统需要为未来可能出现的交通系统和服务提供接入可能。对第三方数据运营商提供开放的 API，最终使更多的交通信息和分析数据能够服务于 MaaS 系统，优化交通资源的配置，使交通服务有针对性地满足变化的出行需求。

4. 公共交通系统多层级的合作

由于 MaaS 下的公交系统不再是孤立的存在，公交体系的构成模式将发生根本性的变化。目前的公交系统都是由各公交承运商拥有交通工具、规划线路和运营方式、制定票价系统等，最终，乘客直接购买和使用公交承运商提供的公交服务，比如购买单程票的乘客需要分别从公交公司和地铁公司购买不同的车票，以完成两者之间的换乘。这种公交构成模式从根本上导致各公交系统之间形成明显界限，公交服务质量不统一，乘客资源难以进行调配。因此，基于 MaaS 的公共交通系统需要在交通运输服务与终端用户之间产生新的层级，即出行平台运营商。出行平台运营商从不同交通运输服务供应商购买其所提供的交通服务，并将该服务整合之后，定制化地提供给终端用户，形成终端用户仅面对出行平台运营商，而不直接从各类运输服务供应商进行选择的模式，简化用户的出行过程。

交通运输服务供应商也不再直接拥有包括车辆、场站和轨道等基础设施到交通信息在内的所有交通服务，这些服务也由不同的运营商提供，如车辆运营商、场站运营商、出行数据运营商等。这些运营商将各自提供的服务出售给交通运输供应商，不同交通系统的供应商，如公交、地铁、有轨电车、出租车等，负责各自系统的运营管理，然后将运输服务再出售给出行平台运营商。

在基于 MaaS 的公交系统中，各交通方式之间需形成良好的衔接，场站体系将发生改变，由现有的"点—线"模式发展为"点—站—区"的三级模式，包括共享单车存取点、公交车停靠站、共享出行服务区，使公交系统可达性更强、使用便捷性更高、出行方式选择性更广。其中，共享出行服务区能够提供多种方式的出行服务，具有交通工具的存取功能，提供无障碍设施和引导系统，为共享电动汽车和电踏车提供充电设施等。

由于用户的出行特征和出行需求统一由出行平台运营商负责分析并进行调度，因此，出行平台运营商可将用户特殊的出行需求，例如通勤、孩子接送、老年人出行、残障人士出行等需求信息，进行统一收集，配置满足相应需求的交通工具并规划相应线路，由交通运输供应商根据规划结果安排车辆和服务，以完成特殊人群出行需求的 OD 响应，使得公交线更加灵活，实现动态可定制化。对于固定公交线路和站点难以覆盖的远郊区域，可利用共享出行，如打车平台、顺风车等，将其运送至公交可达站点，在减少出行成本的同时，实现公共交通的全覆盖。

8.1.4 MaaS 系统典型服务场景设计

MaaS 系统在基础的出行服务基础之上，重点推出 5 个模块服务，适应于 5 种特殊的交通出行需求，包括："枢纽——目的地"出行预约、通勤出行、景区交通、跨区或城际拼车以及有条件下一些出行的痛点和难点。

1. "枢纽——目的地"出行预约

该场景下的 MaaS 应用主要面向具有"枢纽——目的地"出行需求的用户，尤其是那些初到某地、不了解当地交通特点的用户。具体而言，用户乘坐飞机、火车、渡轮到达某地大型交通枢纽后，通常会感到陌生和无助，帮助用户快速开展接驳交通出行，以最优的策略到达目的地（住宿的酒店、到访的单位、参观的景点、家庭等）便是 MaaS 这一服务的要义。MaaS"枢纽——目的地"出行预约具有动态接驳、全程引导的服务特色和功能优势，能够让用户乘坐长途交通方式到达枢纽后安心地实现城内交通的接驳，让用户不再担心长途交通延误、晚点等不可控因素带来的影响，帮助用户快速流畅地使用该城市城内交通服务。

"枢纽——目的地"服务模块的使用分为四个主要步骤：

（1）出行预约。用户打开"枢纽出行模块"，输入所乘坐的航班编号/列车车次及日期、同行人数、目的地（酒店、住宅、单位、公司等）。这时，MaaS 系统便了解了用户的出行需求，同时根据用户上传的航班信息/列车信息，动态监控航班、列车的运营情况，为用户提供动态跟踪的服务。例如，倘若飞机航班延误、列车晚点等偶然事件发生，用户不必为预约的目标城市域内交通做任何调整，系统会根据实际的航班/列车运营情况对订单进行动态调整，让用户到达后依然享受即时的交通服务。另外，用户可以在出行预约时选择舒适偏好、价格偏好、时间偏好、换乘偏好、出行目的，以优化 MaaS 的出行方案推荐。而这一操作不是必须的，即用户可以选择也可以不做选择。MaaS 系统为用户推荐出行方案的时候，会综合考虑用户历史订单所表现出来的行为偏好与当前录入的出行偏好，为用户提供量身定制的出行方案推荐列表。

（2）方案生成。MaaS 为用户推荐的每个出行方案都集中调度了系统所掌握的交通资源，即"三级"工具、线路、场站、模式体系所涵盖的交通资源，为各类用户、各种情况提供完美的解决方案。用户在系统推荐的出行方案列表里选择好一套出行方案，订单生成，系统会向用户展示完整出行计划，包括接驳点位、交通方式、预期时间、线路示意图等。用户可以随时查阅和修改出行方案。

（3）出行阶段。在出行阶段，系统根据订单中航班编号/列车车次的实际到站情况动态调整 MaaS 服务，例如调整接驳大巴车班次、改变线路、调整接驳人员等，以适应航班/列车延误带来的影响，保证用户到达该城市枢纽后依然享受毫无障碍的交通服务。用户手机定位到达该城市枢纽后，系统即向其推送 MaaS 服务启动提醒，告知其准备开始享受 MaaS 的接驳服务。在用户使用 MaaS 服务的行程中，系统会动态引导用户按照出行计划使用接驳点位、交通工具等，例如，沿着推荐轨迹从枢纽出口走向指定的 MaaS 等候区、指定候车点、指定交通工具等。动态引导一直到订单完成才结束服务。

（4）完成订单。系统根据用户实际使用 MaaS 服务的情况进行费用结算，避免由于特殊情况导致的预定与使用不符带来的纠纷。出行全程各个环节一次性结算支付，降低出行的复杂程度。用户结束行程后可在"行程环节缩略图"上对各个环节的服务进行评价，点击某个环节（例如，枢纽到接驳点的引导、大巴车服务、专车服务、单车服务等）即可对相应环节进行评价打分，以帮助系统完善服务功能。系统会在订单支付完成后，生成电子发票并发送给用户。如果用户需要纸质发票，同样可以在系统应用"发票"栏目进行纸质发票申请。

2. 通勤出行

通勤出行模块主要面向规律、长期、频繁的点对点出行，为用户提供可靠、舒适、适宜、优惠的出行方案和体验。其功能特色为出行链自助设计、服务套餐包月购买。即系统将点对点、多方式的出行视为一条出行链，购买通勤服务的用户可以自助设计该出行链，选取适合用户自身特点的交通服务方式，采取适宜的换乘、接驳手段，以自助式的设计方案为用户量身定制满意的出行链；而通勤服务的用户因为一次购买了多次该出行链服务，因而可以享受一定的价格优惠。而优惠的资金可以来源于需求固定给交通资源配置带来的成本缩减。

3. 景区交通

MaaS 景区交通服务模块则面向旅游用户，开展方便、快捷、无忧的景区交通出行方案。MaaS 系统将融合景区门票销售系统，向用户提供优惠的套票机制；用户选定景区后，便会形成"景区——住所"网络，进而为该小型网络制定出行链。这两点也是MaaS 系统景区交通服务的特点和重点。具体而言，MaaS 景区交通服务需要明确景区网络生成、出行链设计与购买、使用流程三个环节。

4. 跨区或城际拼车

MaaS 的"跨区或城际拼车模块"主要将同类需求进行集中，以最集约的资源供给模式满足这些城际出行需求。该模块的服务对象为同一时段、同等偏好、具有同样城际交通出行需求的用户。服务的特点则在于对所匹配用户进行接驳的最优路线设计，以及所使用的恰当的交通工具。

5. 小件物流

物流的需求，尤其是城内物流的需求日益扩大。开辟新的物流交通资源投入相对较高，而传统交通运输资源的运力依然有待深入挖掘。因此，可以考虑运用传统交通运输领域闲时运力，完成城内小件物流的需求。MaaS 系统恰可以通过交通资源与物流需求的整合，实现这一目标。MaaS 小件物流模块主要通过资源合理布置完成城内小件物流，以更低的价格，响应部分物流需求。

8.1.5　MaaS 系统的政策框架

政策框架体系首先探究具有约束作用的规则框架。规则框架能够保证 MaaS 系统实现其基本功能，保证各子系统之间实现基本的交互，保证系统目标的初步实现。本节通过法律框架、准入机制、服务质量的研究设计，提出关于 MaaS 系统规划的最为基本的要求。

1. 法律框架

由于 MaaS 是一个新生事物，故目前国内尚无针对 MaaS 的法律体系。未来面向MaaS 系统的法律框架，应尽量满足多层面、多层次、一般性规定与特殊性规定相结合的特征，对 MaaS 涉及的各相关利益主体进行合理有效约束，保证 MaaS 系统目标的一致性、可持续性。

多层面是指在 MaaS 推广实施的区域范围内，行政管理自上而下地设立综合交通运输服务法律法规、政策标准。多层面的法律框架有助于实现在合理范围内因地制宜地实施和开展 MaaS 系统，提供具有地方特色的交通出行服务。

多层次的法律框架则是指强制性规定与指导性意见相结合。对综合交通运输服务关键问题，设立强有力的法律保护，维护相关利益主体的权益，督促各方履行义务；在具体方案实施部分，初期可以施以"意见""建议"等，以促进 MaaS 系统发挥更优的性能。

一般性规定与特殊性规定相结合，是指针对宏观问题要具有一般性规定，针对具体问题则要有特殊性规定。一般性规定是相对稳定的，例如，关于 MaaS 系统网络与信息安全的规定；而特殊性规定则具有一定的灵活性，需要对 MaaS 系统运行过程中显现出的具体问题进行有效规定，同时需要随着 MaaS 系统的发展而不断更新调整，以适应并且控制具体的问题。

直接作用于 MaaS 的法律框架，在内容上需要包括但不限于 MaaS 使用协议、个人信息保护及隐私政策、各类交通服务协议、各类交通服务用户协议、MaaS 计价规则等。

MaaS 是一个复杂的系统工程，涉及的当事方包括政府公共部门、投资者、运营单位、交通运输服务供应商、用户、保险公司、第三方评价认证公司等。众多当事方通过签订一系列合同来确立和调整彼此之间的权利义务关系。这些合同构成了 MaaS 系统内部的基本法律框架。这一法律框架关系到合同的合法性、可操作性、合同之间的协调性，更关系到各方的权利义务。

2. 准入机制

准入机制是政府对市场主体进入市场活动设置的限制和制度，是指国家对市场主体资格的确立、审查和确认的一项法律，包括主体资格的实体性要求和程序性要求。

由于 MaaS 系统吸引、综合了不同种类的交通运输服务，每个种类的交通服务供应商也可能不止一个，因而需要设置合理的准入机制，以保证 MaaS 接入利于系统效益的交通服务，保证各交通服务供应商之间互为补充、协同合作，保证 MaaS 系统健康发展。需要满足准入机制的主体包括公交车企业、公交车司乘人员以及运营车辆、出租车企业、出租车驾驶员、服务出租车辆、共享单车企业、单车车辆、网约车企业、网约车驾驶员、网约车辆、城际汽车企业、汽车司乘人员、汽车车辆等。只有对这些内容设置相应的准入机制，才能明确 MaaS 系统内各个组成成分的定位，降低 MaaS 系统的冗余性，使得MaaS 内部既有合作又有竞争，为政府部门开展监管活动提供法律依据。

准入机制具体包括以下三个方面：

（1）经营模式。MaaS 各个组成部分的经营模式，与现有的传统的交通运输服务既有相似之处，又具有显著差异。MaaS 集成部门属于平台部门；其下整合的多个并列的交通运输供应商，在系统中扮演子平台公司的角色；交通运输服务一线人员（司乘人员、驾驶员等）与子平台公司签订劳动合同，通过"劳动收益——缴纳管理费"或"劳动——工资"的形式履行服务义务、享受收益权利。MaaS 的准入机制相对复杂烦琐，考虑的种类内容相对较多，经营模式也较为多样。

（2）数量控制方式。MaaS 系统为了保持内部性能最优的状态，实现"社会效益最大化"这一目标，需要对内部的各个组成部分进行配额管理。根据需求调整内部结构，依据发展目标优化交通服务供给的构成，在需求和供给之间逐渐寻优，有意识地导向绿色交通、低碳交通。通过数量限制，遏制某一组成部分的任意生长，保护 MaaS 生态的稳定和谐。

（3）交通工具管理。进入 MaaS 系统的各类交通运输服务的交通运输工具，实施统一风格的外观设计，以保证系统特色鲜明，吸引用户群体，方便用户在 MaaS 内的任意切换。现有的市场准入形式主要分为两类：一类相对自由，例如芬兰赫尔辛基的 Whim，通过 MaaS Global 公司发起参与者联盟，由企业主导；另一类则是通过公共部门（公交公司）主导，筛选参与的交通服务供应商，例如美国的达拉斯市。

3. 服务质量

MaaS 系统的整体服务质量，取决于各个组成部分的服务质量。通过交通运输服务供应商与 MaaS 集成部门之间签订的服务合同，规范各个交通运输服务供应商的服务质量。例如，公交站点 300m 覆盖率、公交网络连通度、公交线网密度、公交网络最大换乘距离、公交车准点率、公交车拥挤程度、共享单车破损率、出租车清洁程度、租用车辆性能完好度等。

此外，也考核各类交通运输工具的运营情况，如公交车日载客量、出租车空驶里程、单车日周转率等。可以设计适应各类交通方式的"服务水平"指标，依据服务水平这一指标进行综合评定。通过服务质量综合评价 MaaS 各个组成部分的运营情况，并以此为依据对其进行收入分配的调整、税收补贴的调整、市场份额的调整等。

MaaS 系统本身同样需要服务质量的评价。这一评价主要基于 MaaS 运营部门的服务数据开展。具体内容可以包括出行链流畅度、交通方式衔接方便程度、调度能力、用户意见反馈等。

所有服务质量数据将由 MaaS 数据中心统一处理并发布，收入的核算、政策性补贴及税收减免同样由数据中心负责完成。

8.2 共享出行

除了部分旅游出行之外，"出行"的目的不是为了出行而出行，只是一种派生需求。出行过程只是为了达到目的的一个必须过程，对于人的心理感受而言，出行的大多数情况是有负效用的，如何降低负效用？不同的个体对于出行有不同期盼，如准时、经济、灵活、舒适、便捷、隐私性、少换乘、耗时短、多样选择等。概括起来，可表述为效率、自由、公平。效率、自由较容易理解，关于交通领域的公平，可解释为：在有限的社会公共交通资源及其所产生的利益分配下，尽可能地为所有民众提供均等的、优质的出行服务，主要包括三方面的内涵：

（1）交通资源在不同社会群体间均衡分配：拥有私家车与否，均能享受几乎同样的出行便利性，且更加关注弱势群体的出行质量。

（2）交通资源在不同交通方式间均衡分配：各种建设资金、政策管理等资源，在公交（含地铁）、慢行、小汽车、出租车等各类交通方式中均衡分配或向绿色化、集约化交通方式倾斜，在土地、道路空间的路权分配上，注重以人为本，而非以车为本。

（3）交通发展的代际平衡：追求可持续发展，为子孙后代的发展预留能源与各类资源。

以上三点，不仅是个体出行的期盼，也是社会管理对交通系统期盼的重要部分。有秩序与可持续是社会交通管理的两大关切：有秩序是确保各类交通模式在交通系统运行中平稳有序；可持续是各个城市积极努力确保交通供给与社会经济和环境的协调，做到永续发展。

交通的个体期盼与社会期盼很难达到完全平衡，如一味追求自由与舒适的大量私家车出行，将对社会资源造成巨大消耗。在充分平衡地发展各种交通模式，最大化满足人民日益增长的美好出行需要时，需要追求个体需求与社会发展的适度平衡，系统分析各类交通方式的个人利益与社会价值的关系，得到平衡图如图 8-1 所示。

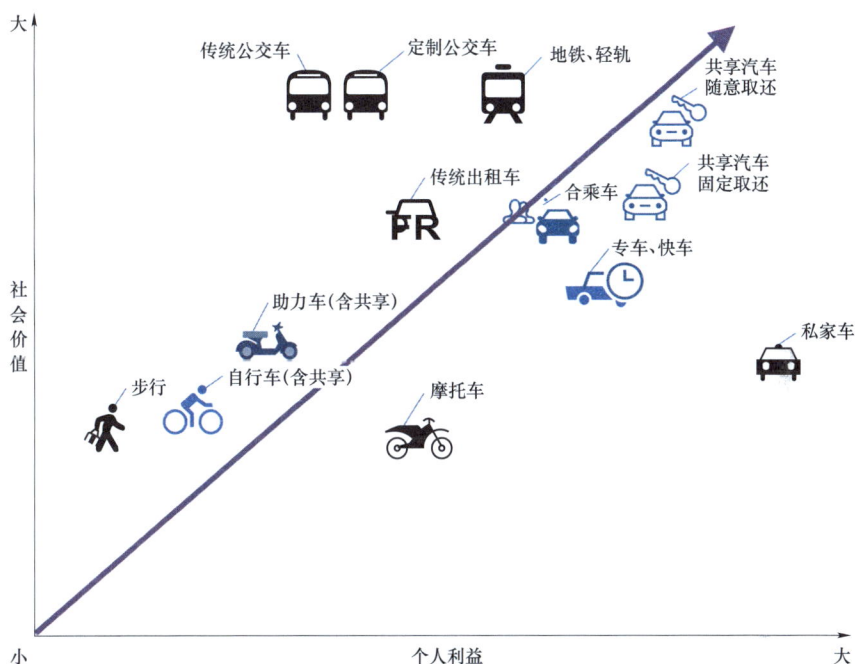

图 8-1　各交通方式个人利益与社会价值平衡图

在寻求个人利益与社会价值的平衡中，共享经济催生的"共享出行"正在扮演着越来越重要的角色。

8.2.1　共享出行概述

1. 共享出行范畴

共享出行是共享经济的典型应用场景。Felson 和 Spaeth 在 1978 年最早提出共享经济概念，将共享经济看作是一种"协同消费"或"合作消费"的生活方式。但共享经济的形式出现更早。共享经济在发展过程中，随着大数据、信息交互、位置共享、信用支付等新技术的日趋成熟，为共享出行的快速发展创造了良好的技术基础。

共享出行是指人们无须拥有载运工具所有权，以独乘和合乘等方式与其他人共享载运工具，按照自己的出行要求付出相应载运工具使用费的一种交通出行方式。与传统公共交通相似，共享出行体现在人们使用或者提供出行（小汽车、单车、巴士等）服务；与传统公共交通不同的是，这种以服务为主的经济模式基础是分散的社会资源而非集中的大型基础设施。消费者可以在不必拥有交通工具所有权的情况下，通过互联网获得短时间内的使用权，来获得资源优化的出行方式。

相比于传统出行模式，共享出行具有明显的优势，具体包括：

（1）共享出行为社会提供了一种绿色、低碳的出行选择。如果北京 20%的家庭选择共享出行的方式外出，则每年可减少 23 亿 km 的车辆行驶里程数，北京城市交通领域每年减少的 CO_2 排放量，相当于阿拉善地区种植 3200 多万棵梭梭树，可以固定 48 万亩的荒漠。

（2）为用户提供安全、便利、节约、优化的出行选择。超过 90%的车祸事故来源于人为，共享出行可减少驾车人员的数量，从而可在一定程度上减少交通事故发生的总量；多元的共享交通方式为人们提供了多样化的出行选择，更加通达和便利；共享出行降低了空载率，可减少道路和公共交通压力，从而可以系统化降低交通的运营和维护成本。

（3）共享出行的通达性更强，覆盖半径更广泛。相比一般的公共交通，共享出行的通达性更强，基本可实现点到点出行；且等待时间更短，可更加灵活地控制安排时间。

（4）共享出行可有效提升道路系统运力，缓解交通拥堵。共享出行提高了单个载运工具的平均载客率，降低个体机动车的出行总量，从而在一定程度上提升道路系统的总体运力的同时，提高道路系统的运行效率。高德地图的统计数据显示，在北京共享单车快速发展的 2016—2017 年，北京 2017 年第一季度 5km 以下的短距离出行占比下降迅速，同比下降 3.8%，5～10km 的出行占比同样有所下降。

2. 共享出行发展历程

共享出行行业有近 80 年的发展历程，起源、成型于欧洲。20 世纪 40 年代，瑞士在全国组织"自驾车合作社"，一个人用完车后将钥匙交给下一个人，这是共享出行的雏形。20 世纪 70 年代，荷兰阿姆斯特丹实施了一个名为 Wiykar 的汽车共享项目，使这一共享出行模式走上正规化、市场化与法治化。从此，共享出行在欧美地区蓬勃发展，先后出现一嗨租车、CAR2GO、UBER 等大牌共享出行服务商。2010—2012 年为中国共享出行市场起步阶段，虽起步较晚，但中国市场发展迅猛，先后出现滴滴出行、ofo 小黄车、神州租车等几十家共享出行服务品牌，共享载运工具也从小汽车发展为多元方式，包括小汽车，自行车，电动自行车，中、大型客车以及各类型货车等。至 2022 年，多家小品牌共享出行企业已经退出中国市场，而活跃在中国市场的共享出行服务品牌主要包括一嗨租车、滴滴出行、青桔单车等。共享出行行业发展历程如图 8－2 所示。

与共享出行各个企业蓬勃发展相配套，各项法律法规、配套管理政策、市场的规范化、支撑配套技术等日趋完善。

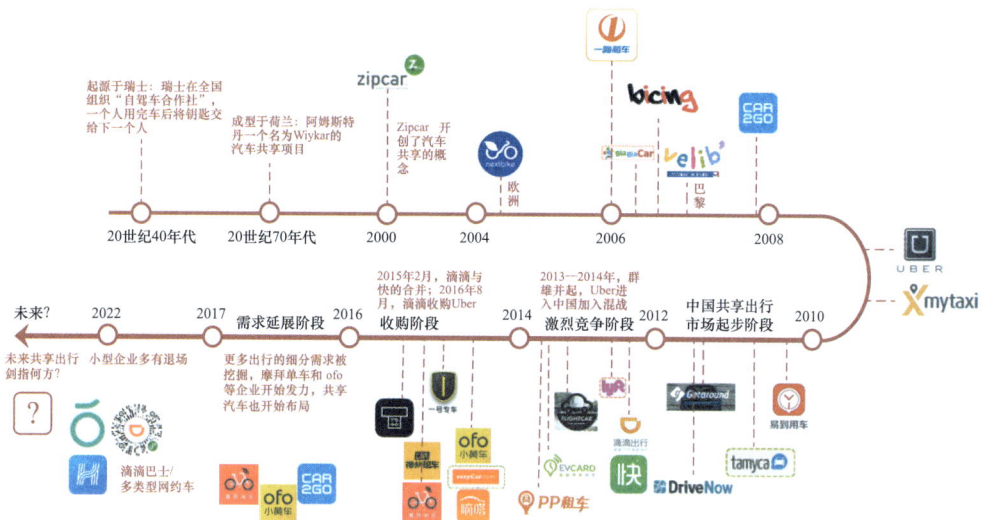

图 8-2　共享出行发展历程图

8.2.2　共享出行模式与出行链

1. 共享出行模式

共享出行模式多样，服务出行距离跨度大，服务出行场景丰富，主要包括共享单车/电单车、网约车、分时租赁、预约巴士等。典型共享出行模式如图 8-3 所示。

从服务商提供的产品类型划分，共享出行的模式可以分为服务共享与硬件共享。服务共享是运营商提供司机驾驶服务（以及车辆）的共享出行方式，主要包括综合打车、拼车、代驾、共享巴士等形式；硬件共享为无司机共享出行模式，用户为租借的硬件买单。两种方式的代表运营品牌如图 8-4、图 8-5 所示。

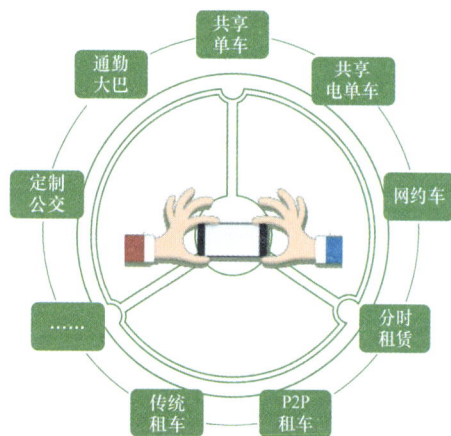

图 8-3　典型共享出行模式图

图 8-4　服务共享典型运营厂商品牌图

273

图 8－5　硬件共享典型运营厂商品牌图

从共享出行的距离划分，可分为近、中、远距离共享出行。不同距离的共享出行与公共交通配合，充分造福消费者。不同距离的共享交通与公交系统组合的出行方式见表 8－1。

表 8－1　　　　　　　　　　　企业下属分公司（事业部）信息化使用率

出行距离（km）		交通工具组合
近距离	0～2	共享单车、公交车、（出租车、地铁）
	2～5	公交车、出租车、地铁、共享单车、拼车、专车
中距离	5～50	公交车、出租车、地铁、共享单车、分时租车、拼车、专车、P2P 租车、传统租车、顺风车、大巴/共享巴士、（火车）
	50～100	出租车、分时租车、拼车、P2P 租车、传统租车、顺风车、大巴/共享巴士、火车
远距离	100 以上	P2P 租车、传统租车、顺风车、大巴/共享巴士、火车、（飞机）

　　注：红色字体代表共享出行交通方式。

各类模式的共享出行发展至今，充分证明，共享出行已经成为城市出行不可或缺的组成部分，同样成为共享经济不可或缺的重要组成部分。2022 年，全国网约车日均订单约 1900 万单，互联网租赁自行车日均订单约 3000 万单，互联网租赁电动自行车日均订单约 2000 万单。据估算，2022 年网约车、互联网租赁（电动）自行车等共享出行新业态服务超过 300 亿人次，顺风车市场交易总额也高达 201 亿元。

2. 共享出行链

出行链是个体完成一次或多次的分段出行，而在交通系统中产生的一系列时间伴随的空间位移的集合，简而言之，就是个体完成起点至终点的一次出行全过程。如果全程或过程中的分段行程具有共享出行模式的参与，即可称之为共享出行链。提升一站式出行服务质量的关键在于"门到门"的完整出行链设计。不同规模空间尺度、时间规模的出行过程具有不同的出行链，下文以某新城的发展时序为例，进行共享出行链设计。

从时间维度（新城发展时序）和空间维度（出行距离）两个维度，将完整出行链应用情景划分为 4 个大类。针对新城出行特征，设计单一或多种可共享交通方式组合的"门到门"完整出行链，见表 8－2。

表 8-2   可共享交通方式组合的出行链设计表

编号	现状：共享出行初级、中级阶段	未来：共享出行高级阶段（无人驾驶参与）
出行链 1	共享单车	共享单车
出行链 2	（共享单车）→共享汽车→ （共享单车）	无人驾驶共享汽车
出行链 3	共享单车→公共交通 （含共享巴士等）→共享单车	无人驾驶共享汽车→公共交通 公共交通（含共享巴士等）→ 无人驾驶共享汽车
出行链 4	共享汽车→公共交通 （含共享巴士等）→共享汽车	无人驾驶共享汽车→公共交通 公共交通（含共享巴士等）→ 无人驾驶共享汽车

新城的不同的发展阶段，其主要应用的出行链场景如图 8-6 所示。

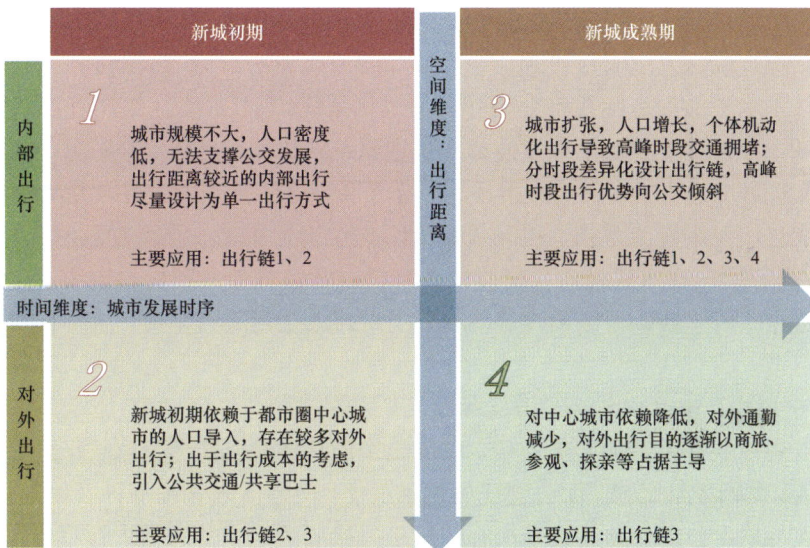

图 8-6　不同发展阶段的新城对应的主要出行链应用场景图

8.2.3　共享出行设施规划与支撑

在进行共享出行设施规划与配套支撑研究时，需了解其与传统公共交通、私家车等交通方式相比较的机遇与优势。

共享出行的机遇主要包括：① 政策利好：国家及地方超过 30 个省、自治区、直辖市的政策里提及鼓励电动汽车共享出行的相关政策。② 共享巴士、无人驾驶公共交通：共享经济的浪潮下，共享巴士为公共交通发展提供了新的思路；无人驾驶技术的日新月异，为共享出行、公共交通均提供了新的发展机会。③ 引领出行模式变革：共享汽车的出现，将颠覆现有的出行模式，致力于将更多的私家车出行转变为共享汽车出行，倡导"公交＋共享"的出行模式。

共享出行的优势主要包括：① 初始资金投入低：公共交通硬件投资高、盈利难，需要纳税人的补贴，而汽车共享初始投资少，形成服务容易。② 车辆投放与需求更匹配：共享载运工具的投放可以直接根据这一个区域的总需求决定，各类车辆的需求数量和用车总量基本呈线性关系。而公共交通有成网效用，提供的服务水平跟投入并不直接成正比，相对难于规划。③ 服务网点动态灵活：共享载运工具可以更容易地更改服务地点。一个区域需求下降，另一个区域需求上升时，只要更换停车位即可。公交则涉及重新排布线路图、班次时刻表，安排司机工作时间，对公众进行宣传，更改标志。如果是轨道交通，则需要完全重新建设。

共享出行设施规划与支撑，需要根据是否有无人驾驶的载运工具参与分阶段进行研究，可分为近中期（无无人驾驶参与或无人驾驶参与较少）以及远期（5 年以上，无人驾驶深度参与）两个阶段。

在近中期，共享出行的交通规划，强调与上位规划协调：与城市综合交通规划体系统筹协调，明确共享汽车的定位，在公交优先理念和公共交通系统完善的基础上，适度发展共享汽车，确保发展有序可控，符合城市出行需求和交通容量限制。设施配置上，完善既有技术水平的标志标线与交通管理信息化系统。

在远期，交通规划应强化与其他公共交通系统的协调，提高道路每条车道的运输能力；加快研究无人驾驶模式下的城市规划、城市设计的配套完善研究，如城市空间拓展、街道空间优化、停车设施重构、提升设施配套。设施配置上，强化物联网、5G 通信、AI 技术应用等，需规范建设，在交叉口、路侧、弯道等处布置引导电缆、磁感标志、雷达反射标识、传感器、通信设施等；远期当道路上全为无人车时，实体的道路标识系统可基本取消。

1. 近中期共享出行设施规划与支撑

首先要明确共享出行的发展定位。在国土空间总体规划阶段，与共享出行相关主要工作内容为：交通发展战略，如公交优先发展战略、交通需求管理等以及停车管理体系。该阶段建议明确：公共交通与共享出行载运工具接驳联运；交通需求管理中，对新能源共享汽车以及共享单车等适当放开；共享汽车、共享单车等停车设施区别对待。在城市综合交通规划阶段，与共享出行相关主要工作内容为：交通发展战略；城市道路系统、公共交通系统、共享汽车系统、步行与自行车系统；城市停车系统等。该阶段建议明确：共享汽车的在城市多层次交通体系中的定位；在公交优先理念和公共交通系统完善的基础上，适度发展共享汽车，确保发展有序可控，符合城市出行需求和交通容量限制；明确共享公交与公共交通、其他交通方式的关系，统筹协调发展。

以新城交通发展为例，应将共享出行与公共交通互为补充，满足公共交通出行人群个性化自驾、骑行出行需求，适度发展。在出行高峰期，公共交通为主体，共享出行（分时租赁、网约车、共享单车等）协同发展；在出行非高峰期，共享出行（分时租赁、网约车、共享单车）、私家车为主体，公交车为补充。

以发展成熟的城市为例，在地铁、公交车、自行车等公共交通发展成熟完善的基础上，适度发展共享汽车，可按需发展共享单车；发展共享汽车的区域应采取交通需求管理措施抑制私家车使用政策，引导消费者在确需自驾出行时，尽量选择共享汽车。

关于共享出行的停车设施配置，强调"多式联运"，共享停车位设置应与城市其他出行方式有机衔接，使其与城市公共交通、出租汽车、非机动车等出行方式协调发展。就共享机动车停车位而言，初期增加停车位供给，远期共享停车位总量在进行动态评估的基础上，逐步减少，如图8-7所示。

图8-7　轨道交通站点周边的共享车辆停放与上落客区图

2. 远期共享出行设施规划与支撑

无人驾驶模式下，应强化与其他公共交通系统协同，用更少的车运送更多的人，节省街道空间。

无人驾驶模式下，街道的机动车道数量可减少。美国洛杉矶Wilshire大街，基于无人驾驶道路改造后，从十条缩减至五条，其中两条是自动驾驶公交车道，另外的三条用于自动驾驶、共享汽车和普通私家车，节省下来的空间全部分给人行道、自行车道和绿化带。与此相对应的是，道路双向旅客运输量反而大幅度提升。

同样在无人驾驶模式下，机动车车道宽度可缩窄。无人驾驶汽车具有外形更小和行车更智能的优点，它们能有序行驶，把车辆行驶过程中的左右摆幅降到最低。因此，未来行车车道在数量和宽度上的需求会大大减少，中央隔离带也会呈减少和缩小的趋势。现有的空间能被更有效地分配给其他用途。

无人驾驶模式下，街道需提供更多分散化的上落客空间。无人驾驶汽车可以自行找到停车位，或由于下一个乘客的需求，可能需要继续行车，它们首先会满足乘客的需求，在离目的地最近的地点让乘客下车。因此在尽可能不影响交通流的情况下，上落客车道和上落客站点会被大量融入进街道设计。

无人驾驶模式下，停车配建指标将会降低（路侧停车、停车场数量均可从规划阶段减少）。目前，小汽车平均大约有90%的时间都是静置状态。汽车共享已经导致停车场需求的下降：据预计，每辆共享汽车大约能够取代10～30辆营运车辆，自动驾驶汽车还将加剧这一趋势。自动驾驶停车技术可将停车效率提升20%，同样面积的停车场可停放更多无人驾驶车辆。

无人驾驶模式下，街道路侧利用形式更加多样化：路边空间可以提供给特定活动，或者变成口袋公园，或者铺设充电桩，也可以让给公共交通站点上下客，而并不仅仅是停车这一种。对政府来说，路缘是一部分资产，政府会评估是把它变成停车位更有效，还是变成其他功能更有效，等等。

无人驾驶叠加共享出行技术发展的同时，更应关注智能道路基础设施的建设——应积极打造一个让车辆与道路、与其他车辆、交通管控中心及出行者顺畅沟通的系统。需打破道路基础设施的工业传统，在人、应用和工作流程之间找到新的平衡。重新规划、设计和建造交通系统，不能让它只是单纯收集数据，而是要利用大数据的分析能力去除妨碍交通顺畅的信号灯。为无人驾驶共享载运工具提供收集，协调以及更新实时路况的方法：以美国的 Roadside Units 无线传感器为例，汽车可以向高速公路和普通道路发射安全信息。这些信息包括一些静态道路风险，比如弯曲路段、过低桥梁；或者是一些动态信息，包括交通是否拥堵以及行驶速度等。

多主体协同打造跨区域的智能交通协同系统也是未来趋势，智能交通的道路规划要实现跨区域及大范围覆盖，这需要规划设计单位、汽车制造商、交通设备供应商、施工方和政府部门协同工作。

8.2.4 政策配套

1. 国内外共享出行与无人驾驶典型配套政策法规

近年来，国内外多个国家和地区颁布了共享出行、无人驾驶（车路协同）等领域的标准、准则、指导意见、法案等配套政策，指导、规范了该行业的健康、有序发展。

随着共享出行供应商大量增加，2017 年 9 月，德国政府通过立法激发其市场竞争力，从联邦层面制定《共享汽车优惠法》，为促进共享汽车的自由流动提供了依据。同年的 6 月，德国联邦议院率先颁布了"道路交通法第八修正案"，该修正案规定了以下方面：自动驾驶汽车应满足的六个要求；明确了使用自动驾驶系统时驾驶员的权利和义务；对于自动驾驶导致的交通事故，该修正案提高了责任人的最高赔偿金额。同一月份，德国公布了全球第一个针对自动驾驶的道德准则。

2017 年 6 月，洛杉矶市政府批准了一项与法国公司博洛雷子公司（BlueLA）——蓝色加州的承包合同，开始一个专注于低收入社区的共享汽车项目试验。同一月份，美国众议院一致通过美国首部自动驾驶汽车法案（H.R.3388），该法案修订了美国交通法典，规定了美国国家高速公路安全管理局对于自动驾驶汽车的监管权限，同时为自动驾驶汽车提供安全措施，奠定了联邦自动驾驶汽车监管的基本框架，表明联邦立法者开始认真对待自动驾驶汽车及其未来。

欧盟政府曾在 2020 年投票通过了修改《1968 年维也纳道路交通公约》的提议，建议新增对自动驾驶汽车的事故责任划分的部分。联合国也于 2021 年 1 月颁布了 3 部与自动驾驶汽车相关的法案，首次从国际层面对自动驾驶汽车的监管体系进行了指导。

共享出行在全球范围内经历了各国政府从保守观望到开放支持的态度转变。"十三五"期间，我国相关部门也对共享出行发出了支持的声音。自 2015 年，国务院推出了一批鼓励分时租车和汽车共享等运营模式的措施。此外，上海、北京、天津等大城市的车辆限牌政策也促使消费者选择替代出行方案，从而对共享出行市场产生了积极影响。

2017 年 4 月，工业和信息化部、国家发展改革委、科技部联合发布《汽车产业中长期发展规划》，提到将以新能源汽车和智能网联汽车为突破口，引领整个产业转型升级，其中共享出行、个性化服务为主要方向。2017 年 6 月，交通运输部和住房城乡建设部共同发布《关于促进汽车租赁业健康发展的指导意见（征求意见稿）》，明确提出合理确定分时租车在城市综合交通运输体系中的定位。2017 年 8 月，交通运输部、住房城乡建设部联合发布《关于促进小微型客车租赁健康发展的指导意见》。2018 年 4 月，工业和信息化部、公安部、交通运输部联合制定《智能网联汽车道路测试管理规范（试行）》，助力于智联网汽车的发展。2020 年，国家发展改革委等 13 个部委发布《关于支持新业态新模式健康发展激活消费市场带动扩大就业的意见》，将共享出行放在新业态行业的首位，肯定了共享交通对城市经济和社会就业的意义。

2016 年 3 月，上海出台《新能源汽车分时租赁指导意见》，从政策层面鼓励新能源汽车分时租车的发展。2018 年 6 月，发布《上海市小微型客车分时租赁管理实施细则》。后续有超过 30 个城市出台了共享出行（共享汽车、共享单车等）管理规章制度或办法。

2015 年 9 月至 2017 年 9 月，工业和信息化部、公安部及地方政府推动建设智能汽车和智慧交通"5+2"示范区，大力推进自动驾驶研发及应用。后续，科技部、国家发展改革委等多个部委，北京市、上海市、重庆市、深圳市等多个城市出台了自动驾驶相关的意见或管理办法。2022 年 7 月，国务院安委会办公室关于印发《"十四五"全国道路交通安全规划》的通知，明确指出：加快部署蜂窝车联网（C-V2X），推动交通设施网联化改造，加强交通信号联网联控，强化交通出行诱导服务。研发推广机动车和非机动车电子标识等技术，构建车辆数字身份注册认证体系，推动可信数字身份在车联网、自动驾驶技术等方面的应用。

2. 共享出行政策配套完善建议

多个共享出行与无人驾驶的管理规定、办法的出台，为我国无人驾驶背景下的共享出行奠定了良好的基础，或者说是保驾护航。但总体来讲，我国共享出行，尤其是基于无人驾驶的共享出行，依然处于起步阶段，发展仍然面临严峻挑战，受政策导向、政府管理等影响大，不确定性强。多数城市并没有系统性文件对共享出行进行支持；共享载运工具涉及的运营指标、车辆购置、政策补贴、停车位、充电设施建设等相关配套设施不健全。

对我国（无人驾驶背景下的）共享出行的政策、法规及标准，建议在以下方面进行完善：

（1）加强规范程度。驾驶员方面，加强规范车辆使用、遵守道路法规；市场监管方面，加强规范运营公司及车辆停放的规范。

（2）共享载运工具在运营中存在的法律风险，需进一步明确交通事故、交通违章责任机制。建议对共享载运工具进行差别化执法流程，通过交管违章信息与出行平台的数据对接，实现"人车分离"的交通执法，改善目前交通违章的处理对应载运工具而非使用者。

（3）针对共享出行的无人驾驶技术，需从国家层面做好顶层设计和科学规划，尽快制定无人驾驶背景下的共享出行相关的管理办法、法律法规。

8.2.5 运营管理

1. 运营模式与主体关系

现有共享出行的运营模式丰富多样，根据不同属性与业务类型，可进行不同类别划分。按照共享出行服务公司的资产性质，可分为重资产、轻资产模式，重资产以持有载运工具为特征，轻资产则反之；按照服务流程，可以分为 B2B、B2C 或 C2C 等；按照服务时长，可以分为长时整租、分时租赁、单程短时出行等。共享出行还有其他的划分方式种类，如是否提供驾驶服务等。共享出行虽然种类繁多，但其内在的关联要素可清晰地归纳为运营商、司机、载体和乘客四种，共享（电）单车等出行方式无司机这一主体形式。共享（电）单车这一共享出行的运营管理模式较为简单，信息公司提供车辆、信息、维护等服务。共享汽车出行运营商、司机、载体和乘客四个主体关系如图 8-8 所示。

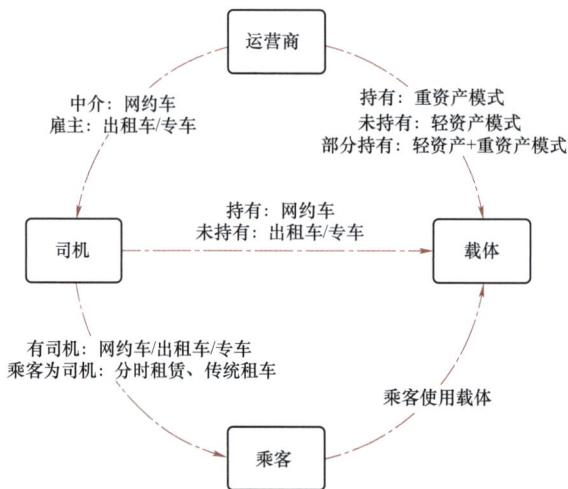

图8-8 共享汽车出行运营商、司机、载体和乘客四个主体关系图

就运营商与司机关系而言，一种是运营商仅作为平台中介，与司机不存在雇佣关系，如司机车在平台注册的网约车；另一种是运营商作为雇主的形式，其聘请司机为自身服务。就运营商与载体关系而言，如运营商持有载体，则为重资产模式，非持有则为轻资产模式；如部分持有，则为混合模式。司机与载体之间，同样可分为持有与非持有关系。就司机与乘客的关系而言，主要分为随车司机与乘客为司机两种情形（随着无人驾驶技术的普及，也可无司机）：有司机的情形主要包括网约车、出租车、专车等；乘客为司机的情形主要包括分时租赁、传统租车等。乘客与载体的关系主要为使用关系。

2. 运营管理挑战

当前，共享出行的运营管理存在多重挑战，主要如下：

1）运营商：管理政策挑战、多方协调合作难，成本高、盈利难，车辆运营、维护、保养复杂，以及信息、平台、车辆技术等协同不足。

2）载体：车不识人、暗病不少，易遭破坏且保养不及时，被人随意停放，产生停车费及违章处罚成本，多发的乱停乱放现象，也对城市环境与通行条件构成挑战。

3）司机：车型不同，对车辆使用与操作不熟悉，在突发状况下可能存在安全隐患，部分点、段取车换车不便利。

4）乘客：体验不佳。如纠纷处理的复杂流程、押金退还等，人不懂车，隐私泄露时有发生等。

以上的挑战究其原因，通常是多方面的：

1）竞争：商业模式竞争激烈，发展早期每个运营商可替代性较强。

2）平衡：共享出行服务企业，起步阶段很难在客户体验、扩大规模、成本控制之间做到平衡。

3）合作：共享出行运营企业与政府及第三方的合作还不够，如运营牌照、城市道路资源、停车位、充电桩、网络等。

4）教育：用户教育有所欠缺，应该更加爱护共享载运工具，应该转变消费观念，由"为我所有"变为"为我所用"。

5）技术：应该进一步发挥技术的作用，共享出行生态圈依赖大量的技术，如互联网、大数据、人工智能、云、车联网、新能源、卫星定位等，多种技术的协同效应目前还不够明显。

3. 挑战应对措施

（1）运营商。

1）多措并举，多方开源，实现盈利。根据罗兰贝格咨询公司2017年4月发布的《汽车分时租赁：如何在中国获得成功》报告显示，20%的单车日均利用率是中国汽车分时租赁业务的盈亏分界线，全行业平均水平仅为约12%。

2）运营商应更加充分地做好市场推广。消费者从知道、到了解、到熟悉、到依赖，甚至品牌赋情，与客户的连接强度便是赋情的过程，会直接影响到客户的生命周期和连接频次。因此，赋情环节需要在群体召集和群体压力上下功夫。如Zipcar校园汽车分享计划，覆盖600所大学，成为Zipcar主要收入来源之一，培养了年轻客户的忠诚度，公司大约2/3的会员都在35岁以下。

3）运营商要充分树立"合作方能共赢"的意识。对于政府方，要获得政府认可，在政府的规则之下进行市场推广，合理合法使用政府资源，包括道路资源与拍照资源等；对于其他公司，可开展多项服务，包括合建充电桩、广告投放、大数据服务、金融服务以及其他增值服务（会员服务、定期租赁等）。运营商可利用大数据，进行多技术协同应用，在此基础上进行大数据价值的充分挖掘，提供大数据分析应用市场化服务。

4）运营商要利用信息化手段，加强载运工具分布的动态调度。政府与企业实现车辆运营大数据平台共享，车辆实现网格化、精细化、智慧化时空调度，通过驾驶、骑行历史数据的分析研判，掌握不同时间段、不同空间网格的出行需求，做到共享车辆时空分布的削峰填谷。

（2）载体。小汽车、共享单车等共享出行的载运工具，应提升识别驾驶员及乘客的技术，提升检修数字化水平，消除安全隐患，引导用户文明用车。具体包括：提升身份识别准确度，如增设车内监控、人脸识别、指纹识别等；数字化识别车辆故障，提升检修频次，主动消除故障；制定用户信用系统档案，加强用户宣传教育。

（3）司机与乘客。运营商应充分提升用户体验，消除司、乘人员的后顾之忧。新能源汽车应增设操作提示语、演示视频等，避免人不懂车产生安全隐患；完善隐私保护体系，让用户隐私无后顾之忧。充分做到：租车手续简单、费用合理、支付便捷、取还车方便、客服体系完善以及隐私保护充分等。

8.3 预约出行

8.3.1 预约出行概述

预约出行是一种利用信息手段进行有序化管理的工具，旨在精准匹配供需，并实现高效运营和提升服务水平。它可以缓解大城市面临的交通拥堵问题，并为交通系统带来诸多好处。

预约出行模式是在综合考虑拥堵收费、可交易路权等需求管理手段的优缺点基础上形成的一种高峰路权管理手段。其主要目标是减少因道路拥堵导致的低效浪费，通过有效调控交通流量来提高道路通行效率。传统的拥堵收费制度可以对交通拥堵进行一定程度的控制，通过收取拥堵费用来引导驾驶者选择非高峰时段出行或其他交通方式。然而，这种制度在实际操作中存在一些问题，如难以精确反映道路的实际拥堵情况、可能导致收费不公平等。相比之下，预约出行模式可以更加精确地管理高峰路权。通过预约系统，出行者可以提前安排出行时间和方式，从而分散并平稳地安排交通流量。这种管理手段旨在避免大量车辆同时拥堵在特定路段，减少拥堵造成的低效浪费。此外，可交易路权的概念也与预约出行模式有关。可交易路权指的是将道路使用权进行交易，让愿意支付费用的驾驶者获得额外的使用权，从而平衡交通需求与道路供给之间的关系。这种制度可以通过价格机制来引导驾驶者优化出行选择，减少高峰时段的交通拥堵。

预约出行的组织模式的确是为了减少无效的拥挤排队，避免高峰无序拥堵对道路实际通行能力产生负面影响而应运而生的。通过预约出行，可以将在出行过程中的拥堵排队转移到线上，使拥堵的时间变为在家等待的时间。这种模式利用信息化手段，根据用户在拥堵点段的实际时间和顺序来安排出行时刻表，并从系统最优的角度进行适当的优化调节，以改善供需匹配的精确程度，避免无序对系统效率产生干扰。

相较于传统的出行需求管理的行政手段和经济手段，预约出行更具可行性。行政手段往往依靠交通限制措施或交通管制来减少拥堵，但这往往会引发一系列问题，如对出行自由的限制、不公平等。经济手段则依靠收费或奖励机制来引导出行行为，但这些手段可能存在成本和公平性等问题。

预约出行通过信息化手段提供精准的供需匹配，既能有效减少拥堵排队，又能避免不必要的限制和干扰，具备更好的可实施性。同时，预约出行还可以通过智能化技术和优化算法等手段进行系统的优化调节，进一步提高交通系统的效率和服务质量。

通过对居民出行时空分布的诱导干预，预约出行可以缓解由居民出行时空分布不均引发的高峰拥堵。通过合理引导居民出行时间和路线选择，可以避免大量交通流量同时集中在特定时段和地区，从而减少交通拥堵的发生。这有助于平稳分散交通压力，提高道路通行能力，改善交通状况。

预约出行以需求为出发点，提供出行供给服务，实现交通工具按需调度，从而提升交通出行服务质量。通过提前预约，乘客可以根据自身需求安排出行时间和方式。在预约出行模式下，出行者提出出行需求后，预约系统平台会汇总这些需求，并根据需求的时空分布进行全局资源调配。通过精确匹配供需，交通系统可以实现资源的动态优化，避免资源的浪费。此外，预约系统还可以根据需求的灵活性和适应性，安排交通服务，以更好地满足出行者的需求。通过预约出行模式，交通系统能够更加高效地分配有限的交通资源。系统可以根据出行者的需求，合理规划交通工具的路线、时间和容量，以避免资源的闲置和浪费。这种动态优化的方式能够提高交通系统的运营效率，减少拥堵，并改善整体交通状况。另外，预约出行模式还有助于消除"交通荒漠"。在传统的交通供给模式中，一些偏远地区可能存在交通资源匮乏的情况，导致居民出行困难。而通过预约出行模式，可以更好地收集和整合这些地区的出行需求，并进行相应的资源调配，使得交通服务能够覆盖到更广泛的范围，解决"交通荒漠"问题。这种个性化的出行方式使得交通资源能够更加有效地被利用，减少了空驶率，提高了交通工具的利用率。同时，预约出行也可以提供更便捷的出行体验，减少等待时间和拥挤程度，提升乘客满意度。

预约出行是一种基于移动互联网技术的运输组织模式。其核心思想是通过预约将线下排队转变为线上，并通过合理的运力计划实现需求与供给的更好匹配。在交通运输系统中，借助于移动互联和智能交通信息采集技术，根据出行者实际通过拥堵点段的时间和顺序，为其编制出行时刻表。用户按照时刻表到达就可以无拥堵通行，从而通过有序化管理使得有限的交通资源得到更充分利用，减少因信息不对称所引发的出行焦虑和资源浪费。

此外，预约出行可以汇集交通需求和供给信息，构建全时空信息交通网络，并依托先进的供需优化算法，为出行者提供响应式服务的交通供需组织模式。通过收集、整合和分析各类交通数据，可以更准确地把握出行者的需求，并进行智能化的调度和分配。这种精确匹配供需的方式可以提高交通系统的效率和运营水平，同时也带来更好的出行体验和服务。

综上所述，预约出行是一种重要的交通管理工具，通过精准匹配供需和有序化管理，可以缓解交通拥堵问题，提高交通系统运营效率和服务水平。它既能通过对居民出行时空分布的诱导干预来缓解拥堵，又能以需求为导向提供个性化的出行服务，从而改善交通状况和提升乘客体验。

8.3.2 预约出行的发展及应用

1. 发展历程

早期的预约出行服务主要以电话预约出租车为主，如美国的几个主要城市已开始实践电话预约出租车服务。预约出行服务的兴起，与移动互联网技术、大数据分析、云计算及人工智能等技术的广泛应用密不可分。2009 年，Uber 在美国旧金山成立，开启了预约出行服务的先河，利用智能手机应用连接乘客与司机，提供快捷的出行服务。此后，基于位置服务（GPS）和即时通信技术的进步，预约出行平台能够实时匹配司机与乘客，优化路线，提升服务效率。

预约出行模式的发展是为了解决传统交通需求管理模式的不足，并减少无效的拥挤排队，通过将排队转移到线上、在家等待来替代在路上焦虑的方式。该组织模式在提升交通系统效率方面已经初步验证了其作用。

在"互联网+交通"快速发展的推动下，很多城市已经开始在单个区域或特定场景下进行预约实践，并通过预约出行来缓解通勤高峰压力的相关实践也逐渐增多。这些实践为预约出行模式的进一步发展提供了宝贵的经验和借鉴。

随着人工智能、物联网等新兴技术的不断发展和出行者行为习惯的变迁，预约出行模式在未来将在更多的场景中发挥出巨大的价值，并成为城市交通的重要出行组织模式。通过利用智能化、信息化的手段，预约出行可以更精确地匹配供需，优化资源配置，提高交通系统的运营效率和服务水平。同时，随着更多人接受和使用预约出行服务，整个系统将更加稳定和可靠。因此，预约出行模式有望在未来成为推动城市交通发展的重要手段之一。

2. 预约出行的相关理论探索

在应对小汽车数量快速增长导致的高速公路拥堵问题方面，学者们提出了利用出行预约来避免需求超过通行能力的瓶颈断面。随后，他们研究了预约使用特定路权的理论概念，并进行了预约系统设计。为了验证预约系统对于提升交通系统效率的作用，建立了一系列的预约交通系统仿真模型。例如，有学者提出了在高速公路上动态预约道路资源的方法模型。根据车辆当前的位置，预约系统计算出每辆车在下一时刻的位置，并为其预留相应的位置资源。通过仿真验证，他们发现预约可以显著提高交通系统的效能。另有学者建立了高速公路预约系统的仿真模型。研究结果显示，在需求超过供给能力30%的情况下，预约出行相比不预约出行能够减少 58.6%的时间损耗和 18.3%的 CO_2 排放。这项研究从侧面验证了预约出行对出行效率的提升所带来的好处。

这些仿真模型的研究为预约出行系统的实际应用提供了可靠的理论支持和验证。它们表明，通过预约出行可以更好地管理交通需求，避免拥堵超过道路容量，从而提高交通系统的效率，并减少时间损耗和尾气排放。

（1）基于特定场景的粗放式预约模式。通过利用互联网实时通信等技术，预约出行可以针对特定区域、时段或重大活动进行实施，以解决交通拥堵和供需失衡问题。在琼州海峡实施的"预约过海"模式中，预约出行成功解决了因大雾滞留而导致的进港通道严重拥堵问题。这一实践期间，琼州海峡累计进出岛车辆数量达到了庞大的规模，而采取预约系统后，能够有效控制车辆数量和时间，提高了交通运输效率，并创下了历史新高。类似地，深圳东部大梅沙、大鹏片区通过节假日的"预约通行"措施，成功缓解了景区内部道路供需失衡所引发的节假日拥堵问题。实施预约后，大鹏片区节假日平均车速显著提升，拥堵指数下降，事故警情也减少了。这表明预约出行可以有效优化交通流量分配，改善交通状况，并提升出行的安全性和效率。另外，上海进博会期间采取的预约手段也成功避免了停车供需失衡问题，并解决了人流疏散的挑战。这一实践进一步验证了预约出行在重大活动中的应用潜力，可以有效管理交通和人流，并确保活动顺利进行。综上所述，这些实践案例充分展示了预约出行在实践中的积极影响。通过利用互联网技术，预约出行能够解决交通拥堵、供需失衡等问题，提高交通效率，优化资源利用，并改善出行体验和安全性。这些实践的成功经验为未来更广泛的预约出行模式提供了有益参考。

从严格意义上来说，这些广泛适用于特定场景的粗放式预约实践并非完全属于出行预约，而是基本上将预约视为一种抑制出行需求的手段。

（2）针对日常出行的精细化预约实践。通勤作为一种需求刚性较强的出行方式，面临着供需不均衡的问题，需要采用更加精细化的治理模式。预约实战成为解决这一问题的重要手段。例如，北京交通发展研究院在 2018 年对回龙观区域的高峰通勤出行进行了预约实践，在基于交通系统整体效率的前提下，通过预约实现了人员出行的优化方案，验证了预约在缓解高峰拥堵方面的有效性。

在 2020 年新冠疫情防控期间，为了响应北京地铁的防控要求，除了控制车厢满载率外，还开展了地铁预约进站服务模式的试点工作。这一举措旨在减少因限流措施导致的站外排队，避免人员聚集。通过预约管理，成功缩短了限流车站站外排队的时间。

3. 城市道路交通预约出行应用现状

近年来，随着智能通信设备的普及和智能交通技术的成熟，"互联网＋交通"模式崭露头角，为城市道路交通预约应用提供了技术支持。这种模式通过将互联网技术与交通管理相结合，推动了城市道路交通预约出行的实践应用。

一些城市已经针对景区节假日高峰拥堵和市区通勤高峰时段等出行场景，开展了城市道路交通预约出行的相关实践应用。这意味着居民可以使用手机应用或其他互联网平台预约出行服务，以减少拥堵和提高交通效率。这样的预约系统可以帮助人们规划最佳路线、避开拥堵区域，并提供实时交通信息，提高出行的便利性和效率。

通过"互联网＋交通"模式的应用，城市道路交通预约出行已经取得了一定的成果，并为未来城市交通管理和出行方式的发展提供了新的可能性。

2018 年 5 月劳动节期间，深圳市在预约通行政策的指导下，在东部景区片区进行了预约通行试点。根据景区节假日的交通特征、道路通行能力和停车位数量，确定了每个时段的预约出行名额，并建立了预约通行管控区域的车辆监管系统，以实时监控和控制片区预约出行的交通状况。

实施后，尽管片区的假日交通量保持不变，但整体路网的平均速度提高了51.5%，交通拥堵指数下降了40%。此外，主要对外道路的平均速度提高了10%，各主要交叉口的服务水平显著提高，同时片区的交通事故发生率也有所下降。

这一预约通行试点的结果显示，通过合理规划预约名额并实施管控措施，可以有效改善景区节假日期间的交通情况。优化交通流量分布和减少交通拥堵，不仅提升了出行效率，还提高了交通安全性。这一经验为其他城市解决类似交通问题提供了借鉴和参考。

2020年3月，由于贵阳观山东路半幅路施工，导致该路段通行能力大幅下降，为避免施工对观山大桥及周边道路交通造成严重影响，贵阳市交管部门决定实施观山大桥的预约通行措施。通过预约通行的实施，观山东路高峰时段的交通量在合理范围内得以维持，片区的交通运行状况良好，有效减轻了施工期间的交通压力。

同样，在2022年春节假日期间，为保障成都熊猫基地周边道路交通的平稳有序，景区周边道路采取了预约出行的管理措施。自驾游客前往景区需提前预约方可通行。在预约出行措施实施期间，景区周边道路整体畅通，交通运行正常，确保了游客的出行顺畅性和交通安全。

这些案例说明通过预约通行管理措施，可以有效应对道路施工或旅游景点等特定场景下的交通问题。预约通行可以控制交通流量、分散出行需求，并提高道路通行效率，为交通运行的平稳及旅客出行提供了有效的解决方案。

8.3.3 预约出行的实施机制

预约出行策略是基于交管部门对城市路网交通运行状态的研判，并确定需要进行预约出行的极端拥堵路段和时段。该策略以历史出行需求为导向，以顺畅通行为目标，根据不同时段的出行需求设置不同的容量阈值。

1. 预约出行系统的构成

预约出行服务系统通常由用户端、云平台和后端管理系统构成。

（1）用户端。用户端是用户参与预约和获取线上排队信息的界面。它包括出行信息查询、出行预约、用户信息管理、反馈交互等功能模块。通过出行信息查询模块，用户可以获取未来时刻的路况信息和其他已预约用户的分布情况，以帮助他们规划出行。出行预约模块允许用户参与预约，并提供上传预约信息和获取推荐出行方案的功能。用户信息管理模块允许用户管理个人基本信息，设置预约偏好、出行偏好和行程提醒等。反馈交互模块则允许用户向系统提供反馈信息。

（2）云平台。云平台集成了用户端获取的预约信息、历史和实时交通态势、车辆状态等多源交通数据。它利用实时动态交通仿真模拟技术和出行时刻表编制优化技术，根据路段能力和车辆实际通过顺序，编排出行时刻表。同时，云平台还进行时空优化匹配计算，生成针对个体的出行优化方案，确保出行者通过瓶颈路段的时间和顺序不变，并为其安排线上排队。云平台还生成交通资源按需调度方案，并将其传达给交通管理者和服务提供者。

（3）后端管理系统。后端管理系统是交通管理和服务部门的操作平台。它用于管理预约出行秩序，协调交通服务、通信后端系统。后端管理系统可以管理预约信息、发布突发状况预警信息，并根据用户的履约情况实施相应的奖惩措施。它是交通管理者和服务提供者的重要工具，用于确保预约出行服务的顺利运行。

2. 实施步骤构想

（1）出行者注册并设置个人信息。出行者通过预约系统进行注册，并设置个人信息，授权系统记录其高峰出行状态。系统可以根据出行者的早高峰出行状态学习并得到用户每日通过瓶颈点的时刻。

（2）编排出行时刻表。系统根据出行者的历史数据和设置的个人信息，以及其他用户的预约情况，编排优化的出行时刻表。这些时刻表将基于比例为用户编排出发时刻，并将相应的出行方案反馈给用户。此外，用户也可在用户端输入出行计划，包括出发地、出发时间、目的地等信息，系统将为其匹配计算出优化的出行方案。

（3）云平台生成时空分布态势和车辆调度。云平台通过汇总出行者的历史出行状态和用户上传的预约信息，利用快速交通动态仿真评估技术结合路况预测推演，生成未来出行的时空分布态势。同时，识别出拥堵点段，并根据路段能力、车辆满载率等交通资源供给情况，依托出行时刻表编制优化算法，按照车辆实际能够通过的顺序和时间编排出行时刻表。云平台还根据堵点的出行需求分布进行优化调节，将用户原本需要拥堵的时间转变为在家等待，并将时刻表的出行方案回传给用户端。

（4）后端管理系统调度资源和执行干预措施。后端管理系统接收到出行时刻表后，根据时刻表调度车辆并安排交通供给服务。同时，管理系统核实预约车辆的履约情况，并执行相应的干预措施，以确保预约出行服务的顺利进行。

通过以上步骤，预约出行服务系统可以实现用户的个性化出行规划和交通供需均衡，提高交通效率和出行体验。

3. 针对现阶段实施的建议

当前的技术条件已经具备一定规模预约出行的基础，并且在城市交通系统中已经开展了多项预约实践。然而，目前的实践更多是以较粗粒度的管控方式，通常以日或半日为单位进行预约，并且针对通勤时段的精细化管控受到了乘客参与积极性低和上下游出行不确定性等因素的限制。推广应用预约出行还面临一些障碍。针对这些障碍，以下是一些建议。

（1）强化支撑技术研究。需要持续深化相关技术研发，包括历史出行状态学习、仿真模拟、供需优化匹配、出行干预等方面的工作。这涉及实时通信、路况监测、定位、仿真计算等多项技术。还需要进一步提高智能车载终端的实时交互能力，提升定位技术的精度和时延，研发适用于更大规模网络的快速仿真模拟技术，以及支持系统全局快速优化计算的超级计算技术等。

（2）提高乘客的接受度和参与意愿。在开放的城市交通系统中，乘客已经习惯了按照自己的需求自由出行。对于预约出行这一新理念，需要通过积极的宣传和大量的试点让用户了解和接受，并逐步建立用户的信任。随着预约用户比例的增加，预约减少无效拥堵排队的效果也会更加明显。

（3）完善制度保障。预约出行建立在供需双方相互信任和遵守约定的基础上。因此，需要建立相应的信用体系，并采取强制措施来确保供需双方遵守约定。此外，预约出行涉及通信、智能基础设施、交通组织调度等多个方面，需要制定信息共享交互标准，建立安全保障体制，并制定其他相关的制度规范，为多维融合的全链条发展提供制度保障。

通过持续强化技术研究、提高用户接受度和参与意愿，以及完善制度保障，可以逐步推进预约出行的广泛应用，促进城市交通的高效运行和出行体验的提升。

8.3.4 对规模化预约出行的实施建议

由于城市交通系统的开放性、随机性和规模庞大等特点，目前大规模实施预约出行仍面临一些困难。类似于推广预约看病需要一个过程，预约出行的理念也需要经历一个逐步被大众接受和适应的过程。此外，大范围预约出行还存在技术上的瓶颈，现行的法律法规也需要相应调整以适应新型交通管理的需要。

为了推进预约出行的发展，以下是一些建议：

（1）加大预约出行宣传推广力度。预约出行是现代信息技术助力城市交通组织重构的新一代创新和引领性技术。需要通过先行先试，在小规模典型场景下进行示范应用，例如停车预约、公交优先道预约、高速公路节假日预约等。媒体应加大对预约出行理念的宣传，城市交通运营部门可在初期为预约出行提供便利，培育预约出行文化。

（2）开展预约出行技术攻关。未来在车联网、无人驾驶等相关技术发展的支持下，预约出行将成为城市交通发展的主要趋势。需要开展预约系统技术攻关，突破面向大规模交通网络的预约出行核心技术。这包括研发适用于海量需求与供给的动态匹配和全局优化算法，以及满足预约出行的软硬件配套需求的技术研发。

（3）研究制定新型路权管理政策法规。现行关于路权的法律法规滞后于技术发展，需要提前研究新型的路权管理政策法规，为未来自动驾驶、预约出行等新型交通组织模式提供保障。在过渡期可采取临时通行管理措施来确保交通秩序。

通过加强宣传推广、开展技术攻关和研究新型法规，可以推动预约出行在城市交通系统中的应用和发展，最终实现构建高效的城市交通系统的目标。

8.4 智慧停车服务

8.4.1 智慧停车概述

1. 城市停车现状

（1）机动车保有量迅猛增长，停车位供给总量严重不足。随着国民经济和市民收入的快速增长以及城市化进程的推进，我国机动车尤其是私家车持续高速增长，面临的道路交通压力逐年增加，交通拥堵现象越来越严重。据公安部统计，截至 2022 年，全国机动车保有量达 4.17 亿辆，其中汽车 3.19 亿辆。2016—2022 年全国机动车保有量的年平均增长率达到 9.3%（见图 8-9）。机动车的迅猛发展在拉动我国经济发展的同时，也给城市动、静态交通带来严峻的压力，"行车难、停车难、乘车难、行路难"等交通矛盾和问题日益突出。

图 8-9　2016—2022 年全国机动车及汽车保有量统计

　　然而，我国停车设施建设速度远滞后于汽车保有量的增长速度。数据显示，2020 年我国停车位个数仅有 1.19 亿个，汽车保有量与车位规模比例为 1:0.4。据公安部交通管理局数据显示，国内大城市小汽车与停车位的配比为 1:0.8，中小城市约为 1:0.5，远低于发达国家的 1:1.3，我国停车位数量仍有大幅增长的空间。

　　（2）违章、占道停车现象频发。我国城市停车场建设总量远低于需求量，停车位供给缺口较大，导致存在严重的占道停车和违章停车现象，从而降低了道路的通行效率，加剧了交通拥堵，恶化了生活居住环境。

2. 城市停车存在问题

　　（1）汽车保有量大，泊位供应不足。随着我国社会经济、城镇化的快速发展，机动车保有量快速增长。据公安部统计，截至 2022 年，全国机动车保有量达 4.17 亿辆，其中汽车 3.19 亿辆。然而，由于历史欠账以及土地利用闲置等原因，停车设施建设进度缓慢，远跟不上汽车保有量的增长，停车位供给缺口巨大。

　　（2）智能化水平低，大量停车费流失大多数路边收费仍以人工收费为主，工作量大，效率低，单人管理区域有限，同时由于采用人工记录管理，流程不受约束，停车举证材料缺失，经营过程中容易与驾车者产生纠纷。咪表、手持 POS、地磁等方案一定程度上提升了智能化程度，但是欠费、逃费追缴问题仍然无法解决，同时收费员的"跑冒滴漏"现象严重，致使大量停车费流失。

　　（3）信息化水平低、缺乏停车引导。信息化水平低，城市停车资源没有联网管理，缺乏有效的信息发布渠道，驾驶人与停车场之间无法达成信息交互，驾驶人不能及时掌握空余车位信息，一方面驾驶人徘徊苦苦寻找车位，另一方面车位利用率和周转率较低，使得原本车辆/泊位比例不足的问题在一些停车需求旺盛的区域更加凸显。

　　（4）缺乏系统的管理体系，乱象滋生。城市停车运营市场中，停车管理公司数量众多，停车资源管理呈现碎片化状态，缺乏系统的管理体系。散乱的停车运营管理现状导致市场秩序监察、停车价格把控、投诉处理等监管行为困难重重，各种停车乱象不断滋生。

（5）数据基础不足，规划不科学。基本停车需求快速增加，停车需求热点区域难以满足停车需求，管理部门被迫临时划设大量路内停车泊位，以缓解停车压力，由于是规划外设施且大多没有经过严谨论证，往往影响正常道路交通通行。另外，政府规划部门进行城市发展规划时缺乏必要的数据支撑，难以形成科学的停车资源发展规划。

3. 智慧停车基本概念

智慧停车是利用信息和通信技术实现城市停车资源的监测、管理、服务，提高城市停车资源利用率、停车管理效率、停车服务质量的一种智慧应用。

智慧停车的核心包含两个方面：一是对停车资源的优化和整合，消除停车信息系统孤岛现象，将分散的停车位数据实时互联，使系统能及时知道空余泊位并进行发布和停车诱导，在不增设停车位的情况下，减少车位空置率；二是实现车位导航，通过定位、感知计算和无线通信等技术形成车辆到车位的路径轨迹，引导车辆到达目的车位，或者进行反向寻车的路径引导，减少车找位、人找车的时间，实现停车效率和体验的显著提升。

智慧停车可以应用于不同的停车场地。按照车位占用位置的不同，城市停车场地可分为路内停车位和路外停车场。路内停车位指在道路红线以内划设的供机动车停放的停车空间；路外停车场主要包括建筑物配建停车场和城市公共停车场，面向建筑物使用者和公众提供车辆停放。

由于占用空间的性质不同，路内停车位和路外停车场的功能、运营模式，所需技术和管理政策等方面存在很大差异。路外停车场建设需要匹配建筑物功能的需要，小区及单位停车场主要是满足常驻车主长时间停车的需求，购物中心及商圈停车场主要以提供便利促进经济效益，而医院、学校等车场则具有临时性停车的特征。而路内停车位主要是解决停车位供给不足的问题，具有空间开放性和自行化的特征，在管理上，相对路外停车场，在难度和强度都明显加大。

因此，智慧停车在路外停车场应主要解决停车便利性和车位资源使用最大化的问题；而针对路内停车，则是通过技术手段监控停车位停车状态、改善停车管理效能，实现动静态交通的协同优化。

4. 发展智慧停车的价值

随着城市土地空间资源日益紧张和存量发展的要求，以及早期城市规划对停车设施建设用地的预留不足，使得单纯增加停车场建设变得十分困难。而现有停车资源由于缺乏统一调度管理，车位使用率、周转率较低，尚存在大量停车位闲置的情况。根据公开数据统计，全国超过九成的城市停车位使用率小于50%，北京、上海、广州、深圳四个一线城市的车位使用率分别为49%、40%、48%和55%。因此，如何盘活闲置车位、提升现有停车资源的使用效率，仍具备较大的挖掘空间。

此外，即使是停车位充足的地区，由于寻找停车位、不合理出入口设置等问题也常导致停车场周边道路拥堵。根据相关研究，30%的道路拥堵问题是由停车造成，日常48%

的车辆须在车场排队，尤其是城市商区、公共场馆、医院等周边，由于缺乏车位信息查询入口，车主长时间寻找停车位或反向寻找停放的车辆、出口人工缴费等在浪费车主时间和燃料的同时，对城市静态交通的运营和管理也增加了新的难题。

鉴于以上状况，在停车资源严重不足的情况下，发展智慧停车，有效提高停车管理水平和停车效率，已经成为缓解城市车位的供需矛盾，解决居民停车难、找车难问题的关键途径。

5. 智慧停车发展历程及趋势

（1）发展历程。纵观我国智慧停车发展历程，共经历了三个发展阶段：从 2012 年开始发展的基础信息化、半智能化阶段（智慧停车 1.0），到 2014—2018 年的平台联网、将部分业务转移到网络平台的阶段（智慧停车 2.0），再到目前的无人化智能管理阶段（智慧停车 3.0）。国家对智慧停车行业的支持政策也经历了从"加快智能型交通的发展"到"加快交通等传统基础设施数字化改造"的变化。中国智慧停车目前处于 3.0 阶段，停车场实现无人化管理，车主从入库、缴费到出库一系列操作皆自助完成。

预计在未来几年内，智慧停车系统将进一步升级，免去自助缴费环节，实现无感支付。车主进入车场并泊车后，车牌将被识别并录入后台系统。车主通过 App 开通自动支付功能，使智慧停车系统与个人钱包连接。当车主驾车离开停车场时，智慧停车系统将自动识别离开车辆车牌，实现自动收费，免去车主扫码的琐步骤，增加用户体验，从而加强客户端的黏性。

未来，智慧停车随着自动驾驶的升级，有望实现自主代客泊车 Automated Valet Parkin，AVP）。从技术端和需求端来看，AVP 有望先于 L3 落地。从技术端来看，AVP 和 L3 技术要求类似，但 AVP 是在低速下行驶，所以技术挑战比 L3 简单。从需求端而言，AVP 大幅减少车主停车时间，改善交通运行模式，便利市民出行。截至 2021 年，多家车企已开始研发 AVP 系统，且取得相应成果，预计未来 5 年能实现商业化应用。

（2）发展趋势。

1）居民对停车位需求将进一步增加，行业发展前景广阔。中国新能源汽车发展情况乐观，中国汽车市场或将因此有所回暖，中国汽车销量增加使得中国汽车保有量增加、人民对停车位需求进一步加大，中国需要建设更多的停车位来满足人民需求。但未来中国人工成本将愈来愈高，传统人工停车场经营成本将逐步增加，企业利润减少，中国传统停车行业发展艰难，此外，传统人工停车场对收费员的操作监管困难、人民缴费通行效率低下等不利于人民生活、出行，因此建设无人值守的智慧停车场是未来中国社会发展最好选择，是社会发展的趋向。

2）行业竞争将进一步加剧，部分中小企业或将淘汰出局。中国智慧停车行业企业数量众多，行业竞争激烈，大部分企业虽目前发展情况良好，但资本较少且部分技术处于研发阶段，企业竞争力未完全形成。但由于行业市场较大、政策支持力度足、发展前景良好，未来行业涌入资本必将进一步增加，行业发展加速，但是，部分中小企业或将因此被淘汰出局，行业竞争进一步加剧。

3）行业将进入加速发展阶段，各企业将会持续相关研发项目投入。智慧停车行业属于高新、制造行业，在该行业内，企业所掌握的技术是企业在行业中的立足之本，且未来行业将进入加速发展阶段、行业竞争进一步加剧，行业内优劣淘汰赛开始。为了能够在行业内生存、奠定行业地位，各企业必将持续保持对相关研发项目的投入。

6. 智慧停车国内外发展现状

（1）国外。随着汽车的迅速普及，国外发达国家从 20 世纪 80 年代起就开始面临停车需求不断增加和停车设施的供给不足的问题。为了解决停车难问题，许多国家逐步完善停车政策和法规，鼓励通过新技术手段，推动智慧停车行业发展和应用普及，尽可能缓解停车供需矛盾，方便居民出行。

美国作为世界汽车保有量大国，截至 2021 年年底，美国汽车保有量达到 2.8 亿辆，千人乘用车保有量达到 767 辆。大量的停车需求，使得美国城市非常注重停车设施的合理安排和强化管理。通过各项政策法规的制定与实施，使城市中心停车设施的供给量满足停车需求，并使停车规划与城市的总体规划和经济发展目标相一致。同时，美国重点发展车位预订、停车诱导、代客泊车和电子收费等智慧停车应用，主要智慧停车企业通过在线预约停车服务平台和创新服务模式实现了盈利。

在物联网和移动互联网的高度发展和普及下，日本的智慧停车发展程度已经达到较高水平。目前，日本停车场基本普及停车诱导、实时信息查询、无人值守和自主缴费等应用。具体地，日本所有的停车场都设有醒目的停车诱导标志，自动显示停车场的空满状态、价格信息等，大部分停车场上传空满状态到停车服务平台，驾驶员可通过智能终端查看周边停车场的位置、价格等信息。此外，停车管理网络，还可以实时采集车辆进出、停车场利用率、机器故障等信息，通过运营分析，对不同地区的停车场制定动态的价格，合理引导车流，提高停车网络的整体经营水平；通过及时检测设备故障、远程控制，对设备故障做出快速反应。此外，政府也在政策层面给予相应的鼓励，一方面对智慧停车场提供补贴优惠，另一方面，引导民间投资进入智慧停车行业，推动行业发展。

欧洲的人口集中度较高，也是交通拥堵、停车贵、停车难问题突出的地区。目前，欧洲已经开启视频车牌识别技术，实现了停车场出入口的无人值守。欧洲智慧停车发展的特点是更多地围绕停车场运营打造生活与出行生态的闭环。由政府牵头将智慧停车与智慧交通、绿色环保等多个行业结合，共同发展。通过停车政策引导，限制路上停车，促进公共交通出行方式，加强配建停车场管理，合理实施边缘地带停车管理，利用停车换乘等措施，调整城市交通结构。

（2）国内。从 2011 年开始，随着国内汽车保有量呈几何级数的快速增长，城市停车问题凸显。同时，大数据、物联网、第五代移动通信（5G）、"互联网＋"等新技术新模式的迅速发展，又给停车行业带来了发展机遇。为了解决停车难问题，国家密集出台了一系列产业政策，加强城市停车设施建设和运营管理，并推动停车设施的智能化升级和智慧停车应用，实现高质量停车服务，见表 8－3。

表 8-3   国家层面的智慧停车方面政策汇总表

序号	发布时间	发布部门	政策名称	主要内容
1	2015 年 8 月	国家发展改革委、财政部、国土资源部等七部门	《关于加强城市停车设施建设的指导意见》	推动停车智能化信息化。建立停车基础数据库，实时更新数据，并对外开放共享；促进智能停车诱导系统、自动识别车牌系统等高新技术的开发与应用；加强不同停车管理信息系统的互联互通、信息共享，支持移动终端互联网停车应用的开发与推广，鼓励出行前进行停车查询、预订车位，实现自动计费支付等功能，提高停车资源利用效率，减少因寻找停车泊位诱发的交通需求
2	2017 年 9 月	交通运输部	《智慧交通让出行更便捷行动方案（2017—2020）》	提出进一步加快城市交通出行智能化发展；鼓励规范城市停车新模式发展；鼓励基于移动互联网的单位、个人停车位等资源错时共享使用，推动智能停车信息服务产品在交通运输行业有序规范发展
3	2019 年 9 月	国务院	《交通强国建设纲要》	科学规划建设城市停车设施，加强充电、加氢、加气和公交站点等设施建设。全面提升城市交通基础设施智能化水平
4	2020 年 1 月	交通运输部	《2020 年交通运输更贴近民生实事》	在全国范围内选择具有条件的 10 个以上城市，开展 ETC 智慧停车城市试点，在机场、商场、火车站、居民小区等地的停车场推广应用 ETC，提升智慧停车服务能力
5	2020 年 7 月	国家发展改革委	《关于做好县城城镇化公共停车场和公路客运站补短板强弱项工作的通知》	强化停车和客运资源信息化管理水平，加强县城范围公共停车场和公共客运服务资源摸底调查，建立数据库。利用智慧平台提升服务供给保障，加快县城智慧出行、智慧停车等相关信息平台建设，着重推进公共停车资源在夜间、节假日期间错时共享，根据旅客需求灵活设置出行线路，丰富服务体系，提高资源利用效率，完善全程出行链
6	2021 年 2 月	交通运输部	《关于开展 ETC 智慧城市停车城市建设试点工作的通知》	加快拓展 ETC 服务功能，推动 ETC 停车场景应用，选定北京等 27 城市作为试点城市、江苏省作为省级示范区，先期开展 ETC 智慧停车试点工作
7	2021 年 4 月	住房和城乡建设部等部门	《关于加快发展数字家庭提高居住品质的指导意见》	鼓励建设智能停车、智能快递柜、智能充电桩、智慧停车、智能健身、智能灯杆、智能垃圾箱等公共配套设施，提升智能化服务水平
8	2021 年 5 月	国务院	《关于推动城市停车设施发展的意见》	推广智能化停车服务。加快应用大数据、物联网、第五代移动通信（5G）、"互联网＋"等新技术新模式，开发移动终端智能化停车服务应用，实现信息查询、车位预约、电子支付等服务功能集成，推动停车资源共享和供需快速匹配
9	2022 年 1 月	国务院	《"十四五"数字经济发展规划》	加快既有住宅和社区设施数字化改造，鼓励新建小区同步规划建设智能系统，打造智能楼宇、智能停车场、智能充电桩、智能垃圾箱等公共设施
10	2022 年 1 月	国务院	《"十四五"现代综合交通运输体系发展规划》	稳妥发展自动驾驶和车路协同等出行服务，鼓励自动驾驶在港口、物流园区等限定区域测试应用，推动发展智能公交、智慧停车、智慧安检等
11	2022 年 5 月	中共中央办公厅、国务院办公厅	《关于推进以县城为重要载体的城镇化建设的意见》	建设以配建停车场为主、路外公共停车场为辅、路内停车为补充的停车系统

近几年，全国主要城市开始积极推进智慧停车应用，首先聚焦在停车设施管理的智能化升级。车牌识别方式取代了 IC 卡取卡方式：停车场收费由传统的现金支付逐步转向便捷的电子支付方式；路内停车位管理由传统的人工收费逐步向 PDA 收费、PDA＋地磁、PDA＋地磁＋手机 App 等方式发展。此外，利用物联网和云计算技术手段，单个停车场管理系统的信息孤岛被打破，在城区范围建立统一的停车管理服务平台，覆盖多个不同位置的停车场，通过数据共享将分散的数据集中管理，实现停车诱导、车位预订等远程服务，为用户停车带来更多便利，对城市交通系统、停车场业主和运营方都有积极的影响。

从 2018 年开始，伴随着自动驾驶技术的快速发展和地方许可的开放，自动驾驶泊车功能也开始在全国多个城市开展特定区域、特定用户内测或试运营（如北京亦庄示范区、湖南长沙湘江新区等），示范地点多为园区停车场或与企业合作的公共停车场，用于技术验证及自主代客泊车（AVP）场景优化，以更好地满足用户停车需要。车端 AVP功能正在逐步推进量产应用（在法律法规允许后开放给用户），为配套功能应用，企业也在逐步推进 AVP 停车场改造。

但是，也可以看到，智慧停车发展近十年，虽然市场空间已达百亿，但是尚未得到大规模应用。根据数据统计，截至 2019 年年底，北上广深智慧停车平均覆盖率约为 35%，尚有较大发展空间。目前智慧停车发展存在的主要问题有：应用种类众多，尚未形成有序的市场格局；现有停车信息管理与诱导系统在城市范围缺乏系统的规划和管理，各自独立且覆盖范围小，信息流通困难；车位导航还未普及，智慧停车"智能"程度不高，用户仍然面临找不到车位或找不到车的停车难题。

8.4.2 智慧停车系统需求分析

1. 公众需求

出行前可查询、导航、实时动态车位信息，实时获取出行目的地附近停车位信息，实现车位查询、价格查询和路线导航等停车信息服务，让出行/停车更便捷；停车费用价格透明、流程规范、支付便捷，使停车消费更舒心；多渠道了解停车行业政策、法律法规和行业信息，并可通过网站、电话和移动应用等方式进行停车服务质量评价与投诉。

2. 停车监管部门需求

停车管理部门需对整个城市的路内、路外等车场资源进行统一管控，并达到以下目的：精确的停车数据采集和日常运营管理，避免层层转包造成的停车各种问题与投诉；整合所有停车资源，打破信息孤岛，从而改善停车难的实际问题；采用价格杠杆调控区域停车密度，减少道路违停情况，降低道路拥堵出现的概率；实现无人化管理、线上支付，消除了人工管理时产生的各种问题；采用最新的科技手段，实现对所辖路段泊位的统筹监管，将各停车场实时车位信息及时向公众发布，实时合理诱导，缓解道路通行与停车压力。

3. 公安交警部门需求

公安交警现有的技术手段主要针对动态的交通数据的采集分析，对于静态的交通的数据严重缺失。静态交通的数据包含：路内/外车场的车辆信息与位置信息；监管区域范围内车场的实时在停及历史停放记录；道路停车不规范停车、违法停车的取证与管理；无牌车、套牌车等非法车辆的全面跟踪等。

4. 城建规划部门需求

收集各个停车场的日常运营数据，通过各区域停车场"时—日—月—年"不同时间跨度的占用率曲线，分析研判停车场泊位使用率规律和走势，作为规划停车资源建设的依据，让后续建设科学化、前瞻化，由此达成停车场建设的效用投入比最大化的目的，通过科学的停车资源建设，从根源上逐渐缓解城市停车难的困境。

8.4.3 智慧停车总体架构及关键技术

1. 总体架构

（1）逻辑架构。智慧停车管理平台主要是负责原始数据采集，停车行业管理应用系统建设，以及数据分级处理。智慧停车管理平台将分级后的数据上传至云平台，云平台负责数据存储、数据共享管理、转发及面向不同用户的应用。政府部门、行业企业利用停车数据开发符合自身需求的应用系统。系统逻辑架构如图 8-10 所示。

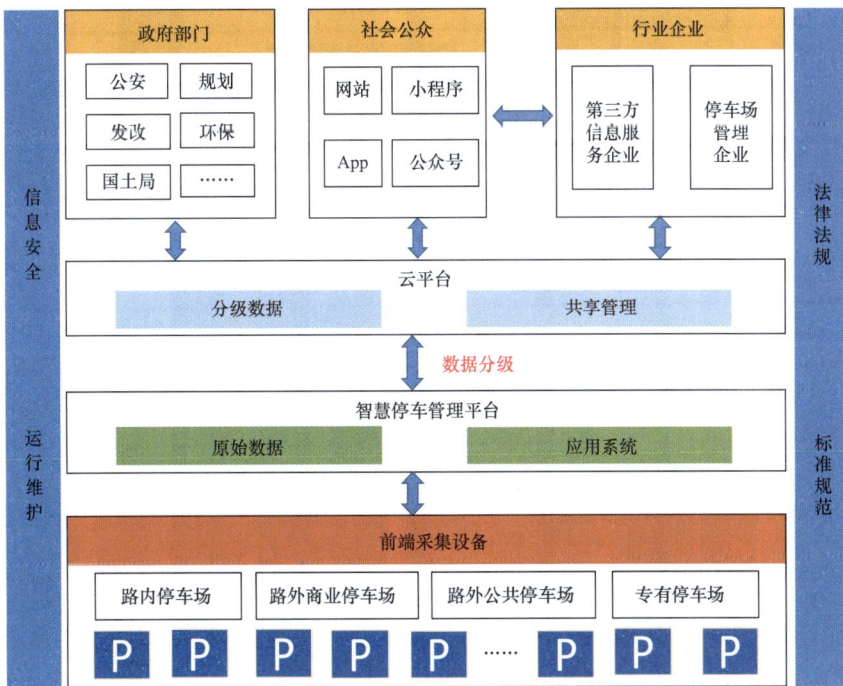

图 8-10 系统逻辑架构

（2）系统架构。在充分考虑云计算、大数据、物联网、三维 GIS 等新一代信息技术在停车管理和服务信息化中的应用，提出总体架构。智慧停车管理平台建设内容主要包括网络传输层、数据采集接口层、数据层、数据服务接口层和平台应用，如图 8-11 所示。

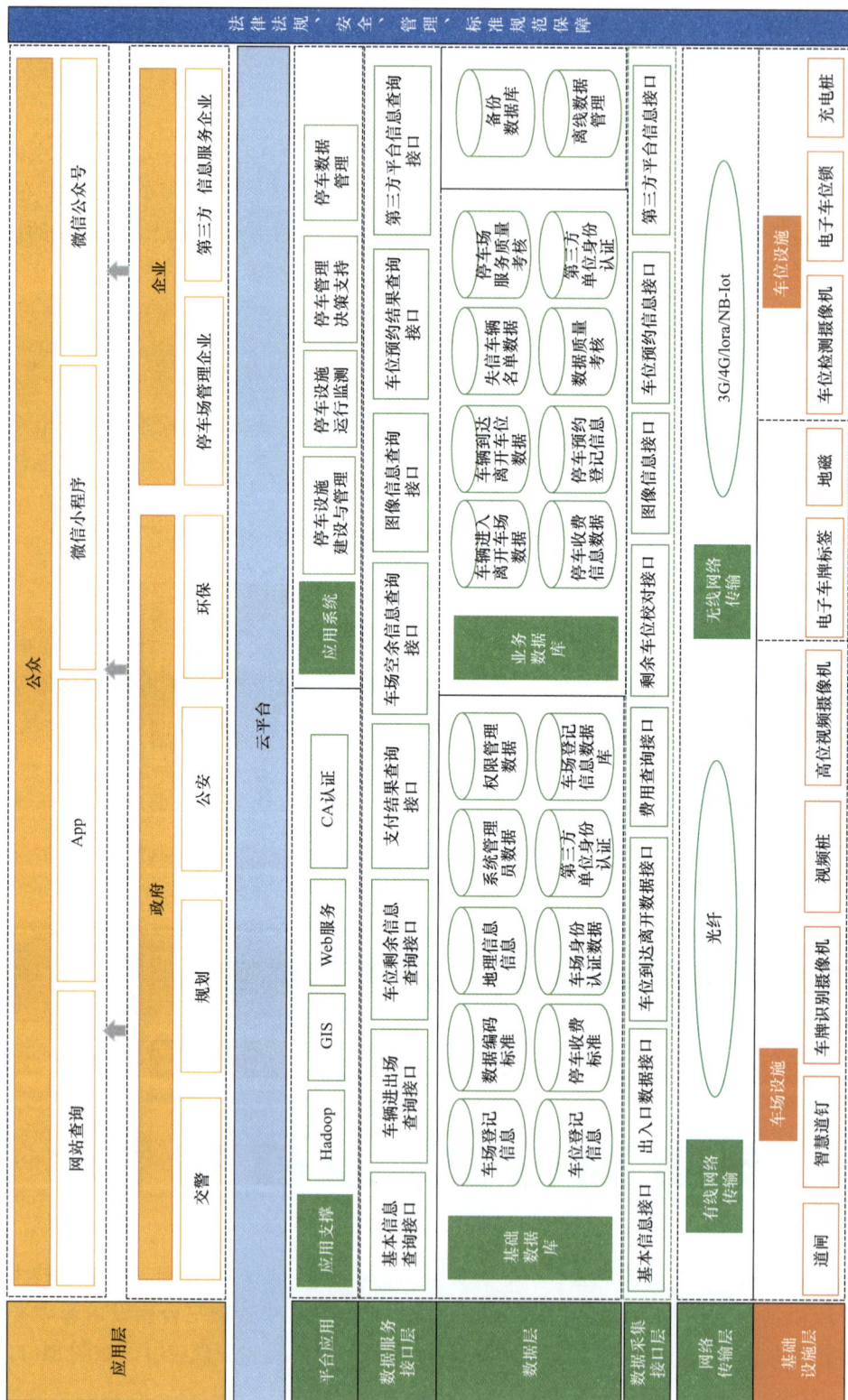

图 8-11 系统总体架构

| 应用层 | 平台应用 | 数据服务接口层 | 数据层 | 数据采集接口层 | 网络传输层 | 基础设施层 |

（3）应用架构。面向公众的出行服务中，由第三方平台负责对外的停车诱导和数据分析增值服务；政府管理部门主要负责停车信息采集系统和智慧停车管理子平台的建设和管理，实现对停车位、停车场的动态化和智能化管理；停车场信息采集，除了路内停车位由交警管理，其余各种停车场实现市场化管理，由市场化的调节机制调节停车场运营管理。系统应用架构如图8-12所示。

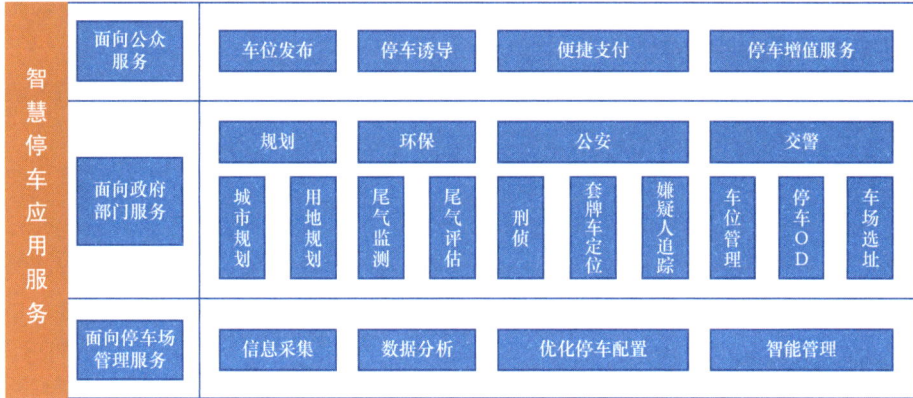

图8-12 系统应用架构

1）面向政府部门服务。利用停车信息系统采集的停车场数据，可以实现对停车场基础数据、停车场运营数据的管理，为行业管理提供了数据基础，应用方面主要有：

a. 实现对车位缺口、车位空置率、车位饱和度、周转率的实时监测和动态评估。

b. 利用停车大数据分析路外停车场的缺口、周转率、饱和度情况，实现路内停车位空位情况的动态管理，结合道路附近路外停车场和公共停车场的饱和度、车位使用情况，对是否施划路内停车位提供辅助决策，实现路内车位的动态管理。

c. 在刑侦方面的应用。利用停车监控设备，实现对车辆的跟踪定位、防止套牌车的出现，同时也可以实现对嫌疑车、嫌疑人的跟踪定位，快速发现找到嫌疑车、嫌疑人。

d. 车辆的轨迹跟踪和出行OD分析。利用所有停车场的监控设备作为卡口，可以跟踪车辆从一个车场到另外一个车场的出行OD，分析重点车场和区域车辆的到达和离开规律，为城市管理提供数据支撑。

e. 在环保方面的应用。根据车辆在停车场的停放数量、时间，建立尾气排放的评价体系，实现对停车场或区域的尾气排放的动态评估。

2）面向公众服务。利用停车场运营数据，可以实时动态监控停车场车位的变化情况，实现对公众的停车诱导服务，主要包括：

a. 快速停车系统。帮助出行者快速、方便地找到合适的停车位。

b. 反向找车和快速驶离系统。通过视频车位引导或反向寻车系统，节约停车场内找车时间，优化车主体验，快速驶离停车位，提高车位的利用率和使用效能。

c. 方便支付。采用刷卡、支付宝/微信等多种支付方式，方便出行者的支付，节省时间。

3）面向停车场管理者服务。

a. 通过对高峰和闲时车位利用率的分析利用过车位引导、夜间长租等方式，优化车位配置，提升日均使用率。

b. 通过智慧停车平台，商业综合体停车场可以采用对接商家优免系统以及积分兑换等功能，提升其用户管理数字化水平。

c. 量化停车行为及用户信息，助力精准营销，从而提升整个商业综合体的客流量和增值营收。

2. 关键技术

（1）室内导航技术。作为导航的"最后一公里"的室内导航，它在商场、化工、物流、制造、医疗等行业均展现出了广阔的市场前景。在此背景下，UWB 定位、蓝牙定位、Wi-Fi 定位、RFID 定位等技术纷纷进入市场，为不同行业的室内定位需求贡献了诸多行之有效的位置服务方案，但首先要解决的问题是对于用户移动过程中的精准性，对于跨层导航的定点准确性。

由于室内环境相对室外遮挡更强，各类建筑结构和材料不一，室内空间和布置也存在较大的区别，需要定位技术具有更高的定位精度来分辨不同的环境特征。而同时由于定位场景的多样也呈现出碎片化需求，因此在实际布局当中要考虑定位精度、覆盖范围、可靠性、成本、功耗、可扩展性和响应时间等几个方面。

（2）车牌识别技术。车牌识别是利用采集车辆的动态视频或静态图像进行车牌号码、车牌颜色的自动模式识别技术。技术的核心包括车牌定位算法、车牌字符分割算法和光学字符识别算法等。一个完整的车牌识别系统应包括车辆检测、图像采集、车牌识别等几部分。当车辆检测部分检测到车辆到达时触发图像采集单元，采集当前的视频图像。车牌识别单元对图像进行处理，定位出车牌位置，再将车牌中的字符分割出来进行识别，最后组成车牌号码输出。

停车场通过将车牌识别设备安装于出入口，记录车辆的车牌号码、出入时间，并与自动门、栏杆机的控制结合，就可以实现车辆的自动计时收费。

相对传统取卡入场，车牌识别通行免停车、免开窗，提升了 B 端用户体验，降低了停车场 IC 卡片遗失耗损的成本，提升了 C 端车主的通行效率，实现了车辆快捷地进出停车场。

（3）车位引导技术。车位引导技术是智能停车发展相当重要的一环，它能帮助车主快速找到停车位，避免盲目驶入，消除车主找车烦恼，有效提高交通道路利用率、缓解车辆拥堵。它的原理是通过车位探测器对车辆的检测，将车位的占用信息定位到具体的某个具体车位，通过实时发布停车场的剩余车位信息、显示单个车位的占用信息，并配合方向指示，引导车辆进行快速地停车。目前主流车位引导系统主要有三类：超声波车位引导、视频车位引导和地磁车位引导。

1）超声波车位引导系统。采用超声波探测器安装在车位上方利用超声波反射的特性侦测车位下方是否有车位，从而通过系统对车辆进行引导。超声波引导系统适用于车流量大，车位紧张的停车场，它能帮助车主实时快速地了解场内空余车位信息，从而快速高效地停车。

2）视频车位引导系统。将摄像机安装在车位上方，通过图像识别的原理对车位状态进行识别。如果无车，则亮绿灯；如果有车，则亮红灯。同时对该车位停放车辆的车牌号码进行自动识别，在寻车终端上输入车牌号码即可查询停车位置。视频引导与找车系统适用于车流量较大、管理相对混乱的大型商业广场、机场等。

3）地磁车位引导系统。采用地磁埋于车位表面下，通过对地球磁场变化的分析来检测机动车辆，当地磁上没有机动车的情况下，地球磁场处于相对稳定的状态，系统默认为无车；当机动车辆经过地磁上方时引起地球磁场的变化，此时系统就会认为是有车存在，并将空车位信息实时上传给数据中心，系统将实时空车位状态进行统计处理后，发布到各道路路口或停车场入口处的信息屏上，引导驾驶者根据停车场区域的划分来停放车辆。

（4）反向寻车技术。在商场、购物中心等大型停车场内，车主在返回停车场时往往由于停车场空间大，环境及标志物类似、方向不易辨别等原因，容易在停车场内迷失方向，寻找不到自己的车辆。反向取车系统通过视频车位探测器对车辆进行检测，视频再经由交换机传送到识别终端，并对车牌和车位等信息进行识别后，通过以太网传输到数据服务器上，最后分享到每一个查询终端上，只需要在查询终端上通过输入车牌号码或其他相关信息就能帮助用户尽快找到车辆停放的区域。

该系统同时还结合了车位引导功能，可以自动引导车辆快速进入空车位，降低管理人员成本，消除寻找车位的烦恼，提高顾客对停车场乃至其所属物业公司的满意度；加快停车场的车辆周转，提高停车场的使用率和经济效益；提升停车场管理水平。

（5）无人值守技术。依靠停车场智能前端硬件搭建与运维平台远程托管功能的开发，无人值守技术已广泛应用于智慧园区停车管理，一方面大大减少了管理人员的工作负担，提升管理效率；另一方面降低了基础工作人员配置，减少运营成本。而对车主而言，停车管理无人值守模式的建立，规范了车主的行车行为，有益于良好的园区停车管理。

（6）设备铺设＋移动支付。传统停车场支付一般是以现金支付为主要手段，且是人工收费，而人工收费漏洞太大，物业管理人员不能时时地知道收费情况，统计报表不及时，浪费人力物力，成本也高。在"互联网＋"停车的环境下，很多停车场都通过铺设智能设备，对停车场的停车流程做升级改进，引导用户线上支付。这样一定程度上节约了停车时间，给停车场管理也带来了便捷。

（7）大数据管理结合远程运维。基于对管理方与车主日常运营数据的不断积累，通过智能管理平台，将客户硬件系统联网。通过生产大数据平台，客户可远程维护系统硬件，大大提升客户的管理效率，同时可利用大数据平台分析车流、客流、信息流，为客户的经营决策提供数据支持，促进客户经营转型，运营增收。大数据平台业务尤其适用大型联网的集团物业管理。

8.4.4 智慧停车综合管理系统

1. 诱导系统

（1）路内停车诱导系统包括车位编码、车位位置信息采集、道路路段导航。

1）车位编码。实现对路内车位统一的编码，使得编码成为路内车位的身份象征，不存在重复现象，方便车位相关信息的统计分析使用，为路内停车诱导提供准确的目的地。

2）车位位置信息采集。对车位的精确经纬度位置进行采集，并添加到车位信息中，方便导航使用。

3）道路路段导航。可以通过借助第三方地图软件，实现用户从出发地到目的地路内车位所在道路路段的导航，并根据车位的精确位置，导航至车位。

（2）路外停车诱导包括停车位查询和推荐、停车场分布地图、停车场信息页、信用查询、车位预约、精准导航、反向寻车。

1）停车场分布地图。利用 GIS 地图功能，显示平台里所有停车场，根据不同的显示级别，对停车场进行分级展示。

2）停车位查询搜索和推荐。公众在有停车需求的时候，通过微信公众号/小程序、App 等方式，输入目的地地址，系统对目的地附近的有空余车位的车场进行搜索和查询，通过距离、好评度等指标对车场进行排序推荐给用户。

3）停车场信息页。实现对停车场出入口、车位数、投入使用时间、收费标准等基本信息的管理及查询。提供接口，为 App 和公众号服务提供查询功能。

4）车场/车企信用查询。实现对车场/车企服务质量评估等级和信用的查询，方便用户掌握车场/车企的整体信用情况，为其选择停车车场提供信息。提供接口，为 App 和公众号服务提供查询功能。

5）车位预约。通过电子车位锁辅助车位预约，提前锁定预约车位，收费系统开始计费。节约用户找车位时间，提升车主体验。

6）精确导航。借助第三方地图软件实现道路路径导航，结合车场的进出口，实现公众到车场入口的精确导航；利用车场内的车位诱导系统，实现公众停车到车位的精确导航。

7）反向寻车。利用 Wi-Fi 定位、蓝牙定位、GPS 定位、视频定位等功能，通过自主开发的定位功能，标注当前车辆位置，作为目标，通过地图功能规划路线，实现车辆停放位置的查找。

2. 停车场车位信息发布

（1）停车场信息接入与展现。与停车管理平台，进行数据对接，将停车位空闲信息，接入百度地图的后台数据库中，并与已有运营商信息进行整合。

（2）停车场信息展示。当用户到达目的地后，发现周边较难停车时，可打开导航地图，搜索周边"停车场"。此时，展现停车场相关信息，可有效引导用户前往车位充足的停车场。

（3）车位引导。停车场车位引导，它通过采集和发布实时停车车位信息，通过LED显示屏实现车位引导功能，为驾驶员提供准确的停车引导服务，提高停车效率和智能化管理水平，提升用户体验。主要包括以下几个部分：

1）室内停车引导。车辆进入陌生的停车场，车主面临寻位难，找车难等系列的停车难问题，利用视觉智慧停车系统—室内引导方案，针对性解决此类问题，提升用户体验。

2）剩余车位显示。剩余车位显示主要放置于停车场出入口以及主要路口处，提醒车主该停车场各个区域的剩余车位信息，让停车场车位管理更加规范有序，提高车位使用率。车位引导显示牌可与各种智慧停车系统对接使用，也可以作为一个独立系统使用。主要由以下几个部分组成：

a. 户外引导屏。户外引导屏主要用于车位数量多、面积大、有管理要求的露天停车场所。一般安装在岔路口前方，将空车位信息用数字、箭头和文字等形式显示，引导车主快速找到空车位区域，将车流分配到停车场内最合适的位置，保证停车场的畅通，充分利用车位。

b. 入口引导屏。主要用于多楼层、面积大、车位较多的场所，安装在车场的入口及场内露天十字路口。根据停车场所划分的区域/楼层数量来设定，可利用数字和文字形式全天候实时显示当前停车场各区域/楼层空闲车位数量，给车主一个可视化的方向指引，提高入场、找位效率。

c. 室内引导屏。室内引导屏由高亮度LED模组、驱动单元、支架等部分组成。主要用于车位数量多，面积大、有管理要求的室内停车场所，一般安装在停车场内部重要的岔道口，以数字、箭头等形式显示该区域的空车位数，引导车主快速找到的空车位，提高停车效率和车位利用率。

3. 无人值守停车收费系统

无人值守停车收费系统指的是停车场出入口均采用车牌识别系统结合自助缴费功能实现无人值守停车场，在无人为进行干预的情况下，通过智能车牌识别系统管理，即可实现不停车、免取卡的车辆出入通道管理模式。无人值守停车管理系统意味着车主可以自主完成整个停车过程，帮助车主提高停车效率，节省时间，提高车主们的停车体验感。

无人值守停车系统可通过高清车牌识别即可实现车辆快速进出场，有效避免出入口出现拥堵情况。可搭载ETC支付平台，或通过多种移动支付方式，实现不停车、无人化收费。系统自动扣费无收费漏洞，降低管理人员方面投入成本，管理更加安全和高效。

车辆数据实时进行更新和查询，通过数据分析生成财务和车流量报表，实现智能化管控停车场。

8.5 移动支付

8.5.1 一体化支付系统概念和支付方式

1. 一体化支付系统概念

MaaS 平台的一体化支付系统实质是一个连接支付方式和账号的金融引擎，它能够使出行者通过一个单一门户无缝地预订和购买他们选择的任何出行服务，所有这些都是一次出行的必要部分，无论出行服务供应商是谁。MaaS 出行服务模式在账号注册、票价体系、身份认证、票务清分、支付方式等方面不同于传统的出行服务模式。当然，MaaS 在统一账号，实现一体化支付后，更为根本的特征之一是以套餐的形式提供价格低于单独购买总价的出行服务。

谈到 MaaS 出行一体化支付系统，首先要了解 MaaS 平台的"统一平台"，它是指将用户可能需要的多种出行方式整合到一个平台中。这里所说平台不仅仅是用户端的一个 App 应用（Mobile Application，App），App 应用只是体现了 MaaS 系统与用户交互的界面，在 MasS 平台中用户可以通过一个账号进行支付，这样用户可以通过一个账号使用全部可用的出行服务方式并支付所有的出行费用，避免目前使用多种出行方式时需要多种支付渠道和方式的局面。

MaaS 一体化支付实现需要一个统一的账号，"一个账号"使出行者可以将他们所有的出行账号关联到一起，创建一个单一的用户身份——这是任何 MaaS 系统有效运行的核心思想。通过一个账号，政府和运营商可以在一个系统上管理所有的出行需求。

MaaS 一体化支付系统需要实现以用户为中心的各种公共和私人运输服务的无缝融合和无缝整合，以满足用户对于高效、便捷、安全的出行需求，从而提升用户的出行体验。在 MaaS 中，公共和私营出行服务供应商使用一个共同的平台提供预订和支付服务。目前其实这样的系统已经存在于很多城市，成为综合公共交通体系的基础，在此基础上扩展为 MaaS 相当方便。

2. 支付方式

（1）传统支付方式。随着 5G、物联网、人工智能等前沿技术的迅猛发展，移动支付领域迎来了前所未有的蓬勃发展，我国移动支付的用户规模和覆盖范围均位居全球之首。与此同时，由于移动支付业务具有便捷性、安全性及多样性等特点，使得它成为人们日常生活中不可或缺的一部分。以城市轨道交通支付为例，随着公共交通领域移动支付的不断发展，从传统票卡到 NFC、二维码、生物识别支付等多种支付方式，移动支付以其卓越的便捷性、安全性和广泛的应用场景等优势，正在逐步成为公共交通领域中不可或缺的一部分。因此，MaaS 出行一体化支付系统应当提供多元化的支付方式，包括但不限于二维码支付、NFC 支付和生物识别支付，此外，除了金融第三方支付机构的电子支付工具，还应当提供多种电子支付工具的支持。通过对国内外典型城市轨道交通行业进行调研，分析了当前城市轨道交通移动支付存在的问题。在此基础上，构建一个具备高度安全性和稳定性的电子支付生态系统，为消费者提供更为便捷和高效的服务体验。

（2）区块链支付方式。

1）区块链支付领域生态现状。在传统支付领域，支付系统涉及多方参与者，包括商业银行、清算机构、第三方支付机构、商户和用户等。这一体系随着互联网金融的兴起经历了显著的变革。尤其是随着互联网和移动支付技术的快速发展，数据管理、流量获取和用户体验的重要性变得日益明显。在这一过程中，商业银行起到了至关重要的作用，不再仅仅作为传统的存贷机构，而是向客户提供多元化、多层次的综合性金融服务。此外，以支付宝和微信支付为代表的非金融背景的第三方支付平台，通过其庞大的用户基础和流量，已经在支付领域形成了相对稳定的竞争格局。这些平台不仅强化了自身的行业地位，还与商业银行建立了合作关系，共同促进了支付生态系统的成熟发展。

然而，随着移动互联网和智能终端的广泛应用，第三方支付网络的开放性日益增强，但由于支付机构间的竞争，不同支付网络之间的互操作性受限，尤其是在跨国支付场景中。此外，安全性和隐私保护成为中心化支付机构面临的主要挑战，如资金转移过程中的手续费问题和支付平台间的信息隔阂。区块链技术的出现为解决这些痛点提供了新的思路。其去中心化、去信任和可追溯的特性有望从技术层面提高支付服务的效率，并推动行业向更开放透明的方向发展。目前，许多中央支付机构正在探索利用区块链技术来改进其支付业务，同时新兴的区块链支付项目如 Ripple、Stellar 等旨在优化交易流程和降低成本，为支付服务提供了基于区块链的数字化解决方案。这一趋势预示着数字资产支付和转账需求的增长，进而促进了支付领域的进一步创新。

目前，尽管区块链技术在交通领域尚未得到广泛应用，但通过将其应用于 MaaS 中，我们可以构建一个去中心化的 MaaS 网络，从而实现更加高效的数据传输和管理。这种分布式账本体系能够保证用户身份认证的真实性、完整性与不可否认性，并对数据进行存储和共享。通过数据存储与传输实现对出行过程的实时监控，提高了整个系统的安全性和可靠性。确保提供出行选择的算法具有高度的个性化和透明性，以确保市场上大小供应商之间的竞争公平、开放和透明；社区所建立的智能合约，能够自动执行收入分配和用户出行套餐的规则，从而提高了所有网络成员的信任度，同时降低了成本，为用户的出行提供了更加高效的保障。

2）区块链电动踏板车共享示范。在 2019 年，德国电信（Deutsche Telekom）推出了一项电动踏板车共享试点计划，该计划采用区块链技术对用户身份和支付凭证进行处理。该方案通过将不同类型的区块链设备集成到一个分布式网络中，实现对每个出行人进行统一管理，同时提供与个人相关的个性化服务。在传统的中心化系统中，用户所注册的每一项服务都需要进行个人信息和支付信息的录入和存储。这种方式使得服务供应商需要为每个用户建立一个唯一的账户才能提供相应服务。多次登录可能会给用户带来诸多不便，而将出行者数据存储起来则会增加服务供应商的成本和安全风险。相反，采用区块链这样的分布式系统则能够在一定程度上将服务供应商和出行者的身份和支付凭证分离开来，从而提高安全性。此外，通过将区块链和云计算结合起来，出行者能够从任何地点获得与自己相关的服务。由于区块链存储的信息可以在多个服务供应商之间安全共享，因此它的灵活性得到了进一步提升。通过将用户账户与车辆绑定，出行者能够在不同的服务供应商处进行交易，并且不需要再次输入个人信息或者支付凭证。在此情形下，出行者只需进行一次电动踏板车共享计划的登录，即可轻松驾驭参与其中的任何一家服务供应商所提供的电动踏板车。

8.5.2 一体支付系统涵盖的交通方式

尽管 MaaS 的定义尚未达成一致，但其概念和特征已经基本明确，因此 MaaS 的全面发展需要长期的努力和持续的推进。在 MaaS 理念的推动下，近年来涌现出各种初步具备 MaaS 独特特征的出行服务应用。Jana Sochor（雅娜·索科尔）等将 MaaS 和类似 MaaS 的服务的发展水平划分为五个等级，这是基于其集成度的差异而得出的结论。这对于我们认识和了解当前的出行服务应用具有重要价值。尽管系统被划分为五个等级，但这并不能保证高一级的系统一定比低一级的系统更优，因为系统的优劣取决于其用户需求和用户体验。因此，在进行具体项目设计时，要考虑到各子系统间的相互关系以及各自的特点。不同级别之间并不存在相互依存的关系，也就是说，高一级的系统功能并不一定会全面超越低一级的系统功能，而是在集成的范围上存在差异，例如在某些功能方面，高一级的系统可能不如低一级的系统。

0 级：没有集成

传统的单一功能出行服务系统，如共享单车 App、汽车租赁平台等，虽然在某些出行服务方面已经相当完善，但却缺乏与其他出行方式的有机结合。在此等级下，无法实现一体化支付的功能。

1 级：信息集成

该等级实现了多种出行服务方式的信息融合，形成了一个集中的信息平台，可提供多种出行模式的规划，并提供价格参考，相较于前一级，其附加价值主要体现在提供最优的出行方案。同时该系统还能为用户提供各种个性化出行建议和相关服务，以帮助用户选择最合理的交通出行路线或交通工具。一些知名企业所提供的免费出行信息服务平台，如百度地图、高德地图等，常常为免费用户提供服务，而服务商则无须对其数据的准确性承担任何责任（在绝大多数情况下，其数据是可靠的）。由于这些平台通常只向特定人群开放，因此用户一般不会主动查看其数据。一旦用户察觉到其数据质量存在瑕疵等问题，他们可能会转向寻求其他服务。这就要求运营商要保证数据的真实性和可靠性，并能及时地发布出相应的结果供用户选择。一些出行服务提供商（例如公共交通运营公司）会利用开放数据为这类产品提供支持，比如百度整合的公共交通信息等。此外，还有一类出行服务供应商，比如出租车运营商和停车场管理公司等。由于这类平台拥有广泛的用户群体，因此可以收集到大量的出行需求信息，这些信息经过加工处理后，可以向相关单位（如政府主管部门、科研机构等）提供，以发挥其潜在价值。目前国内大部分出行服务平台还处于初级发展阶段，多数平台只提供单一的服务，且缺乏统一的管理标准和规范，因此很难与互联网进行无缝对接。其他出行服务提供商也开始整合多种交通出行方式在这一等级中无法实现一体化支付功能。

2 级：支付集成

该等级的出行服务主要聚焦于单次出行，除了提供出行规划服务外，还增加了公共交通、出租车或其他票务功能，如预订和支付等。此外，还可以根据不同需求定制个性化出行方案，例如推荐目的地、路线安排、行程导航以及各种交通信息查询等。该级别的额外功能主要是在出行规划工具的基础上拓展了预订和支付功能，使得用户可以在搜索到最佳出行方式后，通过同一 App 进行预订和支付，而对于出行服务供应商而言，这样的平台可以扩大用户规模。此外，还可根据不同人群对交通工具的选择偏好进行定制化配置。这一项额外的功能为那些曾经使用多种出行模式的人提供了更加便利的选择，但对于私家车主而言，要想决定是否出售私家车却是一项艰巨的任务。另外一个重要因素就是，不同类型的交通需求会对整个出行系统造成影响，比如长途客运和短途客运都可能带来一定程度的交通拥堵。目前国内的携程等平台虽然拥有相似的特性，但其主要聚焦于城际出行领域，缺乏多元化的模式整合。

在这个综合的出行服务平台上，各个出行服务供应商都可以以经济实惠的方式提高其知名度，因为它们将与竞争对手一起出现，但相对而言，那些能够赢得市场份额的新创、小型或小众服务的价值可能会达到最高水平。因此，在进行市场细分时，这些出行服务供应商就应该考虑如何提高自己的竞争力。在需要增加运营成本的情况下，一些出行服务供应商或许对此不感兴趣，然而这也取决于他们所提供的服务是否具有主导地位。因此，对于那些有较低投入却能获得显著回报的企业来说，他们应该更加关注其业务模式和商业模式的创新。随着标准化程度的提高，整合更多供应商所需的成本和复杂度也将随之增加。此外，每个运营商还应该有自己的客户分类体系，以便于针对不同的客户群体采取差异化的营销策略。该级别的运营者主要负责确保票务的有效性、预订和购买的准确性，而不承担实际客货运输的责任，他们的收入来源可以包括代理费用、手续费及供应商会员费等。当平台服务提供商与乘客之间建立起关系时，他们就能向乘客收取一定比例的服务费。如果该平台无法提供额外的服务，那么用户可能不会愿意支付额外的费用以获取出行规划的帮助。另外，由于用户可能没有时间或者因为自身的原因无法获得这些服务，所以用户很有必要通过第三方来获取出行服务。反之，用户期望平台服务提供商对其所提供的服务承担责任，尽管实际上出行服务是由服务提供商（通常不是平台服务提供商）完成的，因此平台需要提供相应的支持。另外，由于出行服务本身具有一定的特殊性，如时间上不可更改性以及空间上非连续性等，因此，出行服务平台也不能直接提供所有类型的出行服务。为了实现出行服务的收支平衡，需要考虑将其与其他行业整合，如酒店、购物等，以获得更高的利润。

实际上，许多城市的公共交通工具，如公交卡等，都可以采用跨交通方式进行支付。例如，我国的一些公交卡可以跨越多个城市使用多种公共交通方式，但与 MaaS 的本质理念存在较大差异，因此该级别的应用并不是 MaaS 实质理念的体现，只是集成了支付通道，对于减少小汽车的出行者使用方面效果有限。

3 级：全交通方式集成

MaaS 平台所提供的服务为捆绑式，包括多次出行和多模式出行等，其服务也可能基于套餐订阅，因此 MaaS 供应商和终端用户之间存在完全的双向责任。在这种情况下，运营商会对用户的出行需求进行分析和预测，并通过各种手段来提高服务质量，从而降低运营成本。MaaS 供应商从出行服务供应商处采购出行服务，并对其进行重组，最终以比市场价格更具竞争力的价格出售给出行者。用户通过使用该出行服务，在不增加额外支出情况下获得更高的收入。其所获得的收益或许主要源于其重新打包后向外界提供的服务与为其提供的出行服务供应商之间的服务质量差异。同时，用户在使用该产品时还能得到更多的附加价值。MaaS 平台提供全面的出行服务，覆盖从清晨到黄昏、从周一到周末、从春天到冬天，而不仅面向一次出行。

MaaS 供应商的职责不仅限于经纪人（或中间人）或开放市场，而是对用户提供的服务承担责任。它还需要在运输和物流方面有更高的技术能力和经验。MaaS 供应商欲与出行服务供应商建立更为紧密的联结，以确保用户获得更为优质的服务体验。这意味着他们需要在不同程度上了解客户需求并做出响应。对于车辆租赁而言，通过对预订信息进行深入分析，MaaS 能够为车辆租赁者提供更为精准的车辆调度方案。

在这一等级中 MaaS 一体支付系统涵盖公交车、出租车、网约车、顺风车、共享单车、分时租赁汽车、地铁、轮渡、铁路、飞机等多种交通方式，满足了跨越城市和国界的出行需求，覆盖范围广泛。

4 级：社会目标集成

该级的附加价值是降低私人小汽车的拥有和使用（在前一级中已有一定程度体现），创造可达性更好、更有活力的城市。在 MaaS 服务中整合激励措施，可以反映出本城市或本国的目标如何整合到出行服务中。

城市政府部门能够改变出行服务的社会和生态影响，例如 MaaS 供应商可以为期望的出行行为提供激励，从而影响出行者行为，当然，出行服务供应商也可以使用这种方式。在 MaaS 生态系统中两个重要的公共部门是城市政府和交通运输管理部门：城市政府能够影响资源的分布；交通运输管理部门则往往是城市交通的骨干。长远来看，MaaS 供应商必须与这些部门进行密切合作。对于公共部门而言，其垄断地位应当保证出行解决方案不仅满足出行者需求，而且要对城市的发展目标有益。例如城市可以进行拥堵收费、而 MaaS 供应商可以为城市提供非敏感的用户数据用于进行城市规划等工作。

将公共交通服务（通常是受补贴的）与商业出行服务混合到可定制的出行服务包中，会带来不同的挑战。公共交通往往是一种通用型服务，其价格模式受政府管制较多，缺乏弹性，而有吸引力的 MaaS 服务需要提供一种统一、灵活的服务。因此，需要整合的是公共交通出行服务，而不是现有的公共交通"产品"（如单程票或月票）。在这一等级中，MaaS 一体支付系统所覆盖的公共交通工具种类繁多，包括传统交通方式（如飞机、火车、轨道交通、公交车、出租车、自行车等）、共享单车、分时租赁、顺风车，以及 PRT（Personal Rapid Transit）系统、无人驾驶系统等，这些都是未来市场上广泛采用的交通工具。

306

8.5.3 计费模式与支付系统的实现

1. MaaS 的出行服务计费模式

就目前示范或实施的 MaaS 出行服务项目而言，MaaS 的计费方式可分为两类：现付现结和出行（包月）套餐。对于现付和套餐这类服务，其定价机制有不同，在对现付的定价中，又以计价器价格为基准进行计算，相较于已有的各类出行服务，现付现结并无显著差异，然而，出行套餐则可被视为 MaaS 的出行服务的一大特色。

多个 MaaS 的实验项目（如 UbiGo）和应用项目（如 Whim 在赫尔辛基）均已应用出行套餐。出行套餐是一个基于用户偏好信息的优化模型，该模型考虑了不同交通方式之间的转换成本以及不同出行时间下的费用差异。MaaS 的出行方案将致力于为出行者提供全面的出行选择，包括价格相对较高的网车、出租车等，以满足他们的各种出行需求。这种套餐可以通过对交通信息的采集以及对各种出行费用的分析而产生。然而，购买此类旅行套餐所面临的挑战在于，随着技术的不断进步，获取需求响应型服务变得更加便捷；另外，如果出行者有足够多的时间来享受这些服务，那么他们就会放弃使用昂贵的出行套餐。尽管出行套餐的价格合理，但其可供选择的出行套餐种类繁多，因此出行者数量受到了限制。为了解决这些问题，许多公司正在开发各种形式的新型出行套餐。相较于现付现结，出行套餐所带来的潜在优势在于其提供的服务具有折扣优惠、可根据个人出行需求进行订阅、取消出行更加灵活、可进行预算控制等多方面的优点。因此，在一定程度上，可以减少用户在出行过程中所花费的时间和精力，同时还能节约更多的金钱。然而，若套餐余额无法积累，用户为了尽可能地使用套餐，可能会增加出行的需求；此外，若套餐中包含更多基于小汽车的出行选择，则可能会增加用户基于小汽车的出行次数。

研究表明，将公共交通、共享汽车和停车换乘服务打包提供，而非单独提供，可以显著提升这些服务的价值，从而使出行者更倾向于接受出行套餐。此外，一些公司正在尝试在出行过程中整合各种交通方式，比如公交、地铁或其他公共交通工具。共享单车、共享电动自行车以及出租车服务的估值相对较低，这表明它们在市场上的地位相对较低。在不同的场景中，用户选择的偏好可能有所不同，纯粹的打包服务，包括各种出行方式的预订，并不能保证是最优策略。对公共交通和小汽车共享的分析显示，这些组合在不同程度上降低了成本。该研究建议将公共交通、汽车共享和停车换乘打包，而共享自行车等则应采用即时支付的方式，以实现更高效的出行体验。这些打包模式都会导致额外的费用支出，而且在某些情形下，这种损失还会更严重。一项研究基于澳大利亚提供通勤服务的供应商，探讨了使用 MaaS 的套餐包替代通勤交通的效果，结果表明所需费用更高，因此，使用 MaaS 替代通勤交通可能并不是一项轻松的任务。一些学者运用基于大伦敦地区的调查数据，探讨了 MaaS 套餐是否具备促进共享出行方式发展的潜力。此外，还分析了影响人们对共享单车选择的因素以及他们对这种新出行方式的态度。尽管 MaaS 计划中的共享出行方式并未得到受访者的青睐，但相当数量的人表示愿意订阅包含这些出行方式的计划。初步研究表明，MaaS 捆绑计划可作为一种出行管理工具，向更广泛的出行者推广共享出行方式，从而提高出行效率和质量。

2. 支付系统的实现

MaaS 系统的实现从技术上而言，既涉及能够根据用户出行需求实时生成跨交通方式的最优出行方案，并且能够根据不断采集的大量出行数据进行数据分析以便为优化出行服务系统等提供支撑，也涉及跨部门、跨平台等的 MasS 一体化支付系统。一体化支付系统需要通过应用程序接口（API）与 MaaS 平台中的各种交通服务和外部支付服务进行集成。良好设计的 API 不仅能够简化集成过程，还能提高系统的灵活性和可扩展性。同时，需要跨平台兼容性，为了适应不同用户的设备和操作习惯，一体化支付系统需要支持多种平台（如 Web、iOS、Android 等），并保持跨平台间的一致性和互操作性。

一体化支付系统的技术框架通常包括前端用户界面、后端处理逻辑、支付网关、安全机制和数据管理五个主要部分。这一框架不仅需要处理跨平台、跨服务的支付请求，还要确保交易的安全性和数据的准确性。

前端用户界面是用户与支付系统交互的直接入口，它需要提供简洁明了、易于操作的界面设计，支持用户完成选择服务、确认支付信息和执行支付操作等步骤。在 MaaS 平台中，前端界面还需要与不同的交通服务无缝集成，提供统一的用户体验。

后端处理逻辑是一体化支付系统的核心，负责处理支付请求、验证交易信息、执行资金清算和记录交易数据等任务。后端系统需要具备高效处理大量并发请求的能力，并能够与多个服务提供商和支付渠道进行通信。

支付网关是连接 MaaS 平台和金融机构或支付服务提供商的桥梁，负责转发支付请求和处理支付确认信息。它需要支持多种支付方式（如信用卡、借记卡、移动支付等）和多币种交易，确保用户在全球范围内都能顺畅支付。

安全机制是确保支付交易安全和用户信息保护的关键。这包括数据加密、身份验证、欺诈检测和风险管理等多个方面。特别是在处理敏感的支付信息和个人数据时，安全机制的重要性不言而喻。

数据管理部分负责收集、存储和分析交易数据和用户行为数据。这些数据对于优化支付系统性能、提升用户体验和支持商业决策都至关重要。因此，数据管理系统需要具备高效的数据处理和分析能力。

在全球范围内，许多城市和公司已经开始实施一体化支付系统，以提升 MaaS 平台的服务能力。例如，欧洲的 Whim 应用整合了公交、火车、出租车和共享单车等多种交通服务，并通过一体化支付系统提供无缝支付体验。在国内，通过支付宝和微信支付等移动支付平台，用户可以便捷地支付地铁、公交等公共交通费用，实现快速出行。

8.5.4　安全协议与管理办法

1. 移动支付终端安全风险

目前，移动支付在运行环境中，手机信息的传输和储存都存在着较大的安全性问题。它的安全性不仅关系到使用者的隐私，而且关系到使用者的财产安全，也关系到整个交易过程是否能够成功进行。其中，基于操作系统的应用程序所面临的威胁是最大的，而基于手机的付款模式所面临的安全风险也是不可忽略的。

（1）移动支付终端操作系统。手机可以通过刷机、越狱等方式进入第三方的应用程序，原有的移动端操作系统也容易被改变。目前，由于手机操作系统的独特性，手机操作系统具有很强的可自定义性，这样做虽然可以提高用户对移动设备的使用体验，但是也会带来一些安全隐患，比如被植入到操作系统中的木马等病毒，会对支付过程中的安全环境造成很大的冲击。

（2）网络传输。由于其功能的需求，无线网络必然需要更强的开放性。与传统的有线通信系统不同，在无线通信系统中，对身份认证的要求更为严格和高效。当前，大部分的手机支付的通信协议，都是从传统的互联网上移植过来的，并没有按照无线互联网本身的特点，对其进行改进，导致了当前的移动支付通信协议在身份认证、密钥传输和信息加密等环节中，都有一定的缺陷，很容易被不法分子利用，进而实施网络诈骗。

（3）服务网络。当前的手机支付流程主要是依托第三方支付系统作为中间环节来完成。这种模式可以避免商家不能参与付款过程，从而保证了购买者的资金安全。但是，更复杂的交易过程会出现交易信息等海量信息数据会在多方之间传输和存储，在这种情况下，会增加用户个人信息、交易信息等信息泄露的可能。

2. 安全移动支付协议

（1）基于公开密钥私有密钥的非对称加密系统。1976 年，狄菲（Whitfield Diffie）和赫尔曼（Martin Hellman）提出了一种基于单项函数和暗门函数的公开密钥密码（即非对称密钥密码）思想，为接收方和发出方在通信中创造了一种信息加密的钥匙。在这个过程当中，他们发现，在使用公开密钥的同时还需要使用一个秘密密钥来保证其安全性。具体而言，他们在通信过程中创造了两把钥匙，一把是加密密钥，另一把是解密密钥。最初，加密密钥是可以公开的，但解密密钥却不能公开。运用数学原理，他们发现使用公钥很难解密私钥，这一发现为公钥密码技术的发展奠定了基础。

在会话数据加密和数字签名认证等领域，公钥是一种常用的加密工具，以确保数据的安全性和可靠性。在一个通信系统中，用户可根据自己的需求和需要来决定是否使用公钥或私有密钥。使用特定的私人密钥，可以对由公开密钥加密的信息进行数据解密。为了解密使用私钥的数据，必须使用经过认证的公钥。因此，设计一个能够保证公钥和用户身份的手机通信系统具有重要意义。在此基础之上，提出了一项以数字签名技术为基础的智能手机应用计划。该方案中用户只需携带一个具有公钥和私钥的手机终端即可完成通信。由于攻击者无法获取私钥，也无法对其进行解密，因此，针对窃听、篡改消息等攻击，提供了一种高效的保护措施，以确保现有资料的安全传输和保密实现。

（2）数字签名技术。数字签名技术是对一般的签字进行数字化操作，数字签名就是签署人的真实身份。其特征是签名容易制造，但要复制它是非常困难的。数字签名可以和已签署的信息相结合，并且无法将其删除。数字签名包括两种算法：一种是签名算法，它使用了私有密钥来对数据或信息的散列值进行加密，从而生成签名；另一种是验证算法，即利使用公开密钥来确认签署后的资料。采用数字签名技术能够验证移动支付系统中每个成员的身份信息，由于签名具有不可伪造的特性，所以它可以保护人们免受中介的攻击，还可以验证交易的真实性，使得交易行为无法被否认。

（3）组签名系统。在组签名系统制度下，每一组的法定成员在校验过程中可以代表群组产生一个不记名的签名，同时核对程序可以使用组公共密钥检查组签名的合法性。核对方能够证实该签字被组所接受由小组成员签名，但是无法得知是谁在用户提供匿名信息时签字的，并且不能把不同的交易联系到同一个客户。管理者能够利用签署来确认签名者的真实身份信息，所以签名的源头有迹可循且签名者不能对其行为进行否认。采用组签名系统，不仅能确保组成员的匿名性，而且还能确保其有效追踪源头。合法使用者的匿名身份可以受到保护，也能够追踪到不合法使用者的身份，一举两得。

（4）身份识别技术。个人身份是保障重要数据信息安全的关键因素，例如微信支付在大额支付时需要进行人脸识别，而乘坐高铁、飞机时则需要进行身份证和人脸识别的刷卡操作，只有在认证合一后才能进入。这些都与人们的生活息息相关，一旦发生问题会对社会带来极大影响，甚至危及国家安全。因此，在整个经济社会的运转中，识别个人身份显得尤为重要，随着时代的演进，生物识别技术也在不断发展，其原理在于充分利用人体的各种特征，如面部、指纹、声纹等，以实现信息的识别。通过生物识别方式对用户的个人信息或财产信息进行保护。在移动支付领域，生物识别技术已成为一种广泛应用的身份验证方式。本文从当前的支付方式出发，提出了基于生物识别技术的电子支付方案，并设计实现一个原型系统，通过该系统可以实现对支付过程中各种信息的实时监控以及交易的自动化操作。为确保生物识别付款数据的安全传输、存储和处理，同时保障受信任的付款程序的保密性、完整性和数据存取的端到端的安全性，一般智能终端应用了高度可靠的运行环境和安全单元等技术。同时要加强与第三方平台间的合作，以确保支付系统安全可靠运行。通过采用标记技术在数据脱敏、隐私计算和分散存储等方面，加强了对生物识别技术的保护，提高了对潜在风险的预防能力。对于生物识别算法来说，由于其自身的特征属性，需要经过加密运算才能进行解密。此外，目前采用的互动问答方式，通过向对方提出询问，必须获得正确的回应才能顺利通过，这种方式具有更高的准确性和精度。

第9章 趋势与展望

9.1 智慧城市交通技术发展趋势

通过现代信息通信技术实现城市交通的高效管理与公众服务，一直是智慧城市建设的重要任务之一。与大数据、物联网、互联网＋、人工智能、区块链、超级计算、BIM和虚拟现实等技术深度融合是实现智能交通系统的大势所趋。大数据、超级计算技术主要服务于智慧城市交通的"高效省时"，物联网、区块链技术主要支持智慧城市交通的"安全便捷"，虚拟现实、"互联网＋"主要面向"以人为本"的服务理念，人工智能、BIM技术主要服务于城市交通的"可视可预测"。在实际应用场景中，上述各种关键技术需要灵活组合与融合应用。

9.1.1 大数据技术

大数据具有海量、高增长率、多样化、低价值密度等典型特征。目前，大数据技术已经在许多行业得到了广泛应用，并呈现出数据资产管理、增强分析、数据发现、数据可视化、数据安全及服务等技术发展趋势。在交通基础设施的全要素全生命周期管理中，会产生大量的静态和动态数据，包括设施传感器监测数据、质量安全监控数据、交通通行数据、路（航）域气象与环境监测数据等；在交通运输的运行管理与出行服务中也会产生海量的交通工具轨迹数据、物流数据、公交刷卡数据、公路收费数据、轨道交通运行数据、地图与导航数据、交通参与者手机信令数据等。单纯的海量数据并不能产生价值，需要立足行业需求，充分考虑行业数据所具有的大数据特征，重构服务于公共信息服务与社会管理决策的大数据处理及存储相关技术架构，实现大数据技术与路网综合管理、出行信息服务、交通运行管理等业务的深度融合，加速交通行业管理方式、服务模式和商业模式的创新，培育交通运输行业发展的新动能。

9.1.2 互联网技术

互联网发展已经给各行业带来了巨大红利，"互联网＋"在交通运输管理和服务中不断发展和升级，网约车、共享单车、移动支付、实时导航、互联网＋出行服务、互联网＋政务服务、运营车辆网上培训等应用与创新不断涌现。随着移动互联的普及、5G通信技术的逐步实施和互联网流量红利的消退，互联网的技术和产业发展也呈现出工业互联网兴起、人工智能不断渗透、共享经济依然有所期待等趋势。在这一趋势下，互联网＋交通出行、互联网＋货物运输、互联网＋农村物流、互联网＋共享交通、互联网＋路网综合服务等仍将不断发展，不断重建新的交通运输生态，并有望在不停车移动支付、服务区停车位和充电设施引导与增值服务、车路协同安全辅助服务、新能源汽车动/静态充电等方面率先示范。

9.1.3　人工智能技术

当前，人工智能技术正在渗透并重构生产、分配、交换、消费等经济活动各个环节，已成为经济发展的新引擎和社会发展的加速器。大数据、云计算、互联网等信息技术的发展，为人工智能的蓬勃发展提供了基础和机遇，跨媒体智能、大数据智能、群体智能、自主智能系统、人机混合增强智能等人工智能2.0的关键技术与理论，正不断突破各行业的创新边界，将全面推动智能交通系统的创新发展，有望在面向城市公共交通及复杂交通环境的安全辅助驾驶、基于多智能体系统的交通运行仿真与预测、交通语义知识图谱自动化、车路协同的智能系统、无人驾驶与自动驾驶系统、新一代国家交通控制网、智能载运工具、智能物流等方面率先突破。

9.1.4　区块链技术

区块链是分布式数据存储、点对点传输、共识机制、加密算法等计算机技术的新型应用模式，它是一种去中心化的数字网络，将信任嵌入到每一笔交易和每一项共享数据中，能够支持使用者在安全环境中交换价值或放心分享数据，从而大大降低交易成本、优化核对流程、提升交易的效率和安全性。依托分布式账本、共识机制、非对称加密、智能合约等核心技术，区块链具有去中心化、开放性、独立性、安全性、匿名性等重要特征。世界经济论坛预测，到2027年，全球GDP的10%可能会存储在区块链平台之上。高德纳公司预测，到2025年，区块链的业务增值将达到1760亿美元，到2030年将超过3.1万亿美元。目前，区块链技术在金融服务业的应用中取得了长足发展，在交通运输行业的应用也不断发展。交通运输链旨在连接交通运输产业中的政府、企业等行业主体，车辆、船舶等运输装备，道路、桥梁、场站等基础设施，并在保证数据流通公开、透明的基础上，保障数据资产权益，提升智能交通运行效率，释放综合交通运输的信用成本。"区块链＋物流"旨在实现信息的全面传递，并能够检验信息的准确程度，进而降低物流成本，追溯物品的生产和运送过程，提高供应链管理的效率。区块链技术还在交通运输运营信用管理、出行管理与服务、车联网信息安全提升等方面具有较好的应用前景。

9.1.5　超级计算技术

随着"天河一号""神威蓝光""曙光星云""天河二号""神威·太湖之光"等一批

超级计算机完成部署并投入应用，我国自主超级计算技术创新与产业化正经历着跨越式发展。自 2010 年凭借天河 1 号首次问鼎全球超级计算机性能 TOP500 后，2013—2017 年中国连续五年盘踞榜首。2023 年 6 月，最新一期超级计算机 TOP500 榜单公布，橡树岭国家实验室（ORNL）的 Frontier 位列榜首，中国的神威太湖之光和天河二号甲分别位列第七和第十。TOP500 榜单中，美国为上榜数量最多的国家，共上榜 150 套，占比 30%；中国以 134 套上榜数量紧随其后，占比 26.8%。但在 500 台上榜超级计算机中，中国占据 162 台，比欧洲多 31 台，比美国多 36 台，稳居世界第一的宝座。

目前，国内高性能计算主要用于互联网大数据的深度学习、互联网服务中云计算应用、科学计算等。超级计算与云计算、云存储结合，为新一代国家交通控制网运行监测、动态交通信息实时计算与预测、城市综合交通协同运行管理、交通大数据深度学习、重大交通事件的应急处置与预测分析等提供极快运算速度和大批量数据处理能力。

9.1.6 建筑信息模型技术

建筑信息模型（BIM）是对建筑工程物理特征和功能特性信息的数字化的承载和可视化的表达，它为建筑工程各个阶段的各个参与者提供模拟和分析工具。BIM 的价值主要体现在工程信息的全生命周期传递和成本、进度、质量的管理与协调。BIM 技术已经广泛应用在建筑、电力、水利等领域，在交通运输领域也具备了支持实际工程应用的能力，并在 BIM＋GIS 的集成融合、三维可测实景技术、全生命周期资产管理、多源智能监测传感信息实时融合、交通基础设施安全状态综合分析及预警、运营养护辅助决策等方面呈现出新的发展趋势。来源于准确工程数据的 BIM 模型在构建结构对象可视化模型的基础上，还可以集成融合成本、造价、运营、养护、路侧传感器等多维信息，为交通基础设施全要素全生命周期的数字化提供工具和数据支持。

9.1.7 虚拟现实技术

虚拟现实（VR）技术是以沉浸性、交互性、构想性和智能性为基本特征的一项综合性信息技术，它的价值主要体现在规划决策、设计评价、训练体验和文化娱乐等多个方面，使各行业的发展更科学，使大众生活更精彩。当前，虚拟现实的基本概念和基本实现方法已经基本成熟，拓展了人类感知能力，改变了产品形态和服务模式，并在消费级虚拟现实/增强现实（VR/AR）外设、增强现实云服务、行业 VR 内容制作、沉浸式工作空间、3D 传感摄像机等方面呈现出新的发展趋势。作为与理论研究和科学实验不同的第三种方法，虚拟现实技术为"人民满意"的智能交通建设与发展带来了评价工具和手段，为综合交通运输辅助规划决策、工程设计的以人为本评价、重点运营车辆的训练体验、应急预案处置演练、交通运输科普宣传等提供技术支持。

除此之外，5G 通信技术推动高速公路路侧系统智能化升级和营运车辆路运一体化协同；北斗卫星高精度定位技术可用于交通基础设施的灾害监测与预警、高速公路通行收费、高速公路应急救援一体化管理等。新时代智能交通的发展应不断强化前沿关键科技研发，打造富有活力的交通行业科技创新体系，推动交通发展由依靠传统要素驱动向更加注重创新驱动转变，全面支撑交通强国建设。

9.2 智慧城市交通应用发展重点

9.2.1 智慧交通规划

中共中央、国务院发布的《交通强国建设纲要》明确提出：统筹制定交通发展战略、规划和政策，加快建设现代化综合交通体系，强化规划协同，实现"多规合一""多规融合"。

（1）整体考虑、系统规划。智慧交通发展的重大技术要件、应用要点、标准要素等统一构建为一个系统整体；把握局部与整体、不同局部的彼此关系。

（2）强调智慧交通生态的科技支撑、创新驱动。全面应用产业科技能力，全面带动科技创新能力，形成良性循环。强化前沿关键科技研发，加强对可能引发交通产业变革的前瞻性、颠覆性技术研究的规划思路，体现"世界前列"要求。

（3）由信息网络、人工智能等创新技术构成的智慧基础设施，应作为交通基础设施的设施，体现"推动大数据、互联网、人工智能、区块链、超级计算等新技术与交通行业深度融合"的规划思路。

（4）务求以采集、汇聚、交换、处理为基础的数据过程与业务应用过程全程打通，开放交换，解决好数据、业务过程本身的"交通"问题。

（5）将新能源、清洁能源应用纳入智慧交通体系。加速交通基础设施网、运输服务网、能源网与信息网络融合发展，共同构成泛在先进的交通信息基础设施。

（6）对现在和未来智慧交通工具的发展形态、交通应用的各类场景、车联网物联网的技术形态的理解和部署，需要具有一定的超前性。

（7）实现交通治理能力的现代化。智慧城市与智慧交通体系深度融合、一体化构建，使得智慧交通既有"一流设施、一流技术"，又有"一流管理、一流服务"。

（8）以人为本。以人的需求、体验、满意度为中心，把"人民满意"作为智慧交通生态、交通强国建设的根本目标。

9.2.2 智慧道路交通管理

国务院在推进"互联网＋"的行动指导中明确提出：要创新城区道路的交通管理模式，提高服务水平，促进使用交通管理新技术，加速交通管理与互联网信息融合，提升城区道路的现代化治理能力水平。

1. 智慧道路交通管理发展重点

（1）智能交通感知。利用传感器、摄像头、雷达等设备，对道路交通状况进行实时监测和数据采集。通过采集的车辆流量、速度、拥堵情况等数据，建立交通信息库，并借助大数据分析技术，提供实时的交通状态和预测信息。

（2）智慧交通管控。采用智能化的交通信号控制系统，根据实时交通数据，自适应调整信号配时，实现交通的高效运行。此外，可以结合智能化交通管理系统和配时优化算法，实现信号的协同控制，减少停车等待时间和排队长度。

（3）城市交通大脑。建立智能交通管理平台，集成道路监测设备、信号控制系统、交通管理中心等多个子系统，实现交通系统的集中监测、控制和指挥。通过综合数据分析和决策支持系统，改进交通调度和应急响应能力。

（4）车辆自动识别与智慧执法。利用车辆通行证、车牌识别、电子警察等技术手段，对车辆进行自动识别和实时监控。通过车辆通行管理系统，对违法行为、交通事故进行实时监测和处理，提高道路交通违法的执法效率和准确性。

2. 智慧道路交通管理依托的高新技术

（1）云计算和边缘计算。云计算和边缘计算技术能够将数据存储和处理分布到云端和本地设备，实现数据的高效管理和计算资源的灵活利用。云平台还可以集成各类交通数据和服务，实现跨部门的协同和共享。

（2）高精度定位与导航技术。高精度定位和导航技术对智慧道路交通管理至关重要。通过全球卫星导航系统和辅助定位技术，实现准确的车辆定位和导航服务，为交通调度、导航引导、交通事故处理等提供支持。

（3）5G通信技术。5G通信技术的快速普及将为智慧道路交通管理带来巨大的改变。5G的高速、低延迟和大连接性将支持更多的智能交通设备和应用。

（4）车联网技术。车联网将车辆与交通管理系统连接起来，实现车辆信息的实时传输和交互，辅助实现出行路径规划和交通协同，提高交通效率和安全性。

9.2.3 智慧城市交通运营

在智慧城市交通运营中，可以通过各种交通工具和设施通过互联网进行实时交通状况、乘车需求、车辆位置和空载率等数据实时采集，通过智能分析和算法优化，提供个性化的出行服务和交通决策支持。

（1）基于大数据和物联网技术，实时采集、处理和分析交通数据，包括交通流量、道路状况、公共交通准点情况等，为交通管理者提供准确的决策依据和智能化的交通预测能力。这使得交通管理者能够更好地优化交通规划、信号控制和路网管理，提高交通流畅性，减少拥堵和行程时间。

（2）利用车联网技术，实现交通设施的互联互通和智能化控制。智能交通系统还可以与车辆实时通信，提供导航建议、交通事件提醒等，为驾驶员和乘客提供更安全、高效的出行体验。

当前，智慧城市交通运营的服务模式也在发生巨大变化，包括：

（1）共享出行的推广。共享出行模式将继续扩展，包括共享单车、共享电动车、拼车服务等。共享出行模式可以最大限度地利用交通资源，减少车辆拥有量，改善交通拥堵和环境污染。同时，共享出行也提供了更多出行选择和便利性，满足了人们的个性化出行需求。

（2）电动化与智能交通工具推广。鼓励电动交通工具的推广和使用，包括电动汽车、电动自行车等。同时，推动智能化交通工具的发展，包括自动驾驶技术、智能导航系统等，以提高出行的安全性、便利性和舒适性。

（3）用户体验和参与。注重用户需求和体验，推动用户参与智慧城市交通运营的建设和决策过程。通过提供便捷的出行服务、个性化的交通信息和定制化的出行规划，改善用户出行体验。

9.2.4 智慧交通出行服务

智慧出行服务通过手机 App、信息公布牌等方式实时向交通参与者提供道路资源信息、公共交通信息、停车信息、交通拥堵信息以及与出行相关的其他信息，使交通参与者可以灵活安排出行，最大限度发挥智能交通系统的作用。

近年来随着大数据、云计算、物联网等新兴技术不断发展，智慧出行服务取得了长足进步。国内大城市如北京、深圳、广州等均开展了相关探索。

1. 智慧出行服务的发展重点

（1）移动出行平台的整合。将不同交通方式整合到统一的移动出行平台上，提供便捷的多式联运选择和一站式服务，使用户能够方便地规划、预订和支付出行方式。

（2）实时出行信息和智能导航。通过收集和分析大数据，提供实时的交通状况、路线规划和导航服务。包括实时交通流量情况、公共交通车辆准点信息、停车位实时可用情况等，帮助用户选择最佳出行路径和交通方式。

（3）共享出行服务的发展。推进共享单车、电动汽车共享和拼车服务等，以提高出行效率，减少交通压力和环境影响。重点关注共享出行服务的便利性、可持续性和用户体验，提高共享单车的管理水平，降低共享电动汽车的使用门槛。

（4）车联网与自动驾驶技术的应用。结合车联网技术和自动驾驶技术，实现智能交通系统和车辆的互联互通。包括实时车辆数据采集与共享、交通信号优化、停车管理以及自动驾驶汽车应用等，提高交通流效率和安全性。

（5）支付和结算体系的创新。提供更便捷、安全和智能的支付方式，包括移动支付、无感支付、电子票务等。通过统一的移动出行平台和智能支付手段，优化用户支付体验，实现一站式预订、无缝的多模式换乘和智能结算，提供个性化的出行账单和消费分析，促进出行服务的数字化和智能化。

总体来说，智慧出行服务的当前发展重点是整合、智能化和共享化。通过整合各种出行工具和数据，提供实时信息、智能导航和便捷支付等服务，实现出行的高效、便捷和可持续发展。

2. 城市智慧出行服务的发展趋势

（1）电动化和智能化交通工具。随着对环境可持续性的关注，电动交通工具（如电动汽车、电动自行车）将进一步普及。这些电动交通工具将与车联网、智能导航和充电基础设施互联互通，提供更智能、高效的出行方式。

（2）数据驱动的出行决策和规划。通过大数据和智能分析技术，实时采集和处理出行数据，为用户提供个性化的出行建议，如根据用户的出行偏好、实时交通状况和可用交通工具，提供最佳出行方案和出行方式等。

9.2.5 自动驾驶

自动驾驶已经成为交通系统发展的趋势之一。自动驾驶等级定义为 5 个等级——L1～L5。L1 级为辅助驾驶，司机仍然是车辆的实际操控者。L2 级为半自动化驾驶，司机负责监控，可随时接管车辆，系统实现自动泊车、自动跟车、自动巡航等。L3 级为高度自动化驾驶，司机不必始终监控系统，只需在系统提示接管时介入。L4 级为完全自动化驾驶，系统可在一定时间或情况下完全自控。L5 级为真正意义上的全自动化驾驶，系统在所有交通状况及行驶速度下完全自控，人类只作为乘客不参与驾驶过程。目前全球自动驾驶技术基本处于 L3～L4 的过渡期。我国自动驾驶整体研发水平处于全球前列。

1. 自动驾驶系统的组成

自动驾驶是一个综合系统，包括感知系统、决策与规划系统、执行系统和用户界面等组成部分。

（1）感知系统。通过各种传感器如摄像头、激光雷达、雷达和超声波传感器等实时获取车辆周围的环境信息，将感知数据转化为车辆理解和处理的形式。

（2）决策与规划系统。根据感知系统提供的环境信息，预测其他车辆和行人的行为，并生成相应的驾驶路径和动作规划。

（3）执行系统。将决策与规划系统生成的指令转化为实际操作，与车辆底盘系统、动力系统等紧密配合，控制车辆的加速、制动、转向等动作。

（4）用户界面。通过显示屏、触摸面板、语音指令等形式向用户提供交互、监控和控制手段，使用户能够了解车辆的行驶状态并与系统进行交互。

自动驾驶的实现需要各个部分之间的高度协调和合作，确保感知、决策、执行和用户界面等功能的无缝集成。

2. 典型应用场景

自动驾驶技术具有广泛的应用场景，典型应用场景包括：

（1）无人物流。借助无人驾驶技术，装卸、运输、收货、仓储等物流工作将逐渐实现无人化和智能化。顺丰、京东等快递公司在逐步增加并完善无人机配送点，饿了么、美团外卖公司也在进行无人机配送试点。

（2）公共交通。实现无人驾驶下的行人车辆检测、减速避让、紧急停车、自动按站停靠等。国内已有部分自动驾驶公交线投入试运营。

（3）智能环卫车。无人驾驶清洁车通过自主识别环境，规划路线并自动清洁，实现全自动、全工况、精细化、高效率的清洁作业。

（4）矿山开采。通过无人驾驶机械和车辆提高矿区安全生产水平，加快智慧矿区的建设。

自动驾驶的发展仍有很多可能性，其中单车智能和智能网联是自动驾驶技术发展的两大技术路线。单车智能主要依靠车辆搭载的毫米波雷达、激光雷达、车载视觉摄像机等传感器、线控系统、计算单元硬件进行环境感知、决策、控制和执行，让车辆实现和人一样的独立思考与决策，从而将车辆驾驶到预定目的地。智能网联是通过车联网技术将"人—车—路—云"等元素联系在一起，使车辆的环境感知、决策、控制和执行等功能进行功能性升级，使自动驾驶功能进行提升，促进交通网络的管理和改善，从而提供更安全、更舒适、更节能、更环保的驾驶方式。

9.2.6 智慧城市物流

当前我国物流行业存在问题包括：基础信息缺乏；物流企业层次低，难以发挥物流资源的整合效应；物流成本高；运输节点滞后。迫切需要基于现代高新技术，实现城市物流智能运输、自动仓储、智能配送等业务模式，通过信息共享整合物流数据，追踪运输线路、货物数量，形成一体式物流服务平台。

智慧城市物流的应用场景包括：

（1）智能配送和运输管理。通过利用物联网、传感器和大数据技术，实现对物流车辆和货物的实时监控和管理。物流企业可以更精确地进行配送路线规划、车辆调度和货物追踪，提高运输效率和准时配送率。

（2）签收和投递服务。通过使用电子签名、无人机、智能快递柜等技术，改善签收和投递服务的效率和体验。居民可以使用手机或电子设备进行签收确认，利用智能快递柜实现自助取件，并通过无人机实现快速配送。

（3）仓储和库存管理。通过自动化设备、机器人和大数据分析，提高仓储和库存管理的效率和准确性。智能仓库可以通过自动化拣货系统、智能货架等手段，实现快速的仓储操作，减少人力成本和错误率。

（4）智能交通和路权管理。与智能交通系统结合，优化物流车辆的路权和交通组织。通过实时交通信息和路况监测，智能物流车辆可以选择最优线路，避免交通拥堵，提高交通效率和减少环境污染。

（5）资源回收和环境保护。协助实现高效的废弃物和资源回收系统。通过使用传感器、智能垃圾桶和智能回收站，可以监测废弃物的填充情况、分类和回收，提高资源回收率，减少对环境的负面影响。

（6）物流信息平台和市场。建立智慧城市物流信息平台，为物流企业、供应商和消费者提供便捷的服务和交易渠道。信息平台可以提供货物追踪、订单管理、价格比较等功能，促进物流市场的竞争和透明度，提高物流质量和效益。

智慧物流在未来发展中，要急用先行，推进关键的基础性标准和重点专业、行业标准的制定与宣贯。根据《推进物流信息化工作指导意见》，推进汽车及零部件、食品、药品、纺织品、农资和农产品等重点行业物流信息化应用标准体系的逐步完善，促进数据层、应用层和交换层等物流信息化标准的衔接。利用云计算等技术，开展物流信息技术服务平台建设试点，提高物流信息化关键共性技术研发、推广和应用水平。在装备制造、食品、药品、危险化学品、烟草等具有高附加值或需重点监管的行业，开展物联网应用试点。

9.3　智慧城市交通系统未来展望

在未来社会，以人工智能技术为代表的信息技术产业的快速发展，将导致人们社会生活的各个层面发生极大的变革，这些变革也使得城市交通运输行业必须要利用新技术增强城市交通运输的风险控制和服务等模式，以便进一步地提高交通运输行业的社会参与度和数据共享能力，推动交通运输行业向更为科学化和智能化的服务业的转型发展。总的来讲，未来社会城市智能交通管理应用将呈现以下 5 个方面的特征：① 不同城市区域之间的资源共享和一体化运营将成为可能；② 交通运输服务的时空限制被打破，服务更趋向于个性化和流动化；③ 城市交通管理的精准化和智能化程度将会极大提升；④ 整个交通运输行业将会形成国家和地方统一的集成技术新体系；⑤ 公众可以通过交通信息服务平台获取到更为全面、实时和精准的交通信息。

在具体应用上，随着人工智能技术的不断发展，将会出现基于交通测序系统的智能城市交通网络，彻底实现城市交通参与者的透明化管理。城市交通系统特征将通过仿真模型得以真实再现，各种设定条件下的交通运输情景模拟将辅助交通规划方案设计，为城市交通系统优化运营提供科学依据。城市交通运输大数据将会得到更广泛的应用，实现城市交通的实时监控和预测，对城市交通实施实时调控。AR 实景指挥系统将在城市智能交通管理中得到更为深入的应用，城市交通信息将得在实景三维地图上实时汇聚，为未来打造真正意义上的城市智慧交通系统奠定扎实基础。无人驾驶技术和相关的政策法规将进一步得以完善，大众将普遍享受到无人驾驶带来的高效与安全优势。

· 智慧城市系列丛书 ·

ZHIHUI CHENGSHI JIAOTONG YINGYONG YU FAZHAN

智慧城市交通
应用与发展

中国测绘学会智慧城市工作委员会　组编

下册

中国电力出版社
CHINA ELECTRIC POWER PRESS

图书在版编目（CIP）数据

智慧城市交通应用与发展. 2 / 中国测绘学会智慧城
市工作委员会组编. -- 北京：中国电力出版社, 2024.6.
-- ISBN 978-7-5198-9013-1

Ⅰ. U491

中国国家版本馆 CIP 数据核字第 2024JV3604 号

出版发行：中国电力出版社
地　　址：北京市东城区北京站西街 19 号（邮政编码 100005）
网　　址：http://www.cepp.sgcc.com.cn
责任编辑：王晓蕾（010-63412610）
责任校对：黄　蓓　朱丽芳　王海南
装帧设计：张俊霞
责任印制：杨晓东

印　　刷：三河市航远印刷有限公司
版　　次：2024 年 6 月第一版
印　　次：2024 年 6 月北京第一次印刷
开　　本：787 毫米×1092 毫米　16 开本
印　　张：31.75
字　　数：688 千字
定　　价：268.00 元（上、下册）

目　　录

上　册

下　册

重庆市交通综合信息平台建设与应用

重庆市交通规划研究院

1 项目背景

党的二十大报告提出要加快发展数字经济，促进数字经济和实体经济深度融合。习近平总书记强调，要运用大数据提升国家治理现代化水平，建立健全大数据辅助科学决策和社会治理的机制，推进政府管理和社会治理模式创新，实现政府决策科学化、社会治理精准化、公共服务高效化。重庆市委、市政府也提出了实施以大数据智能化为引领的创新驱动发展战略行动计划。

2010 年起，重庆市政府安排市规划和自然资源局牵头，市公安交管局、市交通局等部门配合，建设"重庆市交通综合信息平台"，作为全市交通数据汇集、共享、应用的基础平台。2015 年后又对平台进行了拓展和深化，建设重庆市交通决策支持系统，作为全市面向交通规划、建设和管理的综合决策应用支撑平台。经过 10 多年的持续建设，在相关部门的支持下，"重庆市交通综合信息平台"已基本建成，与 12 个单位形成了数据共享机制，接入了 20 类动态交通数据，并通过关键技术研发，实现了多源数据融合处理，建成了有关人、车、路、公共交通运行的专业应用数据仓库，实现了基于大数据的城市交通感知、预测、仿真、辅助决策，提升政府部门科学决策能力和城市精细化管理水平，相关成果已经广泛应用于市领导决策、城乡规划编制、交通项目建设、动态交通管理、公众出行服务等方面。

2 项目内容

2.1 实现了政府跨部门间、政府与企业间交通数据汇集共享

重庆市交通综合信息平台已从市公安交管局、市交通局、市城管局等部门及重庆移动、重庆电信、交通开投集团、重庆轨道集团、重庆公交集团等 12 个单位接入了 20 类动态交通数据，实现了基于人、车、路、公共交通的交通数据的整合。目前已经累计接入数据约 200T，每日新增数据约 12 亿条，每日新增数据量约 450G。接入数据包括三大运营商手机信令数据、各类营运车辆 GPS 数据（公交车、出租车、网约车、重型货车、冷链物流车、两客一危车辆）、高速公路 ETC、卡口车牌识别、车辆 RFID、新能源车监测数据、雨量监测、网约车订单、公交 IC 卡、轨道 AFC、重点路段流量数据、公

路客运售票、部分停车数据等。

2.2 建成了重庆交通大数据时空数据湖

交通大数据湖集成大数据计算能力和数据存储资源，包含大量动态运行数据、地理空间数据。建成了数据中心（市规划和自然资源局）、运营商分中心，实现了中心和分中心之间互联互通。建成了强大的软硬件基础支撑平台，合计 30 多台服务器、250TB 存储、340 核 CPU。采用 Spark＋Hadoop 并行运算技术架构，建成了适合海量数据存储及并行处理的大数据分析处理平台和科研测试平台（数据挖掘分析平台），包含 30 多个计算节点，可以实现包括手机信令数据在内的各类结构化、半结构化、非结构化海量数据的采集、处理和存取，并可以方便地进行横向扩展（见图 1）。

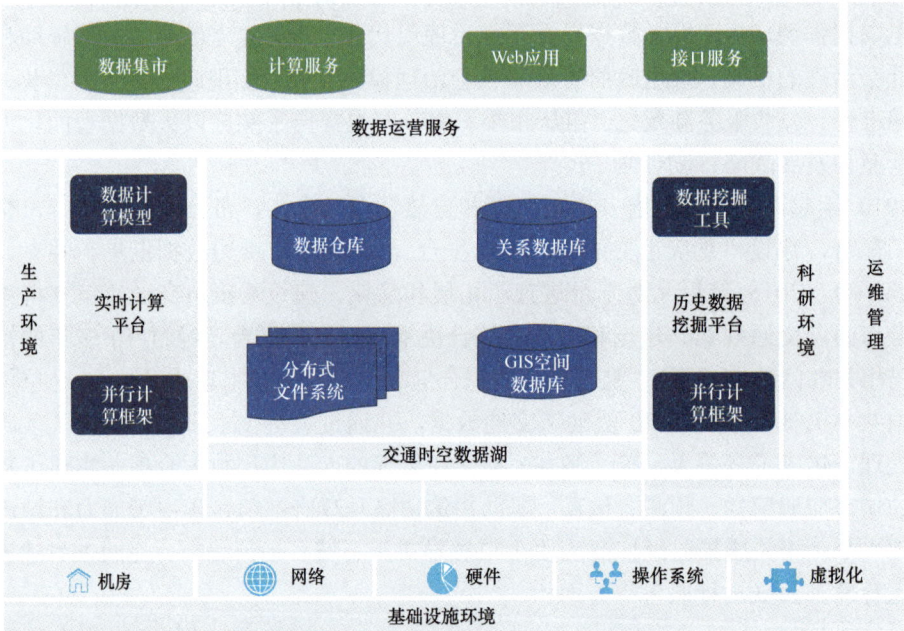

图 1 重庆交通大数据平台计算框架

2.3 建成了重庆交通大数据时空数据湖

以地理空间位置为基础，汇聚整合及加工制作各类型交通基础设施相关数据，针对每一类交通设施制作专题地图，完善基础属性信息，实现全市所有的交通设施"整合一张图"。包括了基础地理、交通设施、建筑用地，覆盖了设施现状、在建、规划、研究各阶段成果。交通设施数据种类上包含机场、铁路、港口、道路、轨道、枢纽、停车场等各类交通设施的现状、在建和规划数据，已积累 10 大类、265 个图层、245 多万条交通设施数据。基础地理数据，包括电子政务地图、卫星（航拍）影像图、地形图（1:500）、地名数据（POI）。交通相关数据，包括规划用地、现状用地、现状建筑、加油加气站等数据。交通设施数据，涵盖现状、准现状（规划审批阶段）、各层级规划（总规、详规、

322

综合交通体系规划、交通各专项规划）各个阶段，专业领域涵盖机场、铁路、公路、港口、城市道路、城市轨道、停车场、公交系统、步行系统、自行车系统等（见图2）。

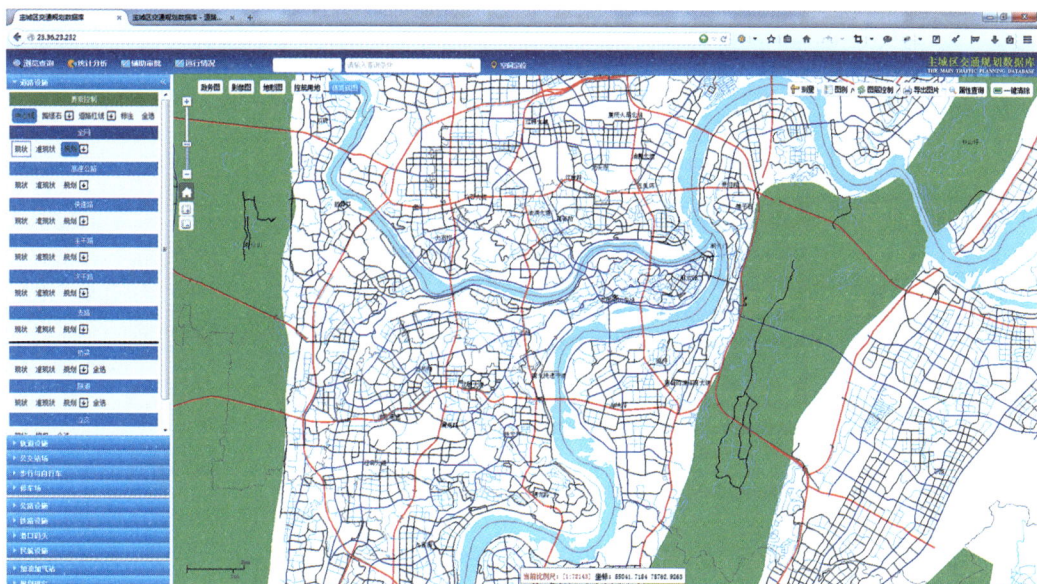

图 2　重庆交通基础设施"整合一张图"

2.4　建成了人、车、路、公共交通监测评估系统

综合运用各类大数据，制定监测指标，建设监测指标数据库，开发监测评估功能软件，实现问题发现及预警、趋势预判、效果评估等功能。通过多年的持续投入，建成了重庆中心城区道路运行监测分析系统、重庆市人口活动监测分析系统、重庆中心城区车辆运行监测分析系统、重庆主城轨道客流清分系统、重庆公共交通客流及服务监测分析系统、基本实现了对重庆人、车、路、公共交通、基础设施全方位监测评估。

2.5　交通大数据服务及数据共享

依托政务云（政务网）、公众云（互联网）建设城市交通大数据服务云平台。一方面通过重庆市一体化智能化公共数据平台，向各市级部门和单位开放共享数据，为公安交管、城乡建设、交委、规划、环保、旅游、发改、市政、卫计等部门建设本部门适用的信息管理系统提供基础数据和共享服务。另一方面，为有需求的社会企业、科研院所、公众提供数据接口服务、数据查询应用服务、分析咨询服务，建立起政府与社会公众信息共享交换桥梁。

3　关键技术

重庆市交通综合信息平台通过自主技术研发，构建了完整的交通大数据分析模型和指标体系。项目技术团队在全国最早专门从事交通大数据研究，经过八年多探索实践，积累了丰富的交通大数据研发能力与平台建设经验，自主研发了 40 多个核心业务模型，包括手机停留点识别、职住判别、出行目的及行为画像、GPS 数据路网匹配、多源车速融合、车辆 OD 识别、轨道客流清分等模型，构建了完整的交通大数据分析技术体系，将接入的各类原始数据变成反映城市交通运行的监测指标（见图 3）。

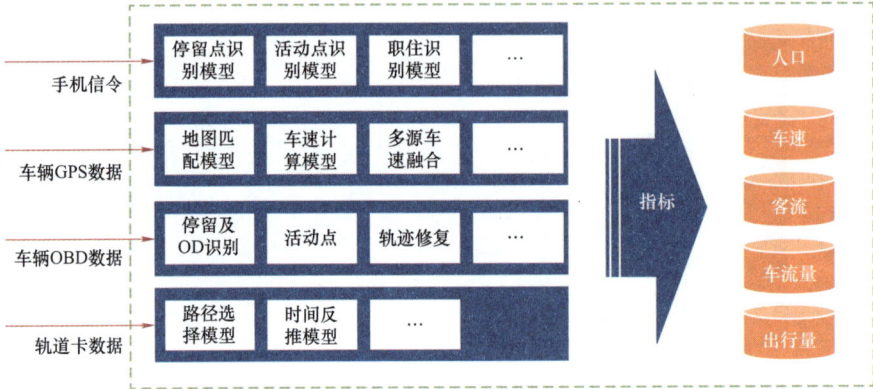

图 3　重庆交通大数据分析模型、指标示意

3.1　路网运行监测技术

建成了重庆中心城区道路运行监测分析系统（见图 4）。系统融合主城 1.4 万台出租车、0.8 万台公交车、1.4 万台"两客一危"车辆、20 多万台新能源车辆 GPS 数据，以及卡口、RFID 等定点检测器数据，实时采集路网车速、拥堵、流量、旅行时间、交通指数等运行指标，对路网运行进行实时监测及长期跟踪评估。系统是开展中心城区道路运行拥堵监测分析的基础，同时也是市公安交警开展拥堵分析研判、管理措施评估、出行信息发布的基础支撑。

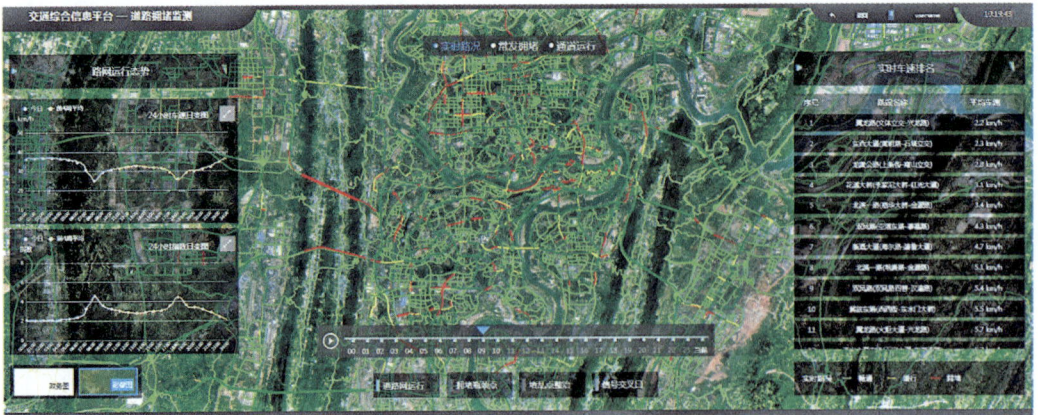

图 4　重庆中心城区道路运行监测分析系统

3.2 人口活动监测技术

建成了重庆人口活动监测分析系统（见图5）。系统融合了三大运营商（重庆移动、重庆联通、重庆电信）约3000万用户手机信令，通过时空轨迹大数据分析，准确把握重庆大范围、全样本的居住人口分布、流动人口分布、就业人口及岗位分布、职住及通勤关系、出行活动规律、区域间出行联系等。系统有效地解决了实有人口任意空间单元离散、人口动态及流动规律、人群细分等关键问题，突破了计生、统计、公安等部门人口数据只能按照行政分区统计，难以掌握人口动态以及人口活动规律的瓶颈。该系统在全国首次（也是目前唯一）实现了三大运营商手机信令动态接入处理并用于城乡规划支撑，系统架构及处理技术全国领先，已经成为重庆市规划和自然资源局开展城市运行监测评估，编制城乡总体规划及各类专项专业规划的基础支撑平台。

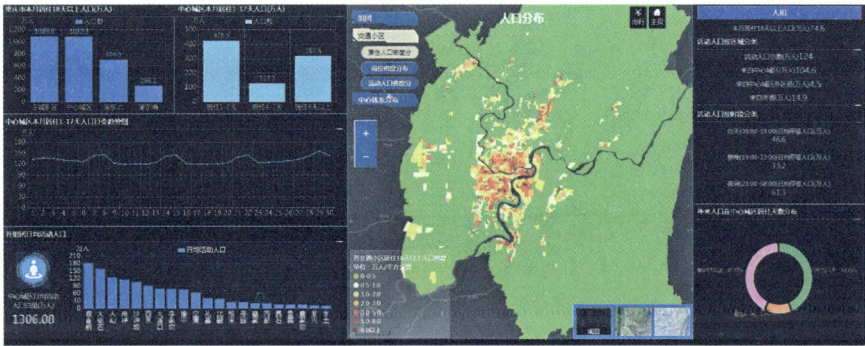

图5　重庆人口活动监测分析系统

3.3 车辆运行监测技术

建成了重庆中心城区车辆运行监测分析系统（见图6）。该系统利用各类车联网数据及智能交通系统数据，例如车辆GPS数据、车辆OBD数据、视频卡口、RFID数据，还原车辆在路网运行过程，修复行驶路径，识别出行起讫点、停车点，并通过持续监测掌握每个车辆出行规律、活动空间、行为特征。该系统在全国第一次实现上百平方千米大范围网络车辆运行活动分析，不但可以对路网需求及车流运行进行监测，还可以对每一个车辆个体活动进行监测。系统已经广泛应用于各类道路规划设计、机动车发展和使用政策分析、道路交通组织方案优化评估、特定车种活动行为分析等交通精细化规划设计管理决策。

3.4 轨道客流模拟及客流清分技术

可实现对轨道交通自动售检票系统数据进行建模分析，还原每一位乘客的出行链，包括进出站、换乘站以及到达每一站的时刻，准确地分析线路之间换乘量，每5min时间片段轨道断面客流及拥挤情况，以及轨道乘客通勤、时耗、频率、换乘等长期行为规律（见图7）。系统采用了基于个体真实时耗的路径推算技术，相比传统固定比例的路径客流清分方法，可以更准确地模拟用户路径选择行为。系统已经用于重庆轨道现状客流指标统计分析、线路间换乘客流统计分析以及实际的轨道运营调度优化工作。

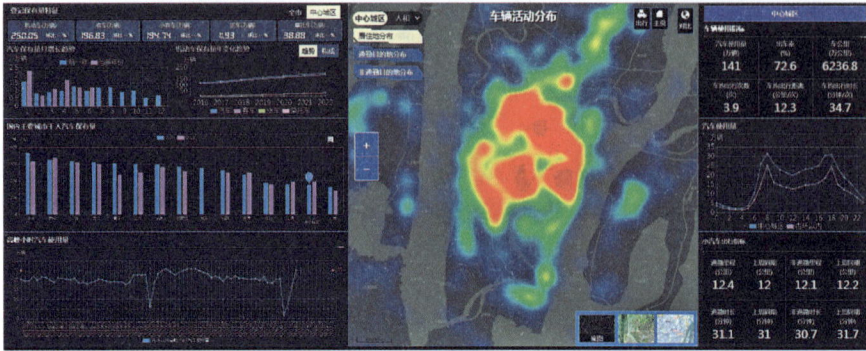

图6　重庆中心城区车辆运行监测分析系统

图7　重庆主城轨道客流监测分析系统

3.5　公共交通客流模拟仿真技术

建设了重庆公共交通客流及服务监测分析系统。综合利用轨道卡、公交 IC 卡、公交 GPS、手机信令、建设用地开发数据等，建立公共交通客流及服务监测分析系统，对公共交通客流，公交运行效率、线网站点布设、服务人口、服务岗位，轨道车站步行空间步行可达性、轨道站与周边交通一体化规划设计、轨道与城市用地开发协同性、轨道真实服务范围和服务人口，公共交通出行指标特征等进行监测评估，动态评价现状公共交通服务人口及服务范围，通道饱和度，分区域客流服务水平和可达性，为公交线网优化、轨道运营组织、轨道 TOD 开发、轨道车站方案优化、重大城市功能设施选址、轨道车站周边土地增值评估及土地出让计划制定等提供支撑服务。

3.6　融合大数据与传统交通模型，构建了覆盖远期、近期、现状的交通仿真预测模拟模型体系

针对远期（2035 年）建成了中心城区综合交通预测模型，包括道路交通规划模型、地面公交模型、轨道客流预测模型（见图8）。

326

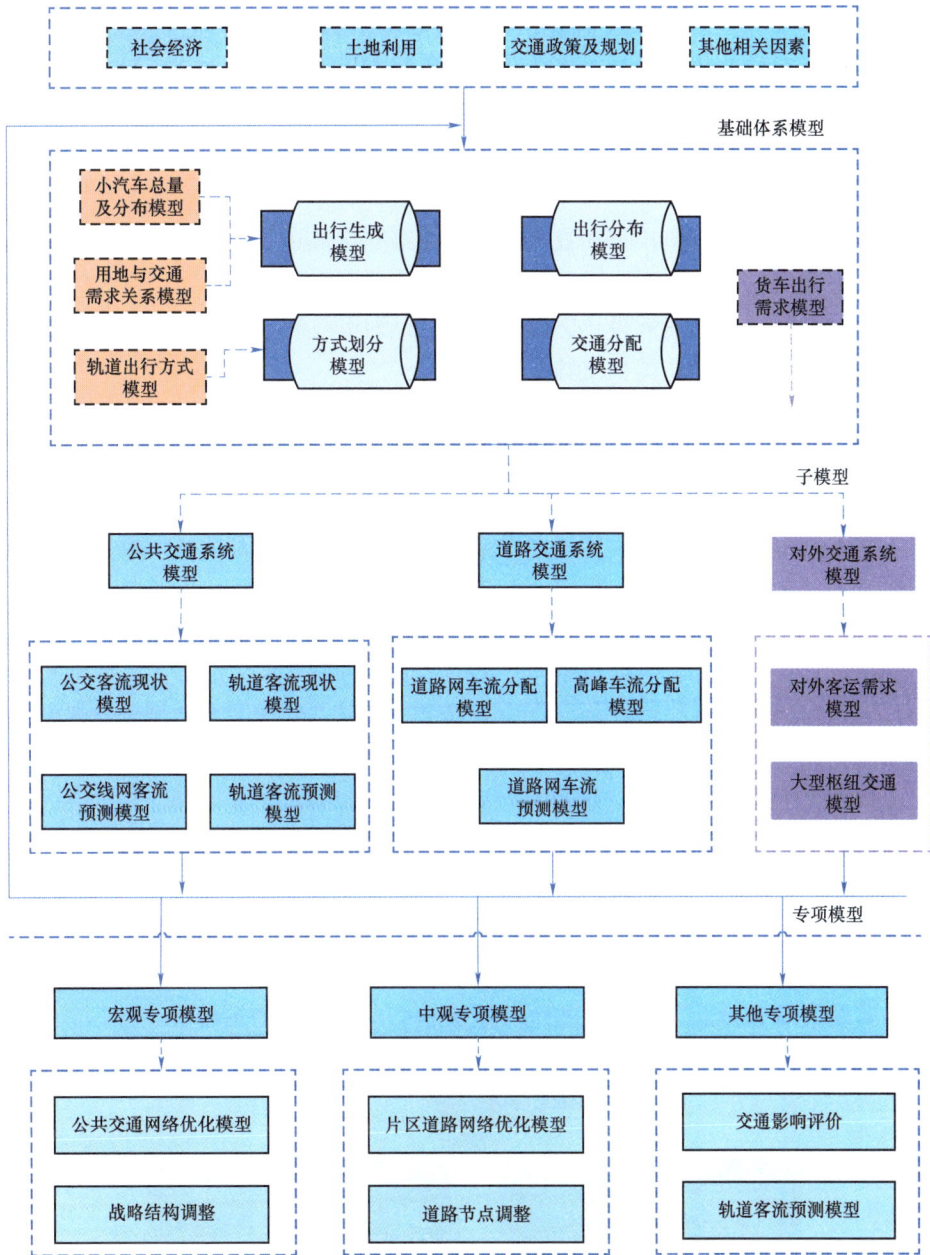

图 8　重庆中心城区综合交通模型体系

中心城区轨道客流近期（未来 3～5 年）预测模型。结合轨道建设时序及分段开通运营情况，对未来 3～5 年内轨道客流需求进行预测，能够模拟不同因素（站点/线路开通/关闭、站点周边人口规模上涨等）变化下站点客流变化、轨道线网客流重分配情况，对拟实施的轨道交通各阶段的方案进行事前模拟评估，掌握其运营情况及模拟水平，为轨道运营组织、轨道车辆配置提供支撑。

重庆中心城区近期道路交通模型。借助人口、手机、车辆 RFID、机动车保有及使用、建筑工程规划许可、建筑工程竣工验收等多源大数据资源，分析研判近期（3～5年）的交通需求发展态势，预测道路交通近期出行需求；以年度在建项目、三年行动计划及近期建设计划项目为依托，建设近期道路交通网络，支撑近期交通出行的供求分析。模型可主要用于支撑近期道路交通建设规划、近期重要道路设施建设时序安排、交通缓堵规划等的定量决策分析。

中心城区路网现状流量模拟仿真系统。重现路网车流运行现状，预测交通当道路条件改变、交通需求变化后的路网流量再分配与道路交通系统运行情况，事先评估交通改善方案效果、交通组织方案效果、交通政策效果，为市政府重大建设项目决策、道路交通设计方案、交通组织优化提供支撑。

4 创新点

（1）多源交通大数据融合支撑城市交通综合决策，增强智慧城市交通治理能力。打破了政府部门之间的数据壁垒，实现了不同部门之间、政府和企业之间数据的融合，将规划、建设、管理、运行、运营有关的数据汇集到一个统一的平台，实现了不同类型数据之间的融合，实现了动态数据与空间数据的融合，可以全面、准确、实时感知城市交通态势，为综合交通治理和市政府综合决策提供了基础，促进了交通规划、建设、管理等环节协同性。

（2）围绕平台构建了综合交通辅助决策完整闭环，涵盖发现问题、分析原因、预测未来、方案模拟、实施效果评估反馈各阶段。形成辅助决策闭环机制：动态监测交通需求变化趋势，评价交通现状和目标的偏离度、供给和需求之间的匹配度，自动识别问题区域，辅助成因分析，模拟情景预测，评估实施效果（见图 9）。平台借助大数据技术手段而非传统调查手段，更及时地准确掌握老百姓出行需求，发现系统运行问题、发现交通服务薄弱区域和低品质区域，发现问题更精细、解决问题更精准。

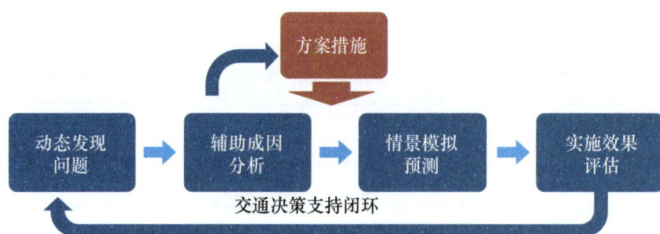

图 9 综合交通辅助决策闭环

（3）行政力量、数据互补交换、技术支撑服务多管齐下，推动数据开放共享。市政府统一领导，有力促成多个市级部门配合。分管市领导对相关的工作方案做出明确批示，由市规划和自然资源局牵头组织实施，市发改、财政、公安、建委、交委、市政、经信等多个相关部门配合。平台试点工程启动阶段，由分管副市长召集项目协调会和任务布置会。除行政手段外，市场的手段也尤为重要，可以保障数据长期持续共享，包括以数据换数据、以应用服务换数据、数据增值应用和利益分成、市场化数据采购等多种模式。例如通过为交通管理部门提供技术支撑服务实现相互之间的数据融合，与不同企业之间开展数据互补互换，实现双赢。

（4）科技项目和科技平台提供有力的技术保障和创新动力。围绕交通综合信息平台建设及交通大数据应用技术研发，重庆市交通规划研究院组建了重庆市城市交通大数据工程技术研究中心（重庆市科技局认定的市级科研平台）、城市交通大数据应用重庆市工程研究中心（重庆市发展改革委认定的市级科研平台）。两个科研创新平台，按照国家和重庆大数据智能化发展战略部署，结合重庆实际需求，致力于城市智慧交通发展，开展多源交通大数据的深度融合关键技术研发，推动大数据在交通领域的行业应用，提升交通大数据对于政府部门科学决策和城市精细化管理的支撑能力，为平台的建设和应用提供了技术保障和创新动力。

（5）围绕平台和交通大数据，"产学研"紧密协作，打造交通大数据研发应用合作生态圈。

基础研究方面：依托平台数据资源与工程中心开放课题，与东南大学、同济大学、西南交通大学、重庆交通大学、重庆邮电大学、大连理工等高校开展合作研究，增强了科研实力。

技术实现与产品开发方面：与 IBM、上海数慧、北京超图、北京通途、数字城市、重科院、重邮绘测等一批 IT 企业合作，拓展了团队 IT 实现与产品开发能力。

清晰的应用服务需求：直接服务市规划和自然资源局、市公安交管局、轨道集团、公交集团、华龙网、交通广播等下游应用需求单位深度合作，掌握一线业务需求，加速成果应用和转化。

产品联合推广等方面：与电信、移动等企业共同开展产品和技术推广。

（6）专门的人才团队和经费保障。项目实施单位重庆市交通规划研究院，组建专门的技术团队，负责平台的建设、维护、运营、应用。团队成员 21 个，平均年龄 31 岁，其中博士学位 2 人，硕士学位 12 人，正高级工程师 2 名，高级工程师 4 人。专业涵盖交通规划、交通工程、城市规划、地理信息、计算机等专业。投资方面，市财政累计投入 2000 多万元用于平台建设，每年投入 300 万元用于平台运维。重庆市交通规划研究院也将交通大数据作为院优先发展战略，每年自行投入约 500 万元用于保障团队运营和持续研发。

5　示范效益

平台通过大数据深度融合，涵盖了城市交通感知、预测、仿真、辅助决策全过程，提升政府部门科学决策能力和城市精细化管理水平，可以直接为城市交通规划、建设、管理政府部门提供决策支撑服务，也可以为交通运营服务社会企业，交通相关规划、设计、咨询机构提供服务。针对政府决策，主要的应用场景包括：对交通需求、交通设施规划建设情况、交通系统运行服务水平进行全面监测评估，掌握变化趋势，及时发现问题，辅助成因分析。遵从发展规律，科学预测未来，生成建设项目或政策措施，优化项目建设时序，开展效果模拟评估，用大数据支撑科学决策。利用大数据建立重大项目效益后评估机制，完善项目实施绩效反馈机制。落实以人为本，加强道路交通需求管控，建立基于大数据的交通资源分配优化机制，推进精细化的城市交通治理。

（1）依托平台，持续开展城市交通运行监测和评估分析，定期发布报告。定期编制重庆市《中心城区交通发展年度报告》《交通半年报》《交通月报》《交通周报》，并向社会权威发布（年报见图10，月报、周报见图11）。

图 10　重庆市中心城区交通发展年度报告系列

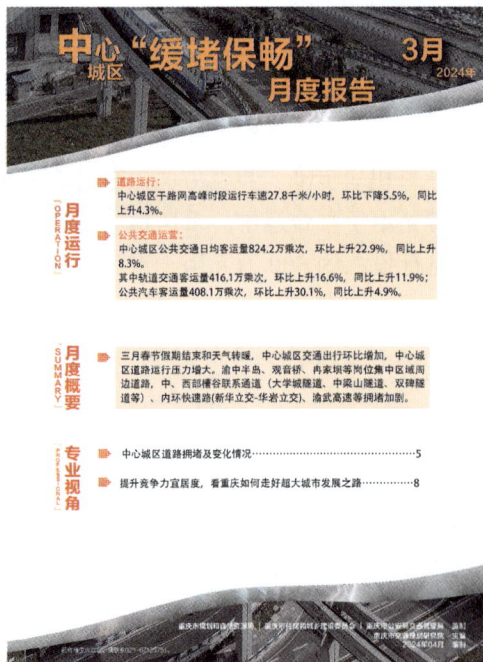

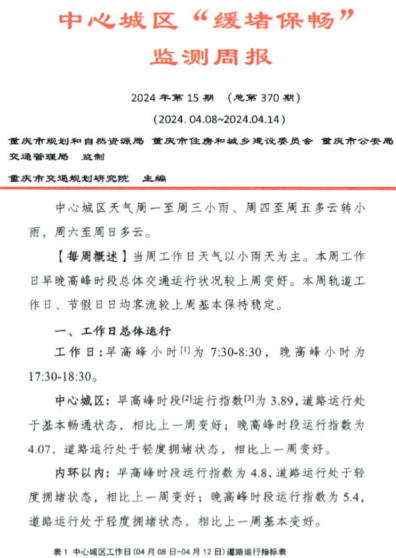

图 11　中心城区交通监测分析报告（月报、周报）

（2）依托大数据资源，开展分析与评估，形成决策参考或者专报，辅助市领导决策。先后完成 50 多篇专报报市领导及相关部门。

（3）支撑公安交警开展动态交通管理业务。依托平台，与重庆市公安交管局共建"交通运行数据分析及应用联合实验室"，共同开展主城交通运行监测、预警、预测、研判。包括：

拥堵分析研判。自动对道路堵点进行分类，识别常发及偶发拥堵，判断拥堵变化趋势，识别路网拥堵瓶颈，定期编制交通研判周报、月报，提出近期交通管理工作重点对象，协助开展对各区支队的指标考核。

重大节假日交通预测及信息发布。编制重大节假日（元旦、清明、五一、端午、国庆）交通运行预测分析报告，服务警力部署及重大节假日公众出行信息发布。

交通政策措施效果后评估。针对重大交通政策、交通组织方案调整、重要交通设施开通、重大城市功能开通开展交通影响后评估，评价事件影响或者交通改善效果，先后完成嘉陵江大桥施工限行及三座桥梁尾号限行、T3 航站楼及机场快速路开通、双碑大桥与双碑隧道开通等十多次重要设施开通效果后评估，以及一百多处定向车道、多车道汇入、单向组织、可变车道控制实施效果评估。

每日拥堵预测及信息发布。自动判别拥堵并进行快速预警，融合天气预报、交通事件预测发布未来 5～30min 以内交通运行，预判未来一周的交通运行情况，指导动态交通管理、交通出行诱导、交通应急预案制定及警力部署。

交通政策措施实施前效果模拟评估。依托平台，开展交通政策、重大交通管控实施方案实施前的效果预评估，为重庆主城内环货车管控、机场路定向车道设置、交通组织方案调整等重要措施论证的提供定量支撑。

（4）支持重庆中心城区公交优先道规划建设。依托平台大数据，开展公交专用道规划，已经完成 217.4km 公交优先道建设。针对逐条开通的公交专用道运行效果开展持续跟踪评估。开通一个月内每周进行评估，开通一个月后每月进行评估。评估结果再次反馈到公交专用道的后续调整优化，也为其他公交专用道实施提供指导。

（5）服务智慧国土规划空间规划，提高规划科学性。重点围绕国土空间规划编制、规划审批、项目实施计划编制、土地供应、方案审查、监测评估等环节，开展大数据智能化决策支持，提供全过程能力链接（见图 12）。在规划编制方面，依托平台实施"现状分析—模拟预测—方案评估"，为城市及交通规划编制、研究论证和设计方案制定提供严谨的数据分析，提高规划科学性。先后为重庆市国土空间规划、中心城区综合交通规划、道路缓堵保畅近期建设规划、大都市区轨道线路一体化规划等几十个重大规划编制，以及曾家岩大桥方案设计、新牌坊立交改造等上百个重大建设提供支撑。

（6）信息发布，为市民参与交通治理提供权威信息。与华龙网合作开展交运行状况通解读和信息发布，引导市民了解交通、支持绿色出行（见图 13）。与交通广播电台合作，开展半点和整点路况播报，引导驾驶员避堵。

基于大数据智能化的综合交通精准治理决策支持系统

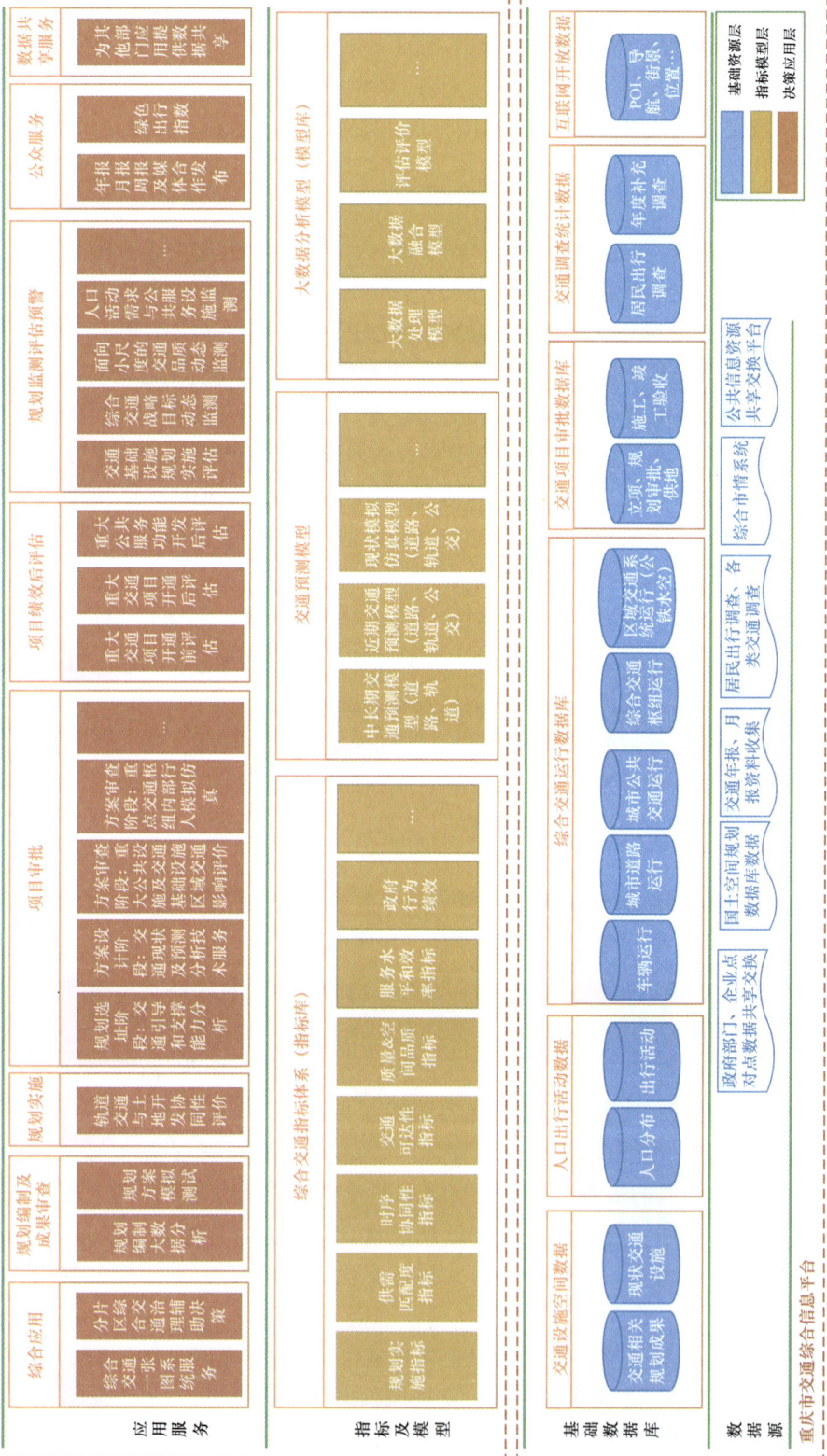

应用服务

综合应用
- 综合交通一张图系统
- 分片区综合交通治理辅助决策

规划编制及成果审查
- 规划方案模拟测试
- 规划编制大数据分析

规划实施
- 轨道交通与土地开发协同性评价

项目审批
- 规划选址：交通引导和支撑分析技术服务
- 方案设计阶段：交通现状及预测分析支持服务
- 方案审查阶段：重大公共交通设施及交通基础设施区域交通影响评价
- 区域内部组团人流模拟仿真

项目绩效后评估
- 重大交通项目开通前评估
- 重大交通项目开通后评估
- 重大公共服务功能开发后评估

规划监测评估预警
- 交通基础设施规划实施评估
- 综合交通战略目标动态监测
- 面向小尺度的交通品质动态监测
- 人口活动需求与公共服务设施预测

公众服务
- 年报月报周报及媒体综合发布
- 绿色出行指数发布

数据共享服务
- 为其他门户应用提供数据共享

指标及模型

综合交通指标体系（指标库）
- 规划实施指标
- 供需匹配度指标
- 时序协同性指标
- 交通可达性指标
- 质量&空间品质指标
- 服务水平和效率指标
- 政府行为绩效

交通预测模型
- 中长期交通需求预测模型（道路、轨道）
- 近期交通预测模型（道路、公交、轨道）
- 现状模拟仿真模型（道路、轨道、公交）

大数据分析模型（模型库）
- 大数据处理模型
- 大数据融合模型
- 评估评价模型

重庆市交通综合信息平台

基础数据库

交通设施空间数据
- 交通设施相关规划成果
- 现状交通设施

人口出行活动数据
- 人口分布
- 出行活动

综合交通运行数据库
- 车辆运行
- 城市道路运行
- 城市公共交通运行
- 综合交通框架运行
- 区域交通综合运行（公铁水空）
- 现状模拟仿真模型（道路、轨道、公交）

交通项目审批数据库
- 立项、规划审批、供地
- 施工、竣工验收

交通调查统计数据
- 居民出行调查
- 年度补充调查

互联网开放数据
- POI、导航、街景、位置...

数据源
- 政府部门、企业点对点数据共享交换
- 国土空间规划数据共享
- 居民出行调查、月报资料库收集
- 公共信息资源共享交换平台
- 综合市情系统
- 各类交通调查

图例：
- 基础资源层
- 指标模型层
- 决策应用层

图 12 依托交通综合信息平台的规划辅助决策支持

332

图 13　面向市民的重庆交通解读

开发重庆交通指标查询系统（PAD 版、手机 App），方便公众了解重庆交通规划、建设、运行情况，更好地支持和配合政府的行动计划（PAD 版见图 14，手机 App 见图 15）。

图 14　重庆交通指标查询系统（PAD）

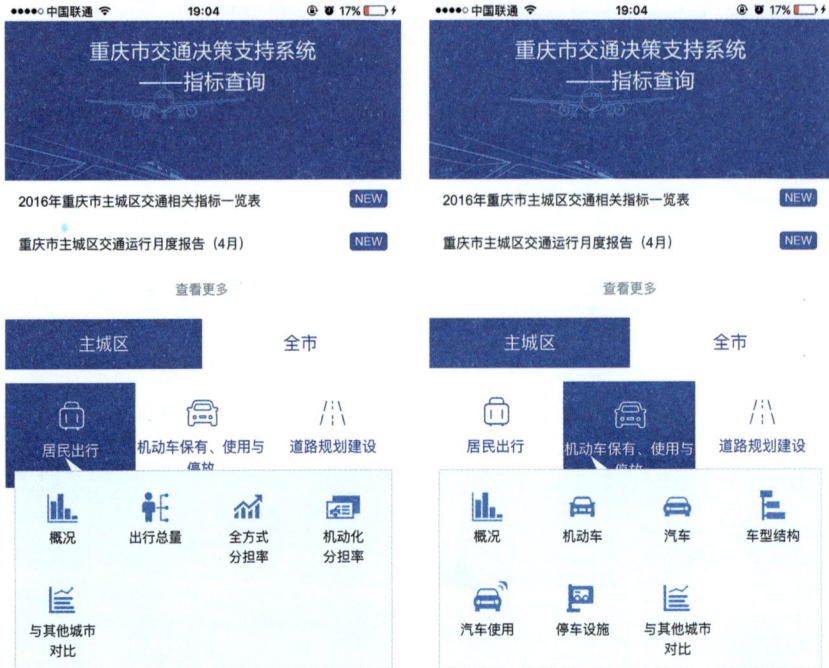

图 15　重庆交通指标查询系统（手机 App）

深圳市智能交通操作系统关键技术及应用

深圳市城市交通规划设计研究中心股份有限公司

1 项目背景

当前我国城市交通基础设施规模世界第一，初步形成近 700 座城市综合交通大动脉网络，为全国 9 亿城镇居民每天 20 亿次城市出行需求和上亿吨物资运输配送提供了有力保障。但我国大城市仍普遍面临基础设施资产规模巨大、交通网络运行复杂、交通拥堵加剧等挑战，智能交通是解决上述城市交通问题的重要手段，也是对城市交通规划的延伸与支持，对保障我国大城市交通高效运转、秩序管理、安全运维和出行服务具有重要作用。

在此背景下，我国的智能交通整体进入到高质量一体化发展的新阶段，从过去以单一空间静态数据为主、关注以车辆运行为主的中长期离线观测、单系统碎片化被动式管理，转向关注空间、业务、全过程跨领域多维动静态数据融合，人车个体快慢一体化推演预测，多模态多方式多业务全周期一体化协同治理，城市交通业务逻辑的演变要求构建城市级交通调控能力。与此同时，新一轮科技革命带动了物联网、5G/6G、数字孪生、AI 大模型等技术集群式创新突破，使得面向大城市复杂交通系统管控的感知—传输—计算—研判能力阶跃式快速迭代，为城市级交通调控也提供了源源不断的动力。

2 项目内容

面向超大城市复杂交通治理需求，城市级交通调控的关键是突破"数据底座、模型仿真、协同治理"的智能交通一体化技术，构建适合城市交通发展的城市级交通操作系统（见图 1）。基于此，要求立足城市交通综合调控核心需求，通过打造数实映射孪生底座、构建宏微观一体交通行业大模型、沉淀交通全场景业务引擎、服务城市交通多元参与者，整体构建"四网融合、数实映射、自主进化、人机协作"的城市级交通操作系统。

2.1 打造数实映射孪生底座

基于空天地多维感知、全要素语义化、数实映射、数字孪生场景编排等能力，建设空天地感知平台，实现人、车、无人机、路、空域、设施、枢纽、站点、轨道、场站全域全要素信息采集与协同感知，建设融合数据平台，构建 15 个大类、2100＋子类标准化交通全要素数据资产，构建全要素孪生平台，首次构建面向交通对象和交通场景、涵盖 100 万+活动个体、31 亿孪生体实体的孪生体库，打造数实映射、数模一体和时空融合的城市级全要素数字孪生底座（见图 2）。

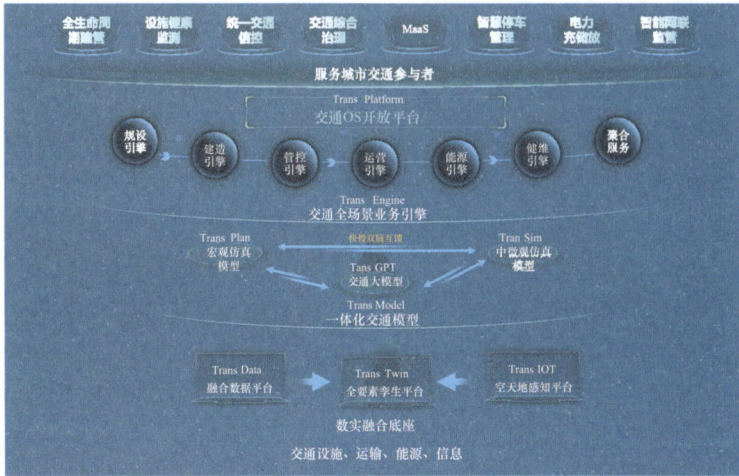

图 1　城市级交通操作系统整体架构

图 2　城市级全要素数字孪生底座

2.2　构建宏微观一体交通行业大模型

基于近 30 年，6000 多个项目不同业务场景数据分析模型库、方案知识库自监督学习，构建多模态通用大模型，并融合自主研发的面向离散个体活动链的宏观建模软件 TransPlan 和面向大规模网络实时在线推演的中微观交通仿真软件 TransSim，构建一体化交通行业大模型（见图 3），赋能交通领域全场景业务应用。

336

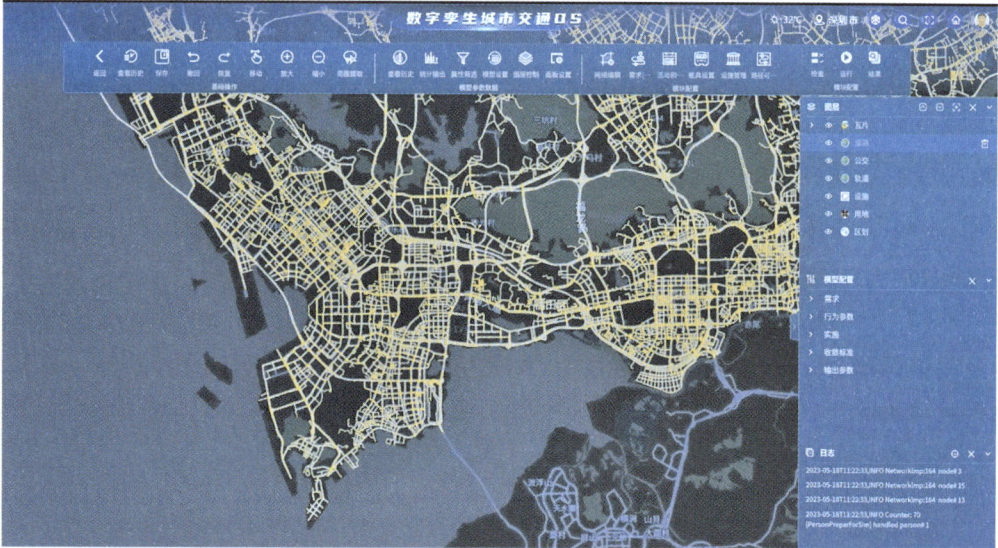

图 3　宏微观一体交通行业大模型

2.3　沉淀交通全场景业务引擎

以数据为链路，以全网供需均衡、全局时空优配为目标，打造规划引擎、建造引擎、管控引擎、运营引擎、能源引擎、运维引擎、聚合服务引擎"规—建—管—运—能—维—服"七位一体的交通全场景业务引擎，构建业务规则互馈、数据流程互通的业务引擎，打造自感知、自决策、自学习、自响应、自组织、自生长的自主进化交通系统。

2.4　打造城市交通开放生态

通过数据资产化、存算分离和隐私计算等能力建设解决行业数据共享难题，共建行业大模型，打造开放共享、多元共建、行业赋能的城市级交通操作系统，并通过 SaaS 部署支持基础设施全生命周期管理、时空多层次运行调控等多业务协同应用。

3 关键技术与创新点

3.1 发明了多源多尺度交通全要素的数实一体化孪生融合技术

针对交通基础设施数据量大、多尺度空间数据模型调度慢，现有数据底座对数据与业务的沉淀不足等问题，构建了交通基础设施全要素自动化建模及模型轻量化技术，突破了交通孪生体语义化建模与多维数据融合治理技术（见图 4），实现对物理城市交通的空间统筹、业务载体与时间延展及跨领域融合协作。支持 TB 级多源异构静态数据，百万级动态实时数据，十亿级轨迹数据接入，数据秒级检索。

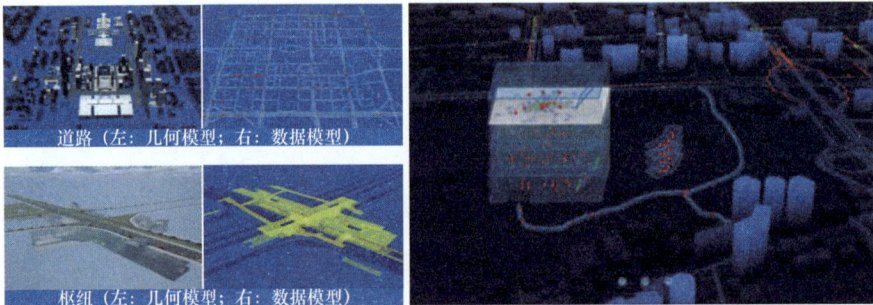

图 4   动静态交通孪生体语义化建模

3.2 攻克了基于人车个体出行链的快慢一体化推演预测技术

针对现有四阶段模型基本原理与现实应用不适应、模型精细度不足等问题，建立对城市生长演化规律推演的"慢脑"与城市交通运行实时推演的"快脑"，构建快慢一体化的城市交通敏捷预测与可靠推演技术（见图 5），自主研发建成国内首个基于出行链的宏观交通模型，突破基于出行活动链的中长期态势演化技术，自动化建模+自动校核调试效率提升 60%。攻克了基于可靠约束的大规模路网实时在线推演技术，城市全路网状态研判响应时间小于 5s，准确率大于 85%。

3.3 构建了多模态交通资源一体化协同治理技术

针对交通运行时空变异性大、交通资源时空分配不均衡，且基础设施群运行风险识别与主动预防难等问题，建立了面向交通运行的时空多层次调控与调度服务技术，实现面向交通运行的时空调控管理和面向动态出行的柔性调度服务，出行时空多层次需求预测精度大于 90%。突破道路运行荷载耦合作用下的基础设施群状态推演与性能提升技术（见图 6），构建了千万级动态信息库，基础设施运行状态不同粒度辨识准确率大于 90%。

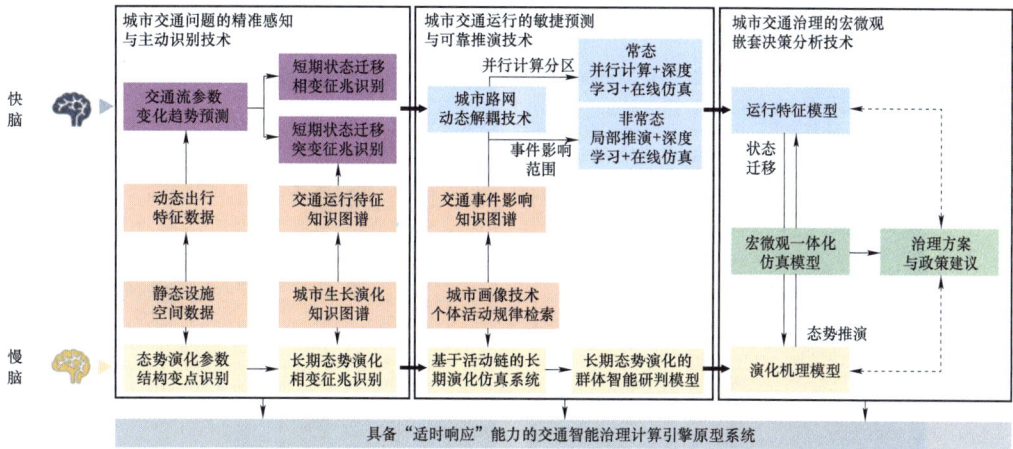

图5 快慢一体化的城市交通敏捷预测与可靠推演技术

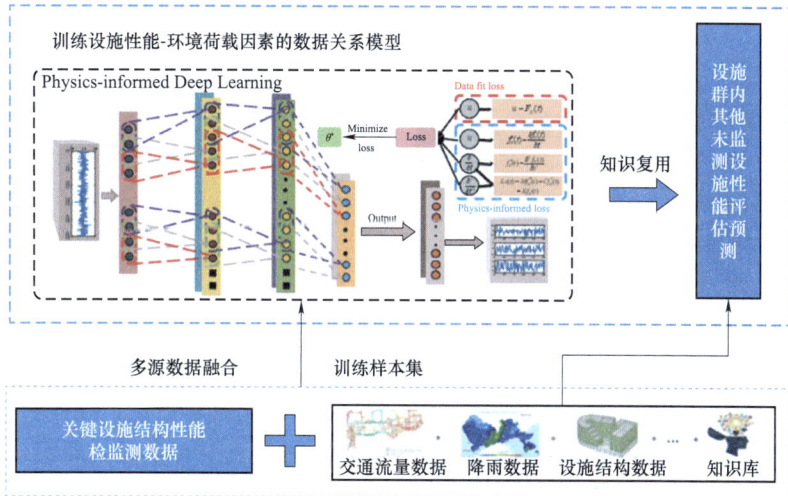

图6 道路运行荷载耦合作用下的基础设施群状态推演与性能提升技术

4 示范效应

项目构建了智能交通一体化治理的技术体系，已推广应用至广州、成都、武汉、苏州、湛江、南昌、长春、兰州等30余个城市（见图7）。

4.1 支撑中长期规划建设科学决策

融合多源大数据推动机场、高铁站、港口等重大枢纽、战略通道空间布局协同，支撑轨道五期规划建设、西丽枢纽等重大枢纽、机荷高速改扩建等一批万亿级重大基建的规划建设决策。

339

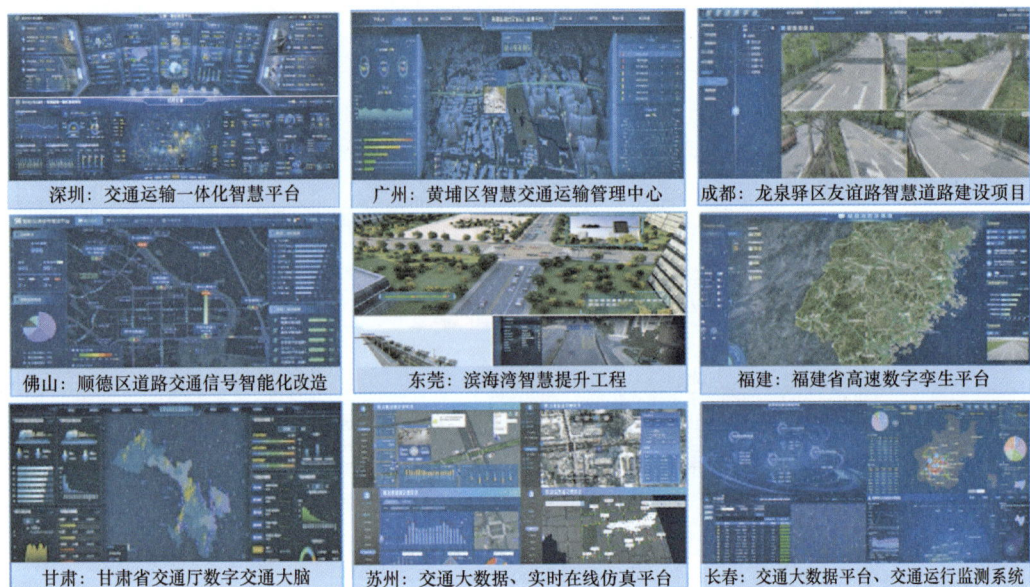

深圳：交通运输一体化智慧平台	广州：黄埔区智慧交通运输管理中心	成都：龙泉驿区友谊路智慧道路建设项目
佛山：顺德区道路交通信号智能化改造	东莞：滨海湾智慧提升工程	福建：福建省高速数字孪生平台
甘肃：甘肃省交通厅数字交通大脑	苏州：交通大数据、实时在线仿真平台	长春：交通大数据平台、交通运行监测系统

图 7　全国推广应用情况

4.2　支撑交通拥堵短平快治理

搭建交通拥堵"动态识别—快速改善—持续评估"全过程精准治理系统，支撑全面量化评价、成因精准识别、闭环治理评估，提供基于"平台＋服务"的交通综合治理应用，推广应用到深圳、佛山、长春等全国 20 多个城市。

4.3　支撑实时交通管控和应急协同

推动了国内单体规模最大、覆盖城市级全领域（覆盖海陆空铁、规建管运）的深圳交通运输一体化智慧平台（一期）项目建设，建立 6 大板块 100 多项交通综合监测指标，动态识别研判全市 55 个重大枢纽或热点区域及至少 10 类特殊事件的交通运行影响，实现安全应急预警和多部门协同联动。

4.4　促进行业的技术创新与进步

构建了超大城市智能交通一体化规划的关键技术及系统装备体系，形成了发明专利、软著、论文和标准规范等知识产权体系。并且已应用在重大基建规划建设、交通拥堵治理和实时运行管控等业务领域，提升政府相关部门决策效率，为超大城市以及大中城市交通治理提供了重要支撑。在项目实施后，重点区域和关键通道高峰运行车速平均提升 8% 以上，公众平均出行耗时减少 6%。

保定市智慧交通管理大脑研发及应用

北京清华同衡规划设计研究院有限公司

1 项目背景

1.1 数字社会发展大势下的国家战略规划

党中央、国务院高度重视新时代数字社会发展大势下的城市交通领域的发展,在《交通强国建设纲要》中明确提出,要强化前沿关键科技研发,瞄准新一代信息技术、人工智能、智能制造、新材料、新能源等世界科技前沿,加强对可能引发交通产业变革的前瞻性、颠覆性的技术研究。《国家综合立体交通网规划纲要》中提出,要坚持创新核心地位,注重科技赋能,促进交通运输提效能、扩功能、增动能。推进交通基础设施数字化、网联化,提升交通运输智慧发展水平。在此背景下,保定市智能交通三期(智慧交管部分)项目全面贯彻落实国家政策、规划要求,探索更高质量的现代化发展路径,坚持以人民为中心的发展思想,坚持人民城市为人民,坚持推动高质量发展,坚持以供给侧结构性改革为主线,牢牢把握交通"先行官"定位,适度超前,进一步解放思想、开拓进取,推动交通发展由追求速度规模向更加注重质量效益转变。

1.2 "激情奋进'十四五',再造一个新保定"

当前,保定市的城市交通发展已进入了高质量发展的新时期,为人民群众提供美好出行服务已经成为新时期保定城市交通发展的核心任务。为落实《保定市国民经济和社会发展第十四个五年规划和二〇三五年远景目标纲要》中提出的加快构建京雄保一体化发展新格局,打造北京非首都功能疏解的"第二战略支点",与雄安新区协同联动共构区域发展新优势,精心谋划现代版的雄保"双城记"的战略目标,保定市需要聚焦"新颜值",对标"高质量",着眼"新品质",有效解决主城区交通拥堵、"出行难、停车难"等突出交通问题,打造便捷、绿色、公交优先、共享、智能的交通系统。保定市第十二次党代会报告强调,要致力于建设一个社会治理更加完善的新保定,打造"数字保定""智慧城市",用聪明的城市大脑实施智慧治理,让智能感知就在身边,让安全网络覆盖全城,全面提升社会治理体系和治理能力的现代化水平。

1.3 保定市主城区交通优化提升规划及三年行动计划

2021 年年底,保定市自然资源和规划局与保定市城乡规划委员会审议通过了《保定市主城区交通优化提升规划及三年行动计划》（简称"行动计划"）。《行动计划》在大量调研分析基础上，对保定市主城区现状交通问题及成因进行了剖析，借鉴了国内外先进经验，针对保定市主城区道路、公交、慢行、停车、交通管理等多方面系统性地提出了交通优化提升规划要点，制定了详细的三年行动计划。在上述背景下，为了进一步提升保定市道路交通安全管理现代化、科学化和智能化水平，提升人民群众出行获得感，保定市智能交通三期项目将对保定市当前的交通运行状况进行总体评估，深入分析当前城市交通矛盾的成因和症结，从问题导向、需求导向入手，因地制宜、因政施策地针对重点地区和节点提出具体的应对和解决方案，并以此制订长短结合、多管齐下、软硬兼备的行动计划，以具体指导和实施主城区、新三区乃至全保定市的交通管理工作，为保定的内涵式、高质量发展贡献交管力量。

2 项目内容

本次三期工程建设总共包含 4 大工程 13 项内容。

2.1 全域多模式结合工程

（1）智能信号控制平台升级。该次平台升级计划实现保定信号控制的全域三级管理：一是在主城区范围内，接入环城赛道建设规划中的新建、更换路口的智能信号机，对剩余非智能信控路口实现上图管理；二是针对新三区，实现信号路口的上图管理；三是针对全保定市范围，打造全市考核评价体系，以信号机联网率、在线率、拥堵指数等综合评估各大队信号系统建设和运行情况，促进全域信控系统的加速发展。

（2）"一张图"地理信息服务升级。通过升级"一张图"地理信息服务，在现有一体化平台实现调取市局的航拍地图，展示主干道交叉口、拥堵常发位置等重点场景的交通情况，标注显示附近的高点、视频等指挥资源。一是全面掌握重点道路、重点场景的现场情况，为精细化指挥调度提供支撑；二是利用航拍地图道路、场景信息，提升道路交通组织优化工作的精细化程度。

（3）重点区域保障系统。一是协同古城管委会建设卡口＋人脸抓拍系统，实现出入车辆和重点人员的身份识别和预警；二是新建停车诱导指示屏系统，实现区域内的停车诱导指引；三是在保障区域边界路口建设反向卡口，掌握车辆进出区域的违法情况和车流量，为区域信号控制保障提供判断依据；四是以古城片区及周边关联道路为保障核心，结合区域内实时路况和停车资源情况，对接互联网地图，及时评估道路通行情况，为往来群众提供停车诱导、拥堵提醒、绕行线路通知等交通信息服务，通过宏观诱导的方式实现交通分流，减轻保障区域交通压力。

（4）移动警务管理系统。基于警务通等移动终端，建设移动警务管理系统，结合移动终端的定位信息，一是实现事故信息、道路隐患、设备设施等信息的快速采集和点位精准上报，提升基础信息采集能力和精度；二是实现事故快处、道路隐患治理、设备设施巡查治理等交警业务的移动化、便捷化处置，提高警务处置效率；三是集成意见反馈、党建学习等功能，充分利用移动警务终端，实现党员在线教育、学习、活动组织等功能，让党建学习移动化、便捷化，实现一线人员沟通学习零距离。

（5）一体化平台升级。在现有一体化指挥平台的基础上进行升级，新增网上督查、一张图信息补充、勤务管理等模块，同时在现有的工程车辆运输管理系统上升级城市重型车辆模块，进一步提升大型车辆的城市交通管理。

2.2 试点创新探索工程

（1）大货车右转抓拍系统建设。选取大货车通行量大的路口，进行大货车右转抓拍系统建设，以此降低大型车右转的交通事故发生率，为品质之城建设时期的道路安全环境保驾护航。

（2）最靓路口建设。选取四个路口，进行交通形象和交通秩序提升改造。一方面通过简约大方的一体化灯杆、人行信号灯和靓丽的交警驿站，改善路口交通形象，助力焕新交通管理新颜值；另一方面通过灯杆和驿站上的发布屏，向群众展示动态绿波速度提醒、公交优先信号、交通宣传教育、便民信息提示等信息发布，助力提升群众出行品质。

（3）智慧潮汐车道。配合保定市东风路整体风貌提升规划设计，开展潮汐车道改造和公交优先建设。一是建设可变交通标志和智能护栏，根据道路通行流量变化情况，通过智能护栏控制潮汐车道开启、关闭，结合可变标志的切换，均衡早晚高峰的道路流量；二是在 6 个路口开展交通信号公交优先控制，提高公共交通运行效率、公交出行分担率和公交服务满意度，缓解交通拥堵，助力品质之城建设。

（4）无人机巡逻防控系统。建设 1 套复合翼无人机及其挂载配件，部署无人机管控平台，利用无人机灵活、机动、视角广等特点，服务于一体化巡逻防控、驻点巡边等工作，切实做好"1、3、5 分钟"应急处置圈，提升一线巡逻防控的应急处置能力。

2.3 大数据架构升级工程

交管大脑升级。一是升级"一核"（公安网）"两辅"（专网、互联网）交管大脑数据中台整体架构。将现有公安网和专网 AI 交管大脑的大数据平台升级为数据中台，加强互联网数据接入管理，升级数据接入、清洗、治理、管理、使用体系，实现全程可视化操作，形成丰富的数据模型和标准化数据服务接口，为上层应用提供共享共用的数据服务。二是数据魔方建设。实现自定义数据建模和关键结果比对，将业务数据、流程转化为大数据研判战果，为支队全业务监管提供支撑。三是交管数据可视化建设。从数据资产、数据量、数据访问情况、资源占用情况、各类库的建设情况等不同维度进行可视化展示。四是数据备份。为确保数据安全，需建立异地容灾备份机制，备份数据位于不同机房，确保出现灾难性情况能恢复关键数据。五是交管大脑 IaaS 扩容。为大数据中心建设提供服务器硬件基础，纳入现有交管大脑大数据基础平台中进行统一管理。

2.4 基础设施保障工程

（1）视频会议系统升级。升级视频会议系统，更换支队视频会议主机，升级会控系统，新建上屏系统和车管所、市辖区大队的会议终端及配套音频设备、设施，实现主城区各大队、执法站的统一视频会议调度。

（2）机房搬迁。完成卫士小区机房、支队后二楼机房、车管一所机房和车管二所机房服务器的整体搬迁。

（3）网络安全建设。根据《国务院办公厅关于印发国家政务信息化项目建设管理办法的通知》、公安部印发的《信息安全等级保护管理办法》和河北省交警总队对各地市信息安全管理考核的要求，对该项目建设系统开展网络安全等级保护测评以及密码应用安全测评工作，从安全技术体系与安全管理体系等方面完成安全系统建设。

3 关键技术

（1）交管大脑智库建设。建设安全线、事故线、违法线、监管线等四大方向数据模型，形成交管大脑核心智库。智库将统一汇聚交管大脑建设的核心战果，包括：业务报告、分析模型、挖掘任务、方案预案等。

（2）数据服务精细治理支撑，在一、二期的基础上全量接入支队自建系统、下发库、集成指挥平台、其他渠道共享到的结构化数据与非结构化数据，并根据业务需求进行数据治理升级，完成清洗、比对、分拣等深度数据治理工作，完成数据规范治理。

（3）AI 创新智能应用支撑。以百度交管大脑为支队唯一大脑，依托百度免费建设的大数据平台和大数据基础组件，新建 1 套数据魔方工具、1 套数据可视化工具，打造大数据中心可视化驾驶舱，实时呈现大数据研判战果，为支队全业务监管提供支撑。

4 创新点

（1）交管大脑智库是业务分析与成果的集成平台，也是交管大脑加速运转的发动机。该模块实现了对分析研判成果集的综合呈现与统一管理，所有的业务应用需要的数据支撑都将在交管大脑智库中生成并直接提供数据结果。

（2）在一、二期的基础上新增接入市局智慧社区等共享数据，完成数据规范治理，为业务提供支撑，并新建数据安全共享规则，打造数据安全地图，通过可视化手段管控支队接入数据、共享数据，保证数据安全合规。

（3）应用 AI、大数据等先进技术。一是支持人脸核验认证服务，支撑保定交警 App 的新注册用户的实名认证；二是新建 OCR 识别服务，实现对车牌、身份证、驾驶证、行驶证的识别，支撑移动警务系统前端信息采集录入；三是 2.5D 地图和三维地图服务，支撑一体化指挥平台、交通安全隐患主动防控系统的运行；四是新建 AI 舆情服务，实现对微博等互联网中的交通舆情信息的实时抓取、分析。

5 示范效应

为缓解主城区道路交通拥堵状况，保定市交通管理部门不断优化道路交通组织。通过建设"潮汐"可变车道，东风路（恒祥大街–莲池大街段）高峰时段平均拥堵指数由1.58 降至 1.32；主城区 201 个路口实现信号灯联网智能控制，七一路等 26 条主要路段实现动态绿波控制，东风长城口等 31 个路口 56 个方向可变车道实时根据交通流量自动变换，路口通行效率平均提升 25%；同时，在东风朝阳口等多个主要路口实行"左转借道行驶""路口双待行""借道待行"等新型放行方式，全面提高道路通行效率。在全国"百城通勤高峰交通拥堵"排名中，保定市主城区由 2019 年的第 41 名下降至 2022 年的第 71 名，相比省内其他城市，整体交通运行情况较好。

率先在河北全省打造了数字化智能交通公安管理体系，形成了以交管大数据为支撑的九大业务应用系统。建设了交警大数据资源池，接入了机动车、驾驶人、事故等 33 类数据，在全省率先打造了"一体化指挥平台"，真正实现了一图展示、一键调度、全程跟踪、闭环处置的指挥调度新模式。为缓解道路交通拥堵，建设了具有保定特色的数字信控系统，全面提升了道路通行能力。2023 年 6 月 14 日，"交管 12123"视频快处中心投入使用，视频快处事故占比达 80.9%，居全国试点城市首位。《人民日报》和央视《大国交通》纪录片中都专题介绍了保定数字交通建设的应用成效。

上海城市交通更新数智分析与辅助决策平台及应用

上海市城市建设设计研究总院（集团）有限公司

1 项目背景

上海正在逐步迈入城市交通更新时期，需要按照上海城市交通发展的新形势和新要求对交通问题进行综合治理，对老旧设施进行改造提质，推动城市交通绿色低碳发展和数字化转型发展。上海市城市建设设计研究总院（集团）有限公司（简称上海城建院）近年来积极开展城市交通更新数智化技术基础研究，开发了城市交通更新数智分析与辅助决策平台，利用手机、新能源汽车、线圈等多源大数据构建静动态人工智能分析技术，在城市更新重大项目中发挥了重要的技术支撑作用，主导或参与了 G50 拓宽工程、北横通道开通评估、内环高架快速路年轻化改造、G15 嘉浏段拓宽改建等一系列上海市重大项目。

2 项目内容

2.1 城市交通更新数智分析与辅助决策平台建设思路

（1）平台建设需面向城市交通存量发展背景。城市交通更新研究是基于城市存量发展背景，基本思路是在城市化进入平稳增长后期和交通设施大规模建设期基本结束等情况下，通过对既有交通设施的改造、提升和扩容等有机更新，进一步满足新时期城市发展、经济增长、人民生活等对高品质交通运输服务的不断增长需求。

（2）平台建设需服务城市交通高品质发展。城市交通更新的研究内容较关注质量提升，即围绕经济、生活、治理等三大范畴，进一步推动城市交通高品质发展，进一步提升人民对交通服务的满意度。更加关注通勤、商务、休憩、娱乐、购物等不同社会生产生活场景下的交通服务环境和质量，更加注重交通更新与城市更新的局部与整体关系，比如围绕城市道路改造的街道空间提升研究，围绕城市越江、跨河等桥隧改造的两岸城市空间（商务、观光、文化、交流、休闲等）提升研究。

（3）平台建设需采用多目标动态分析流程。城市交通更新的研究过程是多目标动态分析过程，不仅要解决当前交通热点难点问题，比如交通拥堵、停车难、公交吸引力下

346

降、设施老化等，同时还要支撑城市高质量发展，赋能交通行业经济发展和新产业培育等中近期发展目标实现。因此，交通更新研究需要建立多目标综合评价体系、多目标关联性分析技术，并构建常态体检、问题诊断、方案制订、实施跟踪等动态反馈和持续跟踪流程。

（4）平台建设需注重数智技术创新应用。城市交通更新研究需要对现状交通问题成因进行深入分析，对方案预期进行智能推演，对实施效果进行精准评估。因此，交通更新更加注重数字化、智能化的定量分析，通过借助大数据、人工智能、数字孪生、区块链等新技术建立持续跟踪、动态反馈的技术流程。

2.2 城市交通更新数智分析与辅助决策平台技术框架

（1）技术流程。根据上述城市交通更新研究思路，平台建设需构建一个持续跟踪、动态反馈的技术流程，大致可分为交通体检、问题研判、方案编制、实施评估等四个阶段（见图1）。

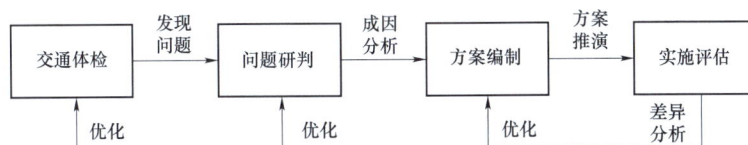

图1 城市交通更新研究动态迭代技术流程

交通体检是指通过构建城市交通更新体检指标体系，借助数智技术定期（比如半年一次或一年一次）对城市交通规划、建设、管理、运行和养护等各个方面进行综合性、系统性检测，对超过健康阈值的指标进行及时预警。

问题研判是指深入分析体检查出的问题，对问题内在成因借助数智技术进行科学诊断，例如对于常发性交通拥堵节点，可能存在设施承载力不足、上下游交通设施衔接不合理、交通组织待优化等多种原因，应注意避免仅凭借主观经验就仓促下结论。

方案编制是指根据问题研判结论提出针对性的交通更新方案，方案类型既包括系统性、区域性的整体方案，也包括局部、节点的改善方案，并借助数智技术对方案预期效果进行智能推演，包括有无方案对比和多方案比选，进一步提升方案编制和决策的科学水平。

实施评估是指对方案实施效果进行持续跟踪并开展后评估工作，重点评估方案预期效果与实际效果的差异程度，对差异原因进行深入分析，对提出优化建议，转入下一轮技术流程。

（2）技术架构。平台总体技术架构包括数据感知层、数字底座和应用系统等各个层面（见图2）。数据感知层能够动态或实时采集交通各类源数据，包括基础设施、运输工具、终端设备、监测设备等。基础设施包括道路、桥隧、轨道、枢纽、停车场、加油站、充电桩等各类设施；运输工具包括社会客车、货车、出租（网约）车、公交车等各类车辆；终端设备包括手机端、车端、设备端等智能定位设备；监测设备包括卡口、视频、ETC、闸机、交通卡、移动支付等各类设备。

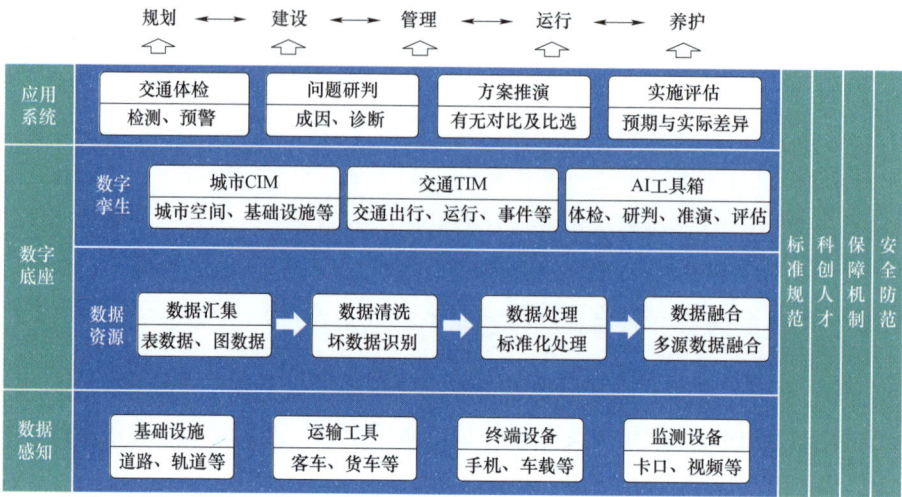

图 2　城市交通更新总体技术架构

数字底座包括数据资源层和数字孪生层。数据资源层是对收集的数据进行标准化处理和统一管理，包括数据汇集、数据清洗、数据处理和数据融合等功能。数据汇集是从数据感知层接入原始数据；数据清洗是对不符合条件的"坏数据"进行识别和剔除；数据处理是将清洗后的数据进行标准化处理转换；数据融合是对处理后的多源数据进行融合生成标准统一、质量可信的可用数据。数字孪生层是基于数据资源层提供的可用数据开发城市 CIM、交通 TIM 和 AI 工具箱等。城市 CIM 包括城市二三维空间、基础设施、建筑物等；交通 TIM 包括交通出行（人员、车辆、货物），交通运行（轨道交通、地面公交、道路、枢纽等），交通事件及活动等；AI 工具箱用于为城市交通更新技术流程提供数智技术支持。

2.3　城市交通更新数智分析与辅助决策平台在 G50 改造项目中的应用

G50 作为国家高速公路网东西向干线之一，东西向连接长三角示范区、青浦新城和虹桥商务区，是上海市域东西向交通发展中轴线，是全市高速公路网络中的重要射线，承担上海主城区与青浦新城之间市域交通，以及上海与长三角省际交通联系的双重功能（见图 3）。通过科学合理的改造后有利于缓解东段交通压力，支撑青浦新城建设和长三角一体化发展。在 G50 拓宽工程前期研究过程中，上海城建院通过融合现状交通大数据及模型预测技术，对现状 G50 运行特征进行研判诊断，同时对多个规划拓宽方案进行比选论证。

（1）现状分析。收费站运行情况方面，基于收费站数据及车辆位置大数据分析得出，现状 G50 上海段日均收费站总进出流量为 18.6 万车次，平均高速行驶里程为 10.8km，其中徐泾、嘉松中路、青浦城区等 3 处收费站较为拥堵，分别占全市出入口总量的 6.4%、3.4%、1.9%。

348

图 3　G50 现状出入口服务范围分析

起讫点（Origin−Destination，OD）构成方面：G50 现状以市域交通为主，约占 88.1%。其中中心城及虹桥枢纽占比 43%，进出其他新城等占比 16%，青浦区内部组团之间占比 29%，省域交通占比 12%，如图 4 所示。

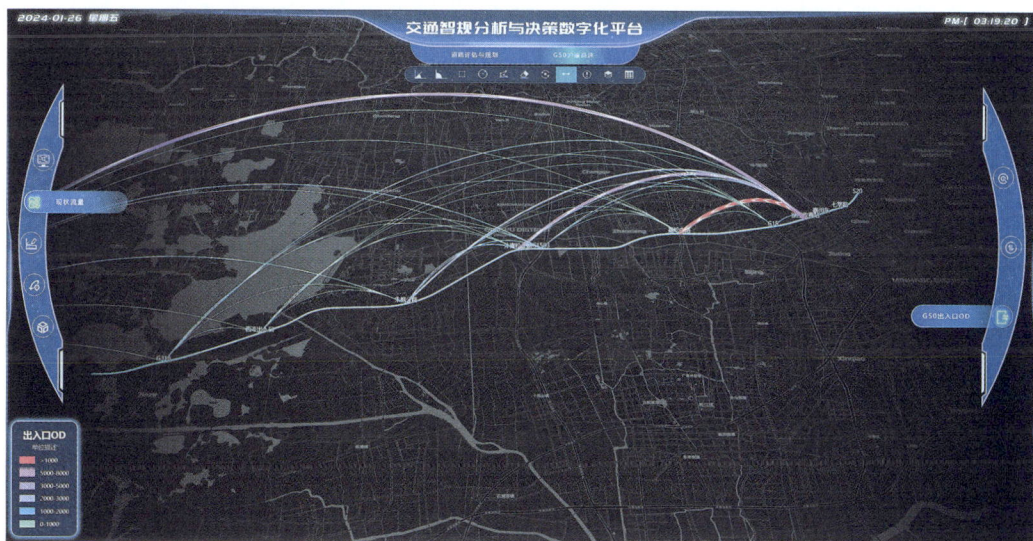

图 4　G50 现状出入口 OD 分析

车型结构方面：现状 G50 途径车辆中以客车为主要车型，占比为 80%～86%。

道路服务水平方面：G50 高速高峰小时路段单向流量约 1300～4700pcu/h，自西向东递增，拥堵逐渐加剧，徐泾收费站—嘉松中路四级服务水平，嘉松中路—朱枫立交二、三级服务水平，朱枫公路—省界一级服务水平。

交通分流方面：延安高架、嘉闵高架及外环作为 G50 入城段主要的分流通道，分别分流了主线流量的 25%、15.8% 及 16.6%，G50 的改扩建工程也将对这些道路造成一定的影响。

（2）方案论证。利用平台对通过内置交通模型算法对多套拓宽方案进行预测评估，当全线采用双向 6 车道时，西岑—嘉闵高架段饱和度均超过 0.75，部分路段饱和度达 0.95，存在明显拥堵；当西岑—嘉闵高架段采用双向 8 车道，其余路段采用双向 6 车道时，出省段饱和度均可控制在 0.8 以下，整体运行情况较为良好。

G50 拓宽后，将会对嘉闵高架及延安高架交通运行情况产生较大压力，预计工程通车后嘉闵高架流量将上涨 5%～10%，延安高架流量将上涨 15%～18%，整体交通压力进一步增加。若统筹考虑漕宝路快速化、G15 拓宽、S20 抬升等改造工程同步建成并投入运行，则延安高架及嘉闵高架可基本保持现状服务水平不变，预测情况如图 5 和图 6 所示。

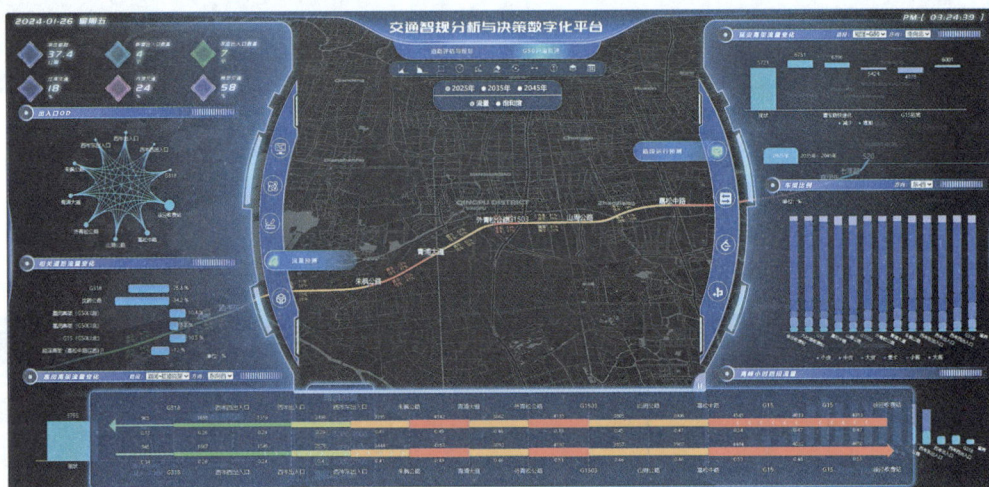

图 5　G50 路段流量预测

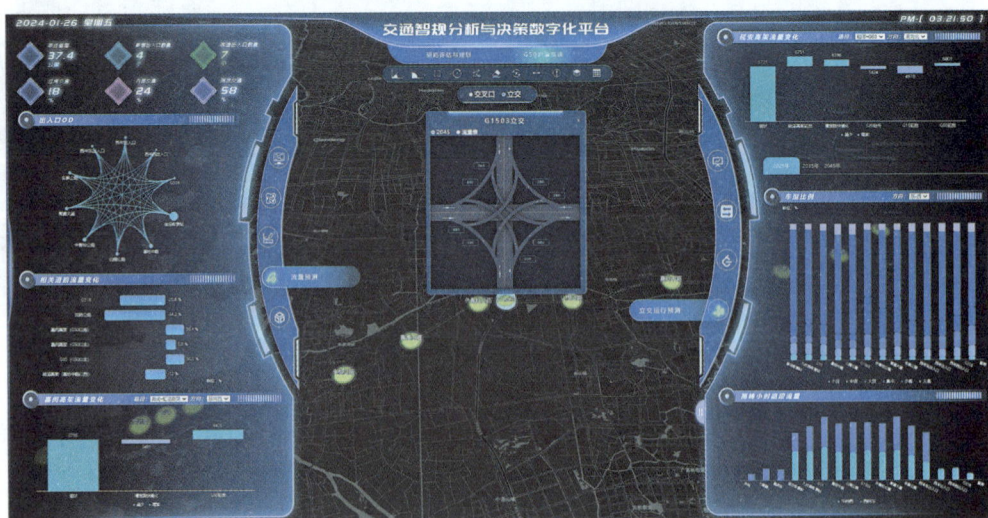

图 6　G50 立交流量预测

3 关键技术

城市交通更新数智分析与辅助决策平台关键技术包括多源数据融合技术、交通 TIM 仿真技术和人工智能推演技术等。

3.1 多源数据融合技术

针对城市交通活动类型复杂、时空分布多样且各类数据缺乏统一标准等问题，构建基于人一车一路基本框架的多源数据融合技术，对各类数据进行拆解和整合，重新定义数据标准，包括人员出行标准（人口职住、出行分布、出行方式、出行链等）、车辆出行标准（车型、出行及停放分布、出行路径等）和交通设施及运行标准（路网及线网、通行能力、延误、服务水平等），最终形成标准统一、质量可信的可用成果数据库。

3.2 交通 TIM 仿真技术

为解决各层次仿真的基础数据标准不统一、仿真路网底图制作周期长、仿真计算引擎研发不足、人工干预较多等诸多问题，需要构建统一的交通基础信息模型。依托地图采集设备和生产标准，融合城市交通相关数据，建立统一的交通仿真数据底图，并借助计算机和地理信息等专业技术，研发数据融合分析计算引擎，为规划、建设、管理、环境等打造专业的城市级交通数字底座，并为城市交通各领域提供便捷可用的交通仿真数据产品。产品可基于静态环境数据、设施管理数据和道路动态监测数据等，提炼模拟仿真指标并研发 AI 预测模型可应用于多个领域，包括基于数字底座的城市更新与城市治理，基于仿真技术的智慧管控和预案推演，支撑以交通"碳中和"为目标的交通系统转型。

3.3 人工智能推演技术

针对当前方案编制和论证阶段对方案预期效果多采用经验判断且分析场景和维度较单一等难点，基于融合数据库构建人工智能推演算法，实现方案实施条件多情景快速设置、方案实施目标多维度指标分析和方案实施效果多角度综合评价，用于支撑方案有无对比、多方案比选等必要性和可行性论证。例如，目前对交通规划建设方案预期效果一般仅给出一个预测结果，而通过人工智能推演技术可进行交通需求压力测试，评估交通设施的承载力，在规划建设前期即可对设施建成运行阶段可能产生的拥堵问题提早预警，从而更加科学合理地编制规划建设方案，并支持规建管养运业务联动。

4 创新点

4.1 数据驱动的交通决策

该平台能够利用大量的历史交通数据，通过数据挖掘和分析技术，为城市的道路工程规划、交通设施改造、街道品质提升提供科学的依据和评估结果。该平台能够考虑多种影响交通的因素，如道路结构、车辆类型、出行模式等，从而提高相关决策的合理性和可行性。

4.2 可视化的交通评估

该平台能够通过图形化的界面，为用户量化展示不同的道路工程规划方案、交通设施改造方案等对交通状况的影响。用户可以通过调整各种参数，如工程规模、工期、成本等，来比较不同方案的优劣。该平台还能够模拟不同方案下的交通流量、速度、延迟、排放等指标，以及可能出现的拥堵、事故等情况，从而提高评估的直观性和有效性。

4.3 互动式的交通优化

该平台能够根据用户的反馈和建议，对已有的道路工程规划方案进行修改和优化。用户可以通过输入自己的需求、偏好和意见，来对方案进行调整和改进。平台快速针对新修改的方案生成核心评估指标以评估方案优劣，并在此基础上不断更新和完善方案，以提高用户的参与度和信任度。

5 示范效应

上海城市交通更新数智分析与辅助决策平台通过在 G50 改建项目中的应用，在规划阶段，有效对多组拓宽方案能够实现的交通流量扩容进行模拟预测，论证缓解重要收费节点的分流方法，为前期方案设计提供科学有力的数据支持。同时，本平台还在北横通道改造后评估、街道公共空间交通品质提升等方面起到辅助决策的作用。促进交通行业各部门数据融合，连通各类交通数据孤岛，形成统一标准、融合共享的交通数字底座，构建行业数据资源体系和数字化基础设施。推动交通行业数字化转型，支持交通规建管运形成业务闭环，助力重大交通决策和治理跨部门协同"统管"建设，加快数字政府现代化治理能力进一步提升。赋能交通行业数字化新产业、新业态培育，打造数字化业务示范场景，促进交通数字化生态圈加快形成。

温州市交通安全设施动态管理系统建设及应用

速度科技股份有限公司

1 项目背景

当前，温州市已经建设了"温州交警路面科技设施运维云图""温州交警 SCATS 系统运维平台"等智能交通设施的信息化管理，在日常交通安全管理中发挥了很好的作用。但对市区内城市道路的道路交通安全设施，还缺乏系统、全面的数字化管理手段，加上道路交通安全设施数量庞大，日常管理工作没有准确的数据和标准，迫切需要用现代化的手段、科学的数据支撑决策。在交通管理中，道路交通安全设施发挥着维护交通运行和安全的核心作用，通过建设交通安全实时动态管理系统，有利于道路交通安全设施的精准维护管理、施工质量的跟踪评估、运营维护成本的准确预算、维护周期的量化预测等工作，同时有助于智慧交警、智慧交通的信息基础设施建设。

2 项目内容

项目建设内容包括数据采集与建库、数据融合与应用、数据开放与服务共享等，可概括为一套标准、一个仓、一张图、一个系统、N 个业务。总体架构图如图 1 所示。

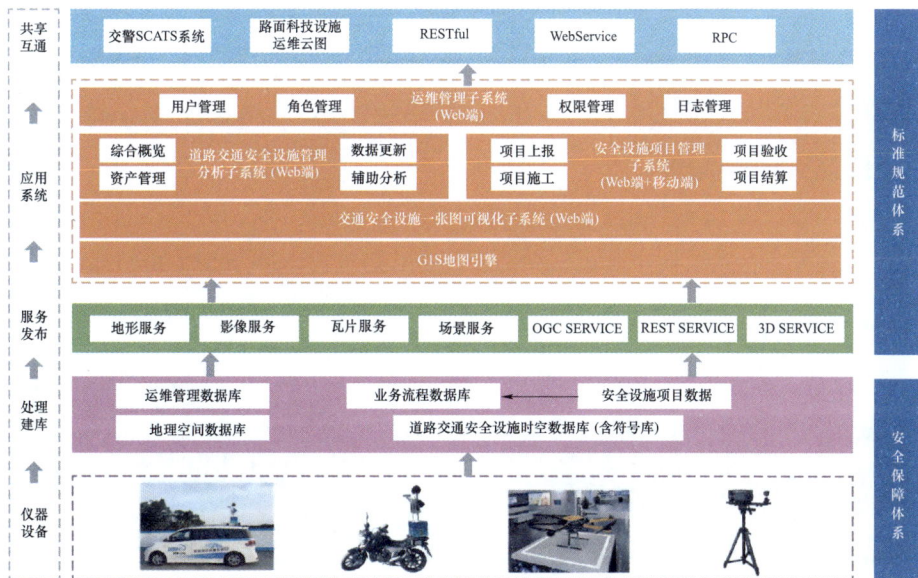

图 1　总体架构图

353

2.1　道路交通安全设施数据标准规范研究制定

制定相关标准，用于规范化数据的导入、更新、导出、跨部门对接等工作。

（1）《道路交通安全设施数据库建设标准规范》：通过对道路交通安全设施制定详细的"移动激光扫描为主＋人工传统仪器补测"相结合的外业采集流程规范。

（2）《道路交通安全设施外业采集规范》：根据《道路交通标志和标线》系列标准以及地图制图相关标准，制定本项目所需的道路交通安全设施要素符号样式、颜色、尺寸等信息。

（3）《道路交通安全设施数据入库标准》：规范交通标志标线设施数据调查的电子化成果数据，便于数据导入动态管理及统计分析系统。

（4）《道路交通安全设施动态更新规范》：规定道路交通安全设施的养护作业管理和内业动态更新的流程规范。

（5）《服务发布与注册接口规范》：发布与注册接口用于"温州交警路面科技设施运维云图""温州交警 SCATS 系统运维平台"等对接、共享或交换交通安全设施信息的数据内容、格式等。

2.2　道路交通安全设施数据采集

为提高道路交通安全设施采集与更新效率，同时对交通标线及设施相关属性进行快速的检测，项目采用基于车载激光移动测量技术＋人工传统仪器补测技术相结合的方式对外业道路交通安全设施数据进行采集。同时通过对接公安"温州交警路面科技设施运维云图""温州交警 SCATS 系统运维平台"等智能交通设施信息，与道路交通安全设施空间数据进行关联，整理出完整的道路交通安全设施属性描述数据，数据资源呈现海量、异构、多源等特性。矢量成果示意图如图 2 所示。

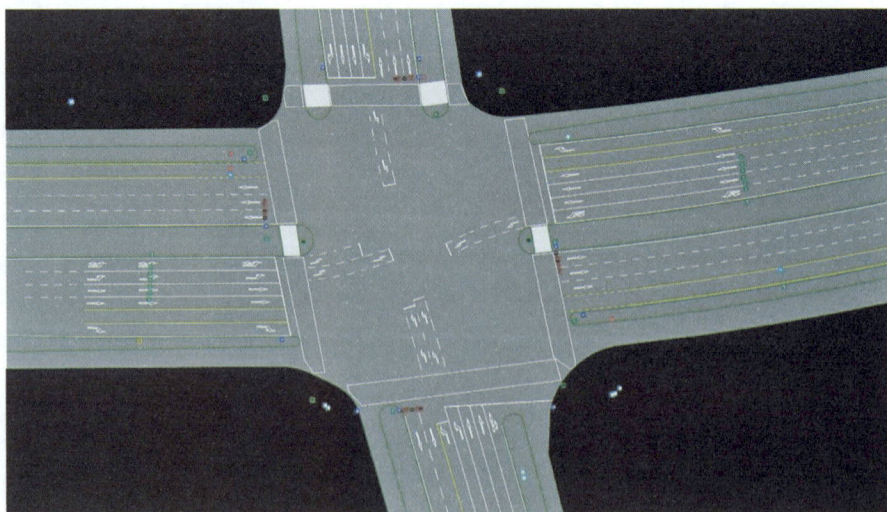

图 2　矢量成果示意图

2.3 道路交通安全设施时空大数据库研究与建设

道路交通安全设施时空大数据库利用空间数据引擎管理空间数据,采用关系型表格组织非空间数据,统一存储在 DBMS 关系型数据库中。两者结合建立了一个开放灵活的综合信息数据库,主要由地理空间数据库、交通安全设施时空数据库、业务流程数据库和运维管理数据库四部分组成。时空大数据库整体框架如图 3 所示。

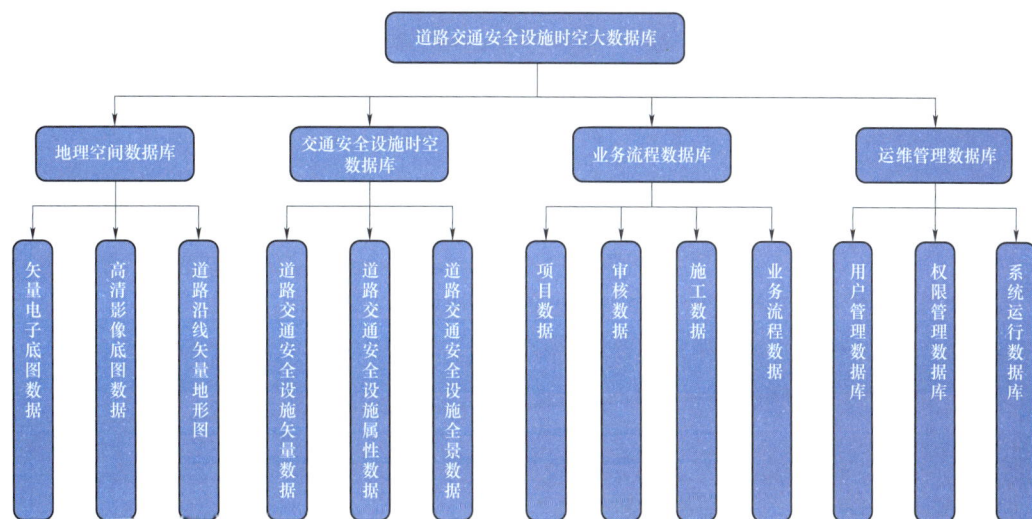

图 3 时空大数据库整体框架

(1)地理空间数据库。通过向市自然资源和规划局的"数字温州"地理信息公共服务平台和国土空间基础信息平台在线调用,共享矢量电子地图、高清影像电子地图,同时申请道路沿线矢量地形图作为源数据基础辅助道路交通安全设施数据的采集。同时通过车载移动测量系统同步采集道路沿线 180° 全景影像数据,并编制形成全景地图。

(2)道路交通安全设施时空数据库。道路交通安全设施时空数据库主要包括矢量数据及属性数据两部分。道路交通安全设施矢量数据建库包括原始采集数据预处理、道路交通安全设施专题数据自动提取和人工检查修正等处理流程,根据相关标准将矢量数据分为交通标志、一般交通标线、突起路标、轮廓标、信号灯、交通信号控制机、交通技术监控设备、交通分隔栏、防撞护栏、隔离栅、防落网、防眩设施、减速设施、行人过街设施、其他交通安全设施共计 10 大类 73 小类,数据采用分图层、分类别、分要素空间化管理。属性数据的提取主要通过在线对接和现场调查相结合的方式,提取道路交通安全设施属性描述信息,属性信息主要包括设施基本属性数据(如名称及标识、主管部门、权属部门、空间位置信息、长度信息、时间状态性、地址描述信息、辅助照片等)及标志或标线设施附加属性信息,属性提取完成后将属性信息与设施矢量数据关联,做到"图属联动"。

(3)业务流程数据库。业务流程数据库主要是道路交通安全设施在巡检养护、动态

355

更新过程中产生的业务信息，包括项目信息、施工过程信息、验收信息和结算信息等。

（4）运维管理数据库。系统运维管理数据库主要包括用户管理数据、权限管理数据、系统运行数据等内容，实现用户管理及权限配置，监控记录系统日常运行状态，保障系统稳定运行

2.4 道路交通安全设施可视化动态管理系统研发

道路交通安全设施可视化动态管理系统是一个多组织一体化的协同管理系统，且业务全面、应用广泛，涉及众多技术领域的复杂业务，需采用先进、开放、标准、主流、成熟系统平台、开发手段与信息技术规范，以满足系统先进性、开放性、标准化、稳定性、可扩展性的需要。基于已有的"温州市交通设施建设与维护监管平台"，研究、建设温州市道路交通安全设施动态管理系统，主要内容包括新建交通安全设施"一张图"可视化子系统、道路交通安全设施管理分析子系统、安全设施项目管理子系统、安全设施项目管理子系统配套 App、运维管理子系统五个子系统。该系统根据不同人员角色可分为数据采集人员、资产管理人员、巡检养护人员三类。根据使用场景不同，各子系统和子数据库之间交互业务逻辑流程图如图 4 所示。

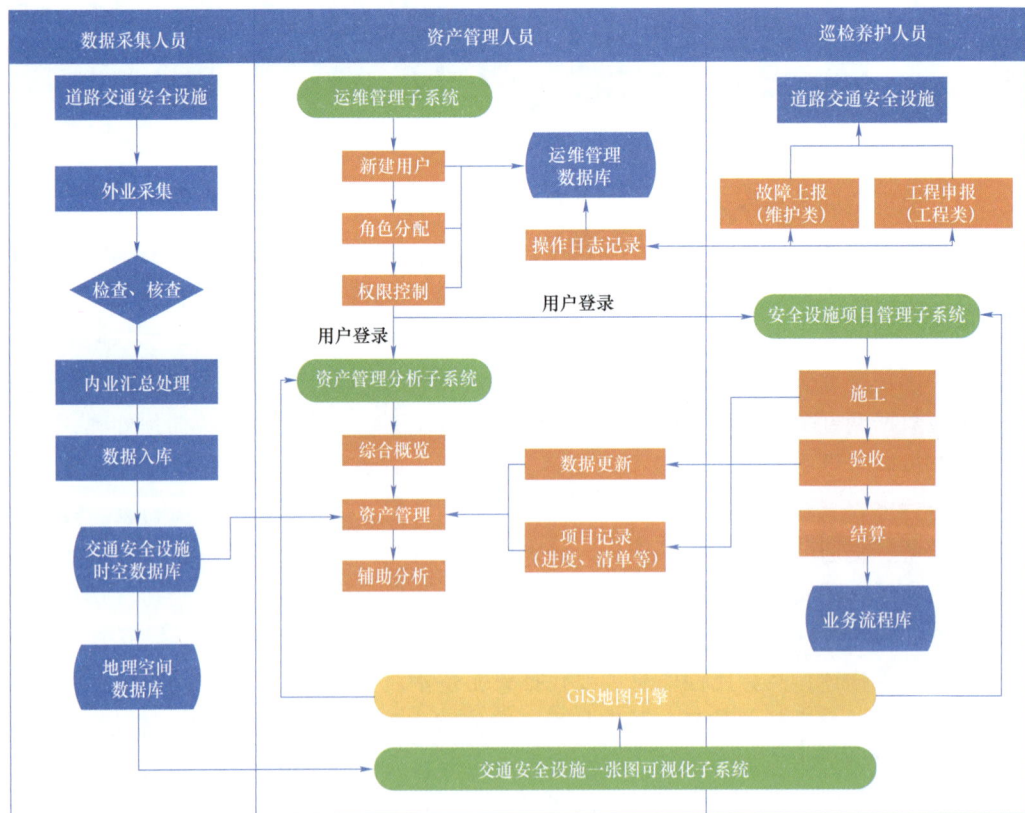

图 4 业务逻辑流程图

356

（1）交通设施一张图可视化子系统。针对交通警察综合管理对道路交通安全设施数据精细化、可视化、动态更新的需求，项目通过外业采集和内业融合处理，实现对道路交通标志及标线属性和空间信息的交通安全设施一张图可视化管理，并基于"一张图"进行后续的动态更新，保证数据时效性。交通安全设施一张图可视化管理子系统具备地图基本操作、可视化监管、图属联动查询展示、设施参数化更新等功能（见图5）。

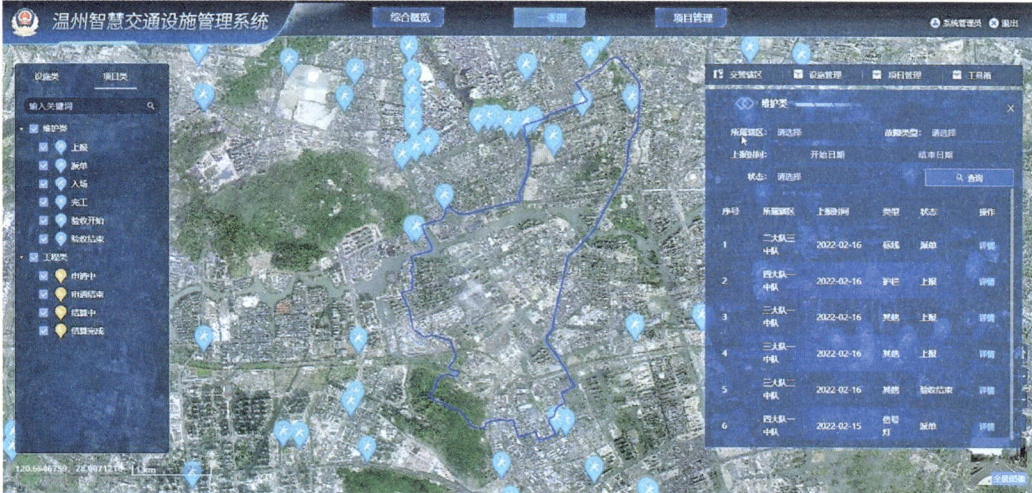

图5　交通安全设施"一张图"可视化子系统

（2）道路交通安全设施管理分析子系统。道路交通安全设施管理分析子系统基于在地图上对现有道路交通安全设施进行快速管理的目的，实现对设施数据的查询统计分析、数据动态更新管理等内容，包括综合概览（见图6）、资产信息管理（见图7）、设施要素参数化更新和设施属性数据更新（见图8）等功能。

图6　综合概览

图 7 资产信息管理

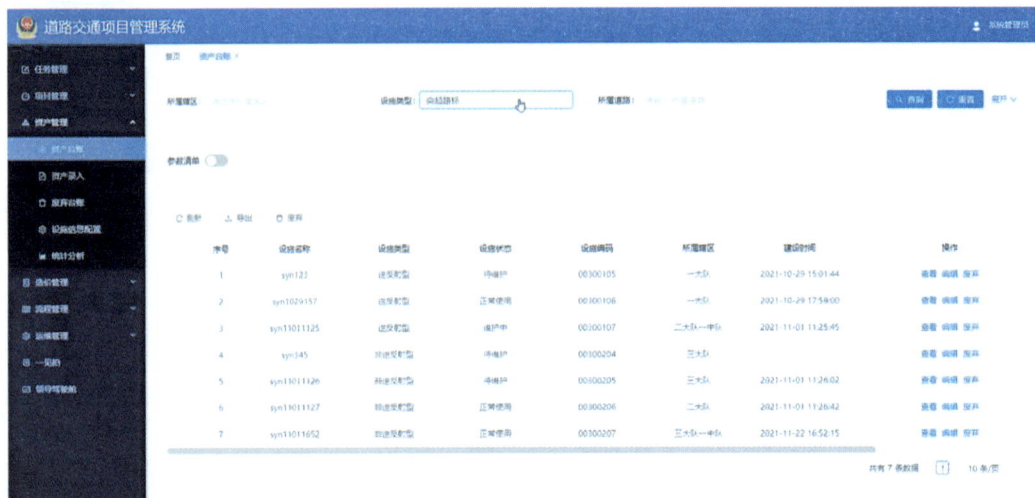

图 8 设施属性数据更新

（3）安全设施项目管理子系统。安全设施项目子系统（Web）用于管理道路交通安全设施维护、建设工程的施工、结算。将交通设施的维养流程划分成上报、施工验收、审价结算三个阶段，并且按照交通安全设施维养业务的不同类型拆分为维护类（道路安全设施破损和信号灯故障）和工程类（护栏养护和清洗、道路标线施划以及其他设施新增和调整），实现在维修（施工）工作中获取所处空间位置信息、查询安全设施的详细属性信息和对工作情况进行记录等功能。维护类项目业务流程如图 9 所示，工程类项目业务流程如图 10 所示，流程管理如图 11 所示。

（4）安全设施项目管理子系统配套 App。安全设施项目子系统（移动端）对维护类项目和工程类项目的问题上报（见图 12）、施工、验收进行统一管理，可以针对护栏清洗、维护类项目和工程类项目进行不同形式的业务流程操作。

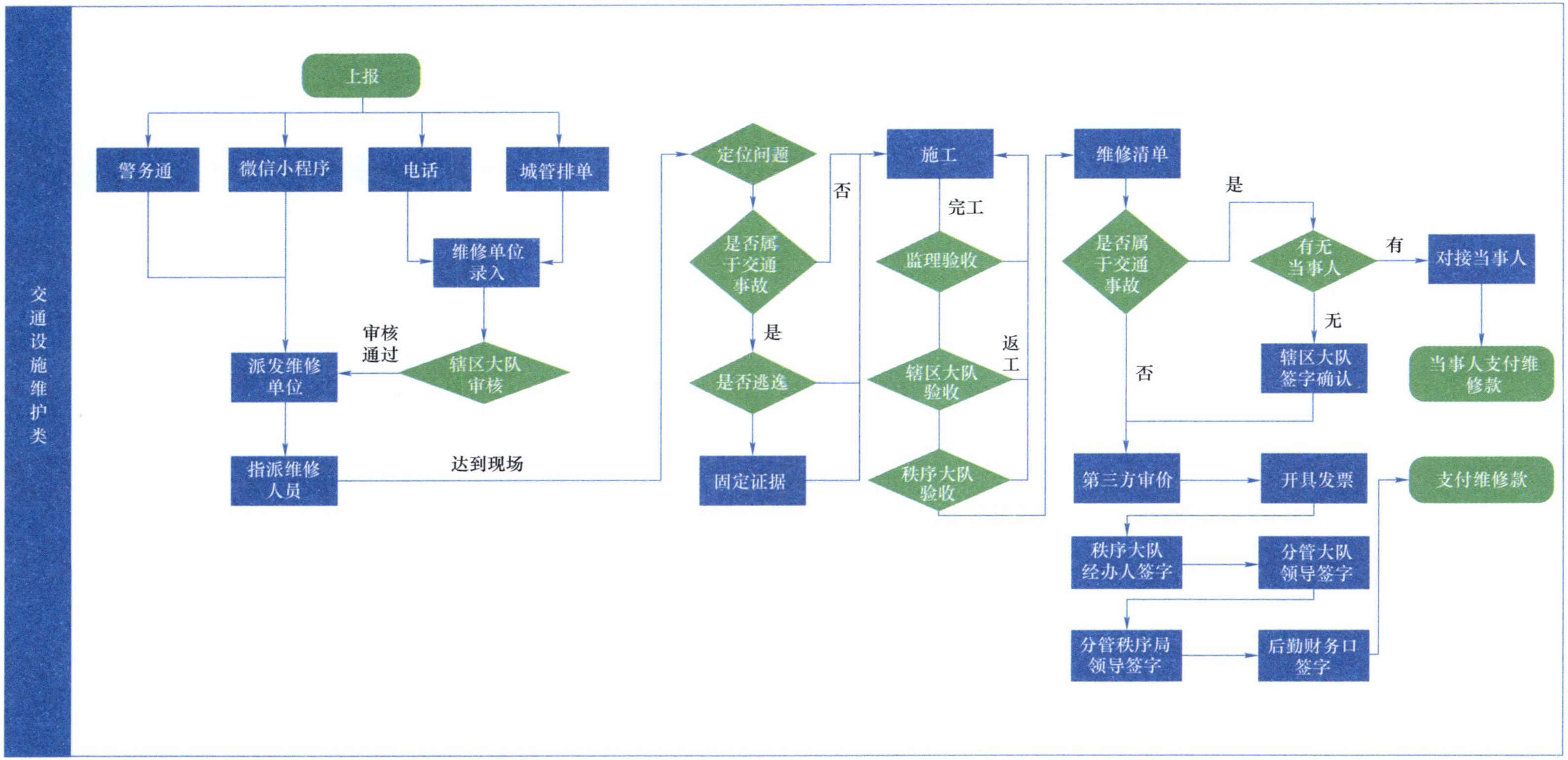

图 9 维护类项目业务流程

359

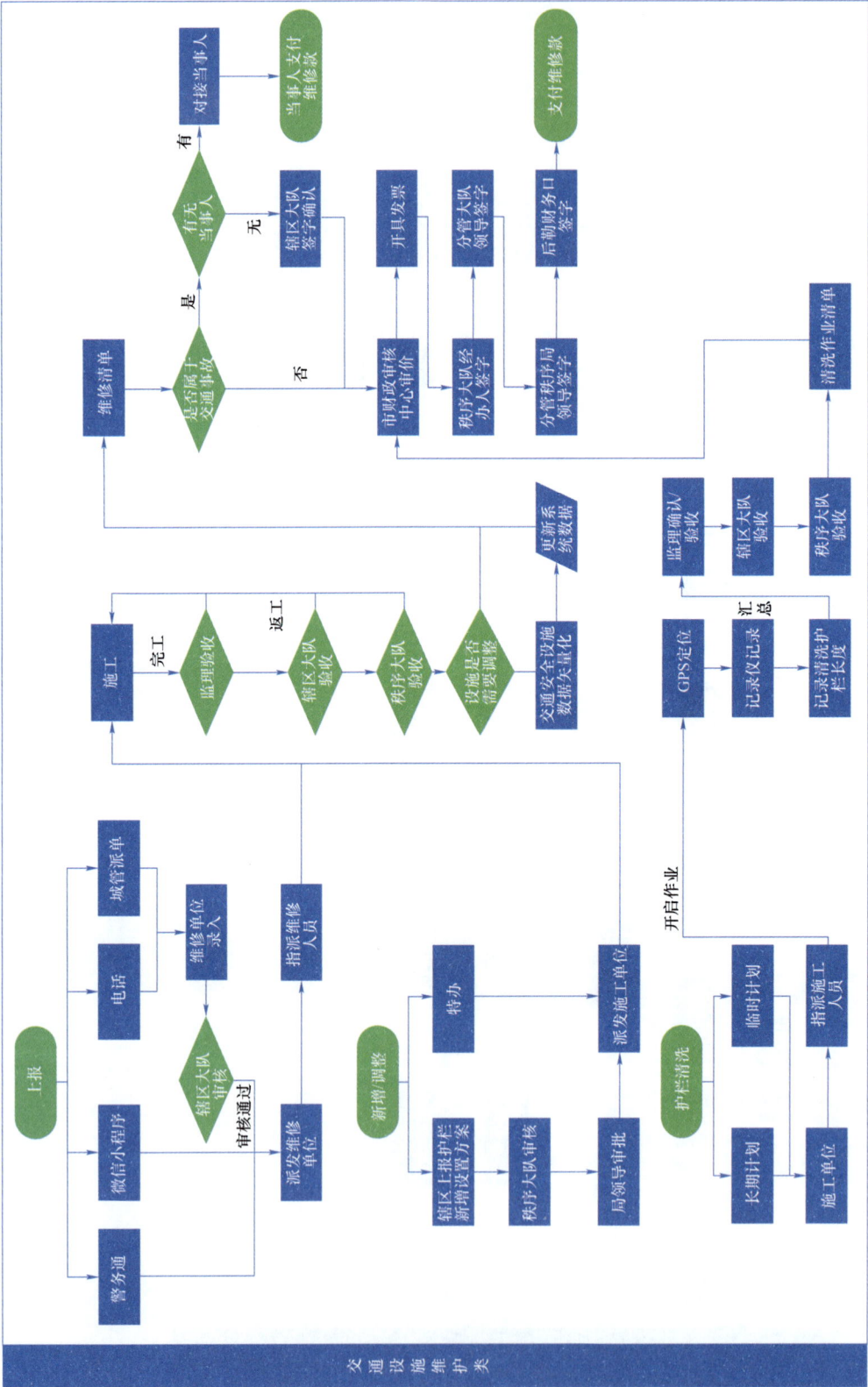

图 10　工程类项目业务流程

图 11　流程管理

图 12　问题上报

项目管理：项目管理实现对维护类和工程类项目的，实现交通设施维修从上报、施工、验收、结算的业务流程动态监管。根据权限的不同，分配不同的功能操作。

道路交通安全设施管理：道路交通安全设施管理用于提供巡检养护人员在作业工作中获取设施所处空间位置信息、查询安全设施的详细属性信息和安全设施信息新增等功能。

（5）运维管理子系统。运维管理子系统实现对整个平台的交通管理局、施工单位和维修单位等不同用户（账户、密码、权限等）进行管理，包括移动端的用户体系。同时监测整个平台的运行情况。通过用户权限管理实现组织架构、用户管理、角色管理权限控制，有效防止误删除、误修改、泄密等问题，确保了数据的安全性。基于对系统监控日志的智能分析实现对系统软件、网络维护的智能化管理和维护，做到系统故障的快速维护，减少人工监视、排查的工作量，及时响应系统故障，保证系统稳定运行。系统包含用户、角色、权限、日志等管理内容，建立服务于角色之间的访问映射管理，实现用户数据权限、服务权限和功能权限的授予和回收。

2.5 标准化及共享共建

系统建设符合标准化要求，建设道路交通安全设施数据标准，发布共享服务，提供给市大数据管理局及相关委办局进行数据共享。面向现有交警 SCATS 系统、路面科技设施运维云图等内部系统或其他委办局对数据或功能的调用需求，研发标准化接口（支持 RESTful、WebService、RPC 等方式）提供相应支撑，以达到多部门同步更新数据的目的，防止数据冗余、更新不及时、基层人员重复工作等问题的出现。

3 关键技术

3.1 高精度数据采集技术

依托高精度移动测量设备，进行道路点云数据和全景照片数据的自动化采集，实现对道路空间信息高效且高精度的采集，大幅降低了人工成本。通过点云与全景照片叠加技术，形成高精度真彩点云数据，辅助实现交通安全设施的高精度矢量点位提取，参照采集的全景照片信息对交通安全设施数据进行相关属性录入，完成数据位置和属性的完整采集。

3.2 多源数据融合技术

项目基于"空间数据库＋属性数据库"的整体建设思路，建立了一个针对道路交通安全设施的开放、灵活的综合信息数据库，并且实现了各类空间数据、影像数据、交通标线等安全设施数据的统一整合与空间关联，结合全景图片与空间点位的融合技术，实现交通设施更加直观和高效的管理。

3.3 交通安全设施一张图可视化技术

针对道路交通安全设施数据精细化、可视化、动态更新的需求，通过外业采集和内业融合处理，实现对道路交通标志及标线属性和空间信息的交通安全设施一张图可视化管理。在实现地图基本操作的基础上采用了交通信息高精度地图可视化技术及道路全景展示技术。

（1）交通信息高精度地图可视化技术。通过地图联动功能，实现地图空间位置及设施要素的准确定位，结合地图全景展示，清晰查看到当前位置道路路面及周边的交通安全设施，同时提供专题图分层、分类、分要素显隐控制功能，实现真正意义上的道路交通资产可视化监管。

（2）道路全景展示技术。通过车载移动测量系统同步采集道路沿线 180°全景地图数据，并将全景数据叠加至地图上，实现全景数据在地图上的全景浏览。

3.4 道路交通安全设施大数据分析技术

道路交通安全设施大数据分析技术是指利用计算机技术、数据分析技术等多学科理论和方法，对道路交通安全设施进行管理、维护和优化的技术。项目通过制定《道路交通安全设施数据入库标准》建立数据的动态管理及系统的数据分析机制，采用道路交通安全设施大数据分析技术实现了在地图上对现有道路交通安全设施进行快速管理的功能，可对设施数据进行综合概览、资产管理、数据动态更新等操作，为交通安全设施管理提供了科学的决策支持。

4 创新点

4.1 针对道路交通安全设施建立数据动态更新机制

在做好数据采集与建库的基础上，保证今后数据信息的持续更新是提升道路交通安全管理服务水平的重点内容。该系统对管辖范围内的道路交通安全设施数据建立了长效的更新机制，可通过系统上报日常养护和建设情况，即时积累和更新完善数据库，并制定了《道路交通安全设施动态更新规范》，用于规范化道路交通安全设施的养护作业和内业动态更新的流程，避免了道路建设、安全设施更新造成的数据老旧无用，普查重复性问题的出现。

4.2 实现数据管理从"分散、阶段、局部"向"总集成、全生命、全覆盖"的三大转变

（1）分散管理向集中管理的转变：传统的分散管理模式下，各个部门、业务系统都有自己的数据管理方式和数据存储方式，数据管理分散在不同的部门和系统中，难以实现统一的数据管理和共享。而该项目在标准化建设要求的基础上，将现有系统的数据服

务接口统一管理，制定交通警察涉密要求背景下的《服务发布与注册接口规范》，建立统一的服务汇集分发、管理流程规范，可对全市公安共享开放道路交通安全设施数据以及各类非结构化数据接口进行汇聚接入。以道路交通安全设施时空大数据为核心，通过资源服务的形式，为公安内部平台系统和大数据管理局及相关委办局提供道路交通安全设施数据共享支撑，提升了城市交通安全管理水平，并且保证了数据的统一性、真实性、准确性和实时性，方便推送数据和承接数据，打破现有的"信息孤岛"，提升各部门协同作业的能力。

（2）阶段管理向全生命周期管理的转变：传统的数据管理主要关注数据的处理和存储，对于数据的生命周期管理不够重视，数据的价值也难以得到充分的发挥。该项目将道路交通安全设施项目的整个生命周期作为管理对象，采用安全设施项目全生命周期管理技术实现道路交通安全设施、建设工程的管理工作，更好地发挥了数据的价值，提高了数据的使用效率。

（3）局部管理向全覆盖管理的转变：传统的数据管理一般只涉及空间数据、属性数据等局部数据的管理，该项目通过制定道路交通安全设施数据标准规范、数据采集与建库、搭建道路交通安全设施可视化动态管理系统与定制标准化共享服务，实现了数据的全覆盖式管理。

数据管理从"分散、阶段、局部"向"总集成、全生命、全覆盖"的三大转变，既是对数据管理模式的调整和升级，也是对数据管理理念的更新和发展。这种转变可以更好地支持业务的发展和决策的制定，同时也可以更好地发挥数据的整体价值。

4.3 推进城市交通安全管理的数字化、智能化和精细化，建立基于高精度地图的智能管理新模式

该项目依托新一代信息网络基础设施，融合高精度地理信息数据、移动互联网等多项先进技术，研发动态更新及安全设施项目管理系统，建立了基于高精地图的交通安全设施管理新模式。该模式实现了道路安全设施数据统一化管理、数据空间可视化展示、设施时空分布分析、移动端动态上报等功能，同时建立了数据动态更新机制，推进了城市交通安全设施管理的数字化、智能化和精细化水平，全面提升了道路交通安全管理决策、社会化服务的效率和能力。

5 示范效应

5.1 探索交通设施智能化管理新方法

交通设施智能化管理方法是智慧城市交通运营管理信息化方案中的重要组成部分。通过建立智能化交通设施管理系统，政府、交通管理部门、互联网等各方可以实现数据共享和信息交流。这不仅能够提高交通管理部门的决策效率，还能够为公众提供更加便捷的交通出行信息。

该系统融合了测绘地理信息、移动互联网、人工智能、大数据等多种先进技术，通过研发搭建包含全景影像、精细化矢量图、属性信息等数据管理和动态更新的交通安全设施动态管理"一张图"平台，形成了道路安全设施数据的统一化管理、数据空间可视化展示、设施时空分布分析、移动端动态上报等能力，同时研究建立数据动态更新机制，实现数据化管理从"分散、阶段、局部"向"总集成、全生命、全覆盖"的三大转变，建立了道路交通安全设施智能管理新模式。

5.2 建立统一数据标准规范实现共享共建

建立统一的数据标准规范是实现交通设施智能化管理的重要前提。在智慧城市交通系统中，各种交通设施的数据标准应该统一，例如交通信号灯、交通监控系统和交通数据共享平台的数据格式、数据结构和数据来源等，只有建立了统一的数据标准规范，才能实现信息的共享和互通，进而提高交通管理的效率和质量。

该系统建设符合标准化要求，依据相关国家技术规范要求和技术标准，拟定了《道路交通安全设施外业采集规范》等五项相关标准规范，并发布了共享服务，提供给市大数据管理局及相关委办局进行数据共享。此外，面向现有交警 SCATS 系统、路面科技设施运维云图等内部系统或其他委办局对数据或功能的调用需求，研发了标准化接口（支持 RESTful、WebService、RPC 等方式）以提供相应支撑，提升城市交通安全管理水平并与各部门数据协同共享，保证了数据的统一性、真实性、准确性和实时性，方便推送数据和承接数据，打破现有的"信息孤岛"，提升各部门协同作战的能力，推进了数据和平台的共享共建。

上海虹桥综合交通枢纽人车流智能信息系统应用

上海市城市建设设计研究总院（集团）有限公司

1 项目背景

综合型交通聚集区包括机场、铁路等综合交通枢纽以及世博、奥运等大型赛事活动引发的人流车流聚集区。项目针对大型综合交通聚集区交通方式多样、换乘复杂、旅客密集、规模庞大等突出特点，重点开展了综合交通枢纽交通信息平台、枢纽集成管控系统、枢纽人车流信息采集和监管、交通应急管理系统四个方面研究，并取得多项关键技术突破，全面支撑了虹桥枢纽的交通信息化工程建设。虹桥枢纽预计日吞吐量 110 万人次，这种高强度聚集的人流和车流必将给对交通设施的运营带来严峻挑战。通过建立面向综合型交通聚集区的信息化系统，推动大型综合交通枢纽的发展，体现了我国在世界级超大型综合交通枢纽集约化、信息化和科学化的管理和服务水平。

2 项目内容

项目建成了虹桥枢纽"一总五子"信息管理系统。虹桥综合交通枢纽是集航空港、高速、城际铁路、城市轨道交通、公交车和出租车等多种交通方式的轨、路、空三位一体的日旅客吞吐量在 110 万人次的超大型、世界级交通枢纽中心。项目针对大型综合交通枢纽规模庞大的特点，对虹桥枢纽信息管理系统进行了研究，主要成果有：

2.1 提出了"一总五子"的"1+5"理念

即 1 个总平台（中央信息管理系统）和 5 个子平台（交通管理系统、客流管理系统、建筑管理系统、市政管理系统、企业管理系统）。枢纽信息化"1+5"的体系架构如图 1 所示。

2.2 中央信息管理系统

实现枢纽的中央运管功能和通信调度功能，主要承担信息采集汇聚、调度协调、应急指挥以及对外统一服务的职责。中央信息管理系统汇聚了枢纽内各专业化系统，采集交通、客流、车流、设备、运行计划等信息，对各个专业化系统的日常管理活动进行监察和仲裁；还关联了政府部门，数据共享，政民互动，建立与政府沟通的桥梁，为数字化城管、综合治理、智慧社区等政府信息化应用创造基础条件。

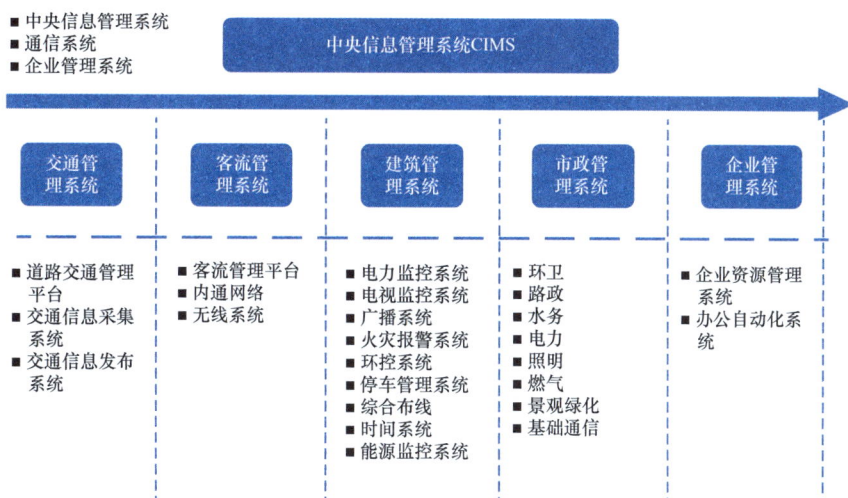

图 1　枢纽信息化系统体系

2.3　交通管理系统

负责枢纽区域地面与高架交通管理的信息化系统，实施枢纽区域道路交通的日常管理与应急调度，制定交通控制方案，与自适应交通控制系统、公安智能卡口系统信息互通，实现多路口交通畅通、公安执法、路网协调控制的综合性交通管理目标。

2.4　客流管理系统

负责采集机场、高铁、地铁的动态运营信息，通过采用班次交换、客流数据分析、灾情监视、视频捕捉和分析等手段，实现枢纽内统一客流资源协调、客流疏散调度、信息发布和资源共享。

2.5　建筑管理系统

由枢纽建筑单体（公共服务中心大楼、东交通广场、西交通广场、能源中心、110kV变电站）内各弱电系统组成。

2.6　市政管理系统

主要承担虹桥枢纽区域内给排水、供电、燃气、景观、路政等市政设施的管理。

2.7　企业管理系统

用于为企业实现决策支持、人力资源、财务管理、物资、商业开发和后续建设等核心业务的管理现代化和流程规范化，实现企业信息流、资金流、物流的协调统一，实现各种管理要素的优化配置。

3 关键技术

3.1 基于 AHP 的模糊综合评价模型

针对枢纽内复杂的客流、车流状况以及枢纽内独特的设计理念，建立相应的评价指标体系，对枢纽综合交通的运行态势做出系统的、科学的、正确的评价，对完善和加强枢纽建设的具有重要意义，并且可以给枢纽运行管理者提供一定的决策支持。

本研究采用层次分析法来确定各指标的权系数，使其更有合理性，更符合客观实际并易于定量表示，从而提高模糊综合评判结果的准确性。另外，在对模糊综合评价结果进行分析时，对常用的最大隶属度原则方法进行了改进，采用了加权平均原则方法。此方法得出的结果与最大隶属度原则方法得到的结果略有出入，但此结果较符合实际情况。虹桥枢纽交通运行态势评价指标体系见表 1。

表 1   指 标 体 系

综合指标	评价指标
枢纽运行态势	a_1 枢纽公共区域内平均客流密度 a_2 枢纽公共区域内客流量 a_3 枢纽内平均车速 a_4 枢纽内车流量 a_5 枢纽内车辆的平均占有率 a_6 枢纽内车辆的平均延误时间

通过指标体系对虹桥枢纽交通运行态势进行综合评价，结果显示虹桥枢纽的总体运行态势为"良好"。

3.2 多源交通数据融合处理技术

本研究将数据融合技术用于综合交通枢纽区域多源交通信息的处理。与单源数据相比，多传感器数据进行融合可得到统计上的优势，还可以提高精度。

以线圈检测技术、视频检测技术及牌照识别法技术这三种交通采集技术获取的交通流数据作为研究对象，提出一个面向综合交通枢纽区域范围内的多源交通数据融合方案，通过灰色预测模型的融合算法和特定的融合策略，得出各种融合策略下对行程时间的预测结果，并通过对比分析评价，比较得出预测行程时间更为精确的数据融合方案。进行多源交通数据融合所采取的技术路线如图 2 所示。

依据灰色系统理论建立的 GM（n, h）模型是微分方程的时间连续函数模型，灰色预测具有以下特点：① 灰色预测需要的数据量较少；② 灰色预测方法计算简单。虽然

GM（n，h）模型建立在较深的高等数学基础上，但它的计算步骤却不烦琐，多数可用手工完成，借助数学软件计算则更为迅速；③ 灰色预测不需要太多的关联因素，因而资料比较容易取得；④ 灰色预测既可用于近期、短期，也可用于中长期预测。

基于数据融合，预测的行程时间与仿真得到的行程时间的曲线趋势是一致的（见图 3），相似程度很高。经过融合得到的行程时间预测结果，能够较真实地反映路段的行程时间。

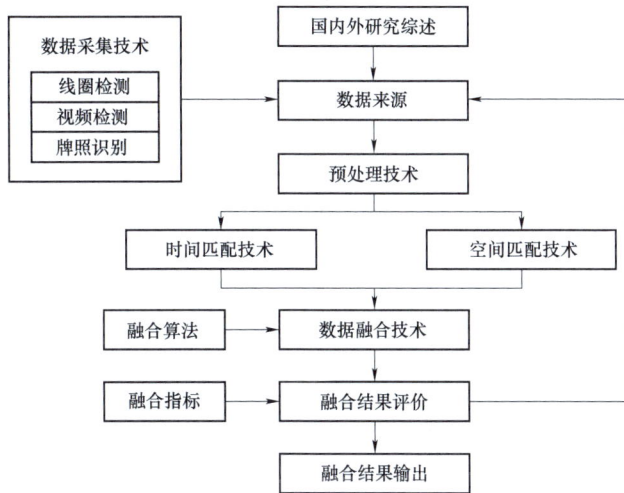

图 2　多源交通数据融合的技术路线图

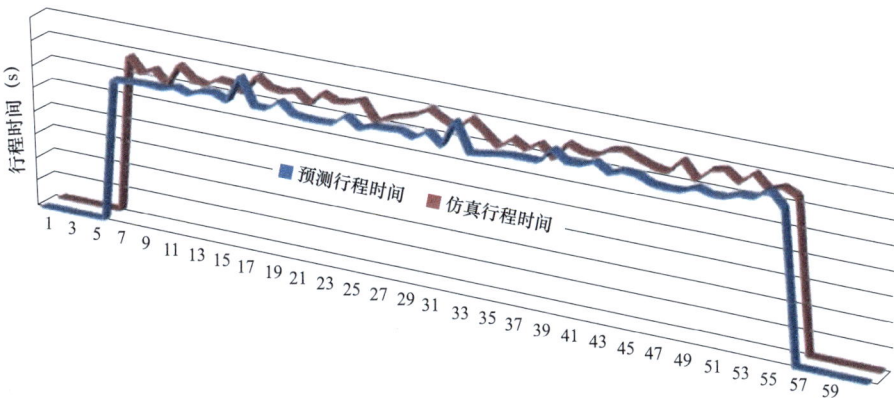

图 3　预测行程时间与仿真行程时间曲线图

3.3　大型综合交通枢纽特性下符合中国行人行为特性的表征模型

研究大型综合交通枢纽集散特性、交通流特性以及拥挤状态下行人行为。由于行人运动具有随意、复杂、种族区别较大等特性，所以需要对中国行人的行为参数进行标定，以更好地指导中国的工程实践，具体参数指标体系见表 2。

表 2　　　　　　　　　　　中国行人行为特性表征模型参数体系

综合参数	详细参数
A 行人速度	a_1 平直地面上的运动速度
	a_2 楼梯上行人运动速度
B 设施能力	b_1 通道通行能力
	b_2 楼梯通行能力
	b_3 检票口能力
C 行人交通流特性	c_1 平直区域行人速度 – 密度 – 流量关系
	c_2 楼梯上人员运动速度 – 密度 – 流量关系

本项目通过对枢纽聚集场所的行人运动特性进行了大量的观测，总结出符合中国国情的行人集散特性、交通流特性以及拥挤状态下行人行为，提出符合中国行人行为特性的人流集散模型，为中国人员聚集场所的规划、设计、运营、管理提供帮助。

3.4　多维多服务下的出行信息诱导策略

虹桥枢纽是集航空港、高速铁路、轨道交通、公共交通和道路交通于一体的市内外大型综合交通枢纽，枢纽周边快速路系统存在较大风险，现状最为拥堵的延安路高架内环线节点附近路段和外环西段拥堵情况加剧，目前运行状况较好的中环受枢纽集散客流影响，远期趋于饱和。为保证交通流的均衡、畅通，本研究基于虹桥枢纽自身特点，对枢纽各方向交通流进行合理的分配和诱导系列研究，主要成果有：

（1）长三角方向的诱导方法和策略。提出遵循路网的交通组织—"南进南出、北进北出、西进西出"；对多条路径运行信息进行发布，实现多路径的选择，遵循第二路径选择；通过对可选路径之间出行效率的比较，供出行者选择合适的出行路径。

（2）市郊方向的诱导策略。虹桥枢纽建成后，外环线是市郊进出虹桥枢纽的主要通道之一，而现状外环线非常拥堵，其疏解虹桥枢纽交通的能力有限。通过设置可变信息标志，并附加虹桥枢纽地标指示，向出行者发布路网的拥挤信息，引导郊区车流利用A5进出虹桥枢纽，减轻虹桥枢纽对外环线的压力。

（3）市区方向的诱导策略。从中心城快速路网及干路系统的日常运行效率可以看出，中心城快速路系统非常的拥堵，干路系统也处于饱和状态。本研究通过发布路网实时拥挤程度信息，起到充分利用路网容量，均衡路网负荷的作用。通过充分利用快速路网通行，发挥路网的余量，并借助一段地面道路通行，以弥补快速路网的不完善。

（4）枢纽内外的无缝衔接诱导策略。针对社会车辆，向送客的社会车辆发布高架车道的拥挤情况信息和停车场停车泊位信息，向送客后社会车辆发布枢纽外部路网的道路运行信息；向送客的出租车发布高铁或机场的蓄车信息，向离场的出租车发布枢纽外部路网的道路运行信息。

（5）紧急事件下的诱导策略。针对枢纽周边交通网络的紧急事件，建立诱导策略，通过交通广播、可变信息板等诱导手段，对于虹桥枢纽周边的高架快速路系统进行提前路径诱导，在快速路系统内进行提前路径选择，避开拥堵路段。枢纽周边交通网络的紧急事件的交通管理诱导可以改善道路的安全性，减少两次事故，提高相关管理机构的运行效率，以及改善事件当事人、事件处理人员和其他道路使用者的安全程度。

（6）服务世博的诱导策略。在世博会期间，虹桥枢纽承担着游客从航空转向市内交通的功能，为截流苏沪、沪青高速方向客流，虹桥枢纽共设置了 2000 个泊位满足长三角到世博的换乘。枢纽有世博专线巴士直达世博园区，通过在主要的出入口设置交通诱导板、交通查询终端等，引导游客便捷地找到专线巴士的购票和上车点，构筑"畅达、舒适、安全、环保和可持续发展"的一体化世博交通服务体系，实现"安全可靠、便捷有序、导向明确"的世博会交通服务目标，实现世博交通与城市日常交通的协调运转。

对于大型综合交通枢纽周边的快速路集散系统，智能交通技术的应用，交通诱导信息的提供，匝道动态交通控制等都是保障快速集散道路功能完美发挥的必备措施。

3.5　基于蚁群算法的交通诱导点优化布置方法

动态诱导信息发布点的选址对诱导效果有着直接的影响，在适当的节点布设诱导板，可以使经过该点的车辆更多地选择最优路径。同时诱导范围的界定也是需要研究的内容，有些节点距离枢纽较远，或者缺少分流道路，即使发布诱导信息，发挥的作用也不大，这类节点就没有设置诱导点的必要。

本研究采用蚁群算法建模，研究在各个不同节点发布动态交通诱导信息，对车辆选择最优路径的概率和效率高低的影响程度，以达到最优布置各个可变信息板的目的。

以往基于蚁群算法的与交通诱导相关的研究都是假定节点的条件已知（包括诱导板），来研究如何确定最优路径，而没有研究诱导板设置位置和设置范围对车辆选择最优路径的影响。本研究假设已知通过各节点的最优路径，根据节点的条件，提出了最优诱导信息发布点的位置及范围，为枢纽内外交通出行者提供最佳的信息诱导。

3.6　基于网络计划的应急预案库

在搭建枢纽交通管理系统及平台基础上，如何管理、如何决策，尤其是常态交通下为出行者提供服务，异常交通下快速检测与处置事件，是枢纽研究的必要内容，做好应急准备，才能够保障枢纽交通安全有效的正常运行。

基于网络计划的预案库，不同于单个简单的纸质预案内容及流程，它是以信息技术为基础，结合数据库、智能控制等技术，在 GIS 地图上显示事件发生点、事件影响程度，附近可调度资源，合理优化地组合预案库内存储的预案模块，对预案及时修改变更、评估、对整个事件应急响应进行辅助决策，具有特定的联动机制进行流程化的步骤操作。基于网络计划的应急预案库框架如图 4 所示。

从预案的编制到预案入库，通过对每个过程严格地把关和控制，最后通过仿真和演练，确保入库的预案具有正确性、针对性，可操作性。结合预案的评估指标体系，在预案库编制的初始，建立三级预案库元素和功能要求。应急预案库具有编制科学性、构成要素完备性、内容完整性和实际可操作性。

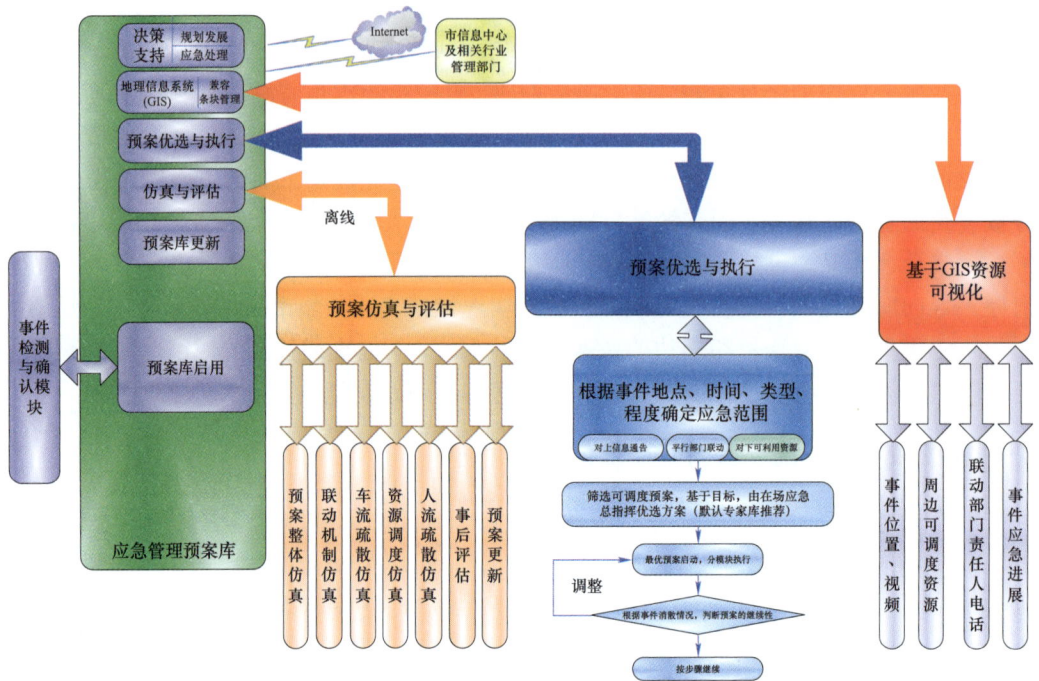

图 4　基于网络计划的应急预案库框架

应急预案库软件系统架构基于 .NET 平台，采用面向对象思想进行系统分析设计，具有健壮的架构设计，良好的可扩展性。

本项目主要研究虹桥枢纽周边交通网络的多源交通信息汇集、出行者信息服务、网络计划预案库，依托了枢纽核心建筑周边交通循环圈进行工程示范。

4　创新点

（1）搭建了虹桥综合交通枢纽"一总五子"管理信息系统架构，解决了 7 种交通方式下特大交通枢纽的进出车流、人流协调，周到、规范的商务服务、跨部门便捷协调管理。构建了基于 SOA 架构的实时监控和非实时信息服务的软件体系，实现了枢纽全方位、多层次、多方式、多系统的数字化管控与服务。

（2）采用模糊综合评价与层次分析方法集成的理论，建立结合层次分析法（AHP）的模糊综合评价模型，对虹桥枢纽的交通运行态势进行综合评价。解决基于综合交通枢纽范围内的多源交通数据的融合问题，提出最优融合算法。

（3）通过基于速度、通行能力的行人交通流特征表征模型标定适合于中国国情的行人特性参数，提出合中国国情的行人集散、交通流特性以及拥挤状态下行人行为特征模型。

（4）研究了基于蚁群算法的动态交通诱导信息发布选址问题，通过动态交通诱导信

372

息发布来人工干扰各分流节点的信息素浓度，以影响车辆选择最优路径的概率和蚁群算法的收敛速度。以虹桥枢纽为应用，提出了最优的诱导信息发布点的位置。

（5）提出了在结构化预案中，应用基于网络计划的单节点图式表达预案各"工序"的逻辑关系，清晰表达可调度资源及处置时间，合理利用资源，快速处置事件。

5　示范效应

项目研究和示范成果已经应用于虹桥枢纽综合管理信息系统和应急联动中心、交通管理系统的工程建设中，并且被哈尔滨西客运综合交通枢纽、长沙大河西交通枢纽、长沙机场建设等工程以及世博大客流管理方案借鉴推广应用。

项目提出的枢纽区域设施服务能力及人流疏散特性模型应用于世博园区 8 个地面出入口管理，被世博局安保部应用于对安检排队布局以及排队的方向的评价和改进方案。

随着全国各大高铁车站的建成使用，大型综合交通枢纽的建设是未来交通运输的重点发展领域，项目的研究成果和示范经验具有一定的推广前景。

深圳宝安国际机场数字化转型建设实践

华海智汇技术有限公司

1 项目背景

数字化转型正在改变企业和许许多多行业的运行规律，利用新一代 ICT 信息技术，实施以创新为核心的数字化转型是传统行业转型的重要路径。大交通行业迎来数字化转型的快速发展期，建设人民满意、保障有力、世界前列的交通强国成为顺应世界交通发展大势的客观需要。

在民航领域，各类新技术应用日新月异，从飞机制造到航班运行，从空中交通到地面保障，从组织管理到服务产品，新一轮科技革命和产业变革正在全方位重塑民航业的形态、模式和格局。人工智能、大数据、物联网等新技术具有强大的赋能作用，与民航生产的深度融合，促进民航业向高质量转型，从而构建一个全感知、全连接、全场景、全智能的数字化民航，进而优化再造物理世界的业务，对传统管理模式、业务模式、商用模式进行创新和重塑，最终达到业务成功。

深圳宝安国际机场位于粤港澳大湾区的核心区域，拥有航空、海运、高铁、城际、地铁、高速"六位一体"多式联运交通优势。深圳机场建设是深圳加快打造交通强国城市范例的一个缩影，深圳机场集团深入贯彻习近平总书记关于建设平安、绿色、智慧、人文"四型机场"的重要要求，在民航局的坚强领导下，充分利用深圳特区高科技产业优势，率先全面推动数字化转型，将智慧化与机场管理深度融合，进一步提升运行、安全、服务效率，全力打造体验最佳的智慧机场。

2 项目内容

2.1 项目概述

深圳机场当前客运吞吐量超过原设计的 4500 万容量，卫星厅建成后能支撑到 5200 万吞吐量，2021 年旅客吞吐量 3636 万人次，货邮吞吐量 157 万 t，客、货运均排名全国第三。按照每年 6%～8% 的年增长率看，5 年客运量就超过 6000 万人次，难以满足未来业务持续高速增长的需求，在快速发展的过程中，机场的管理也面临如下挑战：

（1）机场可视化安全管控操作复杂，效果差，需要通过视频联网平台将不同厂商系统统一接入，建设全空间、大场景视频应用，实现智能分析辅助安全管控，如人脸识别，

374

人脸轨迹，物品遗留等智能感知场景。

（2）不同部门之间业务协同困难，效率低，系统通过一网一终端实现语音调度、移动工单、移动 CCTV 回传等业务融合和联动。

（3）应急现场处置情况无法精准传递到后台，影响指挥决策，需要通过机场应急调度指挥系统加融合多媒体通信，提升应急管理水平、处置效率和安全水平。

（4）机场数据呈条块式烟囱式割裂，数据获取和共享比较难，数据分散在地服、集成、离港、安防、综合业务等不同专业系统中，呈条块化割裂，数据格式、访问方式多样化，数据集成共享能力弱。希望能实现跨网、跨域、多源、多接入方式的数据汇聚，实现机场数据共享。

2.2 建设方案

本方案是深圳机场建设项目的重要组成部分，方案设计以机场营运、旅客服务、未来管理为目标，在系统安全可靠的前提下，强调系统的可操作性、可维护性、开放扩展性，系统建设成本合理，技术先进，适应深圳机场的实际运行和未来发展，形成"1 屏 3 图 8 平台 N 系统"的应用架构、"4 横 7 纵 3 体系"的技术架构，为数字化转型走向深入奠定坚实基础，形成了智慧机场建设"深圳方案"。

项目涉及 7 大模块共计 34 个子项目，涉及产品包括华为 IT、数通、无线、能基、云核、行业软件以及专业服务，包含项目管理、技术管理、深化设计、集成验证、工程实施、项目培训、项目维保。整体项目建设内容规划如图 1 所示。

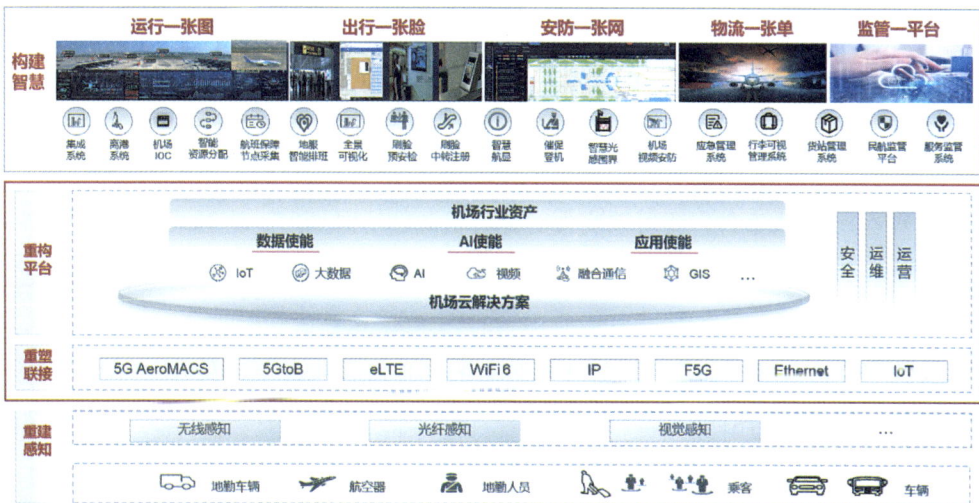

图 1　项目建设内容规划

2.3 建设成效

（1）深入贯彻机场数字化转型，全面提升机场数字化水平。深圳机场集团将智慧化作为战略选择和发展重要支撑，全面融入顶层设计、部门具体工作及员工行动。与华为成立超 100 人的专职项目组强力攻坚,推动数字化转型适应机场刚性管控要求,成立数字化管理中心,实施整体变革,有效打破"烟囱式"IT 架构,建立以"云平台"为核心的"1+5"数字化新平台。实现超过 60 个业务系统云上部署,统筹驻场单位,打造智慧机场共商共建共享的新模式。

(2)实现全场景技术创新,助力业务持续发展,全面提升机场安全、运行和服务水平。以全场景数字化创新为目标,对安防系统实施全区域数字化改造,构建智能化安防体系,打造"安全一张网"。飞行区视频监控覆盖 1.84km²,飞机起飞、降落、滑行、入位全程监控,调度效率提升 30%,部署人脸识别、人流密度检测、人体特征结构化等 5 种 AI 算法,主动识别安全隐患,数字化识别准确率超过 95%,实现安全更可靠。以航班流为核心,通过建设智能运营中心、1.8G 无线专网、机位智能分配系统,打造高效协同的大运控体系,打造"运行一张图",精准预测飞机入位,2022年航班放行正常率 96.47%。对旅客出行各环节进行线上线下、全链条数字化改造,打造"服务一条线",旅客高峰等待时间 40min 下降到 25min,未来预计可减少 50%现场人力。

3　关键技术

3.1　全网视频智能分析,分析能力随数据而动,效率更高

为了让视频在机场中发挥更大价值,摆脱传统的靠人看视频的低效模式,采用了华为视频云平台解决方案,实现了从前端到边缘到中心节点的全网智能分析。在事前可以根据行为分析,人轨、车轨等提前预警,在事后可以利用视频摘要、视频搜索及大数据分析提高事件处置效率。视频云平台实现了边缘节点和中心节点的智能分析联动,在前端或边缘节点进行本地分析,仅将结果汇聚到中心节点,省带宽,响应也更快。基于视频云架构,对于重大案件,还可以实现对分析资源的协同调度,动态调整,解决大要案的井喷性资源需求。分析能力按需调度,任务按需下发,全局响应,数据不动,分析能力边缘化部署。

3.2　以数字平台为核心,整合新 ICT 技术,打通多源异构数据,实现能力集约建设

机场系统集成过程中,最关键的挑战是应用、平台、网络、行业终端之间的数据通道和业务通道并未完全打通,仍然有众多数据和业务孤岛,存在大量数据和业务断点。本次智慧机场建设以一个开放、智能、易用、安全、持续创新的数字平台来解决上述各种挑战,支撑机场数字化能力建设。数字平台以云为基础,横向融合视频、大数据、IoT、ICP、GIS 等多种新 ICT 技术,打破数据孤岛,实现数据共享,深度挖掘数据价值,实现持续高效的数字化运营;向上支持应用快速开发、灵活部署,使能各机场业务敏捷创新;向下打通连接层,实现云、管、端协同优化,最终实现物理世界与数字世界的真正融合,将新技术的能力长期融合到平台上。

3.3 大数据平台使能数据驱动业务，持续沉淀行业数据资产，助力民航智慧化发展

通过大数据平台，智能精准运行 14 个运行规则算法模型，航班放行正常率提升 5%，运行调度算法主动运控，航班延误时间减少 11%，智能机位分配分配时间 4h 缩短为 1min，260 万人免乘摆渡车/年，VTT 预测算法地勤节省 5min/班。沉淀 300 多个机场经营类、业务类指标，构建主题库，专题库赋能应用。构建 30 多个面向运行、旅服、安全、商业等业务应用的专题数据模型。围绕机场核心业务流，构建运行、旅客、物流、安全等 12 大主题域，7200 多个数据资产项。

4 创新点

4.1 率先编制数字化转型规划，系统绘就智慧机场新蓝图

深圳机场在数字化转型方面采取了积极而全面的策略。通过与华为合作，成立了超 100 人的专职项目组，系统地完成了数字化转型规划。这一规划的实施，通过 IT 治理变革和数字化管理中心的成立，实现了数字化转型从规划、建设到运营的一体化。从高起点出发，进行了系统的布局。确定了"大安全""大运控""大服务"三大体系作为支撑机场运营管理能力提升的基石，并设计了智慧机场的总体数据管理框架。框架遵循"统一规划、统一建设、分步实施"的原则，构建了"安全一张网、运行一张图、服务一条线"的智慧机场建设新蓝图，展示了深圳机场对未来智慧机场建设的清晰愿景和全面规划。在"十三五"期间取得积极成果的基础上，提前谋划了"十四五"数字化转型规划 2.0。新规划覆盖了七大业务领域，为深圳机场在"十四五"期间的数字化转型指明了方向。

4.2 率先以智慧化赋能服务管理提升，实现旅客和货主体验大飞跃

深圳机场致力于对旅客出行各环节进行全方位、数字化的改造升级，通过线下与线上的融合，为旅客提供了一条高效、便捷、个性化的服务链，优化了旅客的出行体验，进一步提升了机场的服务品质和运营效率。深圳机场在基于人脸识别技术的自助服务方面取得了显著突破，从行李托运到安检验证，再到登机流程，均实现了刷脸自助服务，大幅提升了旅客的出行效率。其中行李自助托运率超过 50%，自助登机覆盖率达到 100%，连续获得国际航空运输协会的高度认可。机场推出了基于移动互联的个性化服务，为旅客提供了更加多样化的选择，通过在线值机、智能客服和 AR 导航等 60 余项线上服务，满足了不同旅客群体的需求，同时，电子临时乘机证明的推出，也为旅客提供了更加便捷的乘机体验。在服务精准化方面，深圳机场聚焦旅客关切，推出了多项创新举措。例如，在国内率先试行"行李门到门"服务，为旅客提供了更加便捷的行李托运体验。同时，通过部署智能自助服务屏和智能机器人等设备，旅客可以更加便捷地获取航班信息和交互式服务，实现了行李的全流程跟踪。在物流领域，深圳机场也积极补

齐短板，建设了物流综合服务平台，实现了 14 项货运服务的线上办理。此外，通过差异化货物安检试点和智能机器人等技术应用，机场大幅提高了低风险货物的安检通行效率，并探索了货物作业的智能化，有效节约了人力成本，并提高了查验效率。

4.3 率先打造智能高效的运控体系，强化机场运行管理总枢纽

深圳机场以航班流为核心，通过构建智能、高效的大运控体系，成功打造了"运行一张图"，实现了航班运行的高效协同和资源的最优配置，既提升了机场的运行效率，也为旅客提供了更加顺畅、便捷的出行体验。在全球首创利用 AI 技术用于机位自动分配，实现了资源分配的智能化，大幅提升了靠桥率，每年可让超过 200 万旅客免乘摆渡车，不仅提升了旅客的出行效率，也减少了机场的运营成本。机场推动了运行管控的精细化，通过建设智能运营中心和智能运行指挥平台，利用大数据和 AI 技术实现了实时态势和运行预警，提高了机场的运行安全，也提升了机场对突发事件的应对能力。在信息传递方面，深圳机场通过全覆盖的无线通信手段和地面作业应用的融合，实现了机场跨部门、跨区域的协同调度，打破了部门间的信息壁垒，提高了信息传递的效率和准确性，为机场的高效运行提供了有力保障。

深圳机场还对核心生产系统进行了全面升级，通过升级离港系统，实现了航班配载的可视化运作，提高了航班配载的效率和准确性。同时，信息集成系统实现云上部署和"微服务"底层架构，使系统运行更稳定、维护更便捷。

4.4 率先建立全场景智能化安防系统，形成安全治理新格局

深圳机场以全场景安全为目标，通过智能化安防体系的构建，成功打造了"安全一张网"，解决了传统安防系统孤立封闭、缺乏联动的问题。通过实施一系列创新措施，深圳机场在提升安全性的同时，也大幅提高了机场的运营效率和旅客的出行体验。机场构建了一个智能安防管控体系，包括一个一级集中管控系统和四个二级大区域管控系统，这一体系实现了集中监管与分级监控相结合，确保了安全可视、分区管理和应急联动。这不仅提高了机场的安全管控能力，还增强了各部门之间的协作效率。通过全数字高清、统一监控和联动报警等技术手段，机场完成了视频监控整合与安防子系统整合。这一转变使机场从人防向技防转变，从被动应对向主动预防转变，不仅提高了机场的安全防范能力，同时也降低了人力成本和安全风险。

4.5 率先搭建"1+5"新型基础设施平台，全面构建新技术应用主阵地

通过构建新平台，深圳机场成功打造了云化、服务化、网络化的 ICT 新型基础设施，包括一个集成平台和五大通用平台，如大数据、视频服务、融合通信、地理信息服务和物联网平台。平台实现了底层服务的共享使用，促进了上层应用的快速部署和数据的互联互通，为机场各领域的超过 60 项应用提供了强有力的支撑。抢抓新基建机遇，全面推进 5G 技术在机场的应用。在机场 28km² 的范围内，实现了 1.8G 无线专网和 5G 网络的全面覆盖。在飞行区，机场还积极开展 5G 应用创新实践，结合车联网技术和北斗高

精度定位技术，为机场运营带来了前所未有的智能化和精准度。这些努力使深圳机场荣获了全球 5G 应用优秀场景奖，体现了其在新技术应用方面的领先地位。

5 示范效应

5.1 行业示范引领作用全面凸显，以项目最佳实践回馈行业标准体系

深圳机场以"智"提"质"，通过智慧机场建设，形成了一批示范项目，牵头或参与《机场数据基础设施技术指南》 等 3 项行业标准，《民用机场机位资源智能分配系统建设指南》等 4 项团体标准编制，获得 13 项软件著作及专利。参与科技部国家重点研发项目"机场场面智能运行管控关键技术研究与示范"。民航电子临时乘机证明目前已推广至全国 234 个民用机场，被交通运输部推荐在更多交通行业使用，差异化安检项目在全国千万级机场推广。

5.2 智慧机场建设驱动机场高质量发展，构筑行业发展标杆高地

深圳机场连续六年获评 CAPSE 年度"最佳机场"，2021 年首次获得 SKYTRAX 全球"五星机场"认证。建成全球首个"智慧机场"主题展厅。民航局专门发布深圳智慧机场建设经验，"打造数字化最佳体验机场"项目荣获"全国质量标杆"。深圳机场集团获评全国市场质量信用最高等级荣誉"AAA 级服务示范企业"，且成为广东省唯一获得广东省政府质量奖和深圳市市长质量奖"双料"大奖的民航企业，国际机场协会（ACI）旅客满意度排名全球第一。

天津市智慧示范车站管控平台建设及应用

中国铁道科学研究院集团有限公司

1　项目背景

天津地铁文化中心站为 2 座天津智慧示范车站之一。天津轨道交通集团积极落实交通强国发展战略,将大数据、AI、5G、物联网等信息技术与车站运营场景充分融合,包含安全、效率、效益、服务 4 个维度,33 个智慧化要素。

智慧车站建设维度即基于智慧车站管控平台,对传统类型的地铁车站类型进行面向智能出行的服务提升、面向设备的管理提升、面向安全的应急处理、面向车站的智能站务的建设和改造(见图 1)。

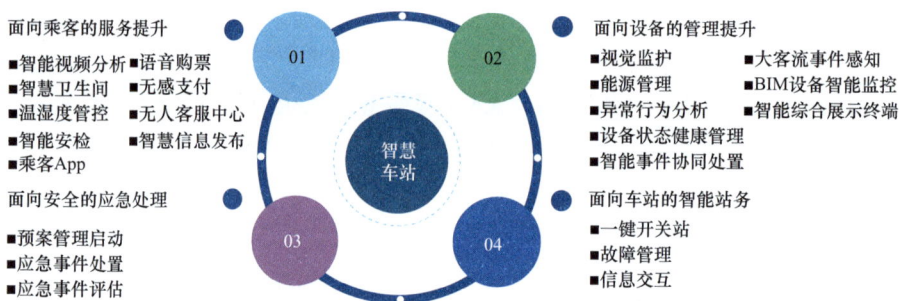

图 1　智慧车站建设维度

智慧车站是智慧轨道的基本智能单元,直接面向乘客及基础设备终端,实现运营生产,是安全运营体系的重要研究内容;智慧车站以车站运营管理和乘客为主要研究对象,以提升运营效率,保障运营安全和提供优质乘客服务为目标,实现车站的自主运行,实现服务的无人化或者少人化运作。智慧车站技术体系如图 2 所示。

2　智慧车站业务内容

2.1　智慧站务

(1)一键开关站。一键开关站功能为运营开始前、运营结束后提供快捷服务,在非开关站时间段该功能为锁死状态。启动一键开关站之前,需监测各系统设备的状态,同时监测屏蔽门及通风空调模式。

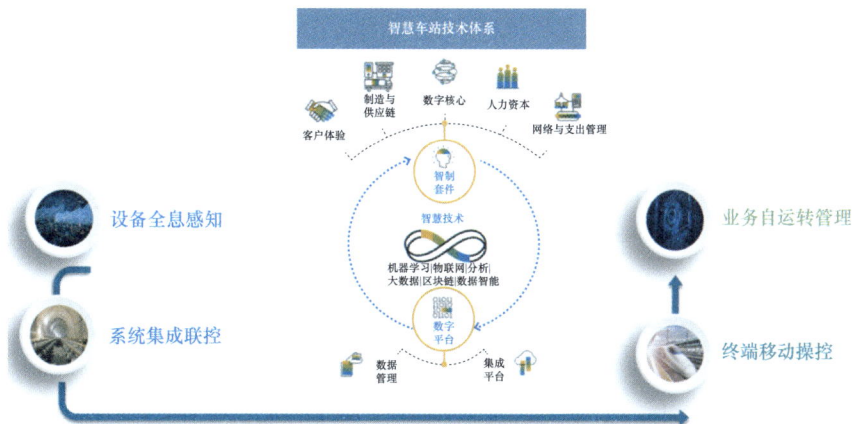

图 2　智慧车站技术体系

一键开关站监测：包括照明、AFC、电扶梯、卷帘门、PSD、BAS 模式的一键监测功能。

一键开关站的开启关闭：包括照明、AFC、电扶梯、卷帘门一键开启或关闭功能。

1）其中电扶梯的开关以组为单位进行，启用或关闭电扶梯时，联动 CCTV 系统，经视频确认及人工对讲确认后方可启动或关闭电扶梯。

2）开关每组电扶梯时视频监控界面将跳出"确认开启"或"确认关闭"按钮，本组电梯确认后进入下一组确认。

3）其他系统则可同时自动开启或关闭。支持单独开启或关闭某个设备，支持按照区域分组开启或关闭某类设备。开关站全过程 PA 系统持续播报开关站语音提醒。

（2）刷脸进站。

1）乘客可通过购票 App 或车站多功能客服设备进行人脸注册，将身份信息、人脸面部特征、账户信息等录入个人信息库，审核通过后的乘客可进行人脸识别过闸。

2）进站时，具备人脸识别功能的闸机对乘客人脸数据进行采集、比对和识别一系列动作完成特征核验予以放行。

3）出站时，人脸识别闸机同样对乘客人脸数据进行采集、比对和识别，完成乘客进出站信息交易核验，并根据票价规则在后台对乘客已注册账号完成扣费动作。

（3）基于 3D BIM 的车站设备运行状态健康管理。实时监察设备状态，为应急处置、智慧运维、一键开关站、智慧能源等业务提供基础信息支撑。包括：

1）车流仿真展示：对于停靠列车进行仿真，基于列车的到发时刻、停靠时长等内容，按时、日等方式展示列车仿真结果。

2）应急疏散展示：对于本站的闸机及通道设备，按照旅客进出站流线，实现流线上的设备故障的展示，若出现故障的情况下，该通道上的闸机设备变红提醒，在该疏散流线上提示。

3）设备资产管理：按照其所属区域所属实际位置放置对应虚拟位置，便于按类别、区域、属性等多种方式进行设备资产展示，并可按类别分层、分类显示。

381

4）设备状态监测与故障报警：直观展示设备各部位的运行状态，作业内容。同时对设备的异常情况报警。

2.2 无人客服

（1）无人客服中心。无人客服中心对各种异常车票进行分析、更新、交易查询等处理，实现乘客自助服务。无人客服中心除具有原有人工半自动售票机（Booking Of Machine，BOM）的功能外，还增加了智客服终端，用于实现智能客服功能、票务处理功能及通用功能。其中无人客服功能包括异常票务处理功能、票卡查询功能等，票务处理功能包括车票分析、车票更新、纸质二维码出站票发售、车票充值、单程票退票等功能。无人客服中心实物图如图3所示。

图 3　无人客服中心实物图

图 4　智慧出行 App 界面

（2）智慧出行移动 App。智慧出行移动 App 以方便乘客出行为目标，包括车站详情、路线规划、致歉信、调查问卷、智能问答、随手拍、失物招领等功能。智慧出行 App 界面如图4所示。

1）车站详情：提供站内信息服务，包括出入口、站厅、站台、闸机、无障碍电梯、电扶梯、卫生间、站内外环境信息、列车到站信息、拥堵信息等。

2）路线规划：实现全线导乘，全程出行路线规划，可根据"时间最短""步行最短"规划出行路线。

3）致歉信：即当发生因地铁故障导致列车延误15分钟以上时，可开启该功能，提升乘客满意度。

4）调查问卷：可收集乘客的意见，制定相关问题收集乘客的反馈，将乘客观点参与到决策制定和问题解决的过程中。

5）智能问答：提供便利和解答疑惑，通过智能问答可以随时获取准确的信息，解决问题和困惑。

6）失物招领：提供失物招领信息查看服务，乘客可以查看遗失物品名称、特征、时间、照片、所在车站名等信息。

2.3 智慧指挥

（1）应急指挥。

1）当车站出现紧急情况时，能够通过站务人员的手持终端进行紧急情况上报。同时也可以通过手持终端对站务人员进行指挥调度，协调相关人员处理。现场出现的紧急情况包括乘客疾病发作、人员跌倒踩踏、违章越界、电梯逆行、车门屏蔽门夹人、治安刑事案件、火灾报警等。

2）车站应急事件处置协调主要包括应急值守、应急预案的制定和管理、应急资源管理、综合预测预警、应急指挥、突发事件处置总结评估等功能。实现在车站 3D BIM 模型上的事故定位，提供与突发事件类型和等级相关联的应急预案、应急组织、应急物资、危险源等的综合展现，并为指挥人员提供事件等级认定、应急响应启动、应急处置方案、应急资源调度方案等决策支持建议。

（2）信息报送与发布。车站运营信息报送功能实现日常信息、工作流程的填报，突发事件上报等。包括车站向运行控制中心（Operating Control Center，OCC）报送行车事件信息、突发事件信息、续报和相关文件资料、设备故障修复进度、车站运营值班表、上级指令信息反馈等。

2.4 智慧运营

（1）客流监测与预警。利用现有的摄像机视频，在机房内增加服务器和边缘计算单元，接入视频网络，基于 TCP/IP 协议的通信，对视频流进行分析。利用边缘计算技术，在设备端处理好视频，通过自动报警、做出判断，产生预警，监控人员查看确认、作业人员现场处置，实现监控的闭环管理，有效数据提取后上传到云端。

AI 识别技术基于深度学习，可让用户训练自己的数据并执行识别任务，让机器替人去完成复杂、枯燥的工作，能准确识别客流定义各种异常事件（如客流量超出某一数值触发报警），一旦发生异常，即发出预警信号。

1）人员排队。在车站出入口处，持续检测高密度人群数量、排队人龙长度，当区域密度持续超过设定值，或单位面积内乘客分布的密集程度在单位时间内突然增加时产生告警。在每个出口和入口处各设置 4 路监控。

2）热力图。在站台、通道或其他重要监控区域，可实现对于多目标的现场密度、客流进行监测，提供拥挤程度的量化数据。在所设定的时间内，持续检测高密度人群数量、排队人龙长度，当区域密度持续超过设定值，或单位面积内乘客分布的密集程度在单位时间内突然增加时产生告警。

（2）智能视觉分析。实现对客流的异常情况报警，以事件触发的方式，减少了人工作业压力及强度，包括：

1）电扶梯异常检测：对电扶梯进行异常识别，如人员逆行、途中翻越、急停、倒行等，并在事件发生3秒钟内触发报警。

2）防爆器材移位监测：通过人工智能的方式，可以识别图片中防爆器材的位置，并判断其是否消失或被移出划线区间。

3）可疑物品监控：当物体在警戒区内滞留超过用户自定义的时间时产生报警。能监测各种形状的物体，如包、旅行箱等。

4）乘客逗留：当人员在警戒区内滞留超过用户自定义的时间时产生报警，滞留的判别不受人员在警戒区内的行为影响。

正常运营场景相对应的智慧车站管控平台运营模块显示界面如图5所示。

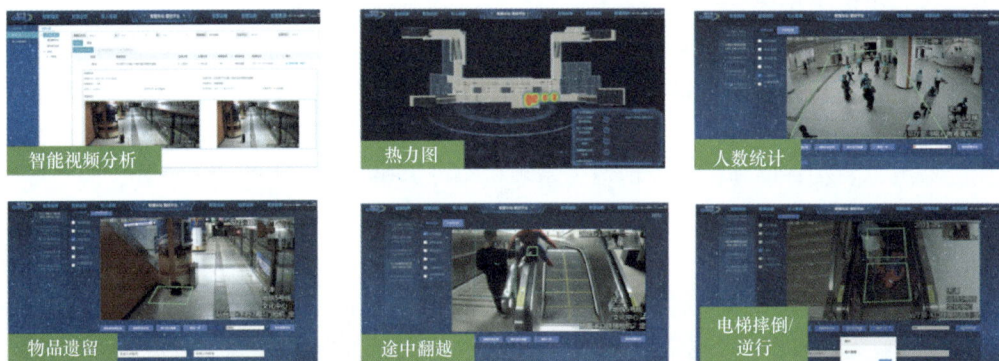

图5　智慧车站管控平台运营模块显示界面

（3）运营数据统计。可对每日进出站人数进行分时段统计，经过大数据分析可了解每日高峰时段人员，为运营人员对分时段的人员分工提供数据支撑。

（4）智能客流疏导。客流疏导是为了保障乘客的安全出行，当客流量超出预期时，正确地对客流进行疏导才能避免事故的发生。在早晚高峰时段，需要根据客流量，对车站内的人员进行疏导。

（5）移动信息发布。可通过App向乘客信息系统（Passenger Information System，PIS）发送制式信息，显示在指定的播放区域。可以实时推送中心下发的消息通知。

（6）移动广播。当站内拥挤需要车站站务人员进行乘客疏导、乘客寻人等情况下，车站站务人员可通过App进行站内移动广播，增加了站务人员广播的便利性。

2.5　智慧运维

智能运维设备管理应用主要是通过对设备的监测和维护管理实现设备的全寿命周期管理，包括设备从开始投入使用，经过基础数据管理阶段、运行阶段、检定阶段、维修阶段、效益分析阶段直至报废处置的全寿命管理过程。基础数据管理阶段主要包含基础履历信息管理。运行阶段主要包括设备状态监测、运行记录、报警处置、运行趋势分析等。检定阶段主要包括维护保养、巡检管理、保养工单、保养记录等。维修阶段主要包括计划维修、状态维修、日常维修等。分析阶段主要包括故障报警、预警及分析。

智慧车站管控平台运维模块显示界面如图6所示。

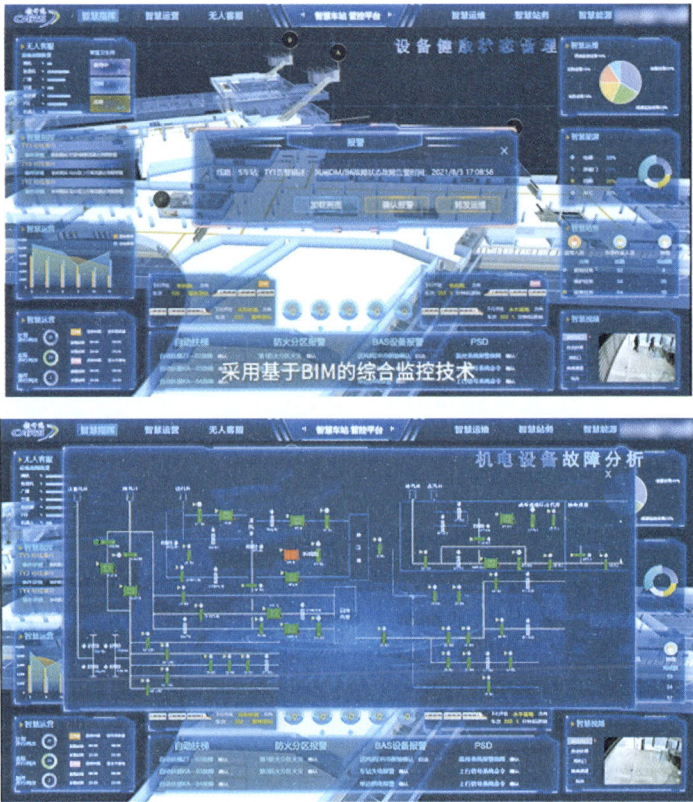

图6 智慧车站管控平台运维模块显示界面

（1）智能设备维护。

1）故障告警报修。当车站的设备出现异常故障情况时，能够及时地在工班人员的手持终端上进行提示（见图7）。提示信息包括出现故障的系统、故障设备、故障位置、故障描述、处理方案。当工班人员将故障处理完成后，能够在手持终端上填写故障表单，将故障处理记录上传备查。

2）站内日常报修。车站站务人员若发现设备故障或地面需清扫时，可通过App对问题情况上报并下发至工班人员手持终端。工班人员处理完成后将处理结果拍照上传确认任务完成。

3）维护辅助。在夜间停运后可向工班班组人员发送故障统计信息，可分日、周、月对故障统计信息进行分类，了解车站设备状况，为工班人员对故障率高

图7 智慧车站管控平台工班人员手持终端

的设备进行专项检查提供辅助依据。运用大数据分析，对设备大修提供建议。

（2）智能巡检。站内日常设备巡检是车站维护人员的重要工作之一，工班班长可通过 App 制定巡检计划，并下发至工班人员手持终端。App 可提示、指导、监督、记录、查询工班人员巡检工作完成情况。

2.6　智慧能源

针对地铁站站能耗设备（照明、空调等）进行管理。对用能进行采集、统计、分析，制定合理的设备运用计划并合理控制设备，结合地铁站业务需求达到节能降耗的效果。根据地铁列车早、晚发车和停运信息，制定照明、空调等设备的相关能效管控策略。智慧车站能源管理模块显示界面如图 8 所示。

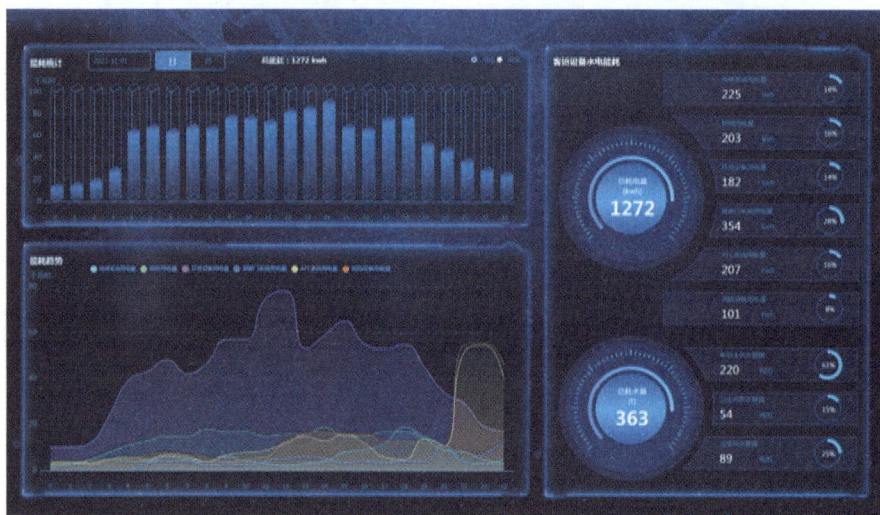

图 8　智慧车站能源管理模块显示界面

3　智慧车站关键技术

智慧车站管控平台融合自动化与智能化技术，以"平台＋AI＋场景应用"的理念，打造涵盖"智慧运维管理、BIM 设备智能监控、一键开关站、事件协同处置、信息交互"五大方向的车站智能运营解决方案，提供智慧车站综合运营管理平台，整体架构如图 9 所示。融合 AI、物联网、视频、GIS、BIM 等新技术，基于运管平台，联通多系统的业务与数据，实现车站智能运行与综合管理。为车站客运管理、设备管理和人员管理提供高度融合的智能监控服务。

3.1　基于信息流的轨道交通车站关键设备数字孪生模型

云计算和机器学习技术的不断进步，为数字孪生模型的建立提供了强大的技术支持。借助云计算技术，数字孪生模型能够实现高效地存储和处理大规模数据；云平台提

图 9　管控平台整体技术架构

供了灵活的计算资源，使得模型能够应对复杂的数据处理和分析需求。弹性计算和存储能力的提升，为实时监测和模型更新提供了可靠的基础。

机器学习技术在数字孪生模型中的应用，使系统能够通过学习历史数据和实时信息，不断优化模型的预测能力和决策效果；自适应学习算法的引入，使数字孪生模型能够更好地适应车站环境的动态变化，提高系统的智能性和适应性。

如图 10 所示，在车站管控平台的基础上，将不同功能的车站设备融合为共生体，并在此基础上实现包含运行信息、图像信息和告警信息等全方位数据信息的共享，将各

图 10　轨道交通车站关键设备协同控制系统架构

专业设备、各个终端的信息孤岛和"各自为王"的局面，升级为"一个平台，全面融合"的智能化联控系统。

通过基于工作流的业务协同技术，协调各种组织、设备资源和信息系统进行有序工作，实现系统工作流闭环管理，以及设备运用计划、巡检维保、备品备件等各业务环节间的协同联动，确保设备管理业务流程的协同高效。在此基础上，借助 AR、VR 等前沿技术，实现虚拟环境下的全车站设备可视化；AR 技术可以提供实时的信息叠加在真实场景中，而 VR 技术则使得用户能够在虚拟环境中全面感知车站设备，进一步提高了操作人员的感知和决策能力。

这些技术手段的综合运用，使车站关键设备管理更为智能、高效，并确保各个业务环节之间实现了协同联动。

3.2 基于数字孪生的轨道交通车站关键设备信息共享

通过提前构建各专业设备信息流的统一标准，以促进跨专业的信息交换，并在数字孪生体系中全程保持数据的透明度，将各专业间信息获取权限向车站运营人员和相关专业开放，不仅提高数字化系统的效率，而且能创造更大的价值。

收集信息，建立数字孪生模型，确保数据在流程所有阶段都保持透明可见且易于获取，将不同专业间信息壁垒完全打破，将其全部虚拟化为数字孪生系统中的智能体和执行终端，极大提升了对设备的管理力度和管理效率。

3.3 基于数字孪生的轨道交通车站关键设备全方位可视化

建立基于数字孪生的车站模拟场景，构建设备及系统运行流程的虚拟仿真模型，实现物理空间场景与所对应虚拟空间仿真场景的虚实交互、数据同步，为城轨系统智能运行维护和故障预测提供决策支持。

建立车站空间建筑模型，栅格化展示设备位置、数量及运行状态信息。按照区域位置、设备类型、设备状态等方式过滤选取关注的相关设备信息，优化展示效果，提升操作互动性和信息丰富程度，并借此实现设备巡检全过程可视化展示。

基于数据可视化技术，挖掘设备运用管理数据中隐藏的规律信息，并以图形化统计的方式增强设备数据信息的呈现效果，方便以更加直观的方式观察设备状态信息，提高操作交互体验。

4 创新点

（1）统一设计并构建车站级物联网架构和体系，统一规划信息数据格式和传输、储存、交互方式，实现车站级信息流的汇总和共享。

（2）基于各专业多维度数据流信息，结合车站设备功能和业务定位，针对性构建轨道交通车站设备数字孪生模型。

（3）借助数字孪生模型，实现车站设备信息的互联互通，并在此基础上实现全车站数字孪生模型的可视化和智能交互。

（4）新建轨道交通车站设备联动控制系统，结合车站设备数字孪生体系，实现各专业设备的联动控制、一键启停，提升车站运营效率，降低人工成本。

5 智慧车站管控平台示范效应

智慧车站管控平台整合了自动化和智能技术，为车站运营带来经济与社会效益。在经济方面，平台提高了运维效率、降低了运营成本，通过智能设备监控和一键开关站功能，减少了设备故障和停工时间，提高了设备利用率。社会效益体现在简化操作流程、提高车站运行效率，从而缩短列车等待时间，改善了交通系统的整体效能。这为城市交通管理和运营带来了更高的效益和便利。

（1）为轨道交通运营单位提供高质量运营服务系统，提升运营服务质量和服务能力，为"推进城轨信息化，发展智能系统，建设智慧城轨"提供强有力的技术支撑。

（2）进一步保障轨道交通运营安全，提升运营质量与服务水平，进而为智慧城市的建设奠定良好基础。

（3）轨道交通建设规模不断扩大，为既有车站提供智能化升级改造方案，为新建车站提供一站式智慧解决方案，提升行业自动化和智能化发展水平。

上海市轨道交通空间数据底座建设与应用实践

上海市测绘院　　上海申通地铁建设集团有限公司

1　项目背景

在信息化时代,实现数字化治理、推动城市数字化转型是上海政府的重要目标。2021年10月,《上海市全面推进城市数字化转型"十四五"规划》中提出"加强交通运行大数据分析,为交通路网规划调整、公共交通路线设置等提供科学决策支持""推进城市数字底座建设,全面提升城市数字化转型的泛在通用性、智能协同性和开放共享性""打造城市数字底座标准体系,坚持标准引领战略,建立统一、开放、可操作的数字底座建设标准体系和评价指标体系,创建数字化转型领域'上海标准'"等重要理念。

数字化转型是响应国家战略的需要,是两化融合的需要,也是技术发展革新的必然,更是实现轨道交通网络化运营的迫切需求。数字化变革为城市公共交通和市民出行方式带来了许多改变。随着《中国城市轨道交通智慧城轨发展纲要》的发布以及一系列针对云平台、大数据、线网运营指挥中心等标准的颁布,为城市轨道交通信息化、数字化、智慧化的建设提出了愿景,统一了标准,指明了方向。北京、上海、广州、深圳等城市分别推出了关于城市轨道交通企业数字化转型的意见和促进数字化转型的若干政策措施,以及相应的实施方案。

基于轨道交通数字化转型的需求,上海市测绘院与上海申通地铁建设集团有限公司共同打造上海轨道交通空间数据底座。在上海地铁建设数字化转型"1+1+N"(1个空间数据底座、1个综合汇聚平台、N个应用场景)顶层设计下,着力建设地铁全时空数据序列,为地铁建设打造统一、权威、精准的空间数据底板,为上海轨道交通高质量发展、高效能治理提供坚实基座服务,为上海建立面向全球卓越城市的智慧交通脉络提供科学决策依据。

2　项目内容

空间地理信息资源是支撑智慧地铁数字化建设的重要基础,是上海城市交通可持续发展的能源。基础地理信息数据的建设是轨道交通空间数据底座建设的主要内容之一,项目依托上海市测绘院丰富的基础地理信息服务构建底座的基础框架,制定多源数据服务接口标准,构建轨道交通地理空间"一张图",为各类智能应用场景提供标准统一、开放共享的空间地理信息服务。

空间数据底座要求建成轨道交通线路"全空间、全周期、全要素"空间数据管理模式，为线网"规划—建设—管理—运营"提供统一空间地理信息服务，同时可支撑上海申通地铁集团各类涉及地理空间的应用场景，最终实现轨道交通"一套时空数据云、一条数据共享生态链、一系列应用场景服务"的数字化转型核心目标。围绕地铁业务管理需求，建设形成一套可阅读、可追溯、可共享的数字化成果。

2.1 形成一套多层次、可阅读的轨道交通家底

（1）全面摸清数据读家底。根据轨道交通线路建设全过程，调研收集集团大数据中心、资产管理部等相关部门和建设集团内设部室的业务管理需求，梳理完成涵盖立项前期、投融资、规划设计、用地、特殊情况处置、规划土地验收及不动产、属地化及移交接管、运营批复、竣工等九大类21小类空间数据底座数据清单（见图1）。既有线路，按照应收尽收原则，通过沟通协调、调档、数字化等多种方式收集信息，完成20条运营线路的空间数据库建设，同步梳理投资金额使用情况、出入口与风井建设情况、证照办理情况、征借地使用情况等，形成运营线路的历史档案；在建线路，提出"伴随式服务"理念，建立工作机制，落实到人，根据建设进展动态丰富，直至项目建设完成。

图1 空间数据底座数据清单

（2）动态指标看板观全局。以空间数据库为基础，初步设计轨道交通线路建设管理的指标看板，通过大屏一览轨道交通建设重要指标（见图2）。指标看板与线路建设阶段相关联，从宏观到微观统计展示项目的投资金额、建设情况、资产情况和土地情况等。目前共设立4大类指标，包含一级指标20项，二级指标54项。随着空间数据库建设的

不断丰富，指标看板将动态更新，提升底座系统的生命力。

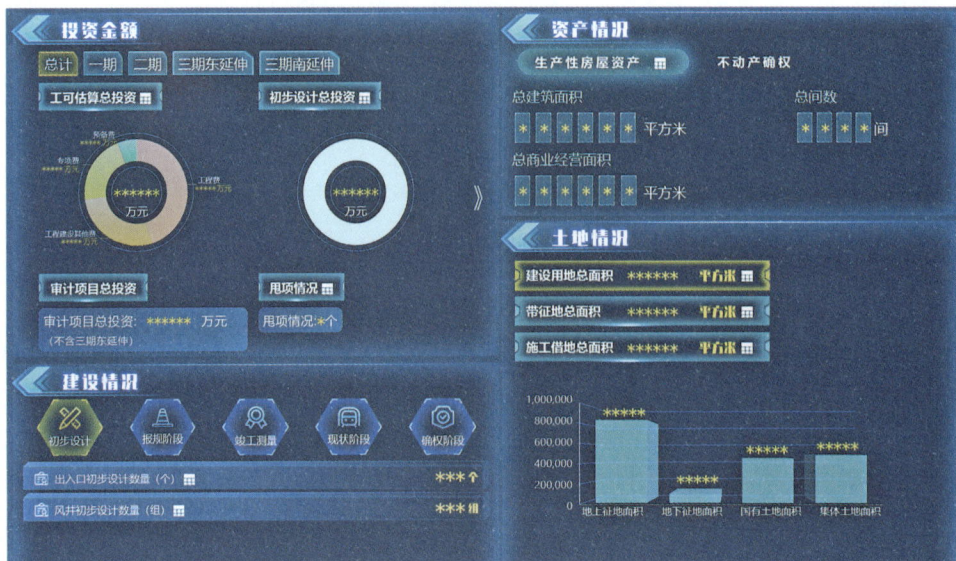

图 2 指标看板

2.2 建成一套可信、可追溯的建设成果

为了能够更精细化地管理项目建设过程，形成轨道交通建设全生命周期的管理，项目将轨道交通建设分为初步设计、报规阶段、竣工规划测量、现状阶段和确权阶段五个阶段（见图 3）。不同阶段的数据叠加，可直观反映项目建设过程中的变化：将报规阶

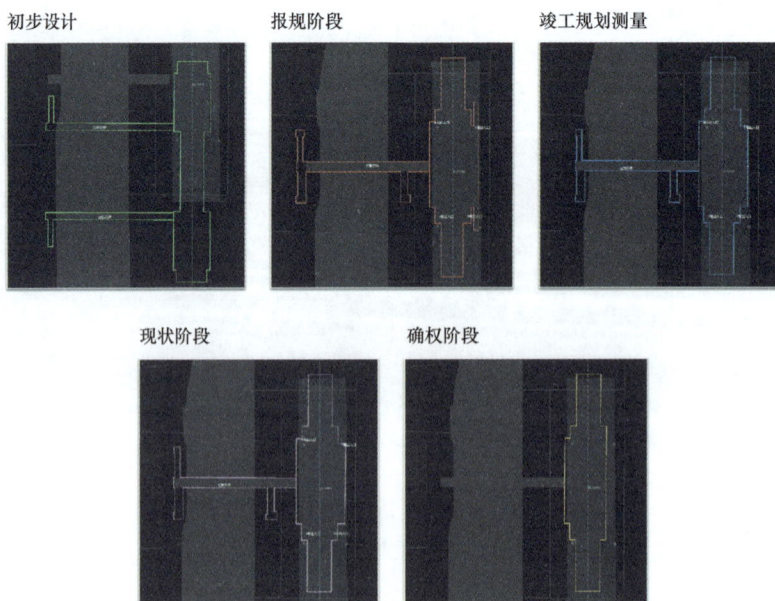

图 3 建设过程五个阶段示意图

392

段和现状阶段进行叠加，可分析线路的建设情况；现状阶段与确权阶段叠加，可分析线路的确权情况；报规阶段与竣工阶段叠加，可分析线路验收情况；还可结合现状情况，对站点运营情况做分析。通过阶段间的差异，形成土地、资金、资产等具有时间戳的历史档案，形成一套既可信又可追溯的建设成果。

2.3　建设一套可视化、可感知的资产管理模式

房屋资产的空间数字化管理可以为地铁日常运营和管理提供权威、准确、直观的决策依据，进一步赋能轨道交通高品质建设。通过现场三维激光扫描测量运营车站实景，结合同步获取的全景照片，制作地铁场站的分层平面图，明确各房屋资产的权属和分布状况，摸清轨交家底的现状和商业属性，形成对轨交资产的数字化管理；选取部分重点车站制作三维实景模型，为重点车站提供三维空间交互式资产管理服务（见图4）。

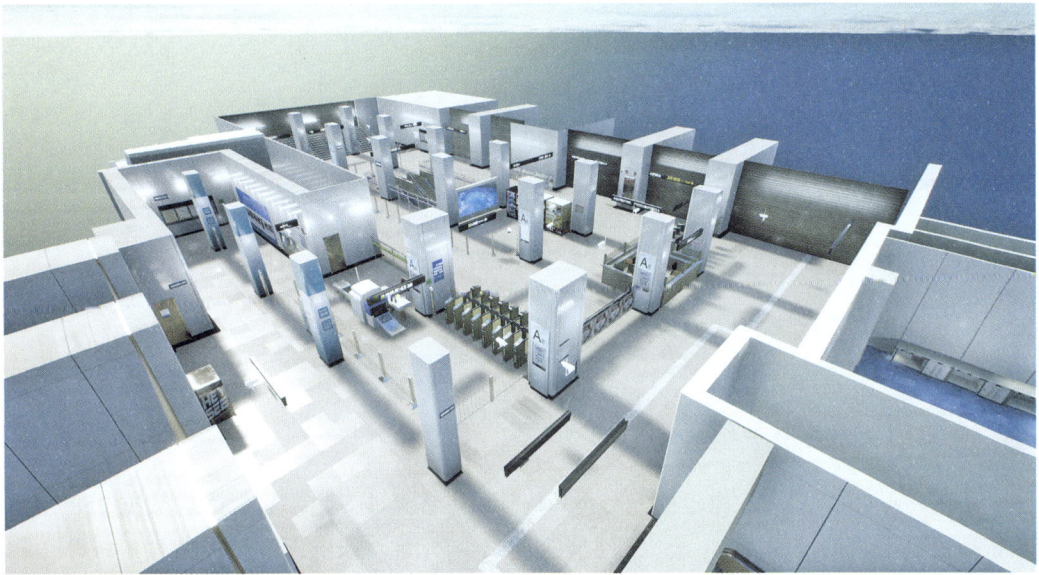

图 4　世纪大道站三维模型

2.4　提供一个可升级、可共享的底座服务

厘清集团各部门数据共享困难的现状，研制标准服务接口，构建安全可靠、灵活高效的数据智慧共享生态链，实现集团大数据中心、资产管理部、建设集团、监护公司等部门间空间数据的智慧共享。底座建设从数据生产、制定服务共享模式到研制标准服务接口，充分遵循安全、可靠、灵活、高效的原则，让离散的数据链接起来，形成一条智慧共享的生态链，为集团提供一个集成融合、开放共享、精准权威的底座空间一张图服务。底座将服务地铁建设的 N 个业务应用场景，如大屏系统展示、前期管理、业务管理、资产管理等开放服务，为集团相关部门的管理决策提供科学依据。

以崇明线为例，除线路周边基础地理数据外，项目还收集了崇明线沿线的地质钻孔

资料、地下管线物探成果、建（构）筑物桩基数据，在此基础上完成了线路周边地质、桩基、管线三维模型数据的生产（见图 5），发布成标准服务接口，为建设集团盾构管控平台提供服务，辅助排摸盾构推进过程中可能会触碰到的建（构）筑物桩基、重要管线、不良地质体等。

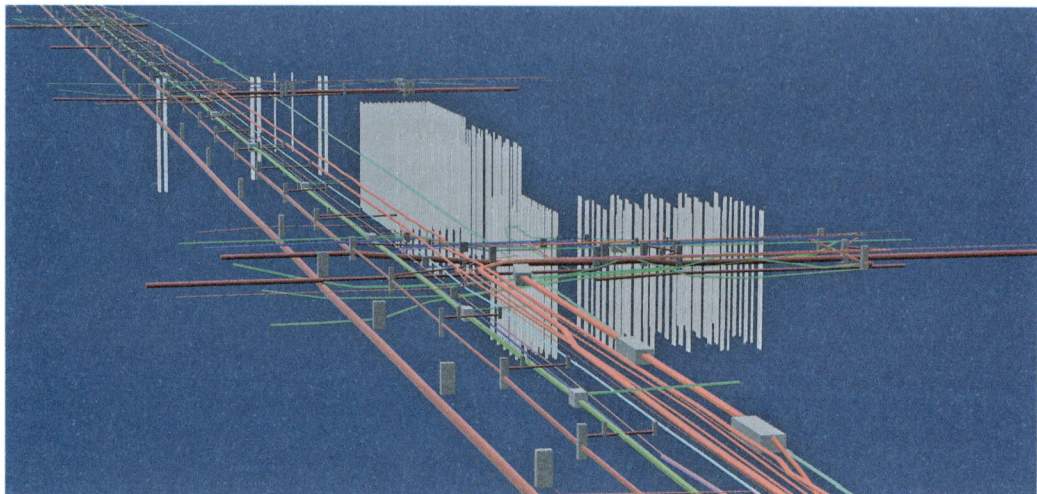

图 5　崇明线周边管线、桩基模型

3　关键技术

3.1　云 GIS 大数据管理技术

采用"云 GIS"技术，构建由元数据，基础地形图数据，数字正射影像数据（DOM），数字高程模型数据（DEM），三维模型数据，不同建设阶段的路线专题数据，线路工程规划业务数据，二、三维瓦片数据等组成的私有数据云。同时打造独立的数据管理功能，将对这些不同来源、不同尺度、不同格式数据的加工、处理和管理作为一种服务融入空间数据底座系统中，形成了数据与软件的一体化，使来自桌面端、移动端、Web 端的各种应用系统以一种更加友好的方式，高效率、低成本、无障碍地使用这些地理信息资源，使资源的利用率最大化。

3.2　空间统计分析技术

在轨道交通空间数据库建设的基础上，空间统计分析技术将为地铁规划建设全生命周期提供有力的技术支撑。宏观上，可以按照全局、线路或行政区对建筑面积等体量数据、征借地规模、规划土地证照办理及验收情况等内容进行分类统计，并能快速形成专题分析报告，具备趋势指标提取等数据挖掘能力；微观上，具体线路或站点的信息能够借助数字地图进行直观、便捷的查询，地理位置相关信息如征借地边界等能够直接在地图上可视化展示。

3.3 三维实景感知技术

三维激光扫描技术能够直接快速地采集地铁车站的空间尺寸信息，得到地铁站高精点云数据，进而为房屋资产分割、地铁运营维护等工作提供可靠的数据依据。同时，获取的点云数据也可以经过处理形成车站的三维模型，导入到可视化平台中，满足地铁安全运营的需要。项目中采用手持高精扫描仪作为数据获取工具，大大提升了扫描的工作效率，点云密度和精度也可以满足地铁车站扫描的需求。

4 创新点

4.1 全时空轨道交通数据序列建设理念

项目着眼于建设"全空间、全周期、全要素"的轨道交通空间数据，通过收集制作各阶段建设资料，形成全时空的轨交数据序列，提供轨交全生命周期的时空分析功能。

全空间：收集轨道交通线路周边的地理空间数据，包括影像数据、规划数据、地形数据、地质数据、桩基数据、管线数据等，基础数据从空间上涵盖了地表空间与地下空间；制作地铁场站三维实景模型，对资产的管理从室外空间延伸至室内空间。

全周期：建设轨道交通线路覆盖"规划—建设—管理—运营"全生命周期的空间管理模式。依托精准、及时、全面的空间数据，为轨道交通建设的各个阶段提供技术支持，为各类业务应用场景提供数据支撑，将影响轨道交通的风险隐患觉察于酝酿之际，发现于萌芽之时，化解于事故之前。

全要素：形成以线路为中心的线路周边基础数据库与轨道交通线路专题空间数据数据库。其中线路周边基础数据库包括带状地形图、遥感影像（0.1m 分辨率）、各类控制线（包括道路红线、道路中心线、河道蓝线、绿化控制线、房屋检测范围线）、地面高程模型、地下管线、地质数据、桩基数据等；轨道交通线路专题空间数据数据库包含车站主体结构、出入口、风井、盾构区间、敞开段、地面与高架区间、停车场、停车场开发、主变电站、地面征地范围、地下征地范围、施工借地范围、线路不动产等要素。随着项目的推进，其他各项集团关心的要素也将陆续纳入到底座系统中。

4.2 可感知的移动激光实景技术

手持高精扫描测量系统具有信息获取速度快、测量精度可靠的优点，特别是对于狭窄的室内空间具有独特的优势，而且可以与固定测站式激光扫描系统进行组合，进一步提升三维空间采集效率，不仅有助于缩减项目周期，同时可将三维实景领域的应用从室外扩展到室内、从地上延伸到地下，达到三维立体空间"一张图"的目标。

项目将移动激光实景技术应用到轨道交通资产管理中，以高密度激光点云和高分辨率全景影像来还原地铁场站的资产要素，获取地铁场站等封闭空间内房屋资产分布情况，形成全面、现势性强的可视化地理信息数据库（见图 6）；制作分层平面图和重点车站的三维实景模型，实现轨道交通房屋资产的可视化管理。实景三维数据可与底座的其他二、三维数据无缝集成，为智慧地铁建设提供实景化专题数据。

图 6　三维激光点云数据

4.3　标准化的线上线下"一张图"服务

按照轨道交通线路建设的全部流程，制定统一的空间数据标准体系，发布标准的地图服务，充分发挥空间数据要素在地铁数字化转型发展中的作用。线上，通过研制标准接口，集成多类数据，共享多项服务，确保集团内各系统应用数据"数出同源"，为地铁建设 N 个应用场景提供地理空间"一张图"服务。线下，通过编制轨道交通专题地图图册制作标准，解决在建线路项目部使用的专题图中地图来源不一、精度混乱的问题。

5　示范效应

上海地铁是服务于中国上海市和上海大都市圈的城市轨道交通系统，是世界范围内线路总长度最长的城市轨道交通系统。自 20 世纪 80 年代开始建设，到 2022 年已有运营里程为 831km，居世界第一位。根据规划，上海市城市轨道交通 2030 年线网总长度约 1642km。项目充分利用上海市空间地理信息资源，结合人工智能和三维全空间可视化技术，摸清轨道交通家底，实现"数据在线""数据决策"，打造轨道交通智慧空间地理信息，在重大工程建设领域起到了数字化转型示范引领的作用。

该项目成果是上海轨道交通建设数字化转型的重要成果，对标当今国际国内最高标准，精心打造经得起时间检验的轨道交通精品工程，持之以恒细化为"施工图"，高质量转化为"实景画"，为推动上海轨道交通高质量发展、创造高品质生活提供坚实基础。

轨道交通结构安全立体感知数字化管控平台

上海勘察设计研究院（集团）股份有限公司

1 项目背景

轨道交通是城市的生命线，一旦发生结构安全事故，后果不堪设想。针对城市轨道交通的安全保障需求，上海勘察设计研究院（集团）股份有限公司开发了"轨道交通结构安全立体感知数字化管控平台"，专为轨道交通结构安全保障和维护设计服务（见图 1）。该平台集成了卫星和低空遥感影像、全景摄影、自动化传感器监测以及精密工程测量等数据，支持实时监测和数据分析，用于评估结构安全状态和进行风险管理，从而提升了轨道交通结构安全的精准感知能力、风险识别能力、预警能力和数字管控能力。

图 1　轨道交通数字化管控平台总体工作示意图

2 项目内容

平台基于地理信息、云技术、物联网、人工智能和实景三维等先进技术搭建，能够从天空、地面和地下全方面管理和监控轨道交通的结构安全运营数据，从而提供全面的信息化服务和风险管控。

平台由一个总控大屏和若干子系统组成，涵盖保护区巡查、项目管理、成果分析、空间分析、自动采集等功能，为地铁结构运维业务提供数字化支撑。

2.1　总控大屏

总控大屏是该平台的核心展示组件，它集成并展示了由各子系统提供的业务数字化与管控数字化成果。作为信息显示的枢纽，它精确地呈现了从空中、地面至地下的综合运营数据（见图2），支持实时的分级预警和风险管理。此大屏强调数据的视觉化处理，使决策者能够即时获得关键信息，进行精准的风险评估与预警，极大地提升了监测工作的效率和精确性，是确保轨道交通结构安全的关键技术支持工具。

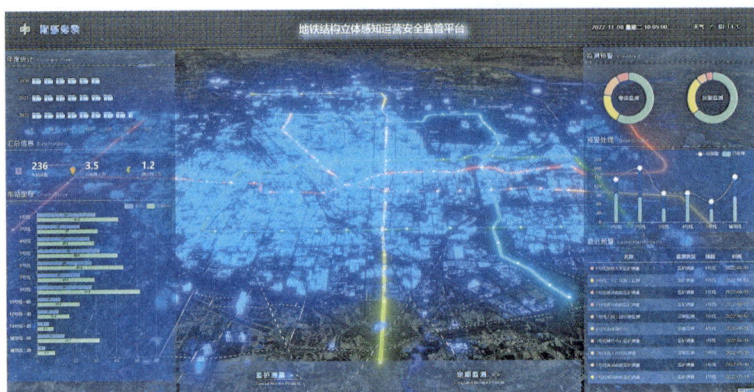

图 2　轨道交通结构安全总控大屏

2.2　保护区巡查子系统

保护区巡查子系统是专为地铁保护区的日常监督而设计，由手持终端和 Web 管控两部分构成。

在现场，巡查人员通过装备 GPS 的智能手持终端（见图3），对周边可能存在的违规工程进行实时监测和上报。这种电子化的方法取代了传统的纸笔记录，显著提升了现场巡视的效率。

图 3　手持式移动 GPS 智能巡查终端

398

此外，子系统还包括一个全面的数字化 Web 端（见图 4）。管理人员能够及时了解现场情况，并对巡查结果进行详细分析和处理，实现了高效和动态的监管流程。

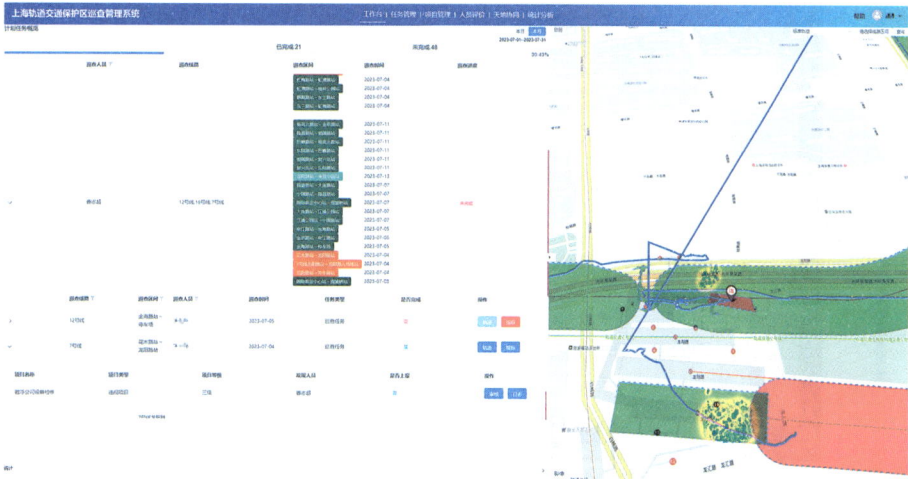

图 4　巡查管理 Web 端

2.3　内外业一体化子系统

该子系统是为全面提升人工数据处理效率和准确性而设计，核心功能包括企业级的数据标准定制，支持沉降、收敛、倾斜等监测业务；设备适配，通过蓝牙和安卓 App 连接（见图 5），已成功适配包括徕卡、天宝等在内的 10 余款测量设备。

图 5　内外业一体化采集 App

系统还包括高级的平差算法封装和报表生成功能，平台可以自动进行闭合差搜索、间接平差、自动组网等计算，并生成详尽的平差报告（见图 6）。

系统通过便捷的传输和高效的数据处理算法，替代了传统的人工记录和数据处理方式，极大地提高了数据管理的效率和质量。

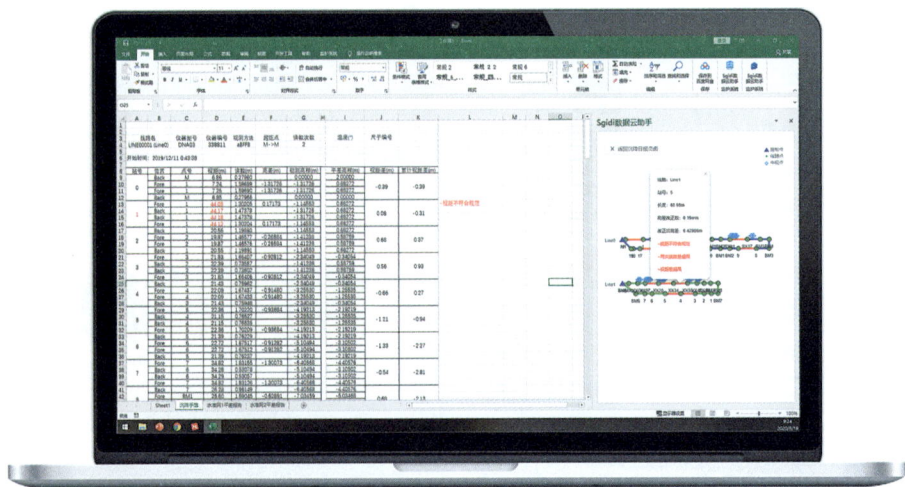

图 6　内外业一体化报告助手

2.4　物联传感子系统

面对传感器种类多样、数据格式及传输方式的差异，物联传感子系统通过标准化的接口和先进的微服务技术，提高了不同传感器间的兼容性和数据处理效率（见图 7）。

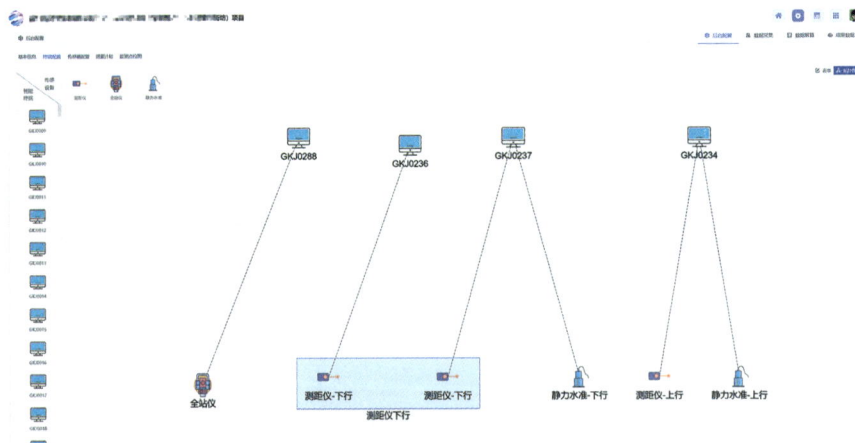

图 7　物联传感子系统组态界面

物联传感子系统建立了统一的数据采集标准，支持多种自动化传感器，如激光测距仪、倾角计、测量机器人、静力水准仪、电水平尺、裂缝计等。利用边缘计算和服务端集中处理服务，定义了完善的数据处理管道，实现了数据的自动解算、挖掘和报警。同时，采用微服务架构，实现了高弹性和可扩展性，提供了协同响应和预警机制，极大地增强了监测和响应的效率。

2.5　移动扫描快速检测子系统

移动扫描快速检测子系统利用先进的三维激光扫描技术，革新了轨道交通隧道监测方式，从传统的点式采集进步到面式采集，实现了无死角、非接触的隧道结构快速检测。此技术标志着测量手段的一个质的飞跃，能够高效地捕捉隧道全貌，并精确分析结构变形和病害信息。

子系统主要由以下几部分组成：

（1）硬件研发：开发了一套高效的隧道移动激光扫描检测装备，实现最高检测速度达到 4.5km/h，误差控制在 ±0.01m/s 内。该装备首次集成了高度匀速、远程遥控、实时低振动和小型化等关键技术，有效提升了检测的准确性和便利性。

（2）算法提升：自主开发了隧道扫描数据处理软件和相关算法，包括点云去噪、断面净空、水平直径、错台量和正射影像解算等模块。通过并行计算技术，显著加快了数据处理速度，同时确保了检测精度达到最高 3mm。

（3）软件开发：建立了基于阿里云的 SaaS 服务平台，将数据处理软件部署于云端，利用 ECS 服务器的弹性计算功能，提高了系统的并发处理能力，简化了系统部署和管理。

该子系统为轨道交通隧道的维护和安全监测提供了一种高效、精确和便捷的技术方案（见图 8），显著改善了监测工作的时间效率和管理效益。

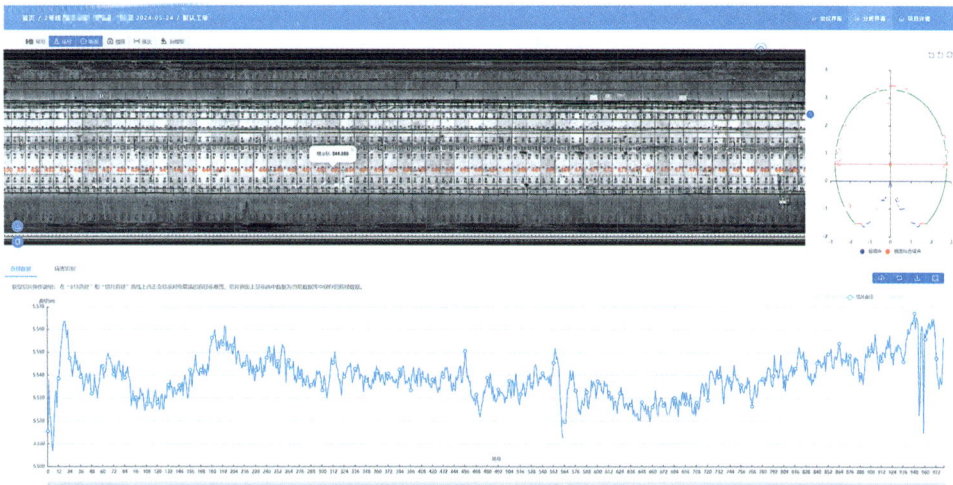

图 8　移动扫描快速检测子系统

2.6　隧道病害管理子系统

该子系统利用深度学习算法处理三维激光扫描数据，提供高效的隧道病害监测和分析方案。它能准确反映隧道内壁状态，并自动识别各类结构病害如管片裂缝、渗漏、环片破损及道床脱开等。其核心功能包括：

（1）病害智能识别：使用深度学习建立的病害识别模型自动识别隧道病害，准确率达 IOU 指标 0.75，检出率 95%，确保高精度和可靠性。

（2）数据标准化与管理：通过标准化处理整合数据，建立隧道结构病害数据管理平台，优化数据存储和检索，提高操作性和应用价值。

该系统有效地支持了隧道病害的识别和管理，并为轨道交通运维市场提供技术支撑（见图 9）。

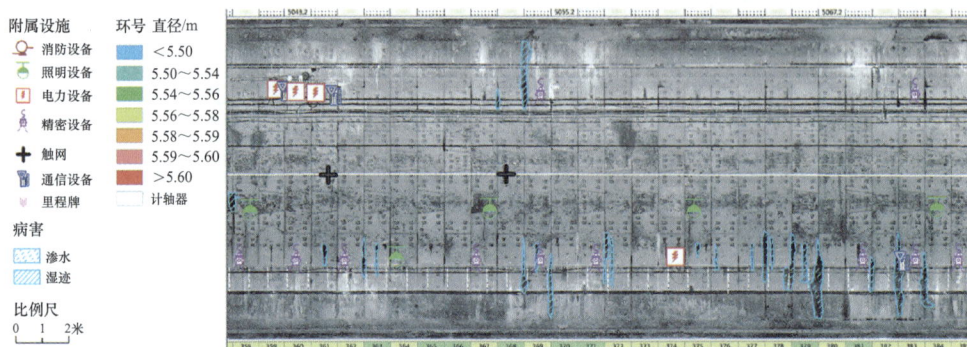

图 9　隧道病害管理子系统

2.7　变形成果管控子系统

结构变形成果管控子系统是整个平台的关键组成部分，专门用于处理和管理轨道交通结构的变形数据。该系统集成了多源数据并实现了信息的数字化管控，从而有效地应对了传统轨道交通结构安全监控中的各种挑战，如信息碎片化、分析评估指标单一等问题。系统主要功能包含如下两个方面：

（1）多源数据融合与项目精细化管控：结构变形管控子系统支撑了包括空中、地面和地下的遥感影像、激光扫描、传感器和精密工程测量等数据的融合与管理（见图 10）。

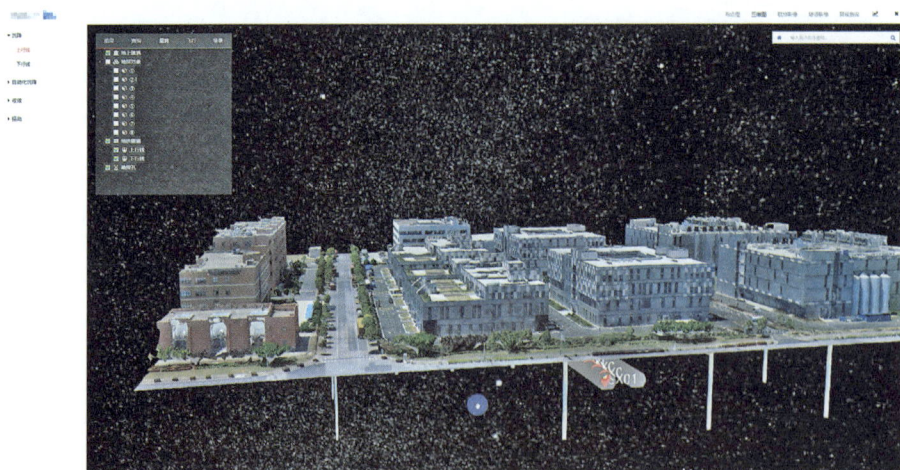

图 10　倾斜摄影与三维激光扫描数据融合管理

402

（2）安全预警和分析评估：通过大数据技术，系统能够实施基于实时监测数据流的安全预警和结构健康评估（见图11）。

图11　数据风险预警界面

3　关键技术

3.1　立体感知手段与数据集成技术

立体感知手段与数据集成技术是轨道交通立体感知信息服务平台的核心技术之一，它允许从多种数据源综合收集和整合数据，从而提供全面的结构安全状态评估和风险管理。这些数据源包括但不限于卫星影像、低空遥感影像、移动全景摄影、自动化传感器实时监测以及精密工程测量（见图12）。通过这种数据集成，平台能够为轨道交通运营维护提供高效、可靠的数据管理和工程信息化服务。

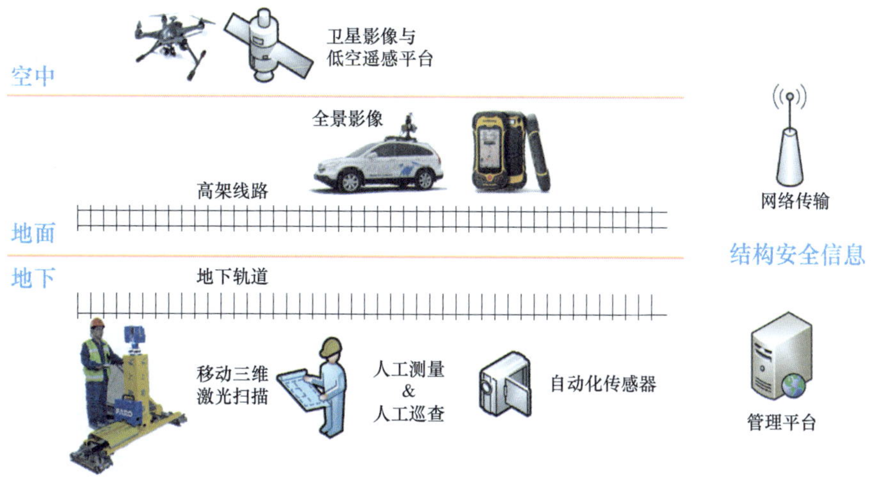

图12　多源感知手段融合

立体感知数据涵盖了从宏观到微观的各种测量和监控技术，包括：

（1）卫星和低空遥感影像。提供宽广的视角，用于监测大范围的地理和环境变化。

（2）移动全景摄影和激光扫描。提供高精度的地面级数据，特别适用于详细的结构分析和变形监测。

（3）自动化传感器。如倾斜计、应力/应变传感器和温度传感器等，提供实时的结构行为数据。

该技术通过高效的数据同化，确保了各种监测和测量手段的数据能够被全面利用，增强了轨道交通结构的安全监控能力，为运营商提供了一个全方位、多层次的安全保障解决方案。

3.2 监测数据不落地集成管控技术

为了整合各类采集手段，建立标准数据处理方法并保证数据质量，研发了监测数据不落地的管控技术。通过从底层搭起来的测量平差算法，结合沉降、收敛、倾斜、平面位移等常规测项，支撑了轨道交通监测业务的全面数据不落地，并取得如下成效：

（1）数据质量可控：数据一旦采集完毕，可以在现场查看成果，若有问题可当场返工；

（2）显著节约了作业时间：报表自动化生成，平均每月处理手簿 2876 个，每日节省单人人工 2.5h。

（3）改变整管控模式：基于该技术，可大幅度减轻一线操作员工的培训压力和技术要求。

3.3 人工智能图像识别与结构安全预警技术

针对隧道三维激光扫描数据处理中的效率慢、人工干预多等问题以及隧道结构安全影响因素多，数据离散、异构等问题，取得两方面技术成果：

（1）隧道影像智能识别技术。为解决依赖人工处理的隧道移动三维扫描技术影像数据效率低、时效性差的问题，开发了基于深度学习的隧道影像智能识别方法。通过构建一个包含超过 60 万张影像的大规模隧道三维扫描影像数据集，开发了专门针对隧道结构对象和病害识别的深度学习模型，实现了结构对象识别精度超过 98%，错台计算精度达到 1mm，病害识别精度超过 90%。

（2）隧道结构安全预警系统。针对现有预测评估方法依赖专家经验且缺乏实时性和可靠性的问题，结合专家经验构建了包含超过 150 万节点和 175 万条边的隧道结构安全知识图谱。利用人工智能技术，实现了环境要素对隧道影响的多因素分析及规律挖掘，研发了基于深度学习的隧道变形预测技术和基于图神经网络的隧道病害预测技术，极大推进了隧道结构的精细化管理，并实现了隧道结构变形病害的智能分析和安全智能预警。

4 创新点

4.1 基于三维激光扫描的移动检测

研制了隧道移动测量机器人，实现了隧道结构检测的全覆盖、自动化采集，在"高精度+高效率+全覆盖"隧道结构智能检测方面取得了重大突破。

（1）自主设计移动测量轨道车平台，搭载三维激光扫描，可以快速进行隧道全息测量，大幅度提升数据采集效率至 20 倍以上。

（2）首次提出了多类型隧道结构的自适应点云解算方法，实现隧道断面几何变形与正射影像的同步解算；基于并行计算技术，首次开发并实现隧道扫描数据的实时处理系统，显著提升了海量数据的处理效率。

4.2 多源异构传感数据集成

研发了多源异构传感数据集成技术，提升了轨道交通结构风险"快速+精准"感知能力。

（1）智能采集终端集成。统一数据采集控制接口标准，建立基于物联网的轨道交通自动化监测数据采集传输模块和通信标准，采集延迟低于 1ms，传输延迟低于 10ms，支持测距仪、静力水准、倾角计、电水平尺、测量机器人、裂缝计 6 项数字设备的实时传输。

（2）微服务系统架构。自主开发了基于微服务的自动化系统架构，通过 API 网关解耦各项多源异构设备的模块组件，大幅提高了系统的扩展性和并发性，日均数据吞吐量可达 20 万条以上。

（3）专项处理算法。结合边缘计算和云计算，为各类专项数字设备开发处理算法，有效避免了数据抖动和采集误差，同时融合结构安全控制指标，研究了多源异构数据信息联动控制方法。

4.3 搭建立体感知综合监控平台

融合遥感卫星影像、激光扫描、自动化监测等综合监控技术，首次建立超大城市规模的轨道交通结构检测立体感知服务平台。

平台实现了"空中+地面+地下"遥感影像、激光扫描、传感器和精密工程测量等多源数据的融合与集成管理；运用人工智能图像识别技术，隧道结构病害识别精度提升到 90% 以上；积极运用大数据挖掘技术，构建了隧道变形预测模型，获得新的结构安全风险洞察力。

5 示范效应

5.1 行业应用

该平台目前服务上海市申通地铁，在保护区监护项目、长期变形监测、结构收敛普查、竣工验收测量等多类工程项目中得到全面推广应用。此外，还为南京、杭州、苏州、州、厦门、福州、天津等地轨道交通结构安全提供全域风险感知和工程信息智能化服务，服务于上海地铁前滩地块 6、8、11 号线监护，上海地铁 14 号线穿越杨浦大桥，上海地铁徐家汇中心项目 9、11 号线监测，上海地铁 10 号线三门路立交项目，上海张江综合地块开发，南京地铁华新 AB 地块项目等 200 余项地铁重点区间监测项目；累计完成近上海、南京、常州、杭州等地超 6000km 里程的激光扫描收敛及病害调查、定期沉降监测任务。同时，平台还为超过 15 家同行业单位提供了数字赋能，进一步扩展了服务的覆盖范围和深度。

5.2 社会效益

项目的研发工作获得授权发明专利 20 余项，编制了测绘行业标准《城市轨道交通结构监护测量规范》《城市轨道交通结构变形监测技术规范》《城市工程测量标准》，曾获得上海市优秀勘察项目一等奖、2022 年全国地理信息产业优秀工程金奖等荣誉。同时开发团队获全国工人先锋号、上海市劳模创新工作室等称号，涌现上海市领军人才、上海市劳动模范、上海工匠等大批优秀个人。2019 年，被上海应急管理局首批授旗认定为"上海应急勘测救援队"。

上海杨高南路改建工程智慧交通应用

上海市浦东工程建设管理有限公司

1 项目背景

杨高路是浦东新区一条呈西南—东北走向的干道（见图 1），始建于 1956 年。1992年，随着浦东开发的起步，杨高路扩建为双向 6 快 2 慢道路，道路红线 50m。2008年，再度扩建为双向 8 快 2 慢道路。随着浦东经济的持续快速增长，交通需求量迅速上升，上海市政府决定自 2021 年起对杨高路进行新一轮改造。杨高路全线建设后，将实现贯穿浦东南北的连续流交通大动脉，串联起内环、中环和外环的快速通行系统，形成浦东半小时交通圈，是改善横向道路堵点的标杆工程，将成为支撑浦东南北发展的重要载体。

图 1 杨高路区位图

杨高南路改建工程是杨高路全线改造工程中的重要节段。北起高科西路跨线桥南侧，南至外环立交北侧，由 3 座连续跨多个路口的跨线桥组成，全长约 5.2km，主干路标准，主线跨线桥双向 6 车道，地面辅路 4～6 车道。建设内容包括道路工程、桥梁工程、雨污水排管工程和交通监控、标识标线、信号灯、照明、声屏障等相关道路附属设施。

该工程可以改善区域交通，提升路网综合服务水平。但工程建设规模大、线路长、参建方多等特点，在建设施工过程中也不可避免会对外界产生一定的影响。施工期间，需要对环等重要交通枢纽节点进行断交保通工作，面临现有路网的交通压力增大、交通组织与疏导困难等问题。如何在全面提升工程建设品质的同时，降低对交通、环境等外界影响，使建设管理更有序，是建设者们长久以来一直努力和探索的方向。

如今，在新一代信息技术的推动下，工程建造行业正在朝向智能建造与管理时代迈进。以支持 BIM＋GIS 的三维数字孪生平台为底座，开发覆盖项目全方位业务管理的功能流程应用，探索新型设计施工的管理模式，打通建造全生命周期和全产业链，开拓"平台＋服务"的工程建造新模式。在响应国家与地方相关数字化转型政策的同时，又满足了"新基建"时代背景下，城市精细化管理的基本需求，对行业发展和智慧城市建设有着深远的意义。

2 项目内容

针对杨高南路改建工程建设过程中的安全、质量、文明施工和保通的控制影响因素，通过分析现有建设管理中存在的问题，借助多元数字技术，寻求智慧化手段应用场景，总结出一套基于 BIM＋GIS 数字孪生底座，并与智能交通、大数据分析、云计算、IoT、AI 等技术协同与共享的技术体系，通过技术攻关、产品研发、标准制定、流程改造等多方面的努力，使新技术体系能够落地。重点对工程建设的前期翻交方案决策、施工现场管理、保通交通组织、文明施工等方面开展优化，通过数字化手段，提高交通保通方案设计的科学合理性，加强施工现场管理，将工程建设期对现状交通的影响减少至最低，促进工程建设管理手段升级，从而实现高质量的项目建设管理目标，提升工程建设的综合效益，进一步将城市重要道路改建工程打造成"高品质、低影响、精细化、智慧化"的民生工程。

整体智慧交通系统在杨高南路改建工程建设期的搭建内容主要为"1＋2＋N"（见图 2），即"一座孪生底座，两大能力，多个应用"：以 BIM＋GIS 数字孪生底座为基础，通过 AI 大数据分析计算与多个智慧交通模型搭建两大能力的建设，打造保通方案展示、施工翻交模拟、交通仿真、施工占道管控、路口渠化优化等多个应用模块，实现项目建设期针对交通保通的可视化、精细化、高效率管控，为企业管理、项目管理、多方协同提供支持。

2.1 工程数字孪生底座建设

智慧交通的方案及功能呈现需要基于 BIM＋GIS 三维数字孪生底座对模型的支持，能够使项目得到更好的可视化表现效果（见图 3）。针对杨高南路改建工程周边大体量的倾斜摄影数据与 BIM 模型数据的异构性、交互性、可操作性、兼容性及数据精度和

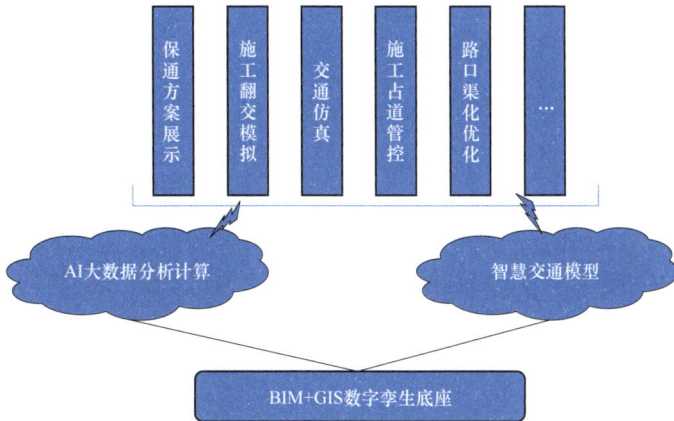

图 2　杨高南路智慧交通系统主要建设内容

更新等问题，该项目制定了明确的数据集成和交换策略，包括文件格式和数据标准的转换和统一，通过坐标系的一致性转换，确保正射影像、倾斜摄影模型和 BIM 模型在同一环境中正确显示。同时，通过定期更新数据并保持精度的一致性，以确保模型显示的准确性和现实同步性，并使用高效的图形处理和可视化技术，优化显示性能和效果。为提高用户的使用体验，该项目平台为数字孪生底座开发了一套良好的交互界面和便捷应用工具，形成完整的大体量周边环境 GIS 模型与 BIM 模型数据处理、融合显示和可交互操作的技术成果，为智慧交通保通方案展示、比选等一系列功能应用提供直观、真实的现状数据。

图 3　杨高南路孪生底座建设

2.2　AI 大数据分析计算与智慧交通模型

杨高南路改建工程在建设期，为了加强对项目的管控，整合了设计及建设过程中的多元资料，并接入了许多外部感应设备数据，如视频监控、环境监测、人员、档案、雷达监控等。若采用传统数据分析方法，很难满足对大量多元异构数据的准确处理、分析与判断。经过多年发展，人工智能逐步走向深度学习，推理精度越来越高，在很多领域已经得到了较成熟的应用。但在市政交通建设领域，真正能落地的应用非常有限。主要原因是：工地场景多变，干扰因素多；识别效果较好的深度学习算法算力消耗大，如果现场部署纯深度学习的算法，需要高功耗的 GPU 服务器，投入成本高；工地尘土较专业机房大、夏天温度高、经常出现间歇性断电，对服务器损坏大；工地网络带宽一般比较小，如果完全采用云计算，会对网络造成很大压力，而且也可能存在丢包现象，引起图片解析问题，进而影响识别效果。

基于项目的实际状况，我们采用了针对性的方案解决这些问题：

（1）将算法进行拆分。

1）非深度学习进行数据预处理；

2）轻量级推理，找出可疑目标；

3）需要更进一步判断的数据传回云端采用更精确的模型推理。

（2）现场部署低功耗推理设备，负责数据预处理，该设备可以满足以下需求。

1）含 GPU，具有一定的视频分析推理能力；

2）功耗低，仅 5W；

3）上电直接启动，不怕间歇性断电；

4）服务器远程集中维护。

（3）在 TCP 协议的基础上封装了一个小包传输协议，解决带宽引起的问题。

同时，为了更好地支持智慧交通应用模块的功能搭建，项目建成了多个智慧交通分析模型，如交通仿真模型、占道分析模型、渠化优化模型等。智慧交通系统在采集整合设计方案数据及外部接入数据后，能够实现基于模型的方案演示、方案优化建议、违规行为自动判别等系列应用功能。

2.3　多智慧交通应用模块

项目在 BIM+GIS 数字孪生底座基础上，结合 AI 大数据分析计算能力与一系列智慧交通模型建设能力，开发了多个智慧交通应用模块。

（1）保通方案展示。能够将设计方案、BIM 模型叠加现场航拍视频，以虚拟漫游的形式展示，使方案汇报工作更加高效，极大地推进了保通方案的审批速度（见图 4）。

（2）施工翻交模拟。能够基于 BIM+GIS 数字孪生底座，将项目施工翻交进行阶段模拟，清晰展示施工范围及对应的交通组织情况（见图 5）。各利益相关方可以基于统一模型进行方案讨论，完善交通组织方案设计，提前发现问题，沟通解决，使方案制定更合理。

图 4　杨高南路保通方案展示

图 5　杨高南路施工翻交模拟

（3）交通仿真。基于 BIM＋GIS 数字孪生底座与交通仿真模型，综合集成工程现有设备及系统，建立一套与现实路口/路段实时映射的数字镜像，实现路口/路段全要素数字化，全状态实时化和可视化（见图 6）。以全流程化、全数字化完成数据采集、模型建立、仿真优化、效果评价的全过程交通优化工作。

（4）施工占道管控。结合占道分析模型，根据工程建设期间翻交路段历史交通流量数据，分析交通流量高峰产生的时间分布，解决临时短时占道影响整体道路通勤问题，优化施工组织方案，提升施工作业的时间窗口。同时通过智能分析，管理现场违规占道行为（见图 7）。

图 6　杨高南路交通仿真模型

图 7　杨高南路施工占道智慧管控

（5）路口渠化优化。结合渠化优化模型（见图 8），根据工程建设改造路口上下游区域交通流构成和历史交通流数据（车道分流车辆数、车辆行驶方向），分析历史交通转向比，采用车道转向比模型，预测未来交通转向比，结合信号控制方案，优化路口渠化设计。

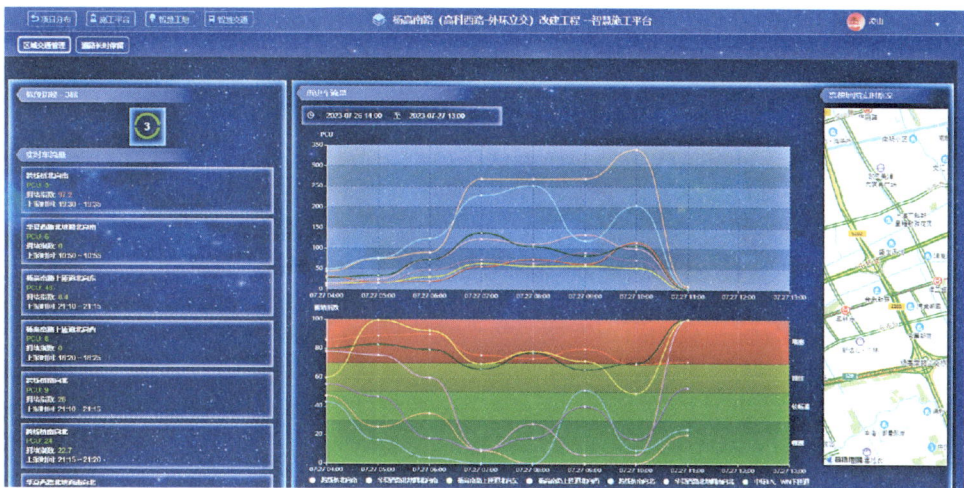

图 8 杨高南路路口渠化优化模型

3 关键技术

3.1 BIM+GIS 技术

BIM+GIS 模型是工程数据最佳数字载体，也是杨高南路智慧交通应用的核心。基于 BIM+GIS 打造本工程的数字底座，并由此开展各类方案展示、工程数据的集成、管理是技术实施的关键。

3.2 模型数据轻量化技术

将 BIM 数据通过轻量化技术，采用压缩简化、遮挡剔除、模型复用、曲面精细度调整，LOD 等系列手段和一些模型处理的算法，将大体量模型进行轻量化，降低了模型渲染的硬件资源消耗，增强了模型展示和操作流畅度的同时保持了信息数据的完整性。

3.3 AI 大数据分析计算

得到改进的 AI 大数据分析计算能力在杨高南路改建工程智慧交通领域应用非常广泛，在建设期间帮助实现了道路路面异常识别、交通车流监控、重点车辆识别等功能，既节约了人工，又使得效率大幅提升。

3.4 智慧交通模型

项目通过一系列的数据统计、特征提取、算法设计，搭建了占道分析模型与渠化优化模型。占道分析模型统计了路口历史数据统计出每日分车道流向、分车型的小时流量，提取各时段的各进口道总流量、转向比、车型等交通特征，根据误差平方和 SSE（Sum of Squares due to Error，SSE）、轮廓系数 SC（Silhouette Coefficient，SC）、簇间距离与

413

簇内距离比即 CH 系数（Calinski–Harabasz Index，CH）等确定最佳聚类数，划分交通流的不同时段。渠化优化模型则对交通统计数据做平滑处理，折算成标准当量车型 PCU（Passenger Car Unit，PCU），采用高峰时段的 PCU 日平均值，计算各流向的转向比，若历史数据不够充分，采用贝叶斯模型作为估算模型，按转向比设置路口渠化转向数。

4 创新点

（1）施工前充分优化交通组织方案。基于设计模型，分阶段模拟优化主体结构施工过程中的交通组织方案。通过梳理不同阶段交通导改情况，创建对应的翻交模型，清晰表达交通组织方案，反映各施工阶段存在的重点难点，检查并优化方案，辅助重大节点工程筹划，对工期与费用预估，加速交通方案评审。

（2）区域路网中动态优化交通翻交方案。在路口设置摄像机采集图像数据，通过 AI 智能算法对沿线交通主要节点，如德州路、中环、凌兆路、外环南等位置进行全时段车流情况实时监控、通过智慧平台计算各时段 PCU 数据，以解决城市化地区施工期间带来交通拥堵或者干扰等痛点。通过 AI 技术，自动取得准确 PCU 数据，配合交通便道科学设计，并根据车速换算成道路拥堵指数，对突发性拥堵进行主动提示，及时疏解。

（3）智能管理施工期间的交通违章。运用 AI 视频智能分析技术，监测通车道路周围围挡倒伏、违规占道、车辆逆行、遗留物、井盖缺失、积水等情况，及时将报警信息推送给监理和施工管理人员处置，确保通车道路安全，提升道路通勤效率，降低施工期间对交通通勤的影响（见图 9）。

图 9 AI 视频分析智能管理违章

5 示范效应

通过智慧交通系统在杨高南路改建工程中的应用，在以下三个方面获得了提升，即前期工作更细致，项目推进更顺畅。结合前期分析使方案设计最优化、合理化，减少变更成本，降低投资、节约工期；通过 AI 大数据及视频智能分析与监控，弥补巡视检查的滞后或疏忽，主动发现施工期间违章占道等施工行为，提升道路通勤效率；通过交通数据分析，优化设计方案，因地制宜开展交通疏解，用真实的数据指导交通翻交，用智慧手段为交通疏解提供保障。

随着全国城市干路改建工程的展开，如何利用智慧交通技术手段保障工程建设阶段的交通通行能力，使得工程项目对社会及人们生活环境影响降至最低将会在工程建设期愈发获得重视。因此该项目研究成果和示范经验具有一定的推广前景。

贵州清镇市停车场平台建设及应用

中建三局智能技术有限公司

1 项目背景

清镇停车场项目位于贵州省贵阳市清镇市。清镇市是贵阳市下辖县级市，总人口 50.03 万人，是全国绿色发展百强县市，中国西部百强县市。清镇市中心城区道路总长度约 35.73km，全市机动车保有量为 13.2 万辆，城区道路车速在 20～30km/h。城市通行效率低，无完整的统一的环路，道路互不通畅。且有不少"断头路"，道路通行潜能不能正常发挥。拥堵次严重以上的区域占到了整个市区面积的 60%。停车难成为该区域经济发展和民生关注的重要难题。为了解决这一问题，清镇市决定改变这一面貌，统筹规划。将市区范围内的 35.73km 的中心城区道路和停车位、所属停车场进行整合，建立城市级的停车管理系统。

2 项目内容

项目采用 EPC 专业承包模式。建设工期：730 天，建设目标是以构建一套标准、一个服务体系、一张信息网络图的立体化目标，实现全面的城市停车资源信息互联互通。主要建设内容是在清镇市城区内现有停车点位，以及后续新增点位的硬件基础上增加智能化系统，旨在打造清镇城市智慧停车体系，从发展的角度，从根本上解决城市民生出行问题，实现城市便捷停车，构建城市级智慧停车体系。项目涉及清镇市规划内 30084 个停车位收费、管理及停车场配套的场内视频监控、运营指挥中心及数据中心建设等内容。

项目总体图如图 1 所示。具体内容如下。

2.1 路内停车

路内停车主要是指路边停车车位，主要以高位视频的无人收费模式为主，在不具备安装高位视频的路段以地磁人工收费模式为辅。

（1）视频无人收费模式。采用智能摄像机作为前端车位管理感知设备，采用视频方式实现泊位状态检测、车辆停车行为的检测及抓拍，以图片和视频的形式记录车辆停车的完整过程，极大提升车位管理效率；同时形成完整的停车取证数据链，为停车逃费的追缴提供有力保障。视频无人收费模式架构如图 2 所示。

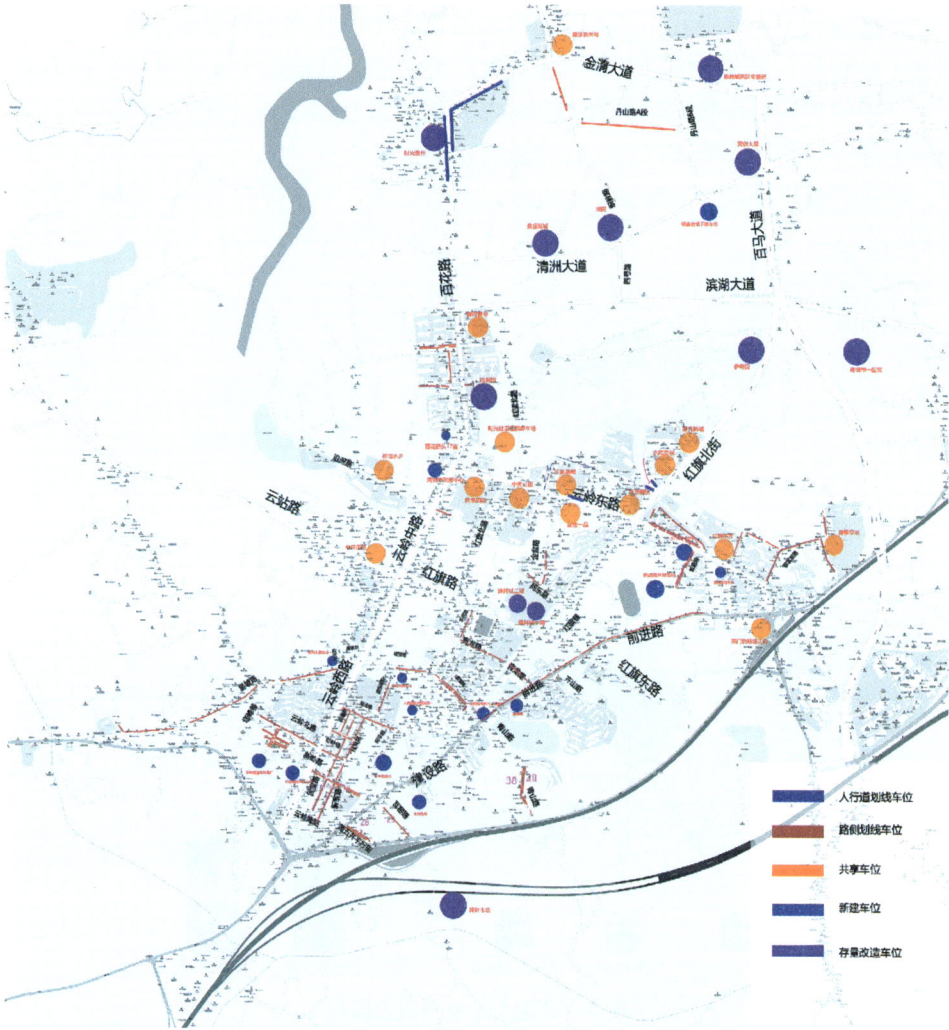

图 1　贵阳清镇市城市级智慧停车场项目总体图

图例：
- 人行道划线车位
- 路侧划线车位
- 共享车位
- 新建车位
- 存量改造车位

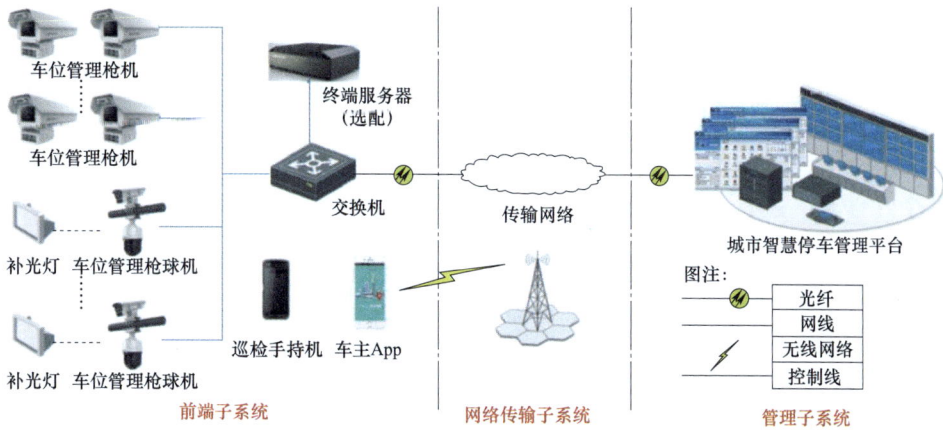

图 2　视频无人收费模式架构

前端系统：
- 车位管理枪机
- 车位管理枪机
- 补光灯　车位管理枪球机
- 补光灯　车位管理枪球机
- 巡检手持机　车主App

网络传输子系统：
- 终端服务器（选配）
- 交换机
- 传输网络

管理子系统：
- 城市智慧停车管理平台

图注：
- 光纤
- 网线
- 无线网络
- 控制线

前端子系统　　网络传输子系统　　管理子系统

417

（2）地磁人工收费模式。采用地磁检测器作为泊位状态采集设备，状态信息由地磁管理器（中继器）上传至智慧停车管理平台，平台把信息推送至收费员的手持 POS，收费员根据提醒信息现场核实泊位状态和停车情况，并使用手持 POS 登记车辆信息，信息直接汇总到智慧停车管理平台。收费员配备的智能手持 POS，除可接收泊位状态变化提醒、登记车辆信息外，还兼备停车收费和小票打印等停车管理功能。地磁人工收费模式架构如图 3 所示。

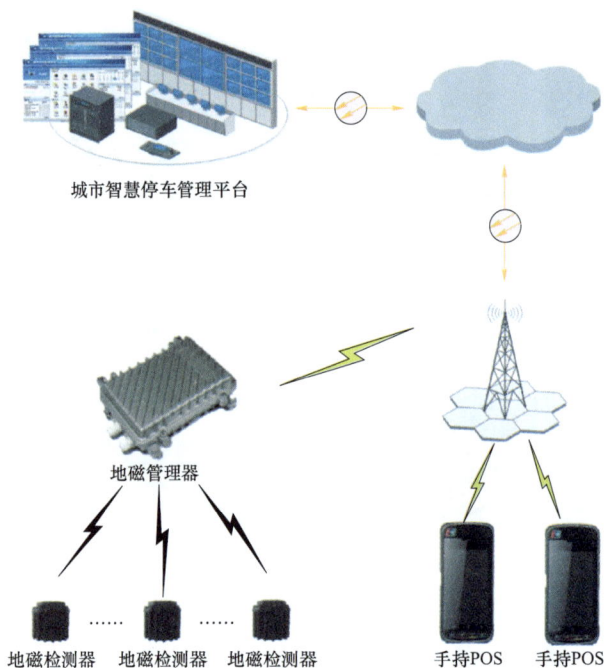

城市智慧停车管理平台

地磁管理器

地磁检测器　地磁检测器　地磁检测器　　手持POS　手持POS

图 3　地磁人工收费模式架构

2.2　停车诱导

诱导子系统通过接口或者采集道路、停车场数据采集回来的数据进行分析处理，并将处理结果进行发布。可对多个片区路段诱导系统进行接入管理。目前根据道路规划的情况，城市主干道、城市主要道路和停车场入口分别为一级诱导、二级诱导、三级诱导。

2.3　路外停车

（1）停车场无人值守。停车场分为小型封闭式停车场和大型封闭式停车场：小型封闭式停车场一般只有一两个出入口，只需对出入口进行收费管理即可；大型封闭式停车场是指有多个出入口，且常有地面和地下停车区域的停车场，此类停车场除了对多个出入口的统一管理外，地下停车区域可扩展车位引导与反向寻车。封闭停车场结构示意图如图 4 所示。

418

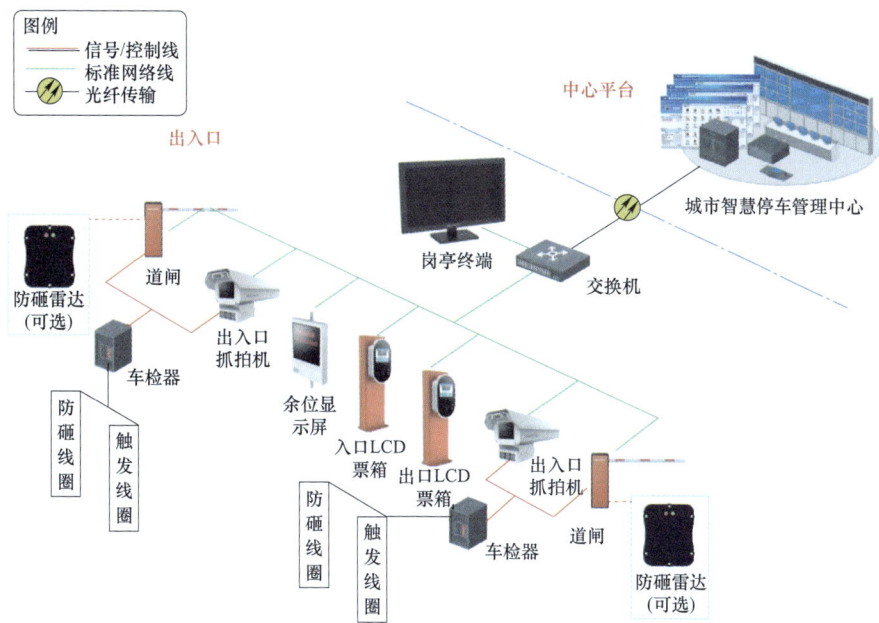

图例
— 信号/控制线
— 标准网络线
⚡ 光纤传输

出入口

中心平台

城市智慧停车管理中心

岗亭终端   交换机

防砸雷达
（可选）

道闸

出入口
抓拍机

车检器

余位显
示屏

入口LCD
票箱

出口LCD
票箱

出入口
抓拍机

道闸

防砸雷达
（可选）

防砸
线圈

触发
线圈

防砸
线圈

触发
线圈

车检器

图 4 封闭停车场结构示意图

（2）场内停车引导。由于地下停车场或停车楼空间大，场景和标志物类似，方向不易辨别，给人员找车位停车和找车造成很大困难，因此在地下停车场和停车楼设计了视频车位引导及反向停车系统。

车位诱导与反向寻车系统是将机械、电子计算机、自控设备和智能识别算法等技术有机地结合起来，可实现车辆出入管理、自动计费存储数据、车位引导与反向寻车等功能。系统提高了停车场的信息化、智能化管理水平，给车主提供一种更加安全、舒适、方便、快捷和开放的环境，实现停车场运行的高效化、节能化、环保化，降低管理人员成本、节省停车时间，使停车场形象更加完美。系统与城市停车运营管理平台对接，实现各类信息的一体化管理。车位引导系统结构示意图如图 5 所示。

2.4 场内监控

场内视频监控系统作为智能化系统的重要组成部分，是相关管理部门感受现场情况最直观的手段之一。采用全高清解决方案，摄像机采用 400 万像素低照度网络高清摄像机；室外安装的设备采用室外专用摄像机，在低照度环境下选用带红外功能的筒式摄像机或红外快球摄像机；室内安装的设备，为配合装修，多数选择半球型摄像机，如安装在出入口等光线反差较大的场景，还需选用带宽动态功能的半球型摄像机。

视频存储于前端，通过公网与运营中心进行对接，运营指挥中心可以随时随地调取前端实时监控及录像；存储设备采用 IPSAN 磁盘阵列的存储模式；运营指挥中心采用综合管理平台配备多块解码业务板满足解码上墙需求；电视墙采用大屏显示系统。场内视频监控系统结构示意图如图 6 所示。

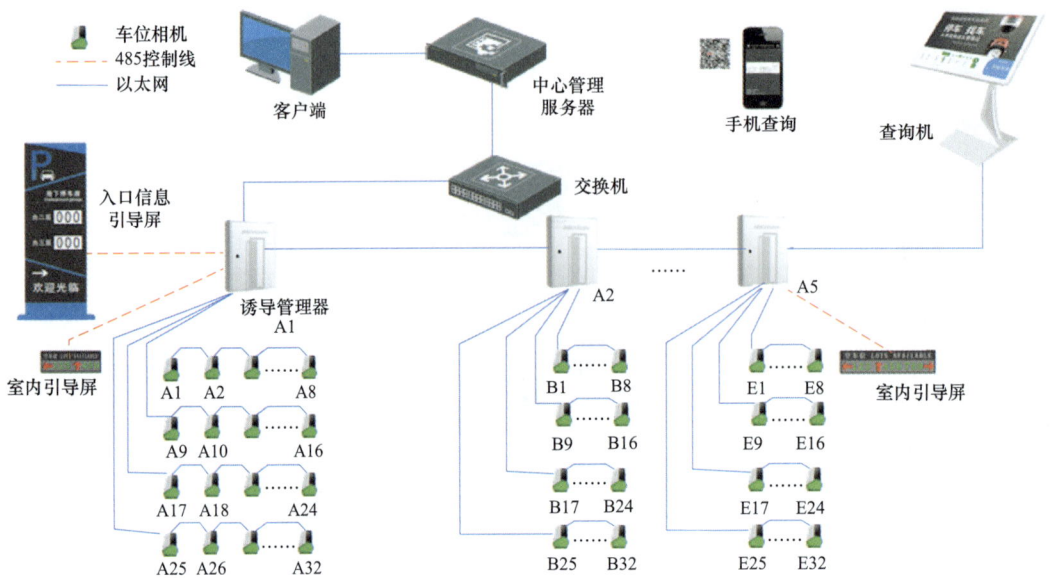

图 5　车位引导系统结构示意图

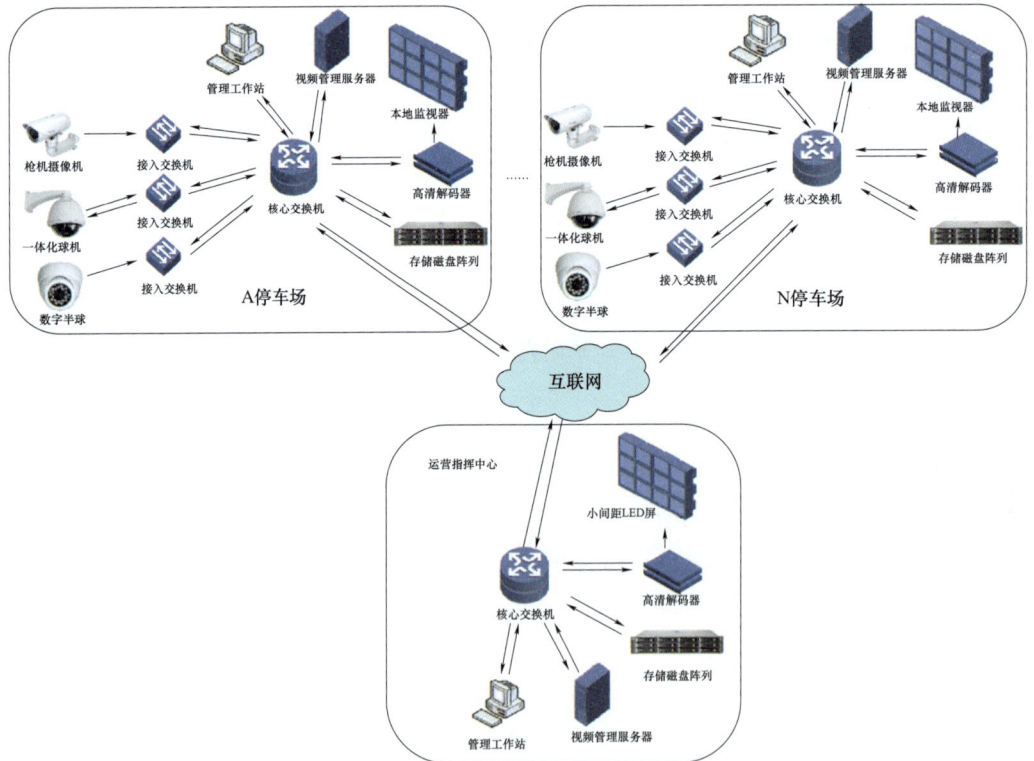

图 6　场内视频监控系统结构示意图

420

2.5 运营指挥中心

清镇市城市级智慧停车场运营指挥中心作为本项目核心管理部分，承载了数据实时显示、分析研判、监控保障、任务处置、调度指挥、违规处理、应急值守等功能。根据功能共分为运营指挥大厅、运营数据中心机房、参观走廊、接待室等功能区域。运营中心信息平台如图 7 所示。

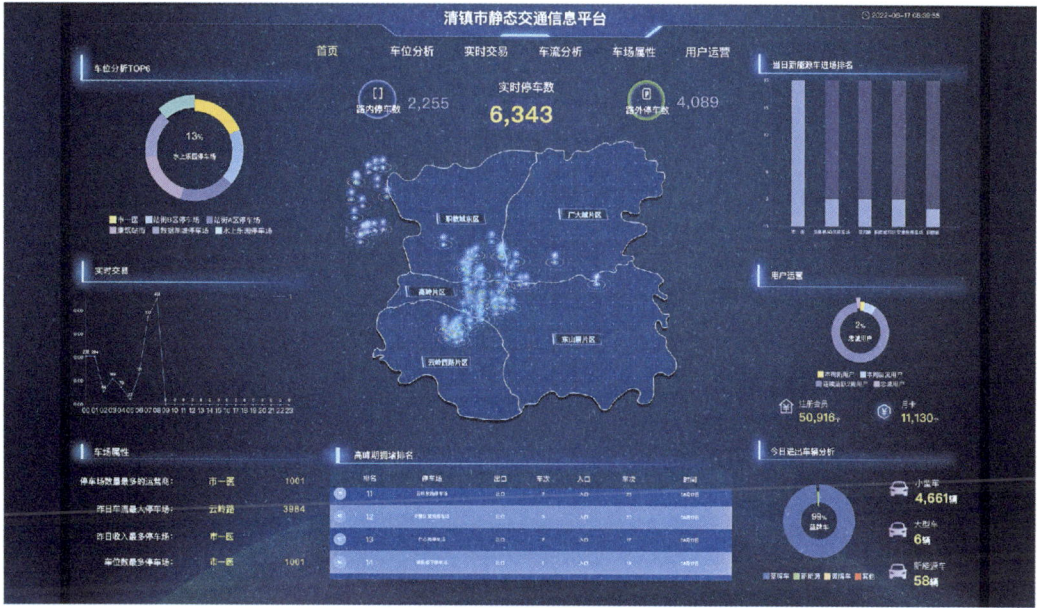

图 7　清镇城市级智慧停车运营中心

2.6 城市级智慧停车运营管理平台

城市级智慧停车运营平台作为城市级智慧停车的核心部分，彻底打破停车"信息孤岛"，对停车泊位统筹规划，完善停车诱导，提高路网运行效率；支持多种支付体系及完善车主服务；构建统一的静态交通大数据平台，可将现有停车场联网改造并接入大数据云平台统一管理。城市级智慧停车运营平台具备高可用性、高可扩展性、高效能、低成本等特点。平台整体功能见表 1。

表 1　　　　　　　　　　　　　　平 台 整 体 功 能

功能类别	详细描述
运营概况	可将城市停车所有数据进行展示，如泊位利用率、车场现况、营收信息、GIS 地图等
车场管理	可对所接入停车场进行配置管理、新增、删除、修改等操作，支持实时查看停车场出入口、路边泊位信息、收费规则等
地图	包含停车场信息地图、停车详细信息、停车场视频预览、停车场搜索、停车场坐标校对等
智能诱导	包含诱导屏设备管理、信息管理、发布信息、调度管理等

功能类别	详细描述
运营管理	包含城市停车指数、订单管理、车辆管理、用户管理、月租管理、意见反馈、员工管理、共享车位管理、车位预定、优惠券等
运营分析	包含运营分析、账单统计、支付流水、会员统计等功能
结算管理	包含财务概况、订单流水、支付流水、会员收款、收费员收款等明细及统计、车辆欠费统计、收入统计分析、商户管理、
电子支付	包含微信、支付宝等主流电子支付方式
电子发票	包含平台端、小程序端、PDA端、H5端等电子发票开具
云客服	包含云坐席、处理记录统计、实时视频、视频回放、远程开关闸、上报问题等
系统管理	包含组织结构管理、权限管理、人员配置、支付设置等
充电桩	包含充电概况、充电桩管理、订单管理
移动端（App/微信公众号/小程序）	包含用户登录注册、GIS地图查看、车牌管理、预约停车、停车缴费、钱包管理、用户信息、车位预定、包月服务、优惠券、电子发票、导航、设置等
运维管理	包含运维概况、设备监控、运维派单、运维跟踪、系统升级维护、App升级维护等
第三方对接	支持第三方独立停车场接入；支持与交管、城管、市政、智慧城市等相关部门及业务对接

3 关键技术

3.1 前后端分离

系统采用前后端分离式设计，停车App、小程序、微信公众号、云端业务管理操作都单独进行工程构建，通过安全网关访问机制，调用统一后端安全API接口获取数据，从而保证多端在云端数据的统一。平台后端数据存储采用MySQL构建分布式数据库，建立多主从结构，保证数据的读写速度，建立热冷区机制，将历史纪录分库分表存储，提高数据库的响应能力。同时后端平台采用java编程语言，基于Spring Boot, Spring Cloud微服务架构进行设计，将平台业务按逻辑拆分成不同微服务，保证了系统的横向扩展能力。

3.2 企业数据总线

企业服务总线（Enterprise Service Bus，ESB）的核心功能在于，通过各种不同的协议适配，将不同平台的异构服务接入到ESB，转换成消息流，再通过各种处理发送到指定的目的地。采用ESB企业数据总线，搭建了微服务之间的异步数据总线，通过执行数据模型的转换、处理连接、执行消息路由、转换通信协议并可能管理多个请求的组合，在应用程序之间实现集成，实现各微服务之间的数据交互。

3.3 统一支付

统一支付平台是一种支付清算业务平台，它提供了规范管理功能和整合服务功能。平台通过统一的接口来实现多种支付方式的集成和管理，提高了支付的安全性、效率和透明度，降低了支付系统的维护成本。类似于聚合支付，平台内将所有收取的费用统一归集到统一账户内，即实现车主支付费用直接到运营平台主体所指定的银行账户，不经过第三方。该种方式避免了可能的资金账期问题。同时，该种方式，收单银行即运营平台主体所指定的银行均提供对应的开发接口，银行一般不收取接入费用，接入功能由智慧停车运营平台开发方完成。

3.4 前端硬件差异性隔离

由于城市级道路停车车牌识别实现方式的多样化，针对平台中可能接入的各种车牌识别设备，基于保证云端平台的统一性的目的，采用在停车场侧实现对于车牌识别差异性隔离的技术，建立云端平台的统一接口调用。前端硬件差异性隔离不仅有助于保持云端平台的稳定性、可扩展性、安全性和可靠性，还在功能多样性和灵活性方面提供显著优势。

4 创新点

（1）通过构建城市级智慧停车体系，打造数字化管理平台，实现建造到运营全过程数字化管理。打破传统模式下停车"信息孤岛"，汇集贵阳清镇市停车数据资源，实现统一监控、统一管理、整体规划，形成全市停车信息"一张图"，大幅提升停车周转率、泊位利用率及停车效率，为用户提供全方位的出行服务，解决了行车难、停车难、管理难等城市停车痛点。

（2）城市智慧停车作为智慧交通的一个重要板块，智慧城市，停车先行，打造智慧城市建设创新典范，提升城市停车泊位使用效率。

（3）打造数字化运营模式。以城市级智慧停车项目为依托，融合政府、车主、相关商户、停车场业主方及运营方等多方需求，构建数字化平台实现智慧停车及周边服务。实现运营管理体系、运营团队能力、停车服务体验、停车缴费、客户数据、增值业务、运维能力数字化。

（4）打造数无人值守模式。通过采用无人值守设备及路内停车视频分析方式，自动采集车牌信息、线上缴费、设置云客服进行统一客服管理，不影响服务体验及通行效率的情况下实现现场数字化及无人化管理，降低运营收费管理人员数量，降低运营成本，提升运营管理效率。

（5）通过城市智慧停车体系建设，实现"盘活存量，系统管理"。即近期将清镇市现有的路侧停车场、路外停车场进行规范设置，科学管理；远期可将企业事业单位、景区公园、新旧小区、商贸购物等零散管理式的存量车位，统筹盘整，纳入清镇城市智慧停车体系，实现智慧化管理。从而提升政府公共服务质量，助力城市建设；根本上解决"停车难、乱停车、治理难"现状，提升城市道路安全，完善城市功能。

5 示范效应

通过贵州清镇城市级停车项目建设，为相关类型停车场建设提供合理规划及管理经验：合理制定停车设施供应规划，加强城市公共停车场建设，加强停车资源全面管理，完善公共停车场停车价格形成机制，提升停车资源管理技术等。

结合专业化集成能力，将贵阳清镇城市级智慧停车场项目建设模式及方案进行复制推广应用到其他项目。随着智慧网联、车路协同、智慧灯杆、CIM等技术发展，后期可与智慧网联、车路协同、智慧灯杆等进行统筹建设，既避免路边杆的重复建设，又可有效降低投资。与CIM结合，打造基于CIM综合应用平台：通过对城市停车大数据实时分析，优化城市停车服务，通过平台让每个模型"活起来"，让管理数据"跑起来"，让城市停车场的电子版数字档案"建起来"，实现城市管理的"数字化、网络化、可视化、智慧化"，满足智慧城市更全面的需求。

上海市嘉定区全息路口车路协同
应用及测评系统建设

上海智能交通有限公司

1 项目背景

随着车路协同行业的不断发展，近年来探索轻量化车路协同应用环境建设路径，打造规模化应用场景，实现城市要素"由实入虚"的城市数字化转型的趋势明显，"双智项目"建设应运而生。所谓"双智"就是将两个智慧型应用场景融会贯通：一方面满足智能网联汽车场景应用需求，另一方面赋能智慧交通管控与服务。上海是国家首批"双智"项目的试点城市之一。

2021年，在市、区两级"双智"协同发展试点工作推进小组和工作小组的指导下，嘉定围绕"1+1+N+1"的整体架构，重点聚焦智能化基础设施建设、车城融合发展、全场景示范应用和标准规范引领等四方面，开展智慧城市基础设施与智能网联汽车协同发展试点。

数字集团智能交通公司承接了上海嘉定区全息路口车路协同应用及测评系统建设项目，实现对人、车、路、事件、环境的全要素融合感知，提供车路协同自动驾驶应用和测评服务，助力城市数字化管理。

2 项目内容

2.1 建设内容

在嘉定区已建智能网联道路基础上，充分利旧，牵头参与 50 个全息路口建设，目标打造"全范围感知，全对象服务，全维度评价"的可拓展云边端协同服务架构，主要建设内容包含全息路口融合感知系统、路侧交通数据智能处理系统、基于全息感知的测试评价系统三部分。其中融合感知系统服务于数据集的创建，为其他两大系统提供数据支撑；感知融合系统与路侧交通数据智能处理系统协同可以支撑对自动驾驶车辆以及更广泛交通参与者的服务；基于全息感知的测试评价系统则可以对应用场景的构建提供评价闭环，支撑样板路打造与经验总结。

该项目旨在通过标准数据输入输出接口支撑系列智能交通应用的实现和水平拓展，

能够为自动驾驶车提供辅助感知与辅助决策服务，促进我国特色车路协同自动驾驶技术路线的发展与成熟，打造高感知水平智慧化道路建设样板，探索路侧设施智能化水平与行业发展的匹配关系，形成全方位、可持续的项目技术支撑体系，争创全球交通参与者类型最全面、交通场景最丰富、感知精度最准确的全息感知数据集，进一步服务于上海市后续智能交通与智慧城市的建设，支撑城市管理数字化转型。上海嘉定区全息路口车路协同应用及测评系统建设项目整体架构图如图1所示。

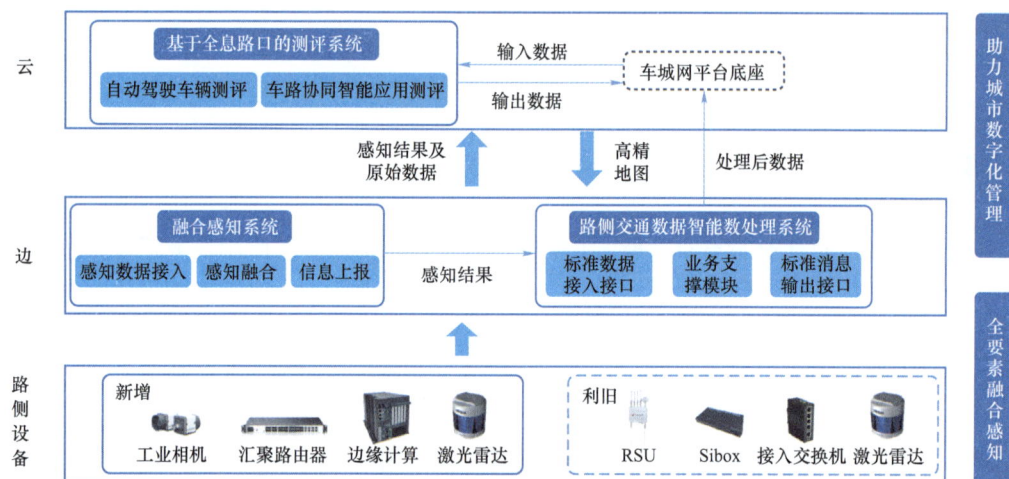

图1　上海嘉定区全息路口车路协同项目架构图

建设融合感知系统、交通数据智能处理系统和全息路口测评系统，实现对人、车、路、事件、环境的全要素融合感知，并运用点云技术通过三维数据描绘真实交通模型，监测现实世界的目标物体，提供车路协同自动驾驶应用和测评服务，助力城市数字化管理。该项目的点云检测图如图2所示。

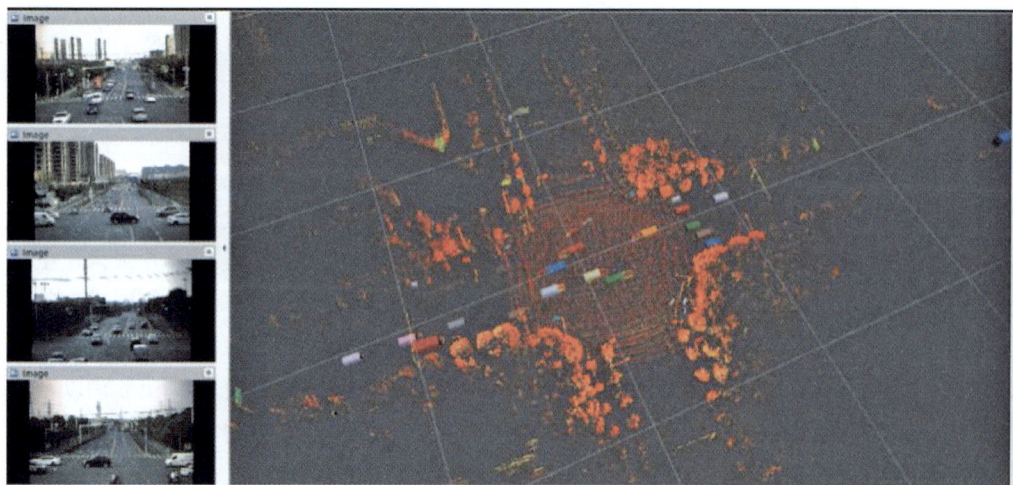

图2　点云监测图

426

2.2 项目达成情况

本项目工程建设过程中，严格按照国家相关标准进行，确保工程能够按时高质量完成各项指标内容，关注和处理好施工中的多方面问题，确保项目工程的可持续发展和社会效益，并通过情况表详细记录了项目的各阶段工作指标内容及完成情况。该项目的指标达成情况汇总表如表 1 所示

表 1　　　　　　　　　项目达成情况汇总表

指标分类	指标明细项	指标内容	项目达成情况
功能指标	实现行人/车辆/非机动车等目标检测和分类	常见车型、航向、速度等信息准确输出	√
	实现交通参与者的高精度定位	满足自动驾驶车路协同典型场景的高精度定位输出	√
	实现常见交通事件检测	异常停车，非机动车道行驶，超速，低速，逆行，机动车道占用等	√
	实现交通流相关的流量统计	交通流统计、占有率检测、车道平均车速、排队长度检测	√
性能指标	目标检测能力（机动车、非机动车、行人）	交通参与者目标检出率≥95%	√
		交通参与者目标检测准确率≥95%	√
		交通流统计准确率≥95%	√
	交通事件检测能力	交通事件检测检出率>95%	√
		交通事件检测准确率>95%	√
	目标定位能力	50m 以内定位精度偏差：横向≤0.4m，纵向≤0.4m	√
		50～100m 定位精度偏差：横向≤0.5m，纵向≤0.55m	√
		100～150m 定位精度偏差：横向≤0.7m，纵向≤1m	√

2.3 路侧融合感知系统

全息路口路侧融合感知系统能够较好地发挥不同传感器的优点，通过融合规避其短板，能对目标区域实现接近全天候、全天时的全息感知。针对自动驾驶车辆，通过路侧感知能力辅助，车辆感知范围和能力将显著增强，有效弥补单车智能的感知盲点，减少自动驾驶的接管和事故发生。对于特定场景，如港口、桥隧等传统定位效果不好的场景，路侧融合感知系统能提供高精度定位输出，满足自动驾驶车辆的需要，从而提升定位系统的鲁棒性。针对智慧交通应用，多传感器的路侧融合感知较传统单一的传感器，能够输出更加丰富多元的交通感知数据，可以在此基础上升级开发出更多应用，提升道路智慧化水平。

全息路口路侧融合感知系统主要由传感器层、边缘端驱动层、边缘端感知算法层、

应用算法层组成，其系统感知结果可支撑车路协同应用层。整体架构如图 3 所示。

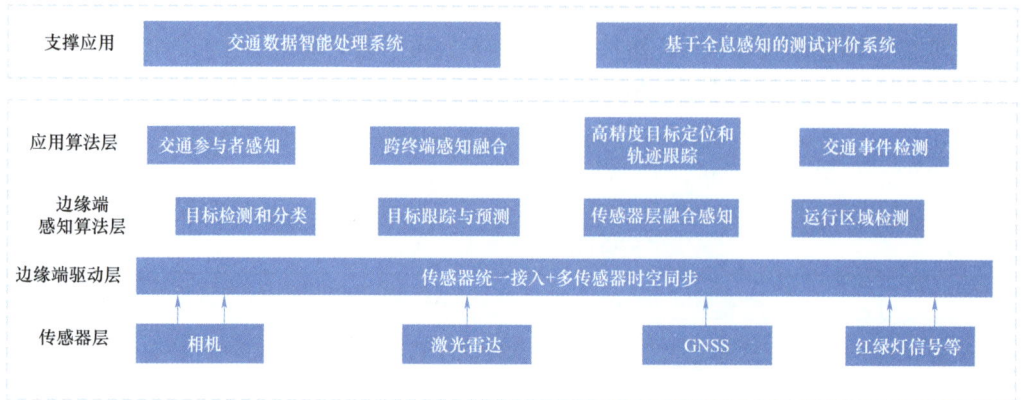

图 3　全息路口路侧融合感知系统整体架构

各部分具体介绍如下：

传感器层：传感器层主要为各类硬件传感器包括激光雷达、摄像头等，用来获取路口感知范围内的点云、图像等信息。

边缘端驱动层：边缘端驱动层用来接收传感器获取到的外界信息，进行数据的格式转化、时空同步等初始化处理。

边缘端感知算法层：为了更快速更高效地处理感知设备获取到的海量数据，需要在边缘端部署目标检测和分类算法、目标跟踪与预测算法、多传感器融合感知算法以及运行区域检测算法，实时将计算结果发送给路侧单元（Road Side Unit，RSU）及装置车载单元的车辆，满足全息路口车路协同应用的需求。

应用算法层：在边缘端部署的算法可以实现交通参与者感知、全路段跨终端感知融合、高精度目标定位和轨迹跟踪以及交通事件检测。

车路协同应用层：基于全息路口路侧融合感知系统输出的交通参与者信息、高精度定位信息、交通事件检测信息，可用于实现包括自动驾驶、智能网联、智能交通等多个方向的应用。其中，自动驾驶应用的场景覆盖车道级路径规划、协作式交叉口通行、高精度定位信息、编队驾驶等；智能网联应用的场景覆盖道路事件预警、特殊车辆通行、网联车速引导、车辆碰撞预警、弱势参与者预警、路侧信息提醒等；智能交通应用的场景覆盖交通态势分析、灯态配时优化、流量与轨迹、交通预测等。

2.4　路侧交通数据智能处理系统

路侧交通数据智能处理系统主要由数据处理模块、应用服务模块、消息发送模块组成。整体架构如图 4 所示。

通过路侧交通数据智能模块，实现与感知设备和 RSU 的数据对接，实时获取所有类型的交通参与者的轨迹数据和状态数据和交通事件数据，通过相应的优化模型和管控算法实现传统信控方案的优化、面向网联车的车路协同应用和面向自动驾驶车的应用。

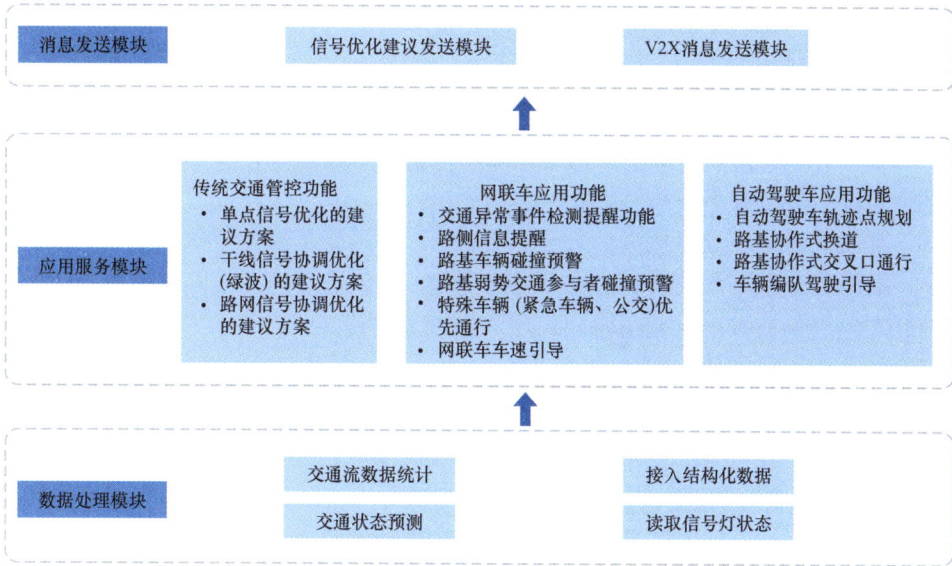

图 4   路侧交通数据智能处理系统整体架构

路侧交通数据智能处理系统在于适配感知设备拓展的环境依赖，避免公共部分的重复计算，进行应用优先级统一管理，可实现应用的轻量化升级。场景描述如下所述。

（1）单点信号优化。利用感知设备提供交叉口实时流量、排队长度等交通流状态数据，建立优化模型以最小化延误为目标，优化信控方案中周期和绿信比两个关键参数，提升绿灯利用率和改善交叉口的服务水平。

（2）干线协调控制。干线协调控制系统基于实时流量、交叉口轨迹数据及红波控制指令，识别路网中需要进行绿波协调控制的单元，并根据红波或绿波控制策略计算下一阶段信号配时建议方案，使信号配时实时匹配当前交通流状态。

（3）管控路网控制子区划分。子区划分功能将具有协调潜力的交叉口划分在同一区域，以提高控制效率。通过综合相邻交叉口的拓扑、流量等信息，建立综合关联度指标，并通过聚类方法识别可用于进行协调控制的交叉口群。

（4）路基车辆碰撞预警。路侧融合感知设备实时获取探测范围内车辆运动状态信息，预测车辆车道选择驾驶意图，筛选出主车的跟驰前车并计算碰撞时间（Time To Collision，TTC）指标判断是否存在碰撞风险，根据不同风险等级提供相应的预警信息。

（5）路基弱势交通参与者碰撞预警。路侧融合感知设备实时获取探测范围内车辆和过街行人的运动状态信息，分别预测车辆和行人的路线，计算潜在冲突区域，通过 TTC 指标判断碰撞风险，根据不同风险等级提供相应的预警信息。

（6）交通异常事件检测提醒。融合感知系统在检测到行人闯入、异常停车、压线、逆行、变道、拥堵、事件等交通异常事件时，通过交通数据处理系统将交通事件信息传输到路侧通信设备，结合自身车速、位置，提供预警距离等信息，并发送给网联车辆。

（7）路侧信息提醒。RSU 和边缘计算技术（Mobile Edge Computing，MEC）对于动态目标进行监测计算，结合高精度静态因素，为网联车辆提供高精度地图服务。

通过对信控方案、流量情况、本车速度位置等信息进行融合计算，将闯红灯预警信息发送给网联车辆。

（8）网联车车速引导。交通处理系统基于实时网联车信息、地图信息以及信号配时信息，通过考虑车辆车速状态，车辆最大速度，车辆最大加速的约束，和前方车辆的信息，使得车速引导方案具备可行性。

（9）自动驾驶车轨迹点规划。交通处理系统通过采集车辆位置数据、车辆速度数据等信息，根据融合感知系统获取的实时道路环境，以轨迹点的方式，为具备自动驾驶功能的网联车辆提供前方一定范围内的局域路径规划建议。

2.5 基于全息感知的测试评价系统

考虑到自动驾驶系统的复杂性以及驾驶条件的多样性和不可靠性，继仿真场景和封闭场地测试后，在实际的公共道路上进行道路测试对于自动驾驶系统和车路协同应用研发和评估至关重要。近年来世界各国纷纷开展了自动驾驶道路测试的工作，北京和上海等地也相继颁发了自动驾驶道路测试管理办法，规定了测试主体+测试驾驶人+测试车辆等条件，并规范了测试申请流程及事故处理办法，引导自动驾驶汽车道路测试更加安全有效，同时使道路测试合法化。全国各地都有越来越多的开放道路，为自动驾驶车辆提供实际道路环境运行。随着路侧智能感知设备的逐渐丰富和完善，对于交通流整体感知能力提升，推动基于路侧感知的自动驾驶车辆运行评价和车路协同应用评价，能够在全息环境下，综合各类交通参与者的信息，更加客观全面地反映其运行水平，为其在开放道路上的综合表现进行评估和分析，为自动驾驶车辆的智能水平和车路协同应用的效益分析提供科学的评价。测评体系如图5所述。

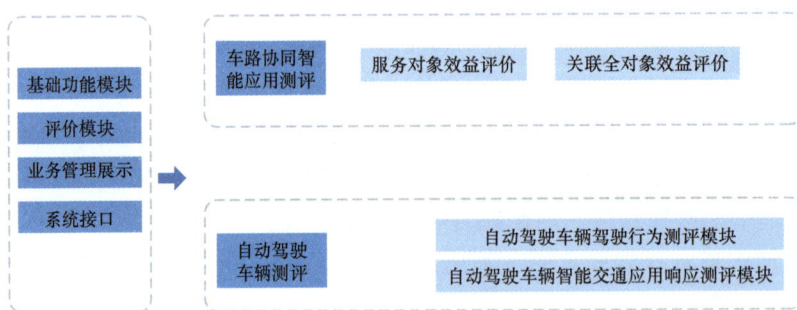

图 5　测评体系图

3　关键技术

（1）全场景环境感知算法模型。面向路侧场景研发深度学习模型、多传感器融合感知等算法，取各传感器所长，感知性能升级，鲁棒性更高，真正实现全天候感知。

（2）面向高精定位激光点云 SLAM。面向 V2X 的激光点云 SLAM 技术，实现高精度点云数据对准及标定使用。

（3）传感器联合标定和时间同步。多传感器标定，激光雷达与相机联合标定误差在2个像素内（以5MM焦距相机为例）；传感器统一授时，同步UTC时间，传感器时间与UTC时间误差不超过100微秒。

（4）感知与V2X融合交通算法库。城市区域多场景真实丰富的道路和事件样本数据，持续优化迭代相关算法：如车道线检测、所在车道判断、行人检测和跟踪、违章停车、逆向行驶、车辆分类等。

4 创新点

4.1 运用前沿可靠技术打造高等级智慧道路

智慧道路是基础建设的热点，汽车城集团作为行业推动者和领跑者，该项目将运用业内前沿的可靠技术打造建设高等级智慧道路，继续夯实汽车城集团作为行业的领先地位。项目建成后将加快完善的智能网联汽车车路协同环境，延展基础建设，推动智能网联汽车商业化运营，打造形成场景丰富、功能完善、应用多样的智能网联汽车示范运营样板区域，助力全区智慧交通基础设施建设，可体验特色应用。

4.2 打造测评系统形成产业闭环

智能网联汽车的产业链庞大，目前在汽车领域的整车和零部件生产制造产业，以及交通领域和通信领域的相关路侧和通信设备的生产和制造都已经形成了较为完整的产业体系，车路协同系统的各个组成设备均已有较为成熟的产品。《合作式智能运输系统车用通信系统应用层及应用数据交互标准》（第一阶段）、《合作式智能运输系统车用通信系统应用层及应用数据交互标准》（第二阶段）等消息层标准也已经发布。然而，各个厂家对应用的实现方式存在较大差异，消息的触发逻辑各有不同，感知的准确率有高有低，应用的效果有好有坏，影响车路协同自动驾驶的技术研发和测试验证。因此，需要建设统一的测评系统对各项应用进行标准化测试，通过采集各类型应用触发信息、结果信息以及实现过程中的交通参与者轨迹信息，实现对各类型应用实现效果以及各类型车辆参与效果的评价，实现对应用实施效果、车辆实现效果的全息感知。

4.3 打造全息路口数据资源体系

该项目通过全息路口的建设，包括摄像头、激光雷达等感知设备，车载单元（On board Unit，OBU）、RSU等智能网联通信设备以及融合感知系统和路侧交通数据智能处理模块的安装和部署，可以实现路口全时空、全要素的数字化改造，形成完整的新型智慧路口数据资源体系。路口交通运行状态的全方位感知，包括个体级车辆的轨迹数据、车道级流量、平均速度、排队长度等交通流数据以及车道级的交通事件数据。同时通过复用已安装的RSU设备，可以实现对智能网联车辆的车路协同应用数据的收集，同时还可以通过边缘计算设备实现对接信号机、信息板等传统管控设备，获取当前路口的管控方案。最终打造出全球交通参与者类型最全面、交通场景最丰富、感知精度最准确的全息感知数据集。

4.4 赋能城市数字化治理

"十四五"开局，上海市全面推进"城市数字化"转型，对智能汽车应用和智慧交通建设提出了更高的要求。为了进一步贯彻落实《关于全面推进上海城市数字化转型的意见》和《上海全面推进城市数字化转型"十四五"规划》，响应国家《智能汽车创新发展战略》，把握数字化、网络化、智能化发展机遇，基于嘉定已开放测试道路前期智慧化建设范围，打造服务于车路协同应用及测评体系的全息路口。该项目以全息数据为核心、以支撑城市协同高效治理为重要发力点的应用环境，实现交通全要素数字化，积极推进市数字化建设水平，加快建设智慧城市脚步。通过构建全息路口环境，实现范围内交通参与者全息感知，根据全息感知结果支撑车路协同自动驾驶技术应用落地，同时对自动驾驶汽车和车路协同应用进行效果评估。

5 示范效应

2023 年 5 月 10 日，住房和城乡建设部城市建设司带领 12 名国家"双智"试点专家组成员来到嘉定，对数字集团智能交通公司参建的上海智慧城市基础设施与智能网联汽车协同发展试点项目建设情况，开展评估验收。

专家组对嘉定在智慧城市基础设施与智能网联汽车协同发展试点工作中所取得的成效表示了肯定。认为嘉定的智能基础设施建设初见成效，在智慧路口建设、搭建车路协同环境、布设 5G 基站等方面，为智慧交通多场景应用搭建了良好的网络环境，保障了车、路、城信息的共享和交互，实现了国内首个城市全域、全场景、全类型自动驾驶车辆的示范应用。从成果来看，各类车辆示范应用规模居全国之首，"双智"试点也有效提升了城市交通运行效率和城市智慧化管理水平。

专家组指出，上海和嘉定要以加强智慧城市基础设施建设，实现不同等级智能网联汽车在特定场景下的示范应用为目标，坚持需求引领、市场主导、政府引导、循序建设、车路协同的原则，在建设智能化基础设施、新型网络设施、车城网平台和开展示范应用、完善标准制度五个方面持续发力。同时，要认真做好试点总结，确保试点工作取得实效，并形成可复制可推广经验。

嘉定区委领导表示，联动推进"双智"协同试点建设和产业新动能体系培育，形成智慧底座覆盖面广、云控平台延展性强、示范应用显示度高、嘉定标准影响力大、群众感受度显著提升的集成效应，积极推动城市数字治理、智慧交通、智能网联汽车等领域的深度融合、系统发展，努力建成"双智"协同发展示范标杆城市。

智慧城市全息路口长安大学案例

北京五一视界数字孪生科技股份有限公司

1 项目背景

交通路口作为道路交通系统的节点和枢纽，因其环境复杂、参与者众多，经常会出现交通拥堵严重、安全事故频发、指挥调度困难等问题。因此，如何通过智慧化升级改造以解决路口交通难题，成为交通管理者重点研究和探索的方向。为此，长安大学智慧城市全息路口项目充分利用交警设备的数据，深度结合交警日常管理业务，快速定位路口问题并对路口进行综合管理，有效提升了路口安全性和通行效率。

2 项目内容

智慧城市全息路口平台基于 51WORLD 全要素场景引擎进行定制开发，1:1 还原指定路口及周边环境的场景模型，形成数字孪生的基础底座。在此基础上基于 Web 前端应用框架实现路口交通态势数据的可视化显示开发以及场景要素数据的绑定开发。平台技术架构如图 1 所示。

智慧城市全息路口平台主要包括两大模块，分别是场景数据可视化模块和交通流复现模块。场景数据可视化模块基于路侧感知设备获取的实时信息，通过数据中台接入、提取等步骤，将全息路口相关业务数据通过前端面板或场景特效进行可视化展示。前端通过面板形式展现车辆种类、车辆个数、车流数据等业务数据，场景中展示行人流量，车流人力图，相位车辆统计，车辆包围盒等。场景可视化模块可以帮助管理者对当前微观区域交通态势从各维度进行研判，辅助决策。

交通流复现模块基于提取自感知设备的结构化数据对场景中交通流进行复现，保证复现的交通态势与摄像机镜头的实际监控画面高度相似，完成全息路口场景搭建，帮助管理者从多维度去了解区域交通态势。全息场景如图 2 所示。

基于两大模块，智慧城市全息路口平台可实现的业务功能如下：

（1）路口动态交通目标数字化。基于路口部署的感知设备动态采集路口道路和交通信息，基于人工智能算法实现路口车辆、行人、自行车等动态交通目标识别、定位、跟踪、测速、测距等功能，实现路口动态交通目标数字化，如图 3 所示。

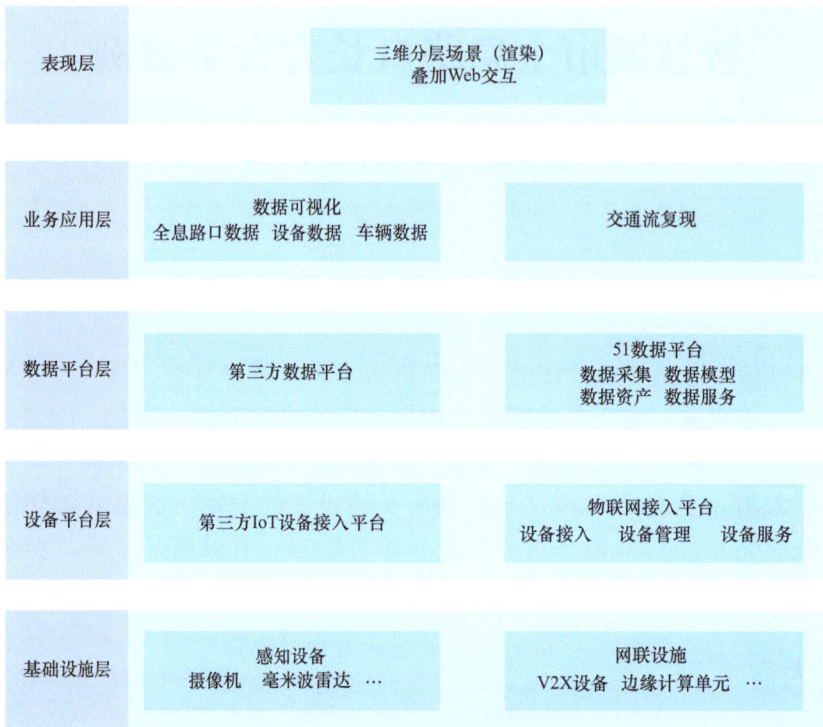

表现层	三维分层场景（渲染） 叠加Web交互	
业务应用层	数据可视化 全息路口数据　设备数据　车辆数据	交通流复现
数据平台层	第三方数据平台	51数据平台 数据采集　数据模型 数据资产　数据服务
设备平台层	第三方IoT设备接入平台	物联网接入平台 设备接入　设备管理　设备服务
基础设施层	感知设备 摄像机　毫米波雷达　…	网联设施 V2X设备　边缘计算单元　…

图 1　平台技术架构图

图 2　路口全息场景

图3　路口目标数字化呈现

（2）路口交通异常实时检测。基于路口动态交通目标数字化信息，分析并实时检测超速、逆行、闯红灯、异常停止、缓行等异常事件。

（3）路口交通运行态势管理。基于路口动态交通目标数字化信息，统计全路口以及车道线级交通运行态势，包括路口平均通行时长、路口平均车速、车道级流量统计、路口交通饱和度、路口拥堵指数、单位绿灯时间通行流量等。

（4）路口信控配时与优化。针对路口车道线配置不合理、信控无法精准动态配时等问题，基于路口运行态势分析，对路口车道线配置和信控配时等进行动态评估、优化，从而提升路口通行效率。

3　关键技术

3.1　全要素场景引擎

数字孪生技术通过整合原始测绘和设计规划数据，创建高精度的三维路口模型，实现对地面建筑、车道、交通标识等要素的 1:1 真实还原，以及沉浸式可视化体验。全要素场景引擎在此过程中发挥关键作用，它能够精确渲染道路场景，从宏观到微观细节，包括路基、路面、绿化带等，并与真实环境相匹配。引擎支持全天候、全季节的环境变化渲染，确保场景的真实性和交互的流畅性。此外，结合球谐光照和 RTX 技术，引擎能够动态地处理全局光照，实现光线追踪、阴影、半透明等效果，提供精细的视觉体验。无论是日夜更替、季节变换还是不同天气条件下，三维场景都能呈现出相应的环境效果，增强了场景的真实感和动态交互性。

3.2 数字孪生数据交互组件

数据交互组件确保了数据实时、高效、稳定的流通。该应用涵盖了建筑、设施和信号数据等关键信息，通过 GIS、BIM、IoT 等多源数据的整合，支持用户通过关键字搜索快速定位所需数据。数据汇聚和融合可以通过自动化或手动导入实现，服务数据通过注册 URL 接入，而原始数据则存储于相应的数据库或硬盘中。平台会对数据进行预处理，确保其合规性后存储。在授权范围内，用户可以通过数据资源地址轻松访问和使用各类数据，实现资源共享。

3.3 多元异构数据接入组件

多元异构数据接入组件能够整合物联网设备数据和原生 BIM、GIS 数据，支持公有地图服务资源和多种 IoT 数据的接入，如视频监控、环境监测等，同时也能识别和导入常见的 BIM 模型格式。此外，通过 OpenDrive 高精地图数据的接入，平台能够实现车流分析和模拟真实车辆行驶。

平台可接入的数据类型包括：

（1）全要素场景衍生数据：通过自动化处理流程，将静态数据如 DEM、DOM、BIM 等转化为衍生数据。

（2）专题地理信息数据：在全生命周期内，接入面向特定业务的地理信息数据，如专题矢量图和栅格图。

（3）物联网 IoT 空间数据：将 IoT 设备与三维场景模型关联，实现空间数据的索引、展示和反向控制。

（4）视频空间融合数据：将摄像头画面投射到三维场景，并能拼接形成高分辨率画面，实现大场景监控和历史回溯。

3.4 云渲染技术

51WORLD 云端渲染技术能够将数字孪生场景实时推送到网页端，并实现前端与后端的交互同步。这项技术结合了三维图形学、视频编解码、网络传输和微服务等，确保了在轻量化终端上也能流畅展示复杂的数字孪生场景，是数字孪生平台广泛应用的关键技术支持。

3.5 二次开发组件

二次开发组提供了一套灵活的二次开发工具和即插即用的功能组件，涵盖了 GIS、三维模型、BIM 模型等 API 接口。平台数据可通过这些 API 安全获取，且访问权限可设置，确保数据安全。

3.6 前端感知技术

感知设备包括视频摄像机、激光雷达、毫米波雷达等，用于采集路口的车辆、行人、非机动车等交通对象的信息，如位置、速度、轨迹、属性等。通过视频雷达融合技术，可以在夜间或恶劣天气下，保持对路口交通状态的高精度识别，解决传统视频感知的光污染问题。

3.7　边缘计算技术

边缘计算利用高性能芯片和 AI 算法，对感知设备采集的数据进行实时分析和处理，生成车辆时空、过车身份、违法抓拍、分米级车辆轨迹、信号灯状态等多种元数据，并将其与高精度地图进行融合，形成路口的全息视角。通过边缘计算技术，可以实现对路口交通参数的实时计算和优化，如流量、饱和度、排队长度、溢出等，为信号灯控制提供精准依据。同时，可以实现对路网事件和违法行为的主动监测和快速处置，如三急一速、逆行、不按车道行驶等，提升交通安全和秩序。

4　创新点

51WORLD 构建了一个易于操作、易于扩展、易于维护、满足实战应用需求的一体化智慧城市全息路口平台，平台创新点如下：

（1）具备海量模型加载能力，可快速加载底层多源异构模型、实体模型、地理信息模型、高精度模型等，支持自动识别转换，大大掯高了数字孪生场景创作的智能度和效率。项目对整个全息路口场景进行高精度建模，路网支持自动驾驶仿真的 OpenDRIVE 高精路网格式，实现交通流仿真模拟的需要。

（2）基于超融合的引擎，效果逼真，实现影视级沉浸式仿真体验，同时具有绝佳的性能，能够满足超大范围、超大规模场景要素的渲染及交互性能需求，确保系统高效运行。全息路口以及周边环境进行部件级别场景还原，包括两旁的建筑与植被和交通设施。

（3）能够智能分析标准地图服务获取地理信息的三维场景模型，准确地将标准地理信息坐标数据、三维场景坐标数据和屏幕坐标数据实时转换并展现，大大节约底座构建的时间。

（4）基于历史可追溯数据、实时高精度数据，在数字孪生世界实时映射真实场景，为交管用户提供数字化的全息视角，做到势态早感知、问题早预警、行动早决策。

（5）依靠多种感知设备，如雷达、摄像头、激光雷达等，实现对路口的全方位感知。平台可根据实时接收的传感器数据生成车辆时空、过车身份、违法抓拍、分米级车辆轨迹、信号灯状态等多种精准、高效、实时的元数据，实现数据采集和实际业务的闭环。

5　示范效应

智慧城市全息路口平台通过提升路口的运行效率和安全性，有效缓解交通拥堵，降低事故发生率，并改善出行体验。与传统的监控视频相比，结合静态场景和动态结构化数据的方法能够节省高达 90% 的硬件存储资源。此外，通过多角度的场景观察，平台提供了比传统监控更为直观的交通态势分析，减少了约 60%的人力资源消耗。

平台能够迅速识别交通安全隐患和影响通行能力的因素，为路口的物理设计优化提供决策支持，例如调整左转车道的数量或设置二次过街设施。同时，长期积累的数据有助于信号控制的自适应优化，允许根据不同时间段的交通流变化制定相应的信号配时和交通组织策略。此外，平台还能根据季节和天气变化，合理部署路面警力，有效降低了日常出警频次，并通过优化人员配置，提升了出警效率。

基于 MaaS 理念的佛山市公共出行服务平台

北京清华同衡规划设计研究院有限公司

1　项目背景

粤港澳湾区面积 5.65 万 km²，是美国纽约湾区的 2.6 倍，旧金山湾区的 3.3 倍，不仅是世界"最大规模"的湾区城市群，也是世界"最高人口密度"的湾区城市群。粤港澳大湾区目前形成了深莞惠、广佛肇、珠中江三个都市圈，并以广州、深圳为核心，链接佛山、东莞、惠州形成了双核的"Z"形网络，各城市间高密度、高频度的交通联系将是整个湾区发展的重要支撑条件。如果未来"佛山行"的出行模式能在整个湾区得到推广，则可整合湾区的城市交通资源，在大湾区尺度，可以将机场、高铁、城际、市郊铁路、城市公共交通完美整合，实现 MaaS 服务的区域化升级，实现湾区内各个城市节点间的无缝快捷联系，这不仅使粤港澳湾区的交通可达性大幅领先于世界所有其他地区，同时也可以通过整个湾区高效率"移动性 Mobility"的升级，极大带动资金、产业、信息在全湾区的快速流动，这无疑对于整个湾区的未来发展具有深远的意义。当前都市圈（大湾区）的区域交通系统升级，在更高纬度、更广领域实现 MaaS 服务，更加符合当前区域一体化发展的潮流。

现有交通运输体系之下，交通资源的分配和使用是不均衡、不合理的，城市的公共交通服务是无法满足公众美好出行需求的。佛山市近年来在公交发展方面做出了很多努力，但由于公交优先无法真正落实，加之私人机动化的快速增长，以及传统公共交通受到新技术、新的交通出行模式的冲击，佛山市公交客流在持续下降。

为了探索公交系统未来发展方向，提升佛山市公共交通系统的效率与吸引力，北京清华同衡规划设计研究院有限公司开展了基于出行即服务（Model as a Service，MaaS）理念的佛山公共出行一体化服务系统规划的编制工作，以期找到佛山市公共交通系统发展瓶颈的破解之道，提升居民出行服务品质。

2　项目内容

2.1　整合资源，构建新型公交系统

建立由满足多种需求选择的交通运输工具和场站设施组成的交通运营系统，包括飞机、高铁、城际列车、普通铁路、市域铁路（市郊铁路）、客船；地铁、轻轨、有轨电

车、智轨等；常规公共交通、定制公交车、旅游巴士、长途客车、校车、班车等；出租车、共享汽车、共享单车、共享电踏车、PRT 系统、顺风车等。

打破行政区划界限和行业壁垒，将铁路民航、城市轨道、常规公交、出租车、自行车等多种运营系统整合，将符合新型公交系统准入标准的交通体系全部纳入形成大公共交通系统，改变以前各种交通方式独立运营、独立服务的模式。

2.2 建设平台，提供全过程高质量出行服务

以"佛山行"MaaS 平台成为市民全过程出行服务体系的组织者，扩展服务范围，调配过剩产能，增强公交的吸引力。

（1）细分出行链过程。对出行链进行细分，更好地掌握出行特征，根据是否需要换乘，出行链可为单链出行和多链出行。单链出行为采用单一交通工具无须换乘实现的"门到门"一次出行，主要是通勤和商务。单链出行对时间敏感，对费用不敏感。多链出行为采用一种或多种交通工具换乘所完成的组合出行，主要是除通勤和商务之外的其他出行。多链出行对费用敏感，对时间不敏感。

（2）需求端的精细服务满足多样化的出行需要。对需求端细分为基本需求和个性需求：基本需求提供固定线路的安全准时的服务，个性需求针对乘客经济条件、舒适度、快速响应等要求进行按需定制的预约服务（见图 1）。

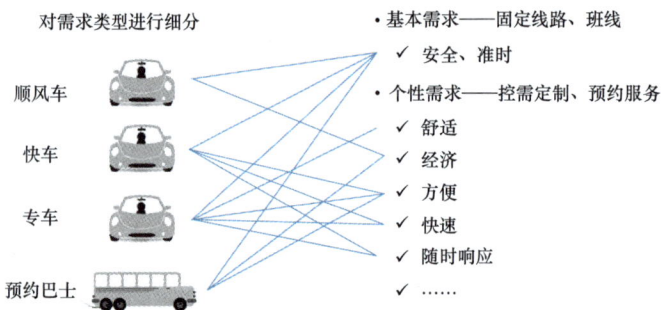

图 1 需求端精细服务示意图

（3）MaaS 服务系统的关键要素。MaaS 服务系统的关键要素包括以下几个部分：

1）出行的门到门全过程服务，做到全链缝合、无缝衔接。

2）通过 App 操作一键出行，上车时出示二维码或者进行人脸识别，出行费用按公里包月套餐（类似电信部门的流量套餐）。

3）傻瓜出行。确保客户在每个下车点都轻松知道后续的路径，让乘客有超出预期的体验。

4）严格控制成本。通过大数据分析和算法优化，系统选择最优路径动态响应和分配任务，缩短行程时间和长度，降低空驶率，提高载客率。在管理方面，通过内部的充分竞争进行优化。

5）跨界融合，包括站商融合、运旅融合、和物流搭载。站商融合为把 MaaS 交通

场站打造成商业聚集地和人流聚集地，运旅融合为 MaaS 场站与景区、酒店等绑定运输服务，物流搭载为利用 MaaS 服务网点和运输车辆的闲置空间和富余时间搭载小件货物。

6）场站 MOD。结合场站用地和吸引的客流进行商业开发，以站促商，以商养站。汽车站和公交枢纽既是交通集散地，也是人流聚集地，也是商业聚集区。在公交枢纽站点核心地区引入立体控规的概念和产权竖向分离的出让方式保障场站的综合开发（见图2）。

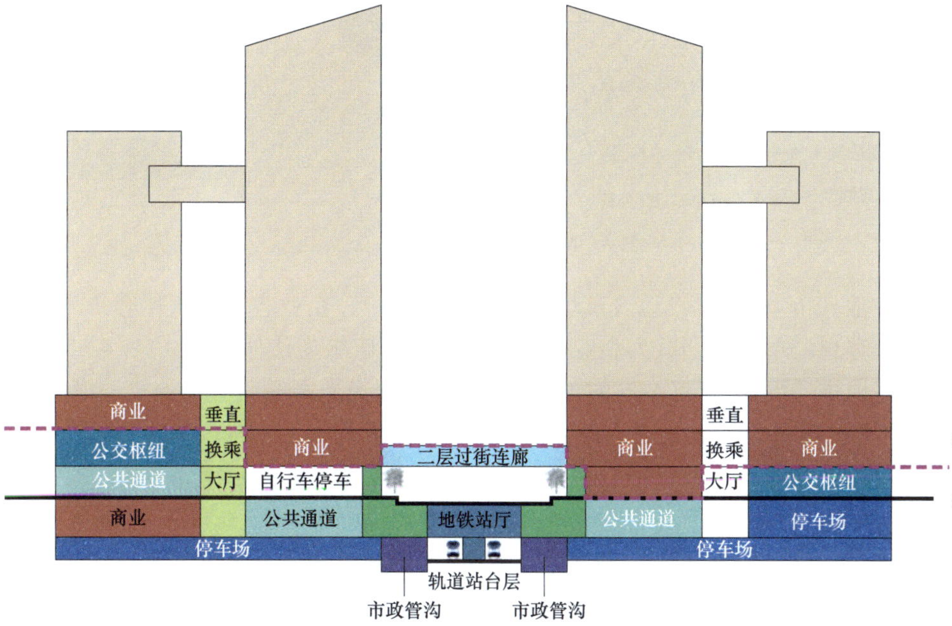

图 2　产权竖向分离示意图

2.3　创新模式，建立高质量公交资源池

将以政府为主导的标准池、设施池，以企业为主导的车辆池、以需求为主导的客户池，以技术为主导的数据池系统整合在一个平台内，以统一的服务界面为乘客提供个性化的需求服务，将客户片段式的出行链缝合形成"一站式"的门到门出行服务。

（1）标准池。MaaS 平台标准池由政府制定，包括企业准入标准、车辆标准、司乘人员标准、服务流程标准（主动开关车门、提拿行李、航班延误免费等）、信息服务标准（标识标牌、LOGO、手机信息推送）等。

（2）车辆池。车辆池由市场提供，包含两个梯队：第一梯队指城市公交和公路客运的所有车辆资源以及城市公交、公路客运、出租车的从业人员；第二梯队指符合规范要求，接受平台管理的社会车辆资源以及经过培训考核，符合规范要求的社会从业人员。

（3）设施池。MaaS 平台设施池由政府提供，包含两个梯队：第一梯队为城市公交、公路客运的场站、公交车和出租车停靠站点、公交专用道；第二梯队为路内专用停车位、公共停车场、小区访客车位、小区自行车停车场等。

（4）数据池。MaaS 平台数据池由政府提供，包括动态数据和静态数据（见图 3）。

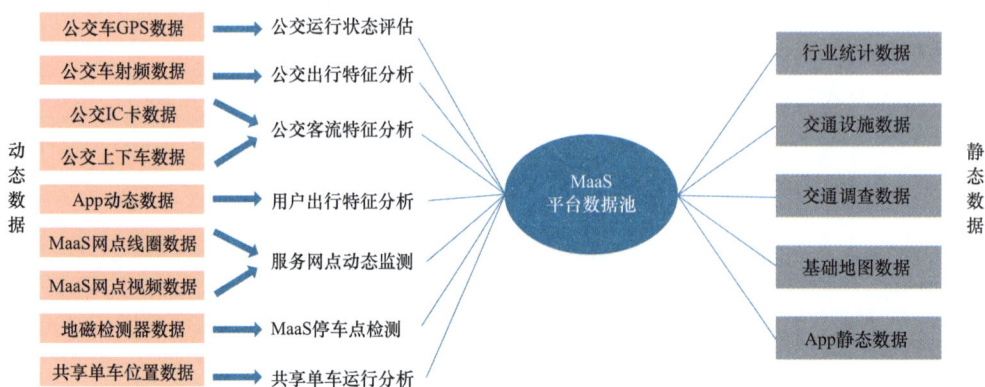

图 3　MaaS 平台数据池

（5）客户池（市场）。客户池（市场）包括个人客户、企业客户和伙伴客户。市民和访客为个人客户，单位或团队为企业客户，景区、酒店等为伙伴客户。

为了更好地推广"佛山行"App 的推广使用，鼓励居民选择绿色交通方式便捷出行，由 App 平台公司推出绿色积分活动，并取得佛山市交通局等多个部门的支持。凡是在 App 注册的用户只要在"佛山行"App 上完成一次出行，即可获得绿色积分。

每次出行根据居民选择公交、地铁、出租车、公共自行车方式的不同，奖励积分的数量也会有区别，同时也会根据出行距离的不同而设置不同梯度的积分奖励。累计的绿色积分可以在 App 上参与优惠购票及礼品兑换活动，也可以用绿色积分充值公交卡、手机卡、公共自行车骑行券或参与一些购物商城的优惠活动。

（6）资源池基本规则。资源池的基本规则即政府搭台、企业唱戏，包含以下几个要点：一是公私伙伴关系。政府制定服务规则、提供服务补贴并进行质量监管，政府购买服务委托市场化公司进行平台管理。二是资源池的开放性。建立进入和退出机制，各资源池按照既定规则流入流出。三是可替代性。资源池中的任何市场资源都具备可替代性，排除垄断的可能性。

2.4　构建网络，保障公共交通服务质量

一是构建多层次的公交线网。按运营速度，构建快线（骨架网）、干线（主体网）、支线（支撑网）的多层次公交线网；按线路特性，构建固定线路（包括公交快、干线、支线、专线等）、定制线路（半固定的按需定制线路）、预约线路和随机线路。

二是构建网络化、系统化的公交专用道。实现五个中心城区的干线公交网络全覆盖，形成连续、快速、全时段的公共交通专用空间，在保证大容量公交车优先通行的前提下，公交专用道可开放给 MaaS 平台内的机动车辆通行。

三是设置"区－站－点"三级体系的 MaaS 服务网络，即覆盖五个中心城区的三级 MaaS 服务网点和多层次的公交线网（见图 4）。

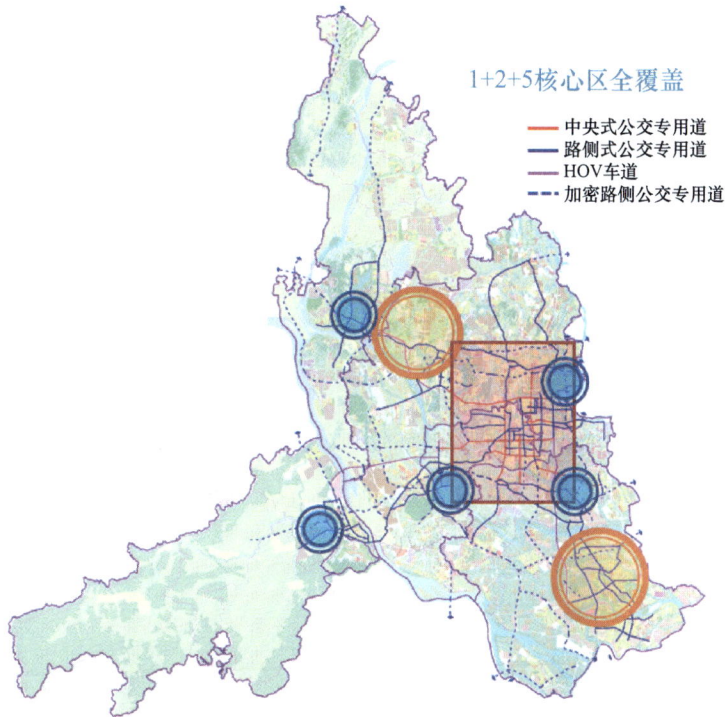

图 4　三级 MaaS 服务网点和多层次公交网络图

充分利用和扩展既有的交通资源，构建服务网络，保障公共交通一体化出行服务的品质。在原有公交专用道规划基础上，扩展公交专用道覆盖范围，形成系统化、网络化公交专用道网络，为 MaaS 系统内车辆提供快速、畅达的通行空间。在五个片区中心构建"区—站—点"三级 MaaS 服务网点，为居民提供高可达性、高覆盖服务网点。

2.5　综合协调，将理念深入落实到系统建设中

建立动态协调的工作组织机制，系统规划、政策研究、平台建设、交通局等多个部门以规划方案为共享平台，以推进实施为共建目标，在规划理念的指导下，实时动态优化平台建设路径，形成合力全面推进项目进程，实现规划理念与公共出行一体化服务系统融会贯通。

3　关键技术

3.1　构建服务网络

充分利用和扩展城市既有的公交资源，构建多层次的公交线网；并建设网络化、系统化的公交专用道，形成连续、快速、全时段的公交交通专用空间，在保证大容量公交车优先通行的前提下，公交专用道可开放给 MaaS 平台内的机动车辆通行。

3.2　典型服务场景设计

MaaS 系统在基础的出行服务基础之上，重点推出 5 个模块服务，适应于 5 种特殊的交通出行需求，包括："枢纽——目的地"出行预约、通勤出行、景区交通、跨区&城际拼车以及有条件下一些出行的痛点和难点。MaaS 系统建立后，我们将会看到公交服务的四大变化（见图 5）：由站到站转变为门到门的全过程服务；由片段式服务转变为一站式服务；由扁平化服务转变为多模式的个性化需求服务；由基于经验的随机性的、人工服务转变为基于预约、数据和算法的服务。

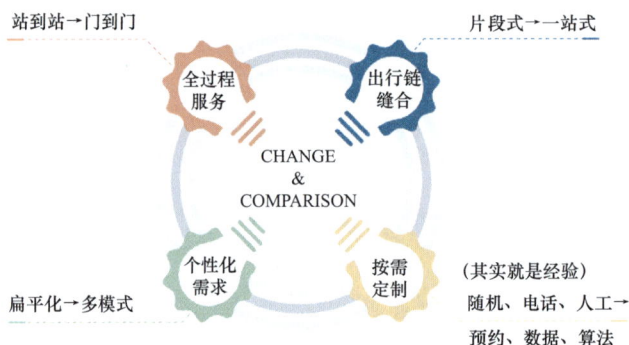

图 5　三级 MaaS 服务网点和多层次公交网络图

3.3　出行平台系统框架设计

（1）用户交互及业务功能设计。依据总体框架提到的建设内容，进行具体设计。业务交互架构流程图如图 6 所示。

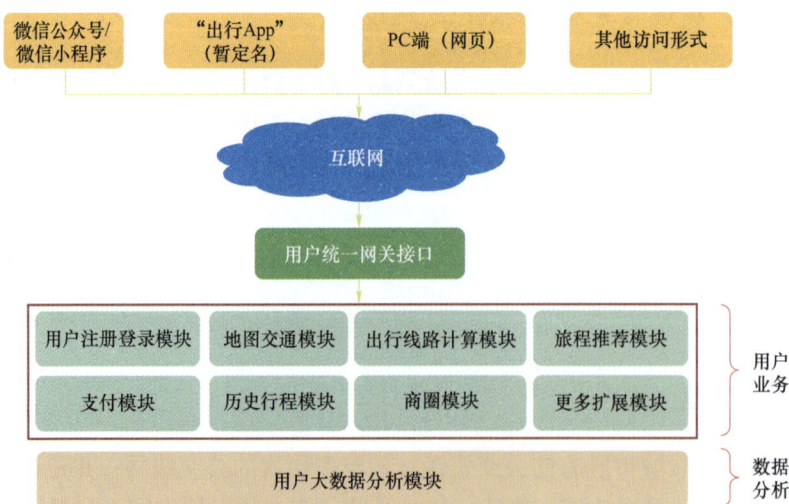

图 6　业务交互架构流程图

444

提供多种终端访问形式，通过统一网络服务接口提供服务，实现多平台之间的数据互通。并且在不断的运营过程中，通过大数据分析，反馈更符合用户使用体验的服务策略。

（2）业务数据的产生及流向处理，如图 7 所示。

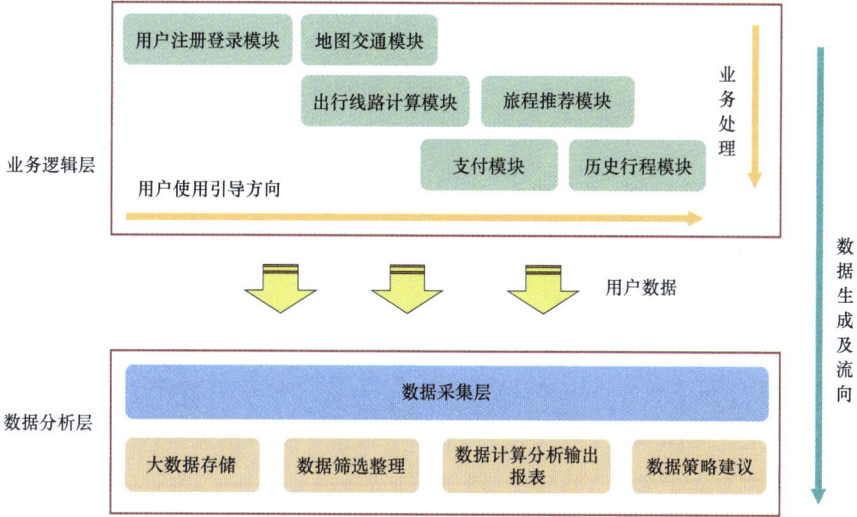

图 7　数据系统框架图

业务数据是用户使用各个业务模块时的行为而产生的，这些数据代表了用户的偏好选择，把这些手机汇总后，交由大数据中心进行分析处理，得出的结果可以更好地支撑运营决策及改善服务流程。

（3）服务端技术架构。服务端的设计是采用微服务的架构设计，把不同的业务独立成一个个微服务，提升了系统整体的健壮性，带来了业务功能扩展的便利，而且每个微服务可以独立调节负载均衡，如图 8 所示。

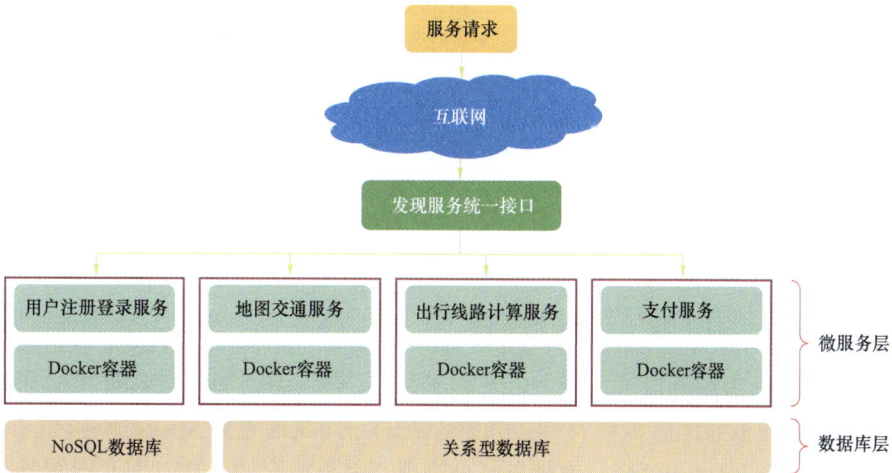

图 8　服务端框架流程图

445

（4）应用系统设计。

1）业务应用系统设计，包括系统主要功能设计、子系统划分、与本单位其他应用系统之间业务流程整合设计等。

2）业务应用系统与本单位网站和政府门户网站之间的业务整合设计，体现"一站式"服务的整合设计要点。

3）其他应用系统设计，如站内通知、业务对账、公众号内容编辑与回复的系统等。

（5）数据设计。

1）数据系统设计，包括信息资源库建设的主要内容、数据库和数据流程的设计及数据分布策略等。

2）部门内数据一致性设计，信息交换与共享设计。

3）外部数据共享和交换设计。

4）基础数据标准、数据共享与交换标准等。

（6）服务器及网络平台系统设计。

1）服务器主机系统设计，包括各类服务器选型、配置依据和主要技术指标的需求分析和设计。

2）软件系统平台设计，包括系统软件、数据库软件、中间件产品以及其他支撑软件的选型、配置依据。

3）网络系统设计，包括网络拓扑结构设计、网络互联需求设计、网络设备选型等。

（7）安全保密设计。

1）计算机网络安全设计、安全配置。

2）应用系统及数据安全设计，安全产品选型与配置。

3）基于数字证书认证体系的可信平台安全设计。

4）对业务和数据灾难备份恢复的设计。

5）信息安全与保密管理。

4 创新点

4.1 构建三级 MaaS 服务场站体系

针对 MaaS 提供的服务功能及配套设施的不同，构建"区–站–点"三级 MaaS 服务场站体系，如图 9 所示。

（1）MaaS 服务区。MaaS 服务区主要布设于火车站、汽车站、机场、候机楼、客运港口、城际轨道站等对外交通枢纽，以及城巴站、公交枢纽、地铁站等城市交通枢纽及景区中。根据交通枢纽的客流量及衔接换乘设施的布局灵活设置 MaaS 服务区，在 MaaS 服务区中主要接入大巴、公交、出租车、小汽车、单车等交通方式，配套设置候车休息区、线路电子显示屏、电子检票口、便利店、茶/咖啡店、报刊等服务设施。

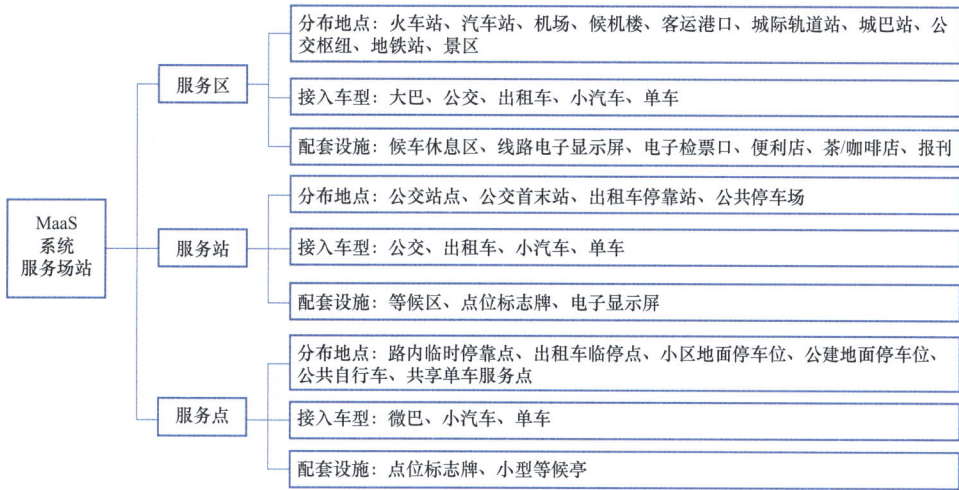

图 9　服务端框架流程图

（2）MaaS 服务站。MaaS 服务站主要布设于公交站点、公交首末站、出租车停靠站、公共停车场等交通场站中，与公交、出租车、小汽车、单车等交通方式衔接换乘，并配套设置等候区、点位标志牌、电子显示屏等服务设施。

（3）MaaS 服务点。MaaS 服务点主要分布在路内临时停靠点、出租车临停点、小区地面停车位、公建地面停车位、公共自行车、共享单车服务点，接入的车型主要有微巴、小汽车、单车等交通方式，配套设置点位标志牌、小型等候亭等服务设施。

4.2　以五个切入点进行试点

切入点 1："枢纽—家（酒店）"之间的出行。即家到机场、火车站、客运汽车站的接送服务，目前国内有几家单位推出了类似服务。2013 年东航推出"空巴通"，将巴士运输段录入到民航销售系统全程预订销售，提供巴士 + 航空的全过程往返打包服务产品，打通了城市航站楼至机场的巴士通道；巴士管家 App 推出了汽车票 + 火车票销售功能；携程推出了机票预订 + 机场接送 + 酒店预订一条龙服务。

切入点 2：城际拼车。即利用中巴、小巴、小汽车多种方式选择，平台根据需求和实时路况生成拼车接送路线提供广佛之间以及佛山五区之间的"门到门"城际拼车服务。

据历史数据分析，广州与佛山之间的出行量占广州与珠三角城市之间城际总出行量的 45%。根据手机数据相关资料分析，佛山与广州的交通联系占佛山与珠三角城市之间城际总出行量的 60%。据微信问卷调查初步分析，佛山五区之间的跨区通勤交通占总通勤量的 40%。广州与佛山城际、佛山五区跨区巨大的交通需求量，是佛山开展城际拼车的基础。

切入点 3：景区交通。即景区交通与旅游产品绑定，相关案例如"好行网"。思路是选择部分汽车站改造为旅游集散中心和交通生活广场，与景点合作，提供"往返车票 + 景点门票"的旅游套票，为游客和旅客提供丰富旅游咨询和视听宣传材料，以及提供随到随走的自助旅游交通服务。

切入点 4：通勤包月。即在某些热点线路，选择部分客户，提供公里数包月的通勤交通服务，按照时刻表，提供每日通勤时间的"门到门"接送服务，通过精细化的服务，让乘客享受到近似于拥有私家车的乘车体验，但只付出比私家车要低得多的成本支出。相关案例如 Whim 的包月套餐、移动运营商的流量包月。

切入点 5：小件货物搭载。据全球著名物流公司—敦豪航空货运公司 DHL 统计，70%的路面交通运输工具都没有充分利用其运力。MaaS 系统车辆在空驶期间尝试搭载小件货物，充分发挥运力。目前国内有一些相关案例，如安徽省由客运企业自主联合的小件快运联盟已初步形成，合肥、芜湖、马鞍山、黄山、阜阳和蚌埠 6 市正在试点运行；有些城市利用客运站场、客运大巴等资源在满足客运服务同时延伸货运速递功能的规模化尝试；重庆大学群智物流，利用出租车在响应乘客运送任务时产生的富余运力辅助运输包裹的模式。

5　示范效应

该项目充分发挥了佛山市公共交通在政策、资源、技术和体制方面的先发优势，在公共交通系统资源整合和服务模式上创新发展，为市民提供完整的出行解决方案和高质量的公交出行服务，为"佛山行"系统平台在全市范围内推广奠定了基础，也为全国公共交通行业创新树立了样板，对当前国内公共交通行业和国内 MaaS 创新发展具有示范和引导意义。根据规划，佛山市将逐步推进以佛山西站为试点的 MaaS 系统平台构建及交通设施建设工作。MaaS 具有广阔的发展前景，有潜力为公共交通机构提供更丰富、更全面的用户出行行为数据。

江西赣州市蓉江新区高精地图智能驾驶示范

速度科技股份有限公司

1 项目背景

近年，赣州市发布相关文件，拟将蓉江新区打造成赣州经济发展的核心区，并将聚焦北斗+时空大数据等，创建数字经济创新发展试验区，打造以北斗为支撑的时空数据产业基地，实现智慧旅游、智慧交通等工程，加快服务业数字化转型写入"十四五"规划。面向赣州经济发展的迫切需求，立足于蓉江新区已具备的智慧城市与智慧交通建设基础，以北斗定位地图智能驾驶建设工程将成为拉动发展的关键。

2 项目内容

在赣州蓉江新区滨江公园内建立基于北斗定位地图智能驾驶示范项目，建设智能驾驶系统综合应用软件平台，建设内容包括高精度地图、边缘云一体化系统、车辆运行管理系统、设备管理系统、车路协同应用系统、数据分析管理系统、智慧出行 App 管理系统等，融合自动驾驶车辆在蓉江新区滨江公园北段及中段 4.2km 封闭园区路段上提供自动驾驶应用服务。

2.1 项目建设总体架构

项目建设总体架构为"$N+1+2+4$"，即 N 种自动驾驶车辆、1 套高精地图、2 大支撑服务系统和 4 大应用系统，为车路协同智慧出行建设提供全方位一体化的解决方案。

2.2 N 种自动驾驶车辆

自动驾驶车辆包含接驳车、观光车、清扫车、自动售卖车在内的多款自动驾驶车型。自动驾驶车辆在执行动态驾驶任务时，具备以下能力优势：

（1）识别响应能力。

1）交通标志和标线识别及响应：限速标志识别及响应、停车让行标志标线识别及响应、车道线识别及响应、人行横道线识别及响应。

2）前方车辆行驶状态识别及响应：车辆驶入识别及响应、对向车辆借道本车车道行驶识别及响应。

3）障碍物的识别及响应：障碍物（水马/围栏、锥形筒）识别及响应，误作用识别及响应。

　　4）行人和非机动车的识别及响应：行人横穿马路、行人沿道路行走的识别及响应。

　　（2）产品优势。

　　1）跟车行驶：稳定跟车行驶、停－走能力。

　　2）并道行驶：邻近车道无车并道、邻近车道有车并道、前方车道减少。

　　3）自动紧急制动：前车静止、前车制动、行人横穿。

　　4）人工操作接管：人工操作接管提醒、人工主动接管功能。

2.3　1套高精地图

　　高精地图就是精度更高、数据维度更多的电子地图，是自动驾驶技术发展成熟的重要支撑（见图 1）。高精地图可以为车辆、路侧设备、运营管理人员提供大量的先验信息。建设包含自动驾驶信息、智慧出行信息、智能路侧系统信息和实景三维信息的三维场景高精地图，可为自动驾驶车辆提供大范围大视角的先验信息，为智慧出行提供更精准的定位信息，为智能路侧系统提供更精细的时空信息，为交通调度管理人员提供更真实的实景视角。

图 1　高精地图

2.4　2大支撑服务系统

　　（1）车路协同边缘计算系统。通过边缘计算单元、摄像机、毫米波雷达等设备进行针对性布设，完成对原始视频、雷达信息等采集，并将码流数据、点云数据等实时传输给边缘计算单元。通过车路协同算法进行解析处理，满足指定创新实验路口的全息感知，就地实现数据的实时处理，为自动驾驶的不同车路协同应用提供数据。技术架构图如图2所示。

　　（2）数据分析管理系统。提供海量数据的采集、存储、计算、接口服务能力；满足海量、异构的大数据的存储、共享、开放及分析挖掘方面的要求；为上层提供数据基础服务功能、分布式存储功能、大数据计算功能、数据多维分析查询功能等数据服务。

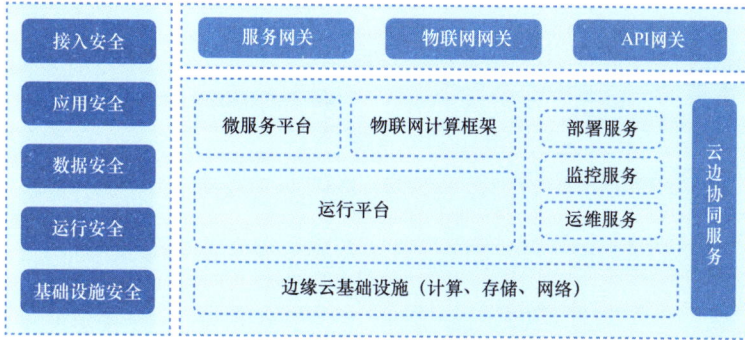

图 2　技术架构图

2.5　4 大应用系统

（1）车辆运行管理系统。车辆运行管理系统通过对各类业务场景的智能设备、基础数据的数据汇聚和统一管理，实现动态车辆的实时监控，并对业务的各类业务指标进行统计分析，并支持各业务的政府管理部门实时查看，满足城市精细化管理的需求（见图3）。

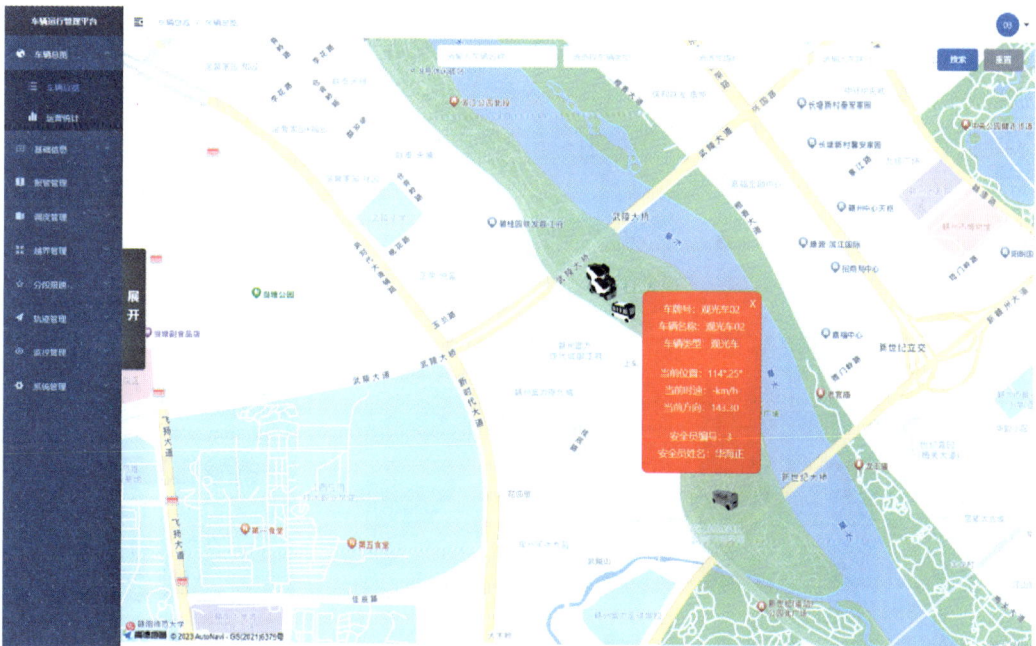

图 3　车辆运行管理系统

（2）设备管理系统。设备管理系统是对路侧设施/设备进行远程管理的配套软件，面向运营管理人员提供对路侧设施/设备的状态监控、故障诊断、性能监控等一系列管理功能（见图4）。

（3）智慧出行 App 应用。包括智慧出行 App 应用及智慧出行 App 后台管理系统两部分。

451

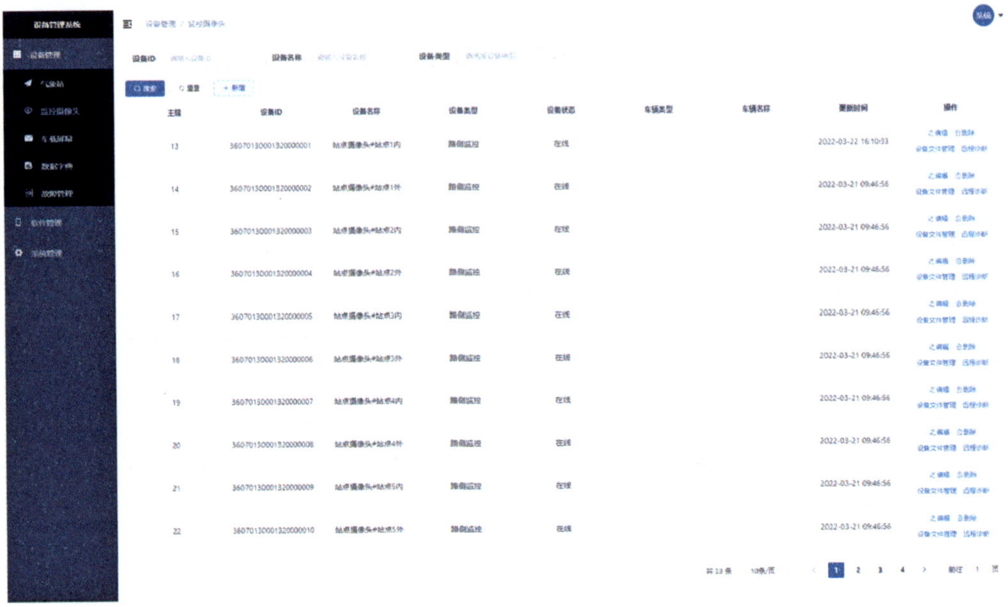

图 4　设备管理系统

1）智慧出行 App 应用。智慧出行 App 应用系统实现全域智能基础设施的管理、数据接入和融合。主要功能包括用户管理、登录注册、订单管理、行程管理、普通用户和 VIP 用户召车、实时数据查看、站点信息、车辆位置数据查看、行程轨迹查询、及时查看智慧行相关活动（见图 5）。

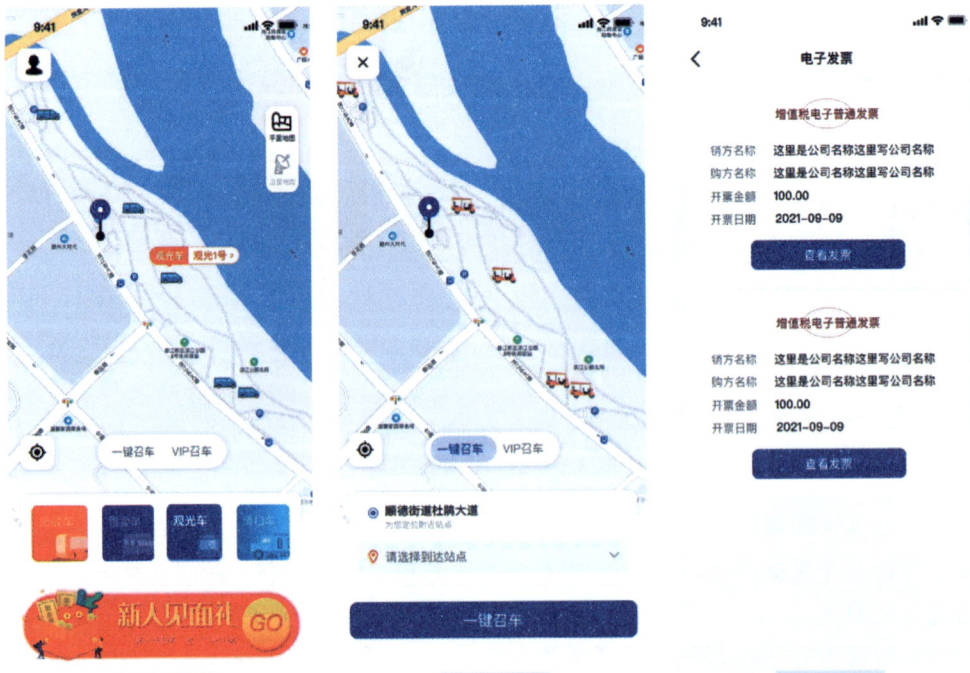

图 5　智慧出行 App 应用

2）智慧出行 App 后台管理系统。智慧出行 App 后台管理系统（见图 6）是维护智慧出行 App 的上报数据，主要功能包括用户管理，订单管理，活动宣传管理，车辆的实时预览，支持轨迹记录、回放功能，车辆里程和运输人数统计；同时车辆支持在紧急情况下进行线路改变、紧急停车、信息广播调度，让在运营车辆迅速响应，规避紧急风险。

图 6　智慧出行 App 后台管理系统

（4）车路协同应用系统。车路协同自动驾驶则是在单车智能自动驾驶的基础上，通过先进的车、道路感知和定位设备（如摄像头、雷达等）对道路交通环境进行实时高精度感知定位，按照约定协议进行数据交互，实现车与车、车与路、车与人之间不同程度的信息交互共享（网络互联化），并涵盖不同程度的车辆自动化驾驶阶段（车辆自动化），以及考虑车辆与道路之间协同优化问题（系统集成化）。通过车辆自动化、网络互联化和系统集成化，最终构建一个车路协同自动驾驶系统。

3　关键技术

3.1　边缘云一体化技术

通过建立边缘云基础设施，形成边缘计算、网络、存储、安全等能力全面的弹性云平台，并与中心云和物联网终端形成"云边端三体协同"的端到端的技术架构，通过将网络转发、存储、计算，智能化数据分析等工作放在边缘处理，降低响应时延、减轻云端压力、降低带宽成本，并提供全网调度、算力分发等云服务。在接近移动终端的无线接入网内提供云化的 IT 服务环境及计算能力，集成面向行业的 AI 解决方案，进一步提升车路协同现场的感知和决策能力。基于 MEC 技术实现的移动业务具有本地化、近距离、低时延、位置感知及网络信息感知等特点。移动运营商可利用部署于网络边缘的计算资源，为各种应用提供生产运行环境，实现移动业务的"下沉"。云边协同，运维简便：边缘侧负责实时计算、转发和存储，中心云负责配置和维护；信息安全，支持边缘独立部署，保护数据安全。

3.2 多源异构数据融合引擎技术

多源异构数据融合引擎，通过对不同的静态数据、实时采集的动态数据，包括智能视觉识别信息、雷达扫描采集信息、传感器设备感知信息、手机信令数据等信息进行深度挖掘和融合，形成数据级、特征级和决策级融合数据，形成基于场景下的数据融合算法仓，为智能交通提供决策化管理方案。

针对不同的交通场景，拟定实现的算法如下：

（1）基于轨迹的场景。车辆轨迹数据是通过定位系统获取的车辆实时运行信息。轨迹数据的特点是展示了车辆全周期的运行情况，但获取的是全网抽样数据。基于轨迹数据，可以估计道路交通情况，以及路口路段的关键交通指标。

（2）基于断面检测器场景。断面检测器通常包括交警自建雷达、视频和地磁等检测器，扩展开可包括电警卡口等传感器数据。该数据的特点主要是针对某一特定的断面，但检测数据较全，准确率较高，因此也可以用来估计道路交通关键运行指标。

在上述两个场景中，部分共同特征指标在基础场景上，可以体现更多层次的数据融合，拟实现多种检测器的数据融合场景。

3.3 智能视觉识别引擎技术

智能视觉识别引擎是通过对路网交通中的视频监控设备采集的视频和图像监控信息进行分析，获得行人、车辆等与交通相关的如人流、车流、异常行为等信息。每路摄像头实时进行视频监控，并将视频流数据进行深度学习挖掘处理，然后将结果进一步分析处理获得更准确的检测识别结果。通过路网交通智能视觉识别引擎，智能化识别和挖掘多层次交通行为和状态信息，从而提供有效的交通感知识别结果数据。

3.4 车路协同应用技术

车路协同系统是基于先进的全时空动态交通信息采集、融合技术，通过全方位实施车车、车路动态实时信息交互进行车辆主动安全控制和道路协同管理，形成人、车、路有效协同的安全、高效和环保的道路交通系统。针对车路协同系统环境感知的离散化、多样化的多元化的特点，采用实时中国北斗卫星导航系统（BeiDou Navigation Satellite System，BDS）-单频精密单点定位（precise point positioning，PPP）技术进行高精度时间同步，主要包括数据预处理、精密轨道钟差改正和基于均方根滤波的接收机钟差获取，并输出 94PPS 信号，解决时间基准不一致导致的异步感知问题；分别对激光点云和视觉相片进行目标提取，通过基于语义信息增强的 Dempster-Shafer 证据理论融合算法，将激光点云目标探测结果与视觉目标探测结果进行融合，得到基于单路侧单元的多源异构目标位置信息。在单路侧单元定位结果的基础上，将多路侧单元的目标定位结果进行关联，根据关联结果实现基于多路侧单元的融合目标定位，并对其协方差进行估计；基于车路协同感知的融合，车辆将自身位置和感知信息发送至路侧单元并与路侧感知信息融合，运用因子图估计方法，构建因子图模型，并考虑通信延迟导致的异步融合难题，实现车路协同环境下的人、车高精度位置感知。

4 创新点

4.1 基于高精地图专用导航地图，辅助车辆感知、定位、路径规划

高精地图是自动驾驶的重要支撑，高精地图数据包括车道级基础数据、实时路况信息数据等，可为自动驾驶汽车提供路线规划、道路感知、辅助决策等功能。高精地图可以将车辆位置精准地定位在车道之上，从而提高车辆定位的精度。同时，高精地图不受环境因素的干扰。在雨雪天，以及隧道、大桥等场景下，车身传感器以及传统导航电子地图都具有局限性，并不能够保障安全驾驶，此时高精地图作为超视距传感器，可为汽车提供重要的先验知识，突破空间、时间的限制，可获取当前位置精准的交通状况。高精地图在路径规划中具有突出优势，即使计划路线遇到突发交通状况，高精地图也能立即重新提供更佳路线，以及丰富的路况信息。

4.2 利用北斗高精度定位，推动无人驾驶网联化、智能化

北斗高精度定位可以为自动驾驶汽车提供准确的位置、速度和时间信息。北斗高精度定位主要通过差分定位等技术手段调整卫星信号，使导航精度提高到厘米级。自动驾驶车可以接收北斗卫星信号，达到厘米级的定位精度。车辆还可以依靠北斗导航系统随时纠正自己的位置和路线。此外，工作人员可同时得到车辆的位置，确定自动驾驶车辆在道路上的相对位置，为车辆提供专属高精度定位服务。通过北斗与多传感器融合的高精度定位技术、北斗高精地图建图技术，大幅提升定位精度和稳定性，满足无人车大规模示范运营服务、精准的车道级引导服务、驾驶行为实时监测分析和危险警示服务，推动无人车辆网联化、智能化。

4.3 建立云边协同系统，提升车路协同感知和决策能力，实现智能安全驾驶

通过建立云边协同系统，可以实时获取车辆感知数据信息，并发送所述车辆感知数据信息；实时获取路端感知数据信息，并发送所述路端感知数据信息；对所述车辆感知数据信息和所述路端感知数据信息进行实时数据信息交互，并生成相应的车辆自动驾驶控制数据。可以为车辆提供车路协同的自动驾驶方案，不仅可以解决单车计算成本高的问题，同时由于计算处于网络边缘侧，从而对现有车辆的续航里程不会带来影响。借助云端服务的无缝接入，使得车辆能够接收到更多维度的道路相关数据，从而能够满足更

复杂场景下的自动驾驶应用。

5　示范效应

5.1　促进北斗卫星导航系统应用推广

北斗卫星导航系统是中国着眼于国家安全和经济社会发展需要，自主建设、独立运行的卫星导航系统，是为全球用户提供全天候、全天时、高精度的定位、导航和授时服务的国家重要空间基础设施。促进卫星导航产业链形成，形成完善的卫星导航应用产业支撑、推广和保障体系，推动卫星导航在国民经济社会各行业的广泛应用，是我国"十四五"规划中的重要内容。

5.2　促进智能网联技术发展

全球多数国家已将自动驾驶发展纳入国家顶层规划，争抢未来汽车产业发展的战略制高点，强化国家竞争实力，以求在汽车产业转型升级之际抢占先机。

自动驾驶成为中国由汽车大国迈向汽车强国，由交通大国迈向交通强国的新机遇，而车路协同涉及的跨界行业是中国优势。当前，中国支撑汽车智能化、网联化发展的信息技术产业实力不断增强，互联网产业在全球占有一定优势，信息通信领域技术和标准的国际话语权大幅提高，北斗卫星导航系统即将实现全球组网。

作为自主可控的卫星定位导航系统，北斗定位导航系统在智能网联领域最为重要的应用就是基于北斗的定位地图系统。中国具有丰富的人才和技术储备，在北斗和高精度地图等方面应用已经达到全球领先水平，通过建设高精度北斗定位地图系统，夯实中国智能网联汽车和智慧出行基础，从而成为 "交通强国"建设的有力组成部分。

中国通信产业具备芯片、模组、终端等全产业链优势，成熟的技术储备可以支持车辆网联化功能的应用。

5.3　引领科技创新之路

该项目是北斗定位地图及自动驾驶示范应用重要项目，项目的建设是对蓉江新区基础设施建设的进一步推动和促进，同时也是落实城市总体规划和交通系统规划的重要步骤。该项目是北斗卫星导航产业与智慧交通（智能驾驶车路协同）产业交叉融合、创新发展的新业态，是蓉江新区科技之城的标杆性项目，也是赣州市北斗现代产业的旗帜，必将引领蓉江新区科技创新之路。项目的建设将进一步改善周边区域的生态环境和生态效果，改善蓉江新区基础交通的服务功能，市民和游客将更加舒适、便捷地享受道路信息化的福利。

5.4　促进车路协同智慧交通产业发展

车路协同是采用先进的无线通信和新一代互联网等技术，全方位实现车与车、车与路、车与人之间动态实时信息交互，并在全时空动态交通信息采集与融合的基础上开展车辆主动安全控制和道路协同管理，充分实现人车路的有效协同，保证交通安全，提高通行效率，从而形成安全、高效和环保的道路交通系统。车路协同能够加速自动驾驶规模商业化落地实现，其产业链潜力巨大，将成为新一轮科技创新和产业竞争的制高点。

北京冬奥会 5G 智能车联网系统应用

中国联通智能城市研究院

1 项目背景

首钢园区是中关村国家自主创新示范区、国家级智慧城市试点，打造了"新时代首都城市复兴新地标"。圆满举办了北京 2022 年冬奥会和冬残奥会赛会滑雪大跳台比赛、2021 年科幻大会等重大活动赛事。首钢园区规划建设体育＋、数字智能、文化创意等产业，先后吸纳了北京冬奥组委、百度、中关村科幻创新基地等百余家企事业单位入驻，并依托现有丰富的工业遗存和新增载体打造全球知名的科幻产业集聚区。

2018 年 10 月，中国联通和首钢集团签署战略合作协议，联手打造 5G 应用示范园区。2019 年，中国联通联合首钢园区、清华大学等单位，共同实施科技部"科技冬奥"重点专项"面向冬奥的高效、智能车联网技术研究及示范"项目，依托在首钢园区全域覆盖的高质量 5G 通信网络，构建 5G 车联网系统，在北京冬奥会期间实现无人化业务运营示范，满足园区在冬奥期间安全高效的运输调度和运营管理需求。

作为北京市最早的自动驾驶示范区，目前首钢园区在园测试运行的智能驾驶车辆超百台。此外，首钢园区作为重大赛事活动举办地及冬奥主题园区打卡地，高峰时段日约在园人数达 2 万人。因此会呈现人车混杂、多业务叠加运转等特点，人员、物资设备的高效运输及环境清洁等均面临严峻考验。首先，赛事活动现场环境复杂，为了满足人员密集、物资及设备多类型的运输需求，需要构建基于环境全域感知的车、路、人、云协同的 5G 智能车联网系统。其次，为了在比赛场馆周围实现高效的出行及运输，以及安全可靠的无人驾驶业务，需要实现高精度定位及全域交通态势的预测。最后，为了协同管理多类车联网业务、多种交通参与者，还需要搭建完整统一的车联网平台，实现整套 5G 智能车联网系统高效的调度管理及业务运营，为不同参与群体提供安全、绿色、高效的出行体验。

2 项目内容

2.1 5G 智能车联网系统赋能智慧园区新发展

中国联通围绕首钢园区人员、设备安全高效的运输需求，在首钢园区部署 5G 车联网系统（见图 1），依托 1 套 5G 智能车联网业务平台，通过 2 套网络（5G 蜂窝车联网、北斗精准定位网络），来实现 5 种车型（小汽车、巴士、零售车、配送车、清扫车）、10 大场景（无人接驳、无人零售、无人配送、自主泊车等）在冬奥园区的业务应用。

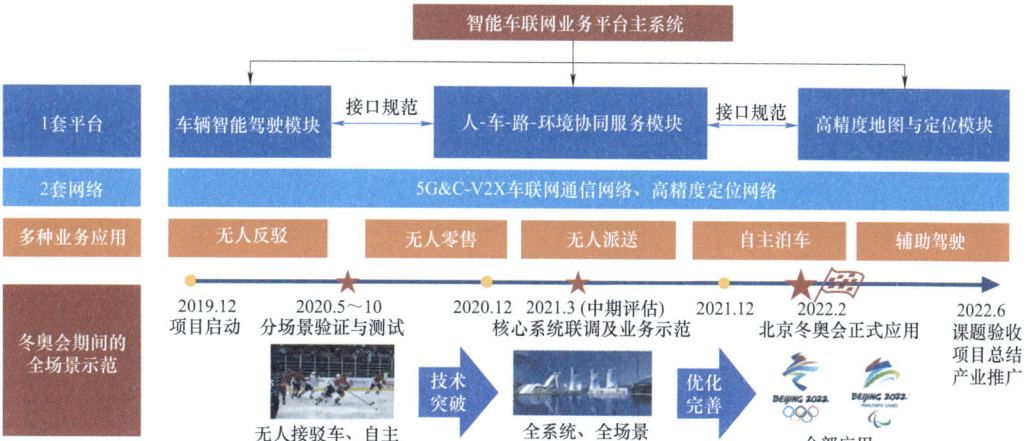

图 1　中国联通 5G 智能车联网系统

该系统覆盖首钢园区超过 200 万 m²，部署了 17 台 5G 基站、近 200 台智能路侧感知设备和北斗地基增强站等，打造了通信时延小于 10ms、厘米级车辆精准定位的智能网联能力。整套系统由 5G 智能车联网业务平台实现统一管理及协同工作（见图 2），支撑不少于 10 种出行业务在园区的示范运营。在园区交通管理方面，该平台实现了首钢园区近 200 台智能路侧设备单元的连接与管理，提供全域交通态势监管、交通事件预警等功能；在园区无人车运营管理方面，实现了无人接驳车、零售车、配送车、清扫车等近 30 台无人驾驶车辆的运营与监管，包括车辆轨迹监管（实时轨迹及轨迹回放）等。

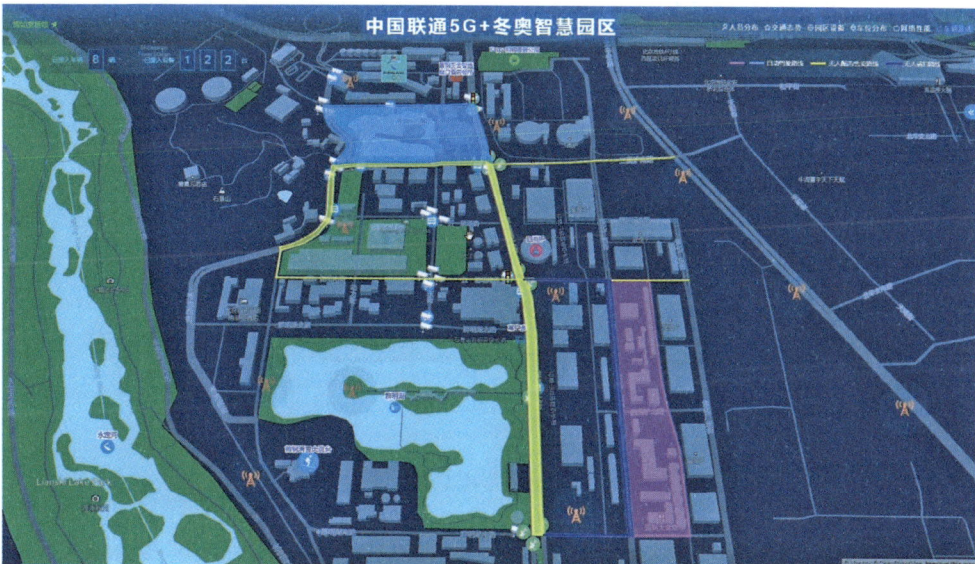

图 2　5G 智能车联网业务平台

2.2 北京冬奥会 L4 级别自动驾驶全系统应用示范

5G 智能车联网系统通过构建基于环境全域感知的"车–路–人–云"协同的网联环境，为 L4 级别自动驾驶车辆提供云边协调的网联协同能力，有效提高运输效率，实现无人化业务的统一调度管理，无人接驳的精准停靠、绿波通行、防碰撞预警、自主泊车以及全域监控，打造园区 5G 智能车联网业务运营的全新体验。

自 2020 年完成建设以来，5G 智能车联网系统在多场大型活动中实现了业务示范（见图 3）。在北京冬奥会期间，实现了奥运史上首次 5G 无人车火炬接力、无人清扫等 L4 级别智能车联网业务全场景落地应用，有效提升了游园群众的出行体验。比如，项目组在北京冬奥村"电力/物流/清废/值机"区域，开展 5G 无人清扫创新业务示范，在北京冬奥会期间（2022 年 1 月 23 日—3 月 13 日）累计清扫 78000m²，车辆运行约 130km。5G 无人接驳业务在北京冬残奥会期间（2022 年 3 月 4—13 日），在首钢园区平均每天运营 8h（10 时至 18 时），订单为 10 单左右，累计运营总里程约 200km。

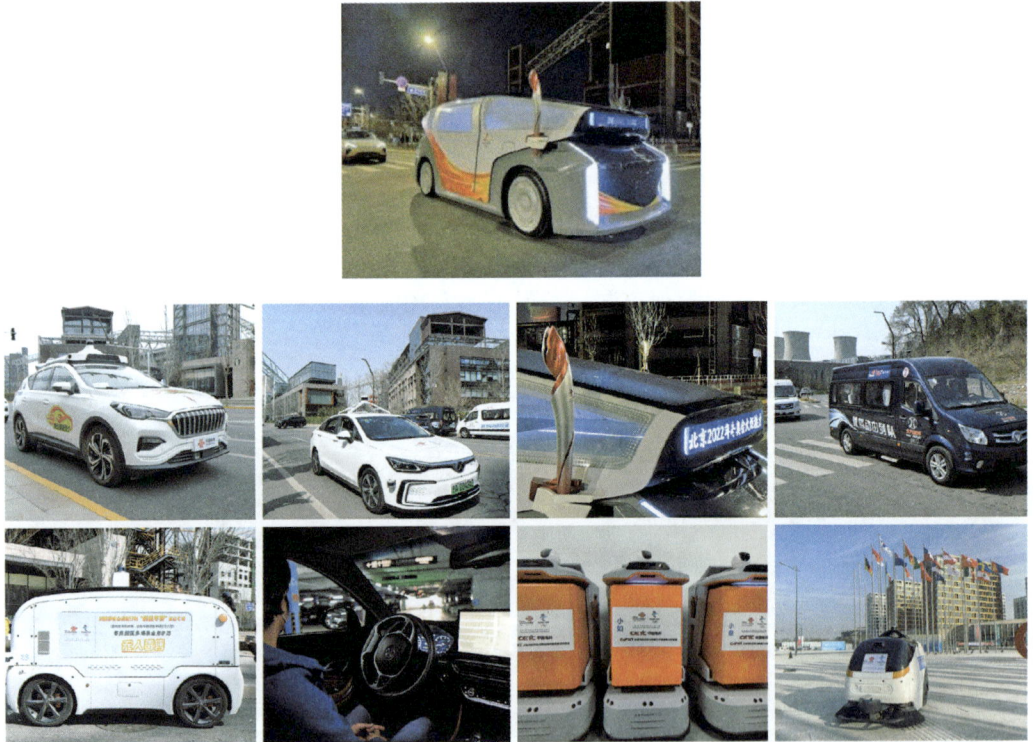

图 3　5G 智能车联网多场景创新业务示范及冬奥示范应用

2.3 后冬奥时代，围绕园区场景实现商业化运营

（1）成立首钢特色科技创新示范基地，提供 5G 车联网端到端沉浸式体验服务。冬奥会之后，为进一步探索 5G 智能车联网系统的商业化运营模式，围绕"后冬奥遗产再

利用",联通携手首钢、百度等成立 5G 智慧园区科技创新示范基地(见图 4),探索面向政府、重要客户接待和游客体验的商业模式,向国务院国资委、中赫集团等政府、企业嘉宾提供 5G 车联网端到端沉浸式体验服务,实现"前沿技术攻关—创新业务示范—商业化落地运营"的闭环,打造北京首钢智能网联汽车示范园区新模式,并逐步推动其在国家重点战略区域包括海南、长三角等地的推广应用。

图 4 5G 智能园区科技创新示范基地

(2)面向大众用户提供创新成果宣传及创新实践活动。为更好宣传 5G 智能车联网,项目组在"邮电设计技术"视频号开通"许老师讲 5G 车联网"专栏(见图 5),开展 5G 车联网技术与创新成果的宣传推广。

同时面向在校大学生,联合百度开展科技强国创新实践活动,进行 5G 车联网及自动驾驶技术培训和社会实践活动,鼓励青少年为科技创新贡献青春力量(见图 6)。

(3)园区无人接驳业务实现常态化商业运营。基于首钢园区 5G 智能科技创新示范基地,将 5G、自动驾驶技术等关键能力浓缩于自动驾驶小巴出行载体(见图 7),针对政府/大客户的接待、园区文旅团、观光游客等不同类型客户,根据各自体验目的与试乘场景,策划设计不同的运营路线与车人机交互,有效传递前沿科技的应用价值。自 2022 年 8 月正式投入运营以来,5G 无人接驳小巴在首钢园区单车运营里程累计超过 1200km,接待游客超过 1000 人次,单日订单峰值达 64 单。

461

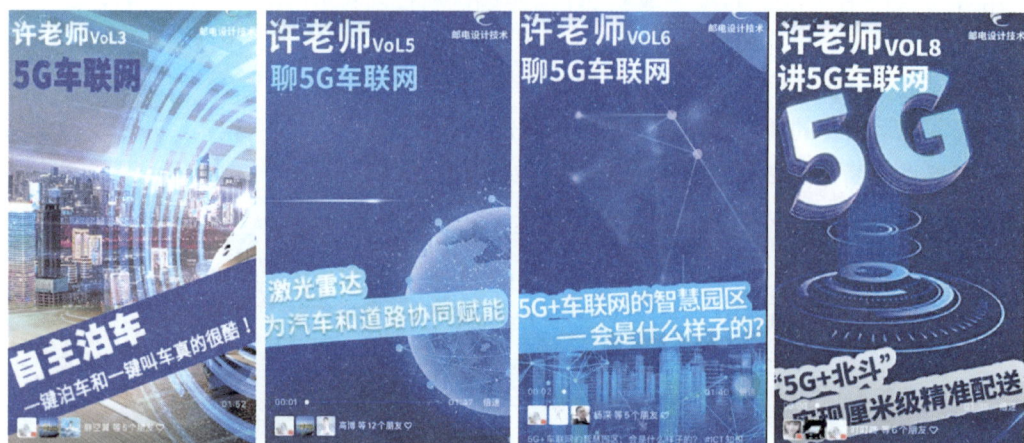

图 5　"许老师讲 5G 车联网"专栏

图 6　5G 智能园区科技创新示范基地及创新实践活动

图 7　5G 智能园区科技创新示范基地无人接驳业务常态化运营

3　关键技术

（1）基于 5G＋C－V2X 融合组网实现了网络传输时延小于 10ms，并通过全局与区域通信的优势互补，构建了安全高效智能车联网。

（2）该平台支撑系统实现"5G+北斗"高精度定位技术创新，为园区无人驾驶车辆提供厘米级、无缝的室内外高精度定位及路径导航。

（3）通过"人工智能（AI）+网联"技术应用，自动驾驶车辆可实时获取全域交通环境信息，可实现基于融合感知的驾驶行为实时决策。

（4）通过研发 5G 智慧园区综合管理平台，实现对整套 5G 智能车联网系统的协同管理，包括 5 种车型（小汽车、巴士、零售车、配送车、清扫车）、10 大场景（无人驾驶队列巴士、无人零售、无人配送、自主泊车、车辆防碰撞预警、变道预警、限速提醒、路况提醒、路径规划、绿波通行等）在冬奥园区的业务应用，支撑园区智慧交通业务协同运营。

4 创新点

首钢园区 5G 智能车联网系统，涵盖可靠通信、全域交通态势感知车路协同、L4 级别车辆智能驾驶、高精度定位与地图导航、冬奥园区智慧交通业务运营等功能，实现了奥运历史上首次将 L4 级别的无人接驳摆渡、自主泊车、无人火炬接力等智能车联网业务整体应用，为冬奥会不同人群提供绿色、高效、安全的出行体验。此外在后冬奥时代，通过设立 5G 智慧园区科技创新示范基地，开展常态化业务运营，构建了前沿技术创新到商业化落地运营的创新闭环。

（1）从应用创新角度，该项目已支撑联通系统内多项解决方案落地，包括重庆长安自主泊车和智慧停车解决方案、河北高速荣乌车路协同和高精度定位整体解决方案、雄安车路协同示范应用项目等。项目成果获得多项行业级奖项。

（2）从模式创新角度，该项目打造了可运营、可复制、可迭代的科技成果转化创新模式，实现了"前沿技术攻关－创新业务示范－商业化落地运营"的闭环。通过闭环进一步演进孵化出无人化业务运营平台，提供无人化设备统一接入、作业统一编排、业务统一运营的能力，实现各类无人设备的状态"可看"、终端"可控"、业务"可用"，已在香港国际机场、华能丽水电厂、海科新源、思派新能源等实现商业落地。

5 示范效应

中国联通牵头科技部"科技冬奥"重点专项，开展 5G 智能车联网关键技术研究，并在首钢园区完成系统建设及落地应用，通过技术赋能让运营场景"用起来"。

5.1 多项"自主可控"创新技术成果引领智慧城市业务高质量发展

该项目在车联网、高精定位等领域牵头制定 3GPP、5GAA、CCSA 等国内外标准30 余项，团队在国内外学术期刊发表高水平论文 40 余篇（多篇 SCI、EI 索引），出版专著 2 本，申请发明专利 50 余项。多项技术创新成果助力项目将国内自主研发的芯片、终端、平台、应用等车联网产业链关键要素构成闭环系统，实现自主可控，也为智能汽车产业发展注入创新动力，促进真正意义上的汽车智能化和自动驾驶进入快车道，催生新的商业生态模式。

5.2 "奥运首次"业务示范有效提升中国联通科技成果国际影响力

5G 智能车联网系统借助冬奥会契机打造 5G＋智慧交通行业的标杆应用案例，在冬奥会期间的商业化运营模式和经验，可为国家 5G 智慧交通的商业化落地应用提供重要参考。自 2020 年以来，首钢园区 5G 智能车联网系统已完成上百次车路云联调测试，积累了大量的测试数据，并在"相约北京""智慧耀联通　一起向未来"等活动重大赛事活动中开展了 10 余次创新业务示范（见图 8）。

5G智能车联网系统开展车路云联调测试

无人驾驶小汽车　　　　　无人零售车

图 8　基于 5G 智能车联网系统开展多场景示范应用

项目研究成果参加了国家"十三五"科技成就展、世界 5G 大会、中关村论坛等国内外重要展会，并发表多本行业白皮书，得到了业界同行的广泛关注和一致认可。该项目获得了第五届"绽放杯"5G 应用征集大赛智慧城市专题赛一等奖、第 29 届智能交通世界大会创新大赛总决赛一等奖等 20 余项国家、省部级和行业级奖项（见图 9），获得了中央电视台、北京电视台、人民网等主流媒体的采访报道。

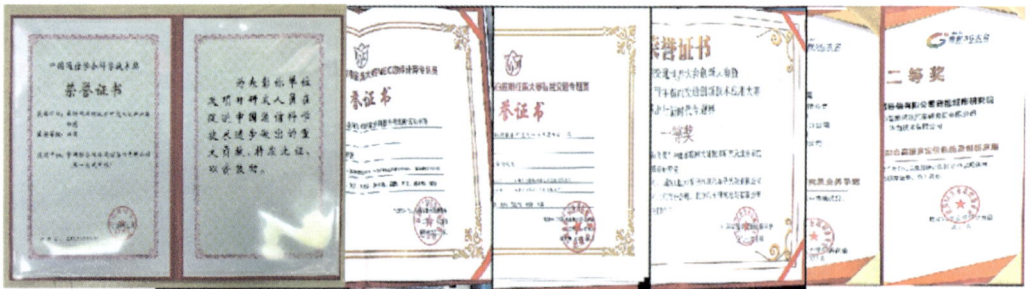

图 9　项目成果荣获多项奖项（一）

图 9　项目成果荣获多项奖项（二）

成都大运会 5G + V2X 车联网数字孪生示范应用

腾讯云计算（北京）有限责任公司

1 项目背景

　　成都按照工信部"十四五"规划要求，以"条块结合" 推进高速公路车联网升级改造和国家级车联网先导区建设为目标，在经开区（龙泉驿区）以及紧紧相连成宜高速、二绕高速上开展车联网（智能网联汽车）示范应用。

　　（1）构建车联网及数字孪生前沿特色示范，借助大运会契机展示智能网联中国方案。全球汽车产业正在面临技术变革，中国推动网联和智能协同，提出智能网联中国方案。依托大运会在蓉举办的机会，以智能网联应用示范和数字孪生前沿示范为牵引，增强需求牵引、强化场景供给，推动车联网商业模式落地及特色场景构建，以市民体验度高、场景覆盖连续的应用链为抓手，形成孵化新技术新业态新产业的"试验场"和"体验地"，向世界展示智能网联中国方案。

　　（2）以城市高速交通一体化亟待解决的重要问题为牵引，推动车联网、数字孪生与交通业务融合。成都经开区是成渝地区双城经济圈的重要节点、成都"东进"战略的核心区域，境内"六横三纵"高速路网畅联，城市高速交通一体化趋势明显。2020 年，成都市汽车保有量 545.7 万辆，位于全国第二位，并且每年增长速度相对稳定。2020 年，汽车保有量超 300 万级的城市中，成都的交通拥堵情况排名第 6 位。2019 年，成都市共发生交通事故约 56 万起，造成 1600 多人死亡。同时，交通拥堵会使汽车加快燃油消耗，增加更多的尾气排放，加重环境污染、空气雾霾。经开区居住人口集聚明显，进出城通勤需求大，区内工业园区多，导致道路货运车辆比例高，交通拥堵与安全隐患问题突出。同时与经开区接壤的四川高速公路在恶劣天气或者夜晚视线较差时，由于高速行车速度快，导致前方视野范围外发生交通事故时反应不及时，安全隐患巨大。借助 5G + V2X 车联网技术以及实时数字孪生技术，可实现人、车、路、云的高度协同，通过新型车联网应用服务，提升交通通行效率，降低驾驶安全风险，并高效治理交通拥堵，减少机动车污染排放，提升居民生活与出行体验。

　　（3）聚焦解决车联网"两率一感"问题，推动车联网从先导示范向规模化推广应用。"两率"指路侧覆盖率和车端渗透率，"一感"指老百姓的获得感。"两率"的未来很美好，但当前车端渗透率和路侧覆盖率仍明显不足，导致应用场景局限于小范围的示范，老百姓获得感不强。基于 5G + V2X 车联网技术以及实时数字孪生技术，无须在车上安装专有车载终端（On Board Unit，OBU）设备或进行复杂改造，只需在手机上安装车路协同 App/小程序（无额外成本），便可让更多人感受到车路协同的建设效果，让路侧设施发挥更大价值，同时有效提升车载终端渗透率。

（4）打造智能网联技术创新高地，推动成都汽车产业转型升级。智能网联汽车已成为汽车产业发展的战略方向，众多传统行业巨头和新兴创新企业不断开展强强联合、优势互补，以期在竞争中占据主动。各地也纷纷开展新一轮产业布局。成都经开区是全国第六大汽车产业基地，整车年产量超 100 万辆。成都 5G＋V2X 车联网及数字孪生项目的开展将为原始设备生产商（Original Equipment Manufacturer，OEM）车厂提供技术验证和应用示范基础设施，助力车厂加速智能网联研发速度，实现车联网共性关键技术突破，并聚集智能网联产业生态，带动经开区的汽车产业转型升级。

2 项目内容

在龙泉驿区城市场景和第二绕城高速场景高标准建设车联网基础设施环境，构筑车联网产业高质量发展新基座；以大运会服务和高速全天候出行场景为牵引，分析在网络设施、云平台、数据互通等方面显著的城市高速一体化共性需求，在应用场景、路侧感知等方面的差异性需求；强化场景供给，面向车路协同、自动驾驶、公众出行来统一构建基于 5G＋V2X 的数字孪生云控平台，通过建立一批技术前瞻性强、商业价值转化度高的特色应用示范，探索"聪明的车＋智慧的路＋可靠的网＋协同的云＋特色的场景"车路云协同发展模式，培育产业生态系统与新型商业模式。

2.1 主要功能

工信部在"十四五"信息通信行业发展规划中，明确提出：加强基于蜂窝网通信技术演进形成的车用无线通信技术（Cellular－Vehicle to Everything，C－V2X）的车联网基础设施部署的顶层设计，"条块结合"推进高速公路车联网升级改造和国家级车联网先导区建设。

成都按照工信部的规划要求，以"条块结合"为目标，在经开区（龙泉驿区）以及附近的成宜高速、二绕高速上开展车联网（智能网联汽车）示范应用。在城市场景中，成都目前正在以成都经开区的成都市智能网联汽车产业功能区为核心，以经开区为建设主体，开展国家级车联网先导区建设和牌照申请，着力打造国内领先、国际一流的车联网产业生态圈和创新生态链。同时，经开区是第 31 届世界大学生夏季运动会开幕式和重大专项赛事举办地，作为城市名片和对外展示的重要窗口，具有世界级的影响力和传播度。成都经开区车联网项目将围绕大运会，从服务场地运营、运动员参赛、群众观赛等角度出发，开展方案易部署、服务效果好的车联网应用场景部署和探索。在高速场景中，在与经开区紧密相连的成都二绕高速、成宜高速上开展车路协同智慧高速建设和示范，并探索城市高速一体化的 5G＋V2X 车联网应用。

从 2021 年起，成都智能网联汽车科技发展有限公司与四川数字交通科技股份有限公司联合腾讯云计算（北京）有限责任公司、中国移动通信集团四川有限公司等以经开区的国家级车联网先导区建设和大运会车联网示范以及成都二绕智慧高速车路协同示范为目标，开展 5G＋V2X 大运会车联网实时数字孪生示范。

具体来说，以 "优先广域覆盖，逐步热点增强" 的总体建设思路，在城市场景和高速场景高标准建设车联网基础设施环境，构筑车联网产业高质量发展新基座；以大运需求和高速全天候出行需求为牵引，强化场景供给，在车路协同、自动驾驶、公众出行等领域形成一批技术前瞻性强、商业价值转化度高的特色应用示范，形成车联网产业发展新模式。

——基础设施：当期项目建设方案对城区 180 个智慧路口进行改造，其中包含 11 个高配路口，27 个中配路口，140 个低配路口，2 个真值路口；在高速道路上先期建设 8 公里路侧感知系统进行技术验证，后续进一步扩大规模。以路侧智能化设施为基础，在云端建设智能网联统一运营管理平台、用户认证中心，统一应用门户等系统，实现综合信息管理、车辆管理、设备管理、运营统计分析等功能。

——示范应用：在城市场景项目拟改造并投放 10 辆公交车，投放 2 辆 Robotaxi、4 辆无人售卖车、4 辆无人环卫车，面向政府、救护车、消防车等特殊车辆，出租车、快递车等运营车辆，私家车等个体车辆运营推广，搭载 300 套具备 PC5 直联通信的车载智能后视镜，并在以上车辆智能改造的基础上，建设 MaaS 一体化出行服务系统。项目设计低成本广覆盖车路协同场景，无须在车上安装 OBU 设备或进行复杂改造，只需在手机上安装车路协同 App 或实时数字孪生导航 App，便可让更多人感受到车路协同的建设效果，让路侧设施发挥更大价值，辅助提升车载终端渗透率。未来，项目将进一步推广示范应用各类车辆 2 万辆，推出 10 个以上技术前瞻性强、商业落地性高的示范应用场景，探索 3 个以上场景的清晰的商业模式。

2.2　项目方案

项目建设区龙泉驿区和第二绕城高速地理相邻（见图 1），对于 5G＋V2X 车联网应用，在网络设施、云平台、数据互通等方面有较显著的城市高速一体化需求，同时在应用场景、路侧感知等方面也有一定的差异性需求。

图 1　项目空间地理位置

项目根据城市场景和高速场景的共性需求和差异性需求来统一构建基于5G+C-V2X的"聪明的车+智慧的路+可靠的网+协同的云+特色的场景"车路云协同发展模式（见图2），构建产业生态系统，培育新型商业模式。

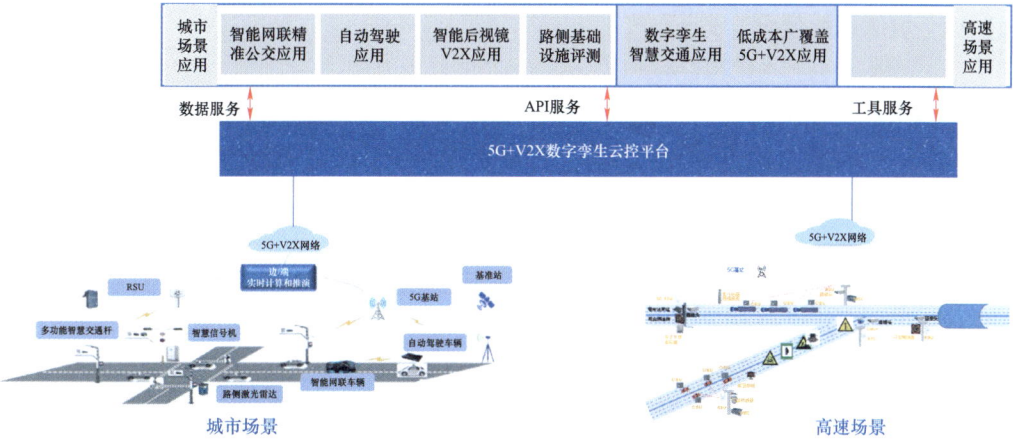

图 2　应用场景

3　关键技术

3.1　多源融合路侧感知技术

实现交通拥堵场景单视野超百辆大车流亚米级目标定位匹配，突破传统感知系统在道路能见度差的全天候通行瓶颈，使得同一目标物在全域内 ID 统一，在数据集上的多目标跟踪准确度高达 0.96。

3.2　泛触达车路协同技术

实现主车匹配准确率在城市道路大于或等于 80%，高速道路大于或等于 85%，预警准确率大于或等于 90%，实时预警推送端到端通信延时小于 300ms，突破普通终端定位和路侧感知识别数据质量差、存在误差的预警误漏报问题瓶颈，提升系统准确性与鲁棒性。

3.3　高精度数字孪生技术

实现道路场景的全要素全自动生成，覆盖高速区域和部分城市区域，自动化生成率超过 95%，三维重建相对误差不超过 3cm；三维渲染场景中元素之间同步周期小于 20ms，平均每秒帧率大于或等于 60，分辨率最高支持 8K 输出，支持承载上亿级模型面数，实时光线追踪技术能保证物理呈现和现实 99.999% 一致。

3.4 实时在线交通仿真技术

实现由中观分配到微观单车流畅仿真及交通拥堵预测，支持百万量级车辆运行，秒级实时交通预测仿真精度（mAPE）小于35%，通过全局车道级路径轨迹还原算法（精度（mAPE）小于26.8%）、自动驾驶单车交通流横向、纵向、路口控制算法、实现城市级区域车道级路线规划。

4 创新点

4.1 实现了多场景 5G 泛 V2X 应用

（1）泛 V2X 应用。项目针对国内其他先导区仅依靠 C-V2X 专有路侧基站（Road Side Unit，RSU）和专有车载终端（On board Unit，OBU）实现 C-V2X 应用导致的群众感知度不高、运营困难等诸多行业痛点，研发实现 5G 泛车路协同开放平台并打造 5G 泛 V2X 技术方案，使得公专网终端兼容适配 V2X、4G/5G 等多种接入方式，用户通过手机 App、小程序、4G/5G 车机、后视镜、专用 OBU 等多种形态获得 V2X 服务，体验安全、效率、信息等丰富的泛 V2X 应用（见图 3、图 4），真正促使 "车路云网" 实现数据闭环和业务闭环，广泛触达最终用户。

图 3　安全类与效率类泛 V2X 应用

（2）C-V2X 智能后视镜。C-V2X 智能后视镜是一种低成本的后装 OBU，可面向政府、救护车、消防车等特殊车辆，出租车、快递车等运营车辆进行运营推广。

V2X 后视镜终端通过软硬件及服务一体化，满足用户在驾驶、安全、娱乐等车载场景下的多样化需求（见图5、图6）。V2X后视镜可实现碰撞检测抓拍抓录、远程车辆监控、行车记录等智能化功能。内置国产化V2X芯片模组，引入V2X通信能力，可实现与路侧智能网联基础设施以及其他智能网联车辆的互联通信，将"人、车、路、事件"等交通信息通过高速网络播报至车辆端，实现车辆在超视距感知、主动安全和交通效率方面的智能化升级。项目预计将推广搭载300套车载智能后视镜。

图4　信息类泛V2X应用

图5　车载智能后视镜功能页面1

图6　车载智能后视镜功能页面2

（3）智能网联数字公交。智能网联数字公交依托互联网位置大数据，主动式公交优先系统与C端触达等能力，围绕"精确诊断、精准施策、精细运营、精心服务"的发展路径，通过公交信号主动优先等策略，提升公共交通运行效率，构建让老百姓有感知的车路协同场景。基于智能网联路侧数据，大众可以通过C端App或公交车内的智能屏实时获取公交运行信息和道路信息（见图7）。

图 7　智能网联数字公交

4.2　提出并规模应用云端决策 V2X 技术路线和主车定向识别算法

为了更精准地支持无 OBU 的车路协同应用，项目在传统 C-V2X OBU 车端决策的技术路线上增加了云端决策的技术路线，提出了融合 C-V2X 专网车端决策及 5G 公网云端决策的 5G 泛 V2X 技术框架

4.3　构建了 5G 网联 MaaS 一体化出行服务系统

项目构建了 5G 网联 MaaS 一体化出行服务系统，通过"驿联智行"App 和小程序整合各种智能网联车辆，包括智能网联精准公交车、Robotaxi，以及无人环卫车、无人售卖车等车辆，以服务用户为核心，接入互联网大数据、第三方业务平台数据、物联网数据、车路协同等多源数据，分阶段为用户提供包括出行行程预定、路径一键规划、费用一键支付等功能（见图 8），覆盖日常出行多维度的场景，整体提升公众交通出行满意度，打造公众低碳、绿色出行良好体验。

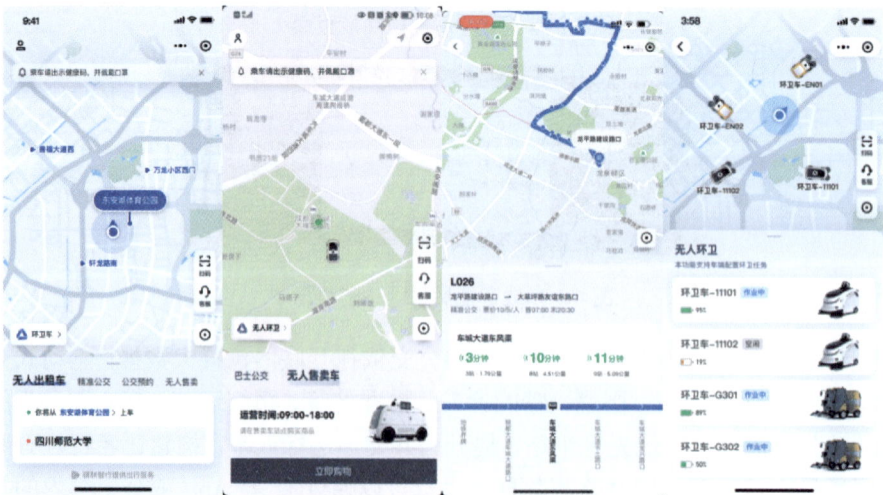

图 8　MaaS 一体化出行服务系统

4.4　高速 C 端实时数字孪生助力全天候出行

高速公路出行者希望能够在不同气象条件下有选择地使用高速通行服务。当出行者驶入恶劣气象环境路段时，需要相关出行诱导服务，使得出行者能够清晰分辨道路轮廓、道路走向。在冰雪路面等不易出行的气象条件下，出行者仍能够安全通行。对高速公路的物理基础设施进行精准采集和数字化，并结合前端采集的人车路交通流、交通事件和天气等信息，通过数字实时孪生技术，以真实数据为支撑，融合静态数据和动态数据，在虚拟世界中对整个高速公路的运行状态进行精准还原和展示（见图 9、图 10），可有效引导出行者全天候出行。

项目在成都二绕高速上实现了 C-V2X 链路和 5G 链路的 C 端实时数字孪生。

图 9　孪生导航——变道引导

图 10　孪生导航——盲区预警

由于在路侧采用了纯雷达的交通感知，可全天候工作，并在高速场景下有效降低路侧感知和车联网的整体建设成本，促进 5G＋V2X 车联网的整体推广。

5 示范效应

5.1 实现多场景 5G 泛 V2X 应用、实时孪生应用

针对智能网联和智慧高速的差异化需求，项目因地制宜地规划落地了适应不同场景特性的丰富应用。在智能网联方面，项目整合各类交通数据和资源，搭建智能网联云控平台，为超过 300 名驾车用户提供更安全便利的 C－V2X 车载智能后视镜；使公交乘客通过智能网联数字公交 App 及公交智能屏获取实时精准的公交信息；面向更广泛的出行用户，推出 5G 网联 MaaS 一体化出行服务系统，整合多种出行方式，为用户提供一站式、定制化的出行服务，实现更高效、环保的城市交通。在智慧高速方面，为满足高速业主安全、高效的全天候通行诉求，项目部署路侧人工智能计算终端，实时收集和分析交通数据，为智能交通系统提供精确信息；搭建高速全天候数字孪生运行管理平台，模拟高速公路实际运行状态，实现对高速公路运行状态的实时监控和管理；研发 C 端实时数字孪生全天候出行导航 App，帮助用户沉着应对各种天气条件，提高出行安全和效率，成为智慧高速的重要服务工具。

5.2 助力拓新商业模式拓新

依托项目建设的智能网联基础设施、运营平台和频率资源，成都智能网联汽车科技发展有限公司具备独特的竞争力。对于数据服务，具体的商业模式可以是按数据调用量、调用次数、按月/年订阅付费。对于智慧交通和智慧城市项目，可以根据项目的需求具体核算商业费用。智能网联云控平台、MaaS 平台、数字孪生平台、高精度地图和服务产品等不断成熟，具备向全国复制落地，已在天津西青、重庆两江、湖南长沙等国家级车联网先导区以及襄阳、柳州车联网等项目获取商业收入近 2 亿元。